KB068667

제13판

새로쓴
형법총론

김일수 | 서보학

박영사

STRAFRECHT
Besonderer Teil

13. Auflage

von

Dr. *Il-Su Kim*
O. Professor an der Korea Universität

Dr. *Bo-Hack Suh*
Professor an der Kyunghee Universität

2018

Parkyoung Publishing Co.
Seoul, Korea

제13판 머리말

지난 2014년 제12판 출간 이후 최근에 이르기까지 여러 차례에 걸쳐 형법총칙분야의 부분개정이 있었다. 형의 시효에 관하여 새로운 항이 신설되었고, 노역장 유치에 관해서도 새로운 항이 신설되었다. 판결 선고 전 미구금일수를 전부 본형에 산입해야 한다는 헌법재판소의 결정에 따라 판결 선고 전 구금일수의 통산에 관해서도 개정이 있었다. 무죄판결의 공시에 관한 규정도 개정되었고, 형의 선고에 따른 자격정지에 관해서도 개정이 있었다. 500만 원 이하의 벌금형에 대해 집행유예의 선고를 가능케 하는 매우 의미 있는 개정도 있었다. 나아가 외국에서 집행된 형의 산입이 행위자에게 유리한 내용으로 손질하는 개정, 심신미약을 임의적 감경으로 바꾸는 개정도 있었다. 개정판에서는 이러한 형법개정 사항을 빠짐없이 반영하였다. 또한 2018년 9월까지 나온 주요 대법원판례도 반영하였다.

지난 2009년 출범한 법학전문대학원 체제가 자리를 잡으면서 법학교육의 중점이 복잡한 법이론의 습득에서 판례를 중심으로 한 사례해결능력을 함양하는 방향으로 이동한 것은 사실이지만, 탄탄한 형법이론의 기초 위에서만 다양한 형법사례의 포섭과 해결이 가능하다는 점에서 기본서의 중요성은 아무리 강조해도 지나치지 않는다. 본서는 형법총론과 관련하여 학생들이 꼭 알아야 할 기본이론과 사례들을 체계적이고 알기 쉽게 기술함으로써 독자들이 형법이론체계의 기본 틀을 잡는 데 도움을 줄 것이다.

박영사에서 편집과 교정을 담당해준 박송이 대리님, 어려운 출판환경에서도 제작을 책임져 준 조성호 이사님께 고마운 마음을 표한다.

독자 여러분의 건승을 기원한다.

2018년 11월

공저자 배상

책 머리에

새로 쓴 형법총론은 이미 여러 판을 거듭했던 지은이의 刑法總論을 다듬어 새로 쓴 책이다.

형법개정에 맞추어 손질하는 기회에, 새로 쓰는 마음으로 처음부터 끝까지 내용을 가다듬었다. 형법총론을 처음 접하는 독자들에게 다양한 이론과 지식체계를 간결하고 쉽게 전달하려고 애를 썼다.

현대사회는 과학기술과 경제 및 정치논리가 지배하는 사회라고 말할 수 있다. 그래서 법규범의 역할은 점점 더 왜소하게 느껴질 때가 많다. 형법의 영역도 마찬가지이다. 변화된 탈현대사회에서 전통적인 법치국가형법의 의미를 조명하면서 도덕적 합리성을 기초로 한 깨어 있는 시민생활의 법으로서 형법의 새 지평을 모색해 보았다.

이러한 형법적 사고가 생활 속에서 자기 반성적인 실천이성을 추구하는 독자 여러분에게 지성적인 문제해결의 지평을 열어 줄 수 있으리라 기대한다. 새로 쓴 형법총론의 출간을 맡아 준 박영사 安鍾萬 사장과 성실하게 수고해 준 편집부 沈光明 씨께 감사를 드린다.

서울, 1996년 봄

Il-Su Kim

차 례

제 2 편 범 죄 론

제 1 장 범죄체계론

제 2 장　행 위 론

제 3 장　구성요건론

제 5 장 책 임 론

제 8 장　부작위범론

제 9 장　미 수 론

제 3 편 죄 수 론

제 1 장 죄수의 일반이론

제 2 장 법조경합

제 3 장 일   죄

제 4 장   상상적 경합

제 5 장   경 합 범

제4편 형벌론

제 1 장   형벌의 개념과 본질

제 2 장   형벌의 대상과 한계

제 3 장   형벌의 기능

제 4 장   형벌의 종류

제5장 양   형

제 6 장 누   범

제 7 장 형의 유예제도

제 8 장 형의 집행

제 1 편 형법의 기초이론

제 1 장 형법의 기초개념

제 1 절 형법의 의의 · 내용 · 성격

I. 형법의 의의

1. 정   의

형법은 범죄를 법률요건으로, 형벌 및 보안처분을 법률효과로 삼는 법규범의 총체이다. 범죄를 구성하는 법률요건을 **구성요건**이라 하고, 구성요건이 충족되었을 때 따르는 법률효과를 **형사제재**라고 부른다. 형사제재에 형벌과 보안처분을 함께 둔 형법체계를 두 레일을 가진 철도에 비유하여 형법의 이원주의라고 부른다.

우리 형법은 형벌을 형법전에, 보안처분을 특별법에 두고 있으나 역시 이원주의에 속한다.

2. 형식적 의미의 형법

형식적 의미의 형법은 형법이라는 이름을 가진 법전, 즉 형법전(제정 1953. 9. 18, 법률 제293호; 제 1 차 개정 1975. 3. 25, 법률 제2745호; 제 2 차 개정 1988. 12. 31, 법률 제4040호; 제 3 차 개정 1995. 12. 29, 법률 제5057호; 제 4 차 개정 2001. 12. 29. 법률 제6543호)을 말한다. 이 형법전에는 다음에 설명할 실질적 의미의 형법이 대부분을 차지하지만, 실질적 의미의 형법에 속하지 않는 것도 포함된다. 예컨대 소추조건인 친고죄, 양형의 조건, 형의 집행과 행형의 조건, 형의 실효에 관한 사항 등이 그것이다.

3. 실질적 의미의 형법

실질적 의미의 형법은 범죄와 그에 대응하는 국가의 제재수단을 규율하는 법률체계의 총체를 말한다. 그 명칭, 형식 여하를 묻지 않는다. 그 주요한 것은 대부분 형법전에 규정되어 있으나 그 외의 각종 법률(예컨대 경범죄처벌법, 국가보안법,

사회보호법, 보안관찰법, 특정범죄가중처벌등에관한법률, 폭력행위등처벌에관한법률, 성폭력범죄의처벌및피해자보호등에관한법률, 교통사고처리특례법, 환경범죄의처벌에관한특별조치법, 부정수표단속법, 군형법 등) 중에도 규정되어 있다. 상사형법·행정형법·조세형법 등과 같은 부수형법(Nebenstrafrecht)도 실질적 의미의 형법에 포함된다.

4. 질서위반법

단순한 행정법규위반 등 질서위반에 대해 질서벌의 일종인 범칙금이나 과태료의 부과 등을 규율하는 법을 질서위반법(Ordnungswidrigkeitsrecht)이라 한다. 이것은 질서위반범과 그에 대한 질서벌을 대상으로 하는 만큼 실질적 의미의 형법과 구별되는 별도의 형사법체계를 구성한다.

우리 형법질서 내에서 형법과 질서위반법의 구별은 명확하지 않다. 그 위반에 대한 불법 및 책임비난의 정도가 높아 제재의 종류도 사형·자유형·벌금형처럼 비교적 무거운 형벌을 예정하고 있는 법체계가 형법이고, 그 위반에 대한 불법 및 책임비난의 정도가 낮아 구류 과료와 같은 가벼운 형벌을 예상하고 있거나 질서위반행태에 대한 범칙금이나 과태료 부과를 주로 예상하고 있는 법체계가 질서위반법이라고 할 수 있다. 이론상 질서위반법에는 주로 범칙금 또는 과태료를 규정한 각종 행정법규가 속한다고 할 수 있다. 입법론적으로는 경찰단속위반사례와 경미한 행정법규위반사례들을 포괄하는 질서위반법을 독립된 법체계로 재구성하는 것이 바람직할 것이다. 그러기 위해서는 경범죄처벌법상 실질적 범죄사항은 형법의 규율로 넘기고, 경미한 경찰단속위반사례는 질서위반법의 규율대상으로 삼는 대신 경범죄처벌법은 폐지하는 것이 바람직하다.

질서위반법과 형법은 질적으로 같은 대상을 양적으로 구별하여 취급할 뿐이라는 점에서, 이에 대한 형법총칙의 적용을 원칙적으로 같이한다. 개개 질서위반법에 특별한 예외적인 취급을 한다는 규정이 없는 한, 고의·과실·미수·공범 등에 관한 형법총칙의 규정은 원칙적으로 똑같이 적용되어야 한다($\frac{제8}{조}$).

과태료부과·집행에 관한 기본법인 질서위반행위규제법이 2007년 12월 21일 제정되어 2008년 6월 22일부터 시행되었다($\frac{법률}{제8725조}$). 이 법에 따르면 고액·상습체납자에 대해서는 관허사업을 제한하거나 신용정보제공 및 감치 등의 제재를 할 수 있다($\frac{동법\ 제52조,}{제53조,\ 제54조}$). 다만 이 법은 질서위반행위에 대한 고의·과실 및 위법성의 인식가능성이 있는 경우에만 과태료를 부과할 수 있도록 하는 등($\frac{동법\ 제7조,}{제8조}$) 국민 권익보호에 중점을 두고 있다.

Ⅱ. 형법의 내용

형법은 전체 법질서 내에서 헌법을 상위규범으로 삼는 하위규범으로서 넓게
는 공법질서의 일부를 형성한다. 공법질서에는 헌법·행정법·국제법 외에 형사
법이 포함된다.

넓은 의미의 형법에는 세 가지 영역이 있다. 즉 실체법으로서 형법과 절차법
으로서 형사소송법, 그리고 집행법으로서 형집행법이 그것이다.

1. 실체적 형법

이는 가벌성의 조건, 형벌과 보안처분의 적용 및 그 한계를 규율하는 형법규
범의 총체를 말한다. 실체적 형법(Das materielle Strafrecht)은 형법전과 수많은
실질적 의미의 형법 및 부수형법을 포함한다. 실체적 형법 중에서 가장 중요한 위
치를 차지하는 형법전은 총칙과 각칙으로 구분되며, 이를 강학상 각각 형법총론·
형법각론이라고 부른다. 양자의 구분은 단지 입법기술상의 필요에 의한 것이다.
그러나 형법적 규율의 소재를 총칙과 각칙으로 구분하여 정서하는 데에는 어떤
형식적·실체적인 기준이 고려되어 있다.

형식적으로 총칙은 각칙의 모든 형벌규정에 대한 일반적 규율을 대상으로 하
고 있으며, 각칙은 개개의 범죄양태 및 이를 보충하는 여러 규정을 대상으로 하고
있다(예컨대 형법 제310조는 정당행위와 같은 위법성조각사유이지만, 그것이 특히 명예
훼손죄(^{제307}_조)의 위법성조각에 대해서만 적용될 수 있기 때문에 각칙에 규정되어 있는 보
충규정이다). 또한 실질적으로 총칙은 불법에 관련된 규정들(예컨대 위법성조각사
유, 미수, 공범 등)이 단지 일정한 범죄유형을 보충하여 주는 기능을 할 뿐, 결코
독자적으로 불법의 새로운 근거가 되는 것이 아님에 반해, 각칙은 범죄의 기술을
통해 형법적 불법의 근거를 제공하는 여러 규정들을 포괄하고 있다는 점에서 구
별된다. 그 밖에도 양자를 구별하는 실천적 의의는 형법의 보장적 기능(예컨대 관
습법 적용금지, 유추적용금지 등)이 각칙의 범죄유형에 대해 주로 더 엄격하게 적용
된다고 하는 점에 있다.

2. 형사소송법

이는 실체적 형법에서 생겨나는 법효과를 관철시키기 위하여 절차적으로 필

요한 법규의 총체를 말한다. 여기에는 형사법원조직의 구성 및 원칙에 관한 규정, 수사기관의 구성 및 조직에 관한 규정, 범죄행위를 수사·소추하고 심리하여 판결하는 절차에 관한 규정들이 해당된다(형사소송법, 법원조직법, 검찰청법 등). 이 형사소송법(Strafverfahrensrecht)은 실체적 형법의 실현에 기여하며 형사소추기관의 직권의 한계를 정할 뿐만 아니라, 더 나아가 판결을 통하여 범죄행위로 인해 저해된 법적 평화의 회복을 지향한다.

실체법적 형법과 절차법적 형사소송법은 역사적으로 보나 사리상으로 보나 반드시 엄격하게 구별될 성질의 것은 아니다. 예컨대 친고죄·반의사불벌죄는 일종의 소추조건이지만 실체적 형법에서 규율하고 있다. 그러나 양자를 구별하는 실천적 의의는 소급효금지의 원칙이 형사소송법규정에는 적용되지 않는다는 점 및 상고이유의 근거가 각각 다를 수 있다는 점에 있다. 그러나 공소시효처럼 양자의 성격을 동시에 갖는 법규범도 있다.

3. 형집행법

이것은 형벌 및 보안처분에 관한 판결의 개시·집행·종료에 관한 모든 법규범을 말한다. 형집행법(Strafvollstreckungsrecht)의 특수한 형태로는 일정한 교도시설 내에서 자유형(징역·금고형) 및 자유박탈적 보안처분(보호감호처분 등)을 규율하는 행형법(Strafvollzugsrecht)을 들 수 있다. 소년범의 형집행을 위해서는 소년법에 별도의 규정을 두고 있다. 수형인명부와 명표에 관한 규정들도 형집행법의 일부가 된다[형의실효등에관한법률(1980. 12. 18, 법률 제3281호, 개정 1994. 1. 5, 법률 제4704호)]. 따라서 수형인명부에 관한 사항은 법률로 규정함이 상례이다 (같은 법 제3 조, 제4조).

Ⅲ. 현대 형법학의 학파논쟁

1. 고전학파(구파)의 형성

독일에서는 1871년 제국형법전이 제정되자 법소재를 역사적 이론적으로 해석하고 체계화할 필요성과 요구가 강하게 대두되었다. 이러한 방향으로 당시 최고봉에 오른 사람이 빈딩(Binding)이었다. 그는 「규범과 위반」(Die Normen und ihre Übertretung)이란 방대한 저술을 통해 실정형법에 관한 이론학(Dogmatik)

을 집대성했다. 빈딩의 이같은 방향을 추종하는 일단의 형법학자들을 특히 고전학파(Die klassische Schule)라 불렀다. 대표적 인물로는 빈딩과 비르크마이어(von Birkmeyer)가 손꼽힌다. 그들은 실정형법의 법률적 내용, 국가형벌권의 법률적 한계를 철저히 검토하는 것을 주된 관심사로 삼았다.

이들은 또한 19세기의 자유주의적 법치국가관 및 인간의 의사자유에 관한 비결정론적 신조를 사상적 배경으로 하여, 역사적 · 보수적 입장에서 형벌의 본질은 정당한 응보(Gerechte Vergeltung)라고 주장하였다. 즉 「형벌은 범죄에 상응하는 것이어야 한다. 과형은 동요된 법질서를 다시 회복하고, 이미 저질러진 범행에 대한 속죄작용을 하여야 한다」는 것이다.

고전학파의 형벌관은 소위 현대학파와의 오랜 학파논쟁을 거치는 동안 응보형사상을 고수하면서도 그 요구를 완화하여 일반예방의 사상에 접근하는 경향도 보였다. 대표적인 예가 아돌프 메르켈(Adolf Merkel), 요하네스 나글러(Johannes Nagler)에게서 발견된다. 더 나아가 그 논쟁의 말기에는 형벌의 개념규정은 응보로 하면서도 양형의 범위 내에서 재사회화와 보안처분의 가능성을 인정하는 빌헬름 칼(Wilhelm Kahl)과 같은 절충주의학자도 나왔다.

2. 현대학파(신파)의 등장

고전학파의 방향에 대해 19세기 후반, 즉 1870년대부터 사회적 법치국가관과 형벌관을 사상적 배경으로 자연과학적 · 사회학적 결정론에 입각하여 범죄원인의 인과적 해명과 그에 대한 투쟁 및 이를 위한 목적지향적 형사정책을 추구하는 새로운 경향이 대두되었다. 이를 추종하는 일단의 형법학자들을 소위 현대학파(Die moderne Schule)라 불렀다. 대표적 인물로는 프란츠 폰 리스트(Franz von Liszt)와 칼 폰 릴리엔탈(Karl von Lilienthal)이 손꼽힌다.

이 현대학파는 먼저 범인의 소질과 환경에서 인과적으로 결정되는 범죄원인을 탐구하는 범죄사회학적 방법을 형사정책적 프로그램의 기초로 삼았다. 이러한 범죄사회학적 관점의 선구가 된 것은 소위 이탈리아 실증주의 학자들인 롬브로소(Lombroso), 페리(Ferri), 가로팔로(Garofalo)의 범죄인류학 내지 범죄생물학 연구였다.

현대학파의 형사정책적 프로그램은 특별예방사상의 기초 위에 형사정책적 목적사상 및 목적형을 관철하는 데 있었다. 이러한 특별예방적 목적사상을 실효성 있게 관철하기 위해서는 국가가 범인의 인격과 개성을 가능한 모든 수단을 다

동원하여 파악해야 하며, 이러한 국가적 간섭을 선택하고 그 정도를 결정함에 있어서 법관에 대한 법적 구속은 대폭 완화되어야 한다고 주장하였다.

특히 리스트는 「처벌받아야 할 것은 행위가 아니라 행위자」라고 하는 유명한 표어 아래 행위자의 반사회성 내지 위험성을 형벌의 기초로 삼았다. 그리고 사회 방위의 효과를 거두기 위해 형벌을 개별화하였고 세분화된 목적형에 합치하도록 범죄인을 분류하여 i) 우발적 기회범에게는 벌금형·집행유예제도의 도입, ii) 개선능력이 있고 개선이 필요한 상태범에게는 개선, iii) 개선이 불필요한 상태범에게는 위하, iv) 개선능력이 없는 상태범에게는 무해화조치를 취할 것을 주장했다. 그는 무해화조치의 실효성을 보장하기 위해 보안감호처분을 고안해내기까지 했다.

3. 학파논쟁의 의의

이 양 학파의 기본입장은 구체적으로 의사자유론과 인과적 결정론, 응보와 예방, 일반예방과 특별예방 사이의 관점대립이었지만, 이들 학파논쟁의 핵심문제는 19세기의 개인주의적·자유주의적 법치국가와 20세기의 사회적 법치국가의 이론적 대립 속에서 현대학파의 주장이 결국 자유주의적 법치국가를 희생시키고 경찰국가의 재현을 몰고 올 위험성이 있지 않은가 하는 점이었다. 그러나 사회변동과 더불어 누범·상습범의 급증과 같은 범죄현상에 대한 심각한 우려가 현실적으로 드러나면서 이 학파논쟁은 서서히 둔화되어 절충의 필요성이 양쪽 입장에서 인식되기에 이르렀다. 그나마 1933년 나치 집권 직후 공포된 「상습범죄자에관한법률」(Gewohnheitsverbrechergesetz) 이후 학파논쟁은 완전히 종식되었다.

이 학파논쟁은 19세기 말부터 20세기 초를 지나 독일에서는 1933년 Nazi 집권까지 한 세대나 끌어 온 오랜 논쟁으로 일본을 거쳐 우리나라의 형법학에도 그 잔영이 전해졌다. 실제로 이 논쟁을 통해 형법개정의 논의에서 풍부한 이론들이 많이 제시되었고, 이를 통해 형법학의 발전에 기여한 바가 전혀 없었던 것은 아니지만, 이제는 형법학의 한 역사적 유물이나 에피소드로서의 의미밖에 없다. 따라서 이 학파논쟁에서 이를테면 「고전학파＝객관주의범죄론, 현대학파＝주관주의범죄론」의 등식을 이끌어내고자 하는 시도는 일본 특유의 것이며, 또한 방법론상 오류임을 지적해 둔다.

제 2 절   범죄개념

Ⅰ. 형식적 범죄개념

형식적 범죄개념은 하나의 행위가 처벌되기 위해서 현행법상 어떤 법률적 표지들을 갖추어야 하는가라는 문제를 내용으로 삼는다. 이에 따르면 범죄란 구성요건에 해당하는 위법·유책한 행위라고 정의된다. 형식적 범죄개념은 이미 벨링/리스트(Beling/Liszt)의 고전적 범죄체계에서 확립된 이래 오늘날까지도 형법이론학과 실무에서 가장 널리 사용되고 있다.

> 예: A는 B의 신체를 상해하였다. 이 행위는 형법 제257조 제 1 항 상해죄의 구성요건에 해당한다. 그러나 이 행위가 상해죄로 처벌되자면 위법해야 한다. 만약 A가 정당방위와 같은 위법성조각사유가 인정될 수 있는 사정하에서 행위한 것이 아닌한, 그 행위는 위법성을 띤다. 마지막으로 이 행위는 책임표지를 갖추어야 한다. 구성요건에 해당하고 위법하다 하더라도 A가 책임무능력상태에서 행위했다면 유책한 것이 아니므로 범죄는 성립하지 아니한다.

형식적 범죄개념은 왜 일정한 행위는 처벌되고 다른 행위는 처벌되지 않는가라는 물음에 대해서 대답을 줄 수 없다는 단점을 갖고 있다. 왜냐하면 이 문제는 입법자의 가치결정을 전제하고 있기 때문이다. 반면 형식적 범죄개념은 일정한 행위가 현행법에 따라 어떻게 처벌되어야 하는가의 여부를 검토함에 있어 법관에게 방법론적으로 확실하고 유용한 체계적·단계적 범죄인식의 계기를 제공한다는 장점을 갖고 있다.

Ⅱ. 실질적 범죄개념

법정책적 개념이라고도 한다. 이 범죄개념은 국가의 형사입법에서 어떤 행태는 처벌하고 어떤 행태는 처벌하지 말아야 하는가를 그 내용으로 삼는다. 또한 한 행태의 당벌성에 관한 합리적 기준이 도대체 어디에 있느냐 하는 문제도 내포한다. 이 문제를 해결하려면 입법자는 먼저 다음 두 가지 사실상의 기본전제로부터 출발해야 한다. 첫째, 살인·상해·강도 등과 같은 중한 사회유해적 행위를 허용해 주면서도 제대로 유지될 수 있는 사회란 없다. 그 즉시 사회는 만인의 만인에 대한 투쟁상태에 빠져 버리고 말 것이기 때문이다. 둘째, 국가의 형벌권은 한계가

있다. 따라서 확실히 객관적으로 확인할 수 있는 행위만을 처벌해야 한다. 단순한
생각·소원·의도는 객관적으로 확인할 수 없기 때문에 처벌하여서는 안 된다.

　　개인의 자유를 출발점과 목표로 삼고 있는 자유민주적 법치국가의 기본질서
는 가벌성의 근거와 한계를 이러한 규범적 전제로부터 이끌어내고 있다. 이 점은
또한 형법입법자에 대해서도 구속력을 갖는다. 따라서 법치국가질서를 바탕으로
한 형사입법자는, 사회적으로 유해하지 않은 행위를 형법으로 금지해서는 안 된
다($\binom{1789년\ 프랑스}{인권선언\ 제4조}$). 예컨대 자살, 자해, 단순한 도덕규칙이나 관행의 위반, 특히 의사
합치 아래 은밀히 행해지는 성인간의 동성애, 부랑, 수간(獸姦), 개인의 식생활·
취침·음주관행 따위의 위반은 형사정책적으로 범죄가 될 수 없고, 형법적 제재의
대상이 되어서도 안 된다.

　　뿐만 아니라 법익보호의 목적상 부득이 형벌을 가하여야 할 경우에도 최후
최소한의 범위에 머물러야 한다. 형벌은 개인의 자유에 대한 가장 가혹한 제재수
단이기 때문에, 그보다 더 가벼운 민사상 또는 행정상의 제재로도 법익보호의 목
적을 충분히 달성할 수 있을 때에는 형벌을 과해야 할 필요가 없다. 이것을 **형법
의 보충적 성격**이라 부른다. 예컨대 과실행위를 통제하는 데 형벌 대신 민사상의
손해배상이나 행정상의 규제수단으로도 충분히 실효를 거둘 수 있는 한 과실재물
손괴·과실절도·과실횡령·과실배임 따위를 형법적인 규율대상으로 삼아서는 안
된다.

　　요컨대 실질적 범죄개념이란 형법 이외의 다른 제재수단으로 충분히 보호할
수 없는 **중대한 사회유해적 법익위해행위**만을 뜻한다. 여기에서 형법적으로 보호
해야 할 법익이 구체적으로 무엇인가 하는 점은 결국 한 개인의 자유와 타인의
이익 및 공공의 이익 사이의 이익교량에 의해 결정될 수밖에 없다. 법익은 개인과
공동체의 필요불가결한 생활조건에 기초하고 있기 때문이다.

Ⅲ. 범죄개념 상호간의 관계

　　실질적 범죄개념은 법익위해와 사회적 유해성을 그 실질적 관점으로 파악하
고 있지만 그 한계는 항상 유동적이기 때문에 불분명한 점이 흠이다. 이에 비해
형식적 범죄개념은 죄형법정원칙의 요청에 충실한 체계적 범죄개념이다. 형식적
범죄개념은 범죄의 실질을 검토하는 데 필요한 사유체계와 분석의 방법을 제공할
수 있다. 그러나 형식적 범죄개념 그 자체만으로는 무엇이 마땅히 구성요건에 해

당하고, 무엇이 실질적으로 위법하며 누가 책임을 져야 할 것인지를 알 수 없다. 여기에 실질적 범죄개념이 법치국가질서 내에서 당벌성의 내용적인 근거와 한계를 제시함으로써 공동체와 개인의 이익을 평화로운 공동사회의 질서라는 관점에서 확보해 주는 역할을 한다.

그러므로 형식적 범죄개념 및 실질적 범죄개념은 **상호보완적 기능**을 담당하지 않으면 안 된다. 보통의 경우 이들 범죄개념은 서로 합치한다. 그러나 실질적 범죄개념은 구체적 사회현실과의 관련 속에서 법공동체의 지배적인 법의식에 따라 변화하는 동적 범죄개념인 반면, 형식적 범죄개념은 법률이 실정화하고 나면 법적 안정성의 요구에 따라 그 질서유지의 기능 속에 고정화하는 경향이 있다.

법정책적·실질적 범죄개념의 변화에 따라 형사입법에 의한 새로운 범죄의 구성요건화와 이미 질서유지의 기능과 멀어진 기존 범죄구성요건의 폐지에 의한 비범죄화가 언제나 시의에 맞추어 행해지고 있는 것은 아니다. 극단적인 경우 법정책적 관점에서 범죄가 아니거나 필요 없는 것이 아직도 범죄구성요건으로 남아 있거나, 때로는 일정한 정치적 목적 내지 이데올로기의 영향 때문에 법정책적 이유로 실질적 의미에서 범죄가 아닌 것이 범죄구성요건으로 실정화될 수도 있다. 이같은 극단적인 현상에 관한 비판과 대책은 물론 형사정책과 형법정책의 중요한 연구과제에 해당한다.

제 2 장 형법의 임무·기능·규범적 성격·적용

제 1 절 형법의 임무

　오늘날 자유국가의 임무는 제 1 차적으로 헌법질서 안에서 모든 시민들이 안전한 공동생활을 영위하기에 필요불가결한 조건들을 마련하고, 그에 대한 대내외적 공격과 침해의 위험으로부터 이를 보호해 주는 데 있다고 말할 수 있다. 계몽사조에 영향을 받은 현대형법은 개인윤리적·형이상학적·신화적 차원을 떠나서 법익의 보호, 즉 사회내 존재로서 인간의 실존조건에 해당하는 생명, 신체의 완전성, 명예, 의사활동의 자유, 재산, 사법기능, 그 밖의 일정한 사회질서 등의 보호를 임무로 삼고 있다. 단지 도덕적·종교적 비난의 대상에 불과한 행위, 예컨대 동성애, 수간(獸姦), 자의에 의한 불임시술, 혼외의 자의 정자에 의한 인공수정, 외설문서·도화의 습득, 신에 대한 모독 등에 대해서는 국가가 아무 형벌권도 갖고 있지 않다. 그러한 행위들은 부도덕하고 불경건한 행위는 될 수 있을지언정 다원화된 현대사회의 기본질서 및 가치와 직결된 인간의 객관적 실존조건으로서의 법익침해 내지 법익위태화 행위는 될 수 없기 때문이다. 바로 이러한 법익개념의 사회적 측면으로부터 우리는 실질적 의미의 범죄개념을 반사회적 법익위해행위(Sozialschädliche Rechtsgutsbeeinträchtigung)라고 정의한다.

　법익보호는 단지 형법에 의해서만 실현되는 것이 아니라, 전체 법질서상의 다른 여러 가지 제도에 의해서도 실현될 수 있다. 그러므로 형법은 법질서 내에서 이 임무에 적합한 여러 가지 법제도 중 최후의 수단으로 간주되지 않으면 안 된다. 왜냐하면 형사제재는 법질서 내의 다른 제재수단에 비해 가장 가혹한 성격을 갖고 있기 때문이다. 따라서 이보다 가벼운 민사제재나 행정제재 등에 의해서도 실효성 있는 법익보호가 이루어질 수 있다면 형법은 자리를 양보하고 뒤로 물러서지 않으면 안 된다. 이것은 법치국가의 질서원리에 바탕을 둔 보충성의 원리의 당연한 귀결이다. 한마디로 요약건대 형법의 임무는 보충적인 **법익보호**(Subsidiärer Rechtsgäterschutz)이다.

물론 법치국가적 제약성을 고려한 보충성의 원리는 현실적인 모순에 직면할 때도 있다. 헌법적·행정법적 제재에 속하는 탄핵이나 세무사찰이 형사제재보다 훨씬 강력한 제재효과를 지니는 현실에 비추어 볼 때 세무사찰에 비해 벌금형이 아직도 보충성을 갖는지는 의문이다.

제 2 절 형법의 기능

Ⅰ. 서   설

종래 우리나라 형법학자들은 형법의 기능을 규제적 기능, 법익보호적 기능, 인권보장적 기능으로 3분해 왔다. 먼저 형법은 사회통제의 부분영역으로서 범죄통제(Verbrechenskontrolle)의 기능을 담당하고 있다. 이것을 위해 형법은 가벌적 행위를 예방하고 규제해야 한다. 이를 통해 형법은 또한 사회적 공동생활의 질서를 보호한다. 즉 범죄행위에 대한 반작용을 통해 범죄인의 법익을 침해함으로써 사회일반인의 법익을 보호하는 기능을 담당한다.

형법의 법익침해는 가혹한 국가적 강제력을 가지고 행하여지기 때문에 형법의 범죄통제수단은 또한 정형화(Formalisierung)되지 않으면 안 된다. 형법은 인간의 공동생활의 질서를 보호하기 위해 임의의 수단을 허용하지 않고 이처럼 정형화된 수단과 절차를 통하여 실현되도록 함으로써 개인의 자유와 인권보장에 기여하는 기능도 갖고 있다.

결론적으로 형법의 기능은 앞서 본 세 가지 기능에다 예방적 기능을 앞세워 4분하는 것이 옳다.

Ⅱ. 예방적 기능

형법은 법적 구성요건의 신설에 의한 범죄화와 실효성 없는 형법규정의 폐지에 의한 비범죄화를 통하여 행위규범을 확정하고 일반인에게 이 규범에 합치된 방향으로 사회적 갈등을 해결하도록 호소하고, 이 규범을 승인하지 않고 위반했을 때에는 일정한 제재를 과함으로써 범죄예방의 기능을 담당하고 있다.

형법은 적극적 일반예방의 관점에서 사회일반인으로 하여금 ① 사회교육적 동기를 학습하게 하는 효과를 불러일으켜 법충실에의 숙련을 쌓게 하고(사회교육적 학습효과), ② 법질서가 관철됨을 직접·간접으로 체험하게 함으로써 규범신뢰에의 숙련을 쌓게 하며(규범신뢰의 효과), ③ 범죄로 인하여 불안해진 일반인의 법의식과 법감정을 진정시켜 주고 범죄자와의 갈등이 해소된 것으로 간주하는 만족효과를 불러일으켜 결과인낙에의 숙련을 쌓게 한다(만족효과).

형법규범을 통한 적극적 예방효과를 일컬어 형법의 **적극적 일반예방기능** 또는 **통합예방**(Integrationsprävention)이라고도 한다. 특히 만족효과에 의해 범죄적 갈등을 종국적으로 해소하여 사회통합에 이르러 가게 하는 적극적 일반예방기능을 사회통합기능이라고 부른다(Roxin).

또한 형법은 재사회화 노력에 의하여 범죄자 개인으로 하여금 범죄유혹에 대한 면역성을 획득하게 함으로써 다시는 재범을 하지 않고 건전한 사회일원으로 사회에 복귀시키는 특별예방적 작용에 의해 범죄를 예방하는 기능도 담당하고 있다. 이를 **적극적 특별예방기능**이라 한다.

한편 형법은 범죄에 대한 일정한 분량의 형사제재를 예고함으로써 위하적 작용을 하며, 이에 의해 법질서를 방위하는 기능도 갖고 있다. 이를 **소극적 일반예방기능**이라고 한다. 반면 개선불가능한 범죄자를 사회로부터 격리시켜 더 이상 사회에 해를 끼치지 못하도록 형법은 특별한 예방조치를 취하기도 한다. 이를 **소극적 특별예방기능**이라고 한다.

Ⅲ. 규제적(진압적) 기능

형법은 법질서의 부분질서로서 사회생활영역에서 질서를 유지하고 파괴된 질서를 회복시키는 기능을 하고 있다. 이를 위해 형법은 공동생활에 필요한 행위규범들을 설정하고 이 규범이 침해됐을 때 이에 대한 규범적 평가를 내리고 적정한 형사제재를 가지고 대응함으로써 법공동체의 평화교란행위들을 진압·규제하는 기능을 한다.

형벌에 의해 보장된 규범들을 침해했을 때, 이를 진압하기 위해 강제력을 띤 일정한 해악을 가하는 것은 공동생활의 평화질서를 유지하기 위한 필요불가결한 요청이다. 이러한 규제기능이 없다면 사회질서를 위한 사회통제는 불가능할 것임은 두말할 것도 없다. 이런 관점에서 형사제재의 사회통제 내지 규제적 기능을 사회공리주의의 표현이라고 지칭하는 사람도 있다.

IV. 보호적 기능

형법은 법익보호질서이다. 형법은 시민들의 자기실현을 위해 필요불가결한 기본조건들을 확증하고 보호함으로써 사회일반인의 법익을 보호해 줄 뿐만 아니라 이를 통하여 평화로운 공동사회의 질서를 확보해 주는 기능을 한다. 따라서 법익의 보호는 형법의 주된 임무이기도 하다.

형법의 보호적 기능은 법익보호의 영역을 넘어 보다 근원적인 차원에서 사회윤리적 행위가치의 보호에도 영향을 미치고 있다. 뿐만 아니라 사회 그 자체의 존립과 안전을 도모하는 데 기여함으로써 실제 사회체계 자체의 보호에도 기여하는 기능을 갖고 있다. 그러나 사회윤리적 행위가치의 보호나 사회 그 자체의 보호는 형법의 기능의 당위적인 요청이라기보다는 사실상의 역할에 불과하다. 본질적인 임무로서의 보호기능은 어디까지나 헌법질서에 합치하는 법익의 보호에 있다.

V. 보장적 기능

형법은 먼저 범죄가 무엇인지를 법률구성요건에 의해 확정해 줌으로써 구성요건에 규정된 행위만이 처벌의 대상이 되게 하고 나머지 부분은 다 시민의 자유활동의 영역에 속하게 한다. 이로써 일반국민으로 하여금 형법으로부터 자유로운 영역을 누리게 하고 규제의 범위를 한정함으로써 시민의 자유와 권리를 보장해 주는 기능을 한다. 형법의 이러한 기능에 착안하여 형법을 시민의 자유의 대헌장이라고 부르기도 한다.

한편으로 형법은 형벌 및 보안처분의 조건과 종류, 정도와 한계를 규정해 줌으로써 이에 반하는 국가형벌권의 자의적 행사로부터 범죄인의 자유와 권리를 보장해 주는 기능도 한다. 형법의 이러한 기능에 착안하여 일찍이 몽테스키외와 프란츠 폰 리스트는 형법을 범죄인의 대헌장이라고 불렀다.

VI. 결   어

형법은 보충적 법익보호를 통해 평화로운 공동사회의 질서를 확보한다는 본래의 임무와 목적을 실현하기 위해 다양한 기능을 현실적으로 수행하고 있다. 그러나 형법의 이같은 여러 기능은 사회통제의 다양한 양태로서 누구에게나 예견가능하고 검증가능하도록 정형화된 형태로 수행되어야 한다. 여기서 정형화란 물론 법치주의의 정도를 지킨 정당한 한계 내의 것임을 의미한다.

형법의 기능은 결코 감정적·충동적·자의적 문제해결의 방법이 아니라 이성적·합리적·자유적·인간존중적 문제해결의 방법이어야 하며 규범침해행위에 대해 사전에 미리 숙고되고 예고된 응답으로서의 작용이어야 한다. 이러한 준칙과 상궤(常軌)를 벗어난 형법의 기능이란 결국 형법의 임무와 목표달성에 유해한 역기능 이외에 아무것도 아닐 것이다.

제3절 형법의 규범적 성격

Ⅰ. 법익보호를 위한 형법규범

규범은 원래 당위를 본질적 내용으로 한다. 규범에는 관습규범·종교규범·윤리규범·법규범이 있을 수 있고, 단순히 당위만을 요청하느냐 강제의 수단을 동원하느냐에 따라 행위규범과 강제규범으로 구분할 수 있다. 법규범은 국가권력을 배경으로 하고 강제에 의해 그 실현을 보장한다는 점에서 행위규범과 강제규범의 복합체이다.

형법은 법규범의 일종으로서 범죄라는 역사적·사회적·경험적 실재를 규율대상으로 삼는다. 실질적 의미에서 범죄란 법익위해이다. 형법의 임무가 보충적인 법익보호인 만큼 형법규범도 궁극적으로는 범죄통제를 통하여 법익보호에 이바지한다. 법익보호를 위해 형법은 먼저 일반인에게 당위적인 금지 또는 명령을 내리는 행위규범을 제시한다. 그리고 만약 일반인들이 이 행위규범의 요구를 무시할 때 일정한 형벌 또는 보안처분을 과하겠다는 제재규범까지 제시한다.

형법의 법률요건(구성요건)은 바로 행위규범의 호소하는 목소리를 담은 그릇이고, 형법의 법률효과(형벌·보안처분)는 바로 제재규범의 경고하는 목소리를 담은 그릇이다. 행위규범은 금지·명령을 통해 일반인을 바른 길로 인도하고, 제재규범은 형벌 또는 보안처분을 통해 행위규범준수를 실효성 있게 만든다.

Ⅱ. 가언규범으로서의 형법

형법은 범죄를 법률요건으로서, 형벌 또는 보안처분을 법률효과로 삼는 규범체계이다. 법률효과인 형사제재가 발동하자면 조건되는 범죄가 무엇인가가 먼저 규명되어야 한다. 따라서 형법의 규범체계는 「사람을 살해하면」(if) 「사형, 무기 또는 5년 이상의 징역」(then)에 처하여진다는 가언명제적 논리구조를 갖는다. 이 것을 「타인을 살해하지 말라」(십계명)는 종교규범이나 「너는 인간성을 단순한 수 단으로 사용하지 말고 항상 동시에 목적으로 사용하도록 행동하라」(Kant)는 도덕규범과 비교할 때 형법규범은 가언규범(Hypothetische Norm), 종교 또는 도덕규범은 무조건적인 정언명령(Kategorische Imperative)이라는 점이 서로 다르다.

Ⅲ. 행위규범과 제재규범

형법은 일반국민에게 일정한 행위를 금지 또는 명령함으로써 사회생활의 기본적인 평화질서를 유지·확보하는 데 준칙이 된다는 점에서 행위규범인 반면, 이 행위규범을 일탈·위반한 행위자에게 공적 비인(非認)을 통해 형벌 또는 보안처분을 과한다는 점에서 제재규범이기도 하다. 이에 비해 규범의 수명자가 일반국민이라는 점에서 형법을 행위규범이라고 하고 형벌권을 독점한 국가가 수범자라는 점에서 형법을 제재규범이라고 하는 견해도 있다.

Ⅳ. 금지규범과 명령규범

행위규범은 일정한 금지 또는 명령을 내용으로 하고 있다는 점에서 금지규범 내지 명령규범의 성격도 갖고 있다. 즉 「사람을 살해한 자」라는 문언은 사람을 살해하지 말라는 금지를, 「위험의 발생을 방지할 의무 있는 자가 위험발생을 방지하지 아니한 때에 그 발생된 결과에 의해 처벌」되는 부작위에 의한 작위범(부진정부작위범)의 경우(제18조)나 또는 일정한 장소에서 퇴거요구를 받고 응하지 아니함으로써 성립되는 퇴거불응죄(제319조 제2항)의 규정은 일정한 행위를 명령하고 있다.

V. 평가규범과 결정규범

형법규범이 어떠한 내용을 담고 있고 또 어떤 사람에게 적용되느냐 하는 관점에 따라 형법이 평가규범인가 결정규범인가 하는 논의가 있어 왔다. 형법규범은 법수범자의 일정한 행위를 요구하는 입법자의 의사표현이며, 이에 의해 법수범자를 올바른 의사결정에로 이끌어 주는 역할을 한다는 점이 바로 결정규범의 측면이다. 이에 반해 형법규범은 인간의 공동생활에 관한 외적 규율이며, 인간의 행위가 입법자에 의해 표상된 공동체질서에 합치하는가 또는 모순되는가를 평가하는 객관적·사회적 생활질서라는 점이 바로 평가규범의 측면이다.

메츠거에 의하면 평가규범으로서의 형법은 결정규범으로서의 형법에 대해 논리적으로 앞선다는 것이고, 빈딩은 결정규범으로서의 형법에 중점을 두고 있지만, 규범은 원래 사고의 세계와 현실의 세계의 결합이며, 따라서 형법은 **평가규범**일 뿐만 아니라 동시에 **결정규범**으로 이해하지 않으면 안 된다. 수범자에게 일정한 의사결정을 요구하기 위해서는 법적인 평가가 전제되어야 하고 결정규범에 위반한 행위의 결과는 평가규범에 의한 가치판단을 받아야 한다. 따라서 평가규범과 결정규범의 선후를 따진다든가, 전자를 결과반가치 내지 객관적 위법성으로, 후자를 행위반가치 내지 주관적 위법성으로 연결시키는 것은 형법의 규범적 성격을 전체로서 파악하는 태도가 아니므로 취할 바 못된다.

제4절　형법의 해석과 적용

I. 형법의 해석

1. 해석과 포섭

형법은 추상적으로 서술된 일정한 범죄행태를 구성요건으로 하고 형벌 또는 보안처분을 법률효과로 하는 규범체계이다. 따라서 형법에서 법률의 적용이란 현실적으로 발생한 범죄사실에 상응한 규범의 근거를 밝히고 적합한 형사제재를 찾는 과정을 말한다.

여기에서 법관은 보통 형식논리적인 삼단논법의 절차에 따라 대전제(추상적인 법규)와 소전제(구체적인 생활사실)로부터 논리상의 결론(이 생활사실이 당해 법규에 저촉됨)을 추출하게 된다. 즉 「사람을 살해한 자는 사형, 무기 또는 5년 이상의 징역에 처한다」는 대전제를 「A가 사람을 죽였다」라는 소전제에 적용하여 「A는 살인죄에 해당하여 사형, 무기 또는 5년 이상의 징역에 처한다」는 결론을 이끌어내는 것이 삼단논법이다. 이 때 법률가는 소전제인 현실적인 범죄사실에서 법률적으로 중요한 요소를 이끌어내고 이것이 대전제의 개념표지와 적어도 부분적으로 일치할 때 이것을 대전제에 편입시켜 일정한 결론에 이른다. 법률가의 이 작업을 포섭이라고 부른다. 포섭은 흔히 법관이 판단해야 할 새로운 사실을 관련되는 법률에 이미 적용해 보았던 다른 사안과 비교 일치시키는 방법으로 행하여진다.

포섭은 해석과 다르다. 해석이란 법조문의 내용을 문언의 일상적인 의미로부터 시작하여 문언의 가능한 의미에 이르기까지 파악해 가는 과정을 말한다. 해석은 법문의 내용을 분명히 하고 윤곽과 한계를 밝힘으로써 법규의 구체화에 기여한다. 해석은 언제나 포섭에 앞서 행하여진다. 포섭에 앞서 보통 적용해야 할 법규정의 의미가 해석에 의해 먼저 확정되어야 하므로 해석은 포섭의 전제이기도 하다.

해석에는 다음 두 가지 임무가 주어진다. 첫째, 포섭에 앞서 적용해야 할 대전제의 의미를 분명히 하는 일이다. 둘째, 포섭에 앞서서 새로운 사안과 동일시할 수 있는 선례들의 법률적 기능의 범위를 파악하는 일이다(해석의 이와 같은 기능 때문에 실정형법체계를 택하고 있는 여러 나라에서도 선례는 중요한 의미를 갖는다).

해석은 일면 법률과 선례를, 타면 구체적인 생활사실을 좌우로 둘러보는 두 가지 방향의 사고활동을 필요로 한다.

2. 해석의 기술

(1) 문리해석

모든 해석의 출발점은 법률의 문언(Gesetzeswortlaut)이다. 그 문언의 의미를 가능한 문언의 의미(Der mögliche Wortsinn) 한계 내에서 일상적인 언어관행에 따라 탐구하는 것을 문리해석이라고 한다. 예컨대 문서에 관한 죄에서 문서와 도화는 문언에 따라 각각 의미도 다르다. 다만 입법자가 일정한 문언에 특별한 의미를 부여했는지의 여부를 주의해야 한다. 가령 문서손괴죄($^{제366}_{조}$)에서 문서는 작성명의인이 본인 또는 타인이든 상관없이 타인이 소지하고 있는 문서를 의미하므로 타인명의의 문서만을 의미하는 사문서위조죄($^{제231}_{조}$)의 문서와는 의미하는 바가 다르다.

(2) 역사적 해석

역사적인 입법자의 의사를 끌어들여 해석하는 방법을 역사적 해석이라 한다. 이것을 흔히 주관적 해석론이라고도 부른다. 이에 반해 입법자의 주관적 의사와는 독립된 객관적이고 상황에 따라 스스로 변화하는 법률의 의미를 해석의 기준으로 삼는 방법을 객관적 해석론이라고 한다. 그러나 구체적인 사회적 조건하에서 어떠한 해석이 법률적 규율의 의미를 가장 바람직하게 실현시킬 수 있을 것인가를 고려한다면 해석의 올바른 길은 주관적·역사적 해석방법과 객관적 해석방법의 중간에 위치하고 있다.

(3) 체계적 해석

법률은 사회질서의 측면에서 일체성을 이루고 있어 개개의 규범은 고립된 것으로 볼 것이 아니라 법률의 전체적인 맥락 속에서 파악되어야 한다. 당해 규정의 법률체계적 연관에 의해 법문언의 논리적 의미를 분명히 밝힘으로써 당해 규범의 내용에 가장 접근된 해석을 시도하는 방법을 체계적 해석이라 한다. 예컨대 상해치사($^{제259조}_{제1항}$)의 상해에는 과실치상($^{제266조}_{제1항}$)이 포함되지 않으며 단지 상해($^{제257조}_{제1항}$) 및 중상해($^{제258조}_{제1항}$)만이 포함된다. 왜냐하면 법문의 체계상 상해치사는 상해 및 중상해의 가중형태로 규정되어 있기 때문이다.

(4) 목적론적 해석

법규범은 사회적 갈등문제를 해결하고 모순·충돌하는 이익을 조정하며 사회적 공동생활을 가능하게 해 주는 목적을 추구한다. 법의 해석에 있어서 이러한 법규의 객관적 목적에 따라 법문언의 의미를 탐구하는 방법을 목적론적 해석이라 한다.

목적론적 해석에서는 법익보호의 목적은 물론 법률의 보장기능도 고려해야 한다. 이같은 목적론적 해석은 개개 법률의 목적에 따라 확장적 또는 제한적으로 행하여진다.

(a) **확장적 해석**(확대해석)　　법문의 가능한 문언의 범위 내에서 법규의 목적을 최대한 고려하여 어의의 한계를 최대한으로 확장하여 해석하는 방법이다. 확장적 해석의 경우라도 법익의 보호목적과 법률의 보장기능을 고려한다면 죄형법정원칙, 특히 유추적용금지의 요구에 반하지 않는다. 예컨대 가로표지판을 돌려놓는 것, 자동차 바퀴의 바람을 빼어버리는 것, 말(馬)을 어느 정도 지속적인

장애상태에 두는 것, 여관집에서 손님에게 인사말을 하는 앵무새에게 욕설을 가르쳐 욕쟁이 앵무새로 변형시켜 놓는 것 따위는 확장해석에 따라 재물손괴로 볼 수 있다.

그러나 세워 둔 자동차 앞에 다른 자동차를 세워 놓아 일정한 시간 운행할 수 없도록 진로를 막는 것 따위는 재물손괴로 볼 수 없다. 왜냐하면 재물손괴에서 일반적인 제한기준은 당해 물건에 직접 가한 영향이 있었는가의 여부이며, 만약 이것이 없을 때에는 재물손괴죄의 구성요건이 충족되지 않기 때문이다.

‖ **판례** ‖ 폭력행위등처벌에관한법률 제 3 조 제 1 항에 있어서 '위험한 물건'이라 함은 흉기는 아니라고 하더라도 널리 사람의 생명, 신체에 해를 가하는 데 사용할 수 있는 일체의 물건을 포함한다고 풀이할 것이므로, 본래 살상용·파괴용으로 만들어진 것뿐만 아니라 다른 목적으로 만들어진 칼·가위·유리병·각종 공구·자동차 등은 물론 화학약품 또는 사주된 동물 등도 그것이 사람의 생명·신체에 해를 가하는 데 사용되었다면 본조의 '위험한 물건'이라 할 것이며, 한편 이러한 물건을 '휴대하여'라는 말은 소지뿐만 아니라 널리 이용한다는 뜻도 포함하고 있다. 견인료납부를 요구하는 교통관리직원을 승용차 앞범퍼 부분으로 들이받아 폭행한 사안에서, 승용차가 폭력행위등처벌에관한법률 제 3 조 제 1 항 소정의 '위험한 물건'에 해당한다(대판 1997. 5. 30, 97 도 597).

(b) **제한적 해석**(축소해석)   법문의 의미를 목적에 비추어 축소하여 고려하는 것을 제한적 해석이라 한다. 예컨대 상해죄의 목적은 범죄자가 타인의 신체를 손상시키는 것을 저지하는 것이지 타인의 신체질환의 치료·개선을 막자는 것이 아니다. 따라서 의술에 맞추어 시행된 치료시술은 상해에 포섭될 수 없는 경우가 그것이다. 가령 지하철에 개를 데리고 승차할 수 없도록 한 금지규정이 있다면 타인에게 혐오감을 줄 수 있는 정도의 개를 금지한 것이지 애완용의 조그만 강아지까지 전적으로 금지한 것은 아니라고 한 경우도 제한적 해석의 일례이다.

(5) **헌법합치적 해석**(합헌해석)

법질서는 헌법을 최상위규범으로 삼고 하위의 여러 법규범으로 구성되어 있다. 따라서 더 높은 상위의 법이 하위의 법보다 효력상 우위를 점해야 함은 법의 질서기능상 당연하다. 상위의 법의 효력우위와 법질서의 통일성의 요구로부터 법률의 해석에서 해석될 규범을 상위의 규범과 모순되게 해석하는 일은 피해야 한다는 요청이 제기된다. 특히 해석상 헌법규범과의 모순을 피하고 되도록 헌법의 규범의미에 합치되도록 해야 한다는 요구가 합헌해석이다(대판 2011. 4. 14, 2008 도 6693).

이 합헌해석도 체계적 해석의 일종이지만 두 가지 관점에서 특별한 고려를 필요로 한다. 첫째, 법률에 관한 여러 가지 다양한 해석이 가능할 때 체계적으로 당해 규율대상에 관련된 헌법규범을 고려하여 헌법에 합치되는 해석을 우선적으로 선택해야 한다. 둘째, 법률이 헌법규범과 모순되는지의 여부가 문제될 때 위헌판단에 앞서 문언의 가능한 범위 안에서 먼저 헌법합치적 해석이 가능한가를 검토해야 한다. 이 경우 합헌해석이 해석해야 할 규범의 문언과 모순되는 정도까지 이르지 않도록 유의해야 한다(헌재 1990. 4. 2, 89 헌가 113, 국가보안법 제 7 조 제 1 항·제 5 항 위헌 여부에 관한 결정 참조).

‖ **판례** ‖   1991년 5월 31일 개정전 국가보안법 제 7 조 (찬양고무죄)에서 사용하고 있는 개념들은 사물을 변별한 능력을 제대로 갖춘 일반인의 이해와 판단으로서도 해석의 합리적 기준을 찾기 어려운 개념이며 구성요건의 한계를 가리기 어려운 광범위성을 지닌 것으로 언론·출판의 자유와 학문·예술의 자유를 침해할 개연성과 양심의 자유를 침해할 가능성이 있을 뿐만 아니라 법운영당국에 의한 자의적 집행을 허용할 소지가 있어 죄형법정원칙에 위배될 소지가 있다. 그러나 같은 법 제 7 조의 완전폐기에서 오는 법의 공백과 혼란 및 국가적 불이익이 폐기함으로써 오는 이익보다 더 크다고 판단된다. 또한 어떤 법률개념이 다의적이고 그 말뜻의 테두리 안에서 여러 가지 해석이 가능할 때 통일적인 법질서의 형성을 위해 위헌적 결과가 될 해석을 배제하면서 합헌적인 해석을 선택해야 하는 것이 헌법일반원리다. 따라서 같은 법 제 7 조는 그 행위가 국가의 존립·안전을 위태롭게 하거나 자유민주적 기본질서에 위해를 줄 명백한 위험성이 있는 경우에 적용된다고 할 것이므로 이러한 해석하에서는 위헌이 아니다(헌재 1990. 4. 2. 89 헌가 113).

3. 형법해석의 방법

종래의 법이론에서 문리적·역사적·체계적·목적론적 해석방법이 동등한 위치에서 나란히 취급되었다. 그러나 오늘날 문리적·역사적·체계적 해석방법은 법규의 목적을 탐구하기 위한 보조수단에 불과하다는 생각이 지배적이다. 물론 목적론적 해석은 형법해석에서도 왕좌를 차지한다고 말할 정도로 중요한 의미를 갖고 있다. 그러나 적어도 의심스러운 사례에서 정의에 합당한 바람직한 결론을 논증할 수 있기 위하여는 문리적·역사적·체계적·목적론적 해석방법을 다 함께 고려하는 방법다원론이 형법해석의 적절한 방법임을 주의해야 한다.

일반적으로 올바른 형법해석은 법률의 문언과 목적을 똑같은 비중으로 고려하지 않으면 안 된다. 문리해석과 목적론적 해석 양 기준의 어느 하나만이 충족되었다고 해서 올바른 해석이 이루어졌다고 볼 수는 없기 때문이다. 이 점에서 우리

는 형법해석의 경우 적어도 문리해석을 출발점으로 삼고 목적론적 해석을 해석활
동의 귀착점으로 삼으면서 동시에 역사적 해석과 체계적 해석 및 헌법합치적 해
석을 함께 고려하지 않으면 안 된다고 생각한다.

‖ 판례 ‖ 형벌법규는 문언에 따라 엄격하게 해석·적용하여야 하고 피고인에게 불리한
방향으로 지나치게 확장해석하거나 유추해석하여서는 아니 되나, 형벌법규의 해석에 있
어서도 가능한 문언의 의미 내에서 당해 규정의 입법 취지와 목적 등을 고려한 법률체계
적 연관성에 따라 그 문언의 논리적 의미를 분명히 밝히는 체계적·논리적 해석방법은
그 규정의 본질적 내용에 가장 접근한 해석을 위한 것으로서 죄형법정주의의 원칙에 부
합한다(대판 2007. 6. 14, 2007 도 2162).

4. 해석과 유추

전통적으로 법률학은 해석과 유추를 구별해 왔다. 그러나 동일성과 유사성
사이에 논리적 한계가 존재하지 않는 한 해석과 유추를 논리적으로 구별할 수 없
다는 견해도 있다.[1] 내용적 동일성은 실제 언제나 유사성일 뿐이고 형식적 동일
성은 형식논리적인 숫자개념이나 기호 영역에만 존재할 뿐이기 때문이라는 것이
다. 그래서 해석과 유추는 확장의 정도에 의해 구별할 수 있을 뿐 절차의 논리적
구조에 의해 구별할 수 없다는 것이다. 유추적용금지는 사리상 지켜질 수 없는 요
청이며, 유추적용금지는 결국 유추 내에서 허용될 수 없는 유추를 지칭한 데 불과
하다는 것이다.

일반법이론적으로 이 주장이 잘못된 것은 아니다. 그러나 형법이론적으로 해
석과 유추를 동일시하는 견해는 위험스러울 뿐만 아니라 실용성도 떨어진다. 인
간이라는 유사성 범주안에 있다고 해서 사람과 태아를 동일시하여 낙태와 살인을
동일시할 수 있는 여지를 남겨두는 것은 위험할 뿐더러 혼잡스럽기조차 하다. 유
추는 가능한 문언의 한계 밖에 있는 비슷한 사례에 법률의 내용을 적용하는 것이
므로 그것은 법률의 해석이 아닌 법의 창조이다. 즉 법률의 가능한 문언의 의미보
다 더 폭넓은 적용범위를 해석적용자에게 인정해 주는 것이다. 그 결과 자유법치
국가의 권력분립원칙에 따라 입법자에게만 부여한 법률제정의 권위가 법관에게
이양된 것이 아닌가 하는 의문을 낳게 한다. 확장해석은 문언의 의미한계를 최대
한으로 확장했을 뿐 그 한계를 벗어난 것은 아니기 때문에 역시 해석이며, 그 한
에서 법치국가적으로 크게 문제될 것이 없다.

---

1) Arth. Kaufmann, Rechtsphilosophie, 2. Aufl., S. 125.

결국 형법해석이라 함은 입법자가 법률의 문언에 의해 마련해 둔 어의의 가능한 범위 안에서 법관과 같은 해석적용자가 그 문언에 가장 가까운 어의, 역사적인 입법자의 의사, 법률체계적인 연관성, 법률의 객관화된 목적 등을 고려하여 규범의 의미내용을 의심할 바 없는 명료한 형태로 구체화하는 작업을 말한다.

Ⅱ. 형법의 시적 적용

1. 의   의

형법은 공포 시행된 때부터 폐지될 때까지 존속하며, 이 존속기간 동안 유효하게 적용되는 것이 원칙이다. 그런데 만약 행위시와 재판시 사이에 가벌성과 처벌에 관한 법규정의 변경이 있게 되면 어느 시점을 기준으로 형법을 적용할 것인가가 문제된다.

특히 ① 행위시에 불가벌이었던 어떤 행태가 후에 범죄로 규정된 경우, ② 행위시에 유효했던 가벌성 및 처벌에 관한 법규가 폐지된 경우, ③ 행위시보다 재판시의 형 또는 보안처분이 감경된 경우 등에 형법의 시적 적용의 문제가 발생한다.

이 때 문제되는 것은 변경 전의 행위시법(구법)을 적용할 것인가, 아니면 변경된 재판시법(신법)을 적용할 것인가 하는 점이다. 따라서 형법의 시적 적용의 문제란 바로 발생한 범죄사실에 대하여 어느 시기의 형법을 적용할 것인가의 문제이다. 이 경우 만약 재판시의 형법(신법)을 적용하면 신법의 소급효(Rückwirkung) 문제가 되고, 행위시의 형법(구법)을 적용하면 구법의 추급효(Nachwirkung) 문제가 된다.

2. 형법상의 규율

(1) 행위시법원칙(소급효의 금지)

우리 형법 제1조는 바로 시적 적용에 관하여 규정하고 있다. 즉, 제1항에서 「범죄의 성립과 처벌은 행위시의 법률에 의한다」라고 하여 행위시법원칙을 선언하고 있다. 물론 이 규정이 단순한 시적 적용의 의미를 넘어 죄형법정원칙의 파생원칙인 소급효금지의 원칙까지 규정한 것인가는 분명하지 않다. 행위시법원칙이 적용되는 한도 안에서 신법의 소급효금지의 효과도 나타나는 것이므로 이 규정 속에 소급효금지원칙의 내용도 전제되어 있다고 해도 좋을 것이다(헌법 제13조 제1항). 입법론상 죄형법정원칙과 행위시법원칙을 각각 나누어 규정하는 것이 옳다.

(2) 행위시법원칙의 예외(행위자에게 유리한 소급효의 허용)

행위시법원칙에 대해 형법 제 1 조 제 2 항·제 3 항은 다시 행위자의 자유에 유리하도록 경한 법을 우선 적용한다는 취지에서 이 원칙의 예외를 인정하고 있다. 즉「범죄 후 법률의 변경에 의하여 그 행위가 범죄를 구성하지 않을 때」($^{제1조 제}_{2항 전단}$)에는 신법에 의해 면소판결($^{형소법 제326조}_{제4호}$)을 내리고,「형이 구법보다 경한 때에는」($^{제1조}_{제2항}$ $^{후}_{단}$) 신법에 의해 재판하여야 한다. 더 나아가 재판확정 후라도 법률의 변경에 의하여 그 행위가 범죄를 구성하지 아니하는 때에는 형의 집행을 면제($^{제1조}_{제3항}$)한다.

신법에 의한 소급효가 인정되는 예외의 요건은 다음과 같다.

(a) **범죄후의 법령변경으로 비범죄화된 경우**

(개) **범죄후의 의미**   여기서 범죄후란 행위종료 후를 의미하며 결과발생은 포함하지 않는다. 실행행위 도중에 법률의 변경이 있어 실행행위가 신·구법에 걸쳐 행하여진 때, 예컨대 장기간 계속된 체포·감금행위와 같은 계속범의 실행행위 도중 법률의 변경이 있는 경우에는 추급효에 의해 구법이 적용되는 것이 아니라 실행행위가 신법시행시에 행하여진 것이므로 행위시법원칙에 따라 신법이 적용되어야 한다. 개정형법(1995. 12. 29)은 부칙 제 3 조에서「1 개의 행위가 이 법 시행 전후에 걸쳐 이루어진 경우에는 이 법 시행 이후에 행한 것으로 본다」고 규정하여 이를 명문화하고 있다.[2]

포괄적 일죄의 경우도 그 범죄의 시행이 개정형법의 시행 전후에 걸쳐 있을 때에는 부칙 제 3 조에 따라 신법이 적용된다고 보아야 할 것이다.

(나) **법률변경의 의미**   여기서 법률이란 가벌성의 존부와 정도를 규율하는 총체적 법상태(Der gesamte Rechtszustand)를 의미한다. 따라서 전체법령은 물론 백지형법에서 보충규범에 해당하는 행정처분이나 조례, 고시까지도 여기에 포함된다. 변경은 이와 같은 법률의 개폐를 포함한다(통설[3]). 따라서 한시법의 유효기간경과로 이 법이 실효된 경우도 법률의 '변경'이 있는 경우이다.

(다) **범죄를 구성하지 아니하는 경우의 의미**   여기에서 범죄를 구성하지 아니하는 경우란 형법각칙의 특정범죄구성요건의 폐지뿐만 아니라 정당화사유, 면책사유, 형사책임연령, 미수의 가벌성 등 형법총칙적 규율의 변경에 의해 가벌성이

---

2) 독일 형법도「범죄가 행하여지는 중에 형벌적용이 변경된 때에는 범죄행위의 종료시에 효력이 있는 법률을 적용한다」(독일형법 제 2 조 제 2 항)고 하여 이를 명시해 놓고 있다.

3) 판례는 군사기밀을 누설한 이후 기밀이 해제된 것은 법률의 변경이 아니므로 재판시법이 적용될 여지가 없다고 하였다(대판 2000. 1. 28, 99 도 4022).

폐지된 경우도 포함한다. 가벌성이 폐지되어 범죄를 구성하지 아니하는 경우만이 아니라 단지 가벌성의 전제가 행위자에게 유리하게 변경되었을 뿐인 경우에도 형법 제1조 제2항 전단에 의해 신법이 적용되어야 한다.

대법원은 형법 제1조 제2항의 규정은 형벌법령제정사유가 된 법률이념의 변천에 따라 과거에 범죄로 보던 행위에 대하여 그 평가가 달라져 이를 범죄로 인정하고 처벌하는 자체가 부당하였거나 과형이 과중하였다는 반성적 고려에서 법령을 개폐한 경우에 한하여 적용할 것이라고 판시했다(대판 1997. 12. 9, 97 도 2682). 이 판결로써 대법원은 형법 제1조 제2항의 적용범위를 현저히 제한한 셈이다. 법치국가형법, 특히 죄형법정원칙의 이념에 비추어 볼 때 수긍하기 어렵다.

(b) **경한 형으로 법률이 변경된 경우**　　신법의 형이 구법보다 경한 경우에는 신법을 적용한다($_{2항 후단}^{제1조 제}$). 법률의 변경이 있더라도 형이 중하게 변경된 경우, 경중의 차이가 없는 경우에는 행위시법원칙에 따라 구법이 그대로 적용되어야 함은 형법 제1조 제2항 후단의 반대해석의 당연한 귀결이다.

여기서 비교되어야 할 형은 물론 법정형이며, 법정형 중 병과형 또는 선택형이 있을 때에는 이 중 가장 중한 형을 기준으로 한다(대판 1992. 11. 13, 92 도 2194). 법정형에는 주형뿐만 아니라 형법 제49조의 몰수형과 같은 부가형도 포함된다. 형의 종류와 기간이 동일하다 하더라도 신법에 선택형의 가능성이 있을 때(대판 1954. 10. 16, 4287 형상 43), 또는 임의적 감경이 임의적 감면으로, 임의적 감경이 필요적 감경으로, 필요적 감경이 임의적 감면이나 필요적 감면으로 변경된 때에는 신법이 경하다고 보아야 할 것이다(대판 1981. 4. 14, 80 도 3089 판결은 「상고심 계속중 법률의 개정으로 형이 경하게 변경된 경우에는 상고심은 직권으로 원판결을 파기하여야 한다」고 판시하고 있다). 범죄 후 여러 차례 법률이 변경되어 행위시법과 재판시법 사이에 중간시법이 있는 경우에는 그 중에서 가장 형이 가벼운 법률을 적용하여야 한다(대판 2012. 9. 13, 2012 도 7760).

3. 한시법의 문제

(1) 의　　의

한시법(Zeitgesetz, loi temporaire)에는 광의의 한시법과 협의의 한시법이 있다.

협의의 한시법은 이미 일정한 유효기간을 정해 놓은 법률을 말한다. 여기에는 2002년 1월 1일부터 2002년 12월 31일까지 유효하다는 식의 달력에 의한 한정방식과 시행일 이후 장래의 일정한 사건발생시까지 유효하다는 식의 한정방식도 있다. 또한 유효기간은 반드시 법률제정시에 특정되어 있지 않더라도 그 법률의 폐지 전에 정하여지기만 하면 충분하다.

광의의 한시법은 이러한 협의의 한시법 외에 법률의 내용과 목적이 일시적 관계나 사정에 대응하기 위한 것으로서 사정이 변경되거나 없어지면 효력도 따라서 없어져야 할 법률을 말한다.

우리나라에서는 협의의 한시법만 인정하는 견해가 다수설[4]이며, 독일과 같이 광의의 한시법을 인정하는 견해는 소수이다.[5] 생각건대 독일형법처럼 한시법의 규율을 명문화하고 있는 곳에서는 광의의 한시법을 인정해도 무방하나 우리 형법처럼 이에 관한 명문규정이 없어 효력 자체가 문제되고 있는 곳에서는 오히려 협의의 한시법만을 개념요소로 파악하는 것이 옳다.

(2) 문제의 제기

한시법의 유효기간중 행위에 대하여 그 유효기간의 경과로 한시법이 폐지·실효되었음에도 행위시법을 적용하여 처벌할 것인가($\frac{제1조}{제1항}$), 아니면 행위자에게 유리한 신법률의 소급적용원칙($\frac{제1조}{제2항}$)에 따라 재판시법을 적용하여 면소판결($\frac{형소법}{제326조}$ $\frac{}{제4호}$)을 하여야 할 것인가, 또는 재판확정 후인 경우 형을 면제($\frac{제1조}{제3항}$)할 것인가가 문제이다. 이것이 한시법 폐지 후의 효력인정 여부에 관한 문제이며, 종래 이 문제를 흔히 한시법의 추급효문제로 불러왔다.

한시법의 추급효란 행위자에게 불리한 추급효를 의미한다. 따라서 형법 제1조 제2항의 유리한 소급효 문제와는 정반대 문제이다. 이 문제는 실제 한시법 폐지 전의 행위에 대해 이 법의 폐지 후 형법 제1조 제1항에 따라 행위시법을 적용할 것인가, 아니면 제1조 제2항에 따라 재판시법을 적용할 것인가, 또는 재판확정 후의 법률변경을 그대로 적용할 것인가의 해석문제이므로, 한시법의 추급효란 말 대신 한시법의 효력이라고 하는 것이 실제적인 내용에 보다 적합할 것이다.

(3) 효 력

한시법의 효력에 관하여 당해 한시법 안에 실효 후에도 유효기간중의 위반행위를 처벌할 수 있다는 특별규정이 있는 한 별 문제가 없다($\frac{제8조}{단서}$). 또한 「일정한 기간 동안 효력이 있는 법률은 그 법률이 폐지된 경우에도 유효기간중 행하여진 행위에 대하여 이를 적용한다. 단 법률이 달리 규정하고 있는 때에는 그러하지 아

---

4) 권오걸 48면; 김성돈 81면; 박상기 48면; 안동준 24면; 오영근 76면; 이형국 59면; 정성근·박광민 74면; 정영석 66면; 정영일 49면; 진계호 79면; 황산덕 33면.
5) 김성천·김형준 41면; 손동권·김재윤 50면; 신동운 54면; 이영한 48면; 이재상 37면; 이정원 49면.

니하다」라고 한시법의 효력에 관한 일반규정을 둔 입법례에서도$\binom{독일형법}{제2조 제4항}$ 별 문제가 없다. 다만 그러한 명문규정이 없는 우리 형법에서 이것을 어떻게 취급할 것인가가 문제인데, 이에 관하여는 학설이 대립하고 있다.

(a) **행위자에게 불리한 추급적용을 인정하는 견해**   행위시법원칙$\binom{제1조}{제1항}$을 적용하여 한시법은 그 법의 폐지 후에도 존속기간중의 행위에 대해 계속 효력을 갖는다는 견해이다.[6] 그 논거는 다음과 같다.

첫째, 한시법 유효기간중의 범죄행위에 대하여 유효기간 경과 후에는 처벌할 수 없다고 한다면, 한시법의 실효기일이 임박할수록 위반행위가 속출하는데도 이것을 처벌할 수 없게 되어 형사정책적 목적을 달성하기 어렵다.

둘째, 한시법은 일정기간을 정하여 그 기간 동안 국민에게 준수하도록 요구하는 법이므로 그 기간을 경과하여도 경과 전에 범하여진 행위는 비난할 가치가 있다.

(b) **행위자에게 불리한 추급적용을 인정할 수 없다는 견해**   한시법에 대해서 형법 제 1 조 제 2 항에 명시된 행위자에게 유리한 소급적용원칙의 정신을 살려 재판시법을 적용할 것이며 그에게 불리한 추급적용을 할 수 없다는 견해이다(우리나라의 다수설[7]). 그 논지는 형법 제 1 조 제 2 항을 배제하는 예외적 특별규정이 없는 한 동조항의 원칙규정에 따라야 하며, 법폐지 후 행위시법에 따른 처벌은 있을 수 없다는 것이다. 즉 형법 제 1 조 제 2 항에 규정된 '법률의 변경' 속에 효력기간이 미리 정하여졌다가 실효된 경우도 포함시키고, 효력기간 경과 후에는 한시법의 효력을 인정하지 않고 「범죄 후 법률의 변경으로 인하여 그 행위가 범죄를 구성하지 아니하는 경우」로 보아 형사소송법 제326조 제 4 호에 의해 면소판결을 선고하여야 한다는 것이다. 따라서 법률이 실효된 후에 특별한 규정이 없음에도 추급효를 인정하면 죄형법정원칙에 어긋난다고 한다.

(c) **동 기 설**   한시법의 효력과 관련하여 이른바 동기설(Motiventheorie)이 주장되기도 한다(독일의 통설, 우리 대법원 입장). 즉 한시법 실효에 관한 입법자의 동기를 분석하여 행위자에 불리한 추급효를 인정해야 할 것인가를 결정한다는 견해이다. 이에 의하면 한시법의 폐지 및 실효에 관한 입법자의 동기가 법적 견해의 변경에 기인한 경우인가, 아니면 단순한 시적 기간의 도과 내지 사실관계의 변화

---

6) 유기천 37면; 정영석 65면.
7) 권오걸 51면; 김성돈 84면; 김성천·김형준 41면; 박상기 50면; 배종대 132면; 성낙현 42
면; 손동권·김재윤 51면; 오영근 79면; 이상돈 61면; 이영란 57면; 이형국 39면; 임웅 61면;
정성근·박광민 77면; 정영일 59면; 정진연·신이철 47면; 조준현 112면.

에 기인한 경우인가를 구별하여 전자의 경우에는 행위의 가벌성이 소멸되어 불가벌이지만 후자의 경우에는 가벌성이 없어지지 아니하므로 행위자에게 불리한 추급효를 인정해야 한다는 태도이다(대판 1994. 12. 9, 94 도 221[8]; 1988. 3. 22, 87 도 2678[9]; 1985. 5. 28, 81 도 1045[10] 등). 이에 결론적으로 찬동하는 견해도 있다.[11]

동기설을 지지하는 입장에서는 한시법은 행위시에 이미 처벌규정이 있었던 경우이므로 추급효를 인정하여도 사후입법에 의한 처벌을 방지하려는 죄형법정원칙에 어긋나지 않고 또한 법률변경의 동기가 사실관계의 변화 때문인가 또는 법적 견해의 변경 때문인가는 법의 해석을 통해 충분히 구별될 수 있다는 주장을 편다.[12]

(d) **결 론** 추급적용 부정설이 타당하다. 소급효금지원칙은 원래 행위자를 보호하기 위한 것으로서 소극적 행위시법주의를 내포한다. 그 취지를 살리자면 우리 형법 제 1 조 제 1 항의 행위시법주의를 제 1 조 제 2 항의 행위자에게 유리한 재판시법주의에 의해 보완해야 한다. 한시법에다 행위시법주의를 적용하면 행위자에 불리한 추급효가 되므로 형법 제 1 조 제 2 항에 의해 재판시법주의를 적용해야 한다. 독일형법 제 2 조 제 4 항처럼 한시법의 폐지 후에도 존속중의 범행에 효력이 미침을 인정하고 이의 배제를 위하여는 각개의 한시법에 특별규정을 따로 두도록 한 경우가 형사정책적으로나 입법기술적인 면에서 더 적절한 입법태

---

8) 「유해화학물질관리법 제 6 조 제 1 항의 신고대상에서 제외되는 화학물질에 관한 환경처 고시의 변경이, 법률이념의 변천으로 종래의 규정에 따른 처벌 자체가 부당하다는 반성적 고려에서 비롯된 것이라기보다는 통관절차의 간소화와 통관업무부담의 경감 등 그때그때의 특수한 필요에 대처하기 위한 조치에 따른 것이므로, 고시가 변경되기 이전에 범하여진 위반행위에 대한 가벌성이 소멸되는 것은 아니다」(대판 1994. 12. 9, 94 도 221).

9) 「부동산소유권이전등기등에관한특별조치법이 1985. 1. 1.부터 실효되었으나 이 법은 부동산등기법에 의하여 등기하여야 할 부동산으로서 그 소유권보존등기가 되어 있지 아니하거나 등기부 기재가 실제 권리관계와 일치하지 아니하는 부동산을 간이한 절차에 의하여 등기할 수 있게 함을 목적으로 하여 한시적으로 제정된 것이어서 그 폐지는 위 법제정의 이유가 된 법률이념의 변경에 따라 종래의 처벌 그 자체가 부당하였다는 반성적 고려에서 기인한 것이 아니라 그 제정목적을 다하여 위 법을 존속시킬 필요성이 없다는 고려에서 폐지된 것이므로 위 법 시행 당시에 행하여진 위반행위에 대한 가벌성을 소멸시킬 이유가 없어 위 법 시행기간중의 위반행위는 그 폐지 후에도 행위 당시에 시행되던 위 법에 따라 처벌되어야 한다」(대판 1988. 3. 22, 87 도 2678).

10) 「계엄령의 해제는 사태의 호전에 따른 조치이고 계엄령이 부당하다는 반성적 고려에서 나온 조치는 아니므로 계엄이 해제되었다고 하여 계엄하에서 행해진 위반행위의 가벌성이 소멸된다고는 볼 수 없는 것으로서 계엄기간중의 계엄포고위반의 죄는 계엄해제후에도 행위당시의 법령에 따라 처벌되어야 하고 계엄의 해제를 범죄후법령의 개폐로 형이 폐지된 경우와 같이 볼 수 없다.」(대판 1985. 5. 28, 81 도 1045).

11) 이재상 40면: 다만 이재상 교수는 한시법의 개념을 사실관계의 변화에 기인한 경우로 제한하고 있다.

12) 이재상 39~40면.

도입은 물론이다. 그러나 우리 형법은 독일형법처럼 한시법에 관한 일반규정을 따로 두고 있지 않으므로 독일형법의 경우와는 반대로 해석하는 것이 문언에 충실한 입장이 될 것이다. 따라서 한시법에 일반적으로 행위시법을 적용하려는 해석론은 우리 형법 제1조 제2항 및 제3항의 문언과 충돌하므로 타당하지 않다. 다만 특별한 형사정책적 필요가 있을 때 개개의 한시법에 이 법률은 폐지 후에도 그의 존속중 범하여진 행위에 대해서 계속 효력을 미친다는 특별규정을 두면 된다. 이 때에 한해 행위자에 불리한 추급효를 인정할 수 있다(제8조 단서 참조).

동기설은 입법자의 동기를 판단의 기준으로 삼고 있으나, 입법자의 동기는 입법자의 객관화된 의사보다 더 주관적인 것으로서 동기설의 적용이 행위자에게 어떤 결과를 가져올지 예측하기 어렵기 때문에 법적 안정성의 관점에 비추어 볼 때 취할 바 못된다.

4. 백지형법에서 시적 적용

(1) 백지형법의 의의

백지형법(Blankettstrafrecht)이란 일정한 형벌만을 규정해 놓고 법률요건인 금지내용에 관하여는 다른 법령이나 행정처분 또는 고시 등에 일임하여 후일 별도의 보충을 필요로 하는 형벌법규를 말한다. 예컨대 형법 제112조의 중립명령위반죄나 고시를 보충규범으로 요하는 각종 경제통제법령 또는 환경보호법령 등이 이에 해당한다.

(2) 한시법과의 관계

백지형법에 유효기간이 정하여져 있는 한 한시법임에 틀림없다. 유효기간이 특정되어 있지 않은 경우에도 한시법을 광의로 파악하는 입장은 그것이 일시적 사정에 대처하기 위한 법률의 성질을 가졌다는 점에 착안하여 한시법으로 본다. 그러나 우리 형법의 규정에 비추어 볼 때 한시법을 협의로 해석해야 함은 위에서 언급한 바와 같고, 또 최근의 특별법령제정의 입법기술도 한시법의 필요가 있을 때 유효기간을 특정하는 것이 일반적 관행으로 되어 있다.

(3) 보충규범의 개폐

백지형법에서 보충규범의 개폐도 형법 제1조 제2항 전단의 법률의 변경에 해당하는가가 문제된다. 이에 관하여 다음과 같은 견해의 대립이 있다.

(a) **긍 정 설** 보충규범의 개폐도 형법 제1조 제2항의 법률의 변경에 해

당한다는 견해이다(다수설[13]). 따라서 보충규범의 변경 내지 폐지가 있으면 백지
형법의 구성요건도 개폐되어 그 실효 이후에는 재판시법이 적용되어 처벌할 수
없다는 견해이다. 결국 면소판결($\binom{형소법}{제326조 제4호}$)에 이른다.

(b) **부 정 설**　보충규범의 개폐는 형법 제 1 조 제 2 항의 법률의 변경에 의
한 범죄불구성의 경우가 아니라 그 전제인 구성요건의 내용, 즉 행위처분의 변경
에 불과하므로 이 때에는 형법 제 1 조 제 1 항에 의해 행위시법의 적용을 받아야
한다는 견해이다.[14] 결국 추급효를 인정하게 된다.

(c) **절 충 설**　보충규범의 개폐가 가벌성에 관한 구성요건의 규범성 자체를
정하는 법규의 개폐에 해당하는 때에는 법률의 변경이 되지만 단순히 구성요건에
해당하는 일부 사실 내지 기술면에 관한 법규의 변경에 불과할 때에는 법률의 변
경이 아니라는 입장이다.[15] 판례는 절충설의 입장에 서 있다.

‖**판례**‖　피고인의 행위 당시 축산물가공처리법과 동법 시행규칙(농수산부령)에 따르
면 개(犬)도 동법의 적용을 받게 되어 있으나, 그 후 개정시행규칙에서는 개를 적용대상
에서 제외하였다. 이는 개를 축산물가공처리법의 규제대상으로 삼은 종전의 조치가
부당하다는 반성적 조치라고 보아야 할 것이다. 따라서 행위시법에 따르면 축산물가공
처리법위반이 되지만 원심판결 이후에는 같은 법의 적용을 받지 않게 되었으므로 판결
후 형의 폐지가 있는 경우($\binom{형사소송법}{제383조 제2호}$)에 해당되는 것이다(대판 1979. 2. 27, 78 도 1690).

(d) **결　　론**　형법 제 1 조 2항의 법률변경은 총체적 법상태의 변경을 의
미하므로 가벌성의 존부와 정도에 관계된 보충규범의 개폐는 당연히 법률의 변경
에 해당한다. 따라서 보충규범의 개폐로 행위가 더 이상 범죄를 구성하지 않게 되
면 재판시법에 따라 면소판결을 하여야 한다.[16] 절충설은 법규자체의 변경인가
또는 사실의 변경인가를 구별하는 기준이 불명확한 약점을 가지고 있다.

13) 김성돈 88면; 박상기 52면; 배종대 134면; 성낙현 68면; 손해목 83면; 안동준 27면; 오영근
　76면; 이상돈 59면; 이영란 59면; 이정원 51면; 이형국 61~62면; 임웅 62면; 정성근·박광민
　80면; 정영일 61면; 정진연·신이철 49면.
14) 염정철 169면; 진계호 102면; 황산덕 34면. 이재상 42면은 보충규범의 변경이 법률의 변경에
　해당한다고 보면서도 추급효를 인정하여 처벌하여야 한다는 견해를 취하고 있다.
15) 강구진, 「형법의 시간적 적용범위에 관한 고찰」, 형사법학의 제문제 1983, 16면; 권오걸 54면;
　남흥우 59면; 손동권·김재윤 54면.
16) 다만 가벌성의 존부와 정도에 직접 관련되지 않은 비형법적 사실에 관한 규율의 변경, 또는
　당해 구성요건의 보호목적에 직접 관련되지 않고 당해 구성요건에 단지 간접적으로만 영향을 미
　칠 뿐인 연관규범의 변경 따위는 법률의 변경으로 볼 수 없다.

Ⅲ. 형법의 장소적·인적 적용

1. 의   의

형법은 어떠한 장소에서 발생한 어떤 사람의 범죄에 대하여 적용되는가 하는 점이 형법의 장소적·인적 적용의 문제이다. 이에 관한 규율은 성질상 한 나라 이상에 걸쳐 행하여진 사건에 적용할 법질서의 규정, 즉 법적용법(Rechtsanwendungsrecht)을 의미한다. 우리 형법 제2조에서 제7조까지가 이를 규정하고 있다. 이것은 외국형법의 적용을 규정한 것이 아니라 어떤 행위에 우리 형법을 적용할 것인가를 규정하고 있기 때문에 어디까지나 국내법이며, 따라서 국제형법이란 지칭은 적절치 않다.

2. 입법의 일반원칙

형법의 장소적 인적 적용에 관하여는 네 가지 일반원칙이 있다.

(1) 속지주의

자국의 영역 내에서 발생한 모든 범죄에 대하여 범죄자의 국적과 관계없이 자국형법을 적용한다는 원칙이다. 이 원칙의 근거는 자국의 형벌권은 자국의 주권이 미치는 영역에서 질서유지기능을 수행하기 위해 행사되어야 한다는 요구에 기초하고 있다.

속지주의(Territorialitätsprinzip) 원칙은 국외를 운항중인 자국의 선박 또는 항공기 내에서 행한 범죄에 대해서도 자국형법의 적용을 요구한다. 이것은 특히 속지주의의 확장원칙으로서 기국주의(Flaggenprinzip)라고 부른다. 질서유지의 관점에서 보면 이 원칙이 유리하므로 오늘날 대부분의 국가가 주로 이를 채택하고 있다. 다만 국외범죄에 대한 형벌권행사를 위해 다른 원칙을 가미하고 있는 실정이다.

(2) 속인주의

자국민의 범죄에 대하여 범죄지 여하를 불문하고 자국형법을 적용한다는 원칙이다. 자국민은 국적에 의해 결정되는 것이므로 이를 국적주의라고도 한다. 이 원칙의 근거는 국가시민으로서 범죄자의 고국과 그 법질서에 대한 성실의무를 기초로 하고 있다.

이 원칙은 자국민이 외국에서 범한 범죄에 대하여 자국형법을 적용한다는 적극적 속인주의와 외국에서 자국민의 법익에 대한 침해에 자국형법을 적용한다는 소극적 속인주의로 구별하기도 한다. 후자는 실제 다음에서 볼 보호주의의 일적용례에 불과하므로 속인주의(Personalitätsprinzip)란 본래 적극적 속인주의를 뜻한다. 속인주의만을 관철하게 되면 타국에서는 물론 자국에서 자국민의 법익을 해치는 범죄임에도 불구하고 범인이 외국인일 경우 처벌할 수 없다는 난점이 있다. 이것을 보완하기 위한 것이 보호주의이다.

‖ **판례** ‖ 1985년 대학생 서울미국문화원점거사건에서 국제협정이나 관행에 따라 미국문화원이 미국영토의 연장으로서 이른바 치외법권지역으로 볼 수 있다. 하지만 그 장소에서 특수공무집행방해치상의 죄를 범한 대한민국 국민에 대해 우리 법원에 공소가 제기되었고 미국이 자국의 재판권을 주장하지 않은 이상 속인주의를 함께 채택하고 있는 우리나라의 재판권은 당연히 행사되어야 하는 것이다(대판 1986. 6. 24, 86 도 403).

(3) 보호주의

자국 또는 자국민의 법익을 침해하는 범죄에 대하여 누구에 의해 어느 곳에서 행하여졌는가를 불문하고 자국형법을 적용한다는 원칙이다. 전자의 법익보호를 국가보호주의, 후자의 법익보호를 개인보호주의라고 한다. 이를 실체주의(Realprinzip)라고도 부른다. 보호주의(Schutzprinzip)원칙의 근거는 국가 자체의 법익이건 그 국가구성원의 법익이건 내국적 법익은 자국형법에 의해 보호되어야 한다는 이념에 기초하고 있다.

이 원칙은 자국의 이익을 철저히 보호함과 아울러 속지주의와 속인주의의 결함을 보완해 주는 기능을 한다. 그러나 각국의 보호대상의 종류와 범위에 차이가 있으므로 이 원칙의 시행에는 타국의 입장과 마찰을 불러일으킬 수 있다. 따라서 이의 실효를 거두기 위해서는 범인인도에 관한 국제조약에의 가입이나 호혜평등의 원칙 등의 입법조치도 필요하다.

(4) 세계주의

누가 어느 곳에서 누구에게 행한 범죄라 할지라도 그것이 오늘날의 평화로운 국제사회의 공존질서를 침해하는 범죄(전쟁도발, 해적, 항공기 납치, 국제 테러 등)이거나 다수국가의 공동이익에 반하는 범죄(통화위조, 마약밀매 등) 또는 인간의 존엄을 직접 침해하는 반인도적 범죄(인종학살, 인신매매 등)인 한 자국형법을 적용한다는 원칙이다.

보통 이같은 세계주의(Universalprinzip)는 국가간의 조약이나 협약을 기초로 하며 이에 따라 당사국들은 해당 국가들의 공동이익을 침해하는 일정한 범죄에 대해 자국의 형벌로 다스릴 의무를 부담하게 된다. 이러한 원칙은 바로 국제사회의 시민의 연대성에 입각하고 있는 것이다.

3. 우리 형법의 장소적·인적 적용

우리 형법은 속지주의를 원칙으로 하면서($^{제2조·}_{제4조}$) 속인주의($^{제3}_{조}$)와 보호주의($^{제5}_{조,}$ $^{제6}_{조}$)를 가미하고 있다. 개정형법도 아직 세계주의를 가미하지는 않았다. 가까운 장래에 세계주의를 채택하는 형법개정이 뒤따를 것으로 전망된다.

(1) 속지주의의 원칙($^{제2}_{조}$)

형법은 대한민국 영역에서 죄를 범한 내·외국인에게 적용된다($^{제2}_{조}$). 여기서 대한민국 영역이라 함은 우리의 영토·영해·영공을 포함한다. 헌법 제3조는 「대한민국의 영토는 한반도와 그 부속도서로 한다」고 규정하여 북한지역도 대한민국의 영역에 속하는 것으로 하고 있다. 즉 북한도 우리의 영토의 일부이므로 당연히 형법의 적용대상지역이지만 단지 그곳에 재판권이 미치지 못할 뿐이라는 것이다(대판 1957. 9. 20, 4290 형상 228). 그러나 형법의 적용범위는 형법이 실제 법적 및 사실적으로 적용되는 범위를 말한다. 그렇다면 북한은 형법의 장소적 적용을 받는 대한민국 영역이라 할 수 없고 외국에 준하여 취급하여야 한다.[17]

'죄를 범한 장소'의 의미로는 행위자가 범죄를 실행하였거나 부작위의 경우 행위를 했어야 할 각 장소는 물론이고 구성요건에 해당하는 결과가 발생했거나 행위자의 표상에 따라 발생했으리라고 추측되는 장소, 공범의 경우에는 정범의 실행행위 및 공범의 가공행위의 장소가 대한민국의 영역 내에 있으면 족하다고 본다($^{독일형법 제9조}_{제1항·제2항}$). 형법은 기국주의의 입장에서 대한민국 영역 외에 있는 대한민국의 선박 또는 항공기 내에서 죄를 범한 외국인에게도 적용된다($^{제4}_{조}$). 여기서 '대한민국 영역 외'란 공해와 외국의 영토·영해·영공을 포함한다.

(2) 속인주의의 가미($^{제3}_{조}$)

형법은 대한민국 영역 외에서 죄를 범한 내국인에게 적용된다($^{제3}_{조}$). 속인주의에 의한 속지주의의 보완이다. 다만 이같은 원칙을 엄격히 적용할 때 국제화된 오늘의 사회현실에서 이를 통해 형법의 임무와 기능이 달성될 수 있을지 의문이다. 우리 형법이 세계 어느 곳에서나 보편타당한 행위규범이 될 수는 없으며 또한 우리 국민에게 장소를 가리지 않고 복종과 존중을 강요하는 심정형법도 아니기 때문이다. 여기서 내국인이란 대한민국의 국적을 가진 자를 말한다. 범행 당시 대한민국 국민이어야 한다.

북한주민은 내국인이 될 수 있는가? 대법원판례(대판 1996. 11. 12, 96 누 1221)는 북한국적자가 중국으로 건너가 중국주재 북한대사관으로부터 해외공민증

---

17) 박상기 43면; 신동운 66면.

과 외국인거류증을 발급받고, 그 후 중국정부로부터도 여권을 발급받아 우리나라
에 입국했더라도 북한지역은 우리 대한민국영토에 속하므로 북한국적주민은 대
한민국국적을 취득유지함에 아무런 영향이 없다고 하였다. 이에 따르면 국적법에
서 북한주민도 내국인 범주에 속한다. 그러나 형법의 적용을 받는 내국인은 사실
상·법률상 우리나라 형사재판권의 영향 아래 있는 대한민국국적을 현재 가지고
있는 자에 국한해야 할 것이다. 따라서 형법의 적용에서 내국인 속에 북한주민이
당연히 포함되는 것은 아니라고 해야 한다.

(3) 보호주의(제5조, 제6조)

형법은 우리나라 영역 외에서 내란의 죄, 외환의 죄, 국기에 관한 죄, 통화에
관한 죄, 유가증권·우표와 인지에 관한 죄, 문서에 관한 죄 중 제225조 내지 제
230조, 인장에 관한 죄 중 제238조의 죄를 범한 외국인에게도 적용된다(제5조). 또한
우리나라 영역 외에서 우리나라 또는 우리나라 국민에 대하여 제5조에 기재한
이외의 죄를 범한 외국인에게도 형법이 적용된다(제6조본문). 이것이 바로 보호주의에
의한 속지주의의 보충이다. 그러나 북한주민에 대한 외국인의 범죄에 우리나라
형법이 적용될 것을 예상하고 있는 것은 아니다. 다만 위의 보호주의원칙은 제6
조 본문의 행위지의 법률에 의해 범죄를 구성하지 아니하거나 소추 또는 형의 집
행을 면제할 경우에는 예외가 된다(제6조단서).

이 경우 행위지의 법률에 의하여 범죄를 구성하는지 여부에 대해서는 엄격한
증명에 의하여 입증되어야 한다(대판 2008.7.24, 2008 도 4085). 그리고 판례는 외
국인의 국외범죄에 의해 대한민국 또는 대한민국 국민의 법익이 직접적으로 침해
되는 결과를 낳은 때에만 형법 제6조가 적용될 수 있는 것으로 제한적인 해석을
하고 있다.

‖ **판례** ‖ 여기서 ‘대한민국 또는 대한민국 국민에 대하여 죄를 범한 때’라 함은 대한민
국 또는 대한민국 국민의 법익이 직접적으로 침해되는 결과를 야기하는 죄를 범한 경우
를 의미한다. 그런데 형법 제234조의 위조사문서행사죄는 형법 제5조 제1호 내지 제
7호에 열거된 죄에 해당하지 않고, 위조사문서행사 행위를 형법 제6조의 대한민국 또
는 대한민국 국민의 법익을 직접적으로 침해하는 행위라고 볼 수도 없으므로, 이 사건
공소사실 중 캐나다 시민권자인 피고인이 캐나다에서 위조사문서를 행사한 행위에 대하
여는 우리나라에 재판권이 없다고 할 것이다(대판 2011.8.25, 2011 도 6507).

(4) 외국에서 받은 형의 집행(제7조)

범죄로 인하여 외국에서 형의 전부 또는 일부의 집행을 받은 자에 대하여는

그 집행된 형의 전부 또는 일부를 선고하는 형에 산입한다($\substack{제7\\조}$). 종래에는 임의적 감면사유였으나 글로벌 시대에 발맞추어 필요적 감면사유로 규정함(2016. 12. 20. 자 형법 개정)으로써 행위자에게 유리한 인권친화적인 형사사법이념을 구현하였다. 외국판결에서 몰수의 선고가 있는 때에는 그 가액을 추징해야 한다(대판 1977. 5. 24, 77 도 629).

(5) 인적 적용의 예외

형법의 인적 적용은 원칙적으로 모든 사람에게 미치지만 특별한 법정책적 관점에서 다음과 같은 예외가 인정되고 있다.

(a) 국내법상 직무특권에 의한 예외

(가) 대 통 령   대통령은 내란 또는 외환의 죄를 범한 경우를 제외하고는 재직중 형사상의 소추를 받지 아니한다($\substack{헌법\\제84조}$). 이 제도의 취지는 대통령의 국법상의 중요한 직무수행의 원활을 위한 것이지만 대통령의 범법행위에 대한 형법의 적용을 전적으로 배제하는 것은 아님을 유의해야 한다. 재직중의 소추제한이란 한도 내에서의 특권일 뿐이므로 재직기간 경과 후에는 재직중의 범죄행위에 대해 형사 소추될 수 있음은 물론이다.

(나) 국회의원   국회의원은 국회에서 직무상 행한 발언과 표결에 관하여 국회 외에서 책임을 지지 아니한다($\substack{헌법\\제45조}$).

(b) 국제법상 외교특권에 의한 예외

(가) 치외법권이 인정되는 자   외국의 원수와 외교관, 그 가족 및 내국인이 아닌 종자에 대해서는 형법이 적용되지 아니한다(1961년 4월 18일에 채택된 외교관계에 관한 비엔나협약). 그 밖에도 외국 영사의 직무상의 행위에 대해서도 우리나라의 사법권의 적용이 배제되므로 형법이 적용되지 않는다(1963년 4월 24일에 채택된 영사관계에 관한 비엔나협약).

(나) 외국의 군대   우리나라와 협정이 체결되어 있는 외국의 군대에 대하여는 형법이 적용되지 않는다. 예컨대 공무집행중의 미군범죄에 대하여는 한미간의 군대지위협정(1966. 7. 9 서명, 1967. 2. 9 발효)에 의하여 형법의 적용이 배제된다. 그 협정의 내용은 외국군의 주둔을 필요로 하는 나라와 파견을 하는 나라 사이의 이해관계에 따라 일정치 않다. 한미간의 군대지위협정은 미일 또는 미독 사이에 체결된 그것과 비교하여 우리나라 쪽의 일방적인 양보를 허용한 것이어서 재개정의 필요성이 시급하다.

제 3 장 형법의 기본원칙

제 1 절 형법의 법치국가적 제한원칙

　형법의 임무와 목적은 보충적인 법익보호를 통하여 평화로운 공동생활의 질
서를 확보하는 것이다. 이를 위해 형법은 사회통제의 부분영역으로서 각종 예방
적·규제적·보호적 기능을 담당하고 있다. 그러나 형법은 헌법의 구체화규범이
므로 이같은 질서유지기능도 법치국가의 한계 안에서 행하여지지 않으면 안 된
다. 그렇지 않다면 형법은 개인의 자유를 과도하게 제한할 뿐만 아니라 개인의 과
도한 희생을 요구하는 '레비아탄 국가'(Leviathan Staat)에게 모든 권력을 수여하
는 결과가 될 수도 있기 때문이다.

　형법에 대한 이같은 법치국가적 제약원리로 미국법에서는 i) 권력분립원칙
에 의한 제한, ii) 평등권보장에 의한 제한, iii) 실체적인 적법절차(due process)
에 의한 제한, iv) 기본적인 자유권에 의한 제한 등을 열거하고 있으나, 독일법에
서는 흔히 i) 인간의 존엄성보장, ii) 죄형법정원칙, iii) 책임원칙, iv) 비례성의
원칙 등을 들고 있다.

　인간의 존엄성은 인간의 고유한 인격성의 윤리적 자기발전과 자기보존의 포
기할 수 없는 기본조건을 말한다. 이에 대한 존중과 보호의 요청은 형사입법, 적
용과 집행의 모든 영역에서 개인의 자유와 안전을 위해 형법을 제약한다. 즉 인권
침해적인 악법의 제정을 통한 시민의 자유박탈과 제한의 금지, 잔인한 형벌·비
인간적인 형벌 내지 사형의 폐지, 개인을 국가 또는 사회전체의 이익을 위한 단순
한 수단 내지 대상으로 삼는 행위의 금지, 불법하지 않고 책임 없는 행위에 대한
처벌의 금지 등이 바로 인간의 존엄성이라는 법질서의 최상위 근본규범에서 도출되
는 법치국가적 요청인 것이다.

　이 외에 개인의 인권을 보장하기 위해 죄형의 법률주의를 규정한 죄형법정원
칙, 형벌의 제한원리로서 책임원칙과 보안처분의 제한원리로서 비례성의 원칙,
그리고 행위형법의 원칙도 형법에 대한 법치국가적 제한원리에 속한다.

제 2 절   죄형법정원칙

I. 총   설

1. 의   의

「법률 없으면 범죄도 없고 형벌도 없다」(nullum crimen, nulla poena sine lege)라는 죄형법정원칙은 가벌성 자체뿐만 아니라 형벌의 종류와 정도도 범행 이전에 미리 성문화된 명확한 법률에 의해 확정되어 있어야 함을 뜻한다. 여기에는 본래 두 가지 의미가 포함되어 있다.

(1) 법률 없이는 범죄 없다

이 원칙은 어떤 행위가 비난의 대상이 될 만큼 사회적으로 매우 유해하더라도 국가는 그것이 법률상 사전에 범죄로 명백히 공표되어 있을 때에만 형사제재의 원인으로 삼을 수 있다는 것이다.

우리 헌법 제13조 제 1 항은 「모든 국민은 행위시의 '법률'에 의하여 범죄를 구성하지 아니하는 행위로 소추되지 아니한다」고 규정하여 이 원칙을 천명하고 있다. 형법 제 1 조 제 1 항도 「범죄의 성립은 행위시의 '법률'에 의한다」고 규정함으로써 직접적으로는 형법의 시적 적용에 관한 행위시법원칙을 나타내고 있으나 행위시법의 적용범위 안에서 「법률 없이는 범죄 없다」(nullum crimen sine lege)는 원칙을 포괄하고 있다.

(2) 법률 없이는 형벌 없다

이 원칙(nulla poena sine lege)은 가벌성 자체뿐만 아니라 형의 종류와 정도도 범죄행위 이전에 법률로 확정되어 있어야 한다는 것을 뜻한다. 이 원칙은 형벌의 종류와 정도가 사후에 소급해서 제정될 수 없다는 것을 분명히 한다. 그러므로 입법자는 행위자에게 불리한 형벌가중을 사후적으로 입법화하여 소급적으로 적용해서는 안 된다. 모든 형벌가중은 오직 입법 후에 일어난 범죄행위에 대해서만 적용할 수 있다. 이로 인하여 범행을 결의한 자는 자기가 최악의 경우에 얼마만큼 중하게 처벌될 것인가를 미리 계산할 수 있다.

우리 헌법 제12조 제 1 항은 「누구든지 법률과 적법한 절차에 의하지 아니하고는 처벌, 보안처분을 받지 아니한다」고 하여 이 원칙을 분명히 규율하고 있고, 형법 제 1 조 제 1 항도 「범죄의… 처벌은 행위시의 법률에 의한다」라고 규정하여 역시 이 원칙을 간접적으로 천명하고 있다.

2. 죄형법정원칙위반의 법률효과

죄형법정원칙에 위반한 법규에 대해서는 그로 인해 기본권을 침해당한 자가 헌법소원을 제기할 수 있고, 헌법재판소의 규범통제에 의해 그 법규는 무효가 될 수 있다. 또한 이 원칙에 위반한 판결에 대해서는 항소 및 상고·비상상고할 수 있다.

3. 연   혁

죄형법정원칙은 원래 절대국가의 자의적인 권력횡포로부터 시민의 자유와 안전을 보장해 주려고 하는 근대시민적 법치국가의 근본요청 중의 하나이다. 이 원칙의 기원을 보통 1215년 영국 존(John) 왕의 마그나 카르타(Magna Charta)에서 찾고 있다. 마그나 카르타 제39조는 「형벌은 자유인에게 대해 법률에 의한 동료의 재판을 통해서만 허용된다」고 규정하였기 때문이다. 그러나 여기에서는 아직 엄격한 법률에 의한 구속이 문제된 것이 아니고, 단지 귀족, 승려, 도시인들은 그들의 신분계급에서 나온 법관에 의해 재판을 받는다는 소송절차적 보장이 문제되고 있을 뿐이어서 이것을 본래의 죄형법정원칙의 기원으로 보기는 어렵다.

이 정신이 계몽사조를 통해 사상적으로 성숙되었다가 입법으로 구현된 것은 1776년 미국의 버지니아(Virginia)와 메릴랜드(Maryland) 주헌법이 최초였고, 그 후 1787년 요제프 2세(Joseph Ⅱ)의 오스트리아 형법전에도 구체화되어 나타났다. 오늘날과 같은 문언의 전형적인 공식의 형태로는 1789년 프랑스 인권선언 제 8 조에서 발견되며, 1794년 프로이센의 프리드리히(Friedrich) 대제가 제정한 프로이센 일반국법 및 1813년 포이에르바하(von Feuerbach)가 기초한 바이에른(Bayern) 형법초안에도 명시되어 있다.

구소련과 동구권의 구사회주의국가 형법까지도 이 원칙을 인정했고, 1948년 12월 10일 UN의 일반 인권선언 제11조 및 1950년 11월 4 일 유럽인권협약 제 7 조 제 1 항에도 천명되어 있어 죄형법정원칙은 이제 인류공동의 법문화적 유산임이 충분히 입증된 셈이다.

4. 네 가지 정신사적 뿌리

일찍이 죄형법정원칙은 합리적 계몽주의사상으로부터 출발하여 자유주의적 정치사상의 발달과 더불어 구체화되어 왔다. 정신사적으로 홉스(Hobbes)류의 법을 통한 지배자의 자기 구속, 로크(Locke) 및 몽테스키외(Montesquieu)의 권력분립론, 포이에르바하(Feuerbach)의 심리강제설에 기초한 일반예방사상, 법치국가적 책임원칙 등을 그 뿌리로 삼고 있다. 여기서 정치적 자유주의와 권력분립론은 헌법적 원리이고, 일반예방사상과 책임원칙은 형법에 특유한 원리이다.

5. 죄형법정원칙의 네 가지 원칙

죄형법정원칙은 네 가지 금지 또는 요구에서 비롯되는 원칙에 의해 보충적인 법익보호를 통한 시민 상호간의 평화로운 공동생활질서를 유지하려고 하는 형법 일반의 임무를 제약하는 작용을 하고 있다. 즉 i) 소급효금지의 원칙, ii) 불확정한 형법금지의 원칙, iii) 형벌인정 내지 형벌가중적 관습법금지의 원칙, iv) 유추적용금지의 원칙이 그것이다. 이 중에서 대체로 앞의 두 가지는 형사입법자를 구속하는 원칙이며, 뒤의 두 가지는 형법적용자를 구속하는 원칙이라 할 수 있다.

II. 소급효금지원칙

1. 의미와 제도적 취지

행위시에 불가벌적인 행위를 사후에 가벌적인 것으로 하거나 가중처벌하는 것은 금지된다는 원칙이다. 소급효금지의 원칙은 형벌불소급의 원칙이라고 한다. 영미법계에서는 사후입법금지의 원칙(ex post facto law)이라 한다.

소급효금지원칙의 제도적 취지는 형사정책적인 위기상황에서 입법자 및 법집행자가 빠지기 쉬운 유혹을 견제하기 위한 것이다. 즉 개인의 자유와 안전 및 법적 안정성을 위해 행위시에 죄가 되지 않거나 가벼운 형벌로 처벌될 행위에 대해 소급적으로 가벌성을 인정하거나 더 중한 형을 규정하여 과하여서는 안 된다는 것이다. 이렇게 볼 때 소급효금지원칙의 취지는 한마디로 법공동체에서 함께 생활하는 시민의 법적 안전성 및 형법규범에 대한 예측가능성과 신뢰를 보호해 주려는 데 있다고 할 수 있다.[1]

2. 소급효금지원칙의 적용범위

(1) 소급입법의 금지와 원칙적 적용범위

소급입법의 금지란 사후입법에 의하여 범죄와 형벌을 행위자에게 불리하게

---

1) Jescheck/Weigend, S. 137; Rudolphi, SK Rdn. 7.

소급적으로 적용하도록 입법해서는 안 된다는 것을 의미한다. 따라서 범죄를 더 이상 구성하지 아니하거나 형벌을 완화시키는 법률은 행위자의 이익에 반하지 아니하므로 소급적용되도록 사후에 입법화해도 무방하다(유리한 소급효의 허용). 소급효금지의 원칙이 자유법치국가이념을 구체적으로 실현함을 주목적으로 삼고 있음을 고려할 때 이같은 결론은 당연하다.

소급입법의 금지는 실체법상의 가벌성과 형사제재에 관한 일체의 조건에 관련된다. 즉 그것이 실체법적인 범죄와 형벌에 관한 것인 한 위법성조각사유의 소급적인 폐지나 제한, 객관적 처벌조건이나 인적 처벌조각사유 등을 소급적으로 행위자에게 불리하게 변경하는 것, 형벌의 부수효과, 기타 자격상실 또는 자격정지, 몰수, 선고유예 또는 집행유예의 조건 등을 행위자에게 불리하게 소급변경하는 것 등은 허용되지 아니한다(독일형법 제2조 제1항 및 제5항).

(2) 소송법상의 규정

소급효금지원칙은 원래 실체법상의 가벌성과 형사제재에 관련된 것이기 때문에 원칙적으로 형사소송법상의 규정에 대해서는 이 원칙이 적용되지 않는다. 따라서 형사소송법상의 규정이 사후에 행위자에게 불리하게 변경되어 소급적용되더라도 소급효금지원칙에 반하지 않는다. 사후에 구속기간을 연장하여 소급적용하는 것을 예로 들 수 있다. 다만 친고죄의 비친고죄화와 공소시효의 사후연장 문제는 특별한 논의를 필요로 한다.

(a) 친고죄의 비친고죄화   친고죄를 사후에 비친고죄화하여 소급 적용하는 것이 소급효금지원칙에 반하는가. 이는 국가의 소추에 피해자의 고소를 필요로 하던 범죄를 피해자의 고소 없이도 소추할 수 있게 하면서 법개정 이전에 발생한 사건에 대해서도 소급적용할 수 있는가의 문제이다. 이런 경우는 소송법상의 규정이라도 순수한 절차규정이 아니라 범죄의 가벌성과 관계된 조건이기 때문에 소급효금지원칙의 적용을 받는다는 견해가 있다.[2] 그러나 비친고죄화에 대해서는 소급효금지원칙이 적용되지 않는다고 보는 것이 옳다. 친고죄의 행위자는 행위 당시 자신의 행위의 가벌성에 대해서는 전혀 판단의 착오가 없기 때문에 사후에 국가가 피해자가 고소하지 않을 가능성을 고려하지 않고 그의 행위를 처벌한다고 해서 법질서에 대한 신뢰와 법적 안정성이 크게 침해당했다고 볼 수는 없기 때문이다. 반면 이미 고소기간이 경과한 경우에는 소급효가 인정되어서는 안 될 것으로 본다. 고소기간의 경과로 형사책임에서 벗어났다고 믿고 있는 자에게는 그의

---

2) 오영근 56면.

신뢰와 법생활의 안정성을 보호해 줄 필요가 있기 때문이다.[3]

(b) **공소시효의 연장문제**   먼저 일단 만료된 공소시효의 재개는 국가에 의해 조직적으로 자행된 반인도적 범죄의 처벌과 같이 극히 예외적인 경우를 제외하고는 법적 안정성의 관점에서 허용되지 않는다. 살인죄의 공소시효를 폐지한 형사소송법 제253조의2(2015. 7. 31. 제정, 일명 태완이 법)도 공소시효가 만료된 사건에 대해서는 적용되지 않았다. 반면 아직 만료되지 않은 공소시효기간을 사후적으로 연장시키거나 공소시효진행을 정지시키는 것은 소급입법금지의 원칙에 반하지 않는다(통설). 공소시효는 단지 소추조건일 뿐이고 범죄와 형벌은 이미 행위시에 법률로 확정되어 있기 때문이다.

그리고 범죄자에 대한 인권보장의 필요성은 본래 범죄와 형벌의 존부·정도에 미치는 것이므로 공소시효의 진행·완성에 관한 그의 신뢰이익의 보호는 이미 공소시효의 정지제도가 법정되어 있는 한($^{형소법}_{제253조}$), 애당초 상대적인 보호에 불과하기 때문이다. 한편 대법원은 공소시효를 정지·연장·배제하는 내용의 특례조항을 신설하면서 그 특례조항의 소급적용에 관한 명시적인 경과규정을 두지 아니한 경우에는 법적 안정성과 신뢰보호원칙에 충실하기 위해 소급적용을 할 수 없다는 입장을 보였다(대판 2015. 5. 28, 2015 도 1362, 2015 전도 19).

《참고》 헌정질서파괴범죄의 공소시효등에관한특례법(1995. 12. 21, 법률 제5028호)은 형법의 내란·외환의 죄와 군형법상 반란·이적의 죄를 '헌정질서파괴범죄'로 규정하고, 이에 대한 공소시효와 집단학살의예방및처벌에관한국제협약에 규정된 집단살해행위에 대한 공소시효의 적용을 배제한다($^{동법제 2 조,}_{제 3 조,}$). 또한 5·18민주화운동에관한특별법(1995. 12. 21, 법률 제5029호)은 1979년 12월 12일의 군사반란죄(속칭 12·12사건)와 1980년 5월 18일을 전후한 내란죄(속칭 5·18 사건)에 대하여 1993년 2월 24일까지 국가의 소추권행사에 장애사유가 존재한 것으로 보아 공소시효의 진행이 정지된 것으로 간주한다($^{동법제 1 조,}_{제 2 조,}$). 이들 법률의 위헌 여부가 문제되었으나 헌법재판소는 합헌으로 판정했다.

‖ **판례** ‖ 5·18민주화운동등에관한특별법(1995. 12. 21. 법률 제5029호) 제 2 조의 1979년 12월 12일과 1980년 5월 18일을 전후하여 발생한 헌정질서파괴범죄에 대한 공소시효진행정지규정은 헌법에 위반되지 아니한다. 형벌불소급의 원칙은 행위의 가벌성, 즉 형사소추가 언제부터 어떤 조건하에서 가능한가의 문제에 관한 것이고 얼마 동안 가능한가의 문제에 관한 것은 아니다. 그러므로 과거에 이미 행한 범죄에 대하여 공소시효를 정지시키는 법률이라 하더라도 그 사유만으로 헌법 제12조 제 1 항 및 제13조 제 1 항에

---

3) 부분적으로 소급적용을 허용하는 입장이다. 같은 견해 김일수, 한국형법 I, 185면; 박상기 34면; 배종대 94면; 신동운 43면; 이재상 20면; 정성근·박광민 43면; 정영일 36면. 반면 임웅 교수는 전면적으로 소급적용이 가능하다는 입장에 서 있다(임웅 23).

규정한 죄형법정원칙의 파생원칙인 형벌불소급원칙에 위배되는 것은 아니다.

한편 이 법률조항의 경우에는 왜곡된 한국 반세기 헌정사의 흐름을 바로잡아야 하는 시대적 당위성과 아울러 집권과정에서의 헌정질서파괴범죄를 범한 자들을 응징하여 정의를 회복하여야 한다는 중대한 공익이 있다. 반면 공소시효는 행위자의 의사와 관계 없이 정지될 수도 있는 것이기 때문에 아직 공소시효가 완성되지 않는 이상 예상된 시기에 이르러 반드시 시효가 완성되리라는 것에 대한 보장이 없는 불확실한 기대일 뿐이므로 공소시효에 의하여 보호될 수 있는 신뢰보호이익은 상대적으로 미약한 것이다(헌재 1996. 2. 16, 96 헌가 2 전원재판부판결, 96 헌바 7·13 병합).

(3) 보안처분

순전히 논리적으로만 생각한다면 죄형법정원칙, 특히 소급효금지는 책임원칙에 근거하고 있으므로 책임과 무관한 보안처분에는 행위에 앞서 금지를 인식할 수 있는 가능성이 확보되어야 할 필요가 없다. 그 한에서는 보안처분에 소급입법이 금지되어야 하는 것은 아니라고 해석할 수도 있다. 그러나 형벌 및 보안처분은 다같이 '법익보호 및 범인의 사회복귀'를 지향하고 있다는 점에서 형사정책적 목표가 동일하다. 뿐만 아니라 자유박탈적 보안처분은 제재효과에서 형벌과 다를 바 없고, 특히 보안감호처분은 형벌보다 더 가혹하게 장기간 개인의 자유를 박탈할 수 있다. 그렇다면 소급입법금지의 원칙은 개개인을 그 행위에 앞서 예견할 수 없었던 제재로부터 보장해 주어야 한다. 보안처분이라고 해서 예외일 수는 없다(통설). 어떤 보안처분을 그 피처분자에게 불리하게 소급적으로 도입하거나 가중시키는 것이 가능하게 된다면, 이로써 개인의 자유로운 인격발전은 침해될 것이고 인간존엄성의 존중요구에도 반할 것이다.[4] 바로 이런 관점에서 우리 헌법 제12조 제 1 항은 「누구든지 법률과 적법한 절차에 의하지 아니하고는 처벌, 보안처분을 받지 아니한다」고 규정하고 있다. 입법례로는 1975년의 개정 오스트리아 형법 제 1 조 및 독일형법택일안(AE) 제 1 조 제 2 항이 소급효금지를 보안처분에도 확대적용하고 있다. 법치국가의 헌법질서에 비추어 볼 때 바람직한 태도라고 생각한다.

한편 보안처분에 대한 우리 판례의 입장은 일관되지 않아 사회봉사명령에 대해서는 소급효금지원칙을 적용하나 보호관찰에 대해서는 적용하지 않고 있다. 헌법재판소는 성범죄자에게 부착되는 전자발찌는 비형벌적 보안처분에 해당하기 때문에 소급효금지원칙이 적용되지 않는다고 결정하였다(헌재 2012. 12. 27, 2010 헌가 82).

---

4) 박상기 34면, 배종대 93면; 손해목 61면; 안동준 18면; 오영근 55면; 이재상 18면; 임웅 22면; 정성근·박광민 17면. 이정원, 32~33면은 보안처분에 있어서 비례의 원칙이 준수되는 한 원칙적으로 재판시법주의를 취함이 타당하다고 한다.

‖**판례 1**‖   가정폭력범죄의 처벌 등에 관한 특례법이 정한 보호처분 중의 하나인 사회
봉사명령은 가정폭력범죄를 범한 자에 대하여 환경의 조정과 성행의 교정을 목적으로
하는 것으로서 형벌 그 자체가 아니라 보안처분의 성격을 가지는 것이 사실이다. 그러나
한편으로 이는 가정폭력범죄행위에 대하여 형사처벌 대신 부과되는 것으로서, 가정폭력
범죄를 범한 자에 의무적 노동을 부과하고 여가시간을 박탈하여 실질적으로는 신체적
자유를 제한하게 되므로, 이에 대하여는 원칙적으로 형벌불소급의 원칙에 따라 행위시
법을 적용함이 상당하다 (대판 2008. 7. 24. 자 2008 어 4).

‖**판례 2**‖   개정 형법 제62조의 2 1항에 의하면 형의 집행을 유예를 하는 경우에는 보
호관찰을 받을 것을 명할 수 있고, 같은 조 2항에 의하면 1항의 규정에 의한 보호관찰
의 기간은 집행을 유예한 기간으로 하고, 다만 법원은 유예기간의 범위 내에서 보호관찰
의 기간을 정할 수 있다고 규정되어 있는바, 위 조항에서 말하는 보호관찰은 형벌이 아
니라 보안처분의 성격을 갖는 것으로서, 과거의 불법에 대한 책임에 기초하고 있는 제재
가 아니라 장래의 위험성으로부터 행위자를 보호하고 사회를 방위하기 위한 합목적적인
조치이므로, 그에 관하여 반드시 행위 이전에 규정되어 있어야 하는 것은 아니며, 재판
시의 규정에 의하여 보호관찰을 받을 것을 명할 수 있다고 보아야 할 것이고, 이와 같은
해석이 형벌불소급의 원칙 내지 죄형법정주의에 위배되는 것이라고 볼 수 없다 (대판
1997. 6. 13, 97 도 703).

(4) 형사판례의 변경

법원이 어느 범죄행위에 관하여 변경된 해석을 그 변경 이전에 저질러진 범
행에 적용하거나 범행시 관행화된 법률의 해석에 따르면 불가벌적인 행위를 판례
의 변경에 의해 가벌적이라고 판단하는 것이 소급효금지원칙에 반하는가 하는 점
이 문제된다. 이 점에 관해 **소급효부정설**은 사실상 구속력을 갖는 확립된 판례를
피고인에게 불이익하게 변경하여 소급적용하는 것은 사후립법에 의한 소급처벌
과 같이 피고인의 법적 신뢰 및 규범안정성을 해치기 때문에 죄형법정원칙에 반
하는 것으로 보아야 한다고 한다.[5] 따라서 판례를 변경하여 피고인에게 불리하게
될 때에는 그 효력은 당해 사건에 대해서가 아니라 적어도 바로 그 다음의 또는
장래의 사건에 대해서만 적용하도록 하고 당해 피고인에게는 불리하게 적용하지
말아야 한다는 것이다. 반면 **소급효긍정설**은 판례 자체가 법원성을 갖고 있는 것
이 아니기 때문에 판례에는 소급적용금지가 적용되지 않는다는 입장이다. 따라서
만약 행위자가 지금까지의 판례의 입장을 신뢰하여 자신의 행위가 금지된 것이라

---

5) 배종대 98면; 손해목 61면; 신동운 46면; 이정원 39면; 정성근·박광민 45면; 진계호 89면;
　이형국 46면; 하태영, 「피고인에게 불리한 판례변경과 소급효금지의 문제」, 경남법학 제14집
　1998, 180면 이하; Sch/Sch/Eser, § 2 Rdn. 8.

는 점을 몰랐다면 금지착오의 법리로서 구제하면 충분하다고 한다.[6] 이분설은 두 가지로 경우로 나누어 우선 i) 판례의 변경이 법적 견해의 변경 때문인 경우에는 법관의 활동이 법률 밖에서의 자유로운 법발견 내지 법률을 보충하는 법창조활동이 되어 피고인의 규범에 관한 신뢰보호를 위해 소급적용이 금지되어야 한다고 한다. 1인회사의 1인주주 겸 대표이사가 회사에 대하여 배임죄를 저지를 수 있다는 판례의 변경(대판 1983. 12. 13, 83 도 2330 전원합의체판결)은 법적 견해의 변경으로서 법률을 보충하는 법관의 법창조활동의 예라고 한다. 그러나 ii) 판례의 변경이 단지 객관적인 법상황의 변경에 기인했을 때에는 법관의 활동이 이미 현존하는 법률 안에서 올바른 결과의 발견을 목표로 삼는 법해석 내지 법발견활동에 불과하므로 판례의 소급적 변경 적용이 문제되지 않는다고 한다. 예컨대 사진복사한 문서의 사본도 문서에 해당한다는 판례의 변경(대판 1989. 9. 12, 87 도 506 전원합의체판결)은 새로운 복사기술의 발달로 야기된 객관적 법상황의 변경에 기인한 법률 안에서의 자유로운 법발견활동이므로 소급적용이 허용되는 경우라는 것이다.[7]

우리 판례는 소급효긍정설의 입장에 서 있다.

‖ **판례** ‖ 형사처벌의 근거가 되는 것은 법률이지 판례가 아니고, 형법 조항에 관한 판례의 변경은 그 법률조항의 내용을 확인하는 것에 지나지 아니하여 이로써 그 법률조항 자체가 변경된 것이라고 볼 수는 없으므로, 행위 당시의 판례에 의하면 처벌대상이 되지 아니하는 것으로 해석되었던 행위를 판례의 변경에 따라 확인된 내용의 형법 조항에 근거하여 처벌한다고 하여 그것이 헌법상 평등의 원칙과 형벌불소급의 원칙에 반한다고 할 수는 없다(대판 1999. 9. 17, 97 도 3349; 동지 대판 1999. 7. 15, 95 도 2870 전원합의체판결).

대법원은 이런 기본입장에 따라 피고인에게 불리하게 변경된 판례의 소급적용을 인정해 오고 있다. 우선 ① 범죄불성립에서 범죄성립을 인정한 판례로는 대판 1984. 10. 10, 82 도 2595(법인대표기관의 배임죄 주체성 인정), 대판 1983. 12. 13, 83 도 2330 전원합의체판결(1인회사의 1인주주 겸 대표이사의 회사에 대한 배임죄 성립 인정), 대판 1989. 9. 12, 87 도 506 전원합의체판결(복사문서의 문서성 인정), ② 가중적 구성요건으로 중하게 변경한 판례로는 대판 1992. 7. 28, 92 도 917(특수강도의 착수시기 변경), 대판 1998. 5. 21, 98 도 321(합동절도의 공모공동정범 인정) 등을 들 수 있다.

성문의 법은 고정되어 있고 사회현실은 급속하게 변하고 있기 때문에 법원은 창조적이고 유동적인 법해석을 통해 법규범과 현실사이의 괴리를 메워 주어야 하

---

6) 김성돈 74면; 박상기 35면; 성낙현 40면; 손동권·김재윤 39면; 오영근 57면; 이재상 21면; 임웅 25면; 정영일 38면; 조준현 62면; Roxin, §5 Rdn. 59; Rudolphi, SK §1 Rdn. 8.
7) 김일수, 한국형법 I, 187면; 「교사의 학생체벌권과 정당화사유」, 고대판례연구 제 3 집, 1984, 191면 참조.

는 중요한 기능을 담당하고 있다. 그러나 법원의 판례에 일종의 '법창조활동'이라는 의미를 부여하거나 '엄격한 자기구속성'을 부여하여 입법자의 입법행위와 동등한 의미를 부여하는 것은 헌법상 구별된 입법권과 사법권의 경계를 무시하는 결과를 낳게 된다.[8] 법원이 법의 해석을 통해 수행하는 사법권의 본질적인 기능은 법의 테두리 안에서 구체적인 상황에 가장 타당한 입법자의 의사를 찾아내어 적용하는 데 있는 것이지 스스로 입법자의 위치에 서서 새로운 법규범을 창설하는 데에 있는 것은 아니기 때문이다. 또한 구체적인 사례에서 입법자의 올바른 의사를 탐구하고 구체적인 정의를 실현하는 작업은 필연적으로 법원 자신의 견해의 수정, 즉 판례의 변경 가능성을 전제하지 않을 수 없다. 다만 국가는 시민들이 구판례를 신뢰하여 자신의 행위가 불법이 아니라고 믿을 만한 정당한 사유가 있었다고 판단되는 경우(예컨대 변호사 등의 법률전문가가 구판례를 인용하며 법률조언을 해 준 경우 또는 구판례의 내용이 언론보도를 통해 널리 알려진 경우 등)에는 금지착오를 이유로 형사책임을 배제함으로써 판례에 대한 신뢰를 보호해 줄 수 있을 것이다.[9]

Ⅲ. 법률명확성의 요구

1. 의   미

법률명확성의 요구(Bestimmtheitsgebot; nullum crimen, nulla poena sine lege certa)는 형사처벌은 항상 성문법규정에 의거할 뿐만 아니라 무엇이 범죄이고 그에 대한 형벌은 어떠한 것인가가 법률로 명확하게 규정되어야 함을 뜻한다. 전혀 불확정·불명료한 범죄구성요건 및 전혀 불확실한 형벌의 부과는 법률명확성의 요구에 반할 뿐만 아니라 법치국가를 출발점으로 삼는 헌법원리에 대한 중대한 침해로서 무효가 된다.

따라서 개개 법률조문은 시민들에게 어떠한 행위가 금지되어 있으며 어떤 형

---

8) Roxin, §5 Rdn. 59 참조.

9) 다른 한편 소급효부정설에 서는 사람들은 어떤 행위의 금지 여부가 법이 아니라 판례에 의해 정해져 있는 경우에는 아직 행위의 금지 여부에 대한 법규범의 태도가 확립되지 않은 경우로서 금지착오가 성립하지 않는다고 주장하나, 금지착오를 인정함에 있어서는 행위자가 여러 형태의 착오에 의해 '자신의 행위의 위법성에 대한 인식이 결여되어 있는 것'이 결정적인 것이지 반드시 행위의 금지 여부에 대한 법질서의 태도가 통일·확정되어 있어야 하는 것은 아니다. 따라서 어떤 행위의 금지 여부에 대해 서로 모순되는 판결이 있는 경우에도 행위자가 상급심의 판결을 신뢰한 경우나 동급심의 판결 중 새로운 판결을 신뢰한 경우에는 착오에 정당한 이유가 있는 경우로서 금지착오의 성립을 인정할 수 있다.

벌이 어떤 범위 내에서 부과되어 있는지를 분명히 알 수 있도록 구성되어 있어야
한다. 특히 구성요건의 개개 표지는 구체적이고도 명확하게 기술되어서 문언의
의미가 해석에 의해 분명히 밝혀질 수 있는 확정성을 구비하지 않으면 안 된다.

2. 제도의 취지

법률확정성의 요구는 정치적 자유주의가 요구하는 지배자의 법률에 의한 자
기구속을 이념적 기반으로 하여 형법은 최소한 확정성을 구비하지 않으면 안 된
다는 것이다. 즉 국가형벌권의 자의로부터 시민의 자유와 안전을 보장하고 법관
에게 독단적인 해석의 가능성을 허용하지 아니함으로써 개개 시민에게 형법의 예
견가능성을 부여하고 규범의 내면화(적극적 일반예방의 효과)를 꾀하며 책임비난
의 기초를 제공하기 위한 것이다.

3. 구체적 내용

법률명확성의 요구는 범죄구성요건, 형벌 및 보안처분에 관한 형사입법의 명
확성을 내용으로 하고 있다.

(1) 법률명확성의 내용

우선 법률문언의 내용이 실질적으로 명료하여 일반시민이면 누구나 문언의
의미를 이해할 수 있어야 한다. 법률전문가만이 알 수 있거나 지식엘리트가 독점
하도록 법률을 만들어서는 안 된다. 일반시민들 누구나 일상적으로 이해할 수 있
도록 법률언어의 민주화가 이루어져야 한다. 그렇게 되어야만 일반 시민들도 법
을 이해하여 그것을 준수할 수 있고, 이로써 규범안정성도 높일 수 있다. 이 점에
비추어 볼 때 법률명확성의 요구는 적극적 일반예방의 목적을 실현하는 데 특히
필요하다. 그리고 만약 법문의 내용이 귀에 걸면 귀걸이, 코에 걸면 코걸이식으로
되어서는 행위자가 자신의 행위의 허용 여부를 알 수 없다. 그에게 그의 행위를
근거로 아무런 비난도 가할 수 없다. 이 점에서 보면 법률명확성의 요구는 책임원
칙의 관철을 위해서도 필요하다.

‖판례‖ 이 사건 법률조항($^{전기통신기본법}_{제47조 제1항}$)은 "공익을 해할 목적"의 허위의 통신을 금지
하는바, 여기서의 "공익"은 형벌조항의 구성요건으로서 구체적인 표지를 정하고 있는
것이 아니라, 헌법상 기본권 제한에 필요한 최소한의 요건 또는 헌법상 언론·출판의 자
유의 한계를 그대로 법률에 옮겨 놓은 것에 불과할 정도로 그 의미가 불명확하고 추상적
이다. 따라서 어떠한 표현행위가 "공익"을 해하는 것인지, 아닌지에 관한 판단은 사람마
다의 가치관, 윤리관에 따라 크게 달라질 수밖에 없으며, 이는 판단주체가 법전문가라

하여도 마찬가지이고, 법집행자의 통상적 해석을 통하여 그 의미내용이 객관적으로 확정될 수 있다고 보기 어렵다. 나아가 현재의 다원적이고 가치상대적인 사회구조하에서 구체적으로 어떤 행위상황이 문제되었을 때에 문제되는 공익은 하나로 수렴되지 않는 경우가 대부분인바, 공익을 해할 목적이 있는지 여부를 판단하기 위한 공익간 형량의 결과가 언제나 객관적으로 명백한 것도 아니다. 결국, 이 사건 법률조항은 수범자인 국민에 대하여 일반적으로 허용되는 '허위의 통신' 가운데 어떤 목적의 통신이 금지되는 것인지 고지하여 주지 못하고 있으므로 표현의 자유에서 요구하는 명확성의 요청 및 죄형법정주의의 명확성원칙에 위배하여 헌법에 위반된다(헌재 2010. 12. 28. 2008헌바157 등).

또한 법률명확성의 요구에 따라 '국민의 법감정 침해'와 같은 다의적인 보편개념을 내포하는 소위 '일반조항'이나 형사처벌의 상하한이 전혀 특정되지 않은 '절대적 부정기형'과 같은 형사처벌을 입법화하는 것은 금지된다.

(2) 입법기술적 한계

죄형법정원칙에서 도출되는 법문언의 명확성의 요구에도 불구하고 입법의 기술적 한계 때문에 형법조문의 내용상의 명확성이 100% 충족될 수 없음을 알아야 한다. 그 이유는 형법전의 모든 조항이 언제나 주도면밀하게 규정될 수 없고 어느 정도는 가치충전을 필요로 하는 개념, 예컨대 '공공의 위험', '위험한 물건', '공연히 음란한 행위' 등과 같은 추상적 규범표지를 담고 있는 가치개념이 형사입법에서 부득이 사용될 수밖에 없다는 데에 있다.[10] 만약 일정한 규범적 의미를 담고 있는 가치개념을 추상적 보편개념이라고 하여 전적으로 포기해야 한다면, 구성요건은 모두 기술적 표지만을 가진 언어로 서술되어야 할 것이다. 그렇게 되면 법률 자체가 신축성을 잃고 너무 경직된 내용을 갖게 된다. 뿐만 아니라 입법기술상 예시적·망라적인 형식을 취할 수밖에 없어 시민생활의 다양한 모습과 개개 사례의 특수성에 적합한 해결을 제시해 줄 수 없다.

‖판례‖ 소설 '즐거운 사라'는 음란한 문서로서 형법 제243조(음화반포죄)에 해당한다. 일반적으로 법규는 그 규정의 표현력에 한계가 있을 뿐만 아니라 그 성질상 어느 정도의 추상성을 가지는 것이 불가피하다. 하지만 형법 제243조에서 규정하는 '음란'은 평가적·정서적 판단을 요하는 규범적 구성요건요소이고 음란이라는 개념이 일반인의 성욕을 자극하여 성적 흥분을 유발하고 정상적인 성적 수치심을 해하여 성적 도의관념에 반하는 것이라 해석되고 있어 이를 불명확한 개념으로 볼 수 없다. 따라서 형법 제243조의 규정이 죄형법정원칙에 반하는 것이라 할 수 없다(대판 1995. 6. 16, 94 도 2413).

---

10) 독일형법에서는 모살죄(독일형법 제211조) 규정의 '저열한 동기'라든가 피해자의 승낙으로 인한 상해(독일형법 제228조)에서 '선량한 풍속의 위반', 강요죄(독일형법 제240조 2항)에서 '비난받을 짓' 따위의 문언이 일례가 될 수 있다.

(3) 법률명확성의 판정기준

구체적인 형법조항의 문언이 법률확정성의 요구에 반하느냐의 여부는 법문의 전체적인 구조와 입법취지를 고려하여, 당해 법조항의 전체적인 문언이 형법해석의 여러 방법에 의해서도 가벌성과 처벌에 관해 해석적용자(법관)를 제약할수 없을 정도로 불분명한가를 기준으로 삼아야 한다. 왜냐하면 이러한 불명확한법조항이야말로 당해 법률의 해석적용자에게 포괄적인 해석의 전권(專權)을 부여한 꼴이 되어 법의 적용을 받을 구체적인 개인은 결국 법적용자의 우월한 자의앞에 내맡겨져 있는 셈이기 때문이다. 바로 이처럼 해석자의 자의가 개입될 수 있는 불확정한 법률이야말로 법치국가성에 대한 적신호이며 시민의 자유에 대한 중대한 위협이 아닐 수 없다.

‖**판례**‖ 이 사건 규정(도로교통법 제78조 제1항 단서 제5호)의 법문은 '운전면허를 받은 사람이 자동차등을 이용하여 범죄행위를 한 때'를 필요적 운전면허 취소사유로 규정하고 있는바, 일반적으로 '범죄행위'란 형벌법규에 의하여 형벌을 과하는 행위로서 사회적 유해성 내지 법익을 침해하는 반사회적 행위를 의미한다 할 것이므로 이 사건 규정에 의하면 자동차 등을 살인죄의 범행 도구나 감금죄의 범행장소 등으로 이용하는 경우는 물론이고, 주된 범죄의 전후 범죄에 해당하는 예비나 음모, 도주 등에 이용하는 경우나 과실범죄에 이용하는 경우에도 운전면허가 취소될 것이다. 그러나 오늘날 자동차는 생업의 수단 또는 대중적인 교통수단으로서 일상 생활에 없어서는 안 될 필수품으로 자리잡고 있기 때문에 그 운행과 관련하여 교통관련 법규에서 여러 가지 특례제도를 두고 있는 취지를 보면, 이 사건 규정의 범죄에 사소한 과실범죄가 포함된다고 볼 수는 없다. 그럼에도 불구하고 이 사건 규정이 범죄의 중함 정도나 고의성 여부 측면을 전혀 고려하지 않고 자동차 등을 범죄행위에 이용하기만 하면 운전면허를 취소하도록 하고 있는 것은 그 포섭범위가 지나치게 광범위한 것으로서 명확성원칙에 위반된다고 할 것이다(헌재 2005. 11. 24, 2004 헌가 28 전원재판부).

Ⅳ. 유추적용의 금지

1. 의 미

유추적용이란 법규의 내용을 문언상 꼭 맞아 떨어지지 않는 유사한 사례에 문언의 의미한계를 넘어 적용하는 것을 말한다. 따라서 유추적용의 금지(Analogieverbot; nullum crimen, nulla poena sine lege stricta)란 법문의 내용을 가능한 문언의 의미한계를 넘어 비슷한 사례에 적용해서는 안 된다는 것을 뜻한다.

유추적용은 다른 법영역, 특히 사법분야에서는 법발견의 수단으로 널리 통용된다. 스위스민법 제 1 조 제 2 항은 「법률에 해당 조항이 없을 때, 법관은 관습법에 따라 판결해야 하고, 관습법도 없을 때, 그가 입법자라면 제정했을 규율에 따라 판결해야 한다」고 규정하고 있다. 하지만 형법에서는 유추적용이 범죄자에게 불리하게 작용하는 한 범죄자의 자유와 안전을 위해 엄격하게 금지된다. 왜냐하면 문언상 해당 법률에서 규율하고 있는 범위 밖에 놓인 그와 유사한 사례에 이 법률을 적용한다면 결과적으로 법률로 실정화되지 않은 사안을 처벌의 대상으로 삼는 것과 다를 바 없기 때문이다. 예컨대 허위의 출생증명서를 작성한 산부인과 병원의 수간호사에게 허위진단서등작성죄($제{233}조$)의 규정을 적용해서는 안 된다. 간호사를 의사 또는 조산사와 동일하게 취급할 수 없기 때문이다. 이렇게 볼 때 형사법관의 권한은 해석의 한계에서 끝난다. 이 한계를 넘어 범죄자에게 불리한 법적용을 하는 것은 입법의 권위를 대신하는 일이 되어 법치국가적으로 허용될 수 없다.

2. 제도의 취지

유추적용금지는 법의 해석 적용자인 법관의 자의로부터 개인의 자유와 안전을 확보하기 위한 자유법치국가적 보장책의 하나이다.

  (i) 독일형법은 일찍이 전기에너지는 동산으로서의 품질을 결하고 있어 절도죄의 규정($독일형법{제242조}$)을 유추적용할 수 없다는 제국재판소의 판결에 따라 형법에 제248조 c (전기절도)를 신설하였다(1900년 4 월 9 일).
  (ii) 우리 형법 제261조의 특수폭행은 '위험한 물건'을 휴대하여 폭행 또는 존속폭행을 한 자를 가중처벌하는 규정이다. 여기에서 염산 또는 청산가리와 같은 화학물질도 위험한 물건으로 해석할 수 있다. 그러나 전신주나 돌담벽에 피해자를 밀어붙여 그의 신체에 폭행을 가한 경우라도 부동산인 전신주 또는 돌담은 '위험한 물건' 이란 문언의 가능한 의미 안에 포함될 수 없다. 이 경우 특수폭행을 적용하는 것은 유추적용이 된다.

확장해석을 유추적용의 일종으로 보아 형법상 금지하여야 한다는 견해도 있다.[11] 확장해석은 '문언의 가능한 의미'(der mögliche Wortsinn)의 한계 안에서 지금까지의 구성요건해석에는 포섭되지 않던 사례를 목적론적 견지에서 최대한 넓게 해석적용하는 것이다. 이것은 구성요건상의 어의의 한계 내에서 행하는 해석의 일종이므로 원칙적으로 허용된다. 확장해석의 예로는 감금죄에 있어서 물리

---

11) 이재상 25면.

적·유형적 감금행위뿐만 아니라 위계·기망수단을 사용하는 심리적·무형적 장애에 의한 감금, 그리고 수치심 때문에 탈출하지 못하게 하는 방법도 감금행위에 해당하는 것으로 보는 것이나, 강도·강간죄의 폭행개념에 물리적 유형력의 행사뿐만 아니라 마취제 등을 사용하여 저항을 하지 못하게 하는 것도 폭행에 해당하는 것으로 해석하는 것 등을 들 수 있다. **유추적용**은 법문언의 가능한 의미에 포섭될 수 없는 사례를 구성요건상 사례와 행위 또는 법익침해 등에 어떤 유사성이 있다고 하여 적용하는 것이다. 그것은 구성요건상 어의의 한계를 벗어났기 때문에 해석이 아니고 법창조에 해당한다. 따라서 형법상 원칙적으로 금지된다. 허용된 확장해석과 금지된 유추적용의 구별은 문제된 '법문언의 가능한 의미의 최대한의 한계' 안에 있느냐의 여부이다. 이 때 법문언의 가능한 의미는 그것이 일상언어로서 가지는 의미를 가지고 판단된다(법문언의 일상언어적 의미).

‖**판례 1**‖ 피고인이 피해자 갑과 인터넷 화상채팅 등을 하면서 카메라 기능이 내재되어 있는 피고인의 휴대전화를 이용하여 갑의 유방, 음부 등 신체 부위를 갑의 의사에 반하여 촬영하였다고 하여 구 성폭력범죄의 처벌 등에 관한 특례법(2012. 12. 18. 법률 제11556호로 전부 개정되기 전의 것, 이하 '법'이라 한다) 위반(카메라등이용촬영)으로 기소된 사안에서, 갑은 스스로 자신의 신체 부위를 화상카메라에 비추었고 카메라 렌즈를 통과한 상의 정보가 디지털화되어 피고인의 컴퓨터에 전송되었으며, 피고인은 수신된 정보가 영상으로 변환된 것을 휴대전화 내장 카메라를 통해 동영상 파일로 저장하였으므로 피고인이 촬영한 대상은 갑의 신체 이미지가 담긴 영상일 뿐 갑의 신체 그 자체는 아니라고 할 것이어서 법 제13조 제 1 항의 구성요건에 해당하지 않으며, 형벌법규의 목적론적 해석도 해당 법률문언의 통상적인 의미 내에서만 가능한 것으로, 다른 사람의 신체 이미지가 담긴 영상도 위 규정의 '다른 사람의 신체'에 포함된다고 해석하는 것은 법률문언의 통상적인 의미를 벗어나는 것이므로 죄형법정주의 원칙상 허용될 수 없다(대판 2013. 6. 27, 2013 도 4279).

‖**판례 2**‖ 위 규정(성폭력범죄의 처벌 등에 관한 특례법 제13조)은 자기 또는 다른 사람의 성적 욕망을 유발하는 등의 목적으로 '전화, 우편, 컴퓨터나 그 밖에 일반적으로 통신매체라고 인식되는 수단을 이용하여' 성적 수치심 등을 일으키는 말, 글, 물건 등을 상대방에게 전달하는 행위를 처벌하고자 하는 것임이 문언상 명백하므로, 위와 같은 통신매체를 이용하지 아니한 채 '직접' 상대방에게 말, 글, 물건 등을 도달하게 하는 행위까지 포함하여 위 규정으로 처벌할 수 있다고 보는 것은 법문의 가능한 의미의 범위를 벗어난 해석으로서 실정법 이상으로 처벌 범위를 확대하는 것이다(대판 2016. 3. 10, 2015 도 17847).

3. 적용범위

(1) 형법각칙상의 범죄구성요건 및 형법총칙상의 가벌성에 관한 규정

유추적용의 금지는 형법각칙의 모든 범죄구성요건과 형법총칙상의 모든 가벌성에 관한 규정에 적용된다. 즉 범죄에 대한 효과 없는 교사($^{제31조}_{제2항}$)나 실패된 교사($^{제31조}_{제3항}$)를 방조범에 유추적용하는 것은 허용되지 아니한다. 또한 형법총칙에 의해 각칙상의 범죄구성요건의 가벌성을 확장한 경우, 예컨대 미수·공동정범·공범 등에도 유추적용금지가 적용된다. 다만 부진정부작위범에서 보증인지위 내지 의무는 법률 또는 계약으로 확정되지 아니하고 선행행위 등을 이유로 해서도 발생되기 때문에, 이와 관련하여 유추적용의 가능성을 부득이 인정하지 않을 수 없는 경우가 생긴다.

(2) 백지형법의 보충규정

백지형법의 보충규정에 대해서도 유추적용금지가 적용된다. 예컨대 환경형법상 행정상의 지시규정 등이 있다.

(3) 형벌 및 보안처분

형벌 및 보안처분도 행위자에게 불리한 유추적용금지의 적용을 받는다. 형벌인 한 구류·과료($^{제46조,}_{제47조}$)는 물론 자격상실 자격정지와 같은 자격형도 적용대상이 된다($^{제41조,}_{제43조, 제44조}$). 몰수와 같은 부가형도 물론 적용대상이다($^{제48}_{조}$). 형의 양정과 관련된 자수의 임의적 감면 ($^{제52조1항}_{제1항}$)이나 필요적 감면($^{제90조1항,공직선거및선}_{거부정방지법 제262조}$)도 행위자에게 불리한 유추적용금지의 대상이다.

보안처분은 그 전제로서 가벌성을 요구하고 있는 것은 아니므로 유추적용금지가 직접 적용된다고 볼 것은 아니지만, 공법의 일반적 법률유보의 원칙에 비추어 행위자에게 불리한 보안처분의 유추적용은 금지된다고 해석하여야 할 것이다.

‖**판례 1**‖ 죄형법정주의 원칙상 형벌법규는 문언에 따라 엄격하게 해석·적용하여야 하고 피고인에게 불리한 방향으로 지나치게 확장해석하거나 유추해석하여서는 안 되는 것이 원칙이고, 이는 특정 범죄자에 대한 위치추적 전자장치 부착명령의 요건을 해석할 때에도 마찬가지이다(대판 2012. 3. 22, 2011 도 15057).

‖**판례 2**‖ 형법 제52조나 국가보안법 제16조의 자수에는 범행이 발각되고 지명수배된 후의 자진출두도 포함되는 것으로 판례가 해석하고 있으므로, 이것이 자수라는 단어의 관용적 용례라고 할 것인바, 공직선거법 제262조의 자수를 '범행발각 전에 자수한 경우'로 한정하는 해석은 자수라는 단어가 통상 관용적으로 사용되는 용례에서 갖는 개념

외에 '범행발각 전'이라는 또 다른 개념을 추가하는 것으로서 결국은 '언어의 가능한 의미'를 넘어 공직선거법 제262조의 자수의 범위를 그 문언보다 제한함으로써 공직선거법 제230조 제 1 항 등의 처벌범위를 실정법 이상으로 확대한 것이다. 따라서 이는 단순한 목적론적 축소해석에 그치는 것이 아니라, 형면제 사유에 대한 제한적 유추를 통하여 처벌범위를 확대한 것으로서 유추해석금지의 원칙에 위반된다(대판 1997. 3. 20, 96 도 1167 전원합의체판결).

(4) 정당화사유의 제한적 유추금지

정당화사유에 대해서는 이른바 확장적 유추와 제한적 유추를 구별하여 고찰할 필요가 있다. 정당화사유의 범위를 확장적으로 유추적용하게 되면, 비록 제 3 자의 수인의 범위는 확대된다 할지라도 행위자의 가벌성의 범위는 축소된다. 결국 행위자에게 유리한 유추적용이 되어 법치국가적으로 문제될 것이 없다.

반면 정당화사유의 범위를 제한적으로 유추적용하게 되면, 비록 제 3 자의 수인의 범위는 축소된다 할지라도 행위자의 가벌성의 범위는 확대된다. 결국 행위자에게 불리한 유추적용이 되어 법치국가적으로 문제되지 않을 수 없다. 이 점은 문언의 가능한 범위를 넘어 범죄구성요건을 유추적용하는 것과 결과적으로 다를 바 없다. 따라서 형법전에서 규율하고 있는 정당화사유를 가능한 문언의 범위를 넘어 제한적으로 유추적용하는 것은 허용될 수 없다.

(5) 면책사유, 인적 처벌조각사유, 객관적 처벌조건

강요된 행위와 같은 면책사유나 친족상도례와 같은 인적 처벌조각사유를 그 문언의 한계를 넘어 제한적으로 유추적용하는 것은 금지된다. 또한 사전수뢰($\binom{제129조}{제2항}$)에서 '공무원 또는 중재인이 된 때'와 같은 객관적 처벌조건을 문언의 한계를 넘어 확장하여 유추적용하는 것도 금지된다.

(6) 소추조건

친고죄에서 고소나 반의사불벌죄에서 불처벌의 의사표시와 같은 소추조건에 대해서도 범죄자에게 불리한 유추적용은 금지된다. 소추조건도 실제 객관적 처벌조건이나 인적 처벌조각사유와 근접해 있는 문제영역이기 때문이다.

(7) 범죄자에게 유리한 유추의 허용

범죄자에게 유리한 유추적용은 형법에서 제한 없이 허용된다. 예컨대 중지미수의 규정을 예비·음모죄의 중지에 유추적용하는 것은 허용될 수 있다.

V. 관습형법적용의 금지(=성문법률주의)

관습형법적용의 금지(nullum crimen, nulla poena sine lege scripta)는 관습법에 의해 가벌성을 인정하거나 형을 가중하여서는 안 된다는 것을 뜻한다. 다른 법영역에서는 관습법이 성문법과 나란히 독립된 법원으로 인정된다(_{제1조}^{민법}). 그러나 형법에서는 관습법의 이와 같은 법원성을 부인한다. 죄형법정원칙에서 말하는 법은 국민의 대표기관인 의회에서 제정된 공식적인 성문법을 뜻하기 때문이다. 성문법이 아닌 관습형법으로 처벌하거나 형을 가중하는 경우 그 존재와 내용 및 범위가 불확정한 법으로 처벌하는 결과가 되어 범죄와 형벌은 미리 법률로 확정되어야 한다는 죄형법정원칙의 기본정신에 반한다.

따라서 관습형법적용의 금지요구는 형사입법은 항상 성문의 제정 '법률'형식으로 입법화되어야 한다는 법률주의(Gesetzlichkeit)의 의미를 갖고 있다. 이에 따라 법률이 아닌 명령과 규칙에 의해 범죄와 형벌을 규정하는 것은 허용되지 않으며, 법률이 형벌만을 규정하고 구성요건의 세부사항을 명령에 위임하는 백지형법(Blankettstrafgesetz)의 형식이나 벌칙의 제정을 명령이나 조례에 위임하는 경우에는 모법인 법률에 위임 내지 수권의 범위가 명백히 규정되어 있어야만 한다.

대법원은 형벌법규의 위임이 "특히 긴급한 필요가 있거나 미리 법률로써 자세히 정할 수 없는 부득이한 사정이 있는 경우에 한하여 수권법률(위임법률)이 구성요건의 점에서는 처벌대상인 행위가 어떠한 것인지 이를 예측할 수 있을 정도로 구체적으로 정하고, 형벌의 점에서는 형벌의 종류 및 그 상한과 폭을 명확히 규정"하는 조건을 충족할 때 죄형법정주의에 반하지 않는다고 한다(대판 2002. 11. 26, 2002 도 2998).

‖ **판례** ‖   식품위생법 제11조 제 2 항이 과대광고 등의 범위 및 기타 필요한 사항을 보건복지부령에 위임하고 있는 것은 과대광고 등으로 인한 형사처벌에 관련된 법규의 내용을 빠짐 없이 형식적 의미의 법률에 의하여 규정한다는 것은 사실상 불가능하다는 고려에서 비롯된 것이고, 또한 같은법 시행규칙 제 6 조 제 1 항은 처벌대상인 행위가 어떠한 것인지 예측할 수 있도록 구체적으로 규정되어 있다고 할 것이므로 식품위생법 제11조 및 같은법 시행규칙 제 6 조 제 1 항의 규정이 위임입법의 한계나 죄형법정주의에 위반된 것이라고 볼 수는 없다(대판 2002. 11. 26, 2002 도 2998).

VI. 이른바 적정성의 원칙

1. 의   미

이른바 적정성의 원칙이란 죄형법규의 내용이 기본적 인권을 실질적으로 보장할 수 있도록 적정하게 규정되어야 한다는 원칙이다. 형식적 죄형법정원칙은 죄형을 법률로 명시할 것을 요구함으로써 법관의 자의적인 형벌권행사로부터 국민의 자유와 권리를 보장할 수 있었지만, 법률의 실질적 내용을 문제삼지 않았기 때문에 입법자의 자의에 의한 형벌권의 남용을 방지할 수 없었음을 이유로 현대적 또는 실질적 의미의 죄형법정원칙은 이 적정성의 원칙을 내용으로 한다는 것이다. 그 구체적 내용으로는 「불법 없으면 형벌 없다」, 「책임 없으면 형벌 없다」, 「필요 없으면 형벌 없다」 등을 들고 있다.[12]

2. 평   가

원래 죄형법정원칙은 형식적 법치국가개념에 뿌리를 박고 있는 것이므로 적정성의 원칙을 내용으로 하는 실질적 죄형법정원칙을 거론하게 되면, 죄형법정원칙의 고유한 의미와 기능을 왜곡시킬 염려가 있다. 실제 실질적 죄형법정원칙의 구체적 내용은 실질적 법치국가개념에 기초한 인간존엄성보장, 적법절차원칙, 책임원칙, 비례성의 원칙이나 다름없다.

만약 실질적 죄형법정원칙이란 이름으로 형법에 대한 실질적 법치국가의 모든 제한원리를 총괄하게 되면, 형법의 기본원칙인 인간의 존엄성보장, 적법절차원칙, 책임원칙, 비례성의 원칙이 죄형법정원칙에 흡수되어 이들 원칙의 본래적인 의미가 위축될 수 있고 또 이론의 발전도 제약될 수 있다.

이러한 결과는 형법이론적으로나 실무적으로나 바람직하지 못하다. 형식적 법치국가개념에 기초를 둔 죄형법정원칙은 법률의 내용적인 적정정보의 제공보다 법적 안정성과 형벌권을 한계지우는 형식을 통해 국가시민의 자유와 안전을 보장하는 데 중점을 둔다. 따라서 적정한 내용을 담보하기 위해 실질적 법치국가개념에 기초를 둔 형법의 다른 기본원칙과 죄형법정원칙을 혼합하지 않는 것이

---

12) 우리나라에서는 실질적 정의의 요청을 핵심내용으로 하는 적정성의 원칙을 죄형법정주의의 제5원칙으로 드는 것이 일반적이다. 강구진, 앞의 글 30면; 권오걸 43면; 김성돈 76면; 박상기 38면; 배종대 108면; 손동권·김재윤 32면; 신동운 35면; 심재우, 「형벌권의 제한」, 형사법강좌 Ⅰ, 87면; 이재상 30면; 오영근 63면; 임웅 34면; 정성근·박광민 48면; 정영일 48면.

좋다.[13] 다만 형식적 법치국가이념과 실질적 법치국가이념이 국민을 위한 법의 목표실현에 변증론적으로 통합되어야 함은 두말할 것도 없다.

제 3 절 책임원칙

I. 책임원칙의 의의

형법은 **책임형법**이다. 따라서 형벌은 책임을 전제로 한다(nulla poena sine culpa). 이런 의미에서 형법은 행위자의 책임에 의하지 않고 단순히 야기된 결과에 따라 처벌하려고 하는 **결과형법**과 구별된다. 뿐만 아니라 책임을 행위자의 위험성으로 대체하여 범행은 단지 행위자의 인격성(Täterpersönlichkeit)의 발로로 보고 범인의 일반적인 생활영위에 대한 처벌이나 순전한 보안처분·사회방위(défense sociale) 등을 목표로 삼는 **위험성형법**과도 구별된다.

책임원칙(Schuldprinzip)은 오늘날 헌법상의 원칙으로 간주되기도 한다. 비록 실정헌법이나 형법전에 이에 관한 명문규정은 없더라도 인간의 존엄과 가치의 보장요구($\binom{헌법}{제10조}$)와 법치국가원리에서 당연히 도출될 수 있기 때문이다.

II. 내 용

책임원칙은 다음 네 가지 내용을 갖고 있다.

(i) 책임은 모든 **처벌의 전제와 근거**가 된다. 즉 책임 없이 형벌을 과할 수 없을 뿐만 아니라 순수한 결과만을 이유로 처벌해서도 안 된다. 구체적인 범행과 무관한 행위자의 단순한 심정이나 지금까지의 생활영위를 근거로 처벌해서도 안 된다. '의심스러울 때에는 피고인의 이익으로'(in dubio pro reo)라는 형사소송절차의 대원칙도 사실은 책임원칙의 이 측면에서 도출된 것이다.

(ii) 책임원칙은 **불법과 책임의 일치**를 요구한다. 즉 불법만 있고 책임이 없는 경우에는 행위자를 처벌해서는 안 되며 불법의 정도에 못 미치는 책임에 대해서는 책임의 한도 내에서 처벌해야 한다. 더 나아가 불법고의와 책임고의도 일치해야 한다. 불법고의에서 과실책임을 이끌어내거나 불법과실에서 고의책임을 이끌

---

13) 같은 견해 성낙현 70면.

어내는 것은 책임원칙의 내용적 한계를 넘어 자의적인 형벌을 과하거나 책임원칙의 범위를 넘어 가벌성을 확장할 위험을 내포하기 때문이다.

(iii) 행위시에 책임능력은 동시적으로 존재해야 한다. 책임능력 있는 자만이 규범의 금지 또는 명령하는 소리에 귀를 기울여 행위할 수 있기 때문이다. 원인에 있어서 자유로운 행위를 이 원칙에 대한 예외로 취급할 것인지의 여부는 행위시 책임능력의 동시존재원칙을 이 경우에도 끝까지 고수할 것인가, 아니면 구성요건적 위법행위의 정형성 확보에 더 비중을 둘 것인가에 따라 달라질 수 있다. 원인에 있어서 자유로운 행위의 가벌성 인정시점을 책임능력존재시의 원인행위에서 잡아야 책임원칙의 정신에 합치하는 이론구성이 되는 것은 사실이나, 후자에 가치를 둔다면 책임원칙의 예외경우로 볼 수 있다.

(iv) 책임은 양형의 기초가 된다. 즉 양형의 기초로서 책임이 형벌의 부과 여부와 정도에 관한 기준을 제시한다. 따라서 어떤 경우에도 책임의 정도를 넘어서 처벌하여서는 안 된다.

Ⅲ. 한   계

오늘날 책임원칙의 철저한 실현은 몇 가지 이유로 한계에 직면해 있다.

첫째, 책임의 인식에 넘지 못할 한계가 있기 때문이다. 의사의 자유나 내심의 동기는 객관적으로 감지하거나 외부적으로 파악하기 곤란한 면이 있다. 열 길 물 속은 알 수 있어도 한 치 사람의 마음 속은 알 수 없지 않은가.

둘째, 가벌성은 몇몇 문제되는 사례에서 단순히 책임만이 아니라 우연한 결과발생에 의존하는 경우도 있기 때문이다. 독일 보통법상 인정되었던 결과책임이나 우연책임을 내포하는 소위 **불법행태책임**(versari in re illicita)(허용되지 않은 일에 관련된 자에게는 그의 행위로부터 비롯한 일체의 결과가 귀속된다는 원칙)은 오늘날 책임원칙과 정면충돌하는 것으로서 원칙적으로 사라졌다. 그럼에도 결과책임의 잔재가 엿보이는 몇 가지 제도들이 형사정책적 필요성 때문에 아직도 남아 있다. 예컨대 인식 없는 과실, 객관적 처벌조건, 결과적 가중범, 합동범, 상해죄동시범의 특례, 양형에서 결과의 고려 등이다.

셋째, 현행 형사제재의 체계는 두 개의 상이한 거점, 즉 과거의 행위책임에 지향된 처벌과 행위자의 장래 위험성에 조명된 보안처분에서 출발하는 이원체계를 취하고 있기 때문이다. 그 한에서 책임 없이 행위한 자도 일반예방과 특별예방의 목적에 비추어 상당한 비례성의 범위 내에서 보안처분의 대상이 된다.

제 4 절   비례성의 원칙

I. 의   의

보안처분도 형벌과 마찬가지로 대상자에게 일정한 부담을 지우거나 자유를
제약하는 국가적 제재수단이다. 형벌이 책임원칙에 의해 한계지워지듯이 보안처
분도 법치국가의 한계 안에서 행해져야 한다. 보안처분에 대한 법치국가적 한계의
원칙이 바로 비례성의 원칙(Verhältnismäßigkeitsgrundsatz)이다.

독일형법은 제62조에서 「보안처분은 행위자에 의해 행하여졌거나 기대되는
행위의 의미와 그로부터 발생한 위험성을 비교하여 비례성을 결할 경우에는 선고
될 수 없다」고 규정하고 있다. 비례성의 원칙이 우리나라의 보안처분법에 명문으
로 규정되어 있지 않지만, 인간의 존엄과 가치를 최고의 법가치로 인정하고 있는
법치국가헌법에서는 개인의 자유를 위해 보안처분을 제한하는 법치국가원리로서
당연히 고려해야 할 원칙이다. 헌법과 행정법분야에서는 비례성의 원칙의 소극적
측면에 해당하는 과잉금지(Übermaßverbot)란 용어가 더 자주 쓰인다.

II. 구체적 내용

1. 적합성의 원칙

보안처분에 의해 설정되는 개인의 자유박탈 내지 자유제한의 수단은 이 조치
에 의해 성취하려는 사회보호 및 피처분자의 사회복귀라는 목적과의 관계에서 볼
때 목적의 실현에 적합 내지 유용한 것이어야 한다는 원칙이다. 적합성의 원칙
(Grundsatz der Geeignetheit)의 과제는 수단이 지나치게 그릇된 경우를 배제하
는 데 있다.

2. 필요성의 원칙

목적을 달성하는 데 같은 정도로 유용한 여러 개의 수단이 있는 경우 그 중

피처분자의 자유를 가장 적게 침해하는 수단이 선택되어야 함을 뜻한다. 즉 필요성의 원칙(Grundsatz der Erforderlichkeit)이란 '최소침해의 원칙'을 의미하는 것이다. 이것만을 과잉금지의 원칙이라 지칭하는 학자도 있다.

3. 균형성의 원칙

균형성의 원칙(Grundsatz der Proportionalität)이란 목적, 수단, 개인의 자유권을 전체적으로 교량하여 비록 적합하고 필요하더라도 침해의 중대성과 얻을 수 있는 결과 사이에 불균형을 초래할 만큼 개인의 자유영역을 침범하는 국가적 조치는 허용되지 않는다는 원칙이다. 비례성의 원칙을 협의로 이해할 때는 균형성의 원칙을 의미한다.

여기에서는 계획된 보안처분에 의해 초래될 개인의 자유의 희생이 그것을 통해 도달하려는 목적과 비례관계에 놓이는가를 검토하게 된다. 이 균형성심사에서 목적·수단의 비례관계는 국가적 조치의 실현 앞에 놓인 개인의 희생한계로서 작용한다. 따라서 희생한계(Opfergrenze) 안에서 최소희생의 원칙에 합치하는 균형이 목적과 수단 사이에 존재할 때 목적은 비로소 정당화된다.

Ⅲ. 비례성 원칙의 적용범위

이 원칙은 특정한 하나의 보안처분을 선고할 것인지의 여부 판단뿐 아니라 수 개의 보안처분 중에서 구체적인 경우 어느 것을 선택하여 선고할 것인가 하는 문제의 판단에서도 적용되어야 한다. 또한 보안처분의 선고에 대하여 적용될 뿐만 아니라 선고된 보안처분의 집행과 보안처분의 집행중에 있는 자의 석방에 관한 판단 등 보안처분법의 전체 영역에 적용되어야 할 원칙이다.

제 5 절   행위형법의 원칙

Ⅰ. 행위형법의 원칙

형법은 행위형법(Tatstrafrecht)이다. '행위'형법이란 형법적인 가벌성이 구성요건에 기술된 개개의 범죄행위와 연결되고, 그에 대한 제재도 개개의 행위에 대한 대응으로 나타나는 것이지, 결코 행위자의 전체적인 생활영위나 그에게서 예상되는 장래의 위험에 대한 반응일 수 없다는 것을 말한다.

행위형법의 원칙은 책임원칙과 더불어 국가의 과도한 형벌작용의 유혹 앞에서 범죄자의 자유와 안전 등 기본적 인권을 보장해 주는 전통깊은 자유보장책 중의 하나이다. 그러나 현대사회의 난제에 속하는 현대형 범죄의 폭증에 직면하여 행위형법의 원칙을 수정하려는 시도도 등장하고 있다. 비교적 오래된 하나의 관점이 행위자형법의 관점이고, 가장 최근에 등장한 또 하나의 관점이 위험형법의 관점이다.

Ⅱ. 행위자형법의 관점

규율의 대상으로 처벌받아야 할 것은 행위가 아니라 행위자라는 관점에서 행위자의 악성을 문제삼고자 하는 입장을 행위자형법(Täterstrafrecht)이라고 한다. 여기에서 형벌이란 행위자, 즉 범인의 인격과 결부되어 가해지므로 범인의 비사회성(Asozialität)과 반사회성(Antisozialität) 및 그 정도가 그에게 과해질 제재를 결정하는 중요한 역할을 한다.

자유법치국가원리에 기초를 둔 형법질서는 줄곧 행위형법의 방향으로 발전해 왔다. 우리 형법도 자유법치국가의 헌법질서원리에서 출발하고 있으므로 본질적으로는 행위형법의 입장을 취하고 있다. 다만 예외적으로만 군데군데 행위자형법의 관점을 고려하고 있을 뿐이다.

양형의 조건에 관한 규정($^{제51}_{조}$), 작량감경규정($^{제53}_{조}$) 내지 누범가중규정($^{제35조,}_{제36조}$)이 우리 형법상 인정되고 있는 행위자형법의 전형적인 예이다. 그 밖에도 행위자의 위험성 때문에 처벌을 고려하고 있는 불능미수처벌규정 및 각종 보안처분제도도, 행위에 대한 고려를 전혀 무시하고 있지는 않지만 그래도 행위자형법의 관점을 어느 정도 끌어들인 형법상의 제도들이다.

Ⅲ. 위험형법의 등장

후기 현대의 탈산업화·정보화사회를 독일의 사회학자 벡크(Beck)가 위험사회(Risikogesellschaft)로 정의한 이후 원자력 위험, 화학적 위험, 생태학적 위험, 유전공학적 위험 등 인류의 생존을 위협하는 새로운 위험에 대응하는 위험형법이 화두로 떠올랐다.

전통적인 법치국가형법관에 따르면 형법은 일면 강제력을 수반하는 통제수단이지만 타면 시민적 자유를 보호하는 장치였다. 법치국가형법은 입법자의 자유통행로가 아니라 사회적 문제해결의 최후수단일 뿐이다. 이러한 고전적 법치국가형법관을 고집하는 한 위험사회의 새로운 위험에 대응하는 형법적 수단도 법치국가의 한계를 벗어날 수 없다는 결론에 이른다. 이에 반해 전통적인 법치국가형법은 새로운 범죄유형, 특히 미래의 안전과 관련된 범죄유형에 대처하는 데 적합하지 않다고 생각하는 사람들은 위험사회의 새로운 위험에 대처하기 위해 이른바 **위험형법**의 등장을 주창한다. 미래의 안전과 관련된 보호영역에서는 명백하게 윤곽이 드러난 보호법익을 확정하기 어렵기 때문에, 정당한 범죄화의 소극적 기준으로서 그 자리를 굳힌 법익사상을 더 이상 고집하지 말고 대신 문화적으로 각인된 행위규범을 기준삼아야 한다는 제안이다. 그리하여 위험형법은 이제 '새로운 법익'이 아니라 '새로운 행위'를 형법적 통제의 대상으로 삼아야 한다는 것이다. 21세기의 문제를 18세기의 정신적 도구를 가지고 해결할 수는 없다는 인식 때문이다.

그리하여 위험형법에서는 ① 전통적인 법치국가형법의 보충적 법익보호사상을 실효성 있게 완화할 수 있고(보편적 법익개념의 확대, 피해자 없는 범죄의 영역 확대), ② 형법의 투입으로 정치적 이익을 얻을 수 있는 곳에서는 즉각 보충성의 원칙을 밀어내고 형법을 투입해야 하며(특별형법의 비대화 인정), ③ 결과범 이전 단계의 광범위한 처벌화(추상적 위험범의 영역 확대, 기수 이전 단계의 미수·예비의 처벌범위 확대), ④ 환경형법·여성보호형법(성폭력 예방법) 분야에서 사람들의 주의를 환기시킬 수단으로 형벌의 활용(형법의 최우선수단화, 국민계몽의 도구화) 등 예방입법·상징입법의 경향을 긍정적으로 받아들인다.

그러나 위험사회의 형법이라고 해서 전통적인 법치국가형법의 제한을 완전히 벗어난 위험형법이 될 수는 없다는 것이 오늘날 지배적인 견해이다. 그렇다고 위험사회의 난제들을 극복하기 위한 실효성 있는 대책을 형법은 결코 외면해서는 안 된다. 따라서 문제는 현대적 위험에 대해 형법은 무엇을 어떻게 해야 할 것인가 하는 점이다.

이와 같은 현대형법의 과제를 풀자면 먼저 형법이 직면하고 있는 현대적 생활사실에 대한 분석으로부터 출발해야 할 것이다. 즉 핵심형법분야, 경제형법분야, 원자력형법분야, 환경형법분야, 유전공학형법분야, 의료생명기술형법분야, 제조물형법분야, 컴퓨터형법분야 등 특수한 생활사실 속에서 나타나고 있는 위험요인과 그 대책을 분석하여 각 토픽에 알맞는 문제해결방식을 모색하는, 이른바 문제변증론적 사고가 필요하다. 그 다음 형법의 개입을 즉각적으로 요구하는 분야, 형법적 개입보다 행정조치 또는 자율적 윤리위원회의 규율만으로도 충분히 통제할 수 있는 분야 등을 세분하여야 한다. 또한 같은 분야의 생활사실에 대한 형법적 규제도 범죄의 질에 따라 그 경중을 달리하여 형법적 대응과 경범죄적 대응 중 어느 것이 실효성 있고 충분한 수단인지를 검토해야 한다. 그리하여 보통의 생활사태에 대해서는 부드러운 최후수단의 법으로, 특별한 위험상황에 직면해서는 강한 우선수단의 법으로 형법은 신축성을 지닌 법으로 접근해야 한다.

　　이처럼 일견 모순되는 듯한 현대형법의 성격은 델타모델(Deltamodel)로 이해하기 쉽게 설명될 수 있다. 삼각주(Delta)는 끊임없이 흘러내려오는 강의 하구에서 생성된다. 그것은 하수가 들어갈 수 없는 경계선을 지닌 섬과도 같다. 현대의 위험사회에서 법치국가형법은 원칙적으로 전통적인 자유보장책 안에서 흘러가는 강물 같지만 파도와 부딪치는 하류에서는 이미 그 흐름의 영향에서 벗어난 새로운 델타영역과 마주치고 만다. 현대형법의 델타는 환경형법·마약형법·경제형법·원자력형법·여성보호형법·의료생명기술형법·컴퓨터형법 분야에서 뚜렷해진다. 여기에서는 형법이 위험을 예방할 수 있는 실효성 있는 안전확보의 수단으로 극대화하는 경향이 있다. 위험사회의 위기에 대처하는 일반시민들의 형법에 거는 기대가 높아졌고 입법자들과 정치인들도 이러한 안전요구를 섣불리 외면할 수 없기 때문이다. 그것은 하나의 모험에 속하지만 민주국가는 모험의 주체인 국민을 신뢰해야 하기 때문이다.[14]

---

14) 김일수, 「전환기의 법학 및 형법학의 과제」, 법·인간·인권, 1996, 536면 참조.

제 2 편 범 죄 론

제 1 장 범죄체계론

제 1 절 범죄행위의 체계적 기본개념

형법이론 중 범죄론은 가벌적 행태의 일반적 표지를 주된 연구내용으로 삼는다. 한 인간행태를 처벌하는 데 전제가 되는 필요 내지 충분조건을 다루는 것이 범죄론이다. 현대의 형법이론학에서 모든 가벌적인 행태는 구성요건에 해당하고 위법·유책하며, 그 밖에 객관적 처벌조건 등 몇 가지 가벌성의 조건들을 충족시키는 행위라고 하는 데 원칙적인 합의가 이루어진 셈이다. 이러한 행위·구성요건·위법성·책임 등의 기본적인 범죄성립요건의 범주는 근 150년에 걸친 학문적인 논의과정에서 서서히 형성·발전하여 온 것이다.

오늘날에도 구체적으로 무엇이 구성요건에 해당하고, 무엇이 위법하며, 무엇이 유책하고, 또 무엇이 가벌성의 조건인가 하는 문제와 이들 상호간의 관계에 관해서는 의견이 분분하다. 상이한 학문적 입장으로부터 각각 다른 결론에 이를 수 있기 때문이다. 그럼에도 이러한 입장들을 이해하려면 그 선이해로서 범죄개념구성의 기본범주에 관해 지금까지 일반적으로 승인된 최소한의 의미합치점을 먼저 살펴보아야 한다.

I. 행   위

모든 가벌적 인간행태는 먼저 형법상의 행위라는 범주에 속하여야 한다. 이런 의미에서 행위는 범죄체계구성의 초석이다. 일반적으로 형법상의 행위란 인간 의사(Wille)에 의해 지배되거나 적어도 지배될 수 있는 사회적으로 중요한 행태라고 정의된다.

Ⅱ. 구성요건해당성

구성요건은 죄형법규에 규정된 개개 범죄의 유형을 말한다. 한마디로 **범죄유형**을 기술한 것이다. 인간의 행위가 가벌적 범죄행위가 되기 위해서는 먼저 형법 각 조문, 기타 부수형법의 개개 처벌조항에 규정되어 있는 법률적 구성요건에 해당하지 않으면 안 된다. 아무리 실질적 의미에서 범죄로 볼 수 있는 반사회적 법익침해행위라 하더라도 그것이 실정법률이 정하는 구성요건에 해당하지 않는 한 처벌대상이 될 수 없다. 바로 죄형법정원칙의 효력 때문이다.

Ⅲ. 위 법 성

구성요건이 **불법**을 근거짓는 개개 범죄유형을 포괄하고 있다면, 위법성은 전체 법질서의 입장에서 **불법**을 확정하는 범주이다. 구성요건에 해당하는 행위는 보통의 경우 원칙적으로 위법하다. 그러나 정당방위·긴급피난·정당행위 등 정당화사유가 존재하는 경우에는 구성요건에 해당하는 행위라도 허용규범에 의해 정당화되고 위법성은 조각된다.

Ⅳ. 유 책 성

형벌은 최종적으로 행위자 개인에 대한 비난을 전제한다. 불법행위의 구성요건해당성과 위법성만으로는 아직도 형벌을 정당화할 수 없고, 더 나아가 행위자에 의해 저질러진 불법이 행위자의 책임으로 돌아가야 한다. 이에 관한 평가단계를 보통 책임 또는 유책성이라고 부른다. 이에 관한 전제로는 책임능력$\left(\substack{\text{형법 제 9 조,}\\ \text{제10조, 제11조}}\right)$ 및 불법의식의 존재, 그리고 면책사유의 부존재 등을 들 수 있다.

Ⅴ. 기타 가벌성의 조건

범죄체계의 한 요소이면서도 이상의 범죄성립요건과 구별해야 할 것으로 가벌성의 조건(Strafbarkeitsvoraussetzungen)이 있다. 이것은 비록 범죄구성요건 중에 규정되어 있으나, 범죄성립요건은 아니다. 일단 성립한 범죄의 가벌성만을 형벌필요성 내지 형사정책적 이유에서 문제삼는 요건이다. 이에는 객관적 처벌조건과 인적 처벌조각사유가 있다.

제 2 절 범죄체계의 발전과 현황

I. 범죄체계의 발전

1. 고전적 범죄체계

고전적 범죄체계는 19세기 말 벨링과 리스트에 의해 완성되어 20세기 초에는 지배적인 이론이 되었다. 요지는 모든 객관적인 요소는 불법에, 모든 주관적인 요소는 책임에 속한다는 것이다. 즉 범죄의 객관적 구성요소와 주관적 구성요소는 엄격히 구별되어 행위의 객관적 사정은 구성요건해당성과 위법성에서, 행위의 주관적 측면과 행위자의 주관적 사정은 책임에 속한다. 구성요건은 순객관적·몰가치적 개념요소들의 저장창고이며, 위법성도 객관적 범주에 속한다. 이에 비해 책임은 주관적으로 파악될 수 있는 모든 요소들을 총괄하는 개념이다. 고전적 범죄체계는 아직 구성요건고의라는 개념을 모른다. 단순한 고의가 사실의 의식과 위법성의 인식을 포괄한 채 책임요소에 속하여 있었다.

2. 신고전적 범죄체계

벨링/리스트의 고전적 범죄체계는 제1차 대전 이후부터 기본구조를 유지하면서도 모든 표지에서 체계내적 개선을 통해 재구성되기에 이르렀다. 즉 **특별한 주관적 불법요소와 규범적 구성요건요소의 발견**을 통해 구성요건개념을 가치관계적 개념으로 재편하고, 책임개념도 심리적 책임개념에서 **규범적 책임개념**으로 변형시킨 일이었다. 이것을 신고전적 범죄체계라고 부른다. 이 범죄체계구성에 크게 기여한 사람으로는 메츠거, 자우어, 프랑크 등의 학자를 들 수 있다.

3. 목적적 범죄체계

목적적 범죄체계(Das finalistische Verbrechenssystem)는 애당초 소위 목적적 행위론에 의해 형법체계의 신형상으로 등장했다. 목적적 범죄체계를 창시한 사람은 벨첼이다. 2차 대전 이후 최근까지 범죄체계에 가장 큰 변화를 몰고 온 것이 바로 목적적 범죄체계이다. 범죄체계상 가장 결정적인 분기점은 고전적 신고전적 체계에서는 불법의식(Unrechtsbewußtsein)과 사실의 인식 의사를 필요불가결한 구성요소로 삼는 고의가 단지 책임요소로만 이해되어 온 반면, 목적적 체계에서는 사실의 인식의사가 불법의식과 분리된 채 구성요건고의라는 이름으로 주관적 구성요건요소가 된다는 점이다. 고의가 다른 모든 주관적 불법요소와 함께 구성요건에 속하고 책임에는 속하지 않는다는 목적적 범죄체계의 주장은 내용상 **불법의 주관화, 책임의 탈주관화와 규범화**를 의미한다. 목적적 범죄체계는 모든 주관적인 것을 책임에서 비로소 판단하고자 했던 고전적 범죄체계와는 정반대입장에 서 있다.

4. 신고전적 · 목적적 범죄체계의 합일체계

현재의 형법이론학은 신고전적 체계와 목적적 체계의 종합형태의 테두리 안에서 범죄체계의 발전을 도모하고 있다. 물론 오늘날에도 드물긴 하지만 신고전적 범죄체계를 그대로 답습하고 있는 입장도 있고, 더러는 목적적 행위론의 범죄체계를 그대로 따르기도 한다. 그러나 대부분의 학자들은 「목적적범죄체계가 이룩해 놓은 형법체계의 신형상과 이보다 앞서 가치철학과 목적사상에 의해 성취된 형법학의 한 발전단계, 즉 신고전적 범죄체계와의 합일」을 위해 노력하고 있다.

신고전적 · 목적적 범죄체계의 합일체계의 구체적 내용은 목적적 행위론을 행위론으로 수용하는 데 반대하되 그의 가장 중요한 체계적 성과들, 즉 고의를 주관적 구성요건으로 파악하는 착상을 받아들이는 것이다.

목적적 행위론은 목적성을 행위의 본질적 요소로 이해하고 또한 이를 고의와 동일시함으로써 고의를 구성요건의 하나의 요소로 승인하고 있다. 어쨌든 고의를 구성요건에 자리매김한 것은 목적적 행위론의 공적이 아닐 수 없다. 뿐만 아니라 목적적 행위론이 객관적 주의의무위반(객관적 과실)을 과실범의 구성요건요소로 파악한 이래, 오늘날 신고전적 · 목적적 체계의 합일체계는 객관적 주의의무위반은 구성요건에, 주관적 주의의무위반(주관적 과실)은 책임에 위치시키고 있다.

비록 목적적 행위개념은 많은 찬동을 받지 못했지만, 고의와 객관적 과실이 구성요건요소라는 목적주의의 명제는 오늘날 신고전적 · 목적적 체계의 합일체계에서도 그대로 관철되고 있는 셈이다. 그 이유의 하나는 목적적 행위론에서 생각했던 존재론적 목적성이 가치와 관계된 규범적 · 사회적 목적성으로 발전할 수 있었기 때문이다. 그 결과 구성요건고의는 구성요건결과에 대한 인과관계의 조종이 아니라 모든 구성요건요소의 사실적·규범적 의미내용의 파악을 뜻하게 되었다. 이처럼 고의가 주관적 불법요소 내지 행위반가치요소이면서 동시에 심정반가치요소로서 구성요건요소임과 동시에 책임형식에도 속한다는 소위 고의의 이중기능의 승인은 신고전적·목적적체계의 합일체계의 한 양식에 불과한 것이지 그것 자체가 새로운 체계의 결정체라고 평가할 수는 없다.

이 신고전적·목적적 체계의 합일체계의 기초 위에서 불법은 행위반가치 내지 결과반가치, 책임은 심정반가치 내지 「행위자가 위법한 구성요건실현과는 달리 행위할 수 있었다」는 표지에 따라 구별할 수 있게 되었다. 물론 이 밖에도 신고전적 체계에서 연유하여 목적적 체계에 그대로 전승된 불법은 사회적 유해성, 책임은 비난가능성이라는 실질적 이해의 방법도 오늘날의 범죄론에서 그대로 유지되고 있다.

Ⅱ. 본서의 범죄체계

본서는 원칙적으로 신고전적·목적적 범죄론의 합일체계를 따른다. 다만 범죄체계도 체계적 사고와 문제지향적 사고가 변증론적으로 합일될 수 있는 개방적·목적론적 체계여야 한다는 전제에서 이 신고전적·목적적 합일체계의 결론들을 합리적·자유적·인도주의적 형사정책의 관점에 비추어 재평가하고 재구성하고자 한다. 이러한 시도는 구체적인 범죄구성요소들을 검토하는 자리에서 논의될 것이다. 이 입장은 행위론을 범죄체계의 중심으로 삼는 고전적 범죄체계나 목적적 범죄체계의 시각과 다른 것이다.

제 2 장　행 위 론

제 1 절　서　　론

　　형법적으로 처벌할 수 있는 대상은 오직 인간의 자유로운 의지의 소산인 행위 및 그 결과에 국한된다. 따라서 모든 우연적인 사태는 행위가 아니다. 행위론은 범죄체계 자체를 주된 논의의 대상으로 삼지 않고, 오직 행위개념과 그 기능을 주된 논의의 대상으로 삼는다. 그러므로 행위론은 가벌성 검토의 출발점으로서 단지 형법적 귀속론의 일부를 형성할 뿐이다.

제 2 절　행위개념의 기능

　　행위개념의 기능으로는 보통 기초요소로서의 기능, 결합요소로서의 기능, 한계요소로서의 기능이 언급된다.

Ⅰ. 기초요소로서의 기능

　　행위개념은 가벌적 행태의 모든 현상형태에 대한 상위개념으로서 형법의 기초요소가 되어야 한다. 즉 행위는 일종의 종개념(differentia specifica)인 고의행위·과실행위·부작위 등 모든 다양한 가벌적 행태에 대해 공통적인 토대를 제공해 주는 그 무엇으로서 하나의 유개념(genus proximum)이 될 수 있어야 한다. 이러한 행위개념의 논리적 의미를 분류적 기능(Jescheck) 또는 기초요소로서의 기능(Maihofer)이라고 부른다.

Ⅱ. 결합요소로서의 기능

행위개념은 형법체계 전체를 관통하면서 어느 정도 '체계의 중추를 형성'하지 않으면 안 된다. 우선 행위 그 자체가 무엇인가 하는 개념규정이 있어야 함은 물론, 더 나아가 구성요건에 해당하는 위법·유책한 행위라고 말할 수 있도록 구성요건해당성·위법성·유책성의 꾸밈을 받을 만한 본디말로서 실체적인 내용을 갖고 있어야 한다. 이것을 행위개념의 체계적 기능 또는 결합요소로서의 기능이라고 부른다. 이 체계적 결합요소로서의 기능에는 다음과 같은 중요한 두 가지 내용이 포함된다.

1. 체계적 중립성의 요구

행위개념은 구성요건·위법성 및 책임에 대하여 중립적이어야 한다. 따라서 행위개념은 행위 이후의 평가단계에서 행위에 대한 술어로 비로소 부가되어야 할 구성요건해당성·위법성·책임의 내용을 일부라도 미리 앞서 포괄해서는 안 된다. 이같은 중립성의 요청 때문에 행위개념은 불법과 책임에 앞질러 들어가서도 안 되고, 또 불법과 책임이 행위개념 속으로 앞질러 들어오는 것을 허용해서도 안 된다.

2. 실체개념성의 요구

행위개념은 내용이 공허한 것이어서는 안 된다. 즉 행위개념은 미리 구성요건에 앞질러 들어가거나 불법유형으로서 불법의 내용과 중첩되어서는 안 되지만, 행위개념에 부가될 그 이후의 평가단계의 여러 가지 술어를 대유(帶有)할 수 있을 정도로 충분한 실체, 즉 구체적 언명(言明)능력을 갖지 않으면 안 된다. 예쉑은 행위개념의 이같은 요청을 행위개념의 정의기능(Definitionsfunktion)이라 부른다.

Ⅲ. 한계요소로서의 기능

행위개념은 구성요건해당성 판단에 앞서, 애당초 형법적 판단의 대상이 될 수 없는 행위를 아예 형법적 고찰로부터 배제하는 실천적 임무를 갖고 있다. 이를 행위개념의 한계기능(Abgrenzungsfunktion)이라고 한다. 예컨대 짐승이 저지른 일, 단순한 사고나 사색, 경련중의 동작, 섬망(譫妄)상태에서의 동작 등은 정신작

용의 통제와 조정하에 놓여 있지 아니하므로 형법적 고찰의 대상에서 애당초 제
외해야 한다.

제3절 각 행위개념의 내용과 그에 대한 비판

Ⅰ. 자연적·인과적 행위개념

1. 의   의

자연적·인과적 행위개념은 벨링과 리스트가 주창한 것이다. 벨링은 「행위는
의사에 의해 수행되는 신체활동 또는 하나의 유의적 신체거동」이라고 정의함으로
써 자연적 행위개념의 전형적인 모습을 보여 주고 있다. 리스트도 「행위는 인간
에 의해 야기된 외부세계의 인과적 변화」라고 정의하여 인과적 행위개념을 구성
하였다. 오늘날에도 바우만(Baumann)이 이러한 관점에 입각하여 「행위란 의사
에 의해 수행되는 인간의 행태」라고 정의하고 있다.

2. 평   가

자연적·인과적 행위개념은 19세기 후반 자연과학적·생물학적 고찰방법의
영향을 받았다. 기본범주는 유의성(Willkürlichkeit)과 거동성(Körperlichkeit) 및
인과성(Kausalität)이다.

㈎ 이 행위개념도 한계기능은 충족시킬 수 있다. 즉 동물의 행태, 사념이나
단순한 반사작용의 결과는 애당초 행위로부터 배제시킬 수 있기 때문이다.

㈏ 자연적·인과적 행위개념은 기초요소로서는 거의 무력하다. 이 행위개념
은 과실행위를 잘 설명해 줄 수 있는 장점을 갖고 있지만 미수·부작위 등을 제
대로 설명해 줄 수 없다. 단순한 사념과는 구별될 수 있는 모종의 인간의사의 객
관화가 부작위에서는 거의 증명될 수 없기 때문이다.

㈐ 자연적·인과적 행위개념은 결합요소로서도 만족할 만한 임무를 수행할
수 없다. 물론 이 행위개념은 모든 임의적인 의사의 객관화를 행위로 인정함으로
써 구성요건에 대해 중립적이기는 하다. 그러나 그 자신 스스로 체계를 이끌어 나
갈 만한 구체적인 실체를 갖고 있지 못하다.

Ⅱ. 목적적 행위개념

1. 의   의

목적적 행위론의 창시자는 벨첼이다. 그는 「인간의 행위는 목적활동의 수행」이라고 정의한다. 인간행위의 목적성(Finalität)이나 목적부합성(Zweckhaftigkeit)은 「인간이 그의 인과적 지식을 기초로 자신의 활동으로 인하여 일어날 수 있는 결과를 일정한 범위에서 예견하고 이에 따라 여러 가지 상이한 목표를 설정하며 자신의 활동을 바로 이 목표의 달성에로 계획적으로 조종할 수 있다」는 점을 근거로 삼기 때문이다.

종래의 인과적 행위개념이 의사와 행동과 결과의 세 요소를 인과성으로 연결시키려는 것이었다면, 목적적 행위개념은 의사 내지 행동과 결과의 양 요소를 인과성(행동과 결과 사이)과 목적성(의사와 행동 및 의사와 결과 사이)으로 연결시키려는 입장이다.

2. 평   가

㈎ 목적적 행위개념은 고의행위의 형태를 가장 잘 설명해 줄 수 있는 장점을 가지고 있으나, 형법체계의 기초요소로서의 기능에 부적합하다는 점은 먼저 부작위범에서 분명해진다. 즉 부작위 행위자는 어떠한 인과과정도 조종할 수 없기 때문에 그는 목적적 행위론자들이 의미하는 바에 따른 목적적 행위를 할 수가 없다.

㈏ 목적성은 작위범 전체에 대해서도 하나의 공통적인 기초를 마련해 줄 수 있을지 의문시되고 있다. 즉 과실행위가 목적적 행위인가 하는 문제이다.

벨첼(Welzel)에 따르면 고의행위와 과실행위를 행위라는 상위개념하에 포섭시키는 것은 역시 목적성이란 요소이며, 고의행위는 현실적 목적성인 반면 과실행위는 **잠재적 목적성**일 뿐이라고 했다. 그러나 잠재적 목적성이 실제적으로 어떤 목적성의 내용을 갖고 있는지는 의문이다.

이후 벨첼은 다시 발생된 결과가 아니라 행위자에 의해 지향된 목표에 주목할 때 과실행위도 목적적 행위의 일종이라고 주장했다. 즉 총을 소제하다가 오발하여 사람을 살해한 자는 비록 목적적 살해행위는 없었지만 목적적 소제행위는 있는 것이며 이것이 행위의 공통적인 개념하에 놓이게 된다는 것이다. 이렇게 하여 목적성이 고의행위와 과실행위의 공통적인 기초요소를 충족시켜 줄 수 있는 것은 사실이지만 이러한 과실행위의 목적성은 체계적 결합요소로서 아무 쓸모가 없다.

㈐ 목적성은 또한 작위범에서조차 한계요소로서의 기능수행에 부적합함을 드러낸다. 특히 자동화된 행위의 경우에서는 의식적인 조종이 대부분 결여되어 있고 반의식적 또는 무의식적으로 작동하는 행위습성에서 결과가 초래되는 경우가 많다. 이 경우는 목표를 향한 의식적으로 조종된 수단의 선택과 계획적인 행위과정의 조종과는 거리가 멀다.

Ⅲ. 사회적 행위개념

1. 의   의

사회적 행위개념은 인과적 행위론의 '몰가치적 인과성', 목적적 행위론의 '존재론적 목적성' 대신 규범적·평가적 표지인 '사회적 의미성'(soziale Sinnhaftig-keit) 또는 '사회적 중요성'(soziale Relevanz 또는 soziale Erheblichkeit)을 행위개념의 중요한 판단기준으로 내세운다. 그런데 사회적 행위개념은 기존의 행위개념을 강하게 비판하고 나섰음에도 불구하고 인과적 행위개념의 유의성, 목적적 행위개념의 목적성을 행위개념의 구성요소에서 완전히 배척하기보다는 그러한 개념표지들을 '사회적 의미성·중요성'이라는 상위표지에 포함시켜 절충적인 행위개념을 구성하는 경향을 보이고 있다. 그러나 사회적 행위개념은 주장자들에 따라 상이한 개념으로 정의되고 있어 통일적인 개념파악은 곤란한 실정이다.

① 에버하르트 슈미트는 행위를 「사회적으로 의미 있는 사회생활관계의 유의적 결과야기」라고 정의하였고, ② 엥기쉬는 행위를 「예견할 수 있는 사회적으로 중요한 결과의 유의적 작용」이라 규정하였으며, ③ 마이호퍼는 「행위란 객관적으로 예견가능한 사회적 결과에로 지향된 일체의 객관적으로 지배가능한 행태이다」라고 정의하고 있다. ④ 사회적 행위개념을 가장 간결하게 표현한 사람은 예쉑이다. 그는 행위를 「사회적으로 중요한 모든 행태」라고 정의한다. ⑤ 베쎌스는 「인간의사에 의하여 지배되거나 지배될 수 있는 사회적으로 중요한 행태」라고 정의한다. 행위에 관한 이러한 정의들의 공통적인 특징은 행위의 본질적인 요소를 '사회적'(sozial)이란 개념 속에서 파악하고 있는 점이다. 즉 사회적 행위개념의 특징은 범죄행태의 모든 현상형태를 그것이 갖는 사회적 의미에 따라 파악하는 데 있다.

우리나라에서는 사회적 행위개념이 다수설인데, 그 중에서도 인과성·목적성·

법적 행위기대를 포섭하는 평가적 상위개념인 '사회성'으로 행위개념을 설명하는 예섹 및 베쎌스의 행위개념을 '주관적·사회적 행위론'이라고 하여 따르는 학자들이 많다.[1] 반면 행위개념에서 모든 유의성을 배제하고 오로지 사회의미적 요소에 의해 행위개념을 설명하는 마이호퍼의 행위론을 순수한 객관적·사회적 행위론, 그리고 행위자의 유의성을 인정하나 목적성을 고려하지 않는 에버하르트 및 엥기쉬의 행위론을 객관적·사회적 행위론이라고 하여 배척하는 것이 일반적이다.

2. 평   가

(가) 사회적 행위개념은 기초요소로서의 기능을 잘 감당할 수 있는 장점이 있다. 고의행위도 과실행위도 부작위도 그것이 사회적 의미를 지닌 사회적 행위라고 하는 점에서 공통되는 상위개념하에 포섭될 수 있기 때문이다. 특히 부작위에 대한 행위론적 기초를 제공할 수 있었던 최초의 행위개념이 바로 사회적 행위개념이다.

(나) 결합요소 중 체계를 이끌 수 있는 실체적 내용을 가져야 한다는 요청에도 다른 인과적·자연적 행위개념이나 목적적 행위개념에 비해 훨씬 더 적합하다고 할 수 있다. 왜냐하면 형법적 평가는 유의적 거동성이나 목적성에 연결시키는 것보다, 모든 사안에 내재하고 있는 사회적 의미 내지 중요성에 연결시킬 때 더욱 분명해질 수 있기 때문이다.

(다) 반면 '사회적'이란 범주는 법적 평가와 사회적 평가의 상호의존성으로 인해 애당초 구성요건의 영역에 속하므로 결합요소로서의 기능 중 중립성의 요청을 충족시키지 못한다.

(라) 사회적 행위개념은 또한 실천적 한계기능도 만족시켜 줄 수 없다. 물론 단순한 사고는 사회적으로도 중요하지 않지만, 우리가 구성요건해당성 판단에 앞서 이미 행위개념의 도움으로 행위단계에서 배제하려고 하는 것들, 예컨대 직접적·물리적 폭력(vis absoluta)의 작용, 단순한 반사작용, 그 밖에 조종불가능한 운동 등은 결과에 있어 다같이 사회적으로 중요한 것이 될 수 있기 때문이다.

---

1) 김성돈 140면; 김성천·김형준 69면; 손동권·김재윤 88면; 이재상 88면; 이정원 79면; 이형국, 연구Ⅰ, 113면; 임웅 105면; 정성근·박광민 126면, 정영일 98면.

Ⅳ. 인격적 행위개념

1. 의 의

인격적 행위개념은 행위를 인격의 발현(Persönlichkeitsäußerung)으로 본다. 인격이란 인간의 심리적 · 정신적 활동중심체(Seelisch-geistiges Aktionszentrum) 를 의미하는 것이므로 오직, 인간의 신체적 영역이나 물질적 · 식물적 · 동물적인 존재영역에만 속하고 인간의 정신적 · 심리적 조종기관인 '자아'(Ich)의 통제를 받지 않고 발생하는 작용에는 이와 같은 인격의 **발현**이 결여되어 있다고 한다.

인격적 행위개념에 따르면 사념이나 의사활동이 인격주체의 정신적 · 심리적 영역에 속하는 것은 자명하나, 이러한 것들이 폐쇄된 채 내면의 세계에만 머물러 있고 외부세계의 변화와 관련을 맺지 아니하는 한 아직 인격의 발현이 될 수 없고 행위라 할 수 없다고 본다.

그리고 인간의 신체가 「단지 기계적 단위로서 작동하며」 정신이나 자아가 어떠한 방법으로든 생기에 참가하거나 참가할 기회를 갖지 못하는 경우에도 인격의 발현, 즉 행위는 없는 것으로 된다고 한다. 또한 직접적 · 물리적 폭력하의 행위도 행위개념에서 제외되게 된다.

마지막으로 가장 논란이 많은 한계영역에 속하는 반사적 성격을 띤 반작용, 자동화된 행위, 고도의 흥분상태나 '의식을 잃은' 명정상태에서의 행위 등의 경우에는 의식상태에서 나타나는 유의성이나 계획적이고 목적수행적인 행위조종이 확정될 수는 없으나, 그럼에도 불구하고 이러한 사례들이 외부세계의 변화나 결과들에 대한 심리적 기관의 적응능력을 말해 주는 내적인 목표지향성을 보여 주는 한, 인격의 발현으로 보아야 하며 '행위'라고 평가할 수 있다고 한다.[2]

2. 평 가

인격적 행위개념에 대해서는 다음과 같은 비판이 가해진다.

(가) 행위개념을 개인의 인격의 발현으로 보기 때문에 사회적 중요성을 갖지 않은 행위들도 모두 형법상의 행위로 보게 된다.

(나) 인격의 객관화란 단순히 인간의 거동이라는 의미에 지나지 않으며 인격의

---

2) 김일수, 한국형법 Ⅰ, 264~269면 참조. 독일에서는 Roxin, AT Ⅰ §8 Rdn. 42 ff.; Rudolphi, SK vor. 18 vor §1; Arthur Kaufmann, FS-H. Mayer, S. 101 등이 인격적 행위개념을 따르고 있다.

객관화인 행위에 사회적 의미를 부여할 경우 결과적으로 사회적 행위론의 영역을 벗어나지 못한다.

(다) 행위자가 위험상황(Gefahrlage)을 인식하지 못한 경우의 부작위(예컨대 건널목 간수가 피곤하여 잠이 드는 바람에 차단기를 내리지 못해 사고가 난 경우)를 형법상의 부작위(인식 없는 과실에 의한 부작위)로 파악할 수 없는 단점이 있다.

V. 결 론

오늘날의 형법이론 발전정도에 비추어 볼 때 행위개념에 형법상의 모든 현상에 대한 공통분모로서의 독자적 가치를 부여한다거나 또는 어떤 행위의 존재구조로부터 이미 다양한 범죄요소의 실질적 내용이 규정된다고 보는 것은 부적절하다. 다시 말해 행위론이 범죄체계자체를 문제삼기보다는 가벌성 검토의 출발점으로서 단지 행위개념과 그 기능을 주된 논의의 대상으로 삼고 있기 때문에 이러한 논의상황에 걸맞는 행위개념의 정립이 필요하다고 본다. 앞서 살펴본 바와 같이 형법상의 행위개념에 대해서는 다양한 의견이 존재하기 때문에 모든 비판적 관점으로부터 자유로울 수 있는, 이론적으로 완벽한 하나의 행위개념을 도출해 내기는 사실상 불가능하다. 그렇다면 통일된 행위개념의 형성에 집착하기보다는 행위개념에 부여된 기능 및 역할에 착안하여 형법상의 행위개념을 구성하는 것이 오히려 타당하다고 본다.

형법이론상 행위개념에 주어진 주된 역할은 구성요건해당성 판단에 앞서, 애당초 형법적 판단의 대상이 될 수 없는 행위를 형법적 고찰로부터 배제하는 한계기능에 있다. 예컨대 짐승이 저지른 일, 단순한 사고나 사색, 경련중의 동작, 섬망(譫妄)상태에서의 동작 등은 행위개념의 정립을 통해 애당초 형법적 고찰의 대상에서 제외될 수 있는 것이다. 반면 행위개념의 기초요소로서의 기능——고의·과실, 작위·부작위를 형법상의 행위로 포괄하는 기능——은 본질적인 것은 아니다. 그 이유는 우선 존재론적으로 볼 때 작위와 부작위를 하나로 묶는다는 것이 불가능하고 규범적으로는 이미 입법자가 형법상의 구성요건이 고의 또는 과실, 작위 또는 부작위의 형태로 충족될 수 있음을 규정해 놓았기 때문에 이를 사후에 행위개념의 정립을 통해 이론적으로 정당화시켜 주는 것이 행위개념에 부과된 필요불가결한 요청은 아니기 때문이다.[3] 또한 행위개념의 결합요소로서의 기능도 본질

---

3) 배종대 176면.

적인 것은 아니다. 오늘날의 다수설인 사회적 행위개념을 따르더라도 구성요건에
대한 행위개념의 가치적 중립성은 지켜질 수 없을 뿐만 아니라, 구성요건해당성·
위법성·유책성의 판단단계를 관통하는 행위는 반드시 행위론이 규정하는 전구
성요건적 행위가 아니라 '구성요건에 해당하는 행위'이면 족하기 때문이다. 결국
엄밀히 말한다면 형법상의 이론에서 관심 있는 행위는 '구성요건에 해당하는 행
위'이지 전구성요건적 행위는 아닌 것이다. 이러한 '구성요건에 해당하는 행위'는
전구성요건적 단계가 아니라 범죄체계 안에서 그리고 특정 구성요건과의 관련하
에서 비로소 고의 또는 과실, 작위 또는 부작위 행위로 평가될 수 있는 것이다.
그리고 이러한 '구성요건에 해당하는 행위'를 논의의 중심으로 삼는다면 원칙적
으로 행위개념의 한계기능도 논할 필요가 없게 된다. 어떤 행태도 특정 구성요건
과의 관련 속에서 궁극적으로 형법상의 행위 여부가 함께 판단되기 때문이다.

　　이상의 고려를 종합해 보면 오늘날 행위개념에서 아직도 유용성과 실용성이
남아 있는 부분은 소극적 한계기능이라고 말할 수 있다. 형법상의 행위와 비형법
적 행위를 구별하는 이러한 한계기능으로부터 우리는 모든 형법상의 행위에 공통
되는 최소한의 필요조건을 생각해 낼 수 있다.

　　결국 형법적 판단의 대상이 되는 행위는 다음과 같은 조건들을 갖춘 행위라
고 말할 수 있을 것이다.

　　㈎ 형법상의 행위는 인간의 행위이다. 따라서 자연현상이나 동물의 행동은
형법상의 판단대상인 행위가 될 수 없다. 다만 법인의 범죄능력을 인정하는 본서
의 입장에서는 법인의 행위에 대해서도 형법상의 행위적격을 인정한다.

　　㈏ 형법상의 행위는 외부적·신체적 행위이어야 한다. 아무리 범죄적인 것이
라 할지라도 그것이 외부의 신체적 행위로 표출되지 않고 내심의 생각·의도·
목적에 머물러 있는 한 형법적 행위가 될 수 없다.

　　㈐ 형법상의 행위는 의사의 지배를 받는 행위여야 한다. 따라서 무의식상태
하의 동작, 반사적 행위, 절대적 폭력에 의해 강요된 행위는 형법상의 행위가 될
수 없다.

　　그리고 이러한 조건들을 갖춘 행위가 구체적으로 고의 또는 과실행위, 작위
또는 부작위행위로 평가되는 것은 다음 단계인 구성요건해당성 판단에서 각 구성
요건과의 관련성해석을 통해 이루어진다.

제 3 장 구성요건론

제 1 절 구성요건의 개념과 종류

I. 개   념

구성요건은 형법상 금지 또는 명령되는 행위가 무엇인가를 추상적·일반적으로 규정해 놓은 개별적 범죄유형이다. 어떠한 요소와 의미가 구성요건개념에 들어가야 할 것인지는 구성요건의 각 기능에 따라 다르므로 단일한 구성요건개념을 찾기는 어렵다. 구성요건 자체를 파악하는 관점에 따라 여러 가지 다른 구성요건개념이 형성될 수 있기 때문이다.

구성요건은 형법상 금지 또는 명령되어 있는 행위, 즉 금지의 실질을 규정한 법률요건에 해당한다. 이 법률요건에 대응한 법률효과가 바로 형벌 또는 보안처분과 같은 형사제재이다. 그러므로 구성요건과 형사제재가 합쳐져서 하나의 죄형법규를 이룬다. 예컨대「타인을 살해한 자는 사형, 무기 또는 5년 이상의 징역에 처한다」($\frac{제250조}{제1항}$)는 살인죄의 죄형법규는 '타인을 살해한 자'라는 구성요건을 법률요건으로, '사형, 무기 또는 5년 이상의 징역에 처한다'라는 제재를 법률효과로 한다. 죄형법규의 법률요건부분이 바로 구성요건이라는 점을 주목하면 절도죄의 구성요건은「타인의 재물을 절취한 자」라는 점을 쉽게 파악할 수 있을 것이다.

II. 종   류

1. 불법구성요건(협의의 구성요건)

범행의 고유한 불법내용과 불법을 근거짓는 모든 표지를 포괄하는 불법유형을 불법구성요건이라 한다. 여기에서 **불법유형**이란 당벌적 불법의 특별한 양태를 말한다. 예컨대 절도·강도·사기·공갈·상해·살인 따위는 각각 다른 불법유형에 속한다.

불법구성요건은 불법의 전체영역에서 당벌성이 있는 불법만을 지칭하는 것
이므로 이를 협의의 구성요건이라 칭한다. 예컨대 민법에 따르면 i) 점유 및 소
유권에 관한 모든 침해와 방해행위, ii) 법률상·계약상의 의무에 대한 모든 침해
와 불이행이 불법을 구성한다. 그러나 형법상 당벌적 불법은 그 중에서 특별히 사
회적 유해성이 있는 죄형법규위반행위만을 지칭한다. 이를테면 위에서 언급한 i)
의 영역에서는 고의에 의한 절도·횡령·손괴 등만이, ii)의 영역에서는 유기·
학대·배임행위 등만이 당벌적 불법이 된다.

불법구성요건에는 세 가지 기능이 있다. ① 불법의 전체영역에서 당벌적인
불법만을 구획하여 주는 소위 **선별기능**(Auslesefunktion), ② 일반시민들에게 어
떠한 행태가 사회적으로 유해하여 당벌성을 갖게 되는가를 교시해 주는 소위 당
벌성에 관한 **정향기능**(Orientierungsfunktion), ③ 불법구성요건이 실현될 때 정
당화사유가 존재하지 않는 한 원칙적으로 그 행위가 위법하다는 점을 추단시켜
주는 소위 **징표기능**(Indizfunktion)이 그것이다.

2. 총체적 불법구성요건

범죄구성요소 중 책임요소와 객관적 처벌조건을 제외하고, 적극적으로 불법
을 근거지우는 성문화된 구성요건표지와 소극적으로 불법을 배제하는 성문화 또
는 불문화된 정당화사유를 모두 총괄하는 구성요건 개념을 총체적 불법구성요건
이라 한다. 협의의 구성요건인 불법구성요건에 모든 위법성조각사유를 합한 한
단계 더 포괄적인 구성요건개념인 셈이다.

여기에서 **구성요건과 위법성은 혼합**되어 하나의 총체적 구성요건을 이루며,
이 구성요건개념은 불법판단에 본질적인 모든 표지들, 즉 적극적 또는 소극적, 성
문 또는 불문의 작위 및 부작위의 모든 표지들을 포함한다. 따라서 이 구성요건은
협의의 구성요건보다 더 포괄적이고, 다음에 설명할 광의의 구성요건보다 좁은
개념이다.

총체적 불법구성요건의 장점은 구체적인 형사사례에서 적법과 불법의 한계
를 최종적으로 확정지을 수 있다는 점에 있다.

총체적 불법구성요건은 소위 **소극적 구성요건표지이론**에서 주창한 것이다. 이 견
해에 따르면 정당화사유에 해당하는 모든 행태는 애당초 금지된 것이 아니며 총체
적 불법구성요건에서 의미하는 구성요건해당성이 없다는 것이다. 그렇게 되면 구성
요건해당성과 위법성은 필연적으로 단일한 한 가지 평가단계, 즉 이들보다 높은 단

계인 상위의 불법에 혼합되어 버린다. 따라서 체계적으로는 총체적 불법구성요건과 책임으로 범죄가 구성되는 2단계 범죄체계가 형성된다.

제 2 절   기본적 구성요건과 변형된 구성요건

1. 기본적 구성요건

기본적 구성요건(Grundtatbestand)이란 형법규범이 규율하는 일정한 불법유형에 속하는 여러 가지 행태 중 기초적인 출발점이 될 수 있을 정도로 당해 불법유형에 본질적이고도 공통적인 표지들을 내포하는 구성요건을 말한다. 예컨대 살인의 죄 중 보통살인죄($^{제250조}_{제1항}$), 상해의 죄 중 보통상해죄($^{제257조}_{제1항}$), 절도의 죄 중 단순절도죄($^{제329}_{조}$)가 이에 해당한다.

2. 가중적 구성요건

가중적 구성요건(Qualifizierter Tatbestand)이라 함은 기본적 구성요건에 형벌가중사유가 추가된 구성요건을 말한다. 이 가중사유가 불법가중에 기초한 것인가 책임가중에 기초한 것인가는 각 구성요건의 해석에 따라 밝혀져야 할 문제이다. 예컨대 보통살인죄에 비해 존속살해죄($^{제250조}_{제2항}$), 보통상해죄에 비해 존속상해죄($^{제257조}_{제2항}$), 단순절도죄에 비해 특수절도죄($^{제331}_{조}$) 등은 불법가중에, 기본범죄에 비해 각종 상습범은 책임가중에 속한다.

3. 감경적 구성요건

감경적 구성요건(Privilegierter Tatbestand)이라 함은 기본적 구성요건에 형벌감경사유가 추가된 구성요건을 말한다. 이 감경사유가 불법감경에 기초한 것인가 책임감경에 기초한 것인가는 각 구성요건의 해석상의 문제임은 위에서 본 가중적 구성요건의 경우와 같다. 감경적 구성요건의 예로는 보통살인에 비해 영아살해죄($^{제251}_{조}$), 촉탁·승낙에 의한 살인죄($^{제252조}_{제1항}$) 등이 있다.

독일에서는 감경적 구성요건이란 말 대신 감경적 변형이란 포괄적인 용어 밑에 친족상도례와 같은 인적 처벌조각사유 또는 친고죄·반의사불벌죄와 같은 소추조건도 포함하는 것이 통례이다.

4. 독자적 범죄

기본적 구성요건상의 범죄 및 변형된 구성요건상의 범죄와 범죄학적 연관성은 있지만 법률체계상 이와 독립된 독자적인 파생으로서 특성을 갖고 있는 범죄구성요건을 독자적 범죄라고 한다. 이것은 보호법익과 행위기술에서는 기본적 구성요건 및 변형된 구성요건과 유사한 점이 있지만 기본적 구성요건과 성격상의 관련성은 전혀 없다.

독자적인 불법내용을 지닌 독자적인 법규범을 형성하고 있는 범죄구성요건을 독자적 범죄라 부를 수 있다. 예컨대 살인죄와 상해죄에 대하여 과실치사상의 죄, 절도죄와 강도죄에 대하여 준강도죄($^{제335}_{조}$), 절도죄와 폭행 · 협박죄에 대하여 강도죄($^{제333}_{조}$), 보통살인죄 및 존속살해죄와 영아살해죄에 대하여 자살관여죄($^{제252조}_{제2항}$) 같은 것이 독자적 범죄이다.

독자적 범죄를 기본적 구성요건으로 하여 다시 파생된 가중적 구성요건이 형성될 수 있다. 강도죄는 절도죄에 대해 독자적 범죄이지만 특수강도죄($^{제334}_{조}$)와 같은 가중적 구성요건에 대해서는 기본적 구성요건이다.

제 3 절 구성요건표지의 구분

Ⅰ. 기술적 · 규범적 구성요건표지

1. 기술적 구성요건표지

구성요건표지 중 오관의 작용으로 감지할 수 있는 대상적 · 물적 표지를 기술적 구성요건표지(Deskriptive Tatbestandsmerkmale)라고 한다. 예컨대 건조물, 음용수, 사람, 부녀, 흉기, 물건, 살해, 불을 놓아 등의 표지가 이에 속한다. 이러한 구성요건표지는 육감으로 감지할 수 있는 대상 또는 행위사정이기 때문에 사실확정에 의해 그 언어의 의미가 쉽게 파악될 수 있다. 따라서 그 언어의 적용이나 이해에 원칙적으로 가치평가를 필요로 하지 않는다.

2. 규범적 구성요건표지

구성요건표지 중 그 언어의 기술 자체만으로는 내용을 확정하기 어렵고 규범의 지시나 평가에 따라서만 그 의미를 터득할 수 있는 정신적·가치적 표지를 규범적 구성요건표지(Normative Tatbestandsmerkmale)라고 한다. 예컨대 '재물'의 '타인성', 음란성, 명예, 모욕, 문서, '위험한' 물건, 공공의 안전, 공공의 위험, 행사할 목적, 위법영득의 의사와 같은 표지가 이에 속한다. 이러한 구성요건표지는 정신적으로만 이해될 수 있는 법개념·가치개념·의미개념이기 때문에 그 적용 및 이해에 원칙적으로 법적·윤리적 평가를 필요로 한다.

‖ **판례** ‖ 구 정보통신망 이용촉진 및 정보보호 등에 관한 법률 제65조 제1항 제3호에서 규정하는 "불안감"은 평가적·정서적 판단을 요하는 규범적 구성요건요소이고, "불안감"이란 개념이 사전적으로 "마음이 편하지 아니하고 조마조마한 느낌"이라고 풀이되고 있어 이를 불명확하다고 볼 수는 없으므로, 위 규정 자체가 죄형법정주의 및 여기에서 파생된 명확성의 원칙에 반한다고 볼 수 없다(대판 2008. 12. 24, 2008 도 9581).

3. 양자 구별의 실익

양자의 구별은 고의와 착오이론에서 중요한 의미를 갖는다.[1] 즉 고의는 기술적 구성요건표지에 대해서는 오관의 작용에 따른 육감적인 감지만으로 족하지만, 규범적 구성요건표지에 대해서는 사고의 작용에 따른 정신적 이해를 요한다. 그 이해의 정도는 비전문가층의 평가에 평행한 평가(Parallelwertung in der Laiensphäre)이면 된다.

기술적 구성요건표지에 관한 착오는 언제나 구성요건착오가 되지만, 규범적 구성요건표지에 관한 착오는 경우에 따라 구성요건착오가 될 경우도 있고 금지착오에 해당할 경우도 있다.

양자의 구별은 언제나 명확한 것은 아니다. 예컨대 '사람'이란 기술적 구성요건표지도 그 시기와 종기를 놓고 보면 언제나 규범적 평가를 전제하며, 소유와 소지가 금지된 아편연흡식기 또는 군용물, 사체 등이 재물에 해당하는지 여부 또한 규범적 평가를 요한다. 반면 규범적 구성요건표지인 위법영득의 의사나 공공의 위험성은 객관적인 상황이나 경험적 실재세계와의 관련 속에서만 평가될 수 있는 것이기 때문이다.

---

1) 류전철, 「규범적 구성요건요소에 관한 소고」, 형사법연구 제10호(1998), 21면.

Ⅱ. 기술된·기술되지 아니한 구성요건표지

1. 기술된 구성요건표지

죄형법정원칙의 법률확정성의 요구에 따라 대부분의 구성요건표지는 죄형법규에 명확히 기술되어 있다. 불법유형을 명시적으로 서술하고 있는 구성요건표지를 기술된 구성요건표지(Geschriebene Tatbestandsmerkmale)라고 한다. 그것이 주관적 구성요건요소이건 객관적 구성요건요소이건 또는 기술적 구성요건표지이건 규범적 구성요건표지이건 대부분의 구성요건은 불법유형의 범위 내에서 그 표지를 명확히 기술하는 것이 원칙이다.

2. 기술되지 아니한 구성요건표지

상정된 불법유형의 범위 내에서 명시적으로 기술되지 아니한 구성요건표지를 이른바 기술되지 아니한 구성요지표지(Ungeschriebene Tatbestandsmerkmale)라고 한다. 이러한 표지는 형법이론학상 확립된 원칙으로서 각 구성요건에 공통된 요소이기 때문에 총칙에 일반적인 규정만 두거나 입법기술상 생략함으로써 기술하지 아니한 경우도 있고, 불법유형의 빼놓을 수 없는 요소인데 입법의 미비로 기술되지 아니한 경우도 있다.

전자의 예로는 고의범에서 고의, 결과범에서 인과관계 내지 객관적 귀속 같은 것을 들 수 있고, 후자의 예로는 사기죄에서 기망행위와 피기망자의 교부행위 사이의 인과관계, 절도죄에서 위법영득의 의사나 사기죄·배임죄에서 위법이득의 의사 같은 것을 들 수 있다.

제 4 절 구성요건요소

주관적 구성요건요소의 발견 이래 오늘날 형법학에서 객관적 구성요건요소와 주관적 구성요건요소의 구별은 이론의 여지 없는 정설로 되어 버렸다. 먼저 구성요건에 해당하는 행위는 예외 없이 외적(객관적)·내적(주관적) 요소의 의미통일체를 이룬다는 점을 분명히 인식하지 않으면 안 된다. 이런 의미에서 구성요건은 객관적·주관적 요소의 의미통일체라고 할 수 있다.

객관적 구성요건요소에는 구성요건행위, 행위주체, 행위객체, 행위수단·방법 및 구성요건결과 등이 속한다. 또한 결과범에서 행위와 결과 사이의 인과관계도 객관적 구성요건요소에 속한다.

주관적 구성요건요소에는 고의범의 고의, 과실범의 과실이 있다. 특히 고의범에서 구성요건고의는 일반적인 주관적 불법요소라고 부른다. 그밖에 특별한 주관적 불법요소로는 재산범죄의 불법영득의사, 목적범의 목적, 경향범의 내적 경향 등을 들 수 있다.

제 5 절 객관적 구성요건요소

Ⅰ. 의   의

구성요건요소 중 외부적으로 감지할 수 있는 행위주체·객체·행위·수단·결과 등 객관적 표지의 총체를 객관적 구성요건요소라고 한다. 기술 및 강학상의 편의를 위하여 객관적 구성요건요소 중 행위와 관련된 부작위범 그리고 행위·결과 사이의 인과관계 및 객관적 귀속에 대해서는 따로 절을 떼어 설명한다.

Ⅱ. 행위주체

1. 자 연 인

모든 자연인은 연령, 정신상태, 인격의 성숙 여하에 관계없이 범죄주체(Deliktssubjekt)가 될 수 있다. 따라서 형사미성년자나 정신병자도 행위주체가 된다. 자연인의 행위주체로서의 지위와 관련하여 특히 문제되는 것이 신분범(Sonderdelikt, Statusdelikt)과 자수범(Eigenhändiges Delikt)이다.

⑴ 신 분 범

자연인 중에서 특히 일정한 신분관계를 가진 자만이 행위주체가 되는 경우가 있다. 이를 신분범이라고 부른다. 법률상 일정한 신분이 존재하여야 비로소 정범성이 인정되는 구성요건을 **진정신분범**이라 한다. 자연적 신분범은 물론 법적 신분범 중에도 이에 속하는 것이 많다. 강간죄, 각종 공무원의 직무에 관한 죄, 업무상 비밀누설죄, 부진정부작위범 등이 그것이다. 법률상 일정한 신분의 존부가 정범성 그 자체에는 영향을 줄 수 없고, 다만 형의 가감에 영향을 주는 구성요건을 부진정신분범이라한다. 이에는 각종 업무상의 가중범죄, 특별한 책임표지의 해당자 등이 속한다. 이러한 신분범의 범죄참가형태를 특별히 규율하기 위하여 우리 형법은 제33조(공범과 신분)를 두고 있다.

(2) 자 수 범

원칙적으로 자연인은 타인과 함께 또는 타인을 이용하여 범행을 저지를 수 있다. 그러나 예외적으로 정범 자신만이 직접 범행을 저지름으로써 범죄가 성립하고 타인을 이용해서는 범행을 저지를 수 없는 범죄가 있다. 이를 자수범이라 한다. 위증죄$\binom{제152}{조}$ · 도주죄$\binom{제145}{조}$ · 허위공문서작성죄$\binom{제227}{조}$ · 군무이탈죄$\binom{군형법}{제30조}$ 따위가 그것이다.

자수범은 직접정범의 형태로만 성립할 수 있다. 그 결과 자수범에 대하여는 간접정범이 성립할 수 없다. 이러한 의미에서 자수범을 **고유범**이라고도 부른다.

2. 법   인

(1) 법인의 범죄주체성

법인도 원칙적으로는 자연인과 마찬가지로 범죄행위의 주체가 될 수 있다. 그러나 법인은 법률상의 인격체일 뿐 자연인처럼 심신을 갖고 있는 것은 아니므로 지·정·의와 같은 정서나 동기 또는 혈연관계 등을 가질 수 없다. 그러므로 법인이 범죄행위의 주체가 되려면 범죄구성요건의 성질에 따라 예외가 인정될 수밖에 없다. 그 구체적인 판단은 구성요건의 해석문제에 귀착된다.

법인이 범죄주체인가의 여부에 관해 종래부터 숱한 견해의 대립이 있어 왔고, 법제도도 다양하다. 독일에서는 법인의 행위능력(Handlungsfähigkeit)과 책임능력(Schuldfähigkeit)의 문제로 다루어 왔고, 영미에서는 책임능력(liability)의 문제로 다루고 있다. 우리나라에서는 이 문제를 흔히 **법인의 범죄능력**이라고 하여 취급하고 있다. 이때의 범죄능력은 법인의 행위능력과 책임능력, 그리고 수형능력을 포괄하는 개념이다.

(2) 법인의 범죄능력

(a) **학   설** 법인의 범죄능력에 대해 우리나라의 다수설은 부정설을 취하고 있다.[2] 긍정설[3] 및 일부긍정설[4]은 소수견해에 속한다. 판례는 법인의 범죄

---

2) 권오걸 109면; 박상기 78면; 배종대 214면; 성낙현 106면; 손동권·김재윤 108면; 손해목 217면; 이상돈 103면; 이정원 83면; 안동준 57면; 이재상 95면; 정영석 78면; 정영일 80면; 진계호 96면; 황산덕 78면.
3) 김성천·김형준 79면; 김일수, 한국형법 I, 306면 이하; 이영란 129면; 정성근·박광민 111면.
4) 권문택, 형사법강좌 I, 126면; 신동운 113면; 임웅 84면; 유기천 98면.

주체성을 부인하고 있다(대판 1961. 10. 19, 4294 형상 417; 1984. 10. 10, 82 도 2595; 1985. 10. 8, 83 도 1375).

‖ **판례** ‖ 법인의 범죄주체성 부인: 배임죄($^{형법 제355조}_{제2항}$)에서 타인의 사무를 처리할 의무의 주체가 법인이 되는 경우라도 법인은 다만 사법상의 의무주체가 될 뿐 범죄능력은 없다. 사무는 법인을 대표하는 자연인인 대표기관의 의사결정에 따른 행위에 의하여 실현될 수밖에 없기 때문에 그 대표기관이 법인이 타인에 대해 부담하고 있는 의무내용대로 사무를 처리할 임무가 있는 것이다. 따라서 법인이 처리할 의무를 지는 타인의 사무에 관해 그 법인을 대표하여 사무를 처리하는 자연인이 배임죄의 주체가 되는 것으로 해석해야 한다(대판 1984. 10. 10, 82 도 2595 전원합의체판결).

(개) **부정설의 논거**

① 법인은 자연인과 같은 심사(心思)와 신체를 갖지 아니하므로 행위능력도 없다.

② 법인은 그 기관인 자연인을 통해 행위하므로 자연인에게 형사책임을 과하면 족하지 법인 자체를 처벌할 필요는 없다.

③ 법인을 처벌하게 되면 효과는 법인의 구성원에게 실질적으로 미치는데, 이는 범죄와 무관한 제 3 자까지 처벌하는 결과가 되어 자기책임원칙에 반한다.

④ 법인은 주체적인 윤리적 자기결정도 할 수 없으므로, 법인에게 형벌의 전제가 되는 윤리적 책임비난을 가할 수 없다.

⑤ 법인은 정관 소정의 목적범위 안에서 권리능력이 인정되므로, 범죄가 법인의 목적이 될 수 없고 따라서 법인의 범죄능력도 부정된다.

⑥ 법인에게는 재산형인 벌금형만 가능하나 현행 형벌제도는 생명형·자유형을 중심으로 하고 있는바, 이것으로 미루어 볼 때 현행 형법은 자연인만 범죄 및 수형의 주체로 인정하고 있다고 보아야 한다.

⑦ 법인의 범죄로 얻은 재산 또는 이익의 박탈은 형벌 이외의 형사정책적 수단에 의해 달성할 수 있다.

(내) **긍정설의 논거**

① 법인의 범죄능력을 부정하는 경우는 법인의제설에 입각한 것이고 법인실재설에 의하면 타당하지 않다.

② 법인은 그 기관을 통하여 의사를 형성하고 행위할 수 있다.

③ 법인은 자연인과 같은 신체를 갖지 아니하므로 작위는 불가능하지만 부작위는 가능하다.

④ 법인은 적법한 목적하에 설립되지만 어떠한 행위가 정관 소정의 목적에

속하지 않더라도 행위는 유효하게 성립하며, 따라서 위법한 행위도 할 수 있다.

⑤ 재산형과 자격형 및 몰수·추징 등은 법인에게도 효과적인 형사제재가 될 수 있으며, 생명형과 자유형에 해당하는 것으로는 법인의 해산과 영업정지, 금융의 제한, 면허의 박탈 등을 입법론적으로 고려할 수 있다.

⑥ 책임능력을 사회적 책임의 귀속능력으로 본다면 법인에게도 이 책임능력이 인정된다.

⑦ 법인기관의 행위는 기관구성원 개인의 행위임과 동시에 법인의 행위라는 양면성을 갖고 있으므로, 법인의 처벌은 이중처벌이 아니라 법인 자체의 행위책임이다.

⑧ 법인의 활동이 중시되는 실정에 비추어 법인의 범죄능력과 수형능력을 인정하는 것이 형사정책적으로 필요하다.

(다) 부분긍정설의 논거

① 형사범에 대한 법인의 범죄능력은 부인하지만, 기술적·합목적적 요소가 강한 행정범에는 법인의 범죄능력을 인정할 수 있다.

② 법인의 범죄능력은 원칙적으로는 부인되지만, 법인처벌규정이 있는 경우 그 범위 내에서만 예외적으로 인정된다.

(라) 결   론   법인의 범죄능력을 긍정해야 한다. 산업화 이후 현대사회의 경제력에서 법인이 차지하는 비중은 개인보다 훨씬 높아졌다. 법인은 법인의 기관에 의해 행위할 뿐만 아니라 수많은 종업원을 거느리고 그들을 지휘·통솔하면서 그들의 활동이익을 법인 자신에게 귀속시키므로, 법인에 속한 개인행위자는 물론 법인 자체의 범죄와 처벌을 고려해야만 실효성 있는 범죄통제가 가능하다. 자연인에 대한 통제만으로 기업범죄의 통제가 실현되기를 기대하는 것은 비현실적이다. 변화된 현대사회의 경제활동분야에서 법인의 범죄능력을 인정하는 것은 지나친 범죄통제가 아니므로 형법의 보충성요구에 반하지 않는다.

(b) **법인의 행위능력**   법인의 활동은 기관인 구성원의 활동을 통해 이루어지고 조직의 활동과 합치되는 기관의 행위는 언제나 법인 자신의 행위로 귀속된다. 법인 자신이 법적으로 의미 있는 행위에 대한 귀속의 귀결점인 한 법인의 행위능력도 인정하지 않을 수 없다. 법인도 의무의 수명자이므로 규범의 명령에 위반하였을 때에는 의무침해를 인정하는 것이 바람직하다[5]는 견해도 같은 맥락에

---

5) Hirsch, Strafrechtliche Verantwortlichkeit von Unternehmen, ZStW 107(1995), S. 289.

서 이해할 수 있다.

다만 아직도 법인의 범죄능력을 부인하는 것이 다수설과 판례의 경향인 우리 형법의 논의정도를 고려할 때 법인의 행위능력은 재산죄와 경제·환경·관세·조세·기업범죄와 같은 제한된 범위에서만 인정하는 것이 현명하다. 그러나 자연인의 인격적 표현으로서만 의미를 가질 뿐 조직체의 활동으로 보기 어려운 구성요건에 대해서는 법인의 행위능력을 인정할 여지가 없다고 보아야 한다. 예컨대 살인·강도·강간·위증 등의 범죄가 그것이다.

(c) **법인의 책임능력**   책임을 자연인인 행위자 개인의 의사형성에 대한 윤리적 비난가능성이라고 보는 입장에서는 법인의 책임능력을 부인한다. 이에 반해 법인의 의사형성은 단체적 결의에 기초하는 것이므로, 이 단체의 의사형성에 대한 책임비난도 가능하다는 입장에서는 법인의 책임능력을 긍정한다.

생각건대 법은 법적으로 의미 있는 행위에 대한 책임귀속의 귀결점이 누구여야 하는가를 스스로 결정할 수 있다. 민·상법에서 법인의 불법행위책임을 인정하는 것과 마찬가지로 형법도 법인기관의 범죄행위에 대한 책임을 법인 자신의 책임으로 귀속시킬 수 있다(예컨대 공직선거법 제260조). 결국 법인은 그 기관의 행위를 통한 권리·이익의 귀속주체이기 때문에 불법행위에 대한 책임의 주체가 될 수 있는 것이다. 특히 형법은 윤리적 책임이 아니라 법적·사회적 책임을 중요시하므로 법인에 대한 책임귀속은 더욱 가능하다.

(d) **법인의 수형능력**   법인에게 범죄능력(행위능력과 책임능력)이 인정된다면 마땅히 수형능력도 인정해야 한다. 다만 현행 형벌체계가 자연인을 주로 염두에 둔 것임은 사실이다. 따라서 자연인에게만 과하여질 수 있는 생명형·자유형을 법인에게 과할 수는 없다. 또한 법인의 해산과 영업정지는 형법이 인정하는 형벌도 아니다. 이 점을 들어 법인의 범죄능력 자체를 부인하려는 입장도 있지만,[6] 타당하지 않다. 왜냐하면 현행 형벌제도 속에도 법인에게 과하여질 수 있는 재산형, 즉 벌금·과료 등이 있으며, 오늘날은 벌금형이 주형화하여 형벌의 중심도 생명형에서 자유형, 자유형에서 다시 벌금형으로 이전하고 있기 때문이다.

오늘날 법인에게 비난이 가해지는 범죄현상의 변화와 법인의 기관구성원인 자연인에 대한 처벌로써는 법인의 범죄활동에 대한 실효성 있는 대책이 될 수 없다는 형사정책적 관점 및 영미법계쪽의 입법추세를 고려해 볼 때 법인 자체에 대한 형사처벌의 필요성은 점점 높아진다.

---

6) 이재상 96면.

입법론적으로는 법인에 대해 생명형에 상응하는 해산, 자유형에 상응하는 일
정 기간 영업활동정지, 금융의 제한, 면허의 박탈 등을 고려할 수 있음은 위에서
본 바이다. 기업의 범죄는 특히 상업·공업·금융업에 관한 법인활동과 관련하여
많이 발생하고 있기 때문이다.

(3) 양벌규정

각종 경제형법이나 행정형법에는 직접 행위를 한 자연인 외에 법인을 처벌하
는 규정을 두고 있다(조세범처벌법 제18조; 관세법 제279조 이하; 대외무역법 제57조; 선원법 제178조; 마약류관리에관한법률 제68조; 약사법 제97조; 문화재보호법 제102조 등). 이것
을 양벌규정이라 한다. 법인의 범죄능력과 수형능력을 부인하는 입장에서도 경제
형법이나 행정형법은 윤리적 요소가 비교적 약하며 합목적적·기술적 요소가 강
하다는 특수성을 강조하여, 양벌규정이 있는 경우에는 법인처벌의 예외를 인정하
고 있다. 즉 양벌규정이 있는 경우 법인에게 범죄능력은 없지만 수형능력은 있다
는 것이다.[7]

‖ **판례** ‖ 법인은 기관인 자연인을 통하여 행위를 하는 것이므로 자연인이 법인의 기관
으로서 범죄행위를 한 경우에도 행위자인 자연인이 범죄행위에 대한 형사책임을 지는
것이다. 다만 법률의 목적을 달성하기 위해 특별히 규정하고 있는 경우에만 행위자를 벌
하는 외에 법률효과가 귀속되는 법인에 대해서도 벌금형을 부과할 수 있을 뿐이다(대판
1994. 2. 8, 93 도 1483).

그러나 이러한 이론구성은 논리일관성이 없다. 오히려 법인의 범죄능력과 수
형능력을 일반적으로 긍정하는 입장에서 보면 양벌규정은 법인의 예외적인 처벌
규정이 아니라 당연한 처벌규정이라 해야 할 것이다. 성질상 법인 또는 자연인 한
쪽만 처벌해도 좋을 사안이 아니어서 양쪽 다 처벌함으로써 범죄예방의 실효성을
높이려는 데 그 의미가 있다.

(4) 법인처벌의 근거와 책임주의원칙

법인 스스로 형사책임을 져야 할 주체라면 법인처벌의 근거는 무엇일까? 특
히 종래에는 종업원의 범죄행위에 대해 아무 조건이나 면책사유 없이 법인 또는
사업주를 함께 처벌하는 내용의 양벌규정들이 많이 있어서 이런 경우 법인 또는
사업주를 처벌하는 합리적인 근거가 무엇인지에 대해 논의가 활발하였다. 무과실
책임설, 과실추정설, 과실의제설, 과실책임설, 부작위감독책임설 등이 그것이다.

그러나 지난 2007년 헌법재판소가 양벌규정을 근거로 법인 또는 사업주를 처

---

7) 유기천 108면; 이재상 98면; 이형국, 연구 I, 166면; 정영석 80면; 진계호 125면.

벌함에 있어서도 법인 또는 사업주 스스로의 고의·과실에 근거해서만 처벌이 가능하다는 책임주의를 천명함으로 인해 법인처벌에 있어서도 책임주의원칙이 관철되었다(헌재 2007. 11. 29. 2005 헌가 10). 따라서 이제 법인은 종업원 등의 위반행위와 관련하여 스스로 선임·감독상의 주의의무를 다하지 못한 경우에만 양벌규정에 의거 처벌을 받게 된다. 오늘날 법인의 반사회적 법익침해활동에 대하여 법인 자체에 직접적인 제재를 가할 필요성이 강하게 인정된다 할지라도, 형벌이 부과되는 이상 형벌에 관한 헌법상의 원칙인 책임주의원칙이 적용되는 것은 당연하다 할 것이다. 이러한 헌법재판소의 결정이후 개별 양벌규정에 법인처벌의 책임근거가 마련되었음은 물론이다.[8]

이때 주의할 점은 법인기관의 불법행위에 대해서는 법인 자신의 실행행위책임이 문제된다는 것이다. 즉 법인이 기관을 통해 행위하는 이상 법인기관의 불법행위는 법인 자신의 불법행위로 보아 법인이 직접적인 실행행위의 책임을 지는 것으로 보는 것이 타당하다. 헌법재판소도 법인대표자가 불법행위를 한 경우에는 법인 자신의 불법행위로 볼 수 있기 때문에 양벌규정에 면책규정을 두지 않더라도 책임주의에 반하지 않는다고 한다(헌재 2010. 7. 29, 2009 헌가 25 등).

‖ 판례 1 ‖ 이 사건 법률조항은 법인이 고용한 종업원 등이 업무에 관하여 의료법 제87조 제1항 제2호 중 제27조 제1항의 규정에 따른 위반행위를 저지른 사실이 인정되면, 법인이 그와 같은 종업원 등의 범죄에 대해 어떠한 잘못이 있는지를 전혀 묻지 않고 곧바로 그 종업원 등을 고용한 법인에게도 종업원 등에 대한 처벌조항에 규정된 벌금형을 과하도록 규정하고 있는바, 오늘날 법인의 반사회적 법익침해활동에 대하여 법인 자체에 직접적인 제재를 가할 필요성이 강하다 하더라도, 입법자가 일단 "형벌"을 선택한 이상, 형벌에 관한 헌법상 원칙, 즉 법치주의와 죄형법정주의로부터 도출되는 책임주의원칙이 준수되어야 한다. 그런데 이 사건 법률조항에 의할 경우 법인이 종업원 등의 위반행위와 관련하여 선임·감독상의 주의의무를 다하여 아무런 잘못이 없는 경우까지도 법인에게 형벌이 부과될 수밖에 없게 되어 법치국가의 원리 및 죄형법정주의로부터 도출되는 책임주의원칙에 반하므로 헌법에 위반된다(헌재 2009. 7. 30, 2008 헌가 16).

‖ 판례 2 ‖ 법인은 기관을 통하여 행위하므로 법인이 대표자를 선임한 이상 그의 행위로 인한 법률효과는 법인에게 귀속되어야 하고, 법인 대표자의 범죄행위에 대하여는 법

---

8) 예컨대 조세범처벌법 제18조(양벌 규정): "법인(「국세기본법」제13조에 따른 법인으로 보는 단체를 포함한다. 이하 같다)의 대표자, 법인 또는 개인의 대리인, 사용인, 그 밖의 종업원이 그 법인 또는 개인의 업무에 관하여 이 법에서 규정하는 범칙행위를 하면 그 행위자를 벌할 뿐만 아니라 그 법인 또는 개인에게도 해당 조문의 벌금형을 과(科)한다. 다만, 법인 또는 개인이 그 위반행위를 방지하기 위하여 해당 업무에 관하여 상당한 주의와 감독을 게을리하지 아니한 경우에는 그러하지 아니하다."

인 자신이 자신의 행위에 대한 책임을 부담하여야 하는바, 법인 대표자의 법규위반행위에 대한 법인의 책임은 법인 자신의 법규위반행위로 평가될 수 있는 행위에 대한 법인의 직접책임으로서, 대표자의 고의에 의한 위반행위에 대하여는 법인 자신의 고의에 의한 책임을, 대표자의 과실에 의한 위반행위에 대하여는 법인 자신의 과실에 의한 책임을 부담하는 것이다. 따라서, 법인의 '대표자' 관련 부분은 대표자의 책임을 요건으로 하여 법인을 처벌하므로 책임주의원칙에 반하지 아니한다(헌재 2010. 7. 29, 2009 헌가 25 등).

(5) 비법인단체 및 조합의 범죄주체성

법인의 범죄주체성은 인정하지만, 조합이나 권리능력 없는 사단 또는 재단 등의 경우 실정법상 특별한 처벌규정이 없는 한 당연히 범죄주체성을 갖는 것은 아니다(대판 1997. 1. 24, 96 도 524). 권리능력 없는 단체도 사회적 활동은 하고 있지만, 그 활동에 대한 사회적 통제는 단체의 실체에 대해서보다는 구성원 개인에게 향하게 함으로써 충분히 실효를 거둘 수 있기 때문이다.

‖ **판례** ‖ 법인격 없는 사단과 같은 단체는 법인과 마찬가지로 사법상의 권리의무의 주체는 될 수 있지만, 법률에 명문규정이 없는 한 범죄능력은 없는 것이다. 그러한 단체의 업무는 단체를 대표하는 자연인, 즉 대표기관의 의사결정에 따른 행위에 의해 실현될 수밖에 없다. 1995년 개정 이전 건축법 규정상 건축물유지관리의무를 지는 관리자가 법인격 없는 사단인 경우에는 그 대표기관인 자연인을 의미한다고 보아야 한다(대판 1997. 1. 24, 96 도 524).

Ⅲ. 행위객체

1. 의 의

행위객체(Handlungsobjekt)란 구성요건적 행위실현의 구체적인 대상을 말한다. 이것을 흔히 공격객체(Angriffsobjekt)라고도 부른다. 행위객체는 대부분 외부적으로 감지할 수 있는 물적 대상으로 기술되기 때문에 객관적 구성요건요소가 된다. 예컨대 살인죄에서 구체적인 피해자인 '사람', 상해죄에서 사람의 '신체', 절도죄에서 타인의 '재물' 같은 것이다. 행위객체와 법익은 개념상 구별되나 마치 현상과 이념의 관계처럼 밀접하게 관련되어 있다.

법익 자체는 관념적 가치이기 때문에 보호의 대상은 될 수 있어도 직접적 공격의 대상은 될 수 없다. 오히려 행위객체에 대한 현실적 침해가 있을 때 법익은 간접적으로 침해 또는 위태화되는 것이다. 따라서 보호법익의 침해란 엄밀하게 말해 행위객체가 담고 있는 공동체의 특별한 생활이익 내지 기능과 같은 정신적 가치에 대한 침해를 말한다.

2. 구성요건유형

보호법익은 범행에 의해 직접 침해되거나 위태화될 수 있다. 보호법익에 대한 침해 내지 위해의 강도에 따라 구성요건은 침해범(Verletzungsdelikt)과 위험범(Gefährdungsdelikt)으로 분류된다.

(1) 침 해 범

보호법익에 대한 현실적 침해를 구성요건상 필요로 하는 범죄를 침해범이라 한다. 침해범으로는 살인·상해·절도·사기와 같은 결과범이 대부분이지만, 주거침입·풍속범죄 등과 같은 거동범도 그 일부에 해당한다.

(2) 위 험 범

구성요건상 보호법익에 대한 현실적 침해까지 있을 필요는 없고 행위의 실현과정에서 단지 침해의 위험만 있으면 족한 범죄를 위험범 또는 위태범이라 한다. 행위주체가 행위에 의해 보호법익을 위험상태에 빠뜨리는 것이다. 침해범과 비교해 볼 때 침해의 강도에서 차이가 난다. 즉 위험상태의 야기는 침해의 초기단계에 해당하는 경우로서 침해로의 객관적 경향을 뜻한다.

침해범의 기수는 행위객체에 대한 직접적인 실해를 통한 법익의 가치손상에서 이루어지나, 위험범의 기수는 이 실해에 근접한 위험상태의 야기를 통한 법익침해의 근접한 위험에서 확인된다.

위험상태 야기의 정도에 따라 위험범은 다시 추상적 위험범, 구체적 위험범으로 나뉜다.

(a) **추상적 위험범**　행위 자체가 현실적 위험결과를 발생시킬 필요없이 일반적인 위험성만 노출시켰으면 가벌성이 인정되는 범죄를 추상적 위험범이라 한다. 추상적 위험범에서 위험의 발생은 객관적 구성요건요소가 아니다. 당해 행위가 경험법칙상 위험을 야기할 수 있는 일반적인 경향을 갖고 있기만 하면 된다.

고의 또는 과실과 같은 주관적 구성요건도 객관적 구성요건에 기술되지 않은 위험표지에 연결될 필요없이 잠재적 가능성에 관련되어 추정된다. 이런 관점에서 추상적 위험범은 일종의 순수한 **거동범**의 성격을 갖는다. 현주건조물방화죄($^{제164}_{조}$)·공용건조물방화죄($^{제165}_{조}$)·위증죄($^{제152}_{조}$)·무고죄($^{제156}_{조}$)·유기죄($^{제271조 제1}_{항·제2항}$)·낙태죄($^{제269}_{조}$)·명예훼손죄($^{제307}_{조}$)·신용훼손죄($^{제313}_{조}$)·업무방해죄($^{제314}_{조}$) 등이 이에 속한다.

(b) **구체적 위험범**   구체적 위험이 행위결과로서 구성요건에 포함되어 있고 구체적인 경우 그에 대한 위험이 야기될 것이 구성요건상 명시되어 있는 범죄를 구체적 위험범이라 한다. 여기에서 위험은 객관적 구성요건요소이며 객관적 구성요건은 위험이 발생했을 때 비로소 충족된다. 이런 의미에서 구체적 위험범은 일종의 **결과범** 성격을 지닌다.

따라서 고의 또는 과실도 잠재적인 가능성에 비추어 추정되어서는 안 되고 실제 야기된 위험을 행위자가 알았거나 알 수 있었는가를 기준으로 삼아 입증되어야 한다. 자기소유일반건조물방화죄($\substack{제166조\\제2항}$) · 일반물건방화죄($\substack{제167\\조}$) · 자기소유일반건조물 · 일반물건실화죄($\substack{제170조\\제2항}$) · 가스등공작물손괴죄($\substack{제173\\조}$) · 자기소유일반건조물일수죄($\substack{제179조\\제2항}$) · 과실일수죄($\substack{제181\\조}$) · 중유기죄($\substack{제271조 제3\\항·제4항}$) 등이 이에 속한다.

Ⅳ. 보호법익

1. 법익개념의 의미

법익개념을 간결하게 정의하면 사회공동체 내에서 각자가 자기실현을 하는 데 필요불가결한 기본조건이나 목적설정 중 헌법질서에 합치되는 것이라고 할 수 있다. 인간실존 또는 공동체존속의 최소한의 기본가치로서 생명 · 신체의 완전성, 소유권, 성적 의사결정의 자유, 국가의 존립, 헌법질서, 사법기능 등을 예로 들 수 있다. 법익개념은 행위객체와 엄격하게 구별해야 하는 관념적 · 가치적 개념이다. 문서위조죄에서 보호법익은 '거래의 안전'이지만, 행위객체는 문서위조가 행하여진 '구체적인 종이'인 것과 같다. 법익개념은 헌법질서의 범위 안에서 역사적 변화와 경험적인 인식의 진행에 따라 변동될 수 있는 개방적 실체인 것이다.

2. 법익의 종류

법익은 개인이 향유하는 **개인적 법익**(Individualrechtsgüter)과 공동체가 향유하는 **보편적 법익**(Universalrechtsgüter)으로 크게 양분된다.

개인적 법익은 다시 고도의 **일신전속적인 법익**(예: 생명, 명예)과 **비일신전속적인 법익**(예: 소유권)으로 세분화될 수 있다.

보편적 법익에는 국가공동체가 향유하는 법익, 즉 **국가적 법익**(예: 사법기능,

공직성, 국가존립의 안전성, 국제적 신뢰 등)과 비국가적 사회공동체가 사회생활상의 안전을 위해 향유하는 **사회적 법익**(예: 도덕적 질서, 공중의 보건, 공공의 신용, 공공의 질서 등)이 있다.

　　이 구별은 피해자의 승낙과 관련하여 중요한 의미를 갖는다. 피해자의 승낙은 원칙적으로 개인이 처분할 수 있는 개인적 법익에 한해서만 인정될 수 있기 때문이다. 그러나 개인적 법익이라 하더라도 극히 일신전속적 법익에 대해서는 피해자의 승낙이 인정되지 않는 경우가 많다. 예컨대, 살인을 승낙해도 승낙살인죄($^{제252조}_{제1항}$)가 성립하고, 낙태를 승낙해도 승낙낙태죄($^{제269조}_{제2항}$)가 성립하며, 신체상해에 대한 승낙도 법률상의 제한이 있을 때는 범죄가 성립한다.

3. 보호법익의 단복에 따른 구성요건유형

　　형법규정을 통해 보호하려는 법익이 당해 구성요건에서 한 개인가, 아니면 여러 개가 결합되어 있는가에 따라 단일범(Einfache Delikte)과 결합범(Zusammengesetzte Delikte)으로 분류된다.

　　단일범은 하나의 구성요건이 단지 한 개의 법익만을 보호하고 있는 경우를 말한다. 예컨대 살인죄($^{제250}_{조}$), 상해죄($^{제257}_{조}$), 폭행죄($^{제260}_{조}$) 등이 여기에 속한다. 대개 구성요건은 단일범의 형태로 구성되어 있는 것이 원칙이다.

　　결합범은 하나의 구성요건이 여러 개의 법익을 보호하고 있는 경우를 말한다. 예컨대 자유와 소유권을 함께 보호법익으로 삼고 있는 강도죄($^{제333}_{조}$), 자유와 재산권을 함께 보호법익으로 삼고 있는 공갈죄($^{제350}_{조}$) 등을 들 수 있다. 또한 결과적 가중범도 원칙적으로 결합범이다. 상해치사죄($^{제259}_{조}$)를 예로 들자면 신체의 완전성과 생명을 보호법익으로 삼고 있기 때문이다. 그 밖에도 준강도죄($^{제335}_{조}$), 강도살인죄($^{제338}_{조}$), 수뢰후부정처사죄($^{제131조}_{제1항}$), 야간주거침입절도죄($^{제330}_{조}$) 등도 결합범의 예이다.

V. 행 위

1. 의 의

　　행위는 범죄를 실행으로 옮기는 동작을 말한다. 이것은 구성요건실현의 결정적 동인이며 불법유형을 특징짓는 요소이기도 하다. 거의 대부분의 구성요건이 각각 불법유형에 상응한 행위양태를 갖고 있기 때문이다. 즉 절도죄는 절취행위,

강도죄는 강취행위, 공갈죄는 갈취행위, 사기죄는 기망행위 또는 사취행위를 통해 소유권침탈 등이 발생해야 하며, 그 밖에도 살해·상해·폭행·위조·변조·훼손·모욕 등은 각각 독자적인 불법유형을 구성하는 행위양태이다.

행위는 객관적 구성요건요소에 해당한다. 물론 기망행위·침입행위·모욕행위·위조행위 등은 주관적 의사와 밀접한 관련을 맺고 있지만 행위 자체는 주관적인 인식 또는 의사의 객관화이기 때문에 객관적 구성요건요소에 속한다.

다만 주의할 것은 구성요건행위와 구성요건결과는 독립·별개의 요소로 취급해야 한다는 점이다. 결과는 법익위해와 밀접한 연관을 갖기 때문에 결과반가치를 구성하는 반면, 행위는 행위자의 주관적 태도와 밀접불가분의 관련을 갖기 때문에 행위반가치를 구성하기 때문이다.

2. 구성요건유형

(1) 행위의 단복에 의한 분류

구성요건상 요구되는 행위가 한 개인가 아니면 여러 개인가에 따라 일행위범(Einaktige Delikte)과 다행위범(Mehraktige Delikte)으로 분류된다. 일행위범의 예로는 살해·절취·횡령 등을 들 수 있고, 다행위범의 예로는 강도(폭행과 탈취)·준강도(절취와 폭행)·사기(기망과 편취)·공갈(협박과 갈취) 등을 들 수 있다.

(2) 행위의 적극성·소극성에 의한 분류

구성요건행위가 적극적인가 소극적인가에 따라 작위범(Begehungsdelikte)과 부작위범(Unterlassungsdelikte)으로 분류된다. 작위범이란 행위자가 적극적인 행위에 의해 구성요건을 실현하는 범죄를 말한다. 부작위범이란 행위자가 주어진 상황 속에서 마땅히 해야 할 그 무엇을 행하지 않음으로써 구성요건을 실현하는 범죄이다. 부작위범에 대해서는 제8장에서 설명한다.

(3) 행위에 의해 야기된 위법상태의 계속성에 따른 분류

(a) **즉 시 범** 실행행위가 시간적 계속을 필요로 하지 않고 일정한 행위객체를 침해 또는 위태화시킴으로써 범죄가 기수(Vollendung)에 이름과 동시에 완수(또는 완료, Beendigung)에 이르는 범죄를 즉시범이라 한다. 즉성범이라고도 한다. 따라서 기수와 완수 사이에 시간적 간격이 필요없다. 예컨대 살인죄·상해죄 등 대부분의 범죄가 이에 해당한다. 그러나 즉시범은 아래의 상태범에 포함시킬 수 있는 구성요건 유형이므로 이를 별도로 분류하지 않는 것이 독일형법이론의

일반적 관행이다.

(b) **상 태 범**　위법상태의 야기로 가벌적 행위는 종료되어 기수에 이르고 그 위법상태는 기수 이후에도 존속되는 범죄를 상태범(Zustandsdelikt)이라 한다. 이 위법상태에 포섭될 수 있는 기수 후의 행위는 그것이 완수 이전이건 이후이건 불가벌적 사후행위가 된다. 절도죄가 상태범의 적례이다. 예컨대 절도범인이 훔친 장물을 손괴·은닉 처분해도 이러한 행위는 불가벌적 사후행위로서 별죄를 구성하지 않는다.

살인죄의 경우도 상태범의 일종으로 보아야 할 때가 있다. 살인범인이 사체를 그 자리에 방치해도 사체유기는 불가벌적 사후행위가 되고 단지 살해행위만이 문제될 뿐이기 때문이다. 단 매장할 의무 없는 자라도 사체 등을 살해현장에서 타처로 옮겨서 방기하면 이것은 별개 위법상태의 야기가 되어 살인죄 외에 사체유기가 성립한다. 물론 이 때에 살인죄는 상태범이 아니라 즉시범이다.

(c) **계 속 범**　행위에 의해 야기된 위법상태가 행위자가 원하는 시점까지 계속됨으로써 행위의 계속과 위법상태의 계속이 일치하는 범죄를 계속범 (Dauerdelikte)이라 한다. 예컨대 약취·유인죄($\frac{제287조}{이하}$), 체포·감금죄($\frac{제276조}{이하}$), 주거침입·퇴거불응죄($\frac{제319}{조}$) 등이 이에 속한다.

계속범도 위법상태의 야기로 기수에 이른다는 점은 상태범과 같다. 다만 위법상태의 계속중에는 행위가 계속되고 위법상태가 끝날 때 비로소 행위도 완수에 이른다는 점이 상태범의 경우와 다르다.

(d) **계속범과 상태범의 구별의 실익**　계속범의 경우 위법상태의 계속중에 공동정범·방조범의 성립이 가능하고 피해자의 정당방위도 적법하게 성립할 수 있으며 공소시효의 기산점도 위법상태의 완수시가 된다. 이에 비해 상태범의 경우 원칙적으로 기수 이후 공동정범이나 방조범 성립이 불가능할 뿐만 아니라 정당방위도 성립할 수 없고 공소시효의 기산점도 기수시가 된다.

‖**판례**‖ '농지의 전용'이 이루어지는 태양은, 첫째로 농지에 대하여 절토, 성토 또는 정지를 하거나 농지로서의 사용에 장해가 되는 유형물을 설치하는 등으로 농지의 형질을 외형상으로뿐만 아니라 사실상 변경시켜 원상회복이 어려운 상태로 만드는 경우가 있고, 둘째로 농지에 대하여 외부적 형상의 변경을 수반하지 않거나 외부적 형상의 변경을 수반하더라도 사회통념상 원상회복이 어려운 정도에 이르지 않은 상태에서 그 농지를 다른 목적에 사용하는 경우 등이 있을 수 있다. 전자의 경우와 같이 농지전용행위 자체에 의하여 당해 토지가 농지로서의 기능을 상실하여 그 이후 그 토지를 농업생산 등외의 목적으로 사용하는 행위가 더 이상 '농지의 전용'에 해당하지 않는다고 할 때에는,

허가 없이 그와 같이 농지를 전용한 죄는 그와 같은 행위가 종료됨으로써 즉시 성립하고 그와 동시에 완성되는 즉시범이라고 보아야 한다. 그러나 후자의 경우와 같이 당해 토지를 농업생산 등 외의 다른 목적으로 사용하는 행위를 여전히 농지전용으로 볼 수 있는 때에는 허가 없이 그와 같이 농지를 전용하는 죄는 계속범으로서 그 토지를 다른 용도로 사용하는 한 가벌적인 위법행위가 계속 반복되고 있는 계속범이라고 보아야 한다(대판 2009. 4. 16, 2007 도 6703).

⑷ 구성요건실현행위의 결과충족의 정도에 따른 분류

구성요건을 실현하는 실행행위가 구성요건결과를 완전히 충족시켜 결과발생을 야기한 경우를 기수범이라 하고 그것을 충족시키지 못해 결과가 미발한 경우를 미수범이라 한다. 형법각칙상의 구성요건은 대부분 기수범의 형태를 예상하고 있다. 예외적으로 미수범을 처벌해야 할 형사정책적 필요성이 있을 때에 한해 형법은 미수범으로 처벌할 죄를 각 본조에 특정하고 있다($\binom{제29}{조}$).

Ⅵ. 행위수단과 행위상황

1. 행위수단

형법은 구성요건에 행위와 함께 그 행위의 특별한 수단을 규정하는 경우가 있다. 예컨대 위계 · 위력에 의한 살인죄($\binom{제253}{조}$)에서는 「위계 또는 위력」이라는 행위수단을 살해행위와 함께 규정하고, 특수절도죄($\binom{제331}{조}$)에서는 「야간에 문호 또는 장벽 기타 건조물의 일부를 손괴하고 주거에 침입하거나($\binom{제1}{항}$), 흉기를 휴대하거나 2 인 이상이 합동하여($\binom{제2}{항}$)」라는 행위수단을 절취행위와 함께 규정하고 있다. 특수강도($\binom{제334}{조}$) · 특수도주($\binom{제146}{조}$)의 경우도 마찬가지이다. 이같은 행위수단은 물론 객관적 구성요건요소이지만 행위양태를 구성하는 요소라는 점에서 행위반가치의 평가대상이 된다.

2. 행위상황

어떤 행위가 가벌적 행위가 되기 위해서는 구성요건상 그 행위가 일정한 장소적 상황이나 시간적 상황 아래서 행하여질 것을 요구하는 경우가 있다. 이것을 행위상황 또는 행위의 외적 정황이라고 부른다. 예컨대 공무집행방해죄($\binom{제136}{조}$)에서 '공무를 집행하는'이란 형편이나 진화방해죄($\binom{제169}{조}$)의 '화재에 있어서', 방수방해죄($\binom{제180}{조}$)의 '수재에 있어서', 공연음란죄($\binom{제245}{조}$) · 명예훼손죄($\binom{제307}{조}$) · 모욕죄($\binom{제311}{조}$)에 있어서 '공연히', 야간주거침입절도죄에서 '야간에'라는 사정도 행위상황에 속한다. 이러한 행위상황은 물론 객관적 구성요건요소이지만 행위반가치의 평가대상이라는 점은 앞서 본 행위수단과 같다.

행위상황과 체계적으로 구별해야 할 범죄구성요건요소로 행위의 부수적 사정이 있다. 행위상황이 행위반가치표지로서 객관적 불법구성요건요소인데 반해, 행위의 부수적 사정은 심정반가치표지로서 객관적인 특별한 책임구성요건요소이다. 따라서 행위사정은 구성요건고의의 인식대상이지만 부수적 행위사정은 구성요건고의의 인식대상이 아니다. 행위의 부수적 사정의 예로는 위조통화취득 후 지정행사죄에서 '취득 후', 영아살해죄에 '분만중 또는 분만직후' 등이 있다.

Ⅶ. 결 과

1. 의 의

결과란 행위와 시간적·공간적인 간격을 두고 발생하여 행위객체에 미치는 유해한 작용을 말한다. 구성요건결과는 행위의 일부가 아니라 행위와 독립된 결과범의 객관적 구성요건요소이다. 구성요건결과는 불법의 본질적 구성요건요소로서 결과반가치의 평가대상이 될 뿐만 아니라 양형의 자료로서도 의미를 갖는다.

결과라고 하는 구성요건요소는 대부분 기술되지 아니한 구성요건표지의 형식을 띤다. 예컨대 살인죄에서 사망, 절도죄에서 점유의 침탈 등은 구성요건에 명기되어 있지 않다. 반면에 어떤 구성요건에는 행위와 결과가 함께 기술되어 있기도 하다. 결과적 가중범의 경우가 그러하다.

2. 구성요건유형

구성요건결과가 객관적 구성요건요소로 필요한가의 여부에 따라 구성요건을 결과범(Erfolgsdelikte)과 거동범(Tätigkeitsdelikte)으로 분류할 수 있다.

(1) 결 과 범

(a) **결과범 일반**   구성요건이 행위 외에 이 행위와는 구분되는 일정한 결과의 발생도 요소로 삼는 범죄를 결과범이라 한다. 이를 **실질범**(Materialdelikte)이라고도 부른다. 예컨대 살인죄·상해죄·강도죄·손괴죄 등 대부분의 범죄가 이에 속한다. 결과범은 특히 행위와 결과 사이에 인과관계와 객관적 귀속관계를 요

구한다. 그러므로 결과범에서 인과관계와 객관적 귀속관계도 객관적 구성요건요소가 된다. 결과범은 상태범 또는 계속범의 형태를 가질 수도 있고 침해범 또는 위험범(구체적 위험범)의 형태를 가질 수도 있다.

(b) **결과적 가중범** 결과적 가중범이란 고의에 기한 기본범죄에 의하여 행위자가 예견하지 못했던 중한 결과가 발생한 경우 그 형이 가중되는 범죄를 말한다. 이것은 결과범의 변형 내지 특수형태이다. 결과적 가중범은 원칙적으로 고의와 과실의 결합형식이다. 이것을 **진정결과적 가중범**이라 한다. 연소죄($^{제168}_{조}$)·상해치사죄($^{제259}_{조}$)·폭행치사죄($^{제262}_{조}$)·낙태치사상죄($^{제269조 \ 제 3 항,}_{제270조 \ 제 3 항}$)·유기치사상죄($^{제275}_{조}$)·강간치상죄($^{제301}_{조}$) 등 대부분의 결과적 가중범은 진정결과적 가중범의 형태이다.

한편, 중한 결과가 과실로 야기된 경우뿐만 아니라 고의에 의해 발생한 경우에도 처벌의 불균형 때문에 결과적 가중범의 성립을 부득이 인정할 필요가 있다. 이를 **부진정결과적 가중범**이라 한다. 이 경우는 중한 결과가 고의로 인한 것이라는 점을 분명히 하기 위해서 고의범과의 관념적 경합을 인정하는 것이 옳다(다수설). 우리 형법상 교통방해치상죄($^{제188}_{조}$)·현주건조물방화치사상죄($^{제164조}_{2항}$)·중상해죄($^{제258조}_{1항}$) 등이 여기에 속한다.

(2) 거 동 범

결과의 발생을 요하지 않고 일정한 행위만 전개되면 이미 구성요건이 충족되는 범죄를 거동범이라 한다. 이를 **형식범**(Formaldelikte)이라고도 부른다. 예컨대 폭행죄($^{제260}_{조}$)·모욕죄($^{제311}_{조}$)·명예훼손죄($^{제307}_{조}$)·공연음란죄($^{제245}_{조}$)·무고죄($^{제156}_{조}$)·위증죄($^{제152}_{조}$) 및 추상적 위험범 등이 이에 속한다.

(3) 양자 구별의 실익

대부분의 범죄는 결과범이지만 행정단속법규위반의 행정범 중에는 거동범이 적지 않다. 이 양자를 구별하는 실익은 결과범만이 행위와 구성요건결과 사이에 인과관계 내지 객관적 귀속관계를 요한다는 점이다. 그 밖에도 중지미수가 될 경우 거동범에서는 단지 미종료미수(일명 착수미수라고도 함)만 가능하나, 결과범에서는 종료미수(일명 실행미수라고도 함)까지 가능하다는 점이다.

제 6 절   인과관계와 객관적 귀속관계

I. 서   론

우리 형법 제17조는 인과관계라는 제목하에 「어떤 행위라도 죄의 요소되는 위험발생에 연결되지 아니한 때에는 그 결과로 인하여 처벌되지 아니한다」라고 하여, 결과범에 있어서는 행위와 결과 사이에 인과관계의 확인이 필요함을 선언하고 있다. 만약 결과는 발생했으나 그것이 행위자의 행위로 인한 것이 아닐 경우에는 그 결과는 다른 요인에 의한 것이고 행위자에 대해서는 기수가 아닌 단지 행위착수로 인한 미수의 책임만이 고려될 수 있을 뿐이다. 인과관계론은 다양한 양태로 벌어지는 범죄현상들에 있어서 과연 어떤 관점과 기준에 의해 인과관계를 인정할 수 있을 것인가를 주요 쟁점으로 삼는다. 또한 인과관계에 대한 논의는 단지 자연과학적 인과관계의 확인뿐만 아니라 그 범위에 대한 규범적·평가적 귀속의 문제도 함께 포함하고 있다. 다만 형법 제17조는 결과범의 결과귀속을 위해서는 인과관계의 확인이 필요하다는 원칙만을 말하고 있을 뿐 그 구체적인 내용과 방법론에 대해서는 함구하고 있기 때문에 결국 구체적인 판단은 학설에 위임되어 있다고 할 수 있다.

다수설은 결과귀속을 보통 두 단계를 거쳐 판단한다(이원적 방법). 제1단계는 인과관계의 존부판단이요, 제2단계는 객관적 귀속관계에 관한 판단이다. 만약 어떤 행위객체에 대한 침해가 행위자에 의해 야기되지 아니하였거나(인과관계의 부존재), 설령 행위자에 의해 야기되었더라도 그의 작품으로 귀속될 수 없는 경우라면(객관적 귀속관계의 부인) 그것은 행위자와 무관한 우연한 사건이나 행위자에게 귀속시킬 수 없는 불행한 사태일 뿐 법적 의미에서 구성요건결과나 구성요건행위가 있는 것으로 평가할 수 없다는 것이다. 그리고 결과범에서 인과관계와 객관적 귀속가능성의 여러 기준들은 기술되지 아니한 **구성요건표지**에 해당한다고 본다.

반면 소수설적 입장은 인과관계의 존부에 대한 판단과 평가적 귀속의 판단을 동시에 진행한다(일원적 방법). 아래에서는 구체적으로 인과관계와 귀속을 둘러싼 논쟁에 대해 살펴본다.

Ⅱ. 인과관계론

1. 의   의

결과범은 행위와 구성요건결과 사이의 인과관계를 필요로 한다. 인과관계가 결여되면 미수만이 문제될 수 있을 뿐이다. 그리고 과실범은 반드시 기수를 전제로 하기 때문에 과실범에 있어서 인과관계가 결여될 경우 바로 불가벌로 이어진다.

2. 인과관계가 문제되는 사례군

(1) 기본적 인과관계

행위와 구성요건결과 사이에 다른 개입원인 없이 인과적 연관성이 인정되는 경우이다. 결과범에서 기본적 인과관계가 존재하면 인과관계의 확인이 특별히 필요한 것은 아니다.

(2) 이중적 또는 택일적 인과관계

단독으로도 동일한 결과를 야기하기에 충분한 수개의 조건들이 결합하여 일정한 결과를 발생시킨 경우를 이중적 인과관계(Doppelkausalität) 또는 택일적 인과관계(Alternative Kausalität)라 한다. 예컨대 갑은 음료수에, 을은 빵에 각각 치사량의 독약을 섞었고 병이 이 빵과 음료수를 먹고 사망한 경우와 같다.

(3) 누적적 또는 중첩적 인과관계

각기 독자적으로 동일한 결과에 이를 수 없는 여러 조건들이 공동으로 작용함으로써 일정한 결과에 이른 경우를 누적적 인과관계(Kumulative Kausalität)라 한다. 예컨대 A와 B가 독립하여 A는 빵에, B는 음료수에 각각 치사량 미달의 독약을 섞었고, C가 이 빵과 음료수를 함께 먹었는데 전체량이 치사량에 미쳐 C가 독살된 경우와 같다.

(4) 가설적 인과관계

발생한 결과에 대한 원인행위가 없었더라도 가설적 원인에 의해서 같은 결과가 발생했을 고도의 개연성이 있는 경우를 가설적 인과관계(Hypothetische Kausalität)라 한다. 예컨대 A는 O를 비행기 탑승 직전에 사살했다. 그러나 비행기는 공항이륙 몇 분 후 추락하여 탑승자 전원이 사망했다. O는 A에 의해 사살되지 않았더라도 추락사고로 몇 분 후 사망했을 것이 틀림없는 경우에 '추락사고'를 가설적 인과관계라 한다.

(a) **추월한 인과관계**　　여기에서 현실적 인과관계와 가설적 인과관계를 비교하여 전자의 현실적 행위 때문에 구성요건결과가 더 빨리 발생한 경우 현실적 인과과정을 '추월한 인과관계'(Überholende Kausalität)라 한다. 예컨대 사형집행인이 사형집행을 위해 교수대의 단추를 누르려는 순간 그 사형수에 의해 살해된 딸의 원수를 갚으려는 어머니가 뛰어들어 스스로 단추를 눌러 사형수를 죽게 한 경우와 같다. 또는 A가 O에게 독약을 먹였는데 약효가 나타나기 전에 B가 O를 총으로 살해하는 예를 들 수 있다.

(b) **경합한 인과관계**　　이와는 달리 어느 것에 의하더라도 동시에 결과가 발생했을 경우에 현실적 인과과정을 '경합한 인과관계'(Einholende Kausalität)라고 한다. 예컨대 A는 사무실 안에 있는 O를 밖으로 불러내어 사살했으나 그렇지 않더라도 O는 B가 미리 설치해 놓은 시한폭탄에 의해 같은 시각에 사망했을 것이 틀림없는 경우와 같다.

(5) 인과관계의 단절

진행중인 제1의 원인행위에 '독립적'인 제3자의 행위 또는 자연현상이 개입하여 제1의 행위의 효력이 나타나기 전에 스스로 구성요건결과를 발생시킨 경우를 인과관계의 단절(Abgebrochene Kausalität)이라 한다. 예컨대 A는 O에게 서서히 약효가 나타나는 독약을 투여했으나 효력이 나타나기 전에 B가 O를 사살한 경우에, A의 독약투여행위와 O의 사망 사이의 인과관계는 단절된 인과관계이고 B의 사살행위와 O의 사망 사이의 인과관계는 추월한 인과관계이다.

(6) 인과관계의 중단

제1의 원인행위와 '관련'된 제3자의 행위 또는 피해자의 행위가 사후에 개입하여 결과발생을 야기한 경우를 인과관계의 중단이라 한다. 예컨대 범인의 공격으로 중상을 입고 병원에 입원중인 환자를 의사가 치료중 중대한 과실로 사망케 한 경우, 범인의 공격으로 중상을 입은 피해자가 치료중 수혈을 거부하거나 불구가 된 것을 비관하여 자살함으로써 사망에 이른 경우를 들 수 있다. 흔히 인과관계의 중단 사례는 아래의 비유형적 인과관계의 사례에 포함되어 설명될 수 있다.

(7) 비유형적(비전형적) 인과관계

한 행위가 구성요건결과에 대해 원인이 되지만, 결과의 발생에 다른 원인이 개입하였거나 피해자의 잘못 또는 피해자의 특이체질 내지 상태가 결합한 경우를 비유형적 또는 비전형적 인과과정(Atypischer Kausalverlauf)이라고 한다. 예컨대 A는 O를 살해하려고 고의로 권총을 발사했으나 O는 경미한 상처만 입었다. 그런데 O가 혈우병환자였기 때문에, 또는 피해자를 병원으로 호송하던 구급차가 충돌사고를 만나거나 병원에서 의사의 치료잘못으로 사망하게 된 경우와 같다.

3. 인과관계론에 의한 해결방법

(1) 조 건 설

(a) **의의 및 연혁**　이른바 절대적 제약공식(condicio sine qua non Formel)의 도움을 얻어 '그것이 없었더라면 결과가 발생하지 않았으리라는 관계'에 있는 모든 조건, 즉 결과발생에 함께 작용한 모든 조건은 형법상 다 결과발생에 등가한 원인이 된다는 견해이다. 이런 의미에서 조건설(Bedingungstheorie)을 일명 **등가설**(Aquivalenztheorie)이라고도 한다. 조건설의 핵심은 함께 작용한 모든 조건은 결과에 대한 원인이 되고 조건과 원인의 구별이 인정될 수 없다는 것과, 모든 조건은 동등한 원인력을 가지고 있어 형법상으로 동등하게 평가되어야 한다는 두 가지 논점이다. 우리나라 대법원판례 중에도 이에 입각한 것이 많이 눈에 띈다 (대판 1955. 5. 24, 4288 형상 26; 1955. 6. 7, 4288 형상 88).

(b) **조건설의 구체적 적용례**　조건설의 구체적인 내용은, '네가 그것을 하지 않았더라면 일은 벌어지지 않았으리라는 관계에 있는 조건은 다 등가한 원인이 된다'라는 원칙에 의해 정해진다. 이러한 관점으로부터 조건설은 앞에서 본 인과관계가 문제되는 사례들을 다음과 같이 다룬다.

(가) 이중적·택일적 인과관계에 대해 절대적 제약공식을 순논리적으로만 적용하면 각 조건행위와 결과에 대한 인과관계를 인정하기 어렵다. A라는 조건이 없었더라도 B라는 조건에 의해 결과가 발생할 수 있었으므로 각각의 조건은 '그것이 없었더라면 결과가 발생하지 않았으리라는 관계'에 있지 않기 때문이다. 이 모순은 조건설에 대한 결정적인 비판점으로 작용한다.

(나) 누적적 인과관계에서는 각 조건들이 절대적 제약의 관계 속에서 구체적으로 결과발생에 기여하였다는 점이 인정되므로 다같이 인과적이다.

(다) 가설적 인과관계에서는 현실적 행위와 결과 사이에만 인과관계가 존재하고 가설적 유보원인과 결과 사이의 인과관계는 인정되지 않는다고 한다. 가설적 유보원인이 있었더라도 현실적인 행위는 그것이 없었더라면 결과가 발생하지 않았으리라는 관계에 있으므로 조건적 인과성이 인정되기 때문이라고 한다.

그러나 여기에도 c.s.q.n 공식을 엄격하게 적용하면, 위의 사례에서 현실적인 A의 사살행위가 없었더라도 O의 사망은 공중폭발에 의해 야기되었을 것이 확실하므로 결국 A의 행위와 O의 사망사이에는 인과관계가 존재하지 않는다는 결론에 이르게 된다. 가설적 인과관계도 조건설이 갖는 취약점 중의 하나이다.

㈑ 단절된 인과관계에서는 제 1 의 행위는 제 2 행위에 의해 결과발생으로 이르러가는 인과과정이 단절된 것이므로 제 1 행위의 조건성은 결여된다. 반면 인과관계의 중단에서는 모든 조건이 다 등가한 원인이므로 중단 전후에 개입한 모든 조건들과 결과발생 사이에 인과관계가 인정된다.

㈐ 비유형적 인과과정에서는 애당초 근원되는 조건도 구체적인 결과발생에 대한 인과적 연쇄효과를 미치고 있으므로 인과관계가 인정된다. 따라서 혈우병이나 구급차 충돌사고 외에 행위자의 최초 권총발사행위도 피해자의 죽음에 대한 원인이 된다.

㈑ 부작위범에서의 인과관계에는 조건설이 적용되기가 어렵다.[9] 부작위범은 작위범과는 달리 현실적인 힘의 투입이 없었으므로 그것 없이는 결과가 발생하지 않았으리라는 c.s.q.n. 공식은 적용될 수 없기 때문이다.

(c) **비 판**　　조건설에 대하여는 다음과 같은 두 가지 근본적인 비판이 가해진다.

㈎ 논리적 모순이 있다. 조건설은 일단 결과를 전제한 뒤 가설적 사고과정을 통해 의미 없는 조건을 제거하는 방법을 쓰고 있는 점에서 논리상 순환논법에 빠져 있다.

㈏ 사리에 반한다. 조건설은 조건들 사이에 질적 구별을 인정하지 않기 때문에 직접 아무 관계가 없는 조건까지도 결과에 대한 원인으로 간주하게 된다는 난점을 안고 있다. 즉 살인자에게 흉기나 무기를 판매한 행위, 심지어 살인자를 출산한 행위까지도 살인의 원인으로 삼는 데 논리적으로는 아무 어려움이 없기 때문이다.

(2) 합법칙적 조건설

(a) **의 의**　　조건설의 결함을 일상적인 경험지식에 기초한 자연법칙적 연관성인 합법칙적 조건공식에 의해 수정하려는 것이 합법칙적 조건설이다(다수설). 여기서 합법칙적 조건공식이란 「하나의 행위가 일정한 구성요건결과에 대해 인과적이라고 할 수 있기 위해서는 언제나 결과가 그 행위에 시간적으로 뒤따르면서 그 행위와 자연법칙적으로 연관되어 있어야 한다는 사유형식」을 말한다.

(b) **구체적 내용**　　합법칙적 조건설에 따라 인과관계를 확정하자면 두 가지

---

9) 정성근 · 박광민 162면.

단계가 필요하다.

첫째 단계는 소위 '일반적 인과관계'의 확정이다. 여기서는 개개 사례에 적용할 수 있는 상위명제로서 자연과학적 인과법칙의 존재 여부가 검토된다. 일반적 인과관계의 확정에서 자연과학적 인과법칙의 존재 여부는 법관의 주관적인 확신만으로 판단할 수 없다. 자연과학 전문가들의 전문지식에 의한 판단에 비추어 그것이 일반적으로 승인될 수 있을 때 법관은 인과법칙을 사용할 수 있다.

둘째 단계는 소위 '구체적 인과관계'의 확정이다. 여기서는 구체적 사안이 위에서 언급한 자연과학적 인과법칙하에 포섭될 수 있느냐가 검토된다. 구체적 인과관계의 확정에서 일반적 인과법칙에 포섭될 구체적 사안의 확정은 오직 법관의 주관적 확신에 따른다.[10) 합법칙적 조건설을 따를 때 특히 조건설에서 확정하기 어려웠던 부작위나 구조적 인과과정의 단절의 예에서 인과관계를 확정하는 데 유용하다.

(c) 구체적 적용례

(가) 이중적 · 택일적 인과관계에서 각 행위는 결과에 대한 원인이 된다. 그러나 두 개 이상의 원인이 우리의 경험적 지식에 비추어 결과를 야기한 것이어야 한다. 즉 원인과 결과 사이에 자연법칙적 연관성이 있어야 한다.

(나) 누적적 · 중첩적 인과관계에서 A와 B는 단독으로 치사량 미달이지만 합하면 치사량이 되는 독약을 O에게 먹여 살해한 경우이므로 A와 B의 행위가 모두 O의 사망과 인과관계를 갖는 것은 틀림없다. 다만 후술하는 객관적 귀속의 입장을 따를 때 행위자는 모두 미수의 책임을 지게 된다.

(다) 가설적 인과관계에서도 현실적 인과과정이 중요하므로 행위와 결과가 자연법칙적 연관을 갖는 한, 일단 주어진 인과관계는 같은 결과가 같은 시기에 다른 사정에 의해 발생했으리라는 가설에 의해 배제되지 않는다.

(라) 단절된 인과관계처럼 제 2 의 행위가 제 1 의 행위를 추월하여 그 진행을 단절시켰을 때 제 1 의 행위와 결과간의 자연법칙적 연관성은 부인되고 단지 제 2 의 행위와 결과 사이의 인과관계만 긍정된다. 다만 제 1 행위의 결과 피해자의 방어력이 약화되어 제 2 행위가 성공에 이를 수 있었던 때에 한하여 제 1 행위도 결과에 대해 합법칙적 연관성이 있다고 해야 할 것이다.

(마) 인과관계의 중단 및 비유형적 인과과정에서도 인과관계는 인정된다. 구성요건행위가 결과발생의 유일한 조건 또는 가장 유력한 조건일 필요는 없기 때문

---

10) Rudolphi, SK, vor § 1 Rdn. 42.

이다. 다만 객관적 귀속이론을 따르는 입장에서는 비유형적 인과과정이나 인과관계의 중단이 문제되는 사례에서 합법칙적 연관성에 의한 인과관계는 확정될 수 있지만 이것만으로 결과를 행위자의 작품으로 귀속시킬 수 있다는 결론이 바로 도출되는 것은 아니라고 본다.

(ᄈ) 구조적 인과과정의 단절례에서도 인과관계는 인정된다. 예컨대 A가 물에 빠진 O를 구조하려는 B를 방해하거나 O에게 던져진 구명대를 제거해 버림으로써 구조될 수 있었던 O가 익사한 경우 A가 우리의 경험지식에 비추어 구성요건결과의 발생을 저지할 수 있었던 인과과정을 단절시킨 것이라면 A의 행위와 O의 익사 사이에는 합법칙적 인과관계가 있다.

(ᄉ) 부작위범의 경우도 인과관계가 인정된다. 일정한 사람의 부작위는 만약 행위가 있었더라면 결과를 회피할 수 있었으리라는 관계에 있는 한 구성요건결과의 발생과 합법칙적 연관을 갖는다고 보기 때문이다.

(d) **비판과 이론상의 한계**

(ᄀ) 이 이론도 실제 인과관계의 탐구 확정에 만족할 만한 대답을 언제나 줄 수 있는 것은 아니다. 콘터간사건(1960년대 독일 제약회사의 진정제 콘터간을 복용한 부녀자들이 빈번히 기형아를 출산하자 기형아출산이 이 피임약 부작용의 결과였는지가 문제된 사건)의 예처럼 정확한 자연과학적 경험지식을 가지고도 판단을 내릴 수 없는 사안에서 법관의 주관적 확신에만 의존해야 한다면 합법칙적 연관성의 존재 자체도 불분명해지기 때문이다.

(ᄂ) 합법칙적 조건설에서 행위와 결과 사이를 연결해 주는 핵심개념인 '합법칙성'은 구체적 내용이 채워지지 않은 개방적 개념일 수밖에 없기 때문에 법관의 규범적 상식에 의존하는 공허한 명칭·기준에 불과하다는 비판이 가능하다.[11] 이 점은 두 번째 판단단계인 구체적 인과관계의 확정에서 인과법칙에 포섭될 구체적 사안의 확정(행위와 결과 사이에 자연법칙적 인과관련의 존재를 전제로, 다시 일상적 경험법칙으로서의 합법칙성에 의한 연관관계의 확정)이 오직 법관의 주관적 확신에 달려 있다는 점에서 알 수 있다. 결국 합법칙성이라는 것도 일상적 경험법칙에 불과한 것이기 때문에 아래의 상당인과관계설의 상당성 개념이 모호하다는 비판이 역시 합법칙성에 대해서도 유효할 수 있다.

(ᄃ) 합법칙적 조건설은 그 역할범위가 인과관계의 존부만을 확정짓는 데 엄격하게 한정되어 있다. 다시 말해 이 이론에 의해 인과관계가 인정된 경우에도 종국

---

11) 배종대 227면.

적으로 그 발생한 결과를 행위자에게 귀속시켜 책임을 물을 수 있는지의 여부에 대해서는 별도의 법적·규범적 판단기준을 필요로 하는 것이다. 그 이유는 비록 합법칙적 관련성에 의해 조건설의 입장을 수정한다 할지라도 결론에 있어서는 매우 광범위하게 인과관계의 존재가 긍정되기 때문이다. 이러한 문제점 때문에 합법칙적 조건설을 따르는 입장에서는 예외 없이 객관적 귀속이론에 의해 책임의 성립범위를 다시 제한하는 방법을 취하고 있다.[12]

(3) 상당인과관계설(Adäquanztheorie)

(a) **의 의**　결과발생에 대한 여러 가지 조건 중 사회생활의 일반경험법칙에 비추어 결과발생에 상당한 조건만을 원인으로 삼아 인과관계를 인정하는 견해이다. 상당성의 척도에 따라 조건설에 의한 인과관계의 무제한한 소급을 제약하고자 하는 이론이다.

(b) **판단기준**　상당인과관계설에서 이야기하는 행위와 결과 사이의 상당성 내지 개연성 판단을 어떤 입장에서 내릴 것인가에 대해서는 여러 가지 학설이 갈리고 있다.

① 주관적 상당인과관계설　행위자의 개인적 인식·예견능력을 기준으로 범행시(ex ante)에 행위자가 인식하였거나 인식할 수 있었던 사정을 기초로 상당성 내지 개연성을 판단하는 입장이다. 순주관적 예측(Rein subjektive Prognose)의 방법이다. 예컨대 특수체질을 가진 피해자를 구타하여 사망케 한 경우에 행위자가 피해자의 특수체질을 알지 못했거나 인식할 수 없는 상태였다면 구타행위와 사망의 결과 사이에 상당인과관계는 부인된다.[13] 이 설은 인과관계를 인정하는 범위가 지나치게 좁다는 비판을 받는다.

② 객관적 상당인과관계설　행위자가 인식하지 못하였다할 지라도 범행당시 존재했거나 일반인이 인식할 수 있었던 사정을 기초로 법관이 객관적인 관찰자의 입장에서 서서 상당성을 판단하는 방법이다.[14] 객관적 사후예측(Objektiv-

---

12) 김성돈 179면; 김성천·김형준 99면; 박상기 106면; 손동권·김재윤 125면; 손해목 280면; 신동운 132면; 안동준 71면; 이재상 157면; 이정원 110면; 이형국 106면; 임웅 138면; 정성근·박광민 173면; 조준현 160면; 진계호 208면.

13) 대판 1978. 11. 18, 78 도 1691: 「고등학교 교사인 피고인이 피해자의 뺨을 때리는 순간 평소의 허약상태에서 온 급격한 뇌압상승으로 피해자가 뒤로 넘어지면서 사망한 경우 위 사인이 피해자의 두개골이 비정상적으로 얇고 뇌수종을 앓고 있었던 데 연유하였고 피고인이 피해자가 허약함을 알고 있었으나 두뇌에 특별이상이 있음은 미처 알지 못하였다면 피고인의 소위와 피해자의 사망간에는 인과관계가 없거나 결과발생에 대한 예견가능성이 없었다고 할 것이다.」

14) 우리나라에서 객관적 상당인과관계설을 지지하는 학자로는 배종대 229면; 심재우,「형법상의 인과관계」, 월간고시 1977. 8, 45면.

nachträgliche Prognose)의 방법이라고 한다.[15] 앞의 예에서 행위자는 알지 못했지만 피해자의 특수체질이 이미 존재하고 있었기 때문에 특이체질자를 구타하면 사망할 수 있는가를 상당성 판단의 자료로 삼게 되어 결국 인과관계가 긍정된다. 이 설은 범행시 행위자가 인식하지 못했던 사정과 일반인이 인식할 수 없었던 사정까지 고려하여 상당성을 판단하므로 인과관계를 지나치게 넓은 범위에서 인정하게 된다는 비판을 받는다.[16]

③ 절충적 상당인과관계설　범행시에 행위자뿐만 아니라 통찰력 있는 사람이라면 인식·예견할 수 있었던 사정을 고려하여 상당성 내지 개연성을 판단하는 방법이다. 상당인과관계설을 지지하는 입장에서는 이 절충적 예측방법을 따르는 사람이 압도적으로 많다.[17] 그러나 절충적 입장을 따를 경우 행위자가 인식한 사정과 일반인이 인식한 사정이 다를 경우에 누구의 인식내용을 기초로 상당성 여부를 판단할 것인가 하는 문제점에 부딪치게 된다.

④ 사　　견　만약 상당인과관계설을 취한다면 구체적인 상당성 판단의 방법은 객관적 사후예측의 방법에 따라 이루어지는 것이 옳다(객관적 상당인과관계설). 즉 법관이 주의력 있는 제 3 자의 입장에서 범행 당시 존재하였거나 알 수 있었던 사정을 기초로 상당성을 판단하는 방법이다. 객관적 상당인과관계설에 의할 때 인과관계를 인정하는 범위가 지나치게 넓어질 수 있다는 비판은 주관적 구성요건의 판단단계에서 다시 적절한 제한이 가해질 수 있으므로 크게 문제되지 않는다. 절충적 상당인과관계설과는 달리 행위자 개인의 주관적 인식내용이나 인식가능성을 상당성 판단의 자료로 삼지 않는 것은 범죄체계론상 그것이 주관적 구성요건요소(고의범의 경우) 내지 책임요소(과실범의 경우)에 해당하기 때문이다.

상당인과관계설은 합법칙적 조건설 및 객관적 귀속이론이 알려지기 이전까지 우리나라의 다수설이었고, 현재 판례의 기본입장이라고 할 수 있다.

【상당인과관계를 인정한 판례】
① 피고인이 주먹으로 피해자의 복부를 1 회 강타하여 장파열로 인한 복막염으로 사망케 하였다면, 비록 의사의 수술지연 등 과실이 피해자의 사망의 공동원인이 되었다 하더라도 피고인의 행위가 사망의 결과에 대한 유력한 원인이 된 이상 그

---

15) Tröndle/Fischer, vor § 13 Rdn. 16b.
16) 이런 비판은 손해목 240면.
17) 종래 우리나라의 통설이다. 권문택, 「형법상의 인과관계」, 고시계 1972. 8, 77면; 김종원, 「형법에 있어서의 인과관계」, 고시계 1965. 4, 87면; 남흥우 100면; 성시탁, 「인과관계」, 194면; 염정철 431면; 이건호 67면; 정창운 129면.

폭력행위와 치사의 결과간에는 인과관계가 있다 할 것이어서 피고인은 피해자의 사망의 결과에 대해 폭행치사의 죄책을 면할 수 없다(대판 1984. 6. 26, 84 도 831).

② 피해자를 2회에 걸쳐 두 손으로 힘껏 밀어 땅바닥에 넘어뜨리는 폭행을 가함으로써 그 충격으로 인한 쇼크성 심장마비로 사망케 하였다면 비록 위 피해자에게 그 당시 심관성 동맥경화 및 심근섬유화 증세등의 심장질환의 지병이 있었고 음주로 만취된 상태였으며 그것이 피해자가 사망함에 있어 영향을 주었다고 해서 피고인의 폭행과 피해자의 사망간에 상당인과관계가 없다고 할 수 없다(대판 1986. 9. 9, 85 도 2433).

③ 피고인이 피해자의 멱살을 잡아 흔들고 주먹으로 가슴과 얼굴을 1회씩 구타하고 멱살을 붙들고 넘어뜨리는 등 신체 여러부위에 표피박탈, 피하출혈 등의 외상이 생길 정도로 심하게 폭행을 가함으로써 평소에 오른쪽 관상동맥폐쇄 및 심실의 허혈성근섬유화증세 등의 심장질환을 앓고 있던 피해자의 심장에 더욱 부담을 주어 나쁜 영향을 초래하도록 하였다면, 비록 피해자가 관상동맥부전과 허혈성심근경색 등으로 사망하였더라도, 피고인의 폭행의 방법, 부위나 정도 등에 비추어 피고인의 폭행과 피해자의 사망 간에 상당인과관계가 있었다고 볼 수 있다(대판 1989. 10. 13, 89 도 556).

④ 폭력배가 휘두른 흉기에 찔려 입은 상처로 인해 급성신부전증이 발병하여 치료를 받는 도중 음식과 수분섭취를 억제해야 함에도 부주의하게 음료수를 마셔 합병증이 유발되어 결국 사망하게 되었다면, 폭력배의 범행이 피해자를 사망하게 한 직접적인 원인이 된 것은 아니고 피해자 자신의 과실이 개재된 경우이다. 그러나 살인의 실행행위가 피해자의 사망이라는 결과를 발생하게 한 유일한 원인이거나 직접적인 원인이어야만 하는 것은 아니다. 따라서 살인의 실행행위와 피해자의 사망 사이에 다른 사실이 개재되어 그 사실이 사망이라는 결과발생의 직접원인이 되었다 하더라도, 보통 예견할 수 있는 사실이므로 살인의 실행행위와 사망결과 사이에 인과관계가 있는 것으로 보아야 할 것이다(대판 1994. 3. 22, 93 도 3612).

⑤ 폭행이나 협박을 가하여 간음을 하려는 행위(강간)와 이에 극도의 흥분을 느끼고 공포심에 사로잡혀 이를 피하려다——객실 창문을 통해 탈출을 기도——사상에 이르게 된 사실과는 이른바 상당인과관계가 있어 강간치사상죄로 다스릴 수 있다(대판 1995. 5. 12, 95 도 425).[18]

⑥ 임차인이 자신의 비용으로 설치·사용하던 가스설비의 휴즈콕크를 아무런 조치 없이 제거하고 이사를 간 후 가스공급을 개별적으로 차단할 수 있는 주밸브가 열려져 가스가 유입되어 폭발사고가 발생한 경우, 구 액화석유가스의안전및사업관리법상의 관련 규정 취지와 그 주밸브가 누군가에 의하여 개폐될 가능성을 배제할

---

18) 다만 이와 비슷한 사례에서 예견가능성이 없음을 이유로 상당인과관계를 부인한 판례가 있음을 주의. 「피해자가 여관방 창문을 통하여 아래로 뛰어내릴 당시에는 피고인이 소변을 보기 위하여 화장실에 가 있는 때이어서 피해자가 일단 급박한 위해상태에서 벗어나 있었을 뿐 아니라, 무엇보다도 4층에 위치한 위 방에서 밖으로 뛰어내리는 경우에는 크게 다치거나 심지어는 생명을 잃은 수도 있는 것인 점을 아울러 본다면, 이러한 상황 아래에서 피해자가 강간을 모면하기 위하여 4층에서 창문을 넘어 뛰어내리거나 또는 이로 인하여 상해를 입기까지 되리라고는 예견할 수 없다고 봄이 경험칙에 부합한다 할 것인바,」(대판 1993. 4. 27, 92 도 3229).

수 없다는 점 등에 비추어 그 휴즈콕크를 제거하면서 그 제거부분에 아무런 조치를 하지 않고 방치하면 주밸브가 열리는 경우 유입되는 가스를 막을 아무런 안전장치가 없어 가스 유출로 인한 대형사고의 가능성이 있다는 것은 평균인의 관점에서 객관적으로 볼 때 충분히 예견할 수 있다는 이유로 임차인의 과실과 가스폭발사고 사이의 상당인과관계를 인정한 사례 (대판 2001. 6. 1, 99 도 5086).

⑦ 선행차량에 이어 피고인 운전 차량이 피해자를 연속하여 역과하는 과정에서 피해자가 사망한 경우, 피고인 운전 차량의 역과와 피해자의 사망 사이의 인과관계를 인정한 사례 (대판 2001. 12. 11, 2001 도 5005).

⑧ 담당 의사가 췌장 종양 제거수술 직후의 환자에 대하여 1시간 간격으로 4회 활력징후를 측정하라고 지시를 하였는데, 일반병실에 근무하는 간호사 갑이 중환자실이 아닌 일반병실에서는 그러할 필요가 없다고 생각하여 2회만 측정한 채 3회차 이후 활력징후를 측정하지 않았고, 갑과 근무교대한 간호사 을 역시 자신의 근무시간 내 4회차 측정시각까지 활력징후를 측정하지 아니하였으며, 위 환자는 그 시각으로부터 약 10분 후 심폐정지상태에 빠졌다가 이후 약 3시간이 지나 과다출혈로 사망한 사안에서, 1시간 간격으로 활력징후를 측정하였더라면 출혈을 조기에 발견하여 수혈, 수술 등 치료를 받고 환자가 사망하지 않았을 가능성이 충분하다고 보일 뿐 아니라, 갑과 을은 의사의 위 지시를 수행할 의무가 있음에도 3회차 측정시각 이후 4회차 측정시각까지 활력징후를 측정하지 아니한 업무상과실이 있다고 보아야 함에도, 갑, 을에게 업무상과실이 있거나 위 활력징후 측정 미이행 행위와 환자의 사망 사이에 인과관계가 있다고 단정하기 어렵다고 본 원심판단에 법리오해의 위법이 있다고 한 사례 (대판 2010. 10. 28, 2008 도 8606).

【상당인과관계를 부정한 판례】

① 강간을 당한 피해자가 집에 돌아가 음독자살하기에 이르른 원인이 강간을 당함으로 인하여 생긴 수치심과 장래에 대한 절망감 등에 있었다 하더라도 그 자살행위가 바로 강간행위로 인하여 생긴 당연의 결과라고 볼 수는 없으므로 강간행위와 피해자의 자살행위 사이에 인과관계를 인정할 수는 없다(대판 1982. 11. 23, 82 도 1446).

② 피고인 운전의 차가 이미 정차하였음에도 뒤쫓아오던 차의 충돌로 인하여 앞차를 충격하여 사고가 발생한 경우, 설사 피고인에게 안전거리를 준수치 않은 위법이 있었다 할지라도 그것이 이 사건 피해 결과에 대하여 인과관계가 있다고 단정할 수 없다(대판 1983. 8. 23, 82 도 3222).

③ 신호등에 의하여 교통정리가 행하여지고 있는 卜자형 삼거리의 교차로를 녹색등화에 따라 직진하는 차량의 운전자는 특별한 사정이 없는 한 다른 차량들도 교통법규를 준수하고 충돌을 피하기 위하여 적절한 조치를 취할 것으로 믿고 운전하면 족하고, 대향차선 위의 다른 차량이 신호를 위반하고 직진하는 자기 차량의 앞을 가로질러 좌회전할 경우까지 예상하여 그에 따른 사고발생을 미리 방지하기 위한 특별한 조치까지 강구하여야 할 업무상의 주의의무는 없고, 위 직진차량 운전자가 사고지점을 통과할 무렵 제한속도를 위반하여 과속운전한 잘못이 있었다 하더라도

그러한 잘못과 교통사고의 발생과의 사이에 상당인과 관계가 있다고 볼 수 없다(대판 1993. 1. 15, 92 도 2579).

④ 녹색등화에 따라 왕복 8차선의 간선도로를 직진하는 차량의 운전자는 특별한 사정이 없는 한 왕복 2차선의 접속도로에서 진행하여 오는 다른 차량들도 교통법규를 준수하여 함부로 금지된 좌회전을 시도하지는 아니할 것으로 믿고 운전하면 족하고, 접속도로에서 진행하여 오던 차량이 아예 허용되지 아니하는 좌회전을 감행하여 직진하는 자기 차량의 앞을 가로질러 진행하여 올 경우까지 예상하여 그에 따른 사고발생을 미리 방지하기 위하여 특별한 조치까지 강구할 주의의무는 없다 할 것이고, 또한 운전자가 제한속도를 지키며 진행하였더라면 피해자가 좌회전하여 진입하는 것을 발견한 후에 충돌을 피할 수 있었다는 등의 사정이 없는 한 운전자가 제한속도를 초과하여 과속으로 진행한 잘못이 있다 하더라도 그러한 잘못과 교통사고의 발생 사이에 상당인과관계가 있다고 볼 수는 없다(대판 1998. 9. 22, 98 도 1854).

(c) **비　판**　상당인과관계설에 대해서는 다음과 같은 비판이 가해지고 있다.

첫째, 상당인과관계설이 제시하는 사회생활상의 일반적인 경험에 기초한 상당성의 개념이 인과관계판단을 위한 명확한 기준이 될 수 없다는 것이다. 특히 비유형적인 인과관계의 경우는 사전에 예측하기 어려운 사정이 개입하여 결과발생에 이르는 경우이기 때문에 상당인과관계설을 따를 경우 항상 인과관계가 부인될 수밖에 없다는 결론에 이르게 된다.[19]

상당성이 매우 애매한 개념이라는 문제점은 우리 대법원이 인과관계의 판단에 대해 일관성 없는 판결을 내리고 있는 데에서도 잘 나타나고 있다.

예컨대 피해자의 특수체질이 문제된 사례에 있어서 우리 대법원은 피해자의 두개골이 얇고 뇌수종을 앓고 있기 때문에 사망한 사례에서는 인과관계를 부인하였으나,[20] 피해자의 고혈압,[21] 지병,[22] 심장질환[23] 등이 문제된 경우에는 상당인과관

---

19) 이러한 비판은 신동운 164면; 이재상 142면; 정성근·박광민 166면.
20) 대판 1978. 11. 18, 78 도 1691: 「고등학교 교사인 피고인이 피해자의 뺨을 때리는 순간 평소의 허약상태에서 온 급격한 뇌압상승으로 피해자가 뒤로 넘어지면서 사망한 경우 위 사인이 피해자의 두개골이 비정상적으로 얇고 뇌수종을 앓고 있었던 데 연유하였고 피고인이 피해자가 허약함을 알고 있었으나 두뇌에 특별이상이 있음은 미처 알지 못하였다면 피고인의 소위와 피해자의 사망간에는 인과관계가 없거나 결과발생에 대한 예견가능성이 없었다고 할 것이다.」
21) 대판 1970. 9. 22, 70 도 1387: 「피해자인 ○○○이 평소에 고혈압증세를 가진 사람으로서 이 사건 뇌일혈을 일으킨 것은 정신적 충격에 의한 것일 뿐이라고 단정할 자료는 찾아볼 수 없으며 위와 같이 ○○○이 뇌일혈로 의식불명이 되었다가 일시 호전되어 다른 사람의 부축을 받아 걸어서 귀가할 수 있었다고 하더라도 그가 완치되지 않고 사망에 이르른 이상 그 사인이 뇌일혈이라고 한 원심판단에 아무런 위법이 없고 선행사인이 고혈압이라고 하더라도 직접사인이 뇌일혈이며 위 뇌일혈은 피고인들의 위 설시와 같은 폭행으로 인하여 피해자 ○○○이 뒤로 전도되면서 그 머리를 찬장에 부딪히게 되어 일어난 것인 이상 이사건 사인과 피고인들의 이 사건 폭행과의 사이에 인과관계가 없다고 할 수는 없을 것이다.」
22) 대판 1979. 10. 10, 79 도 2040.
23) 대판 1986. 9. 9, 85 도 2433; 1989. 10. 13, 89 도 556.

계를 인정하였다. 또한 피해자가 강간을 피하기 위하여 도피하다가 중한 결과가 발생한 누 개의 비슷한 사례에 있어서는 각각 중한 결과발생에 대한 예견가능성이 있다[24] 또는 없다[25]는 이유로 상당인과관계를 인정 또는 부인하였다.

둘째, 상당인과관계설은 합법칙적 조건관계의 확정과 이 관계가 사회생활상의 일상적인 경험 내에 있는 상당한 것이냐 하는 두 가지 관점을 내포하고 있다. 이 때문에 상당인과관계설은 서로 이질적인 두 가지 요소, 즉 자연과학적 인과관계의 존부문제와 규범적 문제인 귀속의 관점을 무리하게 결합시키고 있다는 비판을 받는다.[26]

셋째, 상당인과관계설은 합법칙적 인과관계와 결과귀속의 관점을 함께 내포하고 있기 때문에 인과관계이론으로서는 발전된 것이나 귀속의 관점에서는 덜 진화된 이론이라는 비판도 받는다. 즉 결과귀속과 관련하여 이 설은 비유형적 인과과정의 결과귀속 등을 상당성의 관점을 가지고 배제할 수 있지만, 상당성 관점은 객관적 귀속의 기준으로서는 아직 미분화한 객관적 귀속의 한 척도에 불과하다는 것이다.

⑷ 인과관계중단론

인과관계가 계속되는 도중 타인의 고의행위나 우연한 사정에 의해 새로운 인과관계가 개입하였다면 앞의 인과관계는 중단된다는 이론이다. 이는 조건설의 인과관계 확장을 제한하기 위한 것으로서 소급금지이론(행위와 결과 사이에 제 3 자의 고의행위가 개입한 경우, 결과의 발생과 멀리 떨어진 조건은 결과를 직접 초래한 나중 조건에 의해 사후적으로 그 원인성이 배제된다는 이론으로서 Frank가 주장한 것임)과도 내용을 같이한다.

그러나 이에 대하여는 선행의 인과관계가 후행의 인과관계의 개입으로써 단절되는 것인가를 증명할 수 없고, 후행의 인과관계와 선행의 인과관계의 관련성이 없는 경우 인과관계의 중단도 있을 수 없다는 점에서 학설과 판례의 지지를 받지 못하고 있다.

4. 결   론

우리 형법학계의 논의 상황과 판례의 입장을 고려하여 판단할 때 인과관계에

---

24) 대판 1995. 5. 12, 95 도 425.
25) 대판 1993. 4. 27, 92 도 3229.
26) 신동운 164면; 정성근·박광민 166면.

관한 학설 중 어떤 입장을 따를 것인가 하는 고민은 결국 상당인과관계설을 취할 것인가 아니면 합법칙적 조건설을 취할 것인가의 문제로 귀착된다. 이 중 압도적 다수설은 인과관계의 확인은 합법칙적 조건설에 의해 해결하고 구체적인 귀속의 문제는 뒤따르는 객관적 귀속이론으로 해결하자는 입장이다(이원적 방법). 반면 상당인과관계설의 상당성 관점에 의해 인과관계존부의 확인과 그 귀속의 범위를 구체적으로 제한하는 것이 타당하다는 견해는 소수설에 해당한다(일원적 방법).

　　본서는 합법칙적 조건관계와 객관적 귀속의 2단계 판단을 거쳐 결과귀속을 확정하는 다수설의 방법론을 따른다. 다만 상당인과관계설에 의하더라도 다수설의 방법론을 취하는 것과 많은 부분에서 같은 결론에 이르게 됨을 주의해야 한다. 그 주된 이유는 합법칙적 조건설에서 제시하는 합법칙성이라는 표지가 상당인과 관계설에서 제시하는 상당성의 개념과 크게 다르지 않다는 데에 있다. 행위와 결과 사이에 합법칙적 연관이 있는가의 판단은 결국 '일상적인 경험'[27]을 바탕으로 법관의 주관적 확신에 의해 내려지는 것이고 행위와 결과 사이의 상당성 판단도 이와 다르지 않기 때문이다. 더구나 상당성 판단의 기초가 되는 사회생활상의 경험에서 이미 우리에게 알려져 있는 자연과학적 지식이 배제되는 것은 아니다. 이런 점에서 보면 합법칙적 조건설도 상당인과관계설의 방법론과 크게 다르지 않음을 알 수 있다.

　　결국 합법칙적 조건설이 상당인과관계설과 차별성을 갖는 것은 인과관계의 확정과 더불어 결과 귀속까지 확정해야 하는 부담을 지지 않는다는 데에 있다. 즉 상당인과관계설은 상당성의 관점으로 인과관계의 확인 및 귀속의 범위까지 최종적으로 확정을 지어야 하나, 합법칙적 조건설은 비교적 폭넓게 인과관계 성립을 인정한 후 구체적인 결과귀속의 확정은 객관적 귀속론의 임무에 맡기고 있는 것이다. 객관적 귀속이론이 결과 귀속을 위해 좀더 세분화되고 구체화된 기준을 제시하려고 한 점에서 오직 상당성의 관점에만 매달리는 상당인과관계설보다는 진일보한 것으로 평가할 수 있다.

---

27) 김일수, 한국형법 Ⅰ, 333면(일상적인 경험지식에 기초한 자연법칙적 연관성); 손동권·김재 윤 120면(일상적 경험법칙으로서의 합법칙성); Sch/Sch/Lenckner, vor §13 Rdn. 75 (emprisch gesicherte Gesetzmäßigkeit).

Ⅲ. 객관적 귀속이론

1. 원 칙 론

(1) 의   의

행위로 말미암은 결과의 객관적 구성요건에의 귀속, 즉 객관적 귀속이론은 현대 형법이론학의 가장 새로운 분야 중 하나이다. 객관적 귀속이론은 인과관계가 확정된 결과를 행위자에게 그의 작품으로 귀속시키기 위한 이론이다. 이 이론에 따르면 인과관계의 판단단계에서 행위와 결과 사이의 합법칙적 조건관계가 확인되었다 할지라도 행위자에게 바로 그 결과에 대한 책임을 물을 수 없다고 한다. 인과관계의 확정은 행위와 결과 사이의 자연적 인과성의 확인에 불과하며 이에 대한 법적 책임의 여부·범위는 법적·규범적 관점에 의해 새로 판단되어야 한다고 보기 때문이다. 따라서 행위자의 행위와 형법적으로 무가치한 결과 자체가 곧 불법행위를 구성하는 것은 아니며, 결과가 행위자의 위험한 행위에 의해 창출된 작품으로서 그 행위자에게 귀속될 수 있을 때에 비로소 객관적 구성요건에 해당하는 평가를 받을 수 있게 된다. 결국 객관적 귀속이론은 인과관계의 확정을 전제로 보다 세분된 관점에 의해 결과귀속의 범위를 구성요건단계에서 제한하려는 이론이라고 말할 수 있다.

종래의 인과관계론이 형법에서 우연과 필연 사이를 구별하는 데 골몰했다면, 객관적 귀속이론은 객관적 구성요건해당성의 평가에서 불법과 불행을 구별하는 목적론적 기능을 갖는다. 결과범(주로 침해범 및 구체적 위험범)에서 객관적 귀속관계는 인과관계와 더불어 '기술되지 아니한 구성요건표지'로서 객관적 구성요건요소가 된다.

(2) 객관적 귀속관계의 법적 성질

객관적 귀속관계가 존재하면 객관적 구성요건해당성이 충족되어 결과범의 기수가 성립한다. 반면 객관적 귀속관계가 결여된 경우 행위반가치 내지 결과반가치가 결여되어 객관적 구성요건해당성이 부인된다. 이 경우 법적 평가의 귀결은 두 가지가 가능하다. 첫째, 애당초 가벌성 자체가 탈락하는 경우이다. 이 경우는 대개 행위반가치 자체가 결여된 데 기인한다. 둘째, 단지 기수가 성립되지 않을 뿐 미수범 처벌규정이 있는 한 미수로 처벌되는 경우이다. 이 경우는 대개 결과 반가치의 감소에 기인한다. 물론 미수성립의 경우는 고의결과범에 국한된다.

과실결과범에서는 가벌적 미수가 있을 수 없기 때문에 객관적 귀속관계가 부인되면 언제나 가벌성 전체가 탈락한다.

2. 객관적 귀속관계의 척도

인과관계가 확인된 구성요건결과의 객관적 귀속을 위한 구체적인 척도에 대해서는 다양한 견해들이 있으나 대체로 다음과 같은 것들이 거론되고 있다.

(1) 법적으로 허용되지 않는 위험의 창출(일반적인 객관적 귀속의 척도)

객관적 구성요건에의 귀속을 위해서는 구성요건에 해당하는 법익침해의 원인야기만으로는 불충분하다. 형법규범은 일반인에게 일반적인 금지 또는 명령을 과한다. 이같은 규범의 요구에 반하는 사회적 행위는 대개 사회생활상 객관적으로 요구되는 주의의무에 위반하는 것과 내용적으로 같다. 따라서 객관적 구성요건은 행위자가 객관적 주의의무에 위반하여 허용되지 아니한 위험을 창출하거나 강화하는 행위를 했을 때를 전제하고 있다고 한다. 결국 일반적인 객관적 귀속의 척도로서 위험의 창출은 바로 객관적 주의의무위반을 지칭하게 된다. 이 귀속원칙은 본질에서 상당인과관계설과 합치한다.

법적으로 허용되지 않는 위험창출행위로 볼 수 없어 애당초 가벌성이 배제되는 기준으로는 다음과 같은 것을 들 수 있다.

(a) **허용된 위험의 원칙**   위험을 수반하는 많은 행동양식들이 공공이익이라는 상위의 근거로부터 일반적으로 허용되는 경우가 있다. 이를 허용된 위험(Erlaubtes Risiko)이라 부른다. 대표적인 예가 도로교통이다. 만약 어떤 사람이 교통법규를 잘 준수하며 운전했으나 갑자기 한 보행자가 자동차 앞으로 뛰어나와 죽음을 당하였고 그것이 객관적으로도 회피불가능한 것이었다면 자동차 운전자는 보행자의 죽음의 원인을 야기한 것은 사실이지만 당해 구성요건에서 뜻하는 '살해'를 한 것은 아니다. 법적 평가기준에 따르면 이 경우 단순히 불행한 사고가 있을 뿐 살해행위가 있는 것은 아니다. 불행한 결과가 운전자의 행위의 적법성을 변경시킬 수 없어 객관적 귀속은 부정된다.

(b) **위험감소의 원칙**   행위자가 기존의 인과과정에 개입하여 피해자에게 불가피하게 발생하는 위험을 비록 저지하지는 못했다 할지라도 위험의 정도를 감소시키거나 행위객체의 상황을 개선시킨 경우에는 객관적 귀속이 부정된다. 예컨대 피해자의 머리위에 치명적인 타격이 가해지는 순간 그를 밀쳐 어깨만 부상을

입게 한 경우라든가, 불이 나자 창밖으로 어린아이를 던져 중상을 입혔으나 이 방법으로써만 아이를 소사의 위험에서 구출할 수 있었던 경우 등이 이에 해당한다.

(c) **사회상당하고 경미한 위험의 원칙** 행위자가 법익침해의 위험을 감소시키지 않았으나 반면에 법적으로 의미 있는 만큼 증대시키지도 아니한 경우 객관적 귀속이 부정된다. 집주인이 일꾼을 뇌우시 밖에 나가 일하게 함으로써 일꾼이 낙뢰로 사망케 된 경우, 법적으로 중요하지 않은 일상생활의 활동, 즉 계단을 오르는 일, 목욕, 등산 등등을 권유한 행위 등이 이에 해당한다. 이같은 행위가 드물게 어떤 사고를 유발했다 하더라도 이와 연관된 사회상당한 경미한 위험은 법적으로 의미가 없으며 그로 인하여 유발된 결과는 불행일 뿐 불법이 아니다.

(d) **구성요건결과의 객관적 지배불가능성의 원칙** 행위자의 행위로 야기될 구성요건결과가 일반인에 의해서도 객관적으로 지배가능한 것이 아니라면, 그것을 행위자의 작품으로 귀속시킬 수 없다. 여기서 객관적 지배가능성은 **객관적 인식가능성과 예견가능성**을 포함하는 개념이다. 따라서 내용적으로는 종래 과실범에서 논의되어 온 객관적 주의의무위반의 기준과 같게 된다.

객관적 지배로부터 벗어난 우연한 결과나 우리 시대의 경험지식에 비추어 합리적·이성적 판단으로는 도저히 예견할 수 없었던 사건경과는 객관적으로 귀속시킬 수 없다. 예컨대 낙뢰사건의 경우 또는 상속인인 조카가 피상속인인 아저씨를 살해하기 위해 안전도가 낮은 전세비행기를 타고 여행하도록 권했던바, 마침 비행기 추락사고로 아저씨가 사망한 경우가 이에 해당한다.

　이들 경우를 형법규범의 보호목적과 관련시켜 형법적으로 비난할 만한 위험의 창출로 볼 수 없기 때문에 객관적 귀속이 될 수 없다는 견해도 있다. 형법규범은 수범자의 행위를 규율하려는 것인데 객관적으로 예견·지배불가능한 결과의 회피를 행위자에게 요구할 수 없기 때문이다.

(2) **창출된 위험의 구체적 실현**(특별한 객관적 귀속의 척도)

행위자에 의해 창출된 위험이 구체적인 구성요건결과에서도 사실상 실현되었을 때 객관적 귀속이 가능하다. 여기에서 위험의 구체적 실현은 일반적인 객관적 귀속에 이어 검토해야 할 특별한 객관적 귀속의 척도에 해당한다.

위험실현의 평가기준으로는 다음의 것을 들 수 있다.

(a) **창출된 위험의 상당한 실현의 원칙** 구성요건결과가 행위자에 의해 창출된 위험의 상당한 실현이 아니라 예견할 수 없었던 인과과정을 통해 초래된 것이라면 결과귀속은 불가능하고 단지 미수가 고려될 수 있을 뿐이다. 예컨대 행위

자의 살해행위가 미수에 그쳤는데 피해자가 병원으로 호송되던 중 교통사고로 사망한 경우와 같다. 이 비유형적 인과과정사례는 인과관계만으로 결과귀속을 인정할 수 없다. 위험의 상당한 실현이 없었음을 이유로 결과귀속을 부인하고 미수만을 문제삼아야 한다.

결과가 제 1 의 실행행위에 의해 창출된 위험의 상당한 실현일 때에만 그 실행행위는 뒤이어 일어난 인과과정의 위험을 법적으로 중요한 정도로 증가시킨 것이 되어 결과의 객관적 귀속도 인정될 수 있다. 즉, 행위자가 수영할 줄 모르는 피해자를 높은 다리 밑으로 밀어 익사시키려고 했던바, 피해자가 교각에 머리를 부딪혀 뇌진탕으로 사망한 경우 뇌진탕으로 인한 사망의 위험은 제 1 의 실행행위와 애당초 상당한 정도 연관된 것이므로 비록 인과과정의 상위는 있다 할지라도 살해행위는 기수가 된다.

이 귀속원칙도 적용에서는 상당인과관계설의 **결론과 대부분 일치한다.** 행위자에 의해 창출된 위험이 결과에서 상당한 정도로 실현되었는지의 여부에 관한 판단은 구체적으로 나타난 결과에 대한 객관적 예견가능성의 척도에 따른다. 따라서 전적으로 비유형적 인과과정의 경우, 즉 피해자에게 경상만을 입혔으나 혈우병자와 같은 특이체질이기 때문에 사망한 경우라든가[대판 1982. 1. 12, 81 도 1811 (고혈압환자 사건); 1985. 4. 23, 85 도 303(관상동맥경화 및 협착증세환자사건)], 피해자를 칼로 찔러 중상을 입혔으나 피해자가 입원한 병원의 화재로 소사한 경우에는 결과귀속이 인정되지 않는다.

‖**판례 1**‖ 서로 욕설을 하며 싸움을 하던 끝에 피해자의 어깨를 잡고 7미터 정도 걸어가다가 놓아주는 등 폭행을 하자 피해자가 잠시 앉아 있다가 쓰러져 뇌출혈을 일으켰는데, 피해자는 외견상 건강해 보이지만 평소 고혈압증세가 있어 외부로부터의 정신적·물리적 충격에 쉽게 흥분되어 뇌출혈에 이르기 쉬운 체질이었다. 그렇다면 행위자의 욕설과 폭행으로 충격을 받은 나머지 상해를 입게 되었다 해도, 욕설을 하고 어깨를 잡고 조금 걸어가다가 놓아준 정도에 불과한 폭행으로 인해 피해자가 그와 같은 상해를 입을 것이라 예견할 수는 없을 것이기 때문에 상해의 결과에 대한 책임을 물어 폭행치상죄로 처벌할 수는 없을 것이다(대판 1982. 1. 12, 81 도 1811).

‖**판례 2**‖ 서로 멱살을 잡고 다투다가 뒤로 떠미는 폭행을 가해 피해자가 땅에 주저앉게 했는데 숨을 몰아쉬더니 쓰러져 심장마비로 사망하였다. 그런데 피해자는 외관상 건강하여 전혀 약해 보이지 않았고 사실 관상동맥경화증을 가진 특수체질자였다. 그렇다면 떠민 정도의 폭행에 의한 충격에도 심장마비를 일으켜 사망하게 된 것이라면 행위자에게 사망의 결과에 대한 예견가능성이 있었다고 보기 어렵다. 따라서 결과적 가중범

인 폭행치사죄로 처벌할 수 없다(대판 1985. 4. 23, 85 도 303).

(b) **법적으로 허용되지 아니한 위험실현의 강화** 행위자의 행위가 법적으로 허용되지 아니한 위험의 실현을 강화한 경우에는 결과의 객관적 귀속이 가능하다. 예컨대 독사에 물려 위독한 사람을 치료할 요긴한 해독약을 폐기해 버림으로써 제때에 약을 못쓰게 하여 사망케 한 경우처럼 기왕 발생한 위험한 결과의 방지를 방해함으로써 위험을 강화시킨 경우 결과는 행위자에게 객관적으로 귀속된다.

(c) **적법한 대체행위와 의무위반관련성론 또는 위험증대이론** 행위자가 금지된 행위로써 구성요건결과를 야기하였으나 적법한 대체행위를 하였더라도 결과는 마찬가지로 발생했을 것이 확실시되는 경우 객관적 귀속은 배제된다. 이를 흔히 의무위반관련성이라 부르며, 과실범의 결과귀속에 있어서 중요한 표지가 된다.

‖ **판례** ‖ 행위자가 트럭을 도로중앙선 위에 왼쪽 바퀴가 걸친 상태로 운행하던 도중 피해자의 승용차가 트럭의 진행차선으로 마주달려오다가 트럭을 피하기 위해 급히 자기 차선으로 들어가면서 트럭과 마주쳐 지나면서 다시 트럭의 차선으로 들어와 승용차 왼쪽 앞부분으로 트럭의 왼쪽 뒷바퀴부분을 스치듯이 충돌하고 이어서 트럭을 바짝 뒤따라가던 차량과 추돌하였다. 그렇다면 설사 행위자가 중앙선 위를 운행하지 않고 정상차선으로 달렸다 해도 사고는 피할 수 없었기 때문에 트럭의 왼쪽 바퀴를 중앙선 위에 올려놓은 상태에서 운전한 것만으로는 이 사고의 직접적인 원인이 되었다고 할 수 없을 것이다(대판 1991. 2. 26, 90 도 2856).

그런데 적법한 대체행위를 했더라도 단지 같은 결과가 발생할 가능성이나 개연성이 있는 경우 객관적 귀속 여부에 관하여는 견해가 갈린다.

화물자동차 사례(BGHSt 11, 1): 한 화물차 운전자가 자전거를 타고 가던 사람의 왼쪽으로 법정간격보다 좁은 75cm 간격을 두고 추월하자 이에 놀란 피해자가 오른쪽으로 꺾어야 할 자전거를 왼쪽으로 꺾어 그 결과 화물차 바퀴에 치여 즉사하였다. 형사재판에서 감정인들은 화물차 운전자가 법정간격을 두고 추월했더라도 이 사고는 발생했을 개연성이 크다고 진술했다. 그 이유는 피해자가 만취한 상태였고 그 상태하에서는 법정간격이 유지되었다 하더라도 그의 정신적 육체적 조정능력의 박약으로 추월하는 차 밑으로 휘말려들 가능성이 높다는 것이었다.

이 사안에서 화물차 운전자가 법정간격을 유지하고 추월했다면 그에게 결과를 귀속시킬 수 없음이 분명하다. 그러나 그가 적법한 대체행위를 취하지 않음으로써 결과가 발생했을 개연성이 높은 이 경우를 어떻게 취급해야 할 것인가?

록신에 의해 발전된 **위험증대이론**(Risikoerhöhungstheorie)은 이 화물자동차 불법추월사례에서 불법추월은 사고발생의 개연성을 높인 경우로서 행위자가 위험을 증대시킨 결과라는 점에서 결과를 객관적으로 귀속시킬 수 있다고 한다.[28]

그러나 록신의 위험증대이론에 대해서는 행위자가 주의의무를 다하였더라도 결과의 불발생이 확실하지 않은 경우에 결과 귀속을 인정하는 것은 형사법의 대원칙인 in dubio pro reo 원칙(의심스러울 때에는 피고인의 이익으로!)에 반할 뿐만 아니라, 침해범을 위험범으로 변질시킨다는 비판이 가능하다.[29]

비록 행위자의 과실(주의의무위반)이 결과발생의 위험을 증대시켰더라도 과실이 결과 속에 실현되었음이 확실에 가까운 정도로 확인되지 않는 한 결과발생에 대한 책임을 묻는 것은 무리라고 본다. 또한 귀속의 준거가 되는 위험의 증대를 양적으로 수치화·계량화하는 것이 불가능하다는 것도 위험증대이론을 취할 수 없는 이유의 하나가 된다.

(3) 규범의 보호목적

행위자가 보호법익에 대하여 허용된 위험의 범위를 벗어나는 위험을 창출하였고 또한 위험을 실현하였으나 인과과정의 진행을 방지토록 하는 것이 당해 범죄구성요건의 임무(예컨대 살해금지)가 아닐 경우에는 결과귀속이 이루어질 수 없다. 이것을 규범의 보호목적이라 한다.

형법상 구성요건규범의 보호목적은 주로 과실범에서 그 귀속배제를 위하여 사용되어 왔다. 고의행위에 대해서는 법익보호의 조치를 취하는 것이 구성요건의 본래 임무이기 때문이다. 그러나 고의행위에 대해서도 다음과 같은 세 가지 사례군에서는 구성요건규범의 보호목적은 귀속제한 내지 배제의 역할을 담당한다.

(a) **고의적인 자손행위에의 관여** 고의적인 자손 또는 자상행위가 원칙적으로 불가벌일 때 이들 행위에 관여한 자도 마찬가지로 불가벌이다. 왜냐하면 이러한 구성요건결과는 당해 구성요건규범의 보호영역 밖에서 이루어진 경우이기 때문이다.

$\boxed{\text{사례 1}}$ A와 B는 함께 술을 마신 뒤 술김에 오토바이 경주를 하기로 했다. B는 복잡한 도로에서 벌어진 두 사람만의 경주에 자기 잘못으로 넘어져 치명상을 입고

---

28) Roxin, § 11 Rdn. 76.
29) 이재상 155면; 이정원 127면; Sch/Sch/Cramer, § 15 Rdn. 171; Wessels/Beulke, S. 676; Ulsenheimer, Erfolgsrelevante und erfolgsneutrale Pflichtverletzungen im Rahmen der Fahrlässig-keitsdelikt, JZ 1969, S. 364; Hirsch, Die Entwicklung der Strafrechts-dogmatik nach Welzel, FS-Uni. Köln, S. 422.

그 자리에서 사망했다(BGHSt 7, 112).

독일연방최고법원은 A가 의무에 위반하여 예견가능하고 회피가능한 결과를 야기했으므로 A에게 과실치사의 유죄판결을 내렸다. 그러나 A는 단지 B의 고의적인 자손행위에 관여했고 위험은 아직 책임능력이 있던 B의 잘못에 기인한 것이다. 따라서 그 결과는 비록 위험의 실현에는 해당되지만 과실치사상죄 구성요건규범의 보호영역에 해당되지 않아 객관적으로 귀속될 수 없다. 결국 A의 행위는 전혀 가벌성이 없다.

사례 2   A는 현숙한 여인 B를 강간했는데 이에 심한 수치심을 느낀 B가 그만 음독자살을 해 버렸다(대판 1982. 11. 23, 82 도 1446).

사례 3   경찰관이 탄환이 장전된 권총을 장롱에 놔두고 나온 사이에 신병을 비관한 그의 아내가 그 권총을 꺼내 자살하였다.

이 경우에도 타인의 고의적인 자손(자살·자해 등)에 비고의적으로 개입한데 불과한 행위는 당해 규범의 보호목적 밖에 있기 때문에 객관적 구성요건에 귀속될 수 없다. 이 경우는 행위반가치가 결여된 사례에 해당한다.

(b) **양해 있는 피해자에 대한 가해행위**   피해자가 스스로 고의적인 자손행위를 해서 자기위태화를 초래한 것이 아니라 타인에 의해 야기된 위험을 알고도 그 위험을 양해함으로써 피해자에게 위험한 결과가 발생한 경우이다. 이러한 사례는 오늘날 교통수단의 이용과 더불어 빈번히 발생하고 있다.

사례 1   택시승객이 약속시간을 지키기 위하여 운전자에게 과속운전을 간청했던바, 이에 응한 운전자가 과속질주를 하다가 가로수를 들이받아 승객이 사망한 경우

사례 2   운전을 할 수 없을 정도로 만취한 자가운전자에게 술을 같이 마셨던 친구가 태워 줄 것을 강청하여 함께 차를 타고 가다가 언덕 아래로 차가 추락하여 동승한 친구가 사망한 경우

이런 사례에서 객관적 귀속론은 살인·상해금지의 구성요건규범의 보호목적이 피해자의 양해를 어느 정도까지 고려하고 있느냐 하는 점에 주목한다. 그리고 다음과 같은 세 가지 조건하에서 피해자의 양해하에 실현된 위험은 행위자의 고의·과실에 의한 자손행위와 동일하게 해결할 수 있다고 한다. 첫째 피해자가 가해자와 같은 정도로 자신에 대한 위험을 간과하였고, 둘째 위험결과는 앞서 진행된 위험창출행위의 결과일 뿐 다른 위험요인이 가미되지 아니하였으며, 셋째 피해자가 위험실현에 대해 가해자와 똑같은 정도의 책임이 있을 때 피해자는 위험

을 인수한 것이며, 따라서 결과를 가해자의 작품으로 귀속시킬 수 없다. 따라서 사례 1은 행위자의 과실책임으로 돌아가나 사례 2는 행위자의 과실책임을 배제한다.[30]

이같은 결론은 과실범뿐만 아니라 고의범에도 널리 적용될 수 있다. 양해 있는 피해자에게 위험을 실현한 가해자가 비록 위험 고의를 갖고 있었다 하더라도 가벌성 전체가 탈락될 수 있다. 행위반가치 및 결과반가치가 결여된 때문이다.

(c) **타인의 책임영역에 속하는 행위**   규범의 보호목적은 위험결과의 방지의무가 전적으로 타인의 책임영역에 속할 때 행위자에게 위험결과를 귀속시키는 것을 막는다.

화물차추돌사례 : A는 밤중에 뒤쪽 조명이 고장난 화물차를 몰고 가다가 순찰경관에게 적발됐다. 경관들은 화물차를 일단 정지시키고 뒤에서 오는 다른 차량들을 보호하기 위해 빨간 손전등을 차도 위에 세워 놓았다. 경찰은 A에게 일단 다음 주유소까지 차를 몰고 갈 것을 지시했다. 순찰차가 뒤따라가면서 뒷조명 없는 화물차를 보호하려고 했다. 그런데 A의 출발 직전 경찰관 한 명이 미리 손전등을 도로에서 취거했고 뒤이어 달려온 화물차가 이 조명 없는 화물차에 추돌하는 사고가 발생하여 그 추돌 화물차의 조수가 치명상을 입고 사망했다(BGHSt 4, 360).

독일연방최고법원은 A를 과실치사로 처벌했다. 그러나 학설은 이 판례가 잘못이란 점에 일치하고 있다. 경찰이 일단 교통의 안전을 떠맡은 이상 그 이후 A는 경찰의 지시에 따라야 할 의무만 있을 뿐 운전자로서 일반적인 주의의무는 없기 때문이다. 따라서 그 결과를 A에게 귀속시킬 수 없다는 것이다. 이 점은 신뢰의 원칙의 적용범위와 동일하다. 비록 A에게 경찰의 과실이 예견가능하고 상당성이 인정된다 해도 규범의 보호목적은 타인의 책임영역에 속한 행위에 의한 결과귀속을 부인한다. 이 경우는 결과반가치가 결여된 사례에 해당한다.

(d) **보호목적사상의 기타 적용례**   구성요건규범의 보호목적은 재산범죄 행위가 피해자의 정신건강을 해친 경우라든가, 교통사고로 불구가 된 사람이 뒷날 그로 인한 지체부자유 때문에 쉽게 피할 수 있었던 교통사고로 사망한 경우에 그 결과귀속을 배제한다.

---

30) 반면 양해 있는 피해자에 대한 가해행위는 규범의 보호범위를 벗어난 것으로 볼 수 없기 때문에 결과귀속의 문제로 해결하는 것은 타당하지 않다는 반론도 있다. 이재상 156면.

제 7 절 주관적 구성요건요소

Ⅰ. 의의 및 연혁

구성요건요소 중 행위자의 주관적 태도에 연관된 기술을 주관적 구성요건요소라 한다. 여기에는 고의범에서 고의, 과실범에서 과실과 같은 일반적인 주관적 불법요소 및 목적범에서의 목적, 경향범에서의 경향, 표현범에서의 표현과 같은 특별한 주관적 불법요소, 그 밖에도 재산죄에서 위법영득·위법이득의 의사와 같은 심적 요인도 포함된다.

Ⅱ. 구성요건고의

1. 의   미

구성요건고의(Tatbestandsvorsatz)는 구성요건실현에 대한 인식과 의사를 말한다. 고의의 개념에는 인식과 의사라는 두 가지 요소가 들어 있다.

구성요건고의가 성립하려면 객관적 불법구성요건표지에 해당하는 사정의 인식이 있어야 한다. 이것을 구성요건의 실현에 관한 인식 또는 고의의 지적 요소라고 한다. 우리 형법 제13조 본문 전단의 '죄의 성립요소인 사실의 인식'이란 바로 이것을 염두에 둔 말이다.

구성요건고의에는 구성요건의 실현을 위한 의사(의지)가 있어야 한다. 이것을 고의의 의적 요소라고 한다. 우리 형법 제13조는 이러한 의적 요소를 명시하고 있지 않고, 판례도 대부분 인식요소만으로써 고의를 인정하고 있으나 사물의 논리상 당연히 전제하고 있다고 보아야 한다. 이런 점에서 구성요건고의는 구성요건실현에 대한 지적·의적 요소의 의미통일체라고 할 수 있다.

우리 형법 제13조는 「죄의 성립요소인 사실을 인식하지 못한 행위는」 고의범으로 벌하지 않는다고 규정하고 있기 때문에, 첫눈에 우리 형법은 인식설을 택한 것이 아닌가 생각할 수도 있다. 그런데 고의의 인식적 요소만 가지고서는 인식 있는 과실과 미필적 고의의 구별이 불가능하다. 양자는 다같이 인식에 기초하고 있기 때문이다. 양자는 의사(의지)의 측면도 함께 고려할 때에만 구별될 수 있으므로, 형법 제13조의 문언과 관계없이(문리적 해석에 반대) 의적 요소를 함께 고의의 내용으로 포함해야 한다.

형법은 원칙적으로 구성요건실현을 위한 고의행위만을 처벌하고 있다(제13조
본문). 다만 과실범 처벌규정의 예처럼 법률에 특별한 규정이 있는 경우에는 비고의행위라도 예외적으로 처벌한다(제13조
단서).

2. 구별되는 개념

고의 인식의 대상범위에 따라서 구성요건고의, 불법고의, 책임고의로 구분할 수 있다.

(1) 구성요건고의(Tatbestandsvorsatz)

구성요건고의는 모든 객관적 구성요건표지의 주관적 반영이다. 이것이 주관적 구성요건요소의 일반적 형태이며, 책임요소인 책임고의를 지칭하는 등 특별한 언급 없이 일반적으로 고의라 말할 때는 구성요건고의를 지칭한다. 구성요건고의의 인식대상은 가벌성의 기초가 되는 모든 객관적 구성요건표지이다. 여기에는 행위주체(공무원, 의사, 업무수행자)·행위객체(사람, 재물, 문서)·구성요건결과(사망, 신체상해, 생명·신체의 위험)·인과관계·행위양태(기망, 위조, 손괴)·행위사정(13세 미만의 부녀, 야간에)·행위수단(흉기휴대, 오물혼입)·행위방법(합동하여, 위력, 위계, 자격모용, 불을 놓아) 등이 포함된다. 그 밖에 가중·감경구성요건에 속하는 가중·감경사유(존속, 촉탁, 승낙)도 구성요건고의의 인식대상이다. 구성요건에 기술된 양형사실도 마찬가지이다.

(2) 불법고의(Unrechtsvorsatz)

행위자가 적극적으로 객관적 구성요건실현에 대한 인식·의사를 가지고 있을 뿐만 아니라 소극적으로 자신의 행위가 어느 하나의 위법성조각사유에도 해당하지 않음을 알고 있는 넓은 의미의 고의를 불법고의라 한다.

그런 의미에서 이것을 **총체적 불법고의**라 부르는 것이 더 정확한 표현이다. 즉 구성요건사실과 위법성조각사유의 전제되는 사실을 대상으로 삼는 의식형태이다. 그러므로 불법고의의 대상은 위에서 본 **구성요건고의의 대상범위를 넘어 위법성조각사유의 부존재사실**에도 미친다. 위법성조각사유의 전제되는 사실에 관한 착오가 있을 때에 제한적 책임설 중 구성요건착오를 유추적용해야 한다고 보는 입장에서는 바로 이 불법고의의 성립 여부를 문제삼는다.

(3) 책임고의(Schuldvorsatz)

불법고의의 심정반가치성을 책임고의라 한다. 따라서 사실적인 측면에서 구성요건실현에 대한 인식·의사를 가지고 내심적으로도 법질서 전체에 대하여 사회적인 반항의 태도를 보여준 때 책임고의는 성립한다. 고의범으로 처벌하자면 행위자에게 책임고의까지 있어야 한다. 고전적·신고전적 범죄체계에서 책임고의는 사실의 인식과 위법성의 인식을 포괄하는 책임형식이었으나 목적적 범죄체계는 위법성의 인식을 고의와는 별개의 독립된 책임구성요소로 다루고 있다. 그 결과 오늘날 책임고의 속에는 위법성의 인식은 포함되지 않는다.

불법과 책임의 일치를 요구하는 책임원칙에 따를 때 불법고의와 책임고의는 원칙적으로 일치해야 한다.

3. 고의의 체계적 지위

(1) 책임요소설

(a) 고전적 범죄체계는 범죄의 객관적 측면과 주관적 측면을 엄격히 양분하여 범죄의 객관적 측면은 구성요건해당성과 위법성에, 범죄의 주관적 측면은 책임에 위치시켰다. 모든 객관적·외적인 것은 불법에, 모든 주관적·내적인 것은 책임에 속한다는 공식에 따른 것이다. 고의는 정신적·심리적 상태로서 책임의 한 형식으로 간주되었다.

고의의 체계상 위치도 책임영역이었으며 불법의식도 책임형식인 고의의 한 내용으로 간주되었다. 구성요건착오와 금지착오는 요건에서만 차이가 있을 뿐 책임론의 일부로서 다같이 고의성립을 배제하는 법률효과는 같았다.

(b) 신고전적 범죄체계도 고의를 책임형식으로 보는 점에서는 고전적 범죄체계와 같다. 다만 주관적 구성요건표지의 발견과 더불어 '불법은 객관으로, 책임은 주관으로'라는 엄격한 도식이 해체되기 시작했다는 점이 특기할 만하다. 특히 메츠거는 목적범·경향범·표현범 외에 미수범에서도 행위자의 주관적 요소가 불법의 주관적 구성요건요소가 된다는 점을 확인했다.

(2) 구성요건요소설

목적적 범죄체계에서는 고의가 인과과정의 조종에 국한된 형식으로 이미 구성요건요소가 된다. 구성요건에 해당하는 행위의 목적성은 형법적인 고의의 개념과 동일하기 때문이라는 것이다. 고의가 일반적인 주관적 구성요건요소로서 다른 모든 특별한 주관적 불법요소와 함께 구성요건에 속하고 책임에 속하지 않는다는 목적적 범죄론의 주장은 이 한에서 고전적 범죄체계와 정반대 입장에 서 있다.

고전적, 신고전적 범죄체계에서는 불법의식을 그 필요불가결한 구성요소로 삼는 고의가 단지 책임형식으로만 이해된 반면, 여기에서는 고의가 구성요건에 해당하는 객관적 표지의 인식 및 의사에 국한되고 불법의식은 이제 고의와 분리된 하나의 독립된 책임요소로 책임범주에 남게 되기 때문이다.[31]

(3) 고의의 이중지위설

신고전적 · 목적적 범죄체계는 고의를 구성요건요소임과 동시에 책임요소라고 한다. 즉 고의는 불법영역에서 행태의 방향결정의 요인이 되는 행태형식(Verhaltensform)일 뿐만 아니라 '외적인 범행경과에 대한 행위자의 지적 · 의적 관련성'을 포괄하는 개념이 된다. 한편 책임영역에서는 행위자의 내심적 동기과정을 결정하는 책임형식일 뿐만 아니라 행위자의 '법질서에 대한 의식적으로 잘못된 태도'를 지칭하는 개념이다. 따라서 구성요건요소로서의 고의는 행위반가치를, 책임요소로서의 고의는 심정반가치를 부담한다.

고의를 구성요건고의와 책임형식으로서의 고의로 구분하는 것은 하나의 행위에 완전히 절연된 두 개의 고의가 있다는 의미가 아니라 하나의 고의가 이중지위에서 이중기능을 갖기 때문이다. 그러므로 책임형식으로서의 고의, 즉 고의책임(Vorsatzschuld)은 행태형식으로서의 고의, 즉 구성요건고의에 의해 징표된다. 구성요건고의가 일단 성립하면 고의책임도 보통 추정된다. 단 이러한 징표는 오상방위 등에서와 같이 행위자가 위법성조각사유의 전제되는 사실에 관한 착오, 즉 허용구성요건착오를 일으켰을 때에 배제된다고 본다(다수설). 예컨대 우편배달부를 도범으로 오인하고 방위행위로 그에게 상해를 입힌 경우 구성요건고의는 존재하지만 고의책임이 탈락된다는 것이다.

고의의 이중지위 내지 이중기능을 인정하는 것이 우리나라에서의 다수설의 입장이고 또한 타당하다고 생각한다.

4. 고의개념의 구성요소

(1) 지적 요소

지적 요소는 인식을 뜻한다. 인식이란 객관적 구성요건표지를 구체화하는 사태를 파악하는 것, 아는 것 또는 의식하는 것을 말한다. 인식은 객관적 구성요건표지에 따라 내용이 달라진다. 이미 경험적 세계에서 의미가 형성되어 있는 기술

---

31) 우리나라에서 고의의 구성요건요소설을 따르는 입장은 정성근 · 박광민 178면.

적 구성요건표지에 관하여는 오관의 작용에 의한 감지가 있으면 된다. 인과관계
와 같은 기술되지 아니한 구성요건표지는 일상생활의 경험칙에 따른 사고를 통해
파악하면 된다.

그러나 법적·사회적 평가를 내포하고 있는 규범적 구성요건표지에 관한 인
식은 그 표지의 사회적 의미를 정신적으로 이해하거나 올바른 평가를 통해 이루
어진다. 이같은 이해 내지 평가에 필요한 지적 작용의 정도는 전문가의 수준일 필
요는 없고 일반사회인의 보통수준이면 충분하다. 이것을 「행위자가 속해 있는 비
전문가층의 평가와 평행한 평가」(Mezger) 또는 「행위자의 의식에 있어서 일반인
과 평행한 판단」(Welzel)이라고도 말한다.

(2) 의적 요소

고의의 의적 요소는 의사를 뜻한다. 여기서 의사란 단순한 소원·공상·희망
이나 단순한 행위의사를 말하는 것이 아니라 구성요건실현을 위한 희망·행위결
정 또는 의욕을 뜻한다. 고의에서 행위의사가 항상 무조건적·확정적이어야 하는
이유는 그것이 언제나 구성요건실현을 지향하고 있기 때문이다. 프랑크는 이같은
정서적 상태를 「사정이 어떠하든 어떻게 되든, 그럼에도 불구하고 나는 행위하고
야 말겠다」라는 말로 공식화하고 있다.

구성요건실현의 의사(고의의 의적 요소)는 개념상 개개 구성요건표지의 인식
(고의의 지적 요소)을 전제로 한다. 이러한 관점에서 고의는 인식에 의해 지배된 의
사 또는 객관적 행위사정을 인식하고 범죄구성요건을 실현하려는 의사로 정의하기
도 한다.

5. 미필적 고의

(1) 의의 및 양태

행위자가 객관적 구성요건의 실현을 충분히 가능한 것으로 인식하고 또한 그
것을 감수하는 의사를 표명한 정도의 고의형태를 미필적 고의라 한다. 미필적 고
의(dolus eventualis)는 결과발생을 목표 삼고 이를 의도적으로 추구한 것이 아니
라 단지 그것을 감수하는 의사만을 내포하고 있다. 따라서 고의의 의적 요소의 정
도가 가장 약한 것이 특색이다.

또한 미필적 고의는 결과발생과 관련된 인식의 정도에서도 확실성이나 개연
성이 아니라 충분한 가능성만 있으면 된다. 따라서 고의의 지적 요소의 정도도 가

장 낮은 것이 특색이다.

미필적 고의는 지적·의적 요소가 본질적으로 위축된 상태라는 점에서 가장 약화된 고의형태에 해당한다.

⑵ 인식 있는 과실과의 구별

⑺ 문제제기   미필적 고의와 인식 있는 과실의 구별은 실무적으로나 책임원칙의 준수를 위한 이론학적 관점에서도 중요하다. 여기서 인식 있는 과실이란 행위자가 구성요건실현을 단순히 가능한 것으로 인식하였으나 결과발생의 위험을 감수하겠다는 의사가 전혀 없이 도리어 아무 일 없을 것이라고 신뢰한 경우를 말한다.

우리의 일상적인 언어로 표현한다면 미필적 고의는 행위자가 「그럴 수 있을 거야. 그러나 아무튼 좋아」라고 말하는 경우에 해당하며, 인식 있는 과실은 행위자가 「그럴지도 모르지. 그러나 설마」라고 과신하는 경우에 해당한다.

구성요건실현의 가능성을 충분히 고려한 자는 이로써 고의의 지적 요소를 충족시킨 셈이다. 그러나 그가 구성요건적 결과발생을 직접 바라지 않고 있는 경우에는 고의의 의적 요소가 문제된다. 이와 관련하여 종래 미필적 고의에 과연 의적 요소가 반드시 필요한가, 그것이 필요하다면 어느 정도로 필요한가가 논란의 대상이 되어 왔다.

⑷ 학   설

(ⅰ) 용 인 설(승낙설)

① 내   용   행위자가 발생가능한 것으로 예견한 결과를 내심으로 용인한 때에 미필적 고의가 인정된다는 이론이다. 여기서 용인이란 행위자가 결과발생을 내심으로 승낙하여 그것을 기꺼이 받아들이는 정서적 태도를 말한다. 용인설(Billigungstheorie)을 인용설 또는 승낙설(Einwilligungstheorie)이라고도 부른다.

용인설은 행위자가 가능한 것으로 예견한 결과발생을 내심으로 용인하는 의적 요소를 미필적 고의의 본질적 표지로 본다. 따라서 행위자가 결과발생을 내심으로 거절하거나 결과가 발생하지 않을 것을 희망한 때에는 미필적 고의가 인정될 수 없고 인식 있는 과실이 고려될 뿐이다. 우리나라의 다수설과[32] 판례(대판 1968. 11. 12, 68 도 912; 1987. 2. 10, 86 도 2338; 2009. 9. 10, 2009 도 5075)의 입장이다.

---

[32] 김성돈 195면; 배종대 260면; 손해목 321면; 신동운 192면; 안동준 81면; 이형국 138면; 임웅 153면; 정영석 169면; 정성근·박광민 188면; 정영일 139면.

‖**판례**‖ 경찰이 가두행사관계로 진행중인 택시운전사에게 좌회전 지시를 하였는데도 택시를 계속 직진해 와 경찰이 차앞 30cm 전방에서 이유를 설명하고 있는데, 갑자기 운전자가 신경질적으로 택시를 좌회전하는 바람에 경찰이 차범퍼에 들이받혀 넘어졌다. 이 사건의 경위와 사고 당시의 정황, 15년에 달하는 운전자의 운전경력에 비추어 볼 때 충분한 지식과 경험을 갖춘 운전자에게는 안전하게 진행하지 않고 그대로 좌회전하는 경우 경찰을 충격하리라는 사실을 쉽게 알 수 있었다. 그렇다면 경험칙상 그러한 공무집행방해의 결과발생을 용인하는 내심의 의사, 즉 미필적 고의가 있었다고 볼 수 있다(대판 1995. 1. 24, 94 도 1949).

② 비   판   이 이론은 용인이라는 내심의 정서적 태도를 구별 기준으로 삼기 때문에 고의·과실을 책임단계에서 구별하는 고전적, 신고전적 범죄체계에서는 고려해 볼 수 있는 견해이지만, 고의·과실을 구성요건단계에서 구별하는 목적적 범죄체계 내지 신고전적·목적적 합일체계에서는 곤란하다는 근본적인 비판이 가해진다.[33] 이에 따라 다음과 같은 구체적인 비판이 제기 된다.

첫째, 용인이라는 의적 상태는 실제 의도적 고의의 의적 상태와 확연히 구별할 수 없는 내심의 태도이다.

둘째, 의식적으로 계산된 법익침해만을 제지하려는 것이 고의범 구성요건의 임무이다. 따라서 이 단계에서 행위자의 정서적 태도까지는 문제삼을 필요가 없다.

셋째, 내심의 정서적 태도에 의해 고의의 존부를 판단하는 것은 주관적 구성요건요소로서의 고의와 책임형식으로서의 고의를 혼동할 위험이 있다.

(ii) 무관심설

① 내   용   행위자가 단순한 가능성이 있다고 생각한 부수효과를 긍정적으로 시인하거나 무관심한 태도로 수락한 경우에 미필적 고의가 인정되고, 반면 그러한 부수효과를 바라지 않거나 그것이 발생하지 않기를 희망한 경우에는 미필적 고의가 인정되지 않는다는 견해가 무관심설(Gleichgültigkeitstheorie)이다.

엥기쉬가 주창한 이론으로서 미필적 고의의 성립에는 용인설보다 더 엄격한 의미에서 보호법익에 대한 무관심이 있어야 한다는 것이다. 고의는 과실보다 더 무거운 책임형식이므로 단순한 용인만으로 부족하고 적어도 결과발생에 대한 가차없는 무관심의 표현이 있어야 높은 비난에 속하는 미필적 고의가 인정될 수 있다는 것이다.

② 비   판   이 이론은 무관심이 행위자가 고의적으로 행위했다는 점에 대한 보다 확실한 징표가 된다는 점에서는 일리가 있다. 그러나 반대로 무관심이

33) 김일수, 한국형법 Ⅰ, 387면; 이재상 169면.

결여된 경우 언제나 고의가 배제된다고 하는 점은 옳지 않다. 왜냐하면 이 이론은 무관심이 결여된 경우로 어떤 소원이나 희망을 들고 있어 과실의 성립이 고의에 비해 지나치게 용이해질 염려가 있기 때문이다.

　(iii) 가능성설

　① 내　　용　　행위자가 결과발생을 구체적으로 가능하다고 인식하였음에도 불구하고 행위한 경우 미필적 고의가 인정된다는 이론을 가능성설(Möglich-keitstheorie)이라 한다. 이 경우 결과발생에 대한 의적 요소는 문제되지 않는다. 제 2 차 대전 후 슈뢰더(Schröder)가 처음 주장한 이래 많은 추종자를 얻었고 특히 슈미트호이저(Schmidhäuser)에 의해 더욱 발전되었다.

　이 이론의 기초는 이미 단순한 가능성의 인식만 있으면 행위자는 범행을 중단하지 않을 수 없고, 따라서 결과불발생을 신뢰하는 것은 이러한 가능성의 부정을 내포한다는 점 및 종래의 인식 있는 과실의 존재를 부인하는 관점에서 슈뢰더(Schröder)는 '모든 과실이 인식 없는 과실'이라고 주장한다.

　② 비　　판　　이 이론은 만약 행위자가 구성요건실현의 가능성을 인식하였음에도 행위한 경우 언제나 결과 야기를 예견하고 보호법익에 유해한 결정을 한 것이라고 단정할 수 있는 한 옳은 견해이다. 그러나 현실은 그렇지 않다. 주의를 받았음에도 불구하고 담뱃불을 끄지 않고 함부로 버린 사람은 법익침해의 가능성은 잘 인식하고 있으나 방화의 결과는 발생하지 않으리라 믿고 행위할 수 있기 때문이다. 이런 경우를 미필의 고의로 인정한다면 고의의 지나친 확대위험을 피할 수 없다. 고의를 단지 지적 요소에 국한시키려는 가능성설은 너무 주지적이라는 비판을 면하기 어렵다.

　(iv) 개연성설

　① 내　　용　　행위자가 결과발생의 개연성을 인식한 때에는 미필적 고의가 성립하고 단순한 가능성을 인식한 때에는 인식 있는 과실이 성립한다는 견해가 개연성설(Wahrscheinlichkeitstheorie)이다. 헬무트·마이어(H. Mayer)가 주창한 이론이다. 그에 의하면 개연성이란 '단순한 가능성 이상'이요 '고도의 개연성 이하'를 말한다. 벨첼도 이 개연성설에 따라 '결과의 예상'을 고의의 근거로 보았다. 이를 구체화하여 로쓰(Ross)는 「행위자가 범죄구성요건이 실현되리라는 점을 예상한 때」 미필의 고의를 인정할 것이라 한다.

　② 비　　판　　행위자가 결과발생의 개연성이 있다고 생각한 때에는 보통 결과발생의 가능성을 감수하겠다는 태도의 징표가 될 수 있다는 점에서 개연성설

도 일리 있는 견해이다. 그러나 개연성의 의미가 불명확하여 충분한 가능성도 개연성인가 또는 단순한 가능성과의 한계는 어떠한가가 문제된다. 또한 개연성 판단에서 결정적인 기준은 순전히 지적인 예측이므로 회생할 가망이 희박한 중환자에게 성공만을 기원하며 집도한 성실한 의사도 미필적 고의가 되고, 반면에 도무지 기망되지 않을 것 같은 사채업자에게 시험삼아 말을 건넸는데 의외로 많은 돈을 사기할 수 있었던 기망자는 인식 있는 과실밖에 안 되는 결과가 되어 부당하다.

(v) 감수설(묵인설)

① 내　　용　　감수설에서는 행위자가 결과발생의 가능성을 인식했으나 바라던 목표를 위해 결과발생을 감수하거나 묵인(Sich-Abfinden)하려는 의사를 갖고 있었을 때에는 미필적 고의를 인정할 수 있으나, 반면 감수의사가 없거나 결과가 발생하지 않을 것으로 신뢰한 경우에는 인식 있는 과실이 된다고 한다. 또는 신중과 경솔을 개념적으로 구별하고, 행위자가 결과발생을 신중하게 고려했음에도 행위했다면 미필적 고의요, 행위자가 결과발생의 가능성을 알았으나 그것을 경솔하게 생각하고 행위한 경우에는 인식 있는 과실이 된다고 하는 신중설도 이설의 범주에 포함시킬 수 있다.

감수설은 오늘날 독일·오스트리아·스위스 등지에서 통설적 지위에 있고, 우리나라의 유력설의 입장이다.[34]

② 비　　판　　의지적 측면에서 미필적 고의와 인식 있는 과실을 구별하려는 시도는 좋으나 감수·묵인 내지 신중이라는 의지적 표현이 용인설의 용인과 뚜렷이 구별되지 않고, 감수 역시 행위자의 정서적 태도를 포함할 수밖에 없는 개념이라는 비판이 제기된다.[35]

(대) 결　　론　　원래 고의와 인식 없는 과실은 결과발생에 대한 인식의 유무에서 1차적인 차이를 가진다. 그러나 인식 있는 과실의 경우는 결과발생의 가능성에 대한 인식이 있다는 점에서 지적인 측면에서는 고의와 사실상 차별이 없다. 결국 고의와 인식 있는 과실의 구별은 의지적인 측면에서 구별될 수밖에 없다. 그 차이는 미필적 고의가 행위자에게 예견되는 결과발생을 감수하겠다는 의사가 있

---

34) 김성천·김형준 107면; 김일수, 한국형법 Ⅰ, 392면; 박상기 128면; 손동권·김재윤 157면; 이재상 169면; 정진연·신이철 133면; 조준현 173면; 진계호 221면. 독일에서는 예컨대 Jescheck/Weigend, S. 299; Roxin, § 12 Rdn. 27; Rudolphi, SK, § 16 Rdn. 43; Wessels, Rdn. 214.
35) 배종대 256면; 임웅 150면; 정성근·박광민 188면.

었던 경우이고, 인식 있는 과실은 그러한 결과발생에 대한 감수의사가 없었던 경우로 나타난다. 즉 인식 있는 과실의 경우에는 결과발생을 소극적으로 감수하겠다는 정도의 의지도 결여된 경우인 것이다. 이러한 점을 가능한 법익침해의 관점에서 파악한다면 미필적 고의란 가능한 법익침해에 대한 확정적 행위의사의 실현이고, 인식 있는 과실은 가능한 법익침해에 대한 행위자의 확정적 행위의사가 없었던 경우이다.

　그런데 여기서 우리나라에서의 다수설인 용인설에서의 결과발생에 대한 용인의사와 유력설인 감수설에서의 결과발생에 대한 감수의사가 개념적·경험적으로 확연하게 구분될 수 있는가 하는 문제를 생각해 보아야 한다. 용인이나 감수는 일상언어적 측면에서 양자가 다 어떤 결과를 기꺼이 수용하겠다는 정도의 의지나 정서적 태도를 함의하고 있다는 점에서 도저히 구분할 수 없는 개념이라고 할 수 있다. 이런 점에서 기존의 용인설에 감수설을 포함하여 같은 견해로 분류하는 입장도 충분히 이해할 수 있다고 본다.[36] 또한 우리나라에서 여전히 용인설을 취하는 학자들도 용인과 감수가 개념적·경험적으로 명확하게 구별될 수 없는 것이기 때문에 구태여 용인설을 배척할 이유가 없다는 논거들을 제시하고 있는 점도 같은 맥락에서 이해할 수 있다.[37] 용인설이 고전적 범죄체계 내지 신고전적 범죄체계에 따라 고의가 책임요소라는 기본전제하에서 주장된다면 고의와 과실은 이미 구성요건단계에서 의지적 요소에 따라 구별되어야만 한다는 감수설 쪽의 비판이 타당할 수 있으나, 현재는 고의를 구성요건요소로 보는 신고전적·목적적 합일체계에서 용인설이 주장되기 때문에 그 같은 비판도 타당할 수 없다. 현재 용인설을 주장하는 입장도 구성요건단계에서 의지적 요소에 의해 고의와 과실을 구별해야 한다는 것에 대해서는 이론이 없는 것이다.
　이 같은 사실들을 고려한다면 적어도 현재 논의되는 용인설과 감수설은 같은 내용을 다른 용어로 표현한 것에 불과하고 실질에 있어서는 차이가 없다는 것을 알 수 있다. 때문에 본서는 감수설을 취하기는 하지만 그것이 오늘날의 합일적 범죄체계를 전제로 주장되는 용인설과는 어떤 실질적인 차이가 있는 것은 아니라는 점을 지적해 두고 싶다.[38]

6. 고의의 시점

고의는 적어도 실행행위시에 있어야 한다. 따라서 행위자의 고의가 사전에

36) 임웅 150면이 그런 입장을 취하고 있다.
37) 예컨대 배종대 260면; 정성근·박광민 188면.
38) 반면 용인설을 취하는 신동운 교수는 감수는 구성요건의 실현을 어쩔 수 없는 것이라고 받아들이는 소극적인 태도만이 있고, 용인에는 소극적인 태도를 넘어 구성요건이 실현되어도 좋다는 긍정적 태도가 있다는 측면에서 구분될 수 있다고 한다(형법총론 192면). 그러나 이 견해에 대해서는 구성요건고의의 성립요건이 될 수 없는 결과발생에 대한 행위자의 정서적 태도를 고의의 의지적 요소와 동일시하고 결과적으로 미필적 고의를 일반 고의로 변형시킬 위험이 있다는 비판이 가능하다.

있었다거나(사전고의) 또는 사후에 생겨난 경우에는(사후고의) 고의가 성립되지 않는다. 다만 고의가 일련의 계속된 행위의 중간에 생겨난 경우에는(승계고의) 그 고의발생 이후의 행위에 대해 고의범이 성립한다. 이러한 시적 차원에 따라 고의를 종래 흔히 사전고의·사후고의·승계고의라는 용어로 나누어 왔다.

(1) 사전고의

행위자가 언젠가 한번은 일정한 구성요건을 실현하겠다는 의사를 갖고 있었으나 행위시에는 자기의 범행계획실현에 관해 전혀 생각하지 않은 경우를 사전고의(dolus antecedens)라 한다. 예컨대 이등병 A는 평소 심한 기합을 주는 병장 O를 살해할 계획을 품고 사격술훈련 기회를 이용하려 했는데, 사격장에 들어가기 전 총기의 작동 여부를 확인하려고 방아쇠를 당기다가 오발로 O를 사망시킨 경우이다. 여기서 A에게 사전에는 살인의 고의가 있었으나 행위시에는 단지 과실이 있었을 뿐이므로 과실치사가 성립될 뿐이다. 예비죄의 특별한 처벌규정이 없는 한 모든 예비단계에서의 범죄실행의사는 사전고의에 해당한다.

(2) 사후고의

행위자가 아무런 고의 없이 객관적 구성요건에 해당하는 사실을 실현했으나 이것을 사후에 와서는 오히려 용인한 경우를 사후고의(dolus subsequens)라 한다. 예컨대 A는 B의 소장품을 구경하다가 실수하여 청자항아리를 떨어뜨려 깨뜨렸다. 이에 화가 난 B가 온갖 욕설을 퍼붓자 A는 짐짓 저런 사람의 물건은 깨뜨리기를 잘했다고 생각했더라도 재물손괴의 고의는 성립하지 않고 불가벌이 된다.

이행위범에 있어서도 고의는 두 가지 종류의 실행행위시에 다함께 있어야 한다. 만약 그 중 뒤쪽 행위시에만 고의가 있고 앞쪽 행위에는 사후고의만 있다면 뒤의 행위에 대해서만 고의범이 성립한다. 예컨대 이미 누군가에 의해 결박된 B에게서 돈지갑을 빼앗은 A는 비록 폭행상태를 사후적으로 용인하여 그의 범행계획에 끌어들였다 하더라도 절도죄의 고의범일 뿐 강도죄의 고의범이 되는 것은 아니다.

7. 고의의 특수형태

(1) 침해고의·위험고의

범죄구성요건이 침해범이냐 위험범이냐에 따라 고의를 이와 같이 분류하기도 한다. 침해고의(Verletzungsvorsatz)는 행위자가 행위객체에 대한 침해를 인식하고 원하는 경우이고, 위험고의(Gefährdungsvorsatz)는 행위자가 행위객체에 대한 구체적 위험 내지 추상적 위험을 인식하고 원하는 경우이다(BGHSt 22, 73f.). 침해고의는 위험고의를 내포하지만, 위험고의는 침해고의를 내포하지 않는다.

(2) 택일적 고의·개괄적 고의

독자적인 고의의 종류는 아니지만 행위의 객체에 대한 관련성으로부터 추출할 수 있는 고의형태로 택일적 고의와 개괄적 고의를 들고 있다(양자택일이면 택일적 고의, 다자택일이면 개괄적 고의). 종래 이같은 고의를 미필적 고의와 더불어 불확정고의라 총칭해 왔으나 이 양자는 독자적인 고의의 한 종류는 아니다. 의도적 고의, 지정고의, 미필적 고의 세 가지 모두 택일적 고의나 개괄적 고의의 형태로 나타날 수 있다.

(a) **택일적 고의**

(가) 의   의   행위자가 두 가지 이상의 구성요건 또는 결과 중에 어느 하나만 실현하기를 원하지만 그 중 어느 것에서 결과가 발생해도 좋다고 생각하고 행위하는 경우의 고의를 택일적 고의(dolus alternativus)라 한다. 택일관계에 있는 행위객체에 대해서 성립하는 고의가 동종이든 이종이든 불문한다.

(나) 유   형

(i) 하나의 행위객체에 대한 택일적 고의   행위자가 두 가지 구성요건적 의미를 갖는 하나의 사태에서 그 중 어느 하나의 구성요건을 실현하기를 원하지만 다른 구성요건이 실현되어도 좋다고 생각하는 경우이다. 예컨대 예배를 방해하기 위하여 예배중인 예배당에서 벌집을 터뜨려 많은 사람이 벌에 쏘이게 하는 경우, 길거리에 쓰러져 누운 사람이 죽은 사람이 아니면 의식불명자일 거라고 생각하면서 그의 외투주머니에서 돈지갑을 꺼내 취거하는 경우, 사냥꾼이 숲속에 어른거리는 객체가 짐승 아니면 사람일지도 모른다고 생각하면서 총을 쏘는 경우, 피해자에게 중상을 입히기를 바라지만 혹 그가 살해되어도 할 수 없다고 생각하고 총을 쏘는 경우 등을 들 수 있다.

(ii) 두 가지 행위객체에 대한 택일적 고의   행위자가 두 가지 행위객체 중 어느 하나에게서 결과가 발생하기를 원하지만 다른 객체에게서 발생해도 좋다고 생각하는 경우이다. 예컨대 행위자가 짐승을 명중시키려고 의욕하지만 그 부근에서 있는 사람에게 적중될 가능성도 충분히 있음을 예견하는 경우, 두 사람이 지나가는데 그 중 어느 한 사람이 맞아도 좋다고 생각하고 총을 쏘는 경우, 경찰과 경찰견(견)의 추적을 받던 범인이 추적을 벗어나기 위해 경찰이든 경찰견이든 어느

하나만 맞추면 된다고 생각하고 총을 쏘는 경우 등을 들 수 있다.

(iii) 수많은 행위객체에 대한 택일적 고의   행위자가 수많은 행위객체 중 어느 하나에게서 결과가 발생하면 좋다고 생각하는 경우이다. 예컨대 행위자가 수백명의 군중이 모여 있는 장소에 폭탄을 던져 어느 누구가 죽어도 좋다고 하는 경우, 여러 가지 소포물이 들어 있는 우편 행낭 속에 몰래 손을 집어 넣어 그 중 어느 하나를 취거하는 경우 등을 들 수 있다. 종래 이 유형을 개괄적 고의의 일례로 설명하기도 했으나, 개괄적 고의의 의미가 이론적으로 이미 정리된 오늘날엔 그것을 택일적 고의의 일유형으로 취급하고 있다.

(다) **법률상 취급**

(i) 한 범죄가 적어도 기수가 된 경우   모든 택일적 가능성에 대해 똑같이 고의가 성립한다. 실현된 구성요건은 고의기수이며 실현되지 않은 구성요건은 고의미수가 되어, 행위자가 고려한 모든 사태가 적어도 미수로 처벌될 수 있다. 따라서 실현가능했던 결과 중 하나만 발생한 경우에는 미수가 기수에 대해 보충관계(살인기수에 대한 살인미수로서의 상해결과)에 있지 않은 한 미수와 기수의 관념적 경합이 된다.

(ii) 모든 범죄가 다 미수에 그친 경우   택일적 관계에 있는 여러 가지 사태 중에서 아무 결과가 발생하지 않아도 모두 고의의 미수가 되며 수개의 미수 사이에는 관념적 경합이 된다.

(b) **개괄적 고의**

(가) 의   의   개괄적 고의(dolus generalis)는 두 개 이상의 행위가 연속되어 하나의 구성요건결과에 이른 사례를 지칭하기 위한 법형상을 의미한다. 즉 행위자가 일정한 구성요건결과를 실현하려고 했으나 그의 생각과는 달리 연속된 다른 행위에 의해 결과가 야기된 경우를 말한다. 예컨대 가해자가 살의를 가지고 피해자를 때려 실신시켰으나, 그는 피해자가 죽은 줄 잘못 알고 사체를 은닉하기 위해 강물에 던졌는데 피해자는 바로 물 속에서 질식사한 경우와 같다.

‖ **판례** ‖ 자신의 부인을 희롱하는 피해자에 대한 분노가 폭발하여 살해하기로 마음먹고 돌로 수차례 내리쳐 뇌진탕으로 실신하자, 죽은 것으로 오인하고 시체를 몰래 파묻어 증거를 없애기 위해 개울가에 파묻은 결과 질식하여 사망에 이르게 했다. 그렇다면 피해자가 살해의도로 행한 구타행위에 의해 직접 사망한 것이 아니라 죄적을 인멸할 목적으로 행한 매장행위에 의해 사망하게 되었더라도 전과정을 개괄적으로 보면 피해자의 살해라는 애초의 예견사실이 결국 실현된 것이기 때문에 살인죄의 죄책을 면할 수 없다

(대판 1988. 6. 28, 88 도 650).

(나) **법률상 취급**   개괄적 고의의 사례는 한 개의 고의기수범인가 아니면 전
후행위 부분으로 나누어 고의미수인 제 1 행위 부분과 과실인 제 2 행위 부분의 실
체적 경합인가가 문제된다.

(i) 개괄적 고의에 의한 단일행위설   개괄적 고의에 의해 하나의 고의기수
범으로 취급하는 견해이다. 즉 제 2 행위 부분에 대해서도 제 1 행위의 고의가 개
괄적으로 미치는 단일행위사건이기 때문에 이같은 사례는 하나의 고의기수범이
라는 것이다.

이 이론에 대해서는 제 1 의 행위(살인)와 제 2 의 행위(죄적은폐를 위한 사체유
기)가 각각 다른 고의로 행해졌는데 개괄적인 하나의 살인고의를 인정하는 것은
부당하다는 비판이 가해진다. 행위자가 제 2 행위시에, 자기의 제 1 행위로 말미암
은 결과가 기수에 이르렀다고 생각했더라도 개념상 제 2 행위와 관련된 고의란 상
정할 수 없기 때문이다.

(ii) 인과과정의 비본질적 상위설   개괄적 고의사례를 인과과정의 착오의
한 유형으로 다루는 입장이다.[39) 이에 따르면 인과과정은 고의의 인식대상이기
때문에 인과과정의 상위가 비본질적일 때에는 고의의 성부를 방해하지 않고 하나
의 고의기수범이 성립하나, 만약 본질적인 상위일 경우에는 미수와 과실의 경합
범이 된다는 것이다. 본질적인 상위가 있는 경우 구성요건착오를 인정하는 셈이다.

이때 인과과정의 상위가 사회생활상의 경험에 비추어 예견가능한 범위 내에
있고 연속된 두 행위에 대해 규범적으로 다른 평가를 내리는 것이 타당하지 않을
때 그 상위는 비본질적인 상위가 된다. 우리나라에서 다수설의 입장이고, 독일에
서도 판례와 통설이 같은 입장을 따르고 있다.[40)

---

39) 흔히 '인과관계'의 착오라는 용어를 사용하나 인과관계의 착오는 설탕으로 사람을 살해할 수
있다고 믿는 것과 같이 인과관계(Kausalität) 자체에 대한 착오를 의미하는 것이고, 개괄적 고
의의 사례는 구체적인 사건진행과정의 상위를 의미하는 것이기 때문에 '인과과정'(Kausalver-
lauf)의 착오로 부르는 것이 옳다. 이 같은 지적은 김영환, 「소위 개괄적 고의의 문제점」, 형사
법연구 제16호(2001), 8면 각주 17; 오영근, 「사건진행에 관한 착오」, 한양대 법학논총 제11집
(1994), 127면 각주 1; 이정원, 「구성요건적 고의의 인식대상에 관한 소고」, 형사법연구 제13호
(2000), 98면 이하.
40) 권오걸 173면; 김성천·김형준 117면; 박상기 150면; 배종대 286면; 성시탁, 「구성요건적 착
오(하)」, 고시연구 1995. 7, 128면; 손동권·김재윤 160면; 손해목 324면; 신동운 220면; 안동
준 87면; 이재상 182면; 정성근·박광민 187면; 정영일 174면; 정진연·신이철 148면; 하태
훈, 「인과관계의 착오유형과 고의귀속」, 고시계 1996. 7, 43면 이하; Dreher/Tröndle, §16
Rdn. 7; Jescheck/Weigend, S. 312; Lackner/Kühl, §15 Rdn. 11; Sch/Sch/Cramer, §
15 Rdn. 58.

(iii) 미 수 설   개괄적 고의의 사례는 언제나 미수가 되며 경우에 따라서 과실과의 실체적 경합이 생길 수 있다는 견해이다(살인 미수와 과실치사의 경합). 고의란 항상 행위시에 존재해야 하므로 제 1 행위와 제 2 행위는 각각 별개의 고의에 의한 두 개의 독립된 행위로 보아야 한다는 것이다.[41] 외견상 구체적인 사건경과에 가장 부합하는 이론으로 비춰진다. 그러나 이 입장을 따를 경우 비본질적인 인과과정의 상위가 있는 경우에도 항상 고의기수를 부인하고 미수와 과실을 인정할 수밖에 없다는 비판이 제기된다. 뿐만 아니라 제 1 행위와 제 2 행위 중 어떤 것이 직접 사망의 원인이 되었는지 밝혀낼 수 없는 경우에도 항상 미수와 과실의 책임만이 고려된다. 제 2 의 행위로 인한 결과발생의 가능성이 존재하는 한 행위자에게 고의기수의 책임을 물리기 위해서는 반드시 제 1 행위와 결과 사이의 인과관계가 먼저 입증되어야 하기 때문이다. 예컨대 사람을 살해한 후 제 2 의 행위에 의해 원인행위를 밝혀낼 수 없을 정도로 사체를 훼손·은닉한 경우 항상 살인미수와 과실치사의 책임만이 고려될 수밖에 없는 것이다.

(iv) 계획실현설   이 견해는 개괄적 고의의 사례를 해결하기 위해 행위자가 제 1 행위시에 돌이킬 수 없는 의도적 고의(반드시 죽이겠다는 의도)를 갖고 있었는가 아니면 미필적 고의(사망에 대한 감수 내지 묵인의사)를 갖고 있었는가를 먼저 구별한다. 만약 전자의 경우라면 구성요건결과가 제 2 행위에 의해 야기되었다 하더라도 그것은 행위자의 범행계획의 실현으로 평가할 수 있어 고의기수가 인정된다. 그러나 후자의 경우라면 비록 제 2 행위에 의해 결과가 야기되었다 하더라도 그것은 실책의 결과에 불과할 뿐 행위자의 범행계획실현으로 평가할 수 없어 단지 미수가 된다는 것이다. 또한 제 2 행위 시 새로운 범행결의를 하는 경우에도 미수와 과실의 경합범을 인정한다. 록신이 주창한 이론이다.[42]

이 이론에 대해서는 제 1 행위 시 행위자의 고의가 확정적 또는 미필적인가의 여부에 따라 왜 제 2 행위로 발생한 결과에 대한 고의귀속이 달라져야 하는지에 대한 필연적인 이유가 분명치 않고,[43] 원칙적으로 계획의 실현과 고의의 귀속은 별개의 문제이기 때문에 피해자의 사망이 행위자의 고의에 귀속되느냐의 여부는

---

41) 김성돈 222면; 김창군,「개괄적 고의에 대한 고찰」, 안암법학 제13호(2001), 176면 이하; 오영근,「사건진행과정에 대한 착오」, 한양대 법학논총 1994, 34면; 이용식,「소위 개괄적 고의의 형법적 취급」, 형사판례연구(2) 1994, 35면; Hruschka, JuS 1982, S. 319; Jakobs, AT 8/77; Maurach/Zipf, AT/I, 23/33.
42) Roxin, "dolus generalis," Würtenberger-FS, 1977, S. 120; ders., § 12 Rdn. 162 ff. 우리나라에서는 김영환, 앞의 글, 12-13면.
43) 이정원,「개괄적 고의」, 형사법연구 제15호(2001), 6면 참조.

행위자가 그의 계획을 실현했느냐의 여부에 달려 있지 않다는 비판이 제기된다.[44]

　(v) 객관적 귀속설　　개괄적 고의의 사례는 고의의 문제가 아니라 객관적 귀속의 문제라고 보는 입장이다. 이 경우 구성요건결과가 행위자의 죄적은폐를 위한 제 2 행위에 의해 비로소 야기되었으며, 또한 그것이 일반적인 생활경험에 비추어 죄적은폐를 위한 전형적 행위로 평가될 수 있는 한 원칙적으로 객관적 귀속이 가능하다.[45] 따라서 하나의 고의기수범이 성립한다. 그러나 죄적은폐를 위해 모처로 가던 중 교통사고로 피해자가 사망한 경우처럼 그 결과를 제 2 행위에 대해서도 객관적으로 귀속시킬 수 없을 때에는 전체적으로 제 1 행위의 미수가 될 뿐이다.

　이 입장에 대해서는 비유형적 인과진행에 대해 객관적 구성요건단계에서의 귀속평가가 내려졌다고 하여 그것이 주관적 구성요건단계서의 고의귀책의 평가를 대신할 수는 없다는 비판이 가해진다. 즉 비유형적 인과진행의 사례에 대해 객관적 귀속이 인정되더라도 주관적 구성요건단계에서 행위자의 인식과 인과진행 간의 차이로 인한 고의귀속의 문제, 즉 인과관계의 착오로 인한 고의귀속의 문제는 여전히 남는다는 것이다.[46] 그러나 이러한 비판은 타당하지 않다. 객관적 귀속설은 통설과는 달리 인과관계와 인과과정을 구별하여 전자는 고의의 인식대상에 포함되나 후자는 고의의 인식대상이 아니라고 보고 있기 때문에, 비유형적 인과과정에 대해 객관적 귀속이 인정되는 경우에도 주관적 구성요건단계에서 인식과 진행간의 차이로 인한 고의귀속의 여부 논쟁은 애당초 발생하지 않기 때문이다. 즉 객관적 귀속이 인정된 인과과정의 상위사례는 고의의 성립에 하등 영향을 미치지 않는다는 것이다. 물론 비유형적인 인과진행으로 인해 객관적 귀속이 부인되면 논리적으로 주관적 구성요건단계에서 개괄적 고의의 문제는 당연히 발생하지 않게 된다.

　(vi) 단일행위설　　사회적·형법적 행위표준설에 따라 제 1 행위와 제 2 행위는 전체의 부분동작에 불과하고 두 개를 묶어 한 개의 행위로 평가(폭행행위＋매장행위＝살해행위)할 수 있기 때문에 결국 고의기수범을 인정할 수 있다는 견해이다.[47]

　그러나 규범적 관점이라고는 하지만 고의와 구성요건을 달리하는 두 개의 행위를 하나로 행위로 평가하는 것은 지나치게 작위적이라는 점에서 타당하지 않다.

---

44) 김창군, 앞의 글, 169면; 이용식, 앞의 글, 30면 참조.
45) 김일수, 한국형법 Ⅰ, 402면; 이정원 126면; 동 교수, 앞의 글, 4면.
46) 박상기 151면; 배종대 286면; 이재상 181면.
47) 임웅 178면.

⒲ 결   론   개괄적 고의의 사례해결은 고의의 문제로 접근할 것이 아니라 객관적 귀속의 문제로 접근하는 것이 옳다. 개괄적 고의사례는 물론 인과과정에 관한 착오사례 중 하나에 속한다. 비록 후자가 전자보다 더 넓은 개념의 폭을 가지고 있지만, 법적 취급은 같다. 객관적 귀속의 평가 중 특히 '위험의 상당한 실현의 원칙'에 따라 개괄적 고의사례를 해결하는 것이 좋다.

《참고》 소위 개괄적 과실   개괄적 고의 외에 소위 개괄적 과실의 사례도 논의된다. 개괄적 과실은 "피고인이 피해자에게 우측 흉골골절 및 늑골골절상과 이로 인한 우측 심장벽좌상과 심낭내출혈 등의 상해를 가함으로써, 피해자가 바닥에 쓰러진 채 정신을 잃고 빈사상태에 빠지자, 피해자가 사망한 것으로 오인하고, 피고인의 행위를 은폐하고 피해자가 자살한 것처럼 가장하기 위하여 피해자를 베란다로 옮긴 후 베란다 밑 약 13m 아래의 바닥으로 떨어뜨려 피해자로 하여금 현장에서 좌측 측두부 분쇄함몰골절에 의한 뇌손상 및 뇌출혈 등으로 사망에 이르게 하였다면, 피고인의 행위는 포괄하여 단일의 상해치사죄에 해당한다"(대판 1994.11.4, 94도 2361)라고 한 대법원 판결에서 유래한다.
　　중한 결과가 고의의 기본범죄행위가 아닌 제2의 과실행위에 의해 야기되었음에도 전체적으로 결과적 가중범의 성립을 인정할 수 있다는 것이 대법원 판례의 입장이다. 그러나 이 사례에서 피해자의 사망이라는 중한 결과를 야기한 제2의 과실행위(자살로 위장하기 위해 피해자를 추락시킨 행위)는 통상 죄적은폐를 위한 전형적인 행위로 볼 수 없을 뿐만 아니라, 여기서는 결과적 가중범에서 중한 결과의 객관적 귀속을 위한 특별표지인 직접성의 원칙도 충족되지 않는다. 이 사례에서 사망이라는 중한 결과는 고의기본범죄행위인 상해행위에 내포된 전형적인 위험이 실현된 것이 아니라 행위자의 추가적인 과실이 개입하여 발생한 것이기 때문이다. 따라서 행위자에게는 상해죄와 과실치사죄의 경합범의 책임을 묻는 것이 타당하다. 물론 이렇게 되면 상해치사죄의 성립을 인정하는 것보다 경한 책임을 묻게 되어 혹 법감정에 반하는 문제가 발생할 수도 있으나, 처벌 욕구를 앞세워 개인책임을 넘어가는 중한 형벌을 부과하는 것은 명백히 책임원칙에 반한다.[48]

Ⅲ. 구성요건착오

1. 서   설

⑴ 의   의

법적 구성요건에 속하는 객관적 사정에 대하여 고의성립에 필요한 **현재적 의식 정도의 인식**이 행위자에게 결여된 경우를 구성요건착오(Tatbestandsirrtum)라

---

48) 이 사례에서 역시 판례의 입장을 비판하고 상해죄와 과실치사죄의 경합을 인정하는 견해로는 장영민, 「개괄적 과실?」, 형사판례의 연구, 이재상교수화갑기념논문집, 2003, 241면.

한다. 예컨대 행위자가 어떤 망인의 명예에 관한 허위의 사실을 진실한 사실인 줄
오해하고 공연히 그 사실을 퍼뜨려 사자의 명예를 훼손했다든가, 행위자가 타인
의 재물을 무주물인 줄 알고 손괴한 경우 등을 들 수 있다.

인식의 결여는 오인이건 부지이건 불문한다.

(2) 법적 효과

구성요건착오가 있으면 구성요건고의가 부인된다. 행위자에게는 '구성요건의
호소기능과 경고기능'이 제대로 미치지 못했기 때문이다. 이 경우 사정에 따라 과
실 여부만 문제될 뿐이다. 이런 의미에서 구성요건착오론은 바로 고의론의 일부
에 해당한다.

(3) 형법적 규율

우리 형법 제13조는 먼저 「죄의 성립요소인 사실을 인식하지 못한 행위는 벌
하지 아니한다」고 규정한 뒤, 제15조 1항에서 다시 「특별히 중한 죄가 되는 사실
을 인식하지 못한 행위는 중한 죄로 벌하지 아니한다」고 규정함으로써 법률적 구
성요건에 해당하는 범행의 객관적 표지들을 인식하지 못한 때에는 구성요건고의
의 성립에 지장이 있음을 말해 주고 있다.

2. 고의의 인식대상

우리 형법 제13조는 고의의 인식대상을 '죄의 성립요소인 사실'이라고만 지
칭하고 있을 뿐 구체적인 내용에 관한 언급은 없다. 원래 고의는 구성요건의 모든
객관적 요소에 미쳐야 하므로 '죄의 성립요소인 사실'은 고의의 인식대상인 객관
적 구성요건요소 전체를 의미한다. 이를 체계적으로 나누면 다음과 같다.

(1) 특정한 범죄구성요건

고의는 특정한 범죄구성요건을 대상으로 한다. 가중적 구성요건이나 감경적
구성요건의 경우에 고의는 가중 또는 감경되는 사실을 인식대상으로 삼는다.

만약 행위자가 실제 실현한 구성요건사실과 다른 사실을 착오로 잘못 파악했
다면 행위자가 파악했던 구성요건이 실현된 구성요건에 완전히 포괄되거나, 아니
면 실현된 구성요건이 잘못 파악했던 구성요건에 완전히 포괄될 때에만 고의가
성립한다. 예컨대 점유이탈물이라고 파악하고 횡령했으나 실제 대상물은 점유이
탈물이 아니고 타인의 점유하에 있는 재물이었던 경우에는 파악했던 범위 안에서
점유이탈물횡령죄의 고의·기수범이 성립한다.

(2) 구성요건의 본질적 부분

행위자는 당해 범죄구성요건의 본질적 구성부분인 행위·객체·결과·인과관계에 관한 인식을 갖고 있어야 한다.

(a) 구성요건행위

(i) 실질범이건 형식범이건 모든 범죄구성요건상의 행위는 범죄행위로서 행위자가 인식하고 있어야 한다.

(ii) 구성요건 중에는 특별한 행위양태를 필요로 하는 경우가 있다. 이러한 범죄를 행태의존적 범죄(Verhaltensgebundenes Delikt)라고도 부른다. 이와 같은 사례에서는 구성요건행위의 존재뿐만 아니라 행위를 둘러싸고 있는 이같은 특별한 사정의 존재까지도 행위자가 인식해야 한다.

> 예: 특수폭행죄($\frac{제261}{조}$)에서 '단체 또는 다중의 위력을 보이는 것', 강간죄($\frac{제297}{조}$)·강제추행죄($\frac{제298}{조}$)에서 '폭행 또는 협박', 준강간·준강제추행죄($\frac{제299}{조}$)에서 '사람의 심신상실 또는 항거불능상태를 이용', 업무상 위력 등에 의한 간음죄($\frac{제303}{조}$)에서 '위계 또는 위력', 명예훼손죄($\frac{제307}{조}$)에서 '사실적시', 신용훼손죄($\frac{제313}{조}$)에서 '허위사실 유포 기타 위계', 사기죄($\frac{제347}{조}$)에서 '기망', 공갈죄($\frac{제350}{조}$)에서 '공갈', 배임죄($\frac{제355조}{제2항}$)에서 '임무위배행위'

(iii) 구성요건 중에는 행위가 주체·시간·장소·수단·방법과 결합되어 있는 경우가 있다. 이러한 사례에서는 행위의 구성요건해당성 검토에서 이같은 특수한 사정들을 먼저 검토해야 한다.

> 예: 신분범의 특수한 범죄주체로는 수뢰죄($\frac{제129}{조}$)에서 '공무원 또는 중재인', 횡령죄($\frac{제355조}{제1항}$)에서 '타인의 재물을 보관하는 자',
> 범행시간과 관련해서는 야간주거침입절도죄($\frac{제330}{조}$)·특수절도죄($\frac{제331조}{제1항}$)·특수강도죄($\frac{제334조}{제1항}$) 등에서 '야간',
> 범행장소와 관련해서는 법정 또는 국회회의장 모욕죄($\frac{제138}{조}$)에서 '법정·국회회의장 또는 그 부근', 퇴거불응죄($\frac{제319조}{제2항}$)에서 '주거 관리하는 건조물·선박·항공기·점유하는 방실', 해상강도죄($\frac{제340조}{제1항}$)에서 '해상', 약취·유인된 자의 국외이송죄($\frac{제289조}{제2항}$)에서 '국외',
> 범행수단·방법과 관련해서는 특수절도죄($\frac{제331조}{제2항}$)에서 '흉기휴대·2인 이상의 합동' 따위가 그것이다.

(iv) 구성요건 중에는 행위가 특별한 행위상황과 연관된 경우가 있다. 이 경우에는 행위자가 이들 행위상황에 관한 표지도 인식해야 한다.

예: 전시군수계약불이행죄$\left(\substack{제103조\\제1항}\right)$에서 '전시 또는 사변', 진화방해죄$\left(\substack{제169\\조}\right)$에서 '화재에 있어서', 명예훼손죄$\left(\substack{제307\\조}\right)$·모욕죄$\left(\substack{제311\\조}\right)$에서 '공연히', 소요죄$\left(\substack{제115\\조}\right)$·다중불해산죄$\left(\substack{제116\\조}\right)$에서 '다중의 집합'

(b) **구성요건결과**   결과범의 구성요건고의가 성립하려면 구성요건결과에 대한 행위자의 인식이 필요하다. 행위자가 불법유형적으로 예견한 결과이기만 하면 구체적으로 행위자가 의도했던 결과나 예상했던 결과와 딱 맞아 떨어지지 않더라도 구성요건고의는 성립한다. 구성요건 중에는 결과가 상세하게 기술된 것도 있다. 예컨대 중상해죄$\left(\substack{제258조 제1\\항·제2항}\right)$에서 '생명에 대한 위험' 및 '불구 또는 불치나 난치의 질병' 등이 그것이다. 이 경우에는 기술된 결과에 대한 행위자의 불법유형적 예견이 필요하다.

(c) **행위객체**   행위객체는 행위 및 행위상황과도 연관되지만, 이 행위객체에 대해 구성요건결과가 발생하도록 되어 있는 한 구성요건결과의 발생과 함께 검토되어야 한다. 여기서 행위객체란 살인죄$\left(\substack{제250조\\제1항}\right)$에서 '사람', 절도죄$\left(\substack{제329조}\right)$에서 '재물', 배임죄$\left(\substack{제355조\\제2항}\right)$에서 '재산상의 이익', 주거침입죄$\left(\substack{제319조\\제1항}\right)$에서 '주거 관리하는 저택·건조물·선박·항공기·점유하는 방실' 따위를 지칭한다.

행위와 관련하여 행위객체가 일반적인 경우보다 상세히 기술된 경우도 있다. 미성년자 등에 대한 간음죄$\left(\substack{제302\\조}\right)$에서 '미성년자 또는 심신미약자', 업무상 위력 등에 의한 간음죄$\left(\substack{제303\\조}\right)$에서 '업무·고용 기타 관계로 자기의 보호·감독을 받는 부녀 및 법률에 의해 구금된 부녀', 의제강간·강제추행죄$\left(\substack{제305\\조}\right)$에서 '13세 미만의 부녀 또는 사람(대판 2012. 8. 30, 2012 도 7377)' 등이 그러한 예에 해당한다.

행위객체에 관하여는 **불법유형적**인 파악만 있으면 고의의 성립에 지장이 없다. 따라서 사람인 줄 알았으면 피해자가 구체적으로 누구였는가, 타인의 재물인 줄 알았으면 도품이 어느 누구의 소유였는가를 알 필요는 없다.

(d) **행위와 결과의 관련성**   인과관계는 결과범의 구성요건에서 빼놓을 수 없는 중요한 구성요건표지이므로 고의의 인식대상이다. 반면 인과관계의 확정을 위한 인과과정(Kausalverlauf)과 인과과정의 규범적 평가에 해당하는 객관적 귀속은 고의의 인식대상이 아니다. 상당인과관계설의 상당성도 제 3 자(법관)의 규범적 평가개념에 속하므로 고의의 인식대상이 될 수 없다.

㈎ **인과관계**   인과관계 자체는 행위와 결과 사이의 자연법칙적 연관성으로서 고의의 인식대상이다. 행위자는 자신의 행위가 어떤 결과에 대해 인과적일 수 있다는 점을 적어도 충분히 가능한 것으로 인식해야 한다.

즉 행위자는 「A에서 B가 발생하였다」라든가 「B는 A에서 기인한다」는 사고를 하고 있어야 한다.

(나) 인과과정   인과과정이란 인과관계의 확정에 필요한 인과적 연쇄의 각 구성부분을 의미한다. 우리나라의 통설은 인과과정도 객관적 구성요건표지의 하나로서 고의의 인식대상으로 본다. 다만 이것은 100% 정확하게 인식될 수는 없는 것이므로, 인과과정의 '대강의 윤곽'이나 '본질적인 점'만을 인식하면 족하다고 하는 입장이다. 즉 본질적인 상위가 없는 인과과정을 고의의 인식대상으로 보는 것이다.

이 입장에서는 인과과정이 일반적 경험지식과 행위자의 특별한 경험지식 범위 내에 있고, 적어도 고의가 이러한 가능성을 파악하고 있는 한 이 인과과정에 대한 고의를 의제한다. 그리하여 살인고의로 타인을 다리 밑으로 추락시킨 사람은 그 피해자가 행위자 자신의 기대와는 달리 익사하지 않고 교각에 머리가 부딪혀 뇌출혈로 사망한 경우에 살인의 고의기수가 인정된다.

그러나 인과과정은 주관적 구성요건의 인식 대상이 아닌 객관적 구성요건의 측면에서 결과의 객관적 귀속의 문제로 다루는 것이 옳다. 본질적 상위냐 비본질적 상위냐의 판단은 이미 상당성관점에서 내려야 할 규범적 평가이므로, 인과과정의 상위는 결과귀속에 영향을 미치는 객관적 귀속의 판단대상이라고 해야 할 것이기 때문이다. 우리나라의 통설은 아직 인과관계와 인과과정을 구별하지 않고 통틀어 인과관계라고만 말하여 고의의 인식대상으로 삼고 있으나 이를 구별하여 논하는 것이 바람직하다.

(다) 객관적 귀속   객관적 귀속은 규범적 평가를 전제하므로 일종의 규범적 구성요건표지라고 할 수 있다. 그러나 객관적 귀속은 인과관계 그 자체처럼 행위자의 고의에 그대로 반영되는 것은 아니며, 따라서 고의의 인식대상이 아니다. 행위자가 살인의 고의로 피해자를 다리 밑으로 밀었다고 하자. 가령 행위자가 피해자에게 익사 이외의 다른 인과과정으로 사망의 결과가 발생한 것은 비유형적이며 객관적 귀속이 될 수 없다고 생각했더라도 살인의 고의기수가 된다.

(3) 특별한 주관적 구성요건요소의 문제

목적범에서의 목적과 같은 특별한 주관적 구성요건요소는 구성요건고의의 인식대상이 되지 않는다.

⑷ 객관적 구성요건표지 이외의 기타 사정

법률적 구성요건에 기술되어 있으면서도 불법 및 책임과 직접 관련성이 없는 사정들이 있다. 객관적 처벌조건, 인적 처벌조각사유, 소추조건 따위가 그것이다. 이것은 객관적 구성요건표지가 아니므로 고의의 인식대상은 아니다.

3. 구성요건착오의 적용

⑴ 원 칙 론

우리 형법상 구성요건착오의 규율에는 형법 제13조와 제15조 제 1 항이 있으므로 이 법규정에 따른 해석론을 우선해야 하고 해석으로 해결할 수 없는 한계사례에 한하여 학설의 적용을 검토해야 한다.

⑵ 형법 제13조의 적용

구성요건고의는 객관적 구성요건에 속하는 사정만을 대상으로 한다. 주관적 행위사정은 대상이 아니다. 즉 행위자가 재물손괴($\frac{제366}{조}$)를 범하려면 객관적 구성요건요소인 '타인의 재물을 손괴 또는 은닉 기타 방법으로 그 효용을 해'한다는 점을 인식 의욕하기만 하면 족하다. 고의 외에 위법영득의 의사, 목적범의 목적 등과 같은 다른 주관적 요소 및 상습성 등과 같은 행위자적 요소, 그리고 객관적 처벌조건이나 인적 처벌조각사유에 해당하는 사정도 구성요건고의의 인식대상이 될 필요가 없다. 행위자가 이러한 객관적 구성요건요소를 인식하지 못하고 행위한 경우 구성요건고의가 성립하지 않는다.

⑶ 형법 제15조 제 1 항의 적용

⒜ 불법가중사유를 인식하지 못한 경우

㈎ 형법적 법률   우리 형법 제15조 제 1 항은 「특별히 중한 죄가 되는 사실을 인식하지 못한 행위는 중한 죄로 벌하지 아니한다」고 규정함으로써 문언상 경한 사실을 인식하고서 중한 사실을 실현한 경우를 직접적인 규율의 대상으로 삼고 있음이 분명하다.

㈏ 규정의 적용범위   이 규정의 적용범위에 관하여는 학설이 나뉜다. ① 일설은 경한 죄를 인식하고서 중한 죄를 실현시킨 경우(손괴죄와 상해죄)에 무조건 이 규정이 적용되어야 한다는 뜻으로 해석한다.[49] ② 타설은 본 규정을 두 개의 구성요건이 기본적 구성요건과 파생적 구성요건의 관계에 있는 경우(보통살인죄

---

49) 배종대 281면; 임웅 180면; 정영석 190면; 진계호 241면.

와 존속살인죄)⁵⁰⁾ 또는 앞의 경우와 죄질을 같이 하는 범죄간(점유이탈물횡령죄와 절도죄)⁵¹⁾에 적용될 수 있을 뿐이라고 한다.

전설에 의하면 동 규정은 추상적 사실의 착오 중 경한 사실을 인식하고 중한 사실을 발생시킨 경우에 한하여 중한 범죄사실에 대한 고의기수를 물을 수 없다고 하는 소극적·제한을 할 뿐, 구체적인 처리에 관해서는 학설에 일임했다고 보고, 실제 동 규정의 직접적용범위를 비교적 광범위하게 잡는다.

후설에 의하면 동 규정이 추상적 사실의 착오에만 관계되지만 법문상 '특별히'라는 문언을 적극적으로 살려, 추상적 사실의 착오 중에서도 두 죄의 구성요건이 기본적·파생적 관계에 있을 경우에만 적용된다고 한다. 그 결과 제15조 제 1 항의 직접적용범위를 좁게 잡고, 나머지 영역은 학설에 따라 해결할 것이라고 한다.

㈐ **원칙적 적용**　　원칙적으로 후설에 찬동한다. 따라서 형법 제15조 제 1 항은 기본적 구성요건(어느 형법규범이 본래적으로 처벌하려고 하는 구성요건, 보통살인($\substack{제250조\\제1항}$)이 그 예)과 가중적 구성요건(기본적 구성요건 위에 추가적으로 형벌가중사유를 포함하도록 규정된 구성요건, 존속살해($\substack{제250조\\제2항}$)가 그 예)의 관계처럼 동종·동질의 구성요건 중, 특히 불법가중사유를 포함하고 있는 **불법가중적 구성요건**을 실현하면서도 이를 모르고 기본적 구성요건을 실현한다는 인식하에 범행한 경우를 규율대상으로 삼는다. '특별히 중한 죄가 되는 사실'이란 바로 불법가중적 구성요건을 의미하기 때문이다. 예컨대 일반인을 살해하려고 행위한 것이 착오로 인하여 자기의 아버지를 살해한 경우인데, 이는 바로 불법가중사유에 관한 착오이므로 형법 제15조 제 1 항을 직접 적용하여 보통살인죄($\substack{제250조\\제1항}$)의 고의기수로 처벌해야 한다.

‖**판례**‖　어두운 밤중에 많은 사람들이 모여 혼잡한 상황에서 범행의 주도자가 급하게 독촉하자 범행대상이 처조모와 장모인 줄도 모르고 살해하였다. 이처럼 배우자의 직계존속임을 알지 못하고 살인을 했다면 형법 제15조상 특히 중한 죄가 되는 사실을 인식하지 못한 행위에 해당한다(대판 1960. 10. 31, 4293 형상 494).

이 결론은 이미 형법 제13조의 기본입장과도 일치한다. 즉 각자는 자기가 인식한 범위 내에서 자기가 저지른 범죄에 대해서 고의기수범으로 처벌받아야 한다는 사상이 동조문의 기본입장이기 때문이다. 가중적 구성요건에 해당하는 사실을 착오로 인식하지 못한 자에게 기본적 구성요건에 대한 고의와 결과실현까지 배제되는 것은 아니므로 기본적 구성요건에 대한 고의기수범으로 처벌해야 한다.

---

50) 김일수, 한국형법 Ⅰ, 422면; 박상기 123면; 하태훈 110면; 황산덕 124면.
51) 유기천 242면; 이재상 173면; 정성근·박광민 201면.

기본적 구성요건과 불법가중적 구성요건의 관계가 성립하는 경우의 예로서는 단순절도($^{제329}_조$)와 흉기휴대 및 합동절도($^{제331조}_{제2항}$)·야간주거침입절도($^{제330}_조$)·야간손괴후 주거침입절도($^{제331조}_{제1항}$), 단순강도($^{제333}_조$)와 흉기휴대 및 합동강도($^{제334조}_{제2항}$), 일반건조물방화($^{제166조}_{제1항}$)와 현주건조물방화($^{제164}_조$), 보통살인($^{제250조}_{제1항}$)과 존속살해($^{제250조}_{제2항}$), 동의낙태죄($^{제269조}_{제2항}$)와 부동의낙태죄($^{제270조}_{제2항}$), 업무상 동의낙태죄($^{제270조}_{제1항}$)와 업무상 부동의낙태죄($^{제270조}_{제2항}$), 일반유기($^{제271조}_{제1항}$)와 존속유기($^{제271조}_{제2항}$), 일반학대($^{제273조}_{제1항}$)와 존속학대($^{제273조}_{제2항}$), 단순명예훼손죄($^{제307조}_{제1항}$)와 가중명예훼손죄($^{제307조}_{제2항}$) 따위를 들 수 있다.

(라) 반전된 사례에의 적용   형법 제15조 제 1 항은 앞서 서술한바 형의 가중사유를 인식하지 못한 경우가 반전된 경우, 즉 불법가중적 구성요건을 실현하는 줄 알고 범행을 저질렀는데, 실은 기본적 구성요건에 해당하는 사정을 실현한 경우를 어떻게 취급할 것인가에 관해 아무런 언급을 하지 않고 있다.

이 경우는 형법 제15조 제 1 항이 적용되는 전형적 예가 아니다. 그러나 형법 제15조 제 1 항의 규율을 반전시켜 행위자에게 적어도 경한 범죄의 범위 내에서 고의기수를 인정하여, 행위자를 **경한 범죄의 고의기수와 중한 범죄의 미수 사이의 관념적 경합**으로 취급하는 것이 옳다. 동종·동질의 구성요건간에 있어서 중한 죄의 고의는 당연히 경한 죄의 고의를 포괄한다고 말할 수 있기 때문이다.[52] 예컨대 자기 아버지인 줄 알고 살해의 의도로 총을 쏘았는데 자기 동생이 맞아 살해된 경우, 보통살인죄($^{제250조}_{제1항}$)의 고의기수와 존속살해죄의 미수($^{제250조 제2항,}_{제254조}$)의 관념적 경합에 의해 중한 존속살해죄의 미수로 처벌해야 한다.

이러한 해결방법은 불법의 주관적·객관적 구성요건에의 귀속은 불법이 상대적으로 실현된 한도까지만 미쳐야 한다는 원칙에 터잡고 있는 것이다.

《참고》 이 경우에도 소위 구체적 및 법정적 부합설에 따르면 존속살해죄의 미수와 과실치사의 관념적 경합이 된다고 한다. 이는 구성요건착오이론의 한계사례에 적용되어야 할 일반이론이다(이에 대해서는 뒤에 상술). 형법 제13조와 제15조 제 1 항에 의해 해결할 수 있는 부분은 이 규정의 지시가 일반학설보다 우선 적용되도록 해야 한다.

(b) 불법감경사유를 인식하지 못한 경우

(가) 문제의 제기   우리 형법 제15조 제 1 항은 불법을 감경시키는 표지가 객관적으로 존재하고 있지 않음에도 행위자가 그것이 존재하는 것으로 오인한 경우 또는 그것이 반전되어 불법감경사유가 존재하고 있음에도 행위자가 이것을 알지 못하고 행위한 경우까지 포괄하고 있는 것은 아니다. 그 전형적인 예는 기본적 구

---

52) 하태훈 111면.

성요건과 불법감경적 구성요건이 함께 규정되어 있을 때 양자의 관계에서 나타난다. 이 경우를 어떻게 해결해야 할 것인가?

(나) **행위자가 불법감경사유의 존재를 착오로 잘못 알고 행위한 경우**　행위자가 피해자의 촉탁·승낙이 없음에도 있는 줄로 오인하고 살해한 경우를 들 수 있다. 불법감경사유를 인식하지 못한 경우 다만 불법감경적 구성요건의 고의기수로 처벌할 것이라고 한 입법례도 있다(독일형법
제16조 제2항).

우리 형법은 이러한 규정을 두고 있지 않으므로 이론적으로 해결할 수밖에 없다. 이 때에도 우리 형법 제15조 제1항의 취지에 비추어 행위자에게 적어도 경한 범죄의 범위 내에서는 고의 기수가 성립된다는 의미에서 불법감경적 구성요건의 고의기수로만 처벌하는 것이 옳다고 생각한다. 즉 촉탁·승낙살인죄로 처벌된다.[53] 입법론적으로는 독일형법과 같이 분명한 입장을 명시해 두는 것이 바람직할 것으로 본다.

《참고》 이 경우에 형법 제15조 제1항의 적용을 배제하고 이가치 객체간의 착오 문제로만 다루면 촉탁·승낙살인의 고의기수와 보통살인의 과실범 사이에 관념적 경합이 될 것이다. 그러나 형법 제15조 제1항에 비추어 해결할 수 있는 사안이므로, 일반 학설보다 이 규정의 취지를 우선적으로 고려하는 것이 합목적적이다.

(다) **행위자가 불법감경사유의 존재를 착오로 알지 못한 경우**　앞에서 본 사례가 거꾸로 뒤집힌 경우이다. 예컨대 행위자가 보통살인의 의사로 살해했으나 피해자의 촉탁·승낙의 사정이 존재한 경우이다. 해결방법으로는 ① 객관적으로 존재하는 불법감경사유로 인해 기본적 구성요건의 결과반가치가 불능미수의 결과반가치 정도로 감소되었으므로 기본적 구성요건(보통살인죄)의 불능미수로 취급해야 한다는 설,[54] ② 보통살인죄의 미수와 촉탁·승낙살인죄의 기수의 상상적 경합이 된다는 설[55]이 갈리고 있다.

생각건대 이 사례를 단순화하면 결국 중한 죄의 고의로 경한 죄를 범한 경우이다. 따라서 이 경우도 형법 제15조 제1항의 규율을 반전시켜 행위자에게 적어도 경한 범죄의 범위 내에서 고의기수를 인정하여, 경한 범죄(촉탁·승낙살인죄)의 고의기수와 중한 범죄(보통살인죄)의 미수 사이의 관념적 경합으로 취급하는 것이 옳다.

(c) **책임감경사유를 인식하지 못한 경우**　구성요건착오는 책임감경표지를

---

53) 같은 견해, 박상기 125면; 이재상 173면.
54) 김일수, 한국형법 Ⅰ, 425면.
55) 박상기 125면.

포함하지 않기 때문에 행위자가 책임감경사유를 인식하지 못하고 행위한 경우에 형법 제15조 제 1 항이 적용될 여지는 없다. 단지 행위자가 주관적으로 생각했던 표상에 따라 문제를 해결해야 한다. 예컨대 산모가 자기가 분만한 적출상아를 사생아로 잘못 생각하고, 분만 직후 살해한 경우에는 형법 제15조 제 1 항을 직접 적용함으로써가 아니라 영아살해죄 구성요건의 해석상 행위자가 주관적으로 표상했던 내용에 따라 보통살인죄($^{제250조}_{제1항}$)가 아닌 영아살해죄($^{제251}_{조}$)의 적용을 받게 된다. 왜냐하면 제15조 제 1 항은 그 문언의 해석상 분명히 불법구성요건에 해당하거나($^{제13}_{조}$), 또는 경한 불법구성요건을 충족시키는($^{제15조}_{제1항}$) 상황에 관한 착오만을 다루고 있는 반면, 영아살해죄의 형벌감경사유는 단지 책임감경에만 관련된 것이기 때문이다.

이처럼 영아살해죄도 사람을 살해한다는 점에서는 보통살인죄의 불법고의와 같다. 그럼에도 불구하고 영아살해죄의 가벼운 가벌성은 애당초 사생아라는 객관적인 사유가 문제되는 것이 아니라, 그 영아를 사생아라고 믿은 산모(법문상으로는 직계존속)의 참작할 만한 심정상태 때문이다. 행위자의 심정과 관련된 책임표지는 결코 불법구성요건에 속하는 것은 아니다.

4. 구성요건착오의 한계사례

(1) 의   의

종래 구성요건착오하면 객체의 착오, 방법의 착오, 인과관계의 착오를 들었다. 그러나 엄밀히 말해 이런 종류의 착오는 구성요건착오의 문제가 아니라 고의의 인식내용의 특정성·고의의 귀속 내지 고의의 구체화와 관련된 문제들이다. 다시 말해 행위자가 인식한 내용과 발생한 결과가 다를 경우에 양자가 어느 정도 부합해야만 발생한 결과에 대해 고의기수를 인정할 수 있을 것인가 하는 문제를 다루는 것이다. 물론 이것도 고의론의 일부이긴 하나 착오론과는 다른 측면에서의 고의론의 일부임을 주의해야 한다.

(2) 구체적 사실의 착오와 추상적 사실의 착오

행위자가 인식한 사실과 현실로 결과가 발생한 사실이 동가치의 행위객체에 속하지만 구체적으로 일치하지 않는 경우를 구체적 사실의 착오라 한다(갑을 상해하려고 했는데 을이 다친 경우). 이에 비해 행위자가 인식한 사실과 현실로 결과가 발생한 사실이 상이한 가치를 지닌 행위객체에 속하는 경우를 추상적 사실의 착오라 한다(사람을 상해하려고 했는데 개가 맞고 다친 경우, 부를 살해하려고 했는데 형이 죽은 경우). 즉 행위객체간의 다른 가치로 인해 인식사실과 발생사실이 서로 다른 구성요건에 해당하는 경우가 추상적 사실의 착오에 해당한다.

(3) 객체의 착오

(a) **의   의**   객체의 착오(Irrtum über das Handlungsobjekt)란 행위자가 구성요건요소인 행위객체의 특성, 특히 동일성에 관하여 착오한 경우를 말한다. 구성요건적 행위객체인 한 그것이 사람이건 대상물이건 불문한다. 이런 의미에서 객체의 착오는 흔히 '사람 및 대상물의 착오'(erro in persona vel in objecto)라고도 부른다.

(b) **양   태**

㈎ **구체적 사실의 착오**(동가치 객체간의 착오)   행위시에 행위자가 인식한 행위객체와 결과가 발생한 행위객체 사이에 구성요건적으로 동가치성이 인정되는 경우의 착오이다. 예컨대 행위자는 A를 살해하기 위하여 밤중에 A의 대문 앞에 서성거리다가 마침 그 집 대문을 열고 들어가는 사람이 A인 줄 알고 흉기로 머리를 내리쳤으나 피해자는 A가 아닌 A의 동생 B였던 경우이다.

㈏ **추상적 사실의 착오**(이가치 객체간의 착오)   행위시에 행위자가 인식한 행위객체와 결과가 발생한 행위객체 사이에 구성요건적으로 동가치성이 인정되지 않는 경우의 착오이다. 예컨대 행위자가 A를 살해하기 위해 어둠이 짙게 깔린 저녁 A의 논두렁에 접근하여 아직도 일하고 있는 A를 향해 총을 쏘았으나 그것은 A가 아니고 논 한복판에 세워 둔 허수아비였던 경우와 같다.

(4) 방법의 착오

(a) **의   의**   방법의 착오(aberratio ictus)란 행위의 잘못된 진행으로 행위자가 의도한 행위객체가 아닌 다른 행위객체에서 결과가 발생한 경우를 말한다. 이것을 타격의 실패라고 부르는 것이 본래의 의미에 더 가깝다.

행위자가 특정한 행위객체를 선별하여 범행을 저지르려고 했다면 물론 그의 고의도 이 특정한 행위객체에 미쳐야 함은 물론이다. 만약 행위진행이 잘못되어 이 행위객체 이외의 전혀 의도하지 않은 다른 행위객체에서 구성요건결과가 발생했다면 그 점에 대한 고의가 귀속될 수 있느냐가 문제이다.

(b) **양   태**

㈎ **구체적 사실의 착오**   행위시에 행위자가 의도한 행위객체와 행위진행이

잘못되어 결과가 발생한 행위객체 사이에 구성요건적으로 동가치성이 인정되는 경우의 착오를 말한다. 예컨대 행위자가 A를 살해하려고 A를 향해 총을 쏘았는데 A에게 적중하지 않고 도리어 A의 옆에 서 있던 A의 처 B가 사살된 경우 또는 행위자가 A를 살해하려고 독약이 든 식빵을 A에게 배달해 주었던바, 그 빵을 A의 집에 놀러왔던 친구 B가 먹고 상해에 그쳤거나 사망한 경우와 같다.

(나) **추상적 사실의 착오**   행위시에 행위자가 의도한 행위객체와 행위진행이 잘못되어 결과가 발생한 행위객체 사이에 구성요건적으로 동가치성이 인정되지 않는 경우의 착오를 말한다. 예컨대 행위자가 A를 향하여 총을 쏘았는데 A에게 적중하지 않고 A가 데리고 가던 애완견이 맞아 죽은 경우, 자기 동생을 향하여 총을 쏘았으나 옆에 있던 자기 부친이 맞아 사망한 경우 또는 그 반대의 경우이다.

(5) 구성요건착오의 한계사례를 해결하기 위한 학설

객체의 착오 · 방법의 착오 등으로 인해 행위자가 인식 · 의도한 사실과 결과가 발생한 사실이 서로 상이한 경우에 어떤 범위 내에서 행위자에게 발생한 결과에 대한 고의 · 기수의 책임을 지울 수 있을 것인가에 대해서는 우리 형법 제13조 및 제15조가 완전한 해답을 제시해 주지 않고 있다. 따라서 이 문제에 대한 해결은 학설에 위임되어 있다고 할 수 있는데, 이와 관련해서 전통적으로 구체적 부합설 · 법정적 부합설 · 추상적 부합설이 대립되고 있다.

(a) **구체적 부합설**   구체적 부합설은 행위자가 인식 · 의도한 사실과 결과로 발생한 사실이 구체적으로 일치하는 범위 내에서만 고의기수범을 인정하는 견해이다. 독일의 통설과 판례의 입장이고[56] 우리나라에서도 점차 다수설의 위치로 전환되고 있다.[57]

구체적 부합설은 i) 구체적 사실의 착오 중 객체의 착오에 대해서는 인식한 사실과 발생한 사실이 구체적으로 부합하기 때문에 고의기수의 성립을 인정한다. 이때 객체를 혼동한 것은 형법적으로 중요하지 않은 동기의 착오에 불과하며, 행위자의 범행의사는 행위결과가 발생한 바로 그 행위객체(B를 A로 착각하고 살해할 때의 B)에 지향되어 있었기 때문에 고의기수를 인정하는 데 아무 문제가 없다

---

56) 독일에서는 구체화설(Konkretisierungstheorie)이라고 한다.

57) 권오걸 167면; 김성돈 214면; 김성천 · 김형준 115면; 박상기 135면; 박양빈, 「구성요건적 착오」, 성시탁화갑논문집, 153면; 배종대 275면; 백형구, 「구성요건적 착오」, 고시연구 1989. 11, 130면; 성낙현, 「착오의 체계와 이론」, 정성근화갑논문집, 465면; 성시탁, 「구성요건적 착오(상)」, 고시연구 1995. 7, 119면; 손동권 · 김재윤 148면; 오영근 244면; 이영란 193면; 이정원 151면 이하; 이형국, 연구 Ⅰ, 231면; 정영일, 「방법의 착오」, 고시계 1997. 3, 44면; 차용석 932, 935면; 하태훈 121면; 허일태, 「구성요건적 착오」, 고시계 1993. 3, 58면.

고 한다. ⅱ) 구체적 사실의 착오 중 방법의 착오는 의도한 사실과 발생한 결과가 구체적으로 부합하지 않으므로 의도했던 사실의 미수와 발생한 사실에 대한 과실의 상상적 경합을 인정한다. 범행의사가 지향된 객체와 실제 결과가 발생한 객체가 다르기 때문이다. ⅲ) 추상적 사실의 착오에 있어서는 객체의 착오와 방법의 착오를 가리지 않고 모두 인식 또는 의도했던 사실에 대한 미수와 발생사실에 대한 과실의 상상적 경합으로 처벌한다.

구체적 부합설에 대해서는 ⅰ) 구체적 사실의 착오 중 객체의 착오에 대해서만 고의기수범의 성립을 인정함으로써 고의기수범의 성립범위가 부당하게 좁아진다, ⅱ) 인식사실과 발생사실이 구체적으로 다르다는 점에서는 객체의 착오와 방법의 착오간에 차이가 없는데 양자를 법적으로 다르게 취급해야 하는 이유가 분명치 않다, ⅲ) 방법의 착오에 있어서 살인의 고의로 실제 사람을 살해했음에도 불구하고 법적 평가에 있어서 살인미수와 과실치사를 인정하는 것은 일반인의 법감정에 반한다 등의 비판이 가해진다.

(b) **법정적 부합설**　　법정적 부합설은 행위자가 인식·의도한 사실과 발생한 사실이 구성요건적으로 부합하거나 죄질이 부합할 경우에는 발생 사실에 대한 고의기수범을 인정하는 견해이다.[58] 구체적 부합설에 비해 고의기수의 성립범위가 확대되며, 종래 우리나라의 다수설과 현재 대법원의 입장이다.[59]

법정적 부합설은 법정적으로 부합하는 사실의 범위를 어디까지 인정할 것인가를 놓고 다시 구성요건부합설과 죄질부합설로 나뉜다. ⅰ) 구성요건부합설은 인식한 사실과 발생한 사실이 구성요건적으로 동일한 사실의 범주 내에 속하는 경우에 고의기수의 성립을 인정하는 입장이다.[60] 결국 같은 구성요건에 속하는 경우에는 고의기수가 인정된다. ⅱ) 죄질부합설은 인식한 사실과 발생한 사실이 동일한 구성요건적 사실에 속하는 경우뿐만 아니라 죄질이 동일한 경우에도 고의기수를 인정하겠다는 입장이다.[61] 예컨대 절도죄와 점유이탈물횡령죄는 구성요건적으로는 상이하지만 죄질이 동일하기 때문에 양자 사이에 고의기수의 성립이

---

58) 독일에서는 동가치설(Gleichwertigkeitstheorie)이라고 한다.

59) 대판 1958. 12. 29, 4291 형상 340; 1984. 1. 24, 83 도 2813.

60) 김종원, 「구성요건적 착오」, 법정 1977. 4, 55면; 백남억 228면; 신동운 213면; 이건호, 8인 공저, 259면; 정창운 240면; 조준현 240면; 진계호 233면.

61) 이재상 178면; 임웅 169면; 정성근·박광민 201면. 반면 신동운 교수는 죄질부합설에 있어서 죄질은 범죄의 성질 내지 특질을 의미하는 것이고 또한 죄질의 내용이 무엇인지가 분명치 않기 때문에, 입법자가 정해 놓은 행위정형을 기준으로 삼는 '법정적' 부합설에 죄질부합설은 포함시킬 수 없다는 비판을 가한다. 즉 법정적 부합설은 구성요건부합설만을 의미한다는 것이다. 신동운 213면.

가능하다는 것이다.[62] 구성요건부합설보다 고의기수범의 성립범위가 확대된다.

　　법정적 부합설에 의할 경우 구체적으로는 i) 구체적 사실의 착오 중 객체의 착오에 대해서는 인식사실과 발생사실이 법정적으로 부합되므로 고의기수의 성립이 인정된다. ii) 구체적 사실의 착오 중 방법의 착오에 있어서도 역시 인식사실과 발생사실 간에 법정적 부합이 인정되므로 고의기수가 성립하게 된다.[63] iii) 추상적 사실의 착오의 경우에는 객체의 착오와 방법의 착오를 가리지 않고 모두 인식사실에 대한 미수와 발생사실에 대한 과실의 상상적 경합을 인정한다.

　　법정적 부합설에 대해서는 i) 범행의사(고의)의 사실적 기초를 무시하고, ii) 소위 병발(倂發)사례에서 타당한 결론을 제시하지 못한다는 등의 비판이 가해진다.

　　(c) **추상적 부합설**　　추상적 부합설은 행위자가 인식·의도한 사실과 발생한 사실이 추상적으로 부합하면 결과발생에 대한 고의기수범을 인정하는 견해이다. 여기서 '추상적 부합'라는 의미는 비교되는 양 사실(인식사실과 발생사실)간에 존재하는 사실적 구체성이나 구성요건적 정형성의 이동(異同)을 고려하지 않고 양 사실이 단지 형법상의 죄라는 일반적 성질에 부합하면 고의기수범의 성립을 인정하겠다는 취지로 사용된 것이다. 따라서 고의기수범의 성립을 인정하는 범위가 매우 넓어진다. 현재 우리나라에서 이 설을 지지하는 견해는 찾아볼 수 없다.

　　구체적 사례에 있어서 추상적 부합설은 i) 구체적 사실의 착오의 경우에는 객체의 착오와 방법의 착오를 가리지 않고 모두 고의기수범의 성립을 인정한다. ii) 추상적 사실의 착오의 경우에는 객체의 착오·방법의 착오에 상관없이 적어도 경한 죄의 고의기수를 인정하겠다는 취지에 따라, ① 경한 죄의 고의로 중한 죄를 실현한 경우에는 경한 죄의 기수와 중한 죄의 과실의 관념적 경합을(손괴의 의사로 사람을 상해한 경우 손괴 기수와 과실치상의 상상적 경합), ② 중한 죄의 고의로 경한 죄를 실현한 경우에는 중한 죄의 미수와 경한 죄의 기수가 성립(상해의 고의로 재물을 손괴한 경우 상해미수와 재물손괴의 고의기수)하되 중한 고의는 경한 고의를 흡수하므로 두 죄의 경합은 성립하지 않고 중한 죄의 미수에 따라 처단한다는 결론에 이른다.

---

62) 따라서 점유이탈횡령물인 것으로 생각하고 영득했으나 사실은 타인의 점유하에 있는 물건이었을 경우 죄질부합설에 의하면 점유이탈물횡령죄의 고의기수 성립을 인정하게 되나, 구성요건부합설에 따르면 구성요건이 상이하기 때문에 점유이탈물횡령의 미수와 절도의 과실이 되어 무죄가 된다는 결론에 이른다.

63) 대판 1984. 1. 24, 83 도 2813: 「자신의 조카를 업고 있는 형수를 죽이기 위해 몽둥이로 내리쳐 형수가 피를 흘리면서 쓰러지자 다시 한번 내리쳤는데 그만 업혀 있던 조카의 머리에 맞아 조카가 두개골골절로 사망하고 말았다. 이러한 방법의 착오는 살인의 고의성립에 영향을 주지 않는다.」

　추상적 부합설에 대해서는 행위자의 인식과 발생사실이 부합하지 않음에도 불구하고 무리하게 고의기수범을 인정하여 법논리적으로 전혀 맞지 않을뿐더러— 경한 범죄에 대해서는 무조건 고의기수범을 인정하기 때문에, 결국 발생하지 않은 사실에 대한 기수와 의도하지 않은 사실에 대한 고의를 인정하는 이상한 결론에 이르게 된다—, 행위자에 대한 지나친 처벌욕구에 사로잡힌 견해라는 비판이 제기된다.[64]

《참고》 이 세 학설의 결론을 도표로 표시하면 다음과 같다.

		객체의 착오	방법의 착오
구체적 부합설	구체적 사실의 착오	고의기수	미수＋과실
	추상적 사실의 착오	불능미수＋과실	미수＋과실
법정적 부합설	구체적 사실의 착오	고의기수	고의기수
	추상적 사실의 착오	불능미수＋과실	미수＋과실
추상적 부합설	구체적 사실의 착오	고의기수	고의기수
	추상적 사실의 착오	중→경(중한 죄 미수＋경한 죄 기수) 경→중(경한 죄 기수＋중한 죄 과실)	

　⒟ 결 론　　고의의 구체적 인식내용과 발생한 사실간의 사실적·규범적 차이를 무시하고 고의기수범의 성립을 인정하려는 추상적 부합설이 전혀 설득력을 가질 수 없음은 당연하다. 그렇다면 구체적 부합설과 법정적 부합설 중에서 어떤 입장을 취할 것인가 하는 문제가 남는다. 그런데 양 견해가 결론에서 차이를 보이는 것은 구체적 사실의 착오 중 방법의 착오가 있는 경우이다. 이 경우 구체적 부합설은 인식사실의 미수와 발생사실의 과실을 인정하나, 법정적 부합설은 발생사실에 대한 고의기수범을 인정하기 때문이다. 따라서 양 견해 중 어떤 입장을 취할 것인가는 결정적으로 구체적 사실의 착오 중 방법의 착오가 있는 사례에서 어떤 견해가 보다 더 타당성과 설득력 있는 해답을 제시할 수 있는가에 달려 있다고 할 수 있다.

　이런 점을 고려할 때 법정적 부합설보다는 구체적 부합설이 더 큰 설득력을 갖는 것으로 보인다. **구체적 부합설의 찬성근거**를 다음의 세 가지 경우로 살펴본다.

---

64) 배종대 274면.

(가) 구체적 사실의 착오 중 객체의 착오   이 경우 구체적 부합설이 발생한 사실에 대한 고의기수범의 성립을 인정하는 것은 다음과 같은 이유에 기초한다.

(i) 구성요건적 동가치성이 있는 경우 구체적인 행위객체의 동일성에 관하여 착오했더라도 그것은 구성요건상 중요하지 않은 개별화에 대한 착오에 불과하다. 이것은 구성요건상 중요하지 않은 대상의 주관적 의미에 대한 착오, 즉 동기의 착오이며 야기된 결과에 대한 고의기수를 인정함에 지장이 없다. 이와 같은 착오는 구성요건실현의 중요한 표지에 관한 착오가 아니어서 구성요건착오로 취급할 필요가 없기 때문이다.

(ii) 인식대상이 「타인」이기만 하면 보통살인죄의 구성요건고의는 성립할 수 있고, 그 타인이 갑남이냐 을녀냐 하는 것은 구성요건고의성립에 아무런 영향을 미치지 않는다.

(iii) 행위자의 범죄실현의사도 착오로 잘못 간주한 행위객체에 향하고 있어 결과가 발생한 행위객체는 행위자의 의사에 따라 피해를 입었기 때문이다.

(나) 구체적 사실의 착오 중 방법의 착오   앞서 본 객체의 착오와는 달리 동가치 객체간에 방법의 착오가 있는 경우에는 의도했던 행위객체에 대한 미수와 의외의 발생한 결과에 대한 과실을 인정하여 관념적 경합의 예에 따라 처단하는 것이 책임원칙에 더 적합하다. 그 이유는 다음과 같다.

(i) 방법의 착오는 객체의 착오와는 달리 행위자의 인식과 구성요건적 실재의 불일치 문제가 아니라 행위자의 의도와 구성요건적 과정의 불일치에 해당한다. 따라서 이것은 고의배제를 위한 구성요건착오의 문제가 아니라 고의의 구체화와 관련된 인과과정에 관한 착오의 특수한 예에 속한다. 고의는 특정한 행위객체를 향하여 구체화되어야 하므로 사실상 결과가 야기된 의외의 행위객체에 대해서는 고의를 귀속시킬 수 없다. 그럼에도 불구하고 의욕하지 않은 결과에 대해 고의를 인정하는 것(소위 고의의 전용)은 책임원칙에 반한다.

(ii) 법정적 부합설에서는 법감정을 내세워 살인의 고의를 가지고 사람을 살해하여 사망의 결과가 발생했음에도 살인의 고의기수를 인정하지 않는 것은 일반인의 법감정에 반한다고 주장한다. 그러나 이 경우 의도되지 않은 행위객체에 대한 살인의 고의를 인정하는 것이 오히려 일반인의 법감정에 반하게 된다. 예컨대 원수를 죽이려고 총을 발사했으나 원수 대신 사랑하는 부인이 맞아 죽은 경우에, 일반인의 법감정은 사랑하는 부인에 대한 살인의 고의기수보다는 과실치사의 법적 평가를 더 타당한 것으로 받아들일 것이기 때문이다. 법정적 부합설에서는 살인

죄의 경우에 '사람'을 죽인다는 인식과 의도면 족하지 구체적으로 '누구'를 죽인다는 인식과 의도는 필요 없다고 주장하나 앞의 사례에서 보듯이 이러한 주장이 일반인의 법감정에 맞는 것인지는 매우 의문시된다.

(ⅲ) 결과가 야기된 행위객체에 대한 고의가 불성립한다 하더라도 그 점에 대한 행위자의 과실 여부는 남아 있다. 또한 애당초 행위자가 의도했던 행위객체에는 행위가 적중하지 않았더라도 그 점에 대한 실행의 착수는 충분히 인정되므로 미수의 성립은 인정된다. 만약 미수와 과실의 처벌이 모두 가능한 경우라면 관념적 경합의 예에 따라 처단하지 않을 수 없다.

㈐ **병발사고가 발생한 경우**   다음으로 법정적 부합설은 방법의 착오사례에서 소위 병발사고가 발생한 경우에 만족할 만한 해답을 주지 못한다. 발생한 결과에 대한 고의기수만을 인정하고 본래의 행위객체를 겨냥한 공격행위에 대한 법적 평가를 하지 않기 때문이다(즉 A를 살해하려다가 B를 살해한 경우에 B에 대한 살인의 고의기수만을 인정하고 별도로 A에 대한 살인미수는 인정하지 않는다). 생각 가능한 병발사례로는 ⅰ) A를 죽이기 위해 발사된 총알이 A를 관통하여 B를 명중, 양자가 다 사망한 경우, ⅱ) 앞의 사례에서 A는 사망하고 B는 상해를 입은 경우, ⅲ) 앞의 사례에서 A는 관통상만 입고 B가 총알에 의해 사망한 경우들을 들 수 있다.

이러한 사례에서 구체적 부합설이 논리적으로 매끄러운 해답을 제시할 수 있음은 물론이다. ⅰ)의 경우는 A에 대한 고의살인과 B에 대한 과실치사, ⅱ)의 경우는 A에 대한 고의살인과 B에 대한 과실치상, ⅲ)의 경우는 A에 대한 살인미수, B에 대한 과실치사의 책임을 각각 상상적 경합의 관계에 의해 물을 수 있다.

반면 법정적 부합설에 의할 경우, 앞의 ⅰ) 및 ⅱ)의 사례에서는 의도된 행위객체인 A에 대한 사망의 결과가 발생했으므로 A에 대한 살인의 고의기수를 인정하고 기타 예기치 않았던 결과인 B의 사망 내지 상해의 결과에 대해서는 과실치사 내지 과실치상의 성립을 인정할 수 있다고 하더라도, ⅲ)의 사례(A의 상해와 B의 사망)에서는 만족할 만한 해답을 제시하기가 어려워진다. 만약 이 사례에서 A가 부상조차 입지 않았다면 B에 대한 살인의 고의기수만을 인정하는 것으로 결론을 맺더라도 큰 문제가 아닐 수 있다. 비록 A에 대해 공격행위가 있었지만 외관상으로 볼 때 A는 전혀 법익침해를 당하지 않았기 때문이다. 그러나 병발사고의 예처럼 A가 상해를 입은 경우에는 외관상으로도 일신전속적 법익에 대한 중대한 침해가 야기된 경우이기 때문에 그에 대한 공격행위와 법익침해의 결과를

단순히 묵살——A에 대한 살인미수와 상해의 결과는 B에 대한 살인죄에 흡수된
다는 식으로——하고 B에 대한 살인의 고의기수만을 인정할 수는 없는 것이다.
어떤 보호법익주체에 대한 중대한 법익침해행위와 침해결과가 있었음에도 불구
하고 이를 형법적으로 평가하지 않는 것은 중대한 임무유기가 아닐 수 없다. 사례
를 좀더 극적으로 만들어, 행위자가 자기를 부당 해고한 데 앙심을 품고 회의실에
모여 있는 회사중역 5명을 살해하기 위하여 폭탄을 던졌는데 이들 5명은 중상으
로 그치고 불행히 그 시각 차를 나르던 여직원이 예기치 않게 파편에 맞아 사망
했다고 한다면, 과연 법정적 부합설의 결론대로 여직원에 대해서는 고의살인이
성립하고 중상을 입은 5명의 중역에 대해서는 형법적으로 아무런 일도 없었다고
평가할 수 있겠는가. 이런 결론이 사리에 맞지 않음은 자명한 일이다.

(6) 인과과정의 착오

(a) 의 의   인과과정의 착오(상위)란 원칙적으로 동일한 행위객체에 대
해 행위자가 애당초 표상했던 것과는 다른 인과과정을 통해, 다른 방식으로 구성
요건결과가 야기된 경우를 말한다.

(b) 양 태

(가) 행위의 작용방식의 상위   행위자가 A를 익사시키려고 다리 밑으로 밀었
던바, A가 떨어지면서 교각에 머리를 부딪혀 오히려 뇌진탕으로 사망한 경우, 행
위자가 A를 살해하기 위해 권총을 꺼내자 A는 겁에 질린 나머지 심장마비로 사
망한 경우 또는 행위자가 살인의 고의로 A에게 권총을 발사했으나 A는 단지 중
상을 입고 병원으로 호송 중 교통사고로 사망하였거나 입원중인 병원의 화재로
사망한 경우 등이다.

(나) 실행행위 개시 이후 하자발생   A는 평소 나쁜 감정이 있던 K에게 복수
하기 위해 상해의사로 그의 머리를 수차례 망치로 때렸다. K가 심한 상처를 입고
마룻바닥에 쓰러지자 A는 발각될 것을 두려워하여 아예 K를 살해하기로 하고 계
속 망치로 내리쳤다. 이 때 A는 살인광기(Blutrausch)의 상태에 빠져들어 자신의
다음 행동을 의식하지 못한 채 우연히 옆에 놓여 있던 광부용 도끼를 집어들고 K
를 계속 가격하였다. 망치와 도끼에 의해 총 30번의 가격이 있었으나 K는 도끼에
의한 다섯 번의 가격에 의해 치명상을 입고 사망한 경우이다.

《참고》 BGHSt 7, 325(Blutrauschfall): 이 경우 행위자는 실제의 인과과정과 예
    상된 인과과정에 비본질적 상위가 있어 자신의 애당초 계획을 제대로 실현한 경우
    로 볼 수 있기 때문에 살인기수로 처벌받게 된다.

㈐ **고의 없는 두 번째 행위에 의한 결과야기**　소위 개괄적 고의의 사례가 이에 해당한다. 개괄적 고의는 고의형태로는 오늘날 존재하지 않지만, 예컨대 행위자가 이웃집 사람과 말다툼 끝에 살해하기로 마음먹고 주먹으로 복부를 일회 강타하여 쓰러지자 죽은 줄 알고 숲속에 묻어 버렸는데 피해자는 사실 주먹다짐에 의해 사망한 것이 아니라 매장으로 인해 질식사한 사례를 지칭하는 말로 사용되고 있다. 개괄적 고의도 인과과정의 상위에 관한 하나의 양태임은 물론이다.

㈐ **취　급**　인과과정의 착오에서 인과적 진행과정이 행위자의 표상과 본질적으로 상위한가 아니면 비본질적으로 상위한가를 기준으로 하여 본질적인 상위가 있는 경우에는 발생된 결과에 대한 고의기수를 부인하고, 비본질적인 상위가 있는 경우에는 고의기수를 인정하는 것이 다수설의 입장이다.

그러나 앞서 이미 논의된 바와 같이 인과과정의 착오는 객관적 귀속의 문제로 해결하는 것이 옳다. 인과과정의 착오에서는 인과과정과 관련된 행위자의 주관적 표상보다 행위자의 행위에서 발단하여 현실적으로 등장한 인과과정과 현실적으로 야기된 결과가 일반인의 관점에서 객관적으로 귀속될 수 있느냐가 더 중요하기 때문이다. 물론 이 경우 위험실현(특별한 객관적 귀속)의 관점에서 판단하여 객관적 귀속이 인정되면 고의기수, 부인되면 미수로 다루어야 한다.

Ⅳ. 특별한 주관적 불법요소

1. 의　의

행위자의 행위의사를 더 상세히 특정해 줌으로써 고의와 함께 행위불법을 구성하는 고의 이외의 주관적 불법요소를 특별한 주관적 불법요소라 한다. 고의를 '일반적인 주관적 구성요건요소'라고 부르는 데 대해, 이것을 다른 말로 '특별한 주관적 구성요건요소'라고 부르기도 한다. 이러한 특별한 주관적 구성요건표지의 예로서는 절도죄에서 '위법영득의 의사', 사기죄에서 '위법이득의 의사', 각종 통화·유가증권·우표·인지·문서·인장에 관한 죄에서 '행사할 목적' 등을 들 수 있다.

2. 특별한 주관적 불법요소의 유형

구성요건을 특별한 주관적 불법요소에 따라 체계적으로 구분할 수 있다. 일찍이 메츠거가 이를 목적범·경향범·표현범의 세 가지로 분류한 이래, 최근에 예쉑은 부진정심정표지(Unechte Gesinnungsmerkmale)를 여기에 덧붙이고 있다.

(1) 목 적 범

(a) 의　　의　　행위자의 주관적 목적이 구성요건고의의 대상인 객관적 구성요건요소를 넘어 더 광범위한 효과에까지 미치도록 되어 있는 범죄구성요건을 목적범이라 한다. 각종 영득죄에서 '영득의사', 각종 위조죄에서 '행사의 목적', 내란죄($\frac{제87}{조}$)에서 '국헌문란의 목적', 영리목적약취유인죄($\frac{제288}{조}$)에서 '영리의 목적', 각종 예비·음모죄에서 '~의 죄를 범할 목적' 등이 이에 속한다. 목적범에서 목적 내지 의도는 일반적인 주관적 불법요소인 구성요건고의와는 달리 범죄사실의 구성요건인 객관적 요소의 인식을 초과하는 의식형태이므로 이를 '초과된 내적 경향을 가진 범죄'(Delikt mit überschießender Innentendenz)라고도 부른다.

(b) 종　　류

(가) 목적의 내용에 따른 구분　　초과된 내적 경향을 가진 범죄인 목적범은 목적이 구성요건행위의 실행에 의해 어떻게 실현되는가에 따라 '단축된 결과범'(Kupierte Erfolgsdelikte)과 '불완전한 이행위범'(Unvollkommen zweiaktige Delikte)으로 구분된다.

(ⅰ) 단축된 결과범　　본래의 구성요건결과를 초과하는 목적실현이라는 부가적 결과가 행위자의 구성요건행위 자체에 의해 직접 야기되며, 목적실현이라는 부가적 결과의 발생을 위해 다른 별개의 행위를 필요로 하지 않는 목적범을 말한다.

예: 내란죄($\frac{제87}{조}$)에서 '국헌문란의 목적', 출판물 등에 의한 명예훼손죄($\frac{제309}{조}$)에서 '사람을 비방할 목적', 준점유강취죄($\frac{제325조}{제2항}$)·준강도죄($\frac{제335}{조}$)에서 '재물의 탈환을 항거할 목적', 각종 위조죄($\frac{제207조}{이하}$)에서 '행사의 목적', 재산상의 이익에 대한 강도($\frac{제333}{조}$), 사기죄($\frac{제347조}{제1항}$)·공갈죄($\frac{제350조}{제1항}$)에서 '위법이득의 의사'

(ⅱ) 불완전한 이행위범　　본래의 구성요건결과를 초과하는 목적실현이라는 부가적 결과가 행위자의 구성요건행위만으로는 야기될 수 없고 행위자나 제3자의 별개의 행위를 통해서만 야기될 수 있는 목적범을 말한다.

예: 각종 예비죄 외에도 무고죄($\frac{제156}{조}$)에서 '타인으로 하여금 형사처분 또는 징계처분을 받게 할 목적', 음행매개죄($\frac{제242}{조}$)·영리목적약취유인죄($\frac{제288}{조}$)에서 '영리의 목적', 절도죄($\frac{제329}{조}$)·재물에 대한 강도죄($\frac{제333}{조}$)에서 '위법영득의 의사'

양자를 구별할 실익은 목적과 관련된 인식의 정도에 차이가 있다는 점이다.

즉 단축된 결과범은 목적의 실현이 구성요건행위만으로 완성되기 때문에 확정적 인식(확실성 정도)을 필요로 하나, 불완전한 이행위범은 별개의 행위의 추가를 필요로 하므로 미필적 인식(충분한 가능성 정도)만으로 족하다. 반면 판례는 이를 구별하지 않고 목적의 인식정도에 대해 미필적 인식으로 족하다는 입장이다(대판 2010. 7. 23, 2010 도 1189; 2009. 5. 28, 2009 도 1446).

‖ **판례** ‖ [구 증권거래법상의 ‘시세조정등 불공정거래금지’] 위반죄가 성립하기 위하여는 통정매매 또는 가장매매 사실 외에 주관적 요건으로 ‘거래가 성황을 이루고 있는 듯이 오인하게 하거나 기타 타인으로 하여금 그릇된 판단을 하게 할 목적’이 있어야 하고, 같은 조 제 2 항 위반죄의 성립을 위하여는 ‘인위적인 조작을 가하여 변동시킨 유가증권의 시세를 투자자에게 자연적인 수요·공급의 원칙에 의하여 형성된 것으로 오인시켜 투자자를 유가증권의 매매거래에 끌어들이려는 목적’을 의미하는 ‘매매거래를 유인할 목적’이 요구되는데, 이러한 위 각 법조 소정의 목적은 다른 목적과의 공존여부나 어느 목적이 주된 것인지는 문제되지 아니하고, 그 목적에 대한 인식의 정도는 적극적 의욕이나 확정적 인식임을 요하지 아니하며 미필적 인식이 있으면 족하다(대판 2009. 5. 28, 2009 도 1446).

　(나) **목적의 성질에 따른 구분**　　목적범은 다시 목적의 성질에 따라 진정목적범(Echte Absichtsdelikte)과 부진정목적범(Unechte Absichtsdelikte)으로 구분된다.

　(i) 진정목적범은 목적의 존재가 범죄성립의 요건인 범죄이다. 예컨대 각종 위조죄의 ‘행사의 목적’이나 각종 영득 내지 이득죄의 ‘영득 내지 이득의 의사’ 등 목적범의 대부분이 여기에 해당한다.

　(ii) 부진정목적범은 목적의 존재가 형의 가중·감경사유로 되어 있는 범죄이다.

　① 아편 또는 아편흡식기구소지죄의 ‘판매의 목적($^{제198조}_{제199조}$)은 단순한 아편 등의 소지죄($^{제205}_{조}$)에 대해 불법가중으로 인한 형의 가중사유가 되는 경우이다. 그 밖에 영리목적 약취유인죄($^{제288}_{조}$)에 있어서의 영리목적, 모해위증죄($^{제152}_{조}$)·모해증거인멸죄($^{제155}_{조}$)에 있어서의 모해목적 등을 들 수 있다.

　② 촉탁·승낙살인죄($^{제252조}_{제1항}$)는 행위자가 피해자의 촉탁·승낙 사실을 알고 ‘피해자 본인을 위하여’ 행위양태를 결정한 것으로서 피해자의 승낙과 유사성이 있기 때문에 보통살인죄($^{제250조}_{제1항}$)에 비해 불법감경으로 인한 형의 감경사유가 된 경우이다.[65] 결혼목적 약취유인죄($^{제291}_{조}$)에 있어서의 결혼할 목적도 불법감경 사유이다.

---

65) 물론 여기에서 ‘피해자 본인을 위하여’라는 목적표지는 우리 형법상 절도죄(제329조)의 ‘위법영득의사’처럼 기술되지 아니한 특별한 주관적 구성요건요소에 해당한다.

(2) 경 향 범

행위자의 주관적인 행위경향이 구성요건표지로 되어 있거나 범죄유형을 함께 규정하고 있는 범죄를 경향범이라 한다. 예컨대 학대죄($^{제273}_조$)의 학대행위, 가혹행위죄($^{제125}_조$)의 가혹행위, 공연음란죄($^{제245}_조$)의 음란행위, 준강간죄 ($^{제299}_조$)·준사기죄 ($^{제348}_조$)의 이용행위 등이 그것이다.

경향범은 구성요건행위가 행위자의 강한 의사방향에 따라 지배될 뿐만 아니라 이 강화된 의사방향이 보호법익에 대한 특별한 위험성을 불러일으키는 특징을 가진 범죄형태이다. 행위자의 일정한 내적 경향의 표출을 내용으로 하기 때문에 경향범을 '강화된 내적 경향을 가진 범죄'(Delikte mit intensivierter Innentendenz)라고도 부른다.

(3) 표 현 범

행위가 행위자의 내면적인 지식상태의 굴절·모순과정을 표현해 주는 범죄구성요건인 경우를 표현범이라고 한다. 표현범의 구성요건은 행위자에게 일정한 내면적인 지식상태가 존재할 것과 그의 외부적 행위는 이 지식상태와 모순된 진의 아닌 의사표시일 것을 요한다.

대표적 예가 위증죄($^{제152}_조$)이다. 여기에서는 법률에 의해 선서한 증인이 단지 객관적으로 허위의 사실을 진술하였기 때문이 아니라 주관적으로 증인 자신의 기억에 반하는 사실을 진술하였다는 점이 행위반가치를 구성하는 특별한 주관적 불법요소가 된다. 허위의 감정·통역·번역죄($^{제154}_조$), 국가보안법 제10조의 불고지죄 등도 이에 해당한다.

제 8 절 불법구성요건에서 행위반가치와 결과반가치

I. 서   언

불법구성요건요소로는 주관적·객관적 구성요건요소가 있다. 그리고 구성요건해당성은 고전적 범죄론의 시대에 생각했던 것처럼 결과반가치, 즉 법적으로 승인되지 않은 어떤 결과의 야기에서 끝나는 것이 아니라, 구성요건 실행행위에 대한 부정적 평가인 행위반가치를 함께 고려함으로써 가능하다.

물론 행위반가치는 구체적인 사례에서 요구된 고의와 과실의 형태, 행위경향, 행위의 성질에 따라 상이하며, 결과반가치도 기수와 미수, 침해범과 위험범의 경우에 각각 달리 형성된다. 그럼에도 모든 가벌적 행태의 불법구성요건해당성은 그것이 고의범이건 과실범이건, 작위범이건 부작위범이건, 결과범이건 거동범이건, 침해범이건 추상적 위험범이건, 심지어 기수이든 미수이든 언제나 이 행위반가치와 결과반가치가 결합되었을 때에만 인정된다. 예컨대 단순폭행죄($\frac{제260}{조}$) 같은 단순한 거동범에서도 외부적 결과가 행위 자체와 분리될 수는 없지만, 일종의 결과반가치가 존재한다.

II. 이론사적 고찰

1. 벨첼의 인적 불법론

고전적·신고전적 범죄체계는 범죄개념을 객관적 표지와 주관적 표지로 엄격히 구분한 뒤 「객관적 행위측면은 구성요건해당성과 위법성에, 주관적 행위측면은 책임에」라는 명제를 확립했다. 따라서 불법은 오직 객관적 표지만으로 구성되며, 모든 주관적 표지는 책임에 속했다. 여기에서는 불법의 핵심을 객관적 표지에 따른 결과반가치에 두었다.

벨첼류의 목적적 범죄체계는 인간행위의 목적적 구조, 즉 목적성을 범죄체계 구성의 결정적 요인으로 파악하기 때문에, 고의작위범에서 이 목적성을 이미 고의와 동일시할 뿐 아니라 고의 자체를 일반적인 주관적 불법요소로서 구성요건의 주관적 표지로 삼는다. 따라서 고의범에서 불법은 행위자의 인격과 내용적으로 절연된 결과야기에 있는 것이 아니라 행위자의 인격과 연관된 인적 행위불법이라는 결론에 이른다.

목적적 범죄체계는 불법의 핵심을 인적 행위반가치에 놓는다. 그리하여 불법에서 행위반가치가 제1차적 구성적 부분이고, 반면 결과반가치는 불법을 구성하는 것이 아니라 불법을 제한하는 몫을 담당하는 데 불과한 부차적 요소라는 것이다. 이것을 인적 불법론이라 부른다.

2. 일원적·주관적인 인적 불법론

(1) 내 용

형법적 불법과 구성요건해당성을 오직 행위반가치만으로 근거짓고 결과반가치를 불법의 영역에서 몰아내어 불법과 무관한 객관적 처벌조건으로 파악하는 입장이 본(Bonn) 학파의 일원적·주관적인 인적 불법론이다.

이것은 오직 행위반가치만이 불법의 전부라고 보는 점에서 일원적인 인적 불법론이다. 또한 행위반가치 안에 아직도 객관적 요소를 포함시키는 벨첼의 인적 불법론과는 달리 행위반가치 안에 주관적 요소만 포함시키고 결과를 비롯한 객관적 요소를 전적으로 배제시킨다는 점에서 주관적인 인적 불법론이다.

이를 단적으로 표현해 주고 있는 것이 칠린스키(Zielinski)의 다음과 같은 말이다: 「불법은 의무위반의 목적적 행위만이며, 결과 또는 결과반가치는 불법에서 아무 기능도 하지 못한다.」[66]

(2) 비   판

본(Bonn) 학파의 이론을 관철하면 미수와 기수의 동일시, 결과를 불법에서 배제함으로써 일어나는 법감정과의 모순, 정당화사유의 이론구성상의 문제점, 양형에서의 문제 등이 발생한다. 이것은 형사정책적으로 행위자에게 너무 과중한 부담을 지우는 결과가 된다. 우리 형법 제25조의 규율에 반해서 기수와 미수를 똑같이 처벌하고 불능미수를 불법의 원형으로 간주할 수밖에 없다는 결론이 된다. 과실의 경우에도 가벌성은 결과의 발생과 무관하고 단지 주의의무위반에만 의존하게 된다.

금지된 것은 행위일 뿐 결과가 아니라는 명제는 결과가 인간의 행위와 무관한 것이고, 단지 우연하고 예견할 수 없는 것인 한 일리 있는 주장일 수 있다. 자연사태나 불가피한 우연을 규범으로 금지시키려고 하는 것은 무의미한 일이기 때문이다.

그러나 형법에서 결과불법 없는 행위불법은 애당초 성립할 수 없다. 따라서 행위반가치 일원론의 주장은 결과발생을 요건으로 하는 과실범체계나 미수와 기수는 행위반가치에서 같다는 점에 비추어 볼 때 무제한 타당할 수는 없다.

3. 불법에서 평가규범과 결정규범

규범논리적 관점에서 만약 형법규범의 본질을 평가규범으로만 본다면 불법구성요건해당성은 결과반가치의 측면에서만 평가해야 한다는 결론에 이른다. 반면 형법규범의 본질을 결정규범으로만 간주하면 불법구성요건해당성은 행위반가치의 측면에서만 평가해야 한다는 결론에 이른다.

그러나 본래 법규범은 사고의 세계와 현실의 세계의 결합이며, 평가규범뿐만

---

66) Zielinski, Handlungsunwert und Erfolgsunwert im Unrechtsbegriff, 1973, S. 5.

아니라 결정규범의 관점에서도 이해되어야 한다. 또한 수범자에게 일정한 의사결정을 요구하기 위해서 법적인 평가가 전제되어야 하고 결정규범에 위반한 행위의 결과는 평가규범에 의해 판단받아야 한다. 그러므로 형법상 불법의 본질은 결정규범과 평가규범의 결합이라는 측면으로부터 출발하여 행위반가치와 결과반가치의 결합으로 파악해야 한다.

Ⅲ. 행위반가치와 결과반가치의 내용

1. 행위반가치의 내용

(1) 객관적 행위요소

실행행위의 종류 방법, 범행수단, 행위사정 등이 이에 속한다. 이를 통틀어 행위양태라고도 한다.

(2) 객관적 행위자(정범)적 요소

신분범의 신분 또는 정범의 표지 등이 이에 속한다.

(3) 주관적 행위요소

고의, 주의의무위반으로서의 과실은 일반적 주관적 행위요소이다. 또한 목적·경향·표현 등 특별한 주관적 불법요소는 특별한 주관적 행위요소이다. 고의범의 경우에 한하여 이 특별한 주관적 행위요소와 고의를 합쳐 의도반가치라고도 부른다.

2. 결과반가치의 내용

(1) 법익침해(제 1 의 결과반가치)

현실적인 법익침해(Rechtsgutsverletzung)결과를 의미한다. 즉 결과범에서의 현실적인 침해결과와 위험범에서의 위험상태(Gefährlage) 또는 위험결과(Gefährdungserfolg)를 말한다. 거동범에서는 현실적인 침해행위 자체가 행위객체 내지 법익에 대한 침해결과를 내포한다. 이 결과반가치가 기수와 미수를 구별하는 기준이 되는 척도이다.

(2) 법익위태화(제 2 의 결과반가치)

현실적인 법익침해의 결과에 이르지는 않았지만 종료미수와 장애미수의 경우에 결과발생이 가능했음에도 실제 결과가 미발생한 때를 법익위태화(Rechtsgutsgefährdung)라 한다. 침해범이나 위험범의 미수는 이 정도의 결과반가치를 내포하고 있는 것이다.

(3) 법익평온상태의 교란(제 3 의 결과반가치)

법익침해나 법익위태화의 정도에 이르지는 않았으나 일단 법익침해에로 지향된 행위자의 주관적 범죄의사가 실행의 착수단계를 지나 객관화되면 결과발생이 애당초 불가능했던 경우라도 사회적으로 법익평온상태는 교란되고 만다. 이와 같은 법익평온상태의 교란은 법익침해나 법익위태화에 비해 가장 약한 형태의 결과반가치를 구성한다. 이런 의미에서 이것을 제 3 의 결과반가치라고도 부른다.[67]

이것은 가벌적 미수의 형태 중 불법의 정도가 가장 낮은 불능미수의 결과반가치에 해당한다. 따라서 장애미수와 불능미수는 법익위태화냐 법익평온상태의 교란이냐라는 결과반가치의 정도에 따라 구별해야 한다.

Ⅳ. 행위반가치와 결과반가치의 기능

모든 범죄형태는 결과범이든 거동범이든, 기수이든 미수이든 행위반가치와 결과반가치가 함께 갖추어질 때 비로소 불법구성요건에 해당한다고 평가할 수 있다. 그러나 이 양자가 존재한다고 해서 불법 그 자체가 확정되는 것은 아니다. 양자는 단지 불법구성요건해당성 단계에서의 평가와 관련된 문제일 뿐이기 때문이다.

불법의 확정적인 평가는 이 양자를 갖춘 행위가 실질적으로 사회적 유해성을 나타내는 행위인가, 아니면 위법성을 조각시키는 정당화사유가 존재함으로써 사회적 유해성이 없는 행위인가를 종합적으로 검토한 뒤에 최종적으로 내릴 수 있다. 이같은 관점이 바로 위법성 영역에서 불법의 실질적 내용을 추구하는 실질적 위법성론의 입장이기도 하다.

제 9 절   구성요건해당성배제사유

Ⅰ. 사회적 상당성

사회적 상당성론(Die Lehre von der sozialen Adäquanz)은 벨첼에 의해 창안·

---

67) Mylonopoulos, Über das Verhältnis von Handlungsunwert und Erfolgsunwert im Strafrecht, 1981, S. 84f.

발전되어 온 이론이다. 그 내용은 '역사적으로 형성된 사회윤리적 공동생활의 질
서 내'에 속한 행위는 사회적으로 상당하며, 비록 우리가 그러한 행위를 어느 구
성요건의 문언에 따라 이에 포섭시킬 수 있다 하더라도 결코 구성요건에 해당될
수 없다는 것이다.[68] 즉 전통적으로 사회적 상당성은 구성요건해당성배제사유로
간주되어 왔다.

    사회적 상당성이 인정되는 사례로는 허용된 위험의 범주 내에 들어가는 행위와
경미한 법익침해행위를 들 수 있다. 전자의 예로는 궤도·도로·항공교통에의 참
여, 공장·산업시설물의 운영, 학문·과학기술의 진보를 위한 위험한 실험, 건축·
광산 등의 작업에서 불가피한 폭발물사용, 인명·건강 등의 치료·유지를 위한 의
료상의 극약사용, 투기 기타 운동경기에서의 경기활동 등이 이에 속한다. 후자의
예로는 우편배달부에게 추석 또는 새해 명절인사로 약간의 선물을 주는 일, 일시
또는 국수내기로 화투놀이를 하거나 푼돈을 내걸고 하는 도박, 경미한 자유의 제
한, 친밀한 가족들 사이에서 제3자에 대한 모욕 또는 명예훼손적인 언사를 농하는
것, 약간의 과장된 상품광고 및 선전행위, 차를 잘못 승차한 승객이 버스 발차 후
멈추어 달라고 하였으나 운전사가 다음 정류장에 가서야 비로소 정차한 경우에 있
어서의 일시적인 감금행위 등을 들 수 있다.

    그러나 오늘날 형법이론학의 영역에서 사회적 상당성론이 갖고 있는 기능 내
지 체계적 지위에 관하여는 상이한 견해들이 있다. 즉 사회적 상당성 원칙은 개념
의 애매모호성과 척도의 불확정성 때문에 법적 안정성을 해칠 염려가 있으므로
형법이론학에서 부인되어야 한다는 견해,[69] 구성요건적 문언의 의미합치적 해석
을 위한 보조수단 내지 일반적 해석원리로서의 의미와 기능을 갖는다는 견해,[70]
기술과 교통분야에서 통상적으로 발생하는 위험행위에만 제한하여 일반적으로
적용되는 초법규적인 위법성조각사유로 취급해야 한다는 견해, 객관적 귀속론이
사회적 상당성론을 대체한다는 견해[71] 등이 있다.

    생각건대 사회적 상당성론은 구성요건해당성의 문제영역에 속한다. 왜냐하면
형법상의 모든 불법구성요건은 사회적으로 상당하지 아니한 행태(Sozialinadä-
quates Verhalten)만을 규율하고 있기 때문이다. 사회적 상당성론을 이 문제영역
에 국한시키려고 한다면 사회적 상당성을 구성요건해당성 판단에 있어서 '일반적
인 해석원리'로 이해하는 것이 바람직하다. 해석원리로서의 사회적 상당성론은

68) Welzel, Studien zum System des Strafrechts, ZStW 58(1939), S. 491 ff. (514).
69) 배종대 330면; 손동권·김재윤 98면.
70) 박상기 176면.
71) 김일수, 한국형법 Ⅰ, 479면 이하; Roxin, §10 Ⅳ Rdn. 38ff.

'문언의 가능한 의미' 범위 내에서 불법유형에 포섭시킬 수 없는 경미한 사례들을 당해 구성요건해당성으로부터 배제함으로써 해석방법에 의해 구성요건의 성립을 제약하는 기능을 수행한다.

그러나 이 문제 영역에서 한 발자국 더 나아가 사회적 상당성을 구성요건의 수정요소, 즉 구성요건해당성 배제사유로 이해하게 될 때에는 원래 사회적 상당성의 개념표지의 폭이 위법성조각사유의 영역과도 접하고 있어 범죄체계상 불법구성요건과 위법성을 구별하여 각각 독자적인 평가단계로 삼는 입장에서는 난점에 부딪히게 된다.

만약 사회적 상당성의 원칙을 구성요건해석의 원칙으로 사용하면 범죄유형적 행태가 아닌 사회적으로 상당한 행위의 행위반가치가 부인되어 구성요건행위로 평가되는 것을 어느 정도 제한할 수 있다. 사회적 상당성을 범죄구성요건의 각 표지를 심사하는 데 중요한 해석의 보조수단으로 사용함으로써 법문의 가능한 문언의 범위 내에서 구성요건의 성립을 제한할 수 있는 것이다.

Ⅱ. 피해자의 승낙

1. 문제의 제기

우리나라 구형법시대에는 피해자의 승낙을 초법규적 정당화사유로 이해하기도 했으나, 현행 형법 제24조가 정당방위, 긴급피난, 자구행위에 이어 이를 규정하고 있어 그 법적 성격은 위법성조각사유(정당화사유)로 보는 것이 통설이다. 그러나 피해자의 승낙은 우리 형법해석상으로도 당연히 위법성조각사유라고 단정할 것이 못된다. 피해자의 승낙은 법익의 적법한 처분권자가 그것을 애당초 포기한 경우에 해당한다. 따라서 문제된 개개 형법규범의 보호영역에 비추어 행위자의 법익침해결과 내지 위험결과가 형법적으로 의미 있는 것인가가 여기서 문제된다.

이것은 바로 구성요건해당성의 결과반가치 및 행위반가치인정 여부의 문제이며, 이 점에 비추어 볼 때 피해자의 승낙은 구성요건배제사유의 하나에 해당한다.

2. 양해와 승낙의 구별

(1) 의   미

우리나라와 독일의 다수설은 양해와 승낙을 구별하여 양해는 구성요건해당

성배제사유이지만 승낙은 위법성조각사유라고 한다.[72]

양해란 구성요건상의 범죄기술에 있어 그 어의상 피해자의 의사에 반하는 경우에만 행위가 성립할 수 있고, 피해자의 동의가 있는 한 행위 자체가 성립할 수 없어 구성요건 자체가 배제되는 경우를 말한다. 예컨대 강간은 피해자의 동의가 있을 때는 화간일 뿐이며, 주거침입도 주거권자의 동의가 있을 때는 침입이 될 수 없는 경우와 같다. 그 밖에 절취·강취·횡령·배임 따위의 행위에서도 본인의 동의는 애당초 구성요건을 배제하는 양해일 뿐 위법성을 조각시키는 승낙이 아니라고 한다.

반면 피해자의 의사에 따른 범죄행위 성립이 가능한 경우가 승낙으로서, 승낙은 본질적으로 위법성조각의 효과를 가져오는 법익의 포기이며 그 유효범위는 법질서가 피해자 본인에게 포기의 자율권행사를 가능하게 해 준 경우에만 인정된다고 한다. 그 대표적인 예로 상해·폭행·감금·유기·명예훼손·재물손괴의 구성요건을 들고 있다.

(2) 구별의 논거

양해는 사실적인 성격을 갖고 있음에 반해, 승낙은 법적 성격을 갖고 있다는 성격상의 차이에 착안하여 통설은 양자를 구별하려고 한다.

㈎ 의사표시의 양태   양해는 양해자의 내면적 의사가 있었으면 비록 그것이 외부적으로 표현되지 않아도 좋지만, 승낙은 언어나 행위에 의해 그것이 인식될 수 있을 정도로 외부에 표현되어야 한다.

㈏ 동찰능력의 요부   양해는 양해자의 자연적 의사만 있으면 족하며 양해자가 비록 통찰능력 없는 미성년자나 정신병자라도 상관없음에 반해, 승낙은 승낙자가 찬·반을 이성적으로 교량할 수 있고 자기의사표시의 영향을 인식할 수 있는 정도의 판단력과 통찰능력을 가져야 한다.

㈐ 의사의 흠결·하자가 있는 경우   양해의 경우에는 착오·기망·강요 등 의사의 흠결·하자가 있어도 무방하지만, 승낙의 경우에는 이같은 흠결·하자가 있으면 성립할 수 없다.

㈑ 사회상규위배금지의 적용여부   양해의 경우는 단순한 사실적 성격으로 말미암아 사회상규에 위배되지 않는 범위 내에서만 허용된다는 제한이 필요 없으

72) 권오걸 244면; 손동권·김재윤 235면; 신동운 313면; 안동준 125면; 유기천 198면; 이재상 265면; 이정원 208면; 이형국, 연구 Ⅰ, 330면; 임웅 260면; 장영민, 「피해자의 승낙」, 고시계 1994. 11, 66면; 정성근·박광민 284면 이하; 진계호 357면; 최우찬, 「피해자의 승낙」, 고시계 1999. 10, 109면; 황산덕 172면.

나, 승낙은 목적이나 방법이 반윤리적일 때에는 허용되지 않는다.

(3) 구별을 반대하는 견해

오늘날 새로운 경향은 양해와 승낙의 체계상의 차이를 부인하고 법익향유자의 유효한 동의가 있는 경우에는 그것이 설령 양해적 성격을 가진 것이건 승낙의 성격을 가진 것이건 구별 없이 애당초 구성요건배제의 효력을 갖거나 또는 위법성조각의 효력을 갖는다는 것이다.

새로운 경향을 따르는 입장에서는 양해와 승낙을 체계상 구별해야 할 실무적 이유가 없으며, 성격상의 차이도 본질적인 것이 아니라 상대적인 것이기 때문에 이 양자를 체계적으로 똑같이 취급해야 한다는 것이다. 또한 양자를 엄격히 구별할 만한 일반적 기준이 없으므로 양해냐 승낙이냐는 개개 구성요건의 구조 및 특성에 따라 개별적으로 판단해야 할 해석상의 문제에 불과하다는 것이다.[73] 본서는 이 새로운 경향을 지지한다.

양해와 승낙을 구별하는 입장에서도 최근의 다수설은 양해의 법적 성격은 일률적으로 확정될 것이 아니고, 당해 구성요건의 입법취지와 보호법익의 성질에 따라 구체적·개별적으로 파악되어야 한다는 입장을 취하고 있다(개별검토설).[74] 이렇게 되면 사실상 양해 내지 승낙의 유효요건(양해·승낙능력)은 각 구성요건의 특성과 보호법익에 따라 달라지는 것이기 때문에 구태여 양해와 승낙을 구분할 의미가 없어지게 된다.

(4) 피해자의 승낙을 구성요건배제사유로 보아야 할 이유

양해와 승낙의 구별을 반대하는 견해 중에서도 피해자의 승낙을 위법성조각사유[75]로 볼 것인가 아니면 구성요건해당성배제사유[76]로 볼 것인가에 관하여는 다시 견해가 갈린다.

위법성조각사유로 보는 견해는 피해자의 승낙을 다른 위법성조각사유와 함께 나란히 규정한 형법의 체계상 구성요건해당성배제사유로 보기 어렵다는 점, 피해자의 승낙을 불법배제사유로 할 때 행위자에게 법치국가적인 인권보장을 확대할 수 있다는 점, 피해자에게 형법집행에 관한 처분가능성을 부여함으로써 자

---

73) 박상기 208면; 배종대 404면; 손해목 541면.
74) 김성돈 297면; 신동운 313면; 안동준 127면; 임웅 261면; 이재상 265면; 이형국 199면; 정성근·박광민 286면; 진계호 360면.
75) 박상기 222면; 배종대 404면 이하.
76) 구모영, 「피해자승낙과 범죄체계론」, 동아법학 19(1995), 94면; 김일수, 한국형법 Ⅰ, 476면; 손해목 540면.

유영역의 확대를 가져온다는 점 등을 논거로 든다.

그러나 이 논거 중 피해자의 승낙이 위법성조각사유 중 하나로 규정되었다는 생각은 법문의 내용과 법리보다 형식만을 피상적으로 관찰한 나머지, 전통적인 편견을 그대로 답습한 것이라는 점, 행위자의 인권보장과 자유영역확대는 구성요건해당성배제사유로 할 때 더 근원적으로 보장된다는 점에서 수긍하기 어렵다.

자유주의적 법익론에서 볼 때 개인이 자유로운 의사에 의해 처분가능한 법익을 처분했을 경우 국가형벌권은 애당초 관여할 필요가 없다는 점, 피해자의 승낙은 다른 위법성조각사유와 비교할 때 이질성이 커서 굳이 위법성조각사유의 하나로 보아야 할 실익이 없다는 점, 피해자의 승낙은 **결과반가치의 흠결을 초래하므로**, 결과반가치와 행위반가치의 제한 내지 배제의 측면에서 구성요건해당성을 평가하는 입장에서 보면 애당초 구성요건해당성배제사유로 다루는 것이 법리적으로 더 낫다.

(5) 착오론에 있어서의 체계상의 차이

범죄체계상 피해자의 승낙을 구성요건해당성배제사유로 보느냐 아니면 위법성 조각사유로 보느냐의 실질적인 차이는 착오론에서 나타난다.

㈎ 객관적으로 존재하는 피해자의 승낙사실을 행위자가 모르고 행위한 경우   피해자의 승낙을 체계적으로 구성요건해당성배제사유로 볼 경우에는 이 경우 불능미수가 성립한다.

그러나 승낙을 위법성조각사유로 볼 경우에는 견해가 갈린다. 위법성조각사유의 성립요건에 주관적 정당화요소가 필요 없다는 객관론자들은 이 경우 위법성이 조각된다고 본다. 반대로 주관적 정당화요소가 위법성조각사유의 필수적 요건이라고 하는 주관론자들은 이 경우 기수범이 된다고 한다. 소극적 구성요건표지이론이나 그 밖의 절충적 입장에서는 이 경우 행위반가치는 건재하나 객관적으로 존재하는 정당화상황으로 인해 결과반가치가 현저히 줄어들어 구조적으로 불능미수와 유사해진다는 점에 착안하여 불능미수가 된다는 결론을 이끌어 낸다.

㈏ 승낙사실이 없음에도 있는 것으로 오신하고 행위한 경우   피해자의 승낙을 구성요건해당성배제사유로 볼 경우에는 이 경우 고의를 직접 배제한다. 이에 반해 위법성조각사유로 볼 경우에는 착오의 일반례에 따라 처리된다(위법성조각사유의 전제되는 사실에 관한 착오). 먼저 엄격책임설은 이 경우 금지착오가 된다고 보고 착오가 회피가능했다면 형벌감경이 가능한 고의범으로 처벌되고 착오가 회피

불가능했다면 책임이 조각된다고 한다. 소극적 구성요건표지이론은 이 경우를 구성요건착오가 직접 적용되는 예로 보는 반면, 제한적 책임설(유추적용설)은 구성요건착오의 유추적용 예로 본다. 마지막으로 제한적 책임설 중 법효과제한적 책임설은 구성요건고의는 인정되나 책임은 과실로 제한된다고 한다.

3. 적용범위

(1) 처분가능한 법익

피해자의 승낙으로 처분이 가능한 법익은 원칙적으로 개인적 법익이다. 즉 소유권 등의 재산권, 정조, 신서의 비밀, 신체의 자유 등이다. 개인적 법익의 영역을 넘어가는 보편적 법익, 즉 국가적 사회적 법익은 개인의 처분권한 밖의 법익이므로 원칙적으로 승낙의 적용범위 밖에 있다.

그러나 개인적 법익과 보편적 법익이 중첩된 구성요건의 경우에는 피해자의 승낙이 구성요건을 배제한다고 본다. 왜냐하면 이 경우 두 법익이 동시에 침해될 때에만 그 범죄유형을 충족시킬 수 있기 때문이다. 예컨대 외국원수에 대한 폭행($^{제107}_{조}$), 외국사절에 대한 폭행($^{제108}_{조}$)의 경우 피해자의 승낙이 있을 경우 불법구성요건해당성이 배제된다. 사문서의 위·변조죄($^{제231}_{조}$)에 있어서도 명의인의 승낙이 있는 경우에는 죄의 성립이 배제된다(대판 2011. 9. 29, 2010 도 14587).

(2) 반윤리성에 의한 제한

개인적 법익이라도 그의 처분이나 포기 등의 승낙행위가 반윤리적일 때에는 인정할 수 없다. 특히 생명을 포기하고 살해행위를 승낙했더라도 무효이다. 타살의 금기는 법과 윤리의 기본적 요구이기 때문이다. 형법도 피해자의 승낙 있는 살인·낙태 등을 처벌하되 단지 보통살인죄에 비해 불법감경을 고려하고 있을 뿐이다. 적극적인 안락사나 생명을 건 싸움의 승낙도 인정되지 않는다.

신체의 상해에 대한 승낙의 인정 여부도 문제이다. 독일형법은 헌법상의 일반적 행동의 자유권($^{독일기본법}_{제2조 제1항}$)의 제한과 같은 기준에서 선량한 풍속에 반하는 상해의 승낙을 제약하고 있다($^{독일형법}_{제226조 a}$). 이와 같은 규정이 없는 우리 형법상으로도 신체의 완전성이 생명 다음으로 중요한 법익이란 점에서 상해에 대한 승낙이 반윤리적일 때에는 효력이 인정되지 않는다고 본다. 따라서 무단히 팔이나 다리를 절단하거나 오관을 훼손하는 행위, 기타 생명에 위험한 신체상해에 대한 승낙은 인정될 수 없다.

‖**판례**‖ 피해자가 병마를 쫓아 주겠다는 말에 이를 승낙하자 잡귀를 물리친다면서 피해자를 붙잡고 가슴을 힘껏 누르고 밟아 결국 내출혈로 사망케 하였다. 그렇다면 피해자의 승낙은 개인적 법익을 훼손하는 경우에 법률상 이를 처분할 수 있는 사람의 승낙을 말할 뿐만 아니라 그 승낙이 도덕적 윤리적으로 사회상규에 반하는 것이 아니어야 한다. 따라서 이러한 폭행치사행위가 피해자의 승낙에 의해 위법성이 조각될 수 없다(대판 1985. 12. 10, 85 도 1892).

(3) 특별한 법률규정에 의한 제한

비록 개인적 법익이라도 피해자의 승낙이 범죄구성요건의 특정한 내용으로 되어 있는 경우에는 승낙이 인정되지 않는다. 형법 제24조는 이 점을 명시하고 있다. 예컨대 촉탁·승낙살인($^{제252조}_{제1항}$), 촉탁·승낙낙태($^{제269조 제2항,}_{제270조 제1항}$)는 이미 그 행위의 반윤리성에 의해 승낙이 제한된 경우이긴 하지만 형법상의 특별규정에 의한 제한의 일례라고도 할 수 있다.

그 밖에도 병역의무를 기피하거나 감면받을 목적으로 신체훼손을 한다거나 ($^{병역법}_{제86조}$), 근무를 기피할 목적으로 신체를 상해한 경우($^{군형법}_{제41조}$)에는 본인의 승낙 여부에 관계 없이 범죄가 성립하므로 그 한에서 승낙의 적용이 제한된다.

4. 승낙의 표시·대상·시기·철회

(1) 승낙의 표시

승낙은 의사표시에 관한 민법상의 기준까지 요하지 않지만 어떤 방법으로든지 외부에 표시되어야 한다. 내심의 의사에 머물러 있는 한 유효한 승낙이 될 수 없다. 승낙이 외부에 인식될 수 있는 한 그 방법은 명시적이든 묵시적이든 불문한다.

이 입장에 설 때 피해자의 승낙은 반드시 행위자에 대하여 표시되거나 행위자가 반드시 이를 인식해야 할 필요는 없다. 예컨대 물건의 소유자가 일용인부에게 그것을 폐기해도 좋다고 말했으나 인부가 그 사실을 모르고 그 물건을 일부러 훼손했어도 유효한 승낙사실은 존재한다. 이 경우 객관적 구성요건은 배제되고 행위자가 단지 불능미수로 처벌받을 수 있을 뿐이다. 이렇게 본다면 피해자의 승낙은 피해자 자신의 내심의 입장이 타인의 입장과 일치한다는 표현에 해당한다. 그러나 그것은 단순한 사건방치나 단순한 결과감수 이상의 것을 의미한다.

⑵ 승낙의 대상

승낙의 대상은 행위자의 행위뿐만 아니라 그 행위결과까지도 포함한다. 결과까지도 승낙의 대상이 된다는 점은 고의범의 경우 자명하나 과실범에서는 견해가 갈린다. 즉 결과를 승낙하지 않고서도 행위와 위험만을 승낙할 수 있는가 하는 점 때문이다. 과실범에서도 결과가 구성요건의 본질적 요소라고 보는 한 결과까지 승낙의 대상으로 보아야 할 것이다.

⑶ 승낙의 상대방

승낙의 상대방은 특정되어 있을 필요는 없다. 그러나 특정되어 있는 경우에는 그 상대방 외의 제 3 자에 대해서는 승낙의 효력이 미치지 않는다.

⑷ 승낙의 시기 및 철회

승낙은 행위 이전 또는 늦어도 행위시까지만 가능하다. 사후승낙, 더 엄밀히 말해서 사후의 추인은 구성요건배제의 효력을 갖지 않는다.[77] 다만 친고죄에서 사후추인은 고소권을 포기하는 의미를 갖는다.

또한 승낙은 원칙적으로 자유롭게 철회할 수 있다. 그러나 철회 이전의 행위에 대해서는 승낙의 효력이 그대로 적용된다. 철회도 순전히 내면적인 의사방향만으로는 부족하고 어떤 방법으로든 외부에 표시되어야 한다.

5. 승낙자의 통찰능력

유효한 승낙이 되기 위해서는 승낙자가 법익포기 · 법익침해의 의미와 결과를 이해하고 판단할 수 있는 이성적 판단능력을 가지고 있어야 한다. 구체적으로는 승낙자가 순전히 사실적 · 자연적인 의사를 표시할 수 있는 능력을 갖는 것만으로는 부족하지만 민법의 법률행위능력까지 요구되는 것은 아니다. 이것을 민법의 법률행위능력과는 구별하여, 형법상 자기행위의 의미를 파악할 수 있는 '자연적 통찰능력 · 판단능력'이라고 한다.

따라서 승낙행위의 의미와 결과를 이해할 수 없는 연소자, 정신병자, 만취자의 승낙은 유효한 승낙으로서의 구성요건배제효력이 생기지 않는다. 예컨대 이들이 명예훼손이나 모욕($^{제307조}_{이하}$), 비밀침해죄($^{제316조}_{이하}$)의 법익포기를 외부에 표시했더라도 효력이 없다.

---

77) 대판 2012. 1. 27, 2010 도 11884: 「공문서변조죄는 권한 없는 자가 공무소 또는 공무원이 이미 작성한 문서 내용에 대하여 동일성을 해하지 않을 정도로 변경을 가하여 새로운 증명력을 작출케 함으로써 공공적 신용을 해할 위험성이 있을 때 성립하고 사후에 권한 있는 자의 동의나 추인 등이 있었다고 하더라도 이미 성립한 범죄에는 아무런 영향이 없다.」

보통 양해의 사례에 해당하는 체포·감금죄($^{제276}_{조}$), 약취·유인죄($^{제287조}_{이하}$), 강간죄($^{제297}_{조}$), 강제추행죄($^{제298}_{조}$), 주거침입죄($^{제319}_{조}$), 절도죄($^{제329}_{조}$), 손괴죄($^{제366}_{조}$) 등에 있어서는 피해자의 자연적인 의사만으로도 유효한 승낙이 인정될 수 있다고 하나 동의할 수 없다. 이런 죄에 있어서도 승낙행위의 의미와 결과를 이해할 수 있는 통찰능력에 근거한 승낙이 있어야 유효한 승낙이 될 수 있다. 자기행위의 의미를 이해할 수 없는 자의 승낙은 유효한 승낙이 아니며 그것을 이유로 법질서가 보호를 포기하는 것은 직무유기에 다름 아니다.

다만 이 통찰능력은 승낙의 제1차적 유효요건일 뿐 최종적인 유효요건은 아니다. 흠결 없는 의사표시가 있었을 때 비로소 최종적인 유효요건은 갖추어질 수 있다.

구체적인 통찰능력과 판단능력은 언제부터 갖고 있다고 볼 수 있는가? 이것은 사실의 문제이므로 일정한 연령상의 제한이 있는 것은 아니다. 따라서 형사미성년자도 일률적으로 승낙능력이 없다 할 수는 없다. 다만 형법은 일정한 경우 유효하게 승낙할 수 있는 연령을 제한하고 있는 경우가 있다. 예컨대 미성년자간음죄($^{제305}_{조}$)는 13세 미만(대판 1970. 3. 31, 70 도 291), 아동혹사죄($^{제274}_{조}$)는 16세 미만자의 승낙이 있더라도 범죄가 성립된다.

6. 승낙의 대리문제

승낙의 의사표시는 피해자 자신은 물론, 피해자가 필요한 통찰능력을 갖고 있지 않을 때에는 법정대리인이 피해자 본인의 이익을 위하여 할 수 있다. 예컨대 미성년자가 생명에 위험한 수술을 받아야 하고 이 미성년자에게는 수술승낙에 필요한 통찰능력이 없을 때 부모가 친권자로서 승낙을 대신할 수 있다.

법정대리인이 있는 경우에도 미성년자 본인이 승낙에 필요한 통찰능력을 갖고 있다면 이 미성년자의 승낙이 법정대리인의 결정에 우선한다. 이 점은 승낙이라는 형법상의 의사표시가 민법상의 법률행위와는 다른 관점에서 출발하고 있기 때문이다.

미성년자가 구체적인 통찰능력을 갖고 있지 않을 경우에도 법정대리인에게 미성년자를 위한 승낙의 대리가 무제한 허용되는 것은 아니다. 장기이식수술을 위한 신체 일부의 기증과 같은 고도로 **일신전속적 실존적인 행위**는 대리에 친한 행위가 아니므로 원칙적으로 법정대리인의 승낙대리가 허용되지 않는다.

처분권이 인정되는 범위 내에서는 피해자의 승낙을 대리인에 의해 표시하는

것이 원칙적으로 가능하다. 주로 재산권의 처분과 관련하여 생각할 수 있다. 그러
나 인격권은 대리에 친한 것이 아니므로 이에 대한 침해의 승낙을 대리인을 통해
할 수는 없다.

대리와는 달리 피해자가 사자나 심부름꾼을 통해 승낙을 표시하고 전달하는
것은 승낙대리의 가능성 여부와 관계없이 전적으로 허용된다.

7. 승낙에서 의사의 흠결

형법상의 의사표시에서도 의사의 흠결이 문제된다. 민법상의 용어로는 허위
표시·착오 등을 '의사의 흠결' 또는 '의사와 표시가 일치하지 않는 의사표시'라
하고, 사기·강박에 의한 의사표시를 '하자 있는 의사표시'라 한다. 그러나 형법
상으로는 피해자의 승낙과 관련하여 이를 통틀어 '의사의 흠결'(Willensmängel)
이라고 부른다.

피해자의 승낙에 있어서 승낙자는 자유로운 의사로 진지하게 승낙을 표시할
수 있어야 한다. 만약 기망·착오·강박 등이 있을 때에는 의사흠결이 있게 된
다. 이처럼 의사흠결상태에서 행하여진 피해자의 승낙은 유효한 승낙이 아니다.

민법상 비정상적 의사표시에 관한 규율은 형법상 피해자의 승낙에서의 의사흠결
에 그대로 적용할 수 없다. 왜냐하면 민법상으로는 착오·사기·강박에 의한 의사
표시도 일단 유효하고 의사표시자가 사후적으로 그의 선택에 따라 취소할 수 있는
데 반해(민법 제109조, 제110조), 형법상으로는 행위자의 법익침해시에 그 행위가 가벌적이냐,
다시 말해서 피해자의 승낙이 유효하냐의 여부를 확정하지 않으면 안 되기 때문
이다.

의사의 수술행위·치료행위 등에 있어서는 피해자가 의사로부터 충분한 설
명을 듣지 못하고 동의의 의사표시를 한 경우에도 유효한 승낙이 될 수 없다.
이런 경우 일종의 의사흠결의 존재가 인정된다.

‖ 판례 ‖ 의사가 자신의 시험진단결과를 과신한 나머지 피해자의 병이 자궁외임신인
지 자궁근종(혹)인지를 판별하기 위한 정밀검사도 실시하지 않은 채 병명을 자궁근종으
로 오진하고 의학에 대한 전문지식 없는 피해자에게 자궁적출의 불가피성만을 강조하였
을 뿐 오진이 없었다면 당연히 설명받았어야 했을 자궁외임신가능성에 대해 설명하지
않고 수술승낙을 받아 자궁적출이 불필요한 피해자의 자궁을 적출함으로써 상해에 이르
게 했다. 이처럼 수술에 관한 내용을 사전에 충분하게 설명받지 못한 피해자의 수술승낙
은 부정확하고 불충분한 설명을 근거로 한 것이므로 피해자의 유효한 승낙이 있었다고
볼 수 없다(대판 1993. 7. 27, 92 도 2345).

8. 승낙의 존부에 관한 착오

여기에는 두 가지 종류의 착오가 있을 수 있다. 먼저 객관적으로 존재하는 승낙사실을 알지 못하고 행위한 경우이다. 이 때에는 객관적 구성요건은 충족되지 않지만 행위자에게 구성요건고의는 있었으므로 불능미수가 문제된다.

반면 존재하지 않는 승낙사실을 존재한다고 오신한 경우이다. 이것을 오상피해자의 승낙이라고도 말한다. 피해자의 승낙 자체를 구성요건배제사유로 보는 한 이 경우는 곧바로 구성요건착오가 된다. 따라서 예외 없이 구성요건고의는 배제되고 과실범의 성립 여부만 문제된다.

제4장 위법성론

제1절 위법성의 의미와 기능

I. 위법성의 개념

원래 범죄행위란 구성요건에 해당하고 위법하며 유책한 행위이다. 위법성은 구성요건해당성에 이어 가벌적 행위가 갖추어야 할 다음 단계의 무가치속성이다.

위법성이란 구성요건에 해당하는 인간의 행위가 법질서 전체의 입장에서 볼 때 이와 모순·충돌하는 것을 말한다. 법질서는 사회공동생활의 기본적인 전제조건들을 상정하고 이에 반하는 일정한 행위양태들을 규범으로써 금지 또는 명령함으로써 종국적으로 법익보호를 실현한다. 법질서의 금지 또는 명령 요구를 특히 행위규범이라 칭한다. 하나의 행위가 법질서 내의 이같은 규범과 충돌될 때 위법하다고 말한다. 구성요건에 해당하는 행위의 위법성은 구체적인 규범침해의 귀결이다.

II. 구성요건해당성과 위법성

구성요건은 대개 추상적인 금지 또는 명령규범위반행위들을 내포하고 있다. 구성요건해당성은 금지 또는 명령규범위반행위를 행위반가치·결과반가치실현이라는 측면에서 평가한 반가치판단이다. 이에 비해 위법성은 구성요건해당행위가 이같은 반가치실현을 넘어 법질서 전체와 모순·충돌됨으로써 결국 형법적인 불법을 실현시켰다는 사실에 대한 확정적인 반가치판단이다.

구체적인 규범침해인 위법성의 확인은 먼저 구성요건해당성의 검토에서 잠정적으로 평가된다. 행위자가 실현한 살인·상해·모욕·사기와 같은 행위는 정도의 차이는 있지만 잠정적으로 위법한 행위로 평가된다. 이런 점에서 구성요건해당성은 위법성의 존재근거가 된다.

만약 구성요건에 해당하는 행위가 위법성조각사유, 즉 정당화사유 중 어느 하나에 해당하면 잠정적으로 위법한 행위에서 최종적으로 적법한 행위로 평가된다. 구성요건해당행위의 정당화는 구체적인 경우 불법구성요건의 기초인 **금지규범·명령규범**과 위법성조각사유의 기초인 **허용규범** 사이의 조절을 거쳐 확정된다. 이런 의미에서 **불법구성요건에 허용구성요건**이 대치하고 있다. 허용구성요건에 의해 정당화된 행위는 일단 구성요건적 반가치를 실현했지만 불법을 저지른 것이 아니기 때문에 법질서 전체의 입장에서 승인된 행위로 평가된다.

실제적인 사건해결에서 위법성은 어떤 적극적인 확정절차를 필요로 하지 않고 도리어 소극적으로 위법성조각사유가 존재하지 않음을 확인함으로써 판단된다. 바로 이같은 성격 때문에 불법영역의 핵심은 불법구성요건에 있고, 위법성은 구성요건해당행위의 구체적인 적법·위법 여부를 위법성조각사유의 존부확인을 통해 소극적으로 평가하는 단계라고 말할 수 있다.

Ⅲ. 위법성과 유책성

위법성은 일반적인 당위규범(의무규범)에 대한 위반이요, 유책성은 이같은 당위규범위반에 대한 개인적인 비난가능성이다.

어떤 행위가 구성요건에 해당하고 위법하다고 판단되면 이어서 그 행위의 유책성이 문제된다. 행위의 유책성도 가벌적 행위의 법적 무가치속성에 속한다.

위법성은 행위자보다는 행위에 대한 무가치평가에 비중을 두는 반면, 유책성은 행위보다 행위자에 대한 비난에 비중을 둔다.

구성요건해당성 판단은 일반적·추상적 성격을 갖고 있는 반면, 위법성 판단은 일반적·구체적 성격을 갖고 있고, 책임판단은 개별적·구체적 성격을 갖고 있다는 점에서 각각의 특징을 찾을 수 있다. 위법성판단이 일반적 성격을 갖고 있다는 점은 일반적인 어느 누구를 기준으로 그 사람에게 귀속될 일반적 가치판단이란 의미이고, 책임판단이 개별적 성격을 갖고 있다는 점은 행위자 자신을 기준으로 그에게 특별히 귀속될 가치판단이란 의미이다.

위법성과 유책성을 구별해야 할 실익은 형법상 단지 위법하기만 하면 족하고 유책할 필요까지 없는 행위를 전제로 하는 제도가 있다는 점에 있다. 즉 공범은 정범의 위법한 행위에 가담하는 가담범이기 때문에 정범의 행위가 유책한 것일 필요는 없다. 또한 정당방위의 조건 중 하나인 공격행위도 위법하기만 하면 되지 유책할 필요까지는 없다.

IV. 위법성과 불법

위법성은 구성요건에 해당하는 행위가 법질서 전체의 명령 또는 금지규범에 위반하느냐를 평가하는 개념표지인 반면, **불법**은 구성요건에 해당하는 위법한 행위에 대한 부정적인 평가 그 자체를 나타내는 개념표지이다.

따라서 위법성은 법질서 전체의 입장에서 내린 일반적인 부정적 가치판단인 반면, 불법은 형법규범에 대한 위반을 전제한 보다 구체화된 특별한 부정적 가치판단이다. 위법성은 형법과 민법에서 일치해야 하나, 불법은 형법과 민법에서 반드시 일치해야 하는 것은 아니다. 예컨대 과실재물손괴는 법질서 전체의 입장에서 위법한 행위이다. 그리고 민법상으로는 불법이지만 형법상으로는 불법하지 않다.

V. 형식적 위법성론과 실질적 위법성론

형식적 위법성론은 위법성을 규범에 대한 형식적 위반으로 보는 견해이다. 이에 비해 실질적 위법성론은 위법성을 권리침해, 법익침해 또는 사회질서위반 등과 같은 실질적 내용에서 파악하려는 견해이다.

그러나 오늘날 위법성의 내용이 실질화되어, 불법과 같은 의미를 지닌다는 사실이 확인된 이상 형식적·실질적 위법성론의 대립은 별 실익이 없어졌다. 형식과 실질은 형법에서 별개의 것으로 엄격히 분리할 성질의 것이 아니라 합일해서 사고해야 한다. 형식이 내용을 담는 그릇이라고 가정한다면 내용 없는 그릇이나 그릇에 담기지 않는 내용물은 다같이 공허한 것에 지나지 않기 때문이다.

VI. 주관적 위법성론과 객관적 위법성론

주관적 위법성론은 위법성을 **주관적 의사결정규범**에 대한 위반으로 보는 견해이다. 물론 법규범은 평가규범과 결정규범의 성격을 동시에 갖고 있지만 규범의 명령을 받을 만한 정신능력을 가진 자만이 법적인 의사결정을 내릴 수 있고 또 그에 대해서만 법적인 평가가 가능하다는 것이다. 따라서 책임무능력자는 규범의 수명자가 될 수 없기 때문에 애당초 위법을 범할 수 없다고 한다.

객관적 위법성론은 법률의 평가규범적 성격을 우위에 두고 의사결정규범적 성격은 단지 부차적 의미에서만 인정하는 전제에서 출발하여 위법성이란 바로 이 객관적 평가규범에 대한 위반이라고 하는 견해이다.

법규범은 의사결정규범과 평가규범의 성질을 함께 가지고 있다는 사실이 확정된 오늘날 양자 사이에 어떤 우월적 지위를 인정하여 불법을 주관적 또는 객관적으로만 파악하려는 시도는 설득력이 없어졌다.

Ⅶ. 위법성판단

1. 위법성판단의 성격

위법성은 구성요건에 해당하는 행위에 대하여 법질서 전체의 입장에서 내리는 부정적 가치판단이다. 이러한 부정적 가치판단 내지 반가치판단의 주체는 법관과 같은 어떤 개개인으로서 인간이 아니라 도리어 법질서 그 자체이다.

위법성판단은 일반적인 가치판단이란 의미에서 '일반적' 판단이라고 말한다. 왜냐하면 구성요건에 해당하는 행위에 대해 법질서의 일반적 척도를 가지고 위법 여부를 평가하기 때문이다. 그 밖에도 위법성판단은 구체적인 개개 구성요건해당 행위에 대해 확정적으로 불법을 귀속시키는 판단이란 의미에서 '구체적' 판단이라고 말한다. 이 점이 일반적 추상적인 관점에서 잠정적인 무가치판단을 내리는 구성요건해당성판단과 구별되는 점이다.

2. 위법성판단의 대상

위법성판단은 행위의 구성요건해당성을 전제하고 있다. 때문에 위법성판단에서는 일면 충족된 구성요건해당성을 염두에 두고, 타면 이 구성요건해당성에 의해 징표된 잠정적 무가치판단의 확정 여부를 검토해야 한다.

행위의 구성요건해당성이란 결과를 포함한 구성요건의 주관적(내적)·객관적(외적) 요소의 의미통일체이다. 이 한에서 위법성판단도 외부적 행위결과나 객관적 행위요소만을 대상으로 삼지 않고 주관적인 고의·과실·목적·경향·표현·신분 따위도 그 대상으로 삼는다. 더 나아가 구성요건해당성에 의해 징표된 잠정적 무가치판단을 행위의 허용(정당화) 여부를 통해 확정해야 한다. 그 한에서 위법성판단은 객관적 정당화사유와 주관적 정당화요소를 검토대상으로 삼는다.

3. 위법성판단의 기준

행위의 위법성은 법질서 전체의 입장에서 내리는 통일된 부정적 가치판단이
므로 위법성조각사유도 법질서의 전영역에서 유입되고 있다. 물론 중요한 판단의
기준은 형법에 규정된 정당화사유이지만 헌법·민법·노동법·형소법·행정법
을 망라한 성문법규와 관습법 및 국제법까지 포괄한다.

뿐만 아니라 이같은 실정법규의 차원을 훨씬 넘어 그 기준은 초실정법적인
원리에까지 미친다. 이러한 초실정법적 원리를 '법의 일반원리', '법의 윤리적 기
초' 또는 '공동체의 최상위 가치관에 기초한 초실정적 자연법'이라고도 말한다.
우리나라의 학설 판례는 이러한 초실정법적 원리를 공서양속·조리·사회통념
등으로 부르기도 하는데 우리 형법 제20조는 이를 '사회상규'라고 표현하고 있다.

‖ **판례** ‖   사회상규에 반하지 않는 행위라 함은 국가질서의 존중이라는 인식을 바탕으
로 한 국민일반의 건전한 도의적 감정에 반하지 아니한 행위로서 초법규적인 기준에 의
하여 이를 평가할 것이다. 따라서 행위자가 세율 60%에 해당하는 물품을 수입하면서
부산세관에서는 규정상의 세율을 적용하고 있으나 서울세관에서는 착오로 40% 세율을
취급하고 있다는 사실을 알고 있었다 하더라도 서울세관이 수년간 관행적으로 취급해
온 바에 따라 세율을 40%로 신고하였다면 비록 외관에서는 위법이 있다 할지라도 국민일
반의 도의적 감정에 비추어 결코 비난할 수 없는 사회상규에 반하지 않는 행위에 해당한
다 (대판 1983. 11. 22, 83 도 2224).

4. 위법성판단의 방법

행위의 위법성은 언제나 전체 법질서의 입장에서 모든 관련된 이해관계를 평
가·교량하고 또한 법률 속에 나타난 모든 질서관점과 평가관점을 조정함으로써
확정된다.

이러한 모든 기준을 고려하여 통일된 위법성판단이 도출되어야 한다는 요구
를 법질서의 통일이라고도 부른다. 이에 의하면 형법상 의미 있는 위법성조각사유
는 법질서의 전체영역에서 도출되므로 민법상·공법상의 허용규범도 형법적 구
성요건해당행위의 위법성을 배제하는 효과를 갖는다.

다만 여기서 주의할 점은 법질서의 통일(Einheit der Rechtsordnung)이라는
요청은 결코 어떤 공리적인 성격을 갖는 것은 아니라는 점과 그렇기 때문에 형법
상의 위법성조각사유는 다른 법영역에 의해 구속되지 않을 수도 있다는 점이다.
예컨대 미성년자가 자기물건에 대해 손괴를 승낙했더라도 그의 제한된 법률행위

능력 때문에 손괴행위는 민법적으로 위법일 수 있고 그 한에서 손괴자의 손해배상의무가 발생하지만, 형법적으로는 그 미성년자에게 사실상의 통찰능력이 있었다면 위법성조각사유에 해당한다(피해자의 승낙을 위법성조각사유로 보는 통설의 입장에서 볼 때).

5. 위법성판단의 시기

위법성판단의 시기는 실행행위의 시기와 같은 의미를 지닌 범행시(Tatzeit)이다. 즉 실행의 착수시부터 기수시까지이다. 따라서 범행시에 이미 위법한 행위는 사후적으로 적법한 행위가 될 수 없고, 또한 위법하지 않은 행위가 사후적인 사태에 영향을 받아 위법한 행위로 변할 수 없다.

입법자가 범행 후에 사후적으로 위법성조각사유의 적용범위를 확장했다면 형법 제 1 조 제 2 항의 적용에 의하여 변경된 위법성조각사유에 따라 판단해야 한다. 다만 이 경우에도 범행시에 존재한 위법성이 없어지는 것이 아니고, 행위자의 처벌에 관해서만 마치 위법성조각사유가 이미 존재했던 것처럼 판단할 수 있다.

제 2 절 위법성조각사유의 기본문제

Ⅰ. 위법성조각사유의 체계화 문제

1. 문제의 제기

위법성조각사유의 체계화작업은 위법성론 중 아직 완결되지 못한 분야에 속한다. 구성요건해당성이 있는데도 행위의 실질적 위법성을 조각시키는 위법성조각사유는 그 자체가 다양하고 또 모든 법분야에서 생기는 정당화사유의 수효도 한정된 것이 아니기 때문에, 체계화의 기초가 될 만한 원칙도 언제나 제한된 기능을 갖기 일쑤다.

구성요건에서 기술된 폭행・협박・상해 등과 같은 범죄유형은 일정한 정태적 성격을 갖고 있음에 반해, 위법성조각사유는 사회적 변동에 따른 동태적 성격을 갖고 있다. 변화무쌍한 경찰행정법률의 변화가 곧바로 법률상의 이유로 인한 정당화사유를 창설하거나 폐기시킬 수 있다는 것이 전형적인 예이다. 그렇다면 다양한 위법성조각사유를 그 동적 성격에도 불구하고 일반원리로 체계화할 수 있는 방법은 무엇인가?

2. 체계화의 시도

(1) 체계화의 방법론적 전제

위법성조각사유처럼 동적 성격을 가진 법소재를 체계화하자면 이념과 소재
의 변증론적 합일이 필요하다. 먼저 개개의 특수성을 포괄하는 일반개념의 추출
이 선행되어야 한다. 이같은 일반개념은 다시 개개 위법성조각사유라는 소재에서
개별원리로 구체화되어야 한다.

(2) 일반원리로서 사회조절적 이익교량

록신은 위법성조각사유의 형사정책적 기능에 착안하여 모든 정당화사유는
'충돌하는 이익과 반대이익의 사회적으로 정당한 조절'을 목적으로 삼는다고 한
다. 이것이 소위 갈등상황에서 사회조절적 이익교량이라는 일반원리이다.

'갈등 있는 이익의 사회적으로 정당한 조절'이라는 포괄적 일반원리는 갈등
상황에 있는 충돌하는 가치 또는 법익이 비록 등가한 것이라도 정당화사유가 발
생할 수 있음을 예상하고 있으며, 충돌하는 이익의 사회적으로 정당한 조절이란
점에서 실질적 위법성의 관점을 내포하고 있다. 따라서 최종적인 불법배제의 판
단은 구성요건해당행위의 사회적 정당성(Sozialrichtigkeit) 내지 흠결된 사회적
유해성(Fehlende Sozialschädlichkeit)이라는 기준에 의존한다.

(3) 개별원리로서 사회적 질서원리들

일반원리에서 출발하여 개개 위법성조각사유의 범주를 구체적으로 체계화하
기 위하여는 다원론적 관점이 불가피하다. 이 다원론적 관점은 실질적 위법성의
기초가 되는 여러 가지 사회적 질서원리 내지 사회적 조절원리들을 이끌어내어
이를 결합시키거나 대치시키는 방법을 말한다.

여기에서 사회적 질서원리들은 개개 위법성조각사유를 내용적으로 구체화하
는 해석기준으로 작용할 뿐만 아니라 개개 정당화사유의 구조를 모순 없이 체계
화할 수 있다. 이러한 사회적 질서원리는 i) 정당화사유를 추진하는 방향으로 작
용하는 원리(추진원리), ii) 정당화사유에 일정한 제한을 가하는 원리(제한원리),
iii)정당화사유에 따라서 적극·소극 양면으로 작용하는 원리(공통원리)로 분류
된다.

(i) 추진원리에 속하는 것: ① 법의 확증원리(Rechtsbewährungsprinzip), ② 자

기보호원리(Selbstschutzprinzip), ③ 정당한 이익옹호의 원리(Wahrnehmung des berechtigten Interesses)

(ii) 제한원리에 속하는 것: ① 비례성·균형성의 원리(Verhältnismäßigkeitsprinzip·Proportionalitätsprinzip), ② 국가적 강제수단 우위의 원리(Prinzip des Vorranges staatlicher Zwangsmittel)

(iii) 공통원리에 속하는 것: ① 법익교량의 원리(Güterabwägungsprinzip), ② 의사자율의 원리(Autonomieprinzip).

예컨대 정당방위에서는 자기보호원리와 법의 확증원리가 추진원리가 되고 비례성의 원리가 제한원리가 되는바, 이 세 가지 원리가 사회조절적(실질적) 질서원칙이 되고 있다. 긴급피난의 경우 자기보호원리와 법익교량의 원리가 추진원리가 되고 비례성의 원리와 의사자율의 원리가 제한원리가 된다.

Ⅱ. 위법성조각사유의 경합

한 개의 구성요건해당행위에 대해 수개의 위법성조각사유가 경합할 수 있다. 위법성조각사유는 원칙적으로 서로 독립·별개의 것으로 존재한다. 따라서 그것이 서로 경합하는 경우에 어느 것이 선순위로 우선 적용되는 것은 아니고 병렬적으로 적용될 수 있을 뿐이다. 그런데 예외적으로 위법성조각사유규정의 문언과 목적을 고려하여 어느 하나의 위법성조각사유가 특별규정으로서 일반적 성격을 띤 다른 규정을 배제하는 경우가 있다.

우리 형법상 특히 정당행위($\frac{제20}{조}$)와 그 밖의 위법성조각사유 사이에서 이와 같은 경우가 발생할 수 있다. 정당행위에 관한 규정은 다른 모든 위법성조각사유에 대해 일반법으로서의 성격을 갖고 있기 때문에 정당방위나 긴급피난도 법령에 의한 행위이지만 정당행위에 대한 특별규정성 때문에 우선적으로 적용되어야 한다. 뿐만 아니라 민법상의 자력구제($\frac{민법}{제209조}$)는 법령에 의한 행위로서 정당행위에 해당하므로 형법상 자구행위($\frac{제23}{조}$)와는 구별되는 특별규정이며, 민법상 정당방위·긴급피난($\frac{민법}{제761조}$)도 형법상 정당방위($\frac{제21}{조}$)와 긴급피난($\frac{제22}{조}$)에 상응하는 특별규정이라고 해석하여야 한다.

형법 제20조 후단의 「기타 사회상규에 위배되지 아니하는 행위」라는 규정은 가장 포괄적이고 일반적인 것이면서도 위법성조각 여부의 최후의 한계선을 긋는 것이므로 여타의 위법성조각사유에 해당되지 않는다고 해서 곧바로 위법한 행위라고 단정해서는 안 된다. 예컨대 절도죄의 피해자가 물건의 소유자가 아니라 단지 점유자였는데 상당한 시일이 지난 후 우연히 길거리에서 범인을 만나 그를 일시 체포하는 행위는 비록 그것이 정당방위나 자구행위 또는 형소법상 현행범인의 체포($\frac{형소법}{제212조}$)

등에는 해당하지 않지만, 그 자리에서 당장 국가공권력의 도움을 받을 수 없었고
또 범인을 놓치면 다시 체포할 기회도 오기 어려운 사정이 있었다면 형법 제20조
후단의 규정에 의해 최종적으로 위법성이 조각되는 것으로 볼 수 있다.

정당방위와 관련하여서도 같은 문제가 생길 수 있다. 즉 공격행위가 위법하
지도 않고 현재성도 없어 이에 대한 정당방위가 부인되어야 할 경우에도 '기타 사
회상규에 위배되지 아니하는 행위'로서 정당화되는지의 여부를 검토해 볼 여지는
아직 남아 있다. 정당방위의 추진원리 중 하나인 '법의 확증원리'는 정당행위의
전제는 아니므로 정당행위 중 사회상규에 관한 기준이 그와 같은 경우에 방어행
위의 정당화조건을 완화해 줄 수 있기 때문이다.

Ⅲ. 주관적 정당화요소

1. 필 요 성

위법성조각사유가 성립하자면 객관적 정당화상황이 있는 것만으로는 부족하
다. 행위자가 이같은 정당화사정이 존재한다는 점을 인식하고 이에 근거하여 취
한 행위일 때 비로소 정당화되는 것이다. 위법성조각사유의 이러한 주관적 측면
을 주관적 정당화요소(Das subjektive Rechtfertigungselement)라고 부른다.

위법성조각사유(정당화사유)는 객관적 정당화사정과 주관적 정당화요소의 두
가지 전제를 충족시킬 때 성립할 수 있다. 따라서 객관적 및 주관적 요소가 합치
되었을 때에만 불법배제의 전제조건은 충족된다(통설).

2. 주관적 정당화요소의 내용

(1) 정당화상황의 인식요구설

주관적 정당화요소는 원칙적으로 목적요소에 있는 것이 아니라 개개 정당화
사유의 객관적 표지에 대한 인식에 있다는 견해이다.

그러나 이같은 이론구성은 개별적인 정당화목적을 주관적 정당화요소로 요
구하고 있는 실정법 규율과 배치된다는 난점을 안고 있다.

(2) 정당화의사요구설

주관적 정당화요소는 행위자가 주관적으로 각 허용규범에서 내포하고 있는
정당화사유의 실현의사, 예컨대 방어·피난·자구·법률집행 등 합법적으로 행
위할 목적을 추구하고 실현함을 내용으로 한다는 입장이다.

따라서 행위자가 이같은 의사 없이 다만 공격위험의 방어에 인과적으로 연관된 객관적 행위를 했더라도 방어행위가 될 수 없다.

다만 이 의사는 행위의 유일한 의사일 필요는 없다. 그 행위가 다른 의사에 의해 수행되었어도 허용규범상 의사실현이 중요한 지위를 점하고 있는 한 괜찮다. 예컨대 방어의 의사로 행위한 자가 분노·복수 등의 감정을 갖고 있었다 하더라도 정당방위의 성립에는 아무 지장이 없다.

(3) 정당화상황의 인식 · 정당화의사요구설

주관적 정당화요소는 정당화상황의 인식 외에 특정한 정당화의사도 갖추어야 한다는 견해이다. 통설의 입장으로서 타당하다. 불법구성요건의 행위반가치는 구성요건실현의 인식과 의사를 내용으로 하는 고의에 의해 본질적으로 구성되듯이 행위반가치를 상쇄시켜 어떤 법익침해행위를 정당화시키자면 정당화사유 실현에 대한 인식과 의사가 있어야 한다는 것이다. 다만 여기에서 정당화상황의 인식이 정당화의사의 기초에 해당한다고 본다면 상황에 대한 확실한 인식이 있는 대부분의 경우는 의사도 함께 존재한다고 할 수 있다. 반면 자신이 공격받고 있다는 사실을 확실히 인식하지 못한 자는 방어의사도 가질 수 없다. 때문에 이 경우에는 정당화사유가 성립할 수 없다는 것이다.

그리고 주관적 정당화요소는 과실행위의 정당화에도 필요함은 물론이다. 유의적인 정당화행위의 범위 내에서 과실행위나 고의행위 사이에 큰 차이가 없기 때문이다.

(4) 양심적 심사의 추가요구설

사안에 따라서는 개개 정당화목적에 추가하여 위법성조각사유의 객관적 요건에 대한 양심적 심사(gewissenhafte Prüfung) 내지 의무합치적 심사(pflicht-mäßige Prüfung)가 주관적 정당화요소의 성립에 추가적으로 필요하다는 견해도 있다.[1] 즉 행위자의 추구목적이 정당하지만 행위당시의 객관적 사실의 불확실성에 기초해 행위가 이루어질 때에는 특별한 양심적 심사가 추가적인 주관적 정당화요소로 요구된다는 것이다.

예컨대 추정적 승낙에서 피의자의 진의에 대한 의무합치적 심사, 형법 제310조의 적용 사례에서 공표사실의 진실 여부에 대한 의무합치적 심사, 그리고 공무집행에 있어서 대상자의 진위 여부에 대한 의무합치적 심사가 있어야 주관적 정당화요소가

---

1) 배종대 300면; 이재상 219면; 임웅 204면; Jescheck/Weigend, S. 331; Sch/Sch/Lenckner, vor § 32 Rdn. 19a.

인정될 수 있다는 것이다.

그런데 이런 경우 양심적 심사의 요구는 그것이 없었을 때 당연히 주관적 정당화의사를 부인하는 기능보다는, 행위자가 정당화상황의 전제되는 사실에 대한 착오를 일으켰을 때 행위자의 양심적 심사가 있었던 경우에는 허용된 위험의 사상에 기초하여 설사 정당화의 객관적 조건이 갖추어지지 않았다 할지라도 행위반가치를 탈락시켜 전체적으로 행위의 위법성을 조각하는 기능을 수행하는 것으로 보는 것이 옳다. 따라서 정당화상황의 의무합치적 심사가 정당화사유의 원칙적인 전제조건에 속한다고 볼 필요는 없고, 단지 정당화사유의 객관적 전제사실에 대한 착오문제를 다룰 때 특별히 고려해야 할 사항으로 보면 족하다.[2]

이렇게 보면 우선 행위자가 양심적 심사를 행하지 않았고 주관적 인식과 객관적 정당화상황이 일치하는 경우에는 당연히 전체적으로 행위의 위법성이 탈락한다. 반면 행위자가 정당화상황에 대한 착오를 일으켰을 경우 양심적 심사가 선행된 경우에는 그 착오에도 불구하고 전체적으로 위법성이 탈락되고, 양심적 심사가 없었던 경우에는 정당화상황의 객관적 전제사실에 대한 착오의 문제를 검토하게 된다.

3. 주관적 정당화요소를 결한 경우의 법효과

(1) 문제의 제기

위법성조각사유가 성립하려면 객관적 정당화상황과 주관적 정당화요소를 갖추어야 한다. 만약 객관적 정당화상황만 있고 주관적 정당화요소가 없다면 정당화사유는 성립하지 않는다. 예컨대 피해자가 연탄가스에 질식중인 사실을 모르고 돌을 던져 유리창문을 깨고 도망친 행위자에게 긴급피난이 성립할 수 없다. 이 경우 행위자를 어떻게 취급해야 할 것인가.

(2) 기수범설

주관적 정당화요소는 없고 객관적 정당화상황만 존재할 경우 정당화사유는 성립하지 않고 구성요건에 해당하는 행위의 위법성은 그대로 남는다. 뿐만 아니라 이 행위로 구성요건결과까지 발생했으므로 행위자를 기수범으로 처벌해야 한다는 입장이다.[3]

---

2) 같은 견해, 손동권·김재윤 174면; 정성근·박광민 220면.
3) 이재상 220면.

이에 대하여는 두 개의 상이한 법사태, 즉 객관적으로 정당화사정이 있는 경우와 없는 경우를 똑같이 취급함으로써 사태를 순전히 주관적으로만 평가한 것이라는 비판이 가해지고 있다. 위법성판단은 행위의 구체적인 불법내용에 맞추어 신축성 있게 판단해야 함에도 불구하고 기수범설은 불법판단에서 그러한 유연성을 잃고 있다.

(3) 위법성조각설

객관적 위법성론자들은 위법성조각사유의 성립에 주관적 정당화요소가 필요 없다고 보기 때문에 행위자가 객관적 정당화상황의 존재를 알지 못하고 행위한 경우에도 위법성조각사유는 성립된다고 한다. 객관적 정당화상황의 존재가 이미 행하여진 불법을 중화시키기 때문에 주관적인 사정은 단지 책임문제로 돌아가기 때문이라는 것이다. 슈펜델(Spendel)의 말을 빌리자면 나쁜 동기에서 행위했더라도 무엇인가 좋은 결과를 야기했다면 선한 의도에서 재난을 저지른 것보다 법의 입장에서 더 만족스럽다는 것이다.

이 입장도 객관적으로 존재하는 불법배제의 행위상황을 행위자가 알지 못하고 행위한 경우와 이같은 행위상황이 객관적으로 존재하고 또한 행위자가 주관적으로도 이를 지득하고 행위한 경우를 법적으로 구별하지 않고 있다는 점 및 '범행을 저지를 생각으로 직접 구성요건의 실현에 이른 자도 미수범'이라는 미수범의 규정에 비추어 볼 때 이 객관론적 입장은 지나치게 관대하다는 비판을 면할 수 없다.

(4) 불능미수범설(절충설)

행위자가 객관적 정당화상황의 존재사실을 알지 못하고 주관적 정당화요소 없이 행위했을 때에는 불능미수로 처벌해야 한다는 입장이다. 이 사태는 주관적으로는 위법하나 객관적으로 존재하는 정당화상황으로 인해 결과불법이 불능미수의 수준으로 낮아지기 때문에 불법구성요건해당성에 관한 행위반가치와 결과반가치의 구조에서 불능미수와 유사한 점이 있어 불능미수의 규정을 유추적용할 수 있다는 입장이다(다수설).[4]

(5) 결 론

불능미수범으로 취급하는 것이 이론적으로나 실무적으로 타당하다. 주관설적 입장에 선 기수범설과 객관설적 입장에 선 위법성조각설의 중간입장에서 불법구

---

4) 김성돈 256면; 박상기 162면; 손동권·김재윤 175면; 안동준 104면; 이형국 160면; 임웅 197면; 정성근·박광민 221면.

성요건해당성의 평가를 적절히 하고 있기 때문이다. 다만 이 경우에 **불능미수규정을 유추적용**하는 것이 더 논리적이다. 왜냐하면 행위자의 범행이 갖는 비난받을 만한 불법내용은 객관적인 사건발생에 있는 것이 아니라, 법의 요구에 반항한 행위자의 의사에 있다는 점에서 불능미수의 사정과 유사한 점이 있기 때문이다.

Ⅳ. 위법성조각사유의 효과

1. 원 칙 론

위법성조각사유의 모든 객관적 주관적·표지가 충족되면, 위법성은 조각된다. 행위의 구성요건해당성은 있을지라도 위법성이 결여되면 그 행위는 적법하고 불가벌이다. 행위의 적법성은 모든 위법성조각사유가 갖고 있는 동일한 효과이다. 위법성조각사유가 어떠한 법영역에 속한 것이건, 성문의 것이든, 불문의 것이든, 단지 예외적인 허용규범을 의미하든 아니면 단지 예외적인 명령규범(예컨대 경찰관의 범인체포)을 의미하든 효과는 동일하다. 이 행위의 적법성은 바꾸어 말하자면 구성요건해당성에 의해 징표된 행위의 위법성이 조각됨으로써 나타나는 효과이다.

정당화사유는 행위의 적법성이란 효과를 넘어 예외적이긴 하지만 행위의 허용과 공격권(Eingriffsrechte)을 보장해 주는 효과도 갖는다. 그 결과 상대방은 행위자의 공격권에 대해 수인의무(Duldungspflicht)를 져야 한다. 따라서 정당화된 공격행위에 대해서는 상대방이 다시 정당방위를 할 수 없음은 물론(정당방위는 위법한 침해행위에 대해서만 가능하기 때문에) 긴급피난과 같은 다른 위법성조각사유를 원용할 수도 없다.

또한 이처럼 정당화된 공격행위에 대해서는 가벌적 공범도 성립할 수 없다. 가벌적 공범도 주범의 위법한 행위에 대해서만 성립하는 것이 원칙이기 때문이다.

하나의 행위가 위법성조각사유에 해당하면 그 행위에 대해서는 유책성 유무를 따져 볼 필요도 없이 형벌뿐만 아니라 보안처분까지도 배제된다. 정당화사유 하에서 행위한 자가 비록 정신질환·마약중독상태에 있었더라도 그에게 보안처분을 과할 수는 없다.

2. 이른바 가벌적 위법성론

(1) 내 용

가벌적 위법성론이란 행위가 형식적으로 어느 구성요건에 해당하는 듯한 외관을 보여도 범죄로서 형벌을 과하기에 상당한 정도의 위법성(가벌적 위법성)을 결한 경우에는 아직 위법하다고 할 수 없다는 이론이다. 이 이론은 다른 법영역에서 위법하여도 형법상으로 곧 위법할 수 없다는 면과 형식적으로 구성요건에 해당하여도 경미한 경우에는 아직 위법하다고 할 수 없다는 두 가지 측면을 내포한다.

(2) 비 판

가벌적 위법성의 범주를 구성요건해당성과 위법성 및 유책성의 범주 외에 별도로 인정할 필요는 전혀 없다. 경미사건의 처리는 구성요건해당성의 배제사유라는 측면에서 사회적 상당성론을 해석원리로 이용하여 행하면 될 것이고 형법상의 특수한 위법성으로 가벌적 위법성이란 범주를 끌어들여 위법성개념을 다시 상대화할 필요는 없다. 형법의 측면에서 처벌할 필요가 없는 위법성이란 실제 위법성조각사유에 해당하는 정당화된 행위 아니면 면책사유에 해당하는 행위에 해당할 것이기 때문이다.

V. 위법성조각사유의 개관

형법상 정당화사유는 정당행위($^{제20}_{조}$)·정당방위($^{제21}_{조}$)·긴급피난($^{제22}_{조}$)·자구행위($^{제23}_{조}$) 등이 총칙에 규정되어 있고, 사실의 증명($^{제310}_{조}$) 등 정당화사유는 각칙에 규정되어 있다.

그 밖에도 민법상 정당방위·긴급피난($^{민법}_{제761조}$), 점유권자의 자력구제($^{민법}_{제209조}$), 친권자의 징계권($^{민법}_{제915조}$)과 형소법상 긴급체포권($^{형소법}_{제200조의3}$), 현행범인의 체포($^{형소법}_{제212조}$) 및 민사집행법상 집행관의 강제집행권($^{민사집행법}_{제5조}$) 등이 있고, 헌법이론상의 정치적 저항권이나 사회상규에 반하지 아니하는 의무충돌 등이 있다. 이처럼 정당화사유는 전체 법질서의 각 영역에 산재해 있을 뿐만 아니라 관습법의 형태나 초법규적 정당화사유로도 생성될 수 있으므로 그 목록은 항상 신축적이다.

위법성조각사유에 피해자의 승낙($^{제24}_{조}$)이 포함될 것인가가 논쟁거리지만, 구성요건해당성배제사유로 파악하는 것이 좋다고 본다. 다만 위법성조각사유의 한 형태인 추정적 승낙만은 형법 제24조에 속하는 것이 아니라 제20조 정당행위에 속한다고 해야 할 것이다. 사회상규에 반하지 아니하는 행위 중 하나로서 허용된 위험에 근거한 정당화사유로 이론구성할 수 있기 때문이다.

제 3 절 위법성조각사유의 객관적 전제사실에 관한 착오

I. 의   의

이 문제는 행위자가 위법성조각사유의 객관적 전제사실이 존재한다고 잘못 믿고 정당방위·긴급피난·자구행위 등의 조치를 취한 경우에 발생한다. 이를 허용구성요건착오(Erlaubnistatbestandsirrtum)라고도 한다. 여기에는 오상방위·오상긴급피난·오상자구행위 등이 있다.

허용구성요건착오는 위법성조각사유의 객관적 정당화상황에 관한 착오라는 점에서 구성요건착오와 유사하고, 또한 금지규범위반을 허용규범에 의하여 허용된다고 착각한 점에서 위법성의 인식이 없는 경우이기 때문에 금지착오와도 유사하다. 따라서 이것을 구성요건착오로 볼 것인가 또는 금지착오로 볼 것인가, 아니면 제 3 의 착오형태로 볼 것인가가 논의의 핵심이다.

II. 구별되는 개념

1. 위법성조각사유의 존재에 관한 착오

법이 인정하지 않는 위법성조각사유를 존재하는 것으로 오신한 경우를 말한다. 예컨대 남편이 부인에 대해 징계권이 있는 줄 잘못 알고 부인에게 체벌을 가한 경우이다. 이것을 허용규범의 착오(Erlaubnisnormirrtum)라고 부른다. 넓은 의미에서 허용착오(Erlaubnisirrtum)의 일종으로 금지착오에 관한 규정을 적용한다.

2. 위법성조각사유의 한계에 관한 착오

행위자가 위법성조각사유의 법적 한계를 잘못 안 경우이다. 즉 행위자가 위법성을 조각하는 행위상황은 바로 알았으나 허용된 한계를 초과한 것이다. 예컨대 사인이 현행범인에 대해 체포는 물론 심지어 죽여도 괜찮다고 생각한 경우, 징계권을 행사하는 부모가 자녀를 심하게 매질하여 상해를 입혀도 된다고 잘못 생각한 경우를 들 수 있다. 이것을 **허용한계의 착오**(Erlaubnisgrenzirrtum)라고 한다. 이것도 넓은 의미에서 허용착오의 일종으로 금지착오에 관한 규정을 적용하면 된다.

3. 이중착오

위법성조각사유의 객관적 전제사실에 관한 착오와 그 한계 및 존재에 관한 착오가 결합된 형태이다. 예컨대 국민학교 교사인 갑은 학생 을과 병이 떠드는 것을 A와 B가 떠드는 것으로 오인하여 A와 B를 징계했는데, 이 징계행위가 징계권의 한계를 넘은 경우와 같다. 이를 오상과잉정당행위라고도 한다. 이 때에는 순수한 오상정당행위인 허용구성요건착오만 문제되는 것이 아니라 금지착오까지도 문제된다는 점이 특이하다.

Ⅲ. 학   설

1. 소극적 구성요건표지이론

소극적 구성요건표지이론은 위법성조각사유의 객관적 전제사실에 관한 착오를 구성요건착오로 취급한다. 위법성조각사유를 총체적 불법구성요건을 형성하는 소극적 구성요건표지로 보기 때문에 위법성조각사유에 관한 착오는 당연히 구성요건착오의 직접적용례가 된다. 따라서 허용구성요건착오는 구성요건착오규율이 직접 적용되어 고의가 배제되며, 만약 행위자에게 과실이 있고 과실범처벌규정이 있는 경우에는 과실범으로 처벌한다.

다만 여기서 이야기하는 고의는 구성요건고의가 아니라 구성요건사실과 위법성조각사유의 전제되는 사실을 인식대상으로 삼는 불법고의임을 주의해야 한다. 불법고의의 대상은 구성요건고의의 대상범위를 넘어 위법성조각사유의 부존재사실에도 미친다. 따라서 위법성조각사유의 전제되는 사실에 관한 착오가 있을 때에는 바로 불법고의의 성립 여부가 문제되는 것이다.

이 이론의 결론 및 논리적 구성에 대한 비판은 주목할 만한 것이 없다. 다만 이 이론은 구성요건과 위법성을 하나의 '총체적 불법구성요건'으로 묶는 이단계 범죄체계를 전제하고 있으므로 주로 체계문제가 비판의 대상이다. 따라서 오늘날의 확립된 3단계 범죄체계를 따르는 한 이 견해는 취하기 어렵다.

2. 제한적 책임설 1 : 구성요건착오유추적용설

구성요건단계에서 고의범의 성립을 제한하는 입장이다. 즉 위법성조각사유의 객관적 전제사실은 체계적으로 구성요건의 객관적 요소와 유사성이 있지만 동일한 것은 아니기 때문에 허용구성요건착오가 구성요건착오의 직접적용례가 될 수는 없지만 유추적용하여 해결하는 것이 가능하다고 한다. 따라서 허용구성요건착오에 빠져 행위한 자는 고의행위자가 아니라는 결론에 이르게 된다. 물론 과실의 책임문제는 남는다.

그런데 여기서 조각되는 고의는 구성요건고의가 아니라 소극적 구성요건표지이론에서 말하는 불법고의를 의미한다. 불법고의의 인식대상은 객관적 구성요건요소에 대한 인식뿐만 아니라 위법성조각사유의 부존재에 대한 인식까지 포괄하기 때문에 착오로 정당화상황의 존재를 믿은 경우에는 이 불법고의가 조각되게 된다. 이 이론은 소극적 구성요건표지이론이 상정한 총체적 불법구성요건을 체계구성요건으로서는 부인하지만, 허용구성요건착오문제의 해결을 위한 착오구성요건으로는 긍정·수용하는 입장이다.[5]

이 입장에 대해서는 체계구성요건으로 부인되는 총체적 불법구성요건의 불법고의를 원용하는 것은 체계적으로 논리일관되지 못할 뿐만 아니라 2개의 고의를 인정하는 결과가 된다는 비판이 제기된다.[6] 또한 정당화상황에 대한 착오에 빠져 행위한 자를 이용한 경우에 주범의 고의가 부인되기 때문에 공범자에 대한 처벌가능성이 원칙적으로 배제되어 부당하다는 비판이 제기된다.[7] 공범자는 고의의 주범을 전제로 성립될 수 있기 때문이다. 그러나 이에 대해서는 공범자를 처벌해야 한다는 강박관념에 사로잡힐 필요는 없다는 반론이 제기된다. 이같은 착오에 빠진 자를 이용·원조한 자는 간접정범이 아닌 한 굳이 공범으로 처벌해야 할 필요가 없기 때문이라는 것이다.

3. 제한적 책임설 2 : 법효과제한적 책임설

책임단계에서 고의책임을 부인하고 과실책임으로 제한하는 입장이다. 법효과제한적 책임설은 허용구성요건착오의 경우 구성요건단계에서는 고의범의 성립을

5) 김일수, 한국형법 Ⅰ, 530면; 조준현 201면; 하태훈, 「오상방위」, 고시계 1994. 11, 96면; 손동권·김재윤 203면 및 이정원 271면도 구성요건착오유추적용설을 따른다.
6) 정성근·박광민 356면.
7) 신동운 429면; 이재상 323면.

인정하지만 그 법효과, 즉 처벌에서는 과실범과 같이 취급한다. 고의에 구성요건
고의와 책임고의의 이중지위를 인정하는 입장에서는 구성요건고의가 책임고의에
대한 징표기능을 하나 허용구성요건착오가 있을 때 그 징표가 제거된다고 한다.
따라서 구성요건고의는 인정되나 책임고의는 부인되고 대신 과실책임 여부가 문
제된다는 것이다. 독일의 통설이자 우리나라 다수설[8]의 입장이다.

　고의행위자를 과실범으로 처벌하는 결과에 있어서는 앞의 구성요건착오유추
적용설과 같지만 동설이 허용구성요건착오에 빠져 행위한 자를 고의행위자로 취
급하지 않는 데 반해 법효과제한적 책임설은 고의행위자로 취급한다는 데 차이가
있다. 그 결과 착오에 빠진 행위자에게 악의의 공범자가 가담했을 때 공범의 처벌
문제에서 구성요건착오유추적용설과 다르다. 교사범이나 방조범은 정범의 고의행
위를 전제한다. 따라서 허용구성요건착오에 빠진 행위자는 고의행위자이기 때문
에 이를 교사·방조한 공범자들은 처벌할 수 있다는 것이 법효과제한적 책임설의
관점이다.

　이 이론에 대해서는 허용구성요건착오에 빠져 행위한 자에게 구성요건단계
에서는 고의의 행위불법을 인정하면서 책임단계에서는 과실불법을 전제로 하는
과실책임을 지우는 것이 이론적으로 모순이라는 비판이 제기된다.[9] 즉 불법과 책
임의 일치라는 책임원칙의 요청에 비추어 볼 때 타당치 않다는 것이다.

4. 엄격책임설

　엄격책임설은 목적적 범죄체계에서 주장하는 이론이다. 이 설은 허용구성요
건착오에 금지착오의 규정을 직접 적용해야 한다는 입장이다. 모든 위법성조각사
유는 구성요건해당성을 배제하는 것이 아니라 위법성만을 조각한다. 따라서 위법
성조각사유의 객관적 전제사실에 관한 착오도 책임요소인 위법성의 인식(불법의
식)을 배제할 뿐이므로 금지착오라는 것이다.[10]

　엄격책임설은 고의와 불법의식을 분리하여 구성요건사실에 관한 인식은 구
성요건고의의 문제로 보고, 그 외의 사실, 즉 위법성조각사유의 전제사실도 불법
의식에 영향을 미치는 면책사유로 본다. 그 결과 허용구성요건착오는 금지착오라
고 한다. 따라서 착오가 회피불가능하면 면책되고, 회피가능했다면 책임이 감경

　8) 김성천·김형준 285면; 박상기 268면; 배종대 363면; 손해목 561면; 신동운 430면; 이재상
　　334면; 이형국 155면; 임웅 329면; 정영일 289면; 정진연·신이철 271면.
　9) 김일수, 한국형법 Ⅰ, 528면; 손동권·김재윤 203면.
　10) 김성돈 382면; 정성근·박광민 359면.

될 뿐이다.

그러나 엄밀히 말해 위법성조각사유의 객관적 전제사실을 착오한 행위자는 '그가 무엇을 행하고 있는지'에 대해 모르고 행위하는 경우지만, 금지착오에 빠진 행위자는 그가 무엇을 행하고 있는지는 알고 있고, 다만 그렇게 행위해도 좋은지에 관하여 착오했을 뿐이다. 전자는 행위사정에 관해 착오한 것이고 후자는 행위 전체의 사회윤리적 평가에 관해 착오한 것이다. 이처럼 양자는 본질적으로 다르다. 따라서 허용구성요건착오의 경우를 금지착오로 다루어 결과적으로 고의불법을 저지를 생각을 갖지 않은 행위자도 고의범으로 처벌해야 한다는 엄격책임설은 본질적으로 같지 않은 것을 동일시했다는 비판을 면할 수 없다.

5. 판   례

판례는 행위자가 위법성조각사유의 전제사실의 착오를 일으켰더라도 그 착오에 정당한 이유가 인정된다면 위법성이 없다는 입장을 취하고 있다. 이에 따라 군대 당번병이 그 임무범위 내에 속하는 일로 오인하고 무단이탈한 행위에 대해 그 오인에 정당한 이유가 있어 위법성이 없다고 판단하였다(대판 1986. 10. 28, 86도 1406).

Ⅳ. 결   론

결론적으로 구성요건착오유추적용설을 지지한다. 큰 이론적 무리 없이 정당화 상황을 착오하여 행위한 자에 대한 과실책임을 이끌어 낼 수 있기 때문이다.

엄격책임설은 사실적 성격이 강한 행위상황에 대한 착오를 행위의 금지성에 대한 착오와 동일시하고, 비록 감경의 여지는 있지만 착오로 행위한 자에게 고의 책임의 성립을 주장한다는 점에서 법감정에 반하는 문제점을 가지고 있다.

다수설인 법효과제한적 책임설은 공범의 성립가능성을 제한 없이 열어 놓는다는 점에서 형사정책적 장점을 가지고 있는 것은 사실이다. 그러나 고의불법의 성립을 인정하면서도 과실불법을 전제로 하는 과실책임을 지우는 것이 이론적으로 모순된다는 비판으로부터는 자유로울 수 없다. 불법과 책임의 일치요구는 현대 형사책임론에 있어서 가장 기본적인 요청이기 때문이다. 고의불법을 전제로 하는 고의책임은 책임상황에 따라 감경되거나 조각될 수 있을 뿐이지 전혀 성질이 다른 과실책임으로 전환될 수는 없다고 해야 한다. 그리고 공범의 성립가능성을 열어두기 위해 정범의 고의를 주장하는 것도 공범에 대한 정범의 우위성이라는 기본원칙에 근거한 이론전개요청에도 반한다. 애당초 고의의 이중지위는 불법과 책임의 영역에서 고의에게 주어진 역할과 기능이 서로 다르기 때문에 인정된 것이지 정당화상황에 대한 착오의 사례에 있어서 과실책임을 이끌어 내기 위한 필요성 때문에 인정된 것이 아니다. 결론적으로 이 이론은 지나치게 작위적이며 불필요하게 책임원칙에서 일탈한다는 비판을 받지 않을 수 없다.

대법원 판례의 입장은 위법성을 조각하기 위한 객관적 요건이 결여되어 있음에도 불구하고 오인의 정당한 이유만을 들어 위법성 조각을 인정한다는 점에서 범죄체계론적 관점에서 수긍하기 어렵다.

구성요건착오유추적용설을 취하면서도 그 근거를 정당화 상황에 대한 착오사례의 사실적 성격이 구성요건착오와 유사하다는 점에서 찾는다면 좀더 설득력 있는 설명이 가능하다. 즉 위법성조각사유의 전제되는 사실을 착오한 행위자는 '자기가 무엇을 행하고 있는지'에 대해 모르고 행위하고 있기 때문에—예컨대 악수를 청하는 연적(戀敵)이 자신을 해하려려는 것으로 오인하고 방위의 의사로 반격하는 행위자는 자신이 지금 정당방위가 아닌 불법적인 공격을 행하고 있음을 모르고 있다—결국 행위사정에 대한 착오를 일으키고 있다는 점에서 구성요건 착오와 유사한 점을 인정할 수 있다. 이러한 점이 정당화 상황에 대한 착오의 사례에 구성요건착오를 직접 적용할 수는 없지만 유추적용할 수 있는 근거가 된다. 구성요건착오가 유추적용되면 구성요건단계에서 행위자의 고의는 성립하지 않고 과실만이 문제될 수 있을 뿐이다. 그리고 과실불법을 전제로 책임단계에서 행위자의 과실책임을 물을 수 있게 된다. 이러한 이론 구성이 책임원칙의 요청에 충실한 것임은 물론이다.

그리고 이같이 체계구성요건고의가 조각되면 구성요건착오유추적용설이 원용하는 불법고의는 당연히 조각된다. 불법고의는 구성요건사실과 정당화 사유의 부존재를 인식대상으로 하는 더 포괄적인 고의개념이기 때문이다. 따라서 종래의 구성요건착오유추적용설이 불법고의가 조각된다고 주장할 때 그 근거는 체계구성요건고의의 조각과 정당화 상황의 부존재에 대한 인식의 착오라는 두 가지 점에서 구해야 할 것이다.

공범의 성립과 관련해서는 착오에 빠져 행위한 과실정범자를 이용·원조한 자에 대하여서는 대부분 간접정범으로 처벌이 가능할 것이며, 혹 그것이 여의치 않은 경우에는 반드시 공범으로의 처벌을 고집할 필요는 없을 것으로 본다.

제 4 절   정당방위

I. 서   설

1. 정당방위의 의의

자기 또는 타인의 법익에 대한 현재의 위법(부당)한 침해를 방위하기 위한 상당한 이유 있는 행위를 정당방위(Notwehr)라 한다($^{제21조}_{제1항}$). 형법이 인정하고 있는 위법성조각사유 중 대표적인 정당화사유가 바로 정당방위이다.

2. 긴급피난과의 이동

정당방위와 긴급피난은 다같이 현재의 위난에 대한 긴급행위라는 점에서 같다. 그러나 전자는 위법한 침해에 대한 방어라는 점에서 부정 대 정의 관계이지만, 후자는 위법한 침해일 것을 요하지 않는다는 점에서 정 대 정의 관계이다.

3. 자구행위와의 이동

정당방위와 자구행위는 다같이 위법한 침해에 대한 자력보호행위라는 점에서 성질을 같이한다. 다같이 부정 대 정의 관계이기 때문이다. 그러나 전자가 현재의 침해에 대한 사전적 긴급행위라는 점에서, 이미 침해된 청구권을 보전하기 위한 사후적 긴급행위인 자구행위와 구별된다.

II. 정당방위의 구조

정당방위는 정당방위상황(현재의 부당한 침해)과 방위행위(방위하기 위한 상당한 이유 있는 행위)로 구성된다. 정당방위상황은 과실행위 및 부작위(산모가 유아를 아사시키려 할 때)에 의해서도 야기될 수 있다. 또한 방위행위에는 주관적 정당화요소가 필수적인 요소이다.

III. 정당방위의 근거

정당방위를 위법성조각사유가 되게 하는 자연법적 근거에는 개인권적 근거와 사회권적 근거가 있다.

1. 개인권적 근거

개인권적 근거는 자기보호사상에 근거하고 있다. 개인적으로 향유하는 재화와 법적으로 승인된 이익은 보호된다. 이것은 반드시 형법기술적인 의미의 법익을 뜻하는 것이 아니다.

공공질서 내지 법질서 전체의 침해에 대한 정당방위가 성립할 수 없다는 명제는 바로 이 개인권적 근거로부터 나온 것이다. 따라서 무면허 운전행위, 교통법규의 위반, 법적 거래의 안전을 침해하는 문서위조, 개인의 이익을 침해하지 않는 근친상간, 일반적으로 예의범절에 벗어난 행동 등에 대한 긴급구조(제 3 자를 위한 방위행위)로서 정당방위는 성립할 수 없다.

2. 사회권적 근거

사회권적 근거는 주로 법확증사상에 근거하고 있다. 자기의 재화와 법적으로 승인된 이익을 방어하는 자는 그와 함께 법질서의 효력을 강화한다. 이 점을 극명하게 보여주는 것이 독일제국재판소의 다음과 같은 고전적인 판결문언이다: "법은 불법에 길을 비켜 줄 필요가 없다"(Das Recht braucht dem Unrecht nicht zu weichen).

정당방위의 위력은 바로 이 사회권적 근거로부터 나온다. 원칙적으로 정당방위제도에서는 공격받은 법익과 방어에 의해 침해된 법익 사이에 교량이 필요 없다. 예컨대 재산적 가치를 보호하기 위해 살해할 수도 있다. 정당방위는 회피가 가능한 곳에서도 허용된다. 공격을 당하는 자에게 비겁하게 도망하라고 법은 말할 수 없기 때문이다.

Ⅳ. 성립요건

1. 정당방위상황

(1) 공   격

자기 또는 타인의 보호법익을 위협하는 모든 인간행태가 공격이 될 수 있다.

(a) **공격개념의 폭**   공격은 인간행태에 국한하며 동물의 공격은 형법 제21조에 해당하지 않고 민법상 정당방위($^{민법 제761조}_{제1항}$)에 해당할 수 있다. 그러나 동물의

공격이라도 사람에 의해 사주된 때에는 그 동물을 사주한 자의 공격으로 간주할 수 있다. 이 경우에 동물에 대한 방어, 심지어 사살도 정당방위로 간주된다.

(b) **공격개념의 질**   행위개념에 상당한 행위여야 한다. 이 정도에 이르지 못한 행위, 즉 반사적 또는 무의식적 행동으로 말미암은 공격에 대해서는 긴급피난이 가능할 뿐이다.

(c) **보호법익**   형법전에 의해 보호되는 개인적 법익은 모두 여기서 말하는 보호법익에 해당된다. 사회적 법익이라 할지라도 개인의 생명·신체·재산과 밀접한 관련을 맺는 것일 때에는 방어적격 있는 보호법익이 된다. 방화죄, 일수죄, 교통방해죄 등이 그 예이다.

그러나 외관상 개인의 이익과 관계가 있을지라도 본질적으로 사회질서·성풍속 등을 내용으로 하는 경우에는 방어적격이 없다. 예컨대 음란문서의 판매나 음란영화·연극의 상영 등을 막기 위한 정당방위는 허용되지 않는다.

그 밖에 타법에 의해 보호되는 것도 보호법익이 될 수 있다. 예컨대 민법상 점유, 민법상 일반적 인격권의 대상이 되는 사생활의 영역 등이 그것이다. 따라서 사생활의 비밀을 지키기 위해 침실을 엿보는 행위에 대한 정당방위도 가능하다.

(d) **부작위에 의한 공격**   임차인이 임대차계약기간 만료 후 퇴거를 해야 할 의무를 지고 있으나 그냥 세든 집에 눌러 살고 있는 경우와 같다. 이 부작위가 임대인의 소유권에 대한 공격이 되어 임대인은 정당방위에 의해 완력으로 임차인을 퇴거케 할 수 있는가가 문제이다. 즉 임차인의 부작위가 형법 제21조의 공격이 될 수 있는가.

이것이 공격으로 간주될 수 있으려면, 첫째 부작위행위자에게 작위의 법적 의무가 있어야 하고, 둘째 이 의무의 불이행이 가벌적이어야 한다. 위 사례는 둘째 요건을 갖출 수 없기 때문에 임대인은 민법적 권리구제에 호소할 수밖에 없다. 그러나 방문객이 집주인으로부터 퇴거요구를 받고 이에 불응한 경우는 사정이 다르다. 부작위에 의한 퇴거불응죄가 성립되기 때문이다. 따라서 불응하는 방문객을 밀어내기 위한 정당방위가 가능하다.

(e) **공격을 착각한 경우**   공격이 없거나 공격에 상응한 행위가 없음에도 불구하고 공격에 해당하는 행위가 있는 줄로 착각하고 방위행위로 나간 경우에는 오상방위의 문제가 생긴다.

(2) **공격의 현재성**

공격의 현재성은 공격이 직접 임박한 것, 방금 막 시작된 것 또는 아직도 계속되는 것을 의미한다.

(a) **직접 임박한 공격**   직접 임박한 공격이란 당하지 않으려면 곧 반격을 해야 할 상태에 이르러 있는 공격을 말한다. 예컨대 장전된 권총을 집어드는 것은 생명에 대한 직접 임박한 공격이며, 산림경찰의 무기를 버리라는 경고에도 불구하고 무기를 버리지 않는 불법사냥꾼은 현재 공격을 하는 상태이다.

(b) **현재성의 존속기간**   공격은 법익침해가 최종적으로 발생했다고 볼 수 있는 데까지 계속된다. 경우에 따라서는 본래적인 범죄의 기수(Vollendung)를 지나 그 실질적인 완수(Beendigung) 시점까지 계속될 수 있다. 예컨대 절도범이 남의 돈지갑을 빼앗아 도망하기 시작했다면 절도죄는 기수에 이르렀으나 계속 추격을 당하는 한 아직 완수에 이르렀다고 볼 수 없기 때문에 아직도 공격의 현재성(침해의 현재성)은 있다고 보아야 한다(통설).

(c) **현재성이 문제되는 경우**   과거의 공격이나 장래에 예상되는 공격에 대한 정당방위는 성립하지 않는다. 그러나 현재성을 판단하는 시점은 방위행위시가 아니라 공격행위시이므로 장래의 공격에 대비하여 미리 설치한 감전장치는 공격행위시에 방위효과가 발생하는 한, 현재성이 인정된다.

《참고》 폭력행위 등 처벌에 관한 법률 제 8 조 제 1 항은 "이 법에 규정된 죄를 범한 자가 흉기 기타 위험한 물건등으로 사람에게 위해를 가하거나 가하려 할 때 이를 예방 또는 방위하기 위하여 한 행위는 벌하지 아니한다"라고 규정하여 현재성의 요건을 완화해 일정범위 내에서 예방적 정당방위를 인정하고 있다.

문제는 장래에 반복될 위험이 있는 공격에 대한 정당방위(혹자는 예방적 정당방위라고 칭한다)가 가능한가이다. 예를 들어 술만 마시면 구타하는 남편을 살해한 경우 또는 계속된 성폭행을 피하기 위하여 의붓아버지를 살해한 경우(대판 1992. 12. 22, 92 도 2540)이다. 판례는 공격의 현재성과 방위의사는 인정하였지만 상당성이 결여되어 정당방위가 성립하지 않는다고 판시하였다. 이에 대해 현재성을 인정하는 견해[11]도 있으나 부정하는 견해[12]가 타당하다. 이른바 장기적인 위험은 긴급피난의 사유는 되지만 공격의 현재성을 충족시키지는 못한다. 예방적 정당방위나 장래위험에 대한 정당방위와 같은 개념은 공격의 현재성과 합치할 수 없는 개념이다.

(d) **현재성을 간과한 방어행위**   정당방위의 시간적 한계를 벗어나 공격의 현재성이 없음에도 이를 무시하거나 간과한 채 방어행위를 한 경우를 외연적 과

---

11) 박상기 181면; 손동권·김재윤 181면.
12) 배종대 345면; 이재상 224면.

잉방위라 한다. 외연적 과잉방위도 과잉방위의 일종인가에 관하여 견해가 갈리지만, 이미 정당방위상황이 부존재하기 때문에 과잉방위의 전제가 사라졌으므로 과잉방위는 될 수 없고 경우에 따라 단지 오상방위의 문제가 생길 뿐이라는 것이 통설의 입장이다.

(3) 공격의 위법(부당)성

(a) **위법한 공격일 것**　여기에서 위법이라 함은 형법상 구성요건에 해당하는 위법행위뿐만 아니라 법질서 전체에 반하는 일반적인 위법행위도 포함한다. 그러나 공격행위가 위법한 것이 되려면 결과반가치와 행위반가치를 갖추어야 한다. 결과반가치만 있는 공격 또는 행위반가치만 있는 공격은 위법한 공격이라 할 수 없다. 위법한 공격에 대한 방위행위는 정당화될 수 있으므로 정당방위에 대한 정당방위는 어떠한 경우에도 성립될 수 없다. 또한 정당화된 긴급피난을 비롯하여 그 밖의 정당화사유에 대해서도 정당방위는 성립되지 않는다.

‖**판례**‖　경찰관이 현행범인 체포 요건을 갖추지 못하였는데도 실력으로 현행범인을 체포하려고 하였다면 적법한 공무집행이라고 할 수 없고, 현행범인 체포행위가 적법한 공무집행을 벗어나 불법인 것으로 볼 수밖에 없다면, 현행범이 체포를 면하려고 반항하는 과정에서 경찰관에게 상해를 가한 것은 불법체포로 인한 신체에 대한 현재의 부당한 침해에서 벗어나기 위한 행위로서 정당방위에 해당하여 위법성이 조각된다(대판 2011. 5. 26, 2011 도 3682).

(b) **부당한 공격일 것**　비록 구성요건에는 해당하지 않더라도 객관적인 의무위반행위이면 부당한 공격이 된다. 이를테면 구성요건해당성은 없으나 민법상의 불법에 해당하는 경우, 과실범처벌규정 없는 과실행위나 미수범처벌규정 없는 미수행위도 부당한 공격에 해당한다.

(c) **당연무효인 행정행위**　중대하고 명백한 법규위반의 하자가 있어 당연무효에 해당하는 행정행위도 위법한 공격에 해당한다. 그러나 취소사유 있는 행정행위는 권한 있는 행정기관에 의해 취소되기 전까지는 행정행위의 공정력·불가쟁력 때문에 위법·부당 공격이라 할 수 없고 이에 대한 정당방위도 불가능하다.

(d) **유책성은 불필요**　공격이 유책한 것일 필요는 없다. 물론 공격행위자에게 주관적 불법요소인 고의·과실은 있어야 하지만, 책임조건인 고의·과실까지 있어야 하는 것은 아니다. 그 밖에도 공격행위자에게 책임의 구성요소인 책임능력이나 불법의식, 면책사유의 부존재 등의 요건이 갖추어져야 하는 것은 아니다.

따라서 정신병자나 간질성 행위자, 형사미성년자의 공격에 대하여도 정당방위가
가능하다. 여기서 부당(위법)하다는 것은 공격자에게 아무런 정당화사유도 없다
는 것을 말하기 때문이다.

(e) **싸움의 경우**　두 사람이 맞붙어 싸우는 싸움에서는 상호공격의 위법성
은 있지만 정당방위가 성립하지 않는다. 싸움의 경우에는 공격과 방어가 교차하
고 있는데다가 어느 편이 정당하고 부당하다는 판단을 내릴 수 없기 때문이다(대
판 2011. 5. 13, 2010 도 16970). 그러나 싸움에서 당연히 예상할 수 있는 정도를 초
과한 살인흉기의 갑작스러운 사용 등과 같은 과격한 공격행위에 대한 반격은 정
당방위가 될 수 있다(대판 1968. 5. 7, 68 도 370).

(f) **공격의 위법·부당성을 착각한 경우**　공격이 적법한 것인데도 위법·
부당한 줄로 착각하고 방어행위로 나간 경우에는 오상방위의 문제가 생긴다.

2. 방위의사와 방위행위

방위행위는 주관적으로 현재의 부당한 침해를 방어하기 위한 목적, 즉 방위
의사가 있어야 하고, 객관적으로는 이에 필요하고 요구된 상당한 이유 있는 행위
여야 한다. 전자는 주관적 정당화요소이고, 후자는 방어의 필요성과 요구성의 문
제이다.

방위행위는 순수한 수비적 방어뿐만 아니라 적극적으로 반격을 가하는 반격
방어의 형태도 포함한다. 또한 방위행위의 상대방은 오직 공격자에게만 국한된
다. 공격자 이외의 제 3 자에 대한 가해가 방어에 필요한 불가피한 선택이었을 경
우에는 정당방위가 아니라 단지 긴급피난이 문제될 수 있을 뿐이다.

3. 상당한 이유 있는 행위(=방위행위의 필요성)

정당방위행위는 사실상 방위에 필요한 행위여야 한다. 방위에 사실상 필요한
행위인 한 원칙적으로 법익교량이 필요없다. 그러므로 방위에 필요한 모든 행위
가 허용된다. 따라서 정당방위에는 원칙적으로 보충성·균형성의 원칙이 적용되
지 않는다.

(1) 방어필요성의 원칙적 근거

정당방위의 경우 보충성의 원칙이 적용되지 않는다. 따라서 방위자는 공격을
받을 경우 원칙적으로 도망가거나 피하여야 할 필요가 없다. 정당방위의 두 원칙,
즉 자기보호의 원칙과 법확증의 원칙에 비추어 자기의 법익보호에 기여하고 불법

적인 공격이 있으면 법은 불법에 길을 비켜 줄 필요가 없기 때문이다. 이처럼 정
당방위를 하는 자는 자기 자신을 방위할 뿐만 아니라 법질서의 권위도 함께 확증
하고 있는 셈이다. 예컨대 피난행위로써 현재의 공격을 피할 수 있는 경우에도 정
당방위를 할 수 있다.

(2) 방어수단의 원칙적 허용성

공격에 대해 불안전한 방위수단만을 사용할 필요는 없다. 이를테면 마구 주먹
질을 해대는 공격자를 방위자가 맨주먹만 가지고 물리치는 데 역부족이라면 비록
그 공격자가 무기를 들고 공격하지는 않았지만 방위를 위한 방위자의 무기사용도
허용된다. 왜냐하면 이같은 상황에서 안전한 수단만 사용하여 방어하도록 법은 기
대하고 있지 않기 때문이다. 판례는 강제로 키스하는 남자의 혀를 물어 뜯어 절단
한 여자에게 방어수단의 허용성을 인정하고 있다(대판 1989.8.8, 89 도 358).

‖ **판례** ‖ 인적이 드문 심야에 혼자 귀가중인 피해자에게 갑자기 뒤에서 달려들어 어두
운 골목길로 끌고 들어가 반항하는 피해자를 걷어차고 억지로 키스를 하자, 피해자가 엉
겁결에 행위자의 혀를 깨물어 절단하였다. 피해자가 정조와 신체의 안전을 지키기 위해
혀절단상을 입힌 행위는 피고인의 신체에 대한 현재의 부당한 침해에서 벗어나기 위한
행위로서 위법성이 결여된 행위다. 따라서 피해자의 행위는 폭력행위처벌법상 상해죄에
해당하지 않으며 정당방위로서 무죄다(대판 1989.8.8, 89 도 358).

(3) 방어수단의 균형성

효과적인 방어를 위한 모든 수단의 사용이 원칙적으로 가능하지만, 다만 방
위자는 공격을 막기 위하여 되도록 경미한 수단을 선택하여야 한다. 또한 사용할
수 있는 여러 가지 효과적인 방어수단 중에서 방위행위는 공격을 효과적으로 방
어하기에 필요한 만큼의 정도를 넘어가서는 안 된다(상대적 최소방위의 원칙).

이러한 검토는 합리적으로 행하여져야 한다. 공격자를 살해하는 것만큼 효과 있
는 방어수단은 없지만, 이성적으로 고찰해 보면 그보다 경미한 수단이라도 얼마든
지 동일한 효과를 나타낼 때가 있기 때문이다. 따라서 방호방위(Schutzwehr)로 충
분하다면 공격방위(Trutzwehr)는 허용될 수 없다. 위협으로 충분하다면 폭력은 허
용되지 않는다. 또한 자기보호기구를 장치할 때 무해한 정도의 전류를 흐르게 하는
것으로 충분하다면 감전사할 만큼의 치명적인 전류를 흐르게 해서는 안 된다.

여기서는 방위수단의 균형성이 문제되는 것이지 공격받은 법익과 방위행위
에 의해 침해된 법익 사이에 균형성(법익균형성)이 문제되는 것이 아님을 주의해
야 한다.

⑷ 필요 이상의 방위행위

필요성을 초과한 경우는 정당방위가 아니라 과잉방위이다. 과잉방위는 정당화되지 않으며, 경우에 따라 책임감면 내지 면책사유가 될 수 있을 뿐이다($\binom{제21조 제2항,}{제3항}$).

4. 정당방위의 사회윤리적 제한(=방위행위의 요구성)

⑴ 문제의 제기

방위행위는 법질서 전체의 입장에 비추어 요구된 행위여야 한다. 요구되지 않은 방위행위는 정당방위행위가 아니라 권리남용에 해당한다. 이것이 바로 정당방위권의 엄격주의에 대한 규범적 관점으로부터의 제한이다.

이 규범적 제한의 검토는 위에서 언급한 정당방위의 두 가지 근거, 즉 개인권적 근거와 사회권적 근거로부터 출발한다. 개인권적 근거와 관련된 정당방위의 규범적 제한의 원칙은 '비례성의 원칙'이다. 사회권적 근거와 관련된 정당방위의 규범적 제한의 원칙은 법질서가 예외적으로 방위행위에 의한 효력확증을 필요로 하지 않을 때 사회권적 근거는 탈락되고 방위행위의 요구성도 배제된다는 것이다. 이러한 방위행위의 요구성에 의한 제한을 정당방위의 사회윤리적 제한이라고도 한다.

이 사회윤리적 제한이 문제되는 사례로는 '극단적 법익의 불균형', '책임 없는 또는 책임이 현저히 감소된 상태에 있는 자의 공격인 경우', '유책하게 도발된 정당방위상황', '부부·친족간의 공격' 등을 들 수 있다. 여기에서 문제되는 정당방위의 사회윤리적 한계를 정당방위권의 내재적 한계라고도 부른다.

⑵ 극단적인 법익의 불균형

방위행위에 의해 야기된 손해가 공격위험에 비해 극단적인 불균형을 이룰 때 정당방위의 개인권적 근거는 탈락되고 방위행위의 요구성이 배제되므로 정당방위가 허용되지 않는다. 만약 비교되는 법익간의 극단적인 불균형이 존재하는데도 불구하고 방위행위를 실행한다면 그것은 권리남용일 뿐 정당방위일 수는 없다. 여기에서 '극단적'이라는 표현이 중요하다. 왜냐하면 정당방위에서 공격받은 이익과 방위행위에 의해 침해된 이익 사이에 보통으로 생길 수 있는 불균형은 정당방위성립에 지장을 주지 않기 때문이다. 극단적 불균형의 예로서는 공격이 아주 사소하고 경미한 경우를 들 수 있다.

예컨대 사과 몇 개를 함부로 따는 학생들에게 소리치며 말려도 듣지 않자 공기총을 쏘는 경우, 100원짜리 음료수를 훔쳐 달아나는 절도범에게 치명적인 사격을 가하는 행위, 경계표시가 되어 있지 않은 사설도로에 함부로 들어간 보행자에게 총격을 가하거나 맹견을 풀어놓는 행위 등.

‖ **판례 1** ‖ 전투경찰대원인 행위자가 상관에게 심한 기합을 받다가 이에 격분하여 상관을 사살하였다면 자신의 신체에 대한 침해를 방위하기 위한 상당한 행위라고 볼 수 없다. 정당방위가 성립하려면 일체의 구체적인 사정들을 참작하여 방위행위가 사회적으로 상당한 것이어야 한다(대판 1984. 6. 12, 84 도 683).

‖ **판례 2** ‖ 이혼소송중인 남편이 찾아와 가위로 폭행하고 변태적 성행위를 강요하는 데에 격분하여 처가 칼로 남편의 복부를 찔러 사망에 이르게 한 경우, 그 행위는 정당방위나 과잉방위에 해당하지 않는다(대판 2001. 5. 15, 2001 도 1089).

(3) 책임 없는 또는 책임이 현저히 감소된 상태에 있는 자의 공격인 경우

어린아이, 미성숙한 청소년, 명정자, 정신병자의 공격 및 착오나 과실 또는 면책적 긴급피난에서 행위하는 자의 공격이 있을 경우에도 법질서는 방위행위에 의해 유효성이 확증될 것을 요구하지 않는다. 따라서 방위자는 법확증의 원칙에 기한 사회권적 근거를 원용할 수 없고, 단지 자기보호의 원칙에 기한 개인권적 근거만을 최후수단으로 원용할 수 있을 뿐이다.

즉 책임 없는 또한 책임이 현저히 감소된 상태에 있는 사람의 공격에 대해서는 오히려 방위자가 먼저 피하여야 한다. 더 이상 피할 수 없는 막다른 지경에서만 방위행위가 허용된다. 다만 일반적으로 이미 자신들의 행위에 대해 형사책임을 질 수 있는 청소년들의 공격에 대해서는 정당방위가 제한되지 않는다.

(4) 유책하게 도발된 정당방위상황

(a) **의도적 도발**   의도적 도발(Absichtsprovokation)이라 함은 행위자가 정당방위를 핑계삼아 제 3 자에게 가해를 입히기 위해, 제 3 자로 하여금 먼저 위법한 공격을 가해 오도록 의도적으로 제 3 자를 도발시키는 행위를 말한다.

세칭 제비족이 정부의 남편이 돌아올 것을 예상했을 뿐만 아니라 그가 오기를 기다려 정부의 집으로 갔다. 그는 정부의 남편이 자기를 보면 공격해 올 것이며, 이때가 바로 그를 정당방위로 해치울 수 있는 좋은 기회라고 생각하였다. 집으로 돌아온 남편이 자기 부인과 정부가 함께 있는 것을 목격하자 몽둥이를 들고 가격해 오기 시작했고 정부는 방어행위의 수단으로 과도를 던져 남편을 살해하였다.

이 사례와 같이 정당방위라는 미명 아래 타인의 법익을 침해하기 위하여 의도적으로 타인이 공격하도록 도발한 사람은 정당방위권을 부당하게 남용한 것이므로 정당방위를 원용할 수 없다(권리남용론). 의도적 도발의 경우에는 오히려 법

질서 확증이나 자기보호의 이익이 상실된다고 보아야 한다. 오히려 행위자는 의도적인 선행행위에 대해 보증인의무를 져야 할 것이므로 그의 정당방위권의 원용은 사회윤리적으로 용인될 수 없다.

(b) **과실에 의한 도발**

> 춤바람난 가정주부와 그의 정부가 그녀의 남편이 일찍 귀가하는 바람에 정사현장을 들켰다. 이를 본 남편이 죽여 버리겠다고 부엌칼을 들고 달려들자, 정부는 다급한 나머지 그를 타살하였다.

사례에서 남편이 정부에게 부당한 공격을 시작했기 때문에 정부에게도 정당방위상황은 이미 존재한다. 또한 정부가 그 밖에 달리 방위할 수 없었기 때문에 타살도 필요한 방위행위였다. 그럼에도 불구하고 정당방위의 원용이 사회윤리적으로 용인될 수 있느냐 하는 점이다. 이 경우 스스로 인정받을 수 없는 상황에 빠져 있던 방위행위자는 법확증원칙을 원용할 수 없고 다만 자기보호원칙만을 원용할 수 있을 뿐이다. 그러므로 정부는 될 수 있는 대로 도망쳐야 한다. 과실로 정당방위상황을 불러일으킨 자는 방어로써 자신을 보호해서는 안 되고, 가능한 한 공격을 피함으로써 자신을 보호해야 한다. 만약 피하지 않고 방어하다가 해를 입혔다면 고의행위로 처벌된다. 그러나 더 이상 피할 수 없는 극한상황에서라면 최후수단으로 정당방위가 허용된다.

(5) **부부 · 친족간에서의 공격**

까딱 잘못하면 사람을 죽일 수도 있는 수단의 선택은 그 자체를 적으로 생각할 수 없는 동일한 생활권에 속한 사람들(이들을 보증관계에 있는 사람들이라고도 부름), 즉 부부나 친족 사이에서는 상당한 수단이 될 수 없다. 아직 보증관계에 있는 친밀한 가족 사이에서 일어난 일방의 예상할 수 있는 공격에 대해 타방은 법의 확증원칙이 아니라 자기보호원칙에 따라 방어해야 한다. 방어자는 일단 그 공격을 피해야 하며 피할 수 없는 극한상황에서만 자기보호를 위해 방어수단을 투입해도 좋다. 그 경우에도 일방이 타방의 공격을 동일한 방어수단으로써 저지하기보다 덜 위험한 방어수단으로써 충분히 방어할 수 있는 한, 이 방법을 택해야 한다.

문제는 부부간에 일방이 타방의 생명 · 신체에 대하여 의사의 치료를 받아야 할 만큼 중대한 공격을 가하거나 툭하면 폭력을 사용하는 경우에도 타방의 정당방위를 제한하여야 하느냐이다. 이런 종류의 공격은 보증관계를 파괴하여 피공격자의 공격자에 대한 보호의무를 해지시킨다. 따라서 생명을 위태롭게 하는 극단적인 공격을 방어하기 위한 정당방위는 비록 부부간의 문제라고 할지라도(부부싸움은 칼로 물베기라고도 하지만) 언제나 상당한 이유 있는 것으로 허용된다.

(6) 사회윤리적 제한을 벗어난 방위행위

앞의 사례에서 그 제한을 일탈한 방위행위는 정당방위가 되지 않는다. 또한 원칙적으로 과잉방위의 문제도 생기지 않는다. 그러나 책임능력 없거나 책임능력이 현저히 감소된 사람의 공격, 과실에 의한 도발로 야기된 공격에서 요구된 방위행위가 그 요구된 정도를 벗어났을 때에는 면책사유인 과잉방위가 될 수는 있다.

5. 긴급구조(타인의 법익을 위한 정당방위)

타인의 법익을 위한 정당방위를 긴급구조(Nothilfe)라 한다. 강간당할 위험에 처한 부녀를 구하기 위해 강간범을 격퇴시키는 경우를 예로 들 수 있다. 긴급구조자는 정당방위상황에 처해 있는 자와 동일한 권한을 갖는다. 여기서 정당방위는 자기보호의 원칙뿐만 아니라 법확증의 원칙에도 근거하고 있다.

국가를 위한 긴급구조가 가능한가. 국가를 위한 긴급구조는 원칙적으로 허용되지 않으나, 다만 국가적 법익에 중대한 위해를 가할 수 있는 공격행위에 대해 국가 스스로가 손을 쓸 수 없는 예외적인 긴급한 상황에서는 사인에 의한 정당방위가 허용된다는 견해가 있다.[13] 그러나 긴급구조는 개인적인 법익이나 개인적인 권리를 침해당할 때에만 가능하다고 해야 한다. 따라서 국가를 위한 긴급구조, 공공질서 또는 법질서에 대한 긴급구조는 어떤 경우에도 허용되지 않는다. 예컨대 첩자가 극비의 국가기밀문서를 가지고 국경을 넘어가려고 할 때라도 국가를 위한 긴급구조는 불가능하다.[14] 단 이 경우 첩자의 체포는 법령에 의한 정당행위(현행범 체포)로 평가될 여지는 있다. 또한 국가변란 등의 경우 국가를 위한 헌법상의 방어권 내지 저항권도 국가를 위한 긴급구조행위로 정당화될 수 없다. 반면 국가를 위한 긴급구조가 정당방위가 아닌 긴급피난행위로 정당화될 수는 있다.

6. 방위의사(주관적 정당화요소)

방위행위는 방위의사에서 비롯된 것이어야 한다. 법문은 이것을 「방위하기 위한 행위」라고 표현하고 있다. 방위의사는 방위행위를 정당화시켜 주는 주관적

---

13) 김성천·김형준 208면; 손해목 450면; 신동운 274면; 이재상 226면; 이형국 175면; 임웅 237면; 정영일 191면; 정진연·신이철 185면.
14) 같은 견해, 권오걸 193면; 김성돈 260면; 박상기 184면; 배종대 344면; 손동권·김재윤 187면; 오영근 332면; 이상돈 277면; 이영란 238면; 이정원 171면; 정성근·박광민 241면.

정당화요소로서 방위행위의 행위반가치를 제거해 주는 역할을 한다. 객관적 정당
방위상황이 방위행위의 법익침해적 결과, 즉 결과반가치를 제거해 주는 것처럼,
방위의사가 방위행위의 행위반가치를 제거해 줌으로써 정당방위는 방위행위의
위법성을 조각시켜 주는 정당화사유로서의 몫을 담당하는 것이다.

　방위의사는 정당방위상황의 인식을 근거로 하여 방위행위의 목적을 추구하
고 실현하는 의사를 말한다. 방위의사가 고의의 반대요소로 작용하기 위해서는
단순한 방위상황의 인식만으로 부족하고 적어도 방위상황의 인식을 근거로 방어
행위를 추구·실현하는 의사가 있어야 한다.

　　상황의 인식에 근거한 행위의식만 있으면 방위의사는 존재하는 것이므로 여기에
다른 동기나 다른 목적, 즉 공격자가 원수였기 때문에 원수를 갚기 위한 목적 따위
가 개재해도 방위의사가 배제되지 아니한다. 또한 방위의사는 고의행위의 경우뿐만
아니라 과실행위로 인한 방위행위에도 필요하다. 다만 이 때에는 일반적 개괄적인
방위의사만 있으면 족하다.

V. 효　　과

　요건을 갖춘 방위행위는 정당방위가 되어 비록 불법구성요건에는 해당하나
위법성이 조각된다. 위법성이 조각되면 실질적 불법이 배제되고, 불법이 성립하
지 않으면 범죄불성립의 경우가 되어 처벌할 수 없다. 어떤 방어행위가 정당방위
로 인정되면 이 행위에 대한 정당방위는 다시 허용되지 아니한다.

VI. 효력이 미치는 범위

　정당방위는 공격자에 대해서만 미치고 이에 가담하지 아니한 제3자에게 미
치지 아니한다. 예컨대 갑이 어느 정치인을 죽이려고 권총으로 위협하다가 정치
인의 반격으로 갑뿐만 아니라 옆에 있던 사람까지도 사살된 사례에서, 자객인 갑
의 살해만이 정당방위에 의해 정당화되고 옆사람의 희생에 대해서는 정당방위가
성립하지 않는다. 단지 면책적 긴급피난만이 성립할 수 있을 뿐이다.

VII. 과잉방위

　방위행위가 상당성의 정도를 초과한 경우를 과잉방위라 한다. 이 때 방위행

위자가 상당성초과에 대해 인식했느냐의 여부는 과잉방위성립에 영향을 미치지 않는다. 과잉방위는 위법성조각사유가 아니라 책임감경으로 인한 형의 감면사유($^{제21조}_{제2항}$) 내지 면책으로 인한 불가벌사유($^{제21조}_{제3항}$)가 된다. 과잉방위에 관하여는 책임감경 내지 면책사유일 뿐이므로 책임론에서 상세히 다룬다.

Ⅷ. 착오문제

정당방위자가 객관적으로 존재하는 정당방위상황을 착오로 알지 못하고 행위한 경우는 불능미수를 유추적용해야 하고, 반면 존재하지 아니하는 정당방위상황(정당방위의 전제조건)을 착오로 잘못 인정하고 행위한 경우, 즉 오상방위(Putativnotwehr)의 경우는 구성요건착오유추적용설에 따라 고의가 조각되고 과실책임이 인정된다.

제 5 절 긴급피난

Ⅰ. 서   설

1. 긴급피난의 의의

자기 또는 타인의 법익에 대한 현재의 위난을 피하기 위한 상당한 이유 있는 행위를 긴급피난(Notstand)이라 한다($^{제22조}_{제1항}$). 예컨대 광인이나 맹견의 추적을 피하기 위해 함부로 남의 집안으로 뛰어들어간다든지 예배중인 교회당 인근에서 화재가 발생하자 이것을 미리 알려 사람들을 대피시키기 위해 예배당에서 「불이야!」하고 소리치는 경우 등을 들 수 있다.

2. 정당방위와의 이동

긴급상태하의 긴급행위라는 점에서 정당방위와 긴급피난은 같다. 그러나 정당방위는 위법(부당)한 침해를 전제로 하기 때문에 '부정 대 정'의 관계로 표현됨에 반해, 긴급피난은 위난의 원인이 정·부정임을 불문하기 때문에 '정 대 정'의 관계로도 표현된다.

긴급피난이 '정 대 정'의 관계라는 것은 정당방위와의 차이점을 부각시키기 위한 표현에 불과하기 때문에 긴급피난이 위법·부당하지 않은 공격에 대해서만 가능한 것으로 착각해서는 안 된다. 긴급피난은 위법·부당한 공격과 그렇지 않은 공격에 대해 모두 가능함을 유의해야 한다.

뿐만 아니라 방위행위와 피난행위는 다같이 상당성의 원리에 입각하고 있지만 그 내용이 같지 않고 피난행위의 경우가 방위행위의 경우보다 훨씬 더 엄격하게 제한된다.

II. 긴급피난의 법적 성질

1. 단 일 설

(1) 책임조각설

긴급피난상황에서 피난행위는 위법하지 않은 원인야기자 또는 위법과는 전혀 무관한 제3자의 법익에 대한 침해를 야기한 것이므로, 그 자체는 일단 위법한 것이지만 적법행위에 대한 기대가능성이 없기 때문에 책임이 조각될 뿐이라는 견해이다.

(2) 위법성조각설

긴급피난상황에서 피난행위는 정당화된다는 견해이다. 이 사상은 헤겔이 처음으로 주장한 이익충돌이론(Kollisionstheorie)에 근거하고 있다. 그 내용은 보호받을 이익과 침해받은 이익 사이에 일정한 교량이 행하여져야 하며 그 교량의 결과 보호받을 이익의 가치우월성이 확인되면 행위자의 피난행위가 정당화된다는 것이다.

2. 이 분 설

긴급피난은 구체적인 내용에 따라 정당화적 긴급피난과 면책적 긴급피난의 성격을 다 가진다는 견해이다. 현재의 독일형법은 바로 이 이분설의 입장을 입법화한 것이다.

독일형법 제34조(정당화적 긴급피난):「생명·신체·자유·명예·소유권 기타의 법익에 대한 현재의 달리 회피할 수 없는 위험에 직면하여 자기 또는 타인의 위험을 피하기 위하여 행위한 자는 충돌하는 이익, 즉 관련법익과 긴박한 위험의 정도를 교량하여 보호되는 이익이 침해된 이익보다 본질적으로 우월한 때에는 위법하게 행위한 것이 아니다. 다만 그 행위는 위험을 피하기 위한 적합한 수단이 아니면 안된다.」

독일형법 제35조(면책적 긴급피난): 「생명, 신체 또는 자유에 대한 달리 피할 수 없는 현재의 위난 속에서 자기, 친족 또는 기타 이와 밀접한 관계에 있는 자의 위난을 피하기 위하여 위법행위를 한 자는 책임 없이 행위한 것이다. 정황에 비추어, 특히 스스로 위난을 초래하였거나 특별한 법률관계로 인하여 그 위난을 감수할 것이 행위자에게 기대될 수 있었던 때에는 그러하지 아니하다. 다만, 행위자가 특별한 법률관계를 고려하더라도 위난을 감수할 수 없었던 때에는 제49조 제 1 항에 의하여 형을 감경할 수 있다.」

3. 결 론

우리 형법상의 긴급피난은 단일설의 입장에서 정당화적 긴급피난뿐이라는 견해가 있다.[15] 긴급피난에 대한 우리 형법규정이 독일과는 달리 이분설을 취하고 있지 않기 때문에 해석상 이분설을 취하는 것은 무리라는 것이다. 이 입장에서는 면책적 긴급피난의 사례는 기대불가능성으로 인한 초법규적 책임조각의 경우로 보게 된다.

그러나 우리 형법 제22조는 이분설의 관점에 따라 해석하는 것이 바람직하다.[16] 이분설적 관점이 긴급피난의 본질에 더 적합한 설명을 줄 수 있을 뿐만 아니라, 면책적 긴급피난에 해당하는 사례들을 기대불가능성이라는 초법규적 책임조각사유를 끌어들여 해결하는 것보다 더 합리적이기 때문이다.

그 구별은 법익의 제한 없이 이익교량이 가능한 이가치적 이익 사이에서 우월적 이익을 확보하기 위한 경우를 정당화적 긴급피난으로, 적어도 이가치적 이익 사이에서 우월적 이익을 확보하기 위한 경우가 아니거나 동가치적 이익의 충돌이 있는 경우를 면책적 긴급피난으로 해야 한다. 법문상의 「상당한 이유」도 정당화적 긴급피난과 면책적 긴급피난에서 달리 해석하여야 한다. 전자의 경우에는 이익교량상의 엄격한 상당성이요, 후자의 경우에는 규범합치적 행위에 대한 기대가능성흠결의 의미이다.

---

15) 권오걸 213면; 김성천·김형준 226면; 박상기 202면; 손동권·김재윤 210면; 오영근 348면; 이상돈 302면; 이재상 241면; 이형국 184면; 임웅 242면; 정성근·박광민 258면; 정영일 209면; 정진연·신이철 197면; 조준현 268면.

16) 우리나라에서 이분설을 취하는 학자로는 김성돈 278면; 배종대 374면; 손해목 473면; 신동운 296면; 이정원 190면; 진계호 331면.

Ⅲ. 긴급피난의 정당화적 근거

우리 형법에서 긴급피난은 자기 또는 타인의 법익에 대한 현재의 위난을 피하기 위한 행위를 전제한다. 자기의 법익보호와 관련해서는 자기보호원리와 이익교량의 원리가, 타인의 법익보호와 관련해서는 연대성의 원리와 이익교량의 원리가 정당화의 근거가 된다. 다만 이같은 정당화의 근거도 비례성의 원리와 의사자율의 원리를 침해하지 않는 범위 안에서 고려해야 한다.

Ⅳ. 긴급피난의 기본구조

긴급피난은 긴급피난상황(자기 또는 타인의 법익에 대한 현재의 위난)과 피난행위(피하기 위한 상당한 이유 있는 행위)로 성립되는 위법성조각사유이다.

환자를 호송하기 위하여 타인의 자가용차를 함부로 이용하는 일이나 전염병환자의 의복을 벗겨 소각하는 일 또는 응급환자를 수술하기 위해 병원으로 급히 가야 하는 의사가 일방통행의 교통규칙을 어기고 반대방향으로 차를 거슬러 몰고 가는 일 등을 들 수 있다.

긴급피난의 사례에서 나타나는 공통적인 기본구조는 다음 네 가지 점이 판명될 때 비로소 침해행위가 정당화된다:

① 보호될 법익과 침해된 법익이 서로 대립하고 있어야 하고, ② 보호될 법익에 현재의 위난이 가하여지고 있고, ③ 이러한 위난의 방지는 타인의 법익의 침해로 나아가야 하며, ④ 이익교량의 결과 보호된 법익이 우월해야 한다.

Ⅴ. 성립요건

1. 긴급피난상황

(1) 자기 또는 타인의 법익

긴급피난에 의해 보호될 수 있는 대상은 자기 또는 타인의 모든 법익이다. 법률에 의해 보호되는 이익인 한 반드시 형법상 보호되는 법익에 국한하지 않는다. 이 점은 정당방위의 경우도 마찬가지이다. 따라서 생명·신체·자유·명예·재산뿐만 아니라 안정된 일자리나 근로조건 따위도 긴급피난의 적격 있는 법익의 개념에 포함된다. 더 넓게는 비교교량이 가능한 의무도 여기에서 말하는 법익의 개념 속에 포함시킬 수 있다.

타인이라 함은 자기 이외의 모든 자연인·법인 등을 총칭하므로 타인의 법익 중에는 개인적 법익은 물론 사회적·국가적 법익도 원칙적으로 포괄된다. 이 점은 정당방위가 개인적 법익의 보호에 국한되는 것과 다르다.

(2) 현재의 위난

(a) **위난의 개념**   위난이란 법익침해가 발생할 수 있는 가능성 있는 상태를 말한다. 긴급피난에서 말하는 위난은 형법에서 일반적으로 사용하고 있는 위험개념과 같지 않다. 위험범의 구체적 위험은 높은 정도의 위난을 의미하지만 긴급피난에서 위난은 구조조치가 허용될 수 있는가를 결정해 주는 개념이기 때문에 극히 낮은 정도의 위험성의 존재로도 충분하다.

(b) **위난의 원인**   위난의 원인은 묻지 않는다. 사람의 행위에 의한 것이건 동식물에 의해 야기된 것이건 전쟁상태나 자연현상 등 천재지변에 의한 것이건 불문한다. 위난이 위법하거나 부당한 것임을 요하지 않는다. 적법한 위난에 대해서도 긴급피난은 가능하다. 이 점도 정당방위와 다른 점이다. 위법·부당한 위난인 경우 정당방위는 물론 가능하고 긴급피난도 무방한 것이다.

(c) **위난의 현재성**   위난은 현재적이어야 한다. 현재의 위난이란 손해의 발생이 근접한 상태, 즉 법익침해가 즉시 또는 곧 발생할 것으로 예견되는 경우를 말한다. 손해의 발생이 아직 직접현존한 상태는 아니나 더 늦으면 위난을 피할 수 없거나 더 큰 위험이 들이닥칠 염려가 있는 경우 또는 침해가 이미 발생했어도 그대로 두면 손해가 증대될 위험이 있는 경우에는 현재의 위난이 있다. 정당방위에서 공격의 현재성은 직접 임박한 것 또는 방금 막 시작된 것을 의미하는 점에서 긴급피난에서 위난의 현재성과 구별되며 후자의 범위가 전자보다 넓다.

계속적 위난(Dauergefahr)도 현재의 위난이 된다. 계속적 위난이란 위험상태가 오랜 시간 동안 지속 또는 반복되면서 같은 손해가 매번 예상되는 경우를 말한다. 예컨대 붕괴위험 있는 건축물이라든가 위험한 정신병자의 출입을 들 수 있다.

(d) **위난의 판단척도와 시기**

(가) **판단의 척도**   현재의 위난이 있느냐의 여부는 행위자의 특수지식을 포함하여 문제가 된 갈등상황을 해결할 수 있는 적격 있는 전문가의 판단을 기준으로 해야 할 것이다. 만약 전문가의 지식도 아무 도움을 주지 못할 때에는 행위자가 속한 사회의 이성적 관찰자인 법관의 판단에 따라 결정해야 할 것이다. 순전히 피난행위자의 주관만을 기준으로 할 것이 아니다.

(나) 판단의 시기 위난의 판단시기는 피난행위보다 앞선 어느 시점(ex ante)이다. 사후의 재판시(ex post)가 아니다. 이 시점에서 장차 위난이 현존할 것인가를 객관적으로 예측해야 한다. 이런 판단척도와 시기를 '객관적 · 사전적 척도.'(Objektiver ex-ante Maßstab)라고 부른다.[17]

2. 피난의사와 피난행위

피난행위는 주관적으로는 위난을 피하기 위한 목적, 즉 피난의사가 있어야 하고 객관적으로는 이에 필요한 상당한 이유 있는 행위여야 한다. 전자는 주관적 정당화요소이고, 후자는 피난의 보충성과 균형성의 문제이다.

3. 상당한 이유 있는 행위의 제 1 요소: 피난의 보충성

정당방위의 방어행위와 달리 긴급피난에서는 피해자의 법익을 침해하기 전에 위난을 피하기 위한 다른 가능한 조치들을 먼저 취해야 한다. 즉 당해 피난행위에 의하지 않고는 위난을 달리 피할 수 없는 경우에만 **최후의 수단으로서** 피난행위가 허용된다. 그리고 위난을 피하기 위한 방법에 있어서도 피해자의 법익에 최소한의 손해를 끼치는 **가장 경미한 수단**이 선택되어야 한다(상대적 최소침해의 원칙). 예컨대 운전에 지장을 줄 정도로 술 취한 의사가 택시를 이용할 수 있었을 경우에는 응급환자의 수술을 위해 자가용차를 운전하다 사고를 냈더라도 긴급피난으로 정당화되지 않는다.

방위행위와는 달리 피난행위에 엄격한 보충성이 요구되는 것은 긴급피난에서는 위난의 야기와는 관계없는 제 3 자의 법익이 침해되기 때문이다.

‖**판례**‖ 피조개양식장 부근에 정박중인 선박의 선장은 양식장 어민들에게 선박이동을 요구받았지만 선박이동에는 허가가 필요하고 비용이 많이 들어 다른 해상으로 이동하지 못하고 있는 사이에 태풍이 닥치게 되자 선박의 조난을 막기 위해 부득이 닻줄길이를 늘려 결국 선박이 태풍에 밀려 인근 양식장에 피해를 주게 되었다. 이처럼 위급한 상황에서 선박과 선원들의 안전을 위해 사회통념상 가장 적절하고 필요불가결하다고 인정되는 조치를 취하였다면 긴급피난으로서 위법성이 없어서 재물손괴죄가 성립하지 않는다(대판 1987. 1. 20, 85 도 221).

4. 상당한 이유 있는 행위의 제 2 요소: 피난의 균형성

긴급피난에서는 보호될 이익과 침해되는 이익 사이에 균형성이 있어야 한다.

---

17) Roxin, §16 A Rdn. 12.

이 균형성의 검토를 위해서 이익교량이 필요하다. 이익교량의 결과 보호된 이익이 침해된 이익보다 본질적으로 우월해야 한다.

(1) 이익교량의 관점

긴급피난에서는 종래 주로 법익교량이 중시되었다. 법익교량은 형법 제22조 제1항의 문언에 비추어 볼 때 가장 중요한 비교의 인자임은 말할 것도 없다. 그러나 법익교량은 그보다 더 포괄적인 이익교량의 일부요소에 불과하다는 점을 유의해야 할 것이다. 따라서 이익교량을 하자면 충돌하는 법익을 넘어 구체적인 사안을 둘러싸고 있는 모든 사정까지도 고려해야 한다.

(a) **법정형의 비교**　　이익교량을 하자면 법정형의 비교가 중요한 요소가 된다. 살인죄와 낙태죄의 양형을 비교해 보면 입법자가 사람의 생명권을 태아의 생명권보다 높이 평가하고 있음을 알 수 있다(대판 1976. 7. 13, 75 도 1205). 또한 한 사람의 생명을 구하기 위해 방금 죽은 사체에서 유족의 의사에 반해 콩팥을 절제하여 이식수술을 행한 경우에도 살인죄($\frac{제250조}{제1항}$)와 사체손괴죄($\frac{제161조}{제1항}$)의 법정형을 비교하여 생명이 사체의 완전성에 대한 유족의 애모감정보다 우선한다는 결론에 이를 수 있다. 그러나 이 관점은 일반적으로 통용될 수 있는 것은 아니다.

(b) **법익의 가치**　　이익교량에서 중요한 의미와 역할을 담당하는 것은 법익의 가치이다. 법정형의 범위도 법익의 가치관계에 관한 중요한 보충자료가 됨은 물론이다. 또한 일반행정규칙이나 질서벌에 의해 보호되는 법익보다 형법에 의해 보호되는 법익이 우선한다. 사람의 생명·신체·자유·명예 등 인격적 가치는 소유권·재산상 이익과 같은 재산적 법익보다 우선한다. 그 밖에도 사람의 생명·신체의 보호는 사람의 다른 인격적 가치, 즉 자유·명예 등의 보존보다 더 우월한 이익이 된다.

(c) **법익침해의 정도**　　구체적인 이익교량에서 법익의 추상적인 가치관계에 모순되는 결과가 되는 예외적 사례도 있다. 즉 법익의 가치 외에 구체적인 충돌상황에서 법익을 위협하는 침해의 정도도 이익교량의 중요한 자료가 될 수 있다. 예컨대 인신의 자유는 추상적인 가치관계에서 재물에 대한 소유권보다 높은 법익이지만, 매우 높은 재산상의 손해를 막기 위한 몇 분 동안의 짧은 자유박탈은 긴급피난으로 정당화되어 감금죄($\frac{제276조}{제1항}$)가 성립하지 않는다.

또한 법익 상호간에서 아무 본질적인 가치구별을 할 수 없을 때에도 법익침해의 정도가 이익교량의 중요한 요소가 될 수 있다. 예컨대 같은 재산적 이익이

충돌하고 있을 때에는 구체적인 손해의 크기가 교량의 중요한 기준이 된다.[18]

(d) **생명 대 생명의 교량**　생명은 각 사람에게 일회적으로 부여된 지고한 가치이므로 교량의 대상이 되지 않는다. 헌법상 보장된 인간의 존엄과 가치는 모든 사람의 생명은 법 앞에 등가하며 이 생명가치의 차등은 있을 수 없음을 말해 주고 있기 때문이다.

「인간의 생명은 교량할 수 없는 법익이다」라는 명제는 공동위난에 처한 수인 모두를 다 죽게 할 수 없어 그 중 일부만을 죽게 함으로써 나머지는 살아 남게 하는 이른바 위난공동운명체(Gefahrengemeinschaft)의 경우에 그대로 적용된다. 예컨대 한 로프에 몸을 감고 바위를 타던 두 사람의 산악인 중 한 사람이 추락하자 나머지 한 사람이 함께 추락하는 것을 면하기 위해 줄을 끊어 한 사람을 희생시킴으로써 안전할 수 있었던 경우, 피난행위의 위법성은 조각될 수 없다. 단지 기대불가능성을 고려한 면책의 가능성이 있을 뿐이다.

　　인간의 생명이 그 존속여명이나 가치에 따라 차등을 두어 평가될 수 없다고 하는 점은 인간의 생명은 긴급피난에서 일체 교량의 대상이 안 된다는 의미는 아니다. 소위 방어적 긴급피난(Defensivnotstand)에서는 고의적인 살인도 긴급피난에 의해 정당화될 수 있다.

(e) **위험발생의 정도**　법익침해의 위험이 발생할 정도도 이익교량에서 고려할 대상이다. 예컨대 연탄가스중독자를 산소호흡기 시설을 갖춘 병원으로 호송하기 위해 과속으로 주행한 운전자에게도 긴급피난이 성립한다. 충돌자가 사망할 위험의 정도가 속도위반하는 위험보다 훨씬 더 크기 때문이다. 그러나 반대로 사고피해자를 병원으로 급히 호송하던 중 새로운 교통사고를 유발하여 타인에게 피해를 입힌 때에는 긴급피난이 성립할 수 없다.

(f) **자율성의 원리·인간존엄성의 보장요구**　개인적 법익에 대한 침해를 야기하는 긴급피난, 특히 위난야기와 무관한 제 3 자의 법익을 침해하게 되는 공격적 긴급피난(Aggressivnotstand)의 경우에는 그 법익향유자의 자기결정권, 즉 자율성이 이익교량의 중요한 관점을 제공한다. 순수한 법익교량에서는 보호될 법익이 침해된 법익보다 가치가 더 높기만 하면 정당화된다. 그러나 위난 야기와 관계없는 제 3 자는 피난행위로 인하여 그의 재산적 손해뿐 아니라 자율적인 의사결정의 자유까지 침해받기 때문에 보호될 법익이 침해될 법익보다 비교할 수 없을 정도로 훨씬 큰 가치를 갖고 있을 때에만 정당화될 수 있다. 특히 피난수단에 의

---

18) BGHSt 12, 299.

해 피해자의 인간으로서의 존엄가치가 침해되는 경우에는 법익형량 자체가 불가
능하고 긴급피난은 정당화될 수 없다.

예컨대 납치되어 생명이 경각에 달려 있는 인질의 생명을 구하기 위해 체포
된 인질범을 고문하여 인질의 소재를 파악하는 것은 정당화적 긴급피난으로 허용
될 수 없다. 생명을 구할 목적이라도 인질범의 신체에 학대를 가하는 것은 인간으
로서의 존엄을 침해하는 행위이기 때문이다. 이런 경우에는 피해자(인질범)의 자
율성과 인간으로서의 존엄성이 심하게 침해되기 때문에 아무리 생명을 구할 목적
이라도 법익형량 자체가 허용되지 않는다.

같은 이유에서 생명을 구할 목적이더라도 의사에 반한 제 3 자의 중한 신체상
해를 정당화시킬 수 없다. 예컨대 신장병환자의 생명을 구하기 위하여 다른 사람
의 한쪽 신장을 그의 의사에 반해 적출하여 이식수술을 함으로써 환자의 생명을
구했다 하더라도 긴급피난으로 정당화될 수 없다. 비록 생명의 가치가 신장의 가
치보다 큰 비중을 갖고 있지만 당사자의 인격권에 대한 중대한 침해에 해당하는
신장 강제이식행위는 자율성의 원리에 반하는 것으로서 긴급피난이 될 수 없다.

결국 자율성의 원리와 인간으로서의 존엄가치는 정당화적 긴급피난에 있어
서 이익형량을 제한하는 요소로 작용한다.[19]

우리나라에서는 일반적으로 자율성의 원리를 이익교량의 관점이 아니라 상당성
의 한 요소인 수단의 사회윤리적 적합성이라는 관점에서 다루고 있다. 더 큰 이익
을 보호하기 위한 것이라 할지라도 인간을 목적이 아니라 단순히 수단으로 취급하
고 자율성을 침해하는 것은 결국 인간의 존엄성을 침해하는 것이 되며 긴급피난행
위를 정당화시킬 수 있는 적합한 수단이 될 수 없다는 것이다.[20]

강제채혈도 자율성의 원리에 반하는 것으로서 언제나 긴급피난에서 제외되어
야 하는가?

독일의 통설 및 1962년 정부초안의 입법이유에서는 강제채혈이 타인의 자유권과
그의 책임 있는 윤리적 자기결정을 강제할 뿐만 아니라 그의 신체의 일부를 비록
바람직한 목적일지라도 다른 목적을 위한 단순한 수단으로 취급하는 것이 되어 결
국 인간의 존엄을 침해한다고 본다. 그리하여 수혈이 없이는 곧 생명을 잃게 될 희
귀혈액환자에게 그와 같은 혈액형을 가진 사람이 헌혈을 거부할 때 법은 이를 강제
할 수 없다는 것이다. 우리나라에서도 일반적으로 강제채혈은 수단의 적합성이 결
여되어 정당화적 긴급피난에 해당할 수 없다고 보고 있다.

---

19) 같은 견해, 진계호 339면.
20) 권오걸 221면; 박상기 211면; 김성돈 285면; 손동권·김재윤 216면; 오영근 354면; 이재상
   246면; 이정원 196면; 임웅 246면; 정성근·박광민 266면; 정영일 234면.

그러나 강제채혈이 환자의 생명을 구하기 위한 불가결한 수단이고 그 혈액이 다른 방법으로는 곧 입수될 수 없다면 자율성의 원칙 이전에 이익교량이 가능하다고 본다. 비록 자신의 신체에 관한 자율적인 결정은 높은 가치이지만 모든 가치교량에서 우위를 점하는 절대적인 가치일 수는 없기 때문이다. 인간은 자율적 존재임과 동시에 타인과 더불어 사는 연대적 존재인 것이다.

(g) **자초위난의 경우**　긴급피난상황의 유발에 책임 있는 사람에게도 정당화적 긴급피난의 원용이 허용된다. 긴급피난을 빌미로 타인의 법익을 침해하려고 적어도 의도적 고의나 미필적 고의로써 위난을 자초한 자가 아닌 한 정당화적 긴급피난은 원용할 수 있다.

예컨대 부주의로 교통사고를 낸 운전자가 격노한 상대방 피해자로부터 폭행당할 것을 두려워하여 이를 피하기 위해 일단 사고지점에서 도망친 경우 도주차량운전자의 가중처벌규정의 침해($\frac{특가법 제5조}{의3 제1항}$) 또는 도로교통법위반이 긴급피난에 의해 정당화될 수 있다.

판례는 자초위난의 경우 긴급피난의 성립을 부인한다(대판 1995. 1. 12, 94 도 2781).

‖**판례**‖　취침중인 피해자를 강간하기 위해 손을 뻗는 순간 놀라 소리치려는 피해자의 입을 손으로 막았는데 피해자가 손가락을 깨물어 반항하자 물린 손가락을 비틀어 뽑다가 피해자의 치아를 부러뜨렸다. 이와 같이 행위자의 범행에 대한 반항행위로 인하여 발생한 피해자에 대한 상해행위는 형법상 긴급피난행위로 볼 수 없다(대판 1995. 1. 12, 94 도 2781).

(h) **특별한 의무지위**　우리 형법 제22조 제 2 항은 위난을 피하지 못할 책임 있는 자에게는 긴급피난이 허용되지 않는다고 규정하고 있다. 이들은 소위 특별한 의무지위에 있는 자들로서 군인·경관·소방관·의사·간호사·선원 등과 같이 그 직무를 수행할 때 당연히 일반인보다 높은 위난감수의무가 주어져 있는 사람들을 말한다. 이같은 특칙을 정당화적 긴급피난에는 명시하지 않고 단지 면책적 긴급피난에 두고 있는 입법례도 있다($\frac{독일형법}{제35조 제2항}$). 그럼에도 이 특별한 의무지위에 관한 규정이 정당화적 긴급피난에도 똑같이 고려되어야 한다는 데에는 의견이 일치하고 있다.

이러한 특별의무자들은 많은 경우 재산적 가치의 보호나 구조를 위해서도 자신의 생명과 구체적 위험을 감수하지 않으면 안 된다. 이러한 위험인수의무는 물론 단지 위험을 회피하지 말아야 할 의무일 뿐이지 결코 희생의무는 아니다. 그러므로 이들에게 절대적으로 긴급피난이 배제되는 것은 아니다. 단지 직무수행상 요구되는 의무이행과 관련하여 일정한 한도까지 보통 사람에 비해 그 피난행위의 상당성이 제한될 뿐이다. 예컨대 이들 자신에게 사망이나 중대한 신체상해의 위험이 확실시될 때에는 특별한 의무지위에도 불구하고 위험을 제거하지 않고 단순히 회피했어도 긴급피난으로 정당화된다.

(ⅰ) **공격적 긴급피난과 방어적 긴급피난의 경우**   위난을 벗어나기 위한 피난행위로 침해된 법익의 향유자가 누구냐에 따라 공격적 긴급피난과 방어적 긴급피난으로 분류한다. **공격적 긴급피난**(Aggresivnotstand)이란 피난행위자가 자기 또는 타인의 법익을 위난으로부터 구조하기 위해 그 위난과 관계없는 제 3 자의 법익을 침해하는 경우이다. 이 경우는 긴급피난의 일반적인 예로서 그 해결에 별 문제가 없다. **방어적 긴급피난**(Defensivnotstand)은 피난행위자가 자기 또는 타인의 법익을 위난으로부터 구조하기 위하여 위난을 유발한 당사자를 희생자로 삼고 그의 법익을 침해하는 경우이다. 긴급피난의 일반적인 경우는 공격적 긴급피난이다.

사람에 의해 유발된 위난을 유발자 본인의 법익을 침해함으로써 회피하는 것이 방어적 긴급피난에 해당한다. 현재의 위법한 공격이 아니기 때문에 그에 대한 방어가 정당방위일 수 없고 따라서 방어적 긴급피난으로 평가할 수밖에 없기 때문이다. 예컨대 산모의 생명을 구하기 위해 태아를 사산시킨 경우, 눈길에 미끄러져 인도로 돌진한 자동차를 막기 위한 방어조치로 자동차 운전자가 사망한 경우 또는 늦어지면 방어가 불가능하거나 심히 어려워지기 때문에 예견되는 공격에 대해 예방조치로 저지시키는 이른바 예방적 정당방위(Präventiv-Notwehr)의 경우이다.

방어적 긴급피난의 경우에는 본질적으로 더 가치 있는 법익이 아니라도 이익교량에서 우월한 가치로 평가받게 된다. 위험의 유발자를 우대할 필요는 없기 때문이다. 심지어 방어적 긴급피난자가 생명과 건강의 위협을 피하기 위해 위난유발자에게 중상을 입히거나 극단적인 경우 살해했더라도 긴급피난에 의해 정당화될 수 있다.

⑵ **보호된 이익의 본질적인 우월**

종래 우리나라에서는 보호된 이익과 침해된 이익이 같을 때에도 상당성이 있다고 보았으나,[21] 최근에는, 보호된 이익이 침해된 이익보다 '본질적으로 우월해야 한다'(wesentlich überwiegt)고 규정하고 있는 독일형법 제34조의 문언에 따라

---

21) 남흥우 187면; 정영석 136면; 황산덕 166면.

보호된 이익의 '본질적인 우월'을 주장하는 견해가 다수 등장했다.

그런데 보호된 이익이 본질적으로 우월해야 한다는 말을 마치 그것이 질적·양적으로 높은 우월을 뜻하는 것처럼 이해해서는 안 된다. 왜냐하면 모든 사정을 교량하여 보호된 이익이 침해된 이익보다 더 보호할 가치가 있을 때에는, 그 보호할 가치가 비록 높은 정도로 크지는 않더라도 정당화될 수 있기 때문이다. 따라서 보호된 이익의 본질적인 우월이란 보호된 이익의 가치우월성이 '의심할 여지 없이'(zweifelsfrei) 분명해야 한다는 의미이다.[22]

5. 상당한 이유 있는 행위의 제 3 요소: 수단의 적합성

피난행위는 반드시 위난을 피하기 위한 적합한 수단이어야 하는가. 이 점을 명문으로 규정한 입법례도 있으나(독일형법 제34조 후단) 전혀 무용시하는 견해[23]도 있고 단지 법적용자에게 이익교량시 특별한 주의를 기울이라고 경고하는 통제조항(Kontrollklausel)의 기능이 있을 뿐이라는 견해[24]도 있다. 우리나라에서는 일반적으로 수단의 적합성을 긴급피난의 상당성을 판단하는 독립된 요소로 설명하는 것이 일반적이다(다수설).

그러나 적합성의 원칙이 이익교량의 원칙처럼 상당한 이유 있는 행위를 평가하는 독립적·적극적 구성요소라고 할 필요는 없다고 본다. 위난을 피하기 위해 적합한 수단의 범위는 매우 넓고 따라서 위난을 피한 행위는 결과적으로 '적합성'을 인정받을 가능성이 크기 때문이다.[25] 반면 적합성의 요구가 자율성의 원리·인간존엄성의 보장요구와 결부되어 있을 때에는 앞서 본 바와 같이 이익형량을 제한하는 요소로 파악하는 것이 합리적이다. 적합성 원칙은 자율성의 원리 및 인간존엄성의 보장요구와 결부되어 법적용자에게 신중한 이익교량을 할 것을 호소하는 외에 인간의 존엄이나 정의 그 자체를 이익교량의 대상에 넣어 상대화해서는 안 된다는 점을 확증하는 기능을 갖고 있다.[26] 인간의 존엄이나 정의 그 자체는 어떤 경우에도 다른 목적을 위한 수단이나 보조적 가치 정도로 폄하될 수 없는 절대적 가치를 가지고 있기 때문이다.

---

22) Dreher/Tröndle, § 34 Rdn. 8; Jescheck/Wekgend S. 362; Roxin, § 16 A Ⅲ, Rdn. 77~78; Sch/Sch/Lenckner, § 32 Rdn. 45.
23) Sch/Sch/Lenckner, § 34 Rdn. 46; Baumann, S. 360 f.
24) Hirsch, LK § 34 Rdn. 79; Krey, ZRP 1975, S. 98.
25) 같은 지적 배종대 381면. 때문에 배종대 교수는 적합성의 요구가 피난행위를 법치국가적으로 제한하기 힘들다고 판단하면서, 다시 필요성의 원칙으로 수단을 제한하고 있다.
26) 같은 견해, 박상기 211면.

6. 피난의사(주관적 정당화요소)

피난행위는 피난의사에서 비롯된 것이어야 한다. 법문은 이것을 「위난을 피하기 위한 행위」라고 표현하고 있다. 피난의사는 위난상황의 인식을 근거로 하여 피난의 목적을 추구하고 실현한다는 의식을 말한다. 단순한 상황의 인식이나 단순한 동기만으로는 부족하다. 그러나 피난의 목적의사가 있는 한 행위자가 다른 동기나 다른 목적을 개재시켜도 무방함은 방위의사의 경우와 같다.

Ⅵ. 효   과

요건을 갖춘 피난행위는 긴급피난이 되어 비록 불법구성요건에 해당하더라도 위법성이 조각되어 처벌되지 아니한다. 따라서 이에 대하여는 정당방위도 허용되지 않는다. 그러나 다시금 긴급피난은 가능하다. 예컨대 골목길에서 광견에게 쫓기고 있던 갑은 피신할 길이 없어 부득이 을의 점포에 뛰어들었고, 이것을 보고 있던 을은 자기점포의 창문, 상품 등이 파손될 위험성이 있으므로, 이 순간 갑을 떠밀었더니 갑은 광견에게 물려 부상을 입었다. 이 경우 갑의 행위는 긴급피난이지만 을의 행위도 방어적 긴급피난에 해당한다.

Ⅶ. 과잉피난

피난행위가 상당성의 정도를 초과한 경우를 과잉피난이라 한다. 과잉피난은 위법성조각사유가 아니다. 정황에 따라 형을 감경 또는 면제하거나($^{제22조 제3항,}_{제21조 제2항}$), 면책으로 벌하지 아니할 사유($^{제22조 제3항,}_{제21조 제3항}$)가 될 뿐이다. 과잉피난은 책임감경 내지 면책사유일 뿐이므로 책임론에서 상세히 취급하기로 한다.

Ⅷ. 착오문제

피난행위자가 객관적으로 존재하는 위난상황을 착오로 알지 못하고 행위한 경우 불능미수를 유추적용해야 하고, 반면에 존재하지 아니하는 위난상황을 착오로 잘못 인정하고 행위한 경우, 즉 오상긴급피난의 경우에는 구성요건착오유추적용설에 따라 고의가 조각되고 과실책임을 인정해야 함은 오상방위의 경우와 같다.

제 6 절 자구행위

I. 서 설

1. 자구행위의 의의

자구행위(Selbsthilfe)는 일단 청구권을 침해당한 자가 그 후에 국가권력의 보호를 받는 것이 불가능하거나 대단히 곤란하게 될 긴급한 사정에 처한 경우, 그 권리를 회복·보전하기 위하여 직접 사력을 행사하는 것을 말한다(제23조제1항). 민법에서는 이것을 자력구제 또는 자조라고 부른다.

만일 정당한 권리자의 자구행위를 절대적으로 금지한다면 적시에 국가기관에 의한 보호를 받을 수 없고, 또한 이후에 그러한 보호를 받을 수 있다 하더라도 이미 권리의 구제 실현이 불가능하거나 대단히 곤란해질 경우가 있다. 이같은 긴급한 사정하에서는 자구행위를 인정하는 것이 정의와 공평의 이념에 맞다.

2. 정당방위·긴급피난과의 구분

(1) 유 사 점

(개) 정당방위·긴급피난·자구행위는 모두 긴급상황에서 행해지는 긴급행위라는 점과 각각 주관적 정당화요소를 필요로 하고, 또한 상당한 이유 있는 행위여야 한다는 점에서 유사하다.

(내) 자구행위는 불법한 침해에 대한 청구권보전행위로서 부정 대 정의 관계라는 점에서 정당방위와 비슷하다.

(2) 차 이 점

(개) 정당방위·긴급피난은 현재의 침해 또는 위난에 대한 사전적 긴급행위이지만, 자구행위는 이미 침해된 청구권의 실현을 위한 사후적 긴급행위이다.

(내) 정당방위·긴급피난은 침해 또는 위난의 긴급성을 필요로 하지만, 자구행위는 국가공권력의 도움을 즉시 얻을 수 없는 긴급성과 청구권의 실행불가능 또는 현저한 실행곤란의 긴급성이라는 이중의 긴급성을 필요로 한다.

(대) 정당방위나 긴급피난은 모든 법익의 보호를 위해 행사할 수 있으므로 타인의 법익을 보호하기 위해서도 행사할 수 있다. 그러나 자구행위는 단지 자기의 청구권실현에 국한된다.

㈑ 자구행위는 보충성의 원칙이 엄격히 적용된다. 그러나 정당방위에는 엄격한 보충성의 원리가 요구되지 않으며, 긴급피난에도 이익균형성과 최소희생의 원칙이 요구되지만 공권력적 구제에 대한 보충성은 필요 없다.

㈒ 현재의 긴급성을 요하는 정당방위나 긴급피난에 비해, 사후적 긴급성만 있으면 되는 자구행위는 상대적으로 상당성이 약하다.

Ⅱ. 자구행위의 법적 성질

위법성조각사유는 사회적 갈등상황을 해결하기 위한 형사정책적 기능을 갖고 있으므로 그것은 어디까지나 사후적인 이익의 조절을 목적으로 하지 적극적인 권리부여를 목적으로 하지는 않는다. 따라서 자구행위가 권리행위일 수는 없다.

위법성조각사유로서 자구행위는 사인이 스스로 자기의 권리를 보전하는 행위지만 국가권력의 도움을 얻을 수 없는 예외적인 긴급상태에서 일종의 국가권력의 대행행위라는 성질 때문에 정당화된다(다수설).

Ⅲ. 자구행위의 성립요건

자구행위는 자구행위상황(법정절차에 의해 청구권을 보전할 수 없는 경우)과 자구행위(청구권의 실행불능 또는 현저한 실행곤란을 피하기 위한 상당한 이유 있는 행위)로 성립하는 위법성조각사유이다.

1. 자구행위상황

⑴ **청 구 권**

⒜ **청구권의 의의**　　청구권은 타인에게 일정한 행위(작위 또는 부작위)를 요구하는 사법상의 권리이다. 주된 것은 채권이지만 점유회복청구권이나 소유물 반환청구권과 같은 물권적 청구권도 포함된다. 또한 혼인외 출생자의 인지청구권($\binom{민법}{제863조}$)이나 부부 상호간의 동거청구권($\binom{민법}{제826조}$)과 같은 신분법적 청구권도 포함된다.

⒝ **청구권의 범위**　　재산상의 청구권에 한정된다는 견해도 있으나 반드시 이에 국한시킬 필요는 없다. 따라서 채권적·물권적 청구권은 물론 무체재산권·

친족권·상속권 등에서 생기는 청구권도 포함된다. 그러나 보전이 가능한 청구권만을 보호대상으로 삼기 때문에 원상회복이 불가능한 생명·신체·자유·정조·명예 등의 권리는 청구권의 대상에 포함시킬 수 없다(대판 1969. 12. 30, 69 도 2138).

(c) **청구권의 귀속주체**   청구권은 반드시 자기의 청구권이어야 한다. 따라서 타인의 청구권을 위한 구제행위는 자구행위가 아니다. 다만 청구권자로부터 자구행위의 실행을 위임받은 자는 자구행위를 할 수 있다. 예컨대 여관주인이 사환에게 숙박비를 지급하지 않고 달아난 손님을 붙들어 오게 한 경우 사환의 행위는 자구행위이다.

(2) **청구권에 대한 부당한 침해**

(a) **부당한 침해**   이 요건은 법문상으로 명시되어 있지 않지만 청구권에 대한 불법·부당한 침해가 있어야 한다. 정당방위의 '부당한 침해'와 같이 해석할 수 있다. 양자 모두 부정 대 정의 관계이기 때문이다.

《참고》 자구행위의 침해는 불법한 침해행위를 말하지 않고 **불법한 침해상태**를 의미한다. 왜냐하면 자구행위는 사후구제행위이기 때문이다. 불법한 침해행위가 곧 행해지려는 상황이나 현재 계속 진행중인 경우라면 사전적 긴급행위에 해당하는 정당방위가 가능하다. 일단 침해행위가 완료되어 원상회복의무의 불이행상태가 될 때 정당방위상황은 자구행위상황으로 바뀐다.

(b) **문제되는 사례**

(가) **절도피해자의 재물탈환행위**

(i) 절도범인을 현장에서 추적하여 재물을 탈환하는 경우   범죄가 형식적으로 기수에 달한 때에도 법익침해가 현장에서 계속되는 상태이면 현재의 부당한 침해라고 할 수 있으므로 정당방위가 가능하다. 이 경우 절도의 피해자가 재물을 재탈환하는 행위 자체는 절취 내지 강취의 고의나 위법영득의 의사로 하는 것이 아니기 때문에 형법상의 구성요건에 해당하는 행위로 평가하기가 어렵다. 따라서 재물의 재탈환과정에서 수반되는 폭행·협박·상해 등의 가해행위에 대해서만 상당성이 인정되는 한 정당방위로서 위법성을 조각시키는 것이 바람직하다.

(ii) 절도의 피해자가 상당한 시일 경과 후 그 도품을 탈환하는 경우   절도의 피해자가 상당한 시일경과 후 우연히 그 도품의 소지자를 보고 탈환하는 경우에는 자구행위가 성립한다.

도품 탈환시에 포행·협박·상해 등의 가해행위가 있었을 때에는 가해행위가 상당한 이유 있는 행위이고 도품탈환행위가 자구행위라면 가해행위도 자구행위, 도품탈환행위가 정당행위일 때에는 가해행위도 정당행위로 해석해야 한다.

(iii) 범인의 체포행위 범인이 현행범인이나 준현행범인($\begin{smallmatrix}\text{형소법}\\\text{제211조}\end{smallmatrix}$)일 때에는 현행범인체포($\begin{smallmatrix}\text{형소법}\\\text{제212조}\end{smallmatrix}$)이므로 형법 제20조의 정당행위 중 법령에 의한 행위로 정당화된다. 그 밖에 현행범인이 아닌 범인을 우연히 만나 체포하는 경우에는 청구권보전을 위한 상당한 이유 있는 행위인 때에만 자구행위로 정당화된다.

(나) 퇴거불응자에 대한 강제퇴거행위 부작위에 의한 법익침해에 대해서는 자구행위만 가능하다는 입장은 이 경우를 자구행위로 본다. 그러나 정당방위에서 부당한 침해가 반드시 작위에 의한 적극적인 침해여야 할 이유는 없다. 따라서 현재 계속중인 부당한 법익침해로 보아 정당방위를 인정하는 것이 좋다.

(3) 법정절차에 의한 청구권보전의 불능

(a) 법정절차 법정절차란 각종 권리보호제도 및 민사소송법상 가압류·가처분과 같은 보전절차, 경찰관리나 기타 국가기관에 의한 법적 구제를 받을 수 있는 모든 수단·절차를 말한다.

(b) 청구권의 보전불능 자구행위는 위와 같은 법정절차에 의한 청구권의 보전이 불가능한 경우에 한하여 허용된다. 자구행위는 공권력에 의한 법정절차 내의 권리보전에 대한 예외로 허용된다. 즉 정상적인 청구권보전이 불가능할 정도로 긴급한 사정이 있어야 한다. 이것을 자구행위의 보충성이라 한다.

2. 자구의사와 자구행위

(1) 자구의사(주관적 정당화요소)

행위자는 청구권의 실행불능 또는 현저한 실행곤란의 상황을 인식하고 이것을 피하기 위한 의사로 행위해야 한다.

(2) 청구권의 실행불능 또는 실행곤란

자구행위는 청구권의 실행불능 또는 실행곤란을 피하기 위한 행위이다. 따라서 먼저 청구권의 실행이 불가능하거나 현저히 곤란한 사정이 있어야 한다. 법정절차에 의한 구제는 불가능하지만 채권에 대한 인적·물적 담보권이 확보되어 있어 청구권의 실현이 가능하면 자구행위는 허용되지 않는다. 청구권 자체의 실행이 불가능하지는 않지만, 현저히 곤란하다면 자구행위는 허용된다.

(3) 자구행위의 수단

형법 제23조는 자구행위의 수단을 명시하고 있지 않다. 해석상 독일민법상 자력구제에 열거된 물건탈환·파괴·손상·의무자의 체포 또는 저항의 제거 등을 도입하는 것이 좋을 것이다. 그 밖에도 강요·감금·주거침입·폭행·상해 등의 수단도 부수적으로 고려할 수 있다.

다만 자구행위는 청구권의 실행불능 또는 현저한 실행곤란을 피하기 위한 행위여야 하므로 단순히 입증의 곤란을 피하기 위한 행위이거나 스스로 청구권을 실행하는 행위는 자구행위로 인정할 수 없다. 자구행위는 어디까지나 청구권의 보전수단이지 충족수단은 아니기 때문이다.

‖**판례 1**‖ 피고인은 창녀와 10마르크에 성행위를 할 것을 약속하고 10마르크를 교부했으나 창녀가 준비를 다 마친 뒤 10마르크를 더 얹어 주지 않으면 성행위에 응하지 않겠다고 버티자 피고인은 창녀의 머리채를 휘어잡고 10마르크를 내놓으라고 강요하여 되돌려 받았다. 이 때 피고인은 나중에 경찰을 부르면 창녀가 딱 잡아떼어 입증이 곤란해질 것을 염려하여 돈의 반환을 위해 폭행 등을 가했던 것인바, 독일연방최고법원은 입증의 곤란을 피하기 위한 자구행위는 정당화되지 않는다고 판시하였다(BGHSt 17, 331).

‖**판례 2**‖ 피고인은 술집주인으로서 어떤 손님에게 20마르크 상당의 술값을 받을 것이 있었다. 어느날 피고인은 그 손님을 우연히 길에서 만나자 동행했던 사람과 함께 그 손님의 팔을 붙잡고 그의 주머니를 뒤져 15마르크를 빼앗아 버렸다. 독일연방최고법원은 자구행위의 요건이 충족된 경우에도 그 행위는 채권보전에 극한해야 하며 스스로 처분권을 행사하여 집행의 만족을 얻는 데까지 미치지 않는다고 보아 물건 또는 금전의 독자적인 영득은 자구행위에 의해 정당화될 수 없다고 판시하였다(BGHSt 17, 89f).

‖**판례 3**‖ 석고판매상이 화랑에 석고를 납품했으나 화랑주인이 대금을 지급하지 않고 화랑을 폐쇄한 후 도주하자 야간에 폐쇄된 화랑의 문을 준비해간 드라이버로 뜯어내고 화랑주인의 물건을 몰래 들고 나왔다. 이와 같은 강제적 채권추심목적의 물품취거행위는 형법상 자구행위라고 볼 수 없고, 오히려 행위수단과 방법에 미루어 보아 절도의 고의를 인정할 수 있을 것이다(대판 1984. 12. 26, 84 도 2582).

3. 상당한 이유 있는 행위

자구행위는 상당한 이유가 있어야 한다(상당성의 문제). 상당성은 객관적으로 사회상규에 비추어 당연히 허용될 수 있는 성질을 말한다. 그 기준은 권리침해행위와 행위자의 성질, 구제수단의 성질과 순서, 구제행위자의 성질, 법익의 대소, 긴급성의 정도, 기타 법질서 전체의 입장에서 본 제반사정 등을 고려해야 한다.

자구행위는 청구권보전을 위해 필요한 범위 내에서 행사되어야 한다. 다만 그 경우에도 행위시의 구체적인 사정을 고려하여 상대방에게 가장 적은 피해를 주는 최소한의 청구권보전방법을 택해야 한다.

자구행위가 청구권의 보전이익보다 훨씬 큰 손해를 입혀 심한 불균형을 이루면 자구행위는 허용되지 않는다. 그 밖에도 청구권보전행위가 사회윤리적으로 용인될 수 없거나 권리남용에 해당하면 자구행위가 될 수 없다.

단 취득할 권리 있는 재물이나 재산상 이익에 대하여 청구권의 보전불능 및 실행불능이나 현저한 실행곤란의 사정이 있을 때 그 청구권의 보전을 위해 폭행·협박·사기·공갈 등의 수단을 써도 상당한 이유 있는 자구행위로 볼 수 있다.

Ⅳ. 효　　과

자구행위가 성립하면 위법성이 조각되어 범죄가 성립하지 않는다. 따라서 자구행위에 대하여 정당방위를 할 수 없다. 만일 의무자가 자구행위를 수인하지 않고 포력으로 방어한다면 그것 자체가 현재의 부당한 침해가 되어 이에 대한 정당방위가 가능하다.

Ⅴ. 과잉자구행위

자구행위가 상당성의 정도를 초과한 경우를 과잉자구행위라 한다(제23조 제2항). 과잉자구행위는 정당화사유가 아니라 책임감경으로 인한 형의 감면사유이다. 다만 과잉자구행위의 경우에는 긴급피난과 달리 과잉방위에 관한 형법 제21조 제 3 항이 준용되지 않으므로 자구행위자의 주관적 상태 여하에 따라 별도로 책임이 면제되지는 않는다.

Ⅵ. 착오문제

객관적으로 존재하는 자구행위상황을 착오로 알지 못하고 행위한 경우에는 불능미수를 유추적용해야 하고, 존재하지 않는 자구행위상황을 착오로 잘못 인정하고 행위한 경우(오상자구행위)에는 역시 구성요건착오유추적용설에 따라 과실책임을 인정해야 한다.

제 7 절 추정적 승낙

Ⅰ. 서 설

1. 추정적 승낙의 의의

추정적 승낙(Mutmaßliche Einwilligung)은 피해자의 현실적인 승낙은 없지만 행위 당시의 모든 객관적 사정을 피해자가 알았다면 당연히 승낙했을 것이라고 추정되는 경우이다. 예컨대 이웃집의 수도관이 파열되어 물이 집안에서 넘쳐흐르는 것을 막기 위해 담을 타고 넘어가 수도선을 차단하는 경우나 의식을 잃은 부상자의 생명을 구하기 위해 의사가 수술을 하는 경우 등을 들 수 있다.

추정적 승낙은 현실적인 승낙이 없는 것인데, 피해자의 승낙은 현실적인 승낙의 의사표시가 있다는 점에서 구별된다.

2. 추정적 승낙의 법적 성질

추정적 승낙을 피해자의 승낙과 유사한 것으로 보는 견해,[27] 독자적인 위법성조각사유로 보는 견해,[28] 민법상의 사무관리와 유사한 것으로 보는 견해, 긴급피난의 일종으로 보는 견해 등이 있다.

생각건대 우리 형법상 개개의 실정화된 위법성조각사유 이외에 초법규적으로 인정할 수 있는 위법성조각사유는 모두 제20조의 '사회상규'에 속하는 정당행위로서 정당화할 수밖에 없다. 그렇다면 허용된 위험의 원리에 입각한 위법성조각사유의 하나인 추정적 승낙도 결국 사회상규에 반하지 아니하는 정당행위의 일종으로 보는 것이 옳다.[29]

Ⅱ. 추정적 승낙의 유형

1. 피해자의 생활영역내에서 이익충돌이 있는 경우(타인의 이익을 위한 경우)

피해자의 권리 또는 법익영역에 위험이 발생했으나 피해자의 조치를 기다릴

---

27) 박상기 213면; 배종대 415면.
28) 안동준 132면; 이정원 222면; 이재상 273면; 이형국, 연구 Ⅰ, 370면; 임웅 269면; 정성근·박광민 281면.
29) 같은 견해, 이기헌, 「추정적 승낙」, 형사판례연구(6) 1998, 123면.

수 없어서 결국 외부의 개입을 통해서만 해결할 수 있는 사례들을 말한다. 어쨌든
타인의 이익을 위해 그의 법익을 침해하는 것이다.

　의사가 더 이상 지체할 수 없는 의식불명의 중환자를 수술하는 경우, 처가 남편
의 부재중에 남편에게 온 편지를 함부로 개봉하여 남편의 긴급한 용무를 처리하는
경우 또는 주인이 여행중인 이웃집의 수도관이 파열된 것을 고치기 위해 그 주거에
침입하는 경우 등이다.

　이 유형은 정당화적 긴급피난과 유사한 점이 있지만 해당 이익이 같은 사람
에게 귀속되고, 본래 초빙되지 않은 제 3 자에 의한 선택이 행해지며, 법익주체의
추정적 의사가 결정적 기준이 된다는 점에서 긴급피난과 구별된다.

2. 행위자 또는 제 3 자를 위한 피해자의 이익포기가 추정될 수 있는 경우
　(자기의 이익을 위한 경우)

피해자의 손상되는 이익이 경미하거나 행위자와 갖는 신뢰관계를 고려해서
피해자가 자기의 이익을 포기한 것으로 볼 수 있는 사례들을 말한다.

　기차시간에 늦지 않기 위해 부득이 친한 친구의 자전거를 임의로 타고 가는 경
우, 가정부가 주인이 버릴 작정으로 있던 헌옷을 미리 처분하기 위해 걸인에게 주
는 경우, 과일풍년에 어린아이들이 타인의 과일나무 아래 떨어진 과일를 함부로 주
워 가는 경우, 친지의 집을 방문하여 응접실에서 기다리던 중 탁자 위에 놓여 있던
과일과 담배를 허락 없이 먹고 피운 경우 등이다.

Ⅲ. 성립요건

1. 현실적인 피해자의 승낙과 공통되는 요건

　㈎ 피해자인 법익주체가 법익을 처분할 능력이 있어야 한다. 피해자의 처분
능력은 대리권자가 대리할 수 있다.

　㈏ 대상인 법익의 성격이 처분가능해야 한다.

　㈐ 추정된 승낙일지라도 승낙은 행위시에 있어야 한다. 사후승낙은 인정되지
않는다. 추후의 승낙을 기대하면서 행동한 것만으로는 추정적 승낙이 되지 않는다.

　㈑ 추정된 승낙에 의한 행위는 법령에 저촉되거나 사회윤리에 반하는 것이어
서는 안 된다.

2. 추정적 승낙에 특유한 요건

(1) 추정적 승낙의 보충성

추정적 승낙은 현실적인 승낙을 얻는 것이 불가능한 경우에만 허용된다. 이것이 추정적 승낙의 보충성의 요구이다. 다만 사망자의 경우에는 처음부터 의사표시를 기대할 수 없기 때문에 추정적 승낙의 법리가 적용되지 않는다.[30]

여기서 불가능하다는 것은 피해자의 거부를 의미하지 않는다. 오히려 극복할 수 없는 장애로 적시에 피해자의 승낙을 얻을 수 없는 경우를 말한다. 따라서 의사가 일시 기절한 후 다시 의식을 회복하여 그의 건강을 회복할 수 있었던 중환자를 수술했다면 추정적 승낙이 아니다.

＊주의: 추정적 승낙과 묵시적 승낙은 구별해야 한다. 묵시적 승낙은 현실적 승낙의 한 양태에 속하기 때문이다. 예컨대 노상신문판매대에서 판매원이 일시 자리를 비운 사이 300원을 놓고 일간지 한 장을 꺼내어 가져가는 것은 추정적 승낙이 아니라 현실적 승낙의 일례인 묵시적 승낙이다.

(2) 추정적 의사의 확정기준

승낙의 추정은 모든 사정을 객관적으로 평가해서 피해자가 행위의 내용을 알았거나 승낙이 가능했더라면 반드시 승낙했을 것이 분명한 경우라야 한다. 이것을 피해자의 진의에 대한 가정적 개연성판단이라고 한다.[31] 승낙의 객관적 추정을 확정하기 위해서는 다음과 같이 나누어 보는 것이 좋다.

(a) **타인의 이익을 위한 행위** 이 경우에 추정적 승낙을 위한 조건은 다음 각 상황에 따라 구별된다.

(개) 사물에 연관된 결정인 경우 행위자가 객관적으로 명백한 사태에 따라 법익침해행위를 결정한 경우에는 원칙적으로 추정적 의사에 대한 개연성이 있다고 판단된다. 따라서 피해자 본인의 개인적인 견해가 어떠한가는 가정적 개연성 판단에서 중요하지 않다(예컨대 수도관 긴급수리).

사물에 연관된 결정인 경우에는 행위자가 법익주체의 반대의견이 있었던 사정을 몰랐더라도 추정적 승낙을 인정할 수 있다. 단지 객관적인 이익교량의 결과

---

30) 대판 2011. 9. 29, 2011 도 6223:「사망한 사람 명의의 사문서에 대하여도 문서에 대한 공공의 신용을 보호할 필요가 있다는 점을 고려하면, 문서명의인이 이미 사망하였는데도 문서명의인이 생존하고 있다는 점이 문서의 중요한 내용을 이루거나 그 점을 전제로 문서가 작성되었다면 이미 문서에 관한 공공의 신용을 해할 위험이 발생하였다 할 것이므로, 그러한 내용의 문서에 관하여 사망한 명의자의 승낙이 추정된다는 이유로 사문서위조죄의 성립을 부정할 수는 없다.」
31) Roxin, FS-Welzel 1974, S. 453.

법익주체의 명백한 우월적 이익을 위해 행위했으면 추정적 승낙이 인정된다.

(나) 사람에 연관된 결정인 경우   행위자가 사람의 특별한 사정이나 극히 개인적인 친분을 고려하여 법익침해행위를 결정한 경우에는 원칙적으로 추정적 의사에 대한 개연성이 없다고 판단된다. 이 경우 피해자 본인의 개인적인 견해가 어떠했는가가 피해자의 진의에 대한 가정적 개연성판단에서 중요하다. 따라서 피해자가 법익침해에 동의했을 특별한 사정이 있을 때 예외적으로 추정적 승낙을 인정할 수 있다.

예컨대 부모의 출타중 남의 집 아이를 징계하는 경우에는 일전에도 그 부모가 외출하면서 자기네 아이들이 이런 장난을 치거든 혼내 달라고 분명히 말함으로써 행위자가 그 부모의 훈육원칙을 알고 있는 경우에만 예외적으로 추정적 승낙이 인정될 수 있다. 타인의 편지를 개봉하는 경우에도 마찬가지이다.

사람에 연관된 결정인 경우에는 행위자가 법익주체의 찬동의견이 있으리라는 특별한 사정을 염두에 두고 행위한 경우가 아니면 추정적 승낙을 원용할 수 없다.

(다) 실존적 결정의 경우   타인의 생사에 관련된 중대한 상황에서 행위자가 생명구조의 수단으로 타인의 법익침해행위를 결정한 경우에는 원칙적으로 추정적 승낙에 대한 개연성이 있다. 예컨대 자살미수로 의식을 잃은 중환자를 살리기 위해 신체에 중대한 영향을 미치는 수술을 하는 경우를 들 수 있다.

실존적 결정인 경우에는 행위자가 자기의사를 표현할 수 있는 현재의 능력을 갖지 못한 환자에게 생명구조적인 수술행위를 하였으면 추정적 승낙이 인정된다.

(b) **자기의 이익을 위한 행위**   행위자가 자기의 이익을 위해 행위한 경우에는 '사람에 연관된 결정인 경우'와 같이 다루면 된다. 예를 들어 열차시간에 맞추기 위해 남의 자전거를 함부로 타고 가는 경우, 피해자가 법익침해에 동의했을 특별한 사정이 있는 경우가 아닌 한 추정적 승낙을 인정할 수 없다. 구체적 사정은 이를테면 개인적으로 친분이 두터운 사이라든가 특별한 신뢰관계가 있는 경우를 말한다.

‖ **판례 1** ‖ 부동산소유권분쟁에서 소송을 자신에게 유리하게 이끌기 위해 자신을 회장으로 하는 종친회를 구성하고 분쟁대상인 임야가 자신의 장남소유로서 이를 종친회에 증여한다는 내용의 결의서를 작성하여 자신의 동생과 조카들로 구성된 종친회 임원 6명의 이름을 기재하였다. 작성 당시 행위자의 동생들은 결의서작성을 승낙하였고 나머지는 그 작성을 명시적 구체적으로 위임하거나 승낙한 사실은 없다. 그 후 미리 조각하여

갖고 있던 임원 6명의 인장을 임의로 날인하여 사실증명에 관한 결의서 1매를 위조하여 군청공무원에게 이를 제출하여 행사하였다. 평소 종친회의 모든 안건을 행위자와 그 형제만의 의결로 집행해 왔고 이러한 통상관례에 따라 결정된 사항을 집행하기 위해 종친회원들 명의의 서류를 임의로 작성한 것임에 비추어 볼 때, 행위자의 종친회결의서작성행위는 비록 사전에 일부 임원의 승낙이 없었다 하더라도 행위자의 아들 또는 조카인 그들이 사정을 알았더라면 당연히 승낙했을 것이라고 믿고 한 행위일 수 있는 것이다. 따라서 행위자의 행위에 대한 추정적 승낙을 인정할 여지가 있다(대판 1993. 3. 9, 92 도 3101).

‖ **판례 2** ‖ 해고된 근로자가 평소 복직협의 또는 노조활동의 명목으로 회사 경비실에서 출입명패를 받아 회사에 출입해 오던 중, 노사분규가 발생하여 노조원들이 회사를 점거한 상황에서 노조간부들이 무단점거하여 개설한 노조임시사무실에 출입했다면 회사측의 의사 내지 추정적 의사에 반하여 건조물침입죄를 구성한다. 평소 해고근로자의 회사출입은 회사업무가 정상적으로 수행되고 있는 경우에 복직협의 등에 관련하여 필요한 범위 내 출입에 한정된 것이라고 보는 것이 상당하므로, 노조임시사무실출입행위는 회사측의 의사 내지 추정적 의사에 반하는 것이다(대판 1994. 2. 8, 93 도 120).

Ⅳ. 심사의무와 착오의 문제

행위자가 피해자의 승낙을 추정할 때는 모든 정황에 대해 양심적 심사를 거쳐야 한다는 견해가 있다. 이것을 심지어 추정적 승낙의 주관적 정당화요소라고도 한다.[32]

그러나 양심적 심사는 추정적 승낙의 성립요건이 아니라고 보는 것이 옳다. 양심적 심사의 문제는 앞서 언급한 추정적 의사의 확정기준 속에 대부분 용해되어 판단될 수 있기 때문이다. 또한 양심적 심사의 요구는 그것이 없었을 때 당연히 주관적 정당화의사를 부인하는 기능보다는, 행위자가 추정적 승낙의 전제되는 사실에 대한 착오를 일으켰을 때 양심적 심사가 있었던 경우에는 설사 정당화의 객관적 조건이 갖추어지지 않았다 할지라도 행위반가치를 탈락시켜 전체적으로 행위의 위법성을 조각하는 기능을 수행하는 것으로 보는 것이 옳다. 따라서 추정적 승낙상황의 양심적 심사가 정당화를 위한 원칙적인 전제조건에 속한다고 볼 필요는 없고, 단지 추정적 승낙상황에 대한 착오문제를 다룰 때 특별히 고려해야 할 사항으로 보면 족하다.

---

32) 박상기 214면; 배종대 417면; 신동운 334면; 안동준 134면; 이재상 275면; 이형국 206면; 임웅 258면; 정성근·박광민 283면; 진계호 370면.

　　이러한 입장에 따르면 추정적 승낙이 있을 수 있는 상황이라고 생각하고 행위한 사람은 비록 양심적 심사를 하지 않고 행위했더라도 추정적 승낙이 인정될 수 있는 다른 사정들이 사실상 존재하기만 하면 정당화될 수 있다. 만약 행위자가 추정적 승낙의 조건이 갖추어져 있지 않았는데 갖추어진 것으로 착각했다면 오상 추정적 승낙의 예가 되는데, 이 경우 행위자의 양심적 심사가 있었던 경우에는 착오에도 불구하고 전체적으로 위법성이 탈락되어 정당화될 수 있고, 양심적 심사가 없었던 경우에는 객관적 전제사실에 대한 착오의 성립문제를 검토하게 된다.

V. 효　　과

　　추정적 승낙이 인정되면 형법 제20조 정당행위의 규정에 따라 위법성이 조각된다. 이를 피해자의 승낙의 일종으로 취급하는 것은 옳지 않다.

제 8 절　정당행위

I. 서　　설

1. 의　　의

　　정당행위는 법공동체 내에서 지배적인 법확신이나 사회윤리에 비추어 일반적으로 승인된 가치 있는 행위를 말한다. 우리 형법 제20조는 이것을 「법령에 의한 행위 또는 업무로 인한 행위, 기타 사회상규에 위배되지 아니하는 행위」라고 규정하고 있다. 구성요건에 해당해도 위의 사유에 해당하면 정당행위가 되어 위법성을 조각한다.

　　우리 형법상 정당방위·긴급피난·자구행위 등이 특별한 개별적 위법성조각사유라면, 정당행위는 일반적 포괄적 성격을 띤 위법성조각사유이다. 우리 형법은 이같은 정당행위를 규정하여 모든 가능한 초법규적 정당화사유를 법규적 정당화사유로 만들었다.

2. 구　　조

　　정당행위는 법령에 의한 행위, 업무로 인한 행위, 기타 사회상규에 위배되지 아니하는 행위이다. 이 세 가지 행위의 관계에 관해 우리나라 통설은 사회상규에 반하지 않는 행위를 중심으로 법령에 의한 행위나 업무로 인한 행위는 예시에 불과하다고 한다.

물론 사회상규에 반하지 않는 행위는 위법성조각사유 가운데 가장 포괄적이고 최종적인 정당화사유임에 틀림없다. 그러므로 어떤 법익위해행위가 정당방위나 긴급피난 사유가 성립하지 않을 때에도 사회상규에 반하지 않은 행위인지를 최종적으로 검토하여 불법 여부를 확정해야 한다. 법령에 의한 행위나 업무로 인한 행위의 경우도 마찬가지이다. 하지만 사회상규에 반하지 않는 행위가 포괄적·최종적 정당화 사유라고 해서 정당행위의 다른 두 가지 요소인 법령 또는 업무로 인한 행위까지 포괄하고 있지는 않다. 오히려 정당행위 속에 열거된 세 가지 구성요소는 각각 독자적인 의미·기능·몫을 갖고 있는 것으로 이해해야 할 것이다.

3. 정당행위의 법적 성질

정당행위의 성질에 관해서는 위법성조각사유라고 보는 것이 통설의 입장이다. 정당행위는 일단 구성요건에 해당하는 행위에 대해 위법성을 조각시키는 정당화사유로 보는 것이 체계에 합당하다.

II. 정당행위의 정당화적 근거

정당행위를 정당화사유로 만드는 근거는 전체 법질서의 이념이나 선량한 풍속, 기타 사회질서의 관점이다. 즉 법질서 전체의 이념이나 선량한 풍속, 기타 사회질서의 관점에 비추어 구체적인 구성요건해당행위가 용인될 수 있을 때 위법성을 조각하는 것이다. 이것은 결국 행위의 실질적 위법성과 적법성을 최종적으로 결정하는 평가의 척도이다. 그것을 구체화하는 개별적인 기준들이 이익 및 의무의 교량, 목적의 정당성과 수단의 상당성, 긴급성, 보충성 등이다. 이러한 기준들의 구체적인 적용은 결국 정당행위의 각 구성요소에 대한 해석의 문제이다.

‖**판례**‖ 어느 행위가 정당행위에 해당한다고 인정할 수 있기 위해서는 그 행위의 동기나 목적의 정당성, 행위의 수단이나 방법의 상당성, 보호법익과 침해법익과의 법익 균형성, 긴급성, 그 행위 외에 다른 수단이나 방법이 없다는 보충성의 요건이 갖추어져야 한다(대판 1999. 4. 23, 99 도 636; 1986. 9. 23, 86 도 1547).

Ⅲ. 법령에 의한 행위

1. 의   의

법령에 의한 행위는 법령이 규정하는 정당한 권리 또는 의무를 행사하는 것 내지 법령을 집행하는 행위를 말한다. 법치국가는 모든 권리·의무를 발생케 하는 생활사실들을 제정된 법령으로 규정하고 그에 따라 집행함으로써 법적 안정성과 예견가능성 및 법에 대한 일반인의 신뢰를 보호한다.

여기서 법령이란 실정법률은 물론 관할권 있는 부서에서 제정·공포된 일반적·추상적인 법규와 행정명령 등도 포함한다. 권리·의무를 발생시키는 법률은 형법·민법·행정법 외에도 형사소송법·민사소송법 등 모든 실정법률을 포괄한다.

이를 '법령상 요구된 행위'와 '법령상 허용된 행위'로 구별할 수 있다.

2. 법령상 요구된 행위

법령상 요구된 행위는 수범자에게 그 행위가 비록 구성요건에 해당하는 법익침해행위라도 수행하도록 강제된 것을 말한다. 따라서 법령상 요구된 행위는 일반적으로 금지된 법익침해행위의 위법성을 제거시키고 정당성을 확보해 준다.

⑴ 공무집행행위

⒜ 의   의   공무집행행위는 공무원이 법령에 의해 요구된 직무를 수행하기 위해 법익침해적인 강제력을 행사하는 것이다. 직무수행 자체가 법령의 집행에 해당하기 때문에 업무로 인한 행위와 겹칠 수도 있다.

⒝ 실   례

㈎ 형법상의 예   형의 집행과 관련된 사형집행($_{조}^{제66}$), 자유형의 집행($_{제68조}^{제67조,}$), 재산형의 집행($_{조}^{제69}$), 노역장유치($_{조}^{제70}$) 등이다. 보안관찰법상의 보안관찰처분($_{제4조}^{동법}$) 및 치료감호등에관한법률상의 치료감호처분($_{제16조}^{동법}$)·보호관찰처분($_{제32조}^{동법}$)도 마찬가지이다.

㈏ 형사소송법상의 예   검사 또는 사법경찰관의 강제수사처분과 관련된 긴급체포($_{제200조의3}^{동법}$), 구속($_{제201조}^{동법}$), 현행범인체포($_{제212조}^{동법}$), 압수·수색·검증($_{제215조}^{동법}$) 등과 법원의 강제처분과 관련된 구속($_{제70조}^{동법}$), 압수·수색($_{제106조~제112조}^{동법}$), 검증($_{제139조}^{동법}$), 소환불응증인에 대한 구인($_{제152조}^{동법}$), 감정에 필요한 처분($_{제173조}^{동법}$) 등이 있다.

㈐ 기   타   민사집행법상 집행관의 강제집행시 강제력사용권($_{제5조}^{동법}$), 집회및시위에관한법률에 의한 관할경찰서장 또는 지방경찰청장의 집회 또는 시위의

시간과 장소제한$\left(\substack{동법 \\ 제8조}\right)$, 경찰관직무집행법상의 불심검문$\left(\substack{동법 \\ 제3조}\right)$·보호조치$\left(\substack{동법 \\ 제4조}\right)$·범죄의 예방과 제지$\left(\substack{동법 \\ 제6조}\right)$·수갑이나 포승 또는 경찰봉 등의 경찰장구의 사용$\left(\substack{동법 \\ 제10조}\right)$·최루탄의 사용$\left(\substack{동법 \\ 제10조의 2}\right)$·무기사용$\left(\substack{동법 \\ 제11조}\right)$, 군인의 작전수행중의 행위, 전시중 군인의 전투행위, 헌병무기사용령에 의한 헌병의 무기사용$\left(\substack{동령 \\ 제3조}\right)$, 세법상의 각종 강제처분, 행정대집행법상의 대집행$\left(\substack{동법 \\ 제2조}\right)$ 등을 들 수 있다.

(c) 정당행위로서의 요건

(가) 공무집행이 정당해야 한다. 먼저 공무집행은 직권의 사무적 관할범위 내에서 행해져야 한다. 또한 형사소송법 제210조(사법경찰관리의 관할구역 외의 수사)와 같은 특별규정이 없는 한, 관할구역 내에서 행해져야 한다.

(나) 공무집행이 근거규정인 법령의 형식적 요건에 맞고 적정한 절차에 따라 행해져야 한다.

(다) 공무집행행위는 필요성과 비례성의 원칙에 따라야 한다. 이 요건을 충족시키지 못하면 직권남용이 되어 위법성이 없어지지 않는다.

(라) 공무집행시 방위의사나 피난의사와 같은 주관적 정당화요소는 필요 없다. 다만 공무원 자격으로 직무수행을 한다는 의사만 있으면 충분하다.

(2) 명령복종행위

(a) **의　의**　상관의 명령에 대한 복종행위라도 법령상의 근거가 있으면 법령에 의한 행위가 된다. 예컨대 군인복무규율 제3장 제2절 및 검찰청법 제7조 제1항 또는 국가공무원법 제57조는 이러한 명령과 복무관계를 규율하고 있다. 따라서 법령상의 근거에 의하여 적법하게 내려진 상관의 명령에 복종한 행위는 정당행위가 되어 위법성을 조각한다.

(b) **구속력 있는 위법명령에 복종한 행위**　명령이 위법성을 갖더라도 구속력을 갖는다. 명령이 구속력을 갖는 한 수령자는 복종해야 한다. 이처럼 구속력 있는 위법명령에 복종한 행위를 어떻게 취급할 것인가에 대해서 견해가 갈린다.

(가) 위법하지만 면책이라는 견해　위법한 명령을 따르는 것은 위법한 행위이다. 다만 거역할 수 없는 명령을 따른 행위는 책임이 조각된다는 견해이다. 우리나라 통설[33]·판례[34]의 입장이다. 구속력 있는 명령이 중대한 위법일 때는 이 견해가 옳다. 그러나 경미한 위법일 때에도 위법이라고 단정해야 할지는 의문이다.

---

33) 박상기 165면; 배종대 312면; 손동권·김재윤 256면; 손해목 415면; 임웅 208면; 정성근·박광민 223면; 정영일 212면.

34) 대판 1961. 4. 15, 4290 형상 201.

(나) **위법성을 조각한다는 견해**   복종의무 있는 명령수령자는 명령이행의무가 있으므로, 이른바 의무충돌을 원용하여 상관의 명령에 대한 복종의무가 일반적인 법질서에 대한 복종의무보다 중요한 것일 때에는 명령복종행위가 정당화된다는 견해이다. 구속력 있는 명령이 경미한 위법일 때는 이 견해가 옳다. 그러나 중대한 위법일 때에도 위법성을 조각한다고 할 수 있을지 의문이다.

(다) **결   론**   명령의 위법성에 대한 경중을 나누어 살피는 것이 옳다. 구속력 있는 명령이더라도 위법성이 경미할 때는 위법성이 조각된다는 견해가 타당하다. 이 경우 의무사이에 충돌이 있으므로 이를 위법성평가의 관점에서 신중하게 교량하여 정당하게 조절하여야 할 필요성이 있기 때문이다.[35]

다만 우리 형법해석상 구속력 있는 위법한 명령에 복종한 행위는 법령에 의한 행위로 간주할 수 없다. 이 경우는 작위의무와 부작위의무가 충돌하는 경우이므로 **정당화적 긴급피난의 일종**으로 보는 것이 좋다. 명령복종에 따른 이익이 본질적으로 우월하지 않고 단지 조금만 우월할 경우에는 면책적 긴급피난의 관점에서 책임을 조각할 수 있는지를 검토해야 할 것이다.

반면 구속력 있는 명령의 위법성이 중대한 것일 때에는 **면책사유로 취급**하는 것이 옳다. 이 경우는 면책적 긴급피난이나 면책적 의무충돌 또는 기대불가능성으로 인한 초법규적 면책의 가능성을 검토해야 할 것이다.

(c) **구속력 없는 위법한 명령에 복종한 행위**   위법성은 물론 책임도 조각되지 않는다(통설·판례). 이러한 명령복종행위에 대해서는 정당방위가 가능하다. 명령의 구속성을 인정할 수 없는 경우란 명령으로 형법상의 범죄행위를 저지르게 하거나 명백히 인간의 존엄성을 침해하는 것을 내용으로 할 때이다(대판 1967. 1. 31, 66 도 1581; 1966. 1. 25, 65 도 997; 1955. 1. 28, 4287 형상 230).

‖**판례**‖ 공무원이 그 직무를 수행함에 있어 상관이 부하직원에 대해 범죄행위 등 위법행위를 하도록 명령할 직권은 없으며, 부하직원은 소속상관의 적법한 명령에 복종할 의무는 있으나 그 명령이 참고인으로 소환된 사람에게 가혹행위를 하라는 것과 같이 명백한 위법 내지 불법한 명령인 때에는 직무상의 명령이라 할 수 없고, 이에 따라야 할 의무도 없다. 설사 대공수사단 수사관은 상관의 명령에 절대복종해야 한다는 것이 절대 불문율이라 할지라도 국민의 기본권인 신체의 자유를 침해하는 고문행위 등이 금지되어 있는 우리 법질서에 비추어 볼 때 물고문치사와 같이 중대하고도 명백한 위법명령에 따른 행위가 정당행위에 해당하거나 강요된 행위로서 적법행위에 대한 기대가능성이 없는 경우에 해당하는 것이라고는 볼 수 없다(대판 1988. 2. 23, 87 도 2358).

35) 같은 견해, 손해목 415면.

(3) 정신병자감호행위

정신병자를 보호할 법률상 또는 계약상 의무 있는 자가 그 감호를 태만히 하여 정신병자를 옥외에서 함부로 배회하게 하면 일정한 처벌을 받는다. 따라서 감호의무자는 법률상 요구된 감호행위를 해야 한다. 이 행위는 비록 정신병자의 자유를 구속하고 신체를 감금하지만 정당행위로 인정된다.

3. 법령상 허용된 행위

형법상 금지된 행위라도 형소법이나 그 밖의 다른 법령이 명시적으로 허용한 경우에는 정당화될 수 있다. 예를 들어 사인의 현행범인체포행위, 점유자의 자력구제, 학교장 등의 징계행위, 노동쟁의행위, 모자보건법상의 낙태행위 등이다.

(1) 사인의 현행범인체포행위

누구든지 영장 없이도 현행범인을 체포할 수 있다(형소법 제212조). 수사공무원의 현행범인체포행위는 공무집행행위이지만, 사인의 현행범인체포행위는 이른바 '관헌을 위한 행위'로서 법령상 예외적으로 허용된다. 여기에서 관헌을 위한 목적요소는 초과주관적 정당화요소에 해당한다.

‖ **판례** ‖ 피고인의 차를 손괴하고 도망하려는 피해자를 도망하지 못하도록 멱살을 잡고 흔들어 피해자에게 전치 2주의 흉부찰과상을 가한 경우에 현행범 체포행위로서 정당행위에 해당한다(대판 1999. 1. 26, 98 도 3029).

(2) 징계행위

(a) 의 의 징계행위는 법령상 허용된 징계권의 적정한 행사로 간주할 수 있는 행위이다. 징계권은 특별한 인적 관계 내지 특별한 공동체 내의 질서유지를 위해 법령으로 인정하는 제재수단으로서 국가가 범죄통제를 위해 일반적으로 과하는 형벌 등 형사제재와는 다르다.

정당행위에서 문제되는 징계행위는 공무원의 직무집행행위에 수반하여 허용되는 경우와 일반인에게 허용되는 경우로 나뉜다. 전자의 예로는 초·중등 학교장이 교육상 필요할 때 학생에게 행할 수 있는 징계 또는 처벌(초·중등교육법 제18조), 소년원장이 보호소년 중 규율위반자에게 과할 수 있는 훈계·근신의 징계(소년원법 제15조)를 들 수 있고, 후자의 예로는 친권자가 자녀의 보호 또는 교양을 위해 행하는 징계(민법 제915조), 후견인이 미성년자에게 친권의 대행으로 행하는 징계(민법 제945조, 제948조) 등을 들 수 있다.

(b) 징계권의 적용과 한계

(가) **부모의 징계권과 체벌**   부모가 자녀에 대하여 훈육목적으로 행한 체벌은 일반적으로 허용한다. 여기에서 훈육목적은 초과주관적 정당화요소에 해당한다. 현재 스웨덴, 독일, 핀란드 등 세계 52개국에서 부모의 자녀에 대한 체벌이 법으로 금지되어 있다. 우리나라에서도 부모의 체벌이 아동학대에 해당할 경우는 처벌된다(아동복지법 제17조 및 제71조). 그러나 부모의 체벌권이 자녀학대에까지 미치는 경우는 극히 예외일 것이다. 형법이 가정 내의 일에 함부로 개입하는 것은 오히려 형법의 보충성의 요구에 반한다고 생각한다.

(나) **학교장의 징계권과 체벌**   우리나라 초·중등교육법 제18조에 규정된 학교장의 징계권 속에 체벌권도 포함된다는 해석이 판례[36]의 입장이다. 그러나 현재 초·중등교육법시행령 제31조는 초·중등교육법 제18조의 징계권을 구체적으로 「학교 내의 봉사, 사회봉사, 특별교육이수, 출석정지, 퇴학처분」의 권한으로 명시하는 동시에 도구·신체 등을 이용하여 학생의 신체에 고통을 가하는 방법을 금지하고 있다. 이같은 조문을 문리적으로 해석할 때 학교장의 징계 또는 처벌에는 체벌이 들어갈 수 없다고 해야 한다.[37]

(다) **소년원장 등의 징계권**   소년원법상 인정된 소년원장의 징계권도 훈계·근신의 징계에 국한시키고 체벌을 부인하는 것이 좋다고 생각한다. 종래에는 이른바 특별권력관계이론으로 기본권의 과도한 제약까지 인정하는 경향이 있었으나 오늘날 특별권력관계이론은 법치국가이론에 의해 거의 극복되었다.

(c) 문제되는 경우

(가) **타인의 자녀에 대한 징계권**   타인의 자녀에 대한 징계권은 어떤 이유로도 인정되지 않는다. 부모의 징계권은 친권자로서 갖는 일신전속적 권한이기 때문이다. 따라서 민법상의 사무관리이론이나 이른바 공공의 이익을 근거로 해서도 친권자의 의사에 반하여 타인이 징계권을 대신 행사할 수 없다. 다만 부모의 추정적 승낙이 있다고 간주되는 경우에는 예외적으로 인정할 수 있다.

(나) **징계권의 위임문제**   징계권은 일신전속적 권리이다. 따라서 원칙적으로 위임이나 대리할 수 없다. 그러나 특별한 신뢰관계나 보호관계에 있는 자에게 친권자가 자신의 징계권의 행사를 부탁하거나 일시 넘겨 줄 수 있다. 예컨대 부모가 출타하면서 이웃집 사람에게 자기 자녀가 나쁜 장난을 치거든 징계해 달라고 부

---

36) 대판 2004. 6. 10, 2001 도 5380.
37) 신동운 338면.

탁한 경우나 유치원 보모나 가정교사에게 자기의 징계권을 일시 넘겨 주는 경우와 같다. 그러나 어떠한 경우에도 부모의 징계권이 초·중·고교의 교사에게 포괄적으로 위임되었다고 해석해서는 안 된다.

(3) 점유자의 자력구제

우리 민법 제209조에 규정된 점유자의 자력구제는 형법 제23조의 자구행위에 포함될 수 없는 독자적인 요건을 갖고 있는 법제도이다. 이것은 민법이 특히 점유자에게 국가권력의 대행을 허용한 경우에 해당하므로 법령상 허용된 행위의 일종이다.

(4) 노동쟁의행위

노동삼권, 즉 노동자의 단결권·단체교섭권·단체행동권은 헌법상의 기본권이다. 단체행동을 구체화한 법이 「노동조합및노동관계조정법」이다. 동법 제 2 조 제 6 호는 「쟁의행위라 함은 파업, 태업, 직장폐쇄 기타 노동관계당사자가 그 주장을 관철할 목적으로 행하는 행위와 이에 대항하는 행위로서 업무의 정상적인 운영을 저해하는 행위」라고 규정하고 있고, 제 4 조(정당행위)는 「형법 제20조의 규정은 노동조합이 단체교섭, 쟁의행위 기타의 행위로서 제 1 조의 목적을 달성하기 위하여 한 정당한 행위에 대하여 적용된다. 다만, 어떠한 경우에도 폭력이나 파괴행위는 정당한 행위로 해석되어서는 아니 된다」고 명시하고 있다.

통설은 헌법 및 노동관계법에 따른 쟁의행위를 법령에 의한 행위이므로 위법성이 조각된다고 한다. 정당한 쟁의행위는 외견상 법령에 의한 행위로 보이지만 내용적으로 사회상규에 반하지 않는 행위이기 때문에 정당화된다고 해야 할 것이다.[38] 노동법 학자들 중에는 이 경우 애당초 구성요건해당성이 배제된다는 견해도 있으나 의문이다.

판례에 의하면 근로자의 쟁의행위의 정당성은, ① 주체가 단체교섭의 주체로서 적합한 자일 것, ② 목적이 근로조건의 유지 향상을 위한 노사간 자치적 교섭을 조성하기 위한 것일 것, ③ 사용자가 근로자의 근로조건개선에 관한 구체적인 요구에 대해 단체교섭을 거부하였을 때 개시한 것일 것, ④ 특별한 사정이 없는 한 조합원의 찬성결정 및 노동쟁의발생신고 등 절차를 거친 것일 것, ⑤ 그 수단방법이 폭력이나 파괴행위를 수반한 반사회적 행위가 아닌 정당한 범위 내의 것일 것 등의 조건을 갖추었을 때 인정된다(대판 1996. 1. 26, 95 도 1959; 2001. 6. 12,

---

38) 김일수, 「근로자의 쟁의행위와 업무방해죄」, 고려법학 제36호(2001), 39면.

2001 도 1012).

‖ 판례 ‖ 쟁의행위는 근로자가 소극적으로 노무제공을 거부하거나 정지하는 행위만이
아니라 적극적으로 그 주장을 관철하기 위해 업무의 정상적인 운영을 저해하는 행위까
지 포함하는 것이다. 그러므로 쟁위행위의 본질상 사용자의 정상업무가 저해되는 경우
가 있음은 부득이한 것으로 사용자는 이를 수인할 의무가 있다. 하지만 근로자의 쟁의행
위가 정당성의 한계를 벗어날 때에는 근로자는 업무방해죄 등의 형사책임을 면할 수 없
다(대판 1996. 2. 27, 95 도 2970).

《참고》 노동쟁의행위는 근로자의 근로조건의 개선과 임금향상을 위하여 단결된
힘을 바탕으로 교섭하고, 교섭에 실패할 때 사용자에 대한 최후의 압력수단을 인정
한 것이다. 따라서 근로자의 근로조건 등 경제적 사항과 직접 관계없는 정치적 목적
이나 이데올로기를 위한 쟁의행위는 정당행위가 아니다. 또한 정당한 목적을 위한
경우라도 그 수단이 폭력이나 파괴활동일 때에도 정당행위가 될 수 없으며, 공장·
사업장 기타 직장에 대한 안전보호시설의 정상유지 운영을 정지·폐지 또는 방해하
는 행위도 허용되지 않는다(노동조합및노동관계 조정법 제42조).

(5) 모자보건법상의 낙태행위

모자보건법 제14조는 ① 본인 또는 배우자에게 대통령령으로 정하는 우생학
적 또는 유전학적 정신장애·신체질환·전염성질환이 있는 경우, ② 강간·준강
간으로 임신된 경우, ③ 법률상 혼인할 수 없는 혈족 또는 인척간에 임신된 경우,
그리고 ④ 임신의 지속이 보건의학적 이유로 모체의 건강을 심히 해하고 있거나
해할 우려가 있는 경우에 의사는 본인과 배우자(사실상의 혼인관계에 있는 자도 포
함)의 동의를 얻어 인공임신중절수술을 할 수 있다고 규정하고 있다. 따라서 이
규정에 의한 낙태행위는 법령에 의해 허용된 행위로서 위법성을 조각한다(동법 제28조).

‖ 판례 ‖ 산부인과 전문의가 산모의 임신지속이 모체의 건강을 해칠 우려가 매우 크고
기형아출산의 가능성도 있다는 판단하에 부득이 낙태수술행위를 하였는데 결국 산모가
사망하였다. 이와 같은 의사의 모체건강유지와 기형아출산방지목적의 낙태수술행위는
긴급피난 내지 정당행위에 해당되므로 업무상 낙태치사죄에 해당하지 아니한다(대판
1976. 7. 13, 75 도 1205).

(6) 장기등이식에관한법률상 뇌사자의 장기적출행위

장기등이식에관한법률 제22조 제3항은 뇌사 전에 본인이 동의했고 또 그 가
족 또는 유족이 명시적으로 거부하는 경우가 아닌 경우, 뇌사 전 본인의 동의 여
부를 확인할 수 없는 상황에서 그 가족 또는 유족이 동의한 경우(다만 16세 미만
자는 그 부모가 동의한 경우) 장기 등을 적출할 수 있다고 규정한다. 또한 이 법률

제21조에 의하면 뇌사자가 장기적출로 사망한 때는 뇌사의 원인된 질병 또는 사고로 인해 사망한 것으로 간주한다고 한다. 이 규정은 뇌사를 사망의 시기로 단정한 것이 아니다. 하지만 이에 따른 장기적출행위로 사망이 초래되었더라도 법령에 의해 허용된 행위로서 위법성을 조각한다고 해야 할 것이다.

4. 기타 법령에 의한 행위

전염병의예방및관리에관한법률 제11조 제 1 항에 의한 의사·한의사의 전염병신고의무, 한국마사회법 제 6 조에 의한 승마투표권발매행위, 복권및복권기금법 제 4 조에 의한 복권의 발매행위 등은 법령에 의한 요구 내지 허용된 행위이다. 따라서 업무상 비밀누설죄($^{제317}_{조}$) 또는 복표에 관한 죄($^{제248}_{조}$)에 해당하지 않는다.

Ⅳ. 업무로 인한 행위

업무로 인한 행위란 직업의무 내지 직무윤리의 정당한 수행을 위해 합목적적으로 요구되는 행위를 말한다. 원래 업무는 사람이 사회생활상의 지위에 따라 계속 반복의 의사로써 행하는 사무이다. 이 사무가 영리추구를 위한 것일 때에는 영업이고, 전문적인 활동일 때에는 직업이다.

1. 교사의 징계행위 및 체벌

교사의 징계권은 친권자나 학교장의 징계권처럼 법률상 허용된 권한이 아니다. 그러나 적어도 초·중·고교에서 아동이나 학생들의 교육을 업무로 하는 교사들이 효과적인 교육목적을 수행하기 위해 필요한 범위 내에서 적절한 징계수단을 사용하는 것은 업무로 인한 행위에 포함되어 정당화될 수 있다. 예컨대 청소를 시킨다든지 부족한 공부를 더 하게 해서 늦게 귀가시키는 경우 또는 손을 들어 벌을 세우는 경우 내지 꿀밤을 준다거나 억지로 반성문을 작성하게 하는 경우 등을 들 수 있다. 여기에서 교육목적은 초과주관적 정당화 요소에 해당한다.

문제는 교사가 아동이나 학생에게 체벌을 할 수 있는가 하는 점이다. 우리나라의 다수설[39] 및 판례[40]는 교사의 체벌을 징계권의 행사로 봐서 허용하는 입장

---

39) 오영근 304면; 유기천 192면; 손해목 416면; 정성근·박광민 224면; 정영석 144면; 조준현 185면; 황산덕 149면. 박상기 167면; 손동권·김재윤 167면; 임웅 209면은 교사의 체벌이 사회상규에 반하지 않는 행위로서 정당행위가 된다고 한다.
40) 대판 2004. 6. 10, 2001 도 5380.

이다. 그러나 우리나라 초·중등교육법 제18조와 초·중등교육법시행령 제31조의
문리적 해석상 체벌행위는 교사의 징계행위가 될 수 없다고 해야 한다.[41] 다만
교사의 체벌은 그것이 교육목적을 위해 필요한 최소한의 조치였을 경우에는 업무
로 인한 행위로서 정당화될 수 있다.

2. 변호사 또는 성직자의 직무수행행위

⑴ 변호사의 변호활동

변호사가 피고인을 위해 변호활동을 하는 것은 정당한 업무수행에 속한다.
따라서 변호사가 법정에서 변호활동을 하면서 변론의 필요상 타인의 명예를 훼손
하는 사실을 적시하거나 업무처리중 알게 된 타인의 비밀을 누설하여 명예훼손죄
($^{제307}_{조}$)나 업무상비밀누설죄($^{제317}_{조}$)의 구성요건에 해당하는 행위를 했어도 업무로 인
한 행위가 되어 위법성을 조각한다.

⑵ 성직자의 범죄불고지

성직자가 고해성사를 통해 타인의 범죄고백이나 비밀을 듣고도 고발하지 않
거나 묵비하는 것은 업무로 인한 정당행위이다. 그러나 적극적으로 범인을 은닉
또는 도주케 하는 것은 업무행위의 범위를 넘는 것이므로 업무로 인한 행위를 이
유로 정당화될 수 없다.

‖ 판례 ‖   천주교사제가 미국문화원방화사건 후 피신해 온 대학생에게 식사와 도피자
금을 제공하고 은신처를 물색하던 중에 수사관들이 체포하러 오자 숨겨준 사실을 부인
하고 신병인도를 거부하였다. 성직자의 직무상 행위가 사회상규에 반하지 않는 행위로
서 정당행위가 되는 것은 그것이 성직자의 행위이기 때문이 아니라 그 직무로 인한 행위
에 정당성을 인정하기 때문이다. 범죄자를 맞아 회개하도록 인도하고 선도하는 것은 사
제로서 소임이지만, 적극적으로 은신처를 마련해 주고 도피자금까지 대주는 행위는 이
미 그 정당한 직무범위를 넘은 것이며 이를 사회상규에 반하지 아니하는 정당행위라고
는 할 수 없을 것이다(대판 1983. 3. 8, 82 도 3248).

3. 의사의 치료행위

의사가 치료행위(특히 외과수술)를 하면서 타인의 신체를 상해했어도 주관적
으로 치료의 목적이 있었고, 객관적으로 의술(lege artis)에 맞추어 행했다면 업무
로 인한 행위로서 위법성이 없다는 것이 종래 우리나라의 다수설과 판례(대판
1978. 11. 14, 78 도 2388)의 입장이다.

---

41) 같은 견해, 배종대 314면; 이재상 279면; 진계호 300면.

‖**판례**‖ 산부인과 의사가 임산부를 진찰한 결과 골반간격이 너무 좁아 자연분만을 할
수 없게 되자 인공분만기를 사용하여 임산부와 태아에 전치 1주의 상해를 입혔다. 그런
데 인공분만기를 사용하면 통상 그 정도의 상해정도가 있을 수 있으므로 인공분만기를
거칠고 험하게 사용한 결과라고 보기는 어려워 의사의 정당업무범위를 넘은 위법행위라
볼 수 없을 것이다(대판 1978. 11. 14, 78 도 2388).

이에 대해 의사의 치료행위를 피해자의 승낙 내지 추정적 승낙의 문제로 취
급하는 견해[42]와 판례(대판 1993. 7. 27, 92 도 2345)도 있다. 독일의 학설과 판례는
의사의 치료행위를 피해자의 승낙 또는 추정적 승낙의 문제로 취급하고 있다.

‖**판례**‖ 피고인이 진단상의 과오가 없었으면 당연히 설명받았을 자궁외 임신에 관한
내용을 설명받지 못한 피해자로부터 수술승낙을 받았다면 위 승낙은 부정확 또는 불충
분한 설명을 근거로 이루어진 것으로서 수술의 위법성을 조각한 유효한 승낙이라고 볼
수 없다(대판 1993. 7. 27, 92 도 2345).

생각건대 의사의 **통상적인 치료행위**는 환자의 건강을 침해하는 것이 아니라
개선·회복시키는 행위이다. 따라서 피해자의 승낙 유무에 의한 결과반가치 흠결
여부를 따지기 전에 이미 상해의 고의가 없기 때문에 상해에 해당하지 않는다. 비
록 치료행위의 효과가 없었더라도 객관적인 의술에 맞는 의료행위였다면 과실도
성립되지 않는다. 즉 행위반가치의 흠결로 구성요건해당성이 배제되는 것으로 보
아야 한다.[43]

다만 수술과 같이 중한 결과를 야기할 수 있는 **비통상적인 치료행위**는 환자의
의사나 자기결정권을 중요시해야 한다. 수술에 앞서서 의사는 환자에게 수술과
정, 위험도에 관해 충분한 '설명의무'를 다해야 하고, 그 전제 위에서 환자는 수술
여부에 동의할 것인지를 스스로 결정할 수 있어야 한다. 환자의 동의에 기초한 의
사의 수술행위는 피해자의 승낙으로 구성요건해당성을 배제하거나 추정적 승낙
으로 위법성을 조각한다.

무면허의사의 통상적인 치료행위도 환자의 건강회복을 위한 행위일 때에는 상
해의 고의를 인정할 수 없다. 단 그와 같은 행위가 계속적 반복적으로 시행된 영
업행위였을 때 의료법 제66조에 의한 무면허치료행위로 처벌한다. 의료법의 특별
한 규제 때문이다.

---

42) 김성돈 322면; 박상기 169면; 오영근 310면; 임웅 212면; 정성근·박광민 230면.
43) 같은 견해, 안동준 138면; 이재상 282면; 이형국 170면; 진계호 304면.

4. 안 락 사

(1) 적극적 · 소극적 안락사

일반적으로 안락사(Euthanasie)는 회복할 수 없는 죽음의 단계에 들어선 중환자의 고통을 덜어 주기 위해 생명의 종기를 인위적으로 앞당기거나(적극적 안락사) 또는 그 가능한 연장조치를 중단해 버리는 경우(소극적 안락사 · 부작위에 의한 안락사)를 의미한다.

이 중 사기가 임박한 불치의 환자에 있어서 '환자의 동의'를 받아 생명연장조치를 취하지 않는 소극적 안락사는 사회상규에 반하지 않는 행위로서 위법성이 조각된다고 보는 것이 통설이다. 반면 환자의 동의 없이 또는 뜻에 반하여 의사가 생명연장조치를 취하지 않았을 때는 부작위에 의한 살인죄의 죄책을 지게 된다.

생명을 단축시키는 적극적 안락사를 허용할 수 있느냐를 놓고는 견해가 나뉜다. 통설적인 입장은 일본 나고야 고등법원에서 판시한 6가지 조건, 즉 i) 환자가 불치의 병으로 사기에 임박했을 것, ii) 환자의 고통이 극심할 것, iii) 그 고통을 완화하기 위한 목적으로 행할 것, iv) 환자의 의식이 명료한 때에 본인의 진지한 촉탁 · 승낙이 있을 것, v) 원칙적으로 의사에 의해 시행될 것, vi) 그 방법이 윤리적으로 타당한 것으로 인정될 수 있을 것 등의 조건을 갖추었을 때 안락사를 일종의 업무로 인한 행위로 보아 위법성을 조각한다고 한다.[44]

그러나 적극적 안락사는 어떠한 상황에서도 위법하다고 해야 할 것이다. 비록 존엄사 또는 자비사와 같은 달콤한 이름을 갖고 있을지라도 생명을 자연적인 소멸시기보다 앞당겨 인위적으로 단축시키는 행위는 모두 위법하다.[45]

(2) 진정안락사 · 간접적 안락사

그 밖에 생명의 단축을 수반하지 않는 진정안락사, 예컨대 임종의 고통을 제거하기 위하여 적당량의 진정제 또는 마취제를 사용함으로써 평안하게 자연사하도록 하는 경우에는 애당초 안락사의 문제에 해당하지 않는다. 그리고 간접적 안락사의 경우, 즉 생명단축의 결과를 가져올 염려가 있는데도 불치나 난치환자의 빈사의 고통을 완화시켜 줄 목적으로 처치(몰핀주사량의 증량 등)를 했던 결과, 그 예상된 부작용으로 사망이 야기된 경우에는 사회상규에 반하지 않는 것으로서 정당화될 수 있다(통설).

---

44) 김상돈 330면; 유기천 194면; 이형국, 연구 I, 276면; 임웅 220면; 정영석 162면; 정성근 · 박광민 287면; 진계호 307면.
45) 같은 견해, 박상기 161면; 배종대 326면; 이재상 284면.

V. 기타 사회상규에 위배되지 아니하는 행위

1. 사회상규의 의의

사회상규라 함은 공정하게 사유하는 평균인이 건전한 사회생활을 함에 있어 옳다고 승인된 정상적인 행위규칙을 말한다. 판례는 '법질서 전체의 정신이나 그 배후에 놓여 있는 사회윤리 내지 사회통념'이라고 정의한다.

‖ **판례** ‖ 형법 제20조 소정의 '사회상규에 위배되지 아니하는 행위'라 함은 법질서 전체의 정신이나 그 배후에 놓여 있는 사회윤리 내지 사회통념에 비추어 용인될 수 있는 행위를 말하고, 어떠한 행위가 사회상규에 위배되지 아니하는 정당한 행위로서 위법성이 조각되는 것인지는 구체적인 사정 아래서 합목적적, 합리적으로 고찰하여 개별적으로 판단하여야 할 것인바, 이와 같은 정당행위를 인정하려면 첫째, 그 행위의 동기나 목적의 정당성, 둘째 행위의 수단이나 방법의 상당성, 셋째 보호이익과 침해이익과의 법익 권형성, 넷째 긴급성, 다섯째 그 행위 외에 다른 수단이나 방법이 없다는 보충성 등의 요건을 갖추어야 한다(대판 2001. 2. 23, 2000 도 4415).

형법 제20조 후단은 「기타 사회상규에 위배되지 아니하는 행위를 벌하지 아니한다」라고 규정하여 정당행위의 세 번째 구성요소를 제시하고 있다. 여기서 기타 사회상규에 위배되지 아니하는 행위란 법질서 전체의 정신이나 그 배후의 지배적인 사회윤리에 비추어 원칙적으로 용인될 수 있는 행위, 즉 사회적으로 유용성이 인정되거나 적어도 사회적 유해성을 야기하지 않는 행위를 말한다.

2. 사회적 상당성과의 구별

사회적 상당성은 구성요건을 해석하는 기본원리 중의 하나로서 구성요건해당성 판단에서 행위반가치의 성립을 부인함으로써 행위의 구성요건해당성을 배제하는 구성요건해당성의 소극적 측면인 데 반해, 사회상규는 행위의 구성요건해당성을 일단 전제한 후 실질적 위법성의 단계에서 행위의 위법성을 배제하는 불법의 소극적 측면이라는 점에서 구별된다.

3. 사회상규의 기능

사회상규는 모든 위법성조각사유에 비해 최종적인 정당화사유이고, 가장 포괄적인 위법성조각사유이다. 사회상규의 기능을 제대로 파악하려면 우리나라 형법이론에서 통용되고 있는 한 가지 오류를 제거해야 한다. 소위 법령에 의한 행위 또는 업무로 인한 행위라 할지라도 그것이 사회상규에 위배되는 경우에는 위법성이 조각되지 않는다는 주장이다. 이러한 견해는 법령에 의한 행위와 업무로 인한 행위를 사회상규에 반하지 않는 행위의 예시적 규정으로 보고 있는 입장이다.[46] 그러나 법령상의 행위 및 업무로 인한 행위는 사회상규와는 별개의 평가기준을 가진 정당행위의 구성요소이다. 법령상의 행위가 성립하면 일단 정당행위가 되는 것이지 다시금 사회상규에 위배되지 말아야 하는 것은 아니다.[47] 즉 법령상의 행위 및 업무로 인한 행위는 사회상규와 독립된 규정이며 병존요소가 된다.

사회상규에 위배되지 아니하는 행위는 위법성평가의 소극적인 배제원리이지 적극적인 개입원리는 아니다. 사회상규는 사회적 갈등해결의 최후수단에 해당하는 질서원리로서 사회상규에 반하지 아니하는 행위를 정당화함으로써 실질적인 위법성의 영역을 최종적으로 확정하는 기능을 담당한다.

4. 사회상규의 판단기준

사회상규는 물론 형법에 열거된 개개의 전형적인 위법성조각사유와 내용적으로 중첩되는 면이 있지만 그 독자적인 기능은 어떤 구성요건행위가 비록 전형적인 정당화사유에 해당하지 않더라도 실질적인 위법성이 있다고 볼 수 없는 경우를 모두 포괄할 수 있는 최종적인 정당화사유의 기준이다. 여기에서 사회상규에 위배되지 않는 행위의 판단기준으로 이익 및 의무교량의 원칙, 정당한 목적을 위한 정당한 수단의 원칙 등이 거론되고 있다.

> 우리 대법원판결은 이것을 더 구체화한 판단기준을 제시하고 있다(대판 1986. 10. 28, 86 도 1764; 1983. 3. 8, 82 도 3248). 첫째, 행위의 동기나 목적의 정당성, 둘째 행위의 수단이나 방법의 상당성, 셋째 보호법익과 침해법익과의 법익균형성, 넷째 긴급성, 다섯째 그 행위 외에 다른 수단이나 방법이 없다는 보충성의 요건을 갖추어야 한다(대판 1999. 2. 23, 98 도 1869; 1999. 1. 26, 98 도 3029).

‖ 판례 ‖ 시장번영회 회장으로서 일부 점포주들이 시장번영회에서 정한 상품진열관리 규정에 위반한 사실을 알게 되자 시장기능을 확립하기 위해 규정을 위반한 점포에 대해 단전조치를 취하였다. 회원들의 동의를 얻어 시행되고 있는 규정에 따라 시장운영을 위한 효과적인 규제수단으로서 전기공급을 거절한 행위는 정당한 사유가 있을 뿐만 아니라 제반사정에 비추어 법익균형성, 긴급성, 보충성을 갖춘 행위로서 사회통념상 허용될 수 있는 정도의 상당성이 있는 정당행위이므로 업무방해죄에 해당하지 않는다. 어떠한

---

46) 예컨대 남흥우, 154면; 손해목, 형사법강좌 Ⅰ, 312면; 유기천 195면; 이재상 284면; 이형국, 연구 Ⅰ, 267면; 정성근·박광민 231면; 정영석 143면; 황산덕 151면.
47) 같은 견해, 배종대 327면.

행위가 정당한 행위로서 위법성이 조각되는 것인지는 구체적인 경우에 따라서 합목적적·합리적으로 가려져야 한다. 정당행위가 인정되려면 첫째, 그 행위의 동기나 목적의 상당성, 둘째 행위수단이나 방법의 상당성, 셋째 보호이익과 침해이익과의 법익균형성, 넷째 긴급성, 다섯째 그 행위 외에 다른 수단이나 방법이 없다는 보충성의 요건을 갖추어야 한다(대판 1994. 4. 15, 93 도 2899, 같은 취지의 판례 대판 2004. 8. 20, 2003 도 4732).

5. 적용의 대상

(1) 의무충돌의 경우

(a) **의무충돌의 의의**   의무의 충돌(Pflichtenkollision)이란 의무자에게 동시에 이행하여야 할 둘 이상의 작위의무가 있지만, 의무자가 그 중 어느 한 의무만 이행할 수 있고 다른 의무를 이행하지 못한 것이 구성요건에 해당하는 가벌적 행위가 되는 경우를 말한다. 예컨대 교통사고로 치명상을 입은 두 사람의 중환자가 인근 병원에 호송되었으나, 단 한 대의 인공심폐기만 보유하고 있는 이 병원에서는 그 중 어느 한 사람의 중환자만을 치료할 수밖에 없는 경우 또는 화재가 난 고층아파트에서 화염에 휩싸인 방 속에 세 자녀를 둔 아버지가 그 중 두 아이만을 양팔에 끼고 피할 수밖에 없는 경우 등을 들 수 있다.

이에 반해 의무의 충돌은 작위의무와 부작위의무가 충돌하는 경우에도 인정될 수 있다는 견해 및 법적인 작위의무에 대한 침해일 필요 없이 널리 이익충돌의 경우까지 포함한다는 견해도 있다. 그러나 의무의 충돌에서는 작위의무 사이의 충돌만이 문제된다.[48] 왜냐하면 의무의 충돌은 본래 부작위범의 특수한 경우로서 작위의무의 침해가 문제되고 있기 때문이다.

반면 작위의무와 부작위의무(법적 명령과 법적 금지)의 충돌은 일반적인 정당화원칙, 특히 정당화적 긴급피난에 의하여 정당화된다. 의사가 다른 환자들을 전염병으로부터 보호하기 위하여(명령이행: 인수관계에 의한 보증인의무) 업무상의 비밀을 누설하였다면(제317조에 의한 금지의 침해), 그는 정당화적 긴급피난행위에 의해 정당화된다. 왜냐하면 그는 누설행위에 의해 비밀보다 우월한 생명·신체라는 이익을 보호하였기 때문이다. 그러나 법익이 동가치일 경우에는 부작위의무는 작위의무에 우선한다. T가 타인을 적극적으로 살해함으로써만 자기 아이의 생명을 구조할 수 있다면, 타인의 살해는 정당화되지 않는다. 다만, 경우에 따라 면책될 수 있을 뿐이다.

(b) **법적 성질**   의무의 충돌은 먼저 정당화적 의무충돌과 면책적 의무충돌로 구별된다. 정당화적 의무충돌의 경우에는 법적 의무 사이의 의무충돌이 문제되

---

48) 같은 견해, 류인모, 「의무의 충돌과 부작위범의 행위가능성」, 형사법연구 제12호(1999), 103면; 배종대 391면.

지만, **면책적 의무충돌**의 경우 반드시 법적 의무 사이의 충돌이 아니고 법적 의무
와 비법적 의무의 충돌이 문제된다. 특히 후자의 경우는 초법규적 면책사유의 일
례로서 책임론의 영역에 속한다. 행위자가 특별한 신분이나 지위에서 자기의 개
인적인 신념이나 종교적 확신에 따라 비법적 의무를 우선시킴으로써 의무충돌이
야기되었고, 그 경우 행위자에게 다른 선택을 기대할 수 없었다는 점이 면책의 기
준이 되기 때문이다.

정당화적 의무충돌의 경우에 이를 긴급피난의 일종으로 보느냐, 사회상규에
반하지 아니하는 정당행위의 일종으로 보느냐에 관하여는 견해가 갈린다. 다수설
은 정당화적 의무충돌을 **긴급피난의 특수한 경우**로 취급하고 있으나, 의무의 충돌
은 분명히 법익의 충돌과는 다른 것이므로 법익교량을 기준으로 삼는 긴급피난에
의무교량을 기준으로 삼는 의무충돌이 포함될 수 없다고 본다. 따라서 의무의 충
돌은 사회상규에 위배되지 아니하는 행위의 일종으로 보는 것이 옳다.[49)]

(c) **종   류**

(가) **논리적 충돌과 실질적 충돌**   논리적 충돌이란 의무를 발생시키는 법규
사이에 모순 · 저촉이 있기 때문에 그로부터 도출되는 법의무가 논리적으로 충돌
하는 경우이고, 실질적 충돌이란 의무를 발생시키는 법규 자체와는 관계없이 행
위자의 일신적 사정과 관련하여 구체적인 경우 두 개의 의무가 충돌하는 것을 말
한다. 예컨대 감염병의 예방 및 관리에 관한 법률 제11조에 의한 의사의 신고의
무와 형법 제317조의 비밀유지의무가 전자의 예이고, 어떤 의사가 같은 일시 · 장
소에서 당장 응급처치를 하지 않으면 생명이 위급한 두 사람의 환자를 만나 그
중 한 사람만 응급처치를 해야 할 형편에 처한 경우가 후자의 예이다.

논리적 충돌은 실제 작위의무와 부작위의무의 충돌로서 원칙적으로 정당화
적 긴급피난의 적용대상이다. 긴급피난의 요건을 충족시키지 못할 경우에도 이것
은 법령에 의해 요구된 행위라는 이유로 정당화되므로 의무의 충돌에서 제외하는
것이 타당하다.

(나) **해결할 수 있는 충돌과 해결할 수 없는 충돌**   해결할 수 있는 충돌이란 행
위자가 적법행위냐 위법행위냐를 선택할 수 있는 경우이며, 해결할 수 없는 충돌
이란 행위자가 적법행위냐 위법행위냐를 선택할 여지가 없고 어떤 의무를 이행하
더라도 다른 의무의 불이행이 법규에 저촉될 수밖에 없는 경우를 말한다. 이러한
경우 의무교량이 행위자에게 가능했는가 하는 점이 구별기준이 되기 때문에 교량

---

49) 같은 견해, 권오걸 225면; 김성돈 533면; 안동준 121면; 임웅 249면; 오영근 361면.

가능한 충돌, 교량불가능한 충돌이라고도 부른다. 그러나 의무교량의 가능 여부는 다시 이가치적 의무의 충돌이냐 동가치적 의무의 충돌이냐 하는 문제로 귀착하기 때문에 결국 문제는 **해결할 수 없는 동가치적 의무의 충돌**을 정당화적 의무충돌의 경우로 볼 것인가 아니면 면책적 의무충돌의 경우로 볼 것인가 하는 점이다.

생각건대 해결할 수 없는 의무충돌의 경우도 정당화적 의무충돌의 일례로 보아야 한다. 불가능에 대해서는 어느 누구도 책임을 지지 않는다(impossibilium nulla est obligatio)는 원칙에 따라, 법질서는 불가능을 요구할 수 없으므로 행위자가 어느 의무를 이행하든지간에 그 때 다른 의무를 이행하지 않은 부작위는 위법하지 않는 것으로 보아야 하기 때문이다. 예컨대 의사가 한 개의 인공심폐기를 두 사람의 중환자 중 어느 한 사람에게 부착해야 할 경우, 의사가 두 명의 환자로부터 그들의 상태가 생명에 위독할 정도로 악화되었으니 급히 왕진해 달라는 연락을 동시에 받은 경우, 아버지가 강물에 빠져 익사해 가는 두 아들 중 하나만 구제할 수 있는 장비를 갖고 있을 때가 해결할 수 없는 동가치적 의무충돌의 예이다.

(d) 요   건

㈎ 두 개 이상의 법적 의무가 충돌하여 한쪽의 의무를 이행함으로써 다른 의무의 이행이 불가능할 뿐만 아니라 형법에 저촉되는 경우라야 한다.

㈏ 행위자는 고가치의 의무 또는 동가치의 의무 중 어느 하나를 이행해야 한다. 여기에서 문제되는 것이 의무교량의 관점이다.

(ⅰ) 이가치적 의무의 충돌일 때 법익가치의 대소가 우선 중요한 역할을 한다. 재화보다는 인명이 높은 법익가치를 갖는다. 또한 위해의 경중이나 위험의 정도도 고려대상이 된다. 예컨대 중상자를 경상자보다 우선적으로 구출하여야 하는 경우와 같다. 그 밖에도 위험의 절박성, 법익구제의 가능성 정도도 고려대상이 된다.

(ⅱ) 보증인의무가 문제되는 경우에는 의무이행의 가능성 여부도 고려해야 한다. 예컨대 아버지가 자기의 아들과 이웃집 아이가 함께 썰매를 타다 살얼음이 깨지는 바람에 강물에 빠져 익사 직전에 이르렀을 때 자기 아들을 구하는 선택은 다른 동기가 있을지라도 정당하다.

(ⅲ) 생명과 생명의 구제의무가 충돌하는 경우에는 생명가치의 질과 양의 비교는 무의미하다. 예컨대 의인과 악인의 생명이 문제되거나 상관과 부하의 생명 또는 국가대표운동선수와 신체장애자의 생명이 문제될 때에도 고저의 비교는 있을 수 없다. 설령 행위자가 악인이나 부하나 장애자의 생명을 구조했더라도 정당화

됨에는 아무 지장 없다.

(다) 충돌상황의 초래에 행위자의 책임이 있어서는 안 되는가? 일단 행위자에게 원인행위의 책임만 물으면 될 것이라고 보고 의무충돌의 요건으로서는 고려할 필요가 없다는 견해[50]와 충돌상황은 행위자의 책임 있는 사유로 발생한 것이어서는 안 된다는 견해[51]가 있다.

일반적으로 행위자의 책임 있는 사유로 유발된 정당방위상황에서는 방위행위가 제한되나 긴급피난의 경우에는 피난행위가 원칙적으로 제한되지 않는다. 동가치적 의무 사이에서 일어난 의무충돌의 경우에는 긴급피난의 경우와 유사하므로 유책적 의무충돌상황의 야기라도 정당화적 의무충돌의 성립을 제한하지 않는다고 보아야 한다.

(라) 행위자는 주관적으로 충돌상황을 인식하고 의무교량의 관점에서 보다 높은 의무 또는 동가치적 의무 중 어느 하나의 긴급한 의무를 이행할 목적으로 행위하여야 한다. 이와 같은 목적이 있는 한 행위자의 내심에 윤리적으로 비난받을 만한 어떤 다른 동기가 있었는지의 유무는 문제되지 않는다. 예컨대 두 아들 중 저능아인 큰 아들을 미워한 아버지가 화재의 와중에 한 아들밖에 구출할 수 없었던 경우 작은 아들을 선택했더라도 구명의 목적으로 행위한 이상 정당화된다.

(2) 허용된 위험의 경우

허용된 위험은 구성요건해당성배제의 측면에서 소위 사회적 상당성의 일유형 내지 객관적 귀속의 일척도로서도 문제되고 있다. 일정한 위험창출의 위험성 있는 행위가 정상적이고도 역사적으로 형성된 사회질서의 범위 내에서 일반적으로 허용된 행위이기 때문에 구성요건적으로 의미 있는 위험창출행위로 볼 수 없는 경우이다.

위법성조각사유로서 사회상규의 일유형에 속하는 허용된 위험은 비록 사회질서의 범위 내에서 일반적으로 승인된 행위가 아니기 때문에 원칙적으로 금지되어 있지만 이익교량의 관점에서 예외적으로 위법성이 조각되는 경우이다.

예컨대 **추정적 승낙의 경우**와 명예훼손죄에서 사실의 증명($^{제310}_{조}$), 그리고 노동법상 정당한 쟁의행위($^{노동조합및노동관}_{계조정법 제4조}$)와 같은 소위 **정당한 이익옹호**의 경우가 대표

---

50) 배종대 394면; 이재상 252면; 정성근·박광민 259면.
51) 남흥우, 8인 공저, 193면; 박재윤, 「의무의 충돌」, 고시계 1976. 7, 35면; 손해목, 「의무의 충돌」, 월간고시 1988. 8, 115면; 안동준 121면; 이형국, 연구 Ⅰ, 328면. 결국 이 견해에 따르면 행위자의 고의·과실로 의무의 충돌상황이 야기된 경우에는 이행하지 않은 부분에 대해서는 위법성이 인정된다.

적인 예이다. 그 밖에도 호텔 화재시 옥상에 있는 조난자들에게 헬리콥터가 밧줄
을 드리워 구출을 시도함에 있어 그와 같은 방법의 구출작전은 그 자체 조난자에
대한 생명의 위험이 클지라도 허용된 위험으로 정당화될 수 있다.

(3) 사회상규에 위배되지 않는 기타 행위

기타 우리 판례에 의해 사회상규에 위배되지 않는 행위로 인정된 경우로는
다음과 같은 것들이 있다. ① 이웃 어른이 잘못을 저지르는 남의 자녀를 징계하
는 경우와 같이 법령상 징계권 없는 자의 징계행위가 객관적으로 징계행위의 범
위 내이고 주관적으로도 교육의 목적이 인정되는 경우,[52] ② 피해배상의무를 이
행하지 않으면 고소하겠다거나 구속시키겠다고 하는 경우와 같이 권리를 실행하
기 위한 행위가 협박에 해당하더라도 사회상규에 벗어나는 정도에 이르지 않은
때,[53] ③ 상대방의 도발·폭행·강제연행 등을 피하기 위한 소극적 방어행위의
경우[54] 등이다.

---

52) 대판 1978. 12. 13, 78 도 2617.
53) 대판 1971. 11. 9, 71 도 1629; 1977. 6. 7, 77 도 1107.
54) 대판 1992. 3. 10, 92 도 37: 「가정주부가 술에 취하여 비틀거리던 피해자의 행패를 저지하려
고 동인의 어깨를 밀자 동인이 시멘트 바닥에 넘어지며 이마를 부딪쳐 사망한 경우 위 행위가
정당행위에 해당한다.」
  대판 1990. 1. 23, 89 도 1328: 「피해자가 갑자기 달려나와 정당한 이유 없이 피고인의 멱살을
잡고 파출소로 가자면서 계속하여 끌어당기므로 피고인이 그와 같은 피해자의 행위를 제지하기
위하여 그와 양팔부분의 옷자락을 잡고 밀친 것이라면 이러한 피고인의 행위는 멱살을 잡힌 데
서 벗어나기 위한 소극적인 저항행위에 불과하고 그 행위에 이른 경위 등에 비추어 볼 때 사회
통념상 허용될 만한 정도의 상당성이 있는 행위로서 형법 제20조 소정의 정당행위에 해당한다.」
  대판 1989. 11. 14, 89 도 1426: 「택시운전사가 승객의 요구로 택시를 출발시키려 할 때 피해
자가 부부싸움 끝에 도망나온 위 승객을 택시로부터 강제로 끌어내리려고 운전사에게 폭언과 함
께 택시안으로 몸을 들이밀면서 양손으로 운전사의 멱살을 세게 잡아 상의단추가 떨어질 정도로
심하게 흔들어 대었고, 이에 운전사가 위 피해자의 손을 뿌리치면서 택시를 출발시켜 운행하였
을 뿐이라면 운전사의 이러한 행위는 사회상규에 위배되지 아니하는 행위라고 할 것이다.」
  대판 1985. 11. 12, 85 도 1978: 「피해자가 채권변제를 요구하면서 고함치고 욕설하며 안방에
까지 뛰어들어와 피고인이 가만히 있는데도 피고인의 런닝샤쓰를 잡아당기며 찢기까지 하는 등
의 상황하에서 그를 뿌리치기 위하여 방밖으로 밀어낸 소위는 사회통념상 용인되는 행위로서 위
법성이 없다.」
  대판 1983. 5. 24, 83 도 942: 「피해자가 피고인을 따라다니면서 귀찮게 싸움을 걸어오는 것을
막으려고 피고인이 피해자의 멱살을 잡고 밀어 넘어뜨렸다면 이는 사회통념상 용인되는 행위로
서 위법성이 없다.」
  대판 1983. 4. 12, 83 도 327: 「여러 사람으로부터 포위·압박을 당하게 된 상황에서 벗어나려
고 하다가 그 중 일인의 가슴을 당겨 넘어지게 하여도(이로 인하여 상해입음) 이러한 행위는 사
회통념상 허용될 만한 정도의 상당성이 있는 것으로서 위법성이 결여된 행위라고 보아야 할 것
이다.」
  대판 1982. 2. 23, 81 도 2958: 「강제연행을 모면하기 위하여 팔꿈치로 뿌리치면서 가슴을 잡
고 벽에 밀어부친 행위는 소극적인 저항으로 사회상규에 위반되지 아니한다.」
  그러나 앞의 사례들은 전부 정당방위에 해당하는 사례들이기 때문에 소극적 방어의 사례를 일
관되게 사회상규에 반하지 않는 행위로 보는 판례의 입장은 문제가 있다.

Ⅵ. 효　　과

　　정당행위에 해당하면 행위의 위법성이 조각된다. 정당행위는 정당방위나 긴
급피난 또는 자구행위에 대해 일반법(lex generalis)의 성격을 갖고 있기 때문에
이들과 중첩되는 경우 정당행위에 앞서 이들이 먼저 고려되어야 함은 물론이다.
더 나아가 정당행위의 검토단계에서도 기타 사회상규에 위배되지 아니하는 행위
는 가장 포괄적·일반적 성격을 가진 것이므로 법령에 의한 행위와 업무로 인한
행위의 검토 후에라도 곧바로 위법 여부를 단정해서는 안 되고 사회상규에 위배
되지 않는 행위인지를 최종적으로 검토해야 한다. 구성요건행위가 이러한 사회상
규에도 위배되는 경우일 때 그 행위는 실질적으로 위법한 행위가 되며, 이어서 책
임판단의 단계로 넘어간다.

제 5 장 책 임 론

제 1 절 책임의 개념

체계적 범죄개념 중 가장 중요한 실질적 표지는 불법(Unrecht)과 책임(Schuld)이다. 불법은 구성요건해당성과 위법성을 포괄하는 상위개념으로서 책임에 대칭된다. 그런데 사물논리상 불법은 언제나 책임에 선행하여야 한다. 책임 없는 불법은 성립할 수 있으나, 불법 없는 책임은 성립할 수 없다.

그러면 책임이란 과연 무엇인가? 독일연방최고법원은 이에 대하여 표준적인 공식 하나를 제시하였다. 즉 책임은 비난가능성(Schuld ist Vorwerfbarkeit)이다.[1] 책임은 행위자가 규범합치적인 결정을 할 처지에 있었음에도 불구하고 법규범에 맞추어 행동하지 아니하고 달리 행위하였기 때문에 가하여지는 비난가능성이다.

논의의 출발점으로 책임개념의 윤곽만 서술하자면 불법을 선택한 행위자의 결정이라고 요약할 수 있다.

제 2 절 책임론의 기본문제

Ⅰ. 책임과 의사의 자유

1. 의   의

책임원칙은 인간의 의사결정의 자유를 전제로 한다. 왜냐하면 행위자에게 범죄 이외의 다른 적법한 행위를 할 수 있는 능력이 존재할 때만, 범죄충동을 억제하지 않고 위법한 행위로 나온 데 대한 책임을 물을 수 있기 때문이다. 이같은 의사결정의 자유가 인간에게 있느냐를 놓고 종래부터 심한 견해의 대립이 있어 왔다. 소위 결정주의(Determinismus)와 비결정주의(Indeterminismus)의 대립이 그

---

1) BGHSt 2, 194(200).

것이다.

2. 결정주의와 비결정주의

결정주의는 인간의 행태가 전적으로 인과법칙에 따라 결정되기 때문에 범죄를 인간의 소질과 환경의 필연적 소산으로 본다. 이에 반해 비결정주의는 인간의 의지는 절대적으로 자유로우며, 따라서 인간은 법과 불법 사이에서 어느 쪽을 아무 제약 없이 자유로이 선택할 수 있다고 본다.

그러나 결정주의에 대해서, 인간은 피조물 중 자신에게 작용하는 본능적 충동을 통제하고 그의 행태를 가치에 따라 결정할 수 있는 유일한 존재라는 존재론적 인간학적 측면으로부터 반론이 제기된다. 마찬가지로 비결정주의에 대해서도 의사자유가 대략적으로는 입증될 수 있을지라도 구체적인 개개의 사례에서 그것을 경험실재적으로 입증하기는 불가능하다는 반론이 제기된다.

이렇게 본다면 이 양극단적인 견해는 어느 것도 자신의 논거를 설득력 있게 내세울 수 없고, 우리는 어느 입장이 옳은지에 관해 입증도 반증도 할 수 없는 어려움에 처한다. 결국 결정주의냐 비결정주의냐 하는 입장의 선택은 논증의 문제가 아니라 확신의 문제라고 할 수 있다.

인간의 존엄과 가치의 보장이라는 측면에서 보면, 의사자유의 긍정은 규범적·사회적 가치설정으로서 정당하다. 왜냐하면 인간의 의사자유를 인정함으로써 인간은 자유와 책임의식 있는 존재라는 확신에 이를 수 있기 때문이다. 그 결과 국가는 법을 통해 개인이 이러한 자유 안에서 자기실현을 할 수 있도록 보호해 주어야 한다. 형법도 인간자유의 실현에 대해서 단지 부분적인 임무만을 갖고 있는 국가형벌권이 남용되지 않도록 보장해 주어야 한다.

3. 형법의 인간상

정신병자가 아닌 정상적 인간에게 의사결정과 선택의 자유가 주어져 있다는 점은 부인할 수 없는 규범적 전제요 출발점이다. 이러한 자유는 인간이 자신의 행위를 그 본래의 의미에 맞추어 그의 작품으로 형성할 수 있는 능력이라고 말할 수 있다. 다시 말해서 인간의 자유는 본능적 충동의 인과적 강제로부터 벗어나 의미합치적인 자기결정을 할 수 있는 능력을 말한다. 이것은 「인과적 결정에 대한 소극적 부정을 뜻하지 않고, 도리어 이에 대한 지배결정」을 의미한다. 바로 이러한 자유는 결코 자유방일이나 무제약적 자의를 의미할 수 없다. 때문에 자유에 대해서는 항상 책임이 따르게 마련이다. 이런 까닭에 자유와 책임은 오직 인간존재에게만 고유한 것이다.

Ⅱ. 형법책임과 윤리책임

1. 법적 책임

형법상의 책임은 윤리책임(Sittliche Schuld)이 아니고 법적 책임(Rechtsschuld)이다. 형법규범에서 전제하고 있는 명령 또는 금지의 내용은 상당한 정도 윤리규범과 일치하지만, 법규범과 윤리규범은 본래 독립된 것이다. 따라서 형법규범은 수범자 개인에게 윤리적 의무로 수긍되지 않는 경우라도 구속력을 갖는다. 법적 책임은 다음과 같은 성격을 지닌다.

(ⅰ) 형법상의 책임은 법규범에 관련된 것이고, 책임비난의 대상도 법규범에 반한 심정반가치라는 점에서 법적 책임이다.

(ⅱ) 형법상의 책임은 법의 기준에 따라 측정된다는 점에서 법적 책임이다. 법의 기준은 형식적인 것이므로 내면상의 동기야 어떻든 행위자의 행위가 단지 합법성만 갖춘다면 형법상의 책임은 발생할 여지가 없다.

(ⅲ) 형법상의 책임은 법적인 절차에 따른 사법상의 재판을 통해 공적으로 확인되어야 한다는 점에서 또한 법적 책임이다. 윤리책임은 사법적 절차에 의한 공적 확인 없이 단지 행위자 자신의 양심의 법정에서 확인될 수 있을 뿐이기 때문이다.

2. 윤리책임에 대한 비판

법적 책임과 윤리책임의 구별에 반대하는 입장으로부터 진정한 의미에서 구속적 의무란 그것이 인간에 의해 윤리적 의무로 승인되고 자유로운 선택에 의해 행위의 규칙이 될 때 동시에 법적 의무도 될 수 있다는 반론이 제기되고 있다.

그러나 법과 윤리의 혼합은 법과 정의의 고유가치를 등한시할 위험이 있을 뿐 아니라 책임확정의 문제를 법감정의 요구에 편중시켜, 결국 재판의 공정성을 해할 위험도 있으므로 거부되어야 한다. 물론 살해·절도·위증금지와 같은 기본적인 윤리성(Einfache Sittlichkeit)은 일찍부터 법규범화되었고 그 한도에서 법과 윤리가 중첩성을 갖는 점은 인정하지만, 그로부터 법적 책임과 윤리책임이 일반적으로 합치한다고 주장하는 것은 무리이다. 옐리네크의 말처럼 '법은 윤리의 최소한'일 뿐이다.

다만 이 문제와 관련하여 확신범이 거론되고 있다. 예컨대 여호와의 증인 신
도가 종교적 확신 때문에 빈사상태에 있는 자녀의 영적 구원을 위해 수혈을 거부
또는 방해하거나 평화봉사단 소속 학생이 정치적인 이유로 병역의무를 거부하는
따위가 그것이다. 이 경우 선한 동기로서의 확신에도 불구하고 법적 책임은 면제
되지 않는다.

3. 법적 책임의 한계

법질서는 개인의 주관적 확신의 우위를 인정하지 않는다. 형법은 원칙적으로
기본적인 윤리와 일치하는 범위 내에서 법익보호의 기능을 담당하지만 이 기본적
인 윤리도 단지 개인의 양심에만 의존하는 것이 아니라 타인과 더불어 공유하는
공적 양심에 터잡고 있다. 따라서 윤리법칙은 공동생활의 정당한 질서에 비추어
정의로운 법률에 위반한 행동까지 개인적 양심에 합치하는 행동이라는 이유로 허
용하는 것이 아니다. 그러므로 확신범은 비록 그 자신은 선한 동기와 개인적인 양
심에 입각하고 있을지라도 법질서와는 물론 윤리법칙과도 충돌하고 있다.

다만 어떤 법률이 명백히 정의에 반하여 그 자체 악법(Unrecht) 내지 무법
(Nichtrecht)으로 볼 수밖에 없을 때에는 사정이 다르다. 예컨대 나치시대의 반유
태인법과 같은 명백한 반인도주의적인 인종법률은 그 자체가 악법이어서 그 법률
에 복종하지 않는 자는 범죄자가 아니라 단지 양심적인 저항가일 뿐이다. 이같은
저항가가 실제 법률에 의해 처벌받는다 하더라도 그는 죄값 때문에 처벌받는 것
이 아니라 단순히 강제적 폭력에 의해 억압받을 뿐이다.

문제는 어떠한 법률이 정의에 반하는 악법 내지 무법인가 하는 점이다. 법치
국가적 헌법질서하에서 법률의 위헌 여부를 판별할 헌법기관이 기능하고 있는
한, 명백히 정의와 인간의 존엄성에 반하는 법률이 아닌 것은 위헌판결에 의해 취
소·무효되기까지 사회질서기능에 합당한 법률로 추정할 수밖에 없다.

Ⅲ. 책임판단

1. 책임판단의 대상

형법은 원칙적으로 행위형법이지 행위자형법이 아니다. 따라서 책임판단의
구체적인 대상은 행위자에 의해 저질러진 범행, 즉 구성요건에 해당하고 위법한

행위 그 자체이다. 다시 말해서 불법의식이 있었음에도 불구하고 위법하게 행위
한 행위자의 비난가능한 의사형성을 책임비난의 대상으로 간주한다. 이런 의미에
서 이것을 개별적 행위책임(Einzeltatschuld)이라고도 한다. 그러나 이러한 범행
은 행위자와 절연될 수 없다. 따라서 행위자가 범죄적 인격에 이르도록 생활을 영
위하였다는 점도 책임판단에서 일정한 경우 그 역할을 담당할 수 있다. 이것을 소
위 인격책임(Persönlichkeitsschuld), 성격책임 또는 생활영위책임이라 한다.

형법상 고의와 인식 있는 과실의 범주에는 행위책임개념이 적합하지만, 인식
없는 과실, 금지착오에서 회피가능성, 누범가중·상습범가중 등 양형에 관한 규
정, 원인에 있어서 자유로운 행위 등의 범주에는 생활영위책임이 함께 고려되고
있다. 그러므로 책임판단의 대상으로는 이 양자의 결합이 타당하다.

물론 책임개념의 핵심은 개별적 행위책임이지만 형법에서 부득이한 결과책임의
잔재를 형사정책적 필요에 의해 불식하지 못하고 있는 입법의 현상태를 이론적으로
해명하기 위해서는 생활영위책임의 입장에서 행위자의 인격 전체를 고려하는 것이
불가피하다. 말할 것도 없이 책임원칙의 구체적 현실화에는 한계가 있기 때문이다.
다만 상습범에 대한 형벌가중의 경우는 책임원칙을 제한해야 할 형사정책적 필요성
도 없는 경우이므로 생활영위책임을 끌어들이지 말고 행위책임 내지 행위형법의 원
칙을 엄수하기 위해 이를 삭제하는 것이 옳다.[2]

2. 책임판단의 기준

책임판단에서는 흔히 일반적 척도에 따라 판단하는 위법성과 달리 '완전한
개별화', 즉 개인적인 특성이나 개개 행위자의 능력을 철저히 고려해야 한다고 말
한다(통설). 그러나 그와 같은 개별화는 단지 책임능력과 금지인식의 경우에만 가
능하며, 그 밖의 책임요소인 고의·과실 및 기대가능성의 판단에까지 관철시키기
는 곤란하다.

오히려 후자에서는 행위자의 개별적 타행위가능성이 아니라 평균인이 행위
자의 입장에서 달리 행위할 수 있었는가 하는 소위 '평균적 가능성'(Durch-
schnittliches Können) 내지 '일반적 당위성'(Generelles Sollen)을 표준삼아야 할
것이다. 즉 심정과 의사능력에서 평균적 국가시민에게서 기대되는 정도보다 행위
자의 것이 못할 때, 바로 이 점이 행위자에게 책임을 돌릴 수 있는 표준이 된다.
다시 말해서 평균인이 행위자의 위치에서 행위할 수 있던 것처럼 행위자가 그렇
게 행위하지 않았다는 점이 책임판단에서 행위자에 대한 비난의 기준이다. 이것

2) 김일수, 한국형법 Ⅲ, 171면.

은 책임비난의 완전한 개별화보다 형사정책적 고려에 기한 규범적 한계 안에서 그 보편화를 뜻한다.

Ⅳ. 형사책임과 민사책임

민사상의 책임(Das Verschulden)은 형사상의 책임(Schuld)과 아무 관계가 없다. 양 개념은 각각 독립적으로 규정된다. 양 법영역이 규율하는 대상과 임무가 각각 다르기 때문이다. 따라서 형사책임과 민사책임의 모델구조는 상이하게 구성될 수밖에 없다. 민법상의 고의·과실과 형법상의 고의·과실은 반드시 일치하는 개념이 아님을 주의해야 한다.

제 3 절 책임이론상의 책임개념

Ⅰ. 심리적 책임개념

고전적 범죄체계는 행위와 불법을 범행의 객관적 측면에서, 책임은 범행의 모든 주관적 표지들을 통합하는 정신적·심리적 사정으로 파악하였다. 책임개념의 내용 및 구체적 의미요소는 해명되지 않은 채,「책임이란 법적인 유책성이 관련될 위법한 결과에 대한 행위자의 모든 주관적 관련성」 또는 「의사의 비난받을 만한 내용」이라고 정의하였다.

고전적 범죄체계는 책임능력을 '책임조건'으로, 고의와 과실은 책임을 두 가지 종류로 나누는 '책임형식'으로 파악했다. 따라서 책임이란 범행에 대한 범인의 심리적 관계였다. 고의는 범인이 범행을 원했을 때 성립되는 책임형식이요, 과실은 범인이 범행을 원하지 아니했을 때 성립되는 책임형식이다. 그리하여 양 책임형식의 차이는 의사라는 기준에 의해 그어졌다.

심리적 책임개념에 대한 비판은 다음과 같다.

(i) 과실이라는 책임형식은 정의대로 범인의 범행에 대한 심리적 관계를 나타내 주지 못한다. 특히 인식 없는 과실에서 그렇다. 그것은 행위자가 결과발생의 가능성을 전혀 생각지 못한 경우인데, 단지 생각할 수 있었다는 이유만으로 가벌성의 대상을 삼기 때문이다.

(ii) 카르네아데스(Karneades)의 널판자 사례나 미뇨네트(Mignonnette)호 사건에서처럼 책임의 전제조건을 다 갖추었는데도 처벌할 수 없는 위법행위가 있다. 이러한 예는 면책적 긴급피난의 규율대상이 되는 것이지만 이같은 면책사유를 인정하는 한, 이미 심리적 책임개념은 더 이상 유지될 수 없다.

Ⅱ. 규범적 책임개념

신고전적 범죄체계에서 책임개념은 심리적 책임에서 의사형성에 대한 비난가능성 내지 규범적 평가를 본질적 내용으로 하는 책임으로 변화되었다. 이것이 소위 규범적 책임개념이다. 여기서는 행위자가 법에 반하여 불법에로 의사형성을 한 데 비난을 가할 수 있느냐가 중요한 논점이다. 즉 「어떤 금지된 행태는 그것을 저지른 데 대해 행위자를 비난할 수 있을 때 비로소 그의 책임으로 귀속시킬 수 있다」는 것이다.

규범적 책임개념은 여러 가지 책임요소를 내포한다. 심리적인 요소뿐만 아니라 규범적 평가적 요소도 책임개념에 속한다. 구성요건실현의 인식과 의사를 뜻하는 고의도 이젠 더 이상 단순한 책임형식이 아니라 책임개념을 구성하는 하나의 책임요소가 된다. 그 밖에도 책임능력과 특별한 책임조각사유의 부존재도 책임요소가 된다. 다만 위법성의 인식은 아직까지도 고의의 한 요소로서 고의개념 속에 포함되었다. 이같은 요소들은 범행에 대한 행위자의 내적 관련성에 관한 가치판단을 내포한다는 의미에서 역시 규범적인 것들이다.

Ⅲ. 순수규범적 책임개념

범죄체계상 가장 결정적 분기점은 고전적, 신고전적 체계에서는 불법의식을 필요불가결한 구성요소로 삼는 고의가 단지 책임형식(종류) 내지 책임요소로만 이해되어 온 반면, 목적적 체계에서는 불법의식과 분리된 사실의 인식·의사가 구성요건요소로 전환된다는 점이다. 왜냐하면 구성요건에 해당하는 행위의 목적성은 고의의 개념과 동일하기 때문이다. 고의가 다른 모든 주관적 불법요소와 함께 구성요건에 속하고 책임에 속하지 않는다는 주장은 체계상 불법의 더 광범위한 주관화, 책임의 더 증가된 탈주관화 규범화를 의미한다. 이 한에서 목적적 범죄체계는 고전적 범죄체계와 정반대되는 입장에 서 있다.

그리하여 목적적 범죄체계의 책임개념은 고의·과실과 같은 심리적 요소를 책임의 구성요소로 삼지 않고 행위 내지 구성요건요소로 삼는다. 따라서 책임은 단지 행위의사에 대한 평가 내지 비난가능성으로서 '순수한' 규범적 책임개념이 된다. 그리고 고의와 위법성의 인식을 분리시켜 후자를 독자적인 책임표지로 재구성함으로써 착오는 종래의 사실의 착오(Tatsachenirrtum)와 법률의 착오(Rechtsirrtum)와 달리 구성요건착오(Tatbestandsirrtum)와 금지착오(Verbotsirrtum)로 구분된다.[3]

금지착오는 위법성의 인식을 부정하는 경우인데 벨첼은 회피가능성과 회피불가능성의 척도에 따라 회피불가능한 금지착오는 책임비난을 완전히 조각하지만, 회피가능한 금지착오는 정도에 따라 책임비난을 약화시킬 뿐이라고 한다(소위 책임설). 따라서 이 순수한 규범적 책임개념에서는 책임능력, 위법성의 인식 및 책임조각사유의 부존재로서 기대가능성만이 책임의 구성요소가 된다.

그러나 순수한 규범적 책임개념은 평가의 대상과 대상의 평가를 엄격히 구별하여 단지 평가, 즉 비난가능성만을 표지로 삼기 때문에 규범적 평가의 대상은 책임개념 자체에 있는 것이 아니라, 불법 즉 '타인의 머리 속에만' 존재하고 있어, 결국 **책임개념의 공허화**에 이르고 만다는 약점을 안고 있다.

Ⅳ. 복합적 책임개념

오늘날 대부분의 형법학자들은 신고전적 범죄체계와 목적적 범죄체계의 합일을 위해 노력하고 있다. 그 구체적 내용은 목적적 행위론을 행위론으로서는 거부하되 그의 가장 중요한 체계적 성과들, 즉 고의와 과실(주의의무위반)을 구성요건요소로 파악하는 착상을 받아들이는 것이다.

목적적 행위개념을 받아들이기를 거부하는 까닭은 우선 하나의 존재적 행위개념은 가치결정 위에 바탕을 둔 형법체계에 아무 구속력을 가질 수 없다는 점이다. 반면 고의와 과실이 구성요건요소라는 목적주의의 테제를 수용하는 까닭은 목적주의에서 생각했던 존재론적 목적성이 바로 가치와 관계된 규범적·사회적 목적성으로 발전될 수 있었기 때문이다. 그리하여 주관적 불법요소인 고의와 구성요건요소인 과실은 동시에 책임요소도 된다는 이중지위를 인정한다.

---

3) Welzel, Aktuelle Strafrechtsprobleme in Rahmen der finalen Handlungslehre, S. 10 ff.; 황산덕 187면.

이런 관점에서 책임은 순수한 규범적 책임개념으로 존재할 수 없다. 오히려 고의·과실과 같은 책임요소를 평가의 대상으로 요구하고, 이 대상에 대한 평가로서 비난가능성이라는 척도도 함께 고려하는, 이른바 복합적 책임개념(Komplexer Schuldbegriff)이어야 한다.

책임개념은 비난가능성에만 국한되어서는 안 된다. 책임은 비난가능성 이상의 무엇을 구성요소로 내포하고 있으며, 이런 의미에서 책임은 바로 비난가능한 행태 그 자체를 포괄한다. 바로 이러한 규범적 책임개념은 행위자의 행위에 대한 내면적 관련성으로서 고의·과실 및 위법성의 인식, 그 밖에 책임능력과 책임조각사유의 부존재를 구성요소로 한다.

제 4 절　책임의 이론학적 구조

I. 책임구조의 윤곽

책임의 대칭개념인 불법은 구성요건해당성과 위법성이라는 하위개념으로 세분된다. 이에 비해 책임은 불법처럼 균형잡힌 세분이 이루어질 수 없는 복합개념이다. 그러나 책임개념에서도 다섯 가지 개념들, 즉 **책임능력·책임형식·불법의식·면책사유의 부존재·특별한 책임표지**를 구별하지 않으면 안 된다. 이 점에 관하여는 다음의 도표를 참고하기 바란다.

이러한 책임개념은 다시 부정적인 측면에서도 영향을 받는다. 책임의 존재에 필수적인 이들 요소가 부정되면 책임이 배제되거나 조각된다. 따라서 책임의 이론학적 구조를 살펴볼 때 책임의 존재 긍정의 측면만이 아니고, 존재 부정의 측면도 함께 고려하지 않으면 안 된다. 부정의 측면은 다시 개개 요소의 성격상 애당초 책임 자체의 성립을 배제하는 소위 **책임배제사유**와 일단 책임은 성립하나 적법행위에의 기대가능성이 없다는 이유로 그 책임비난을 조각하는 소위 **면책사유**로 구성된다. 이 점에 관하여는 다음의 도표를 참고해 주기 바란다.

이 밖에도 오늘날의 이론은 소위 특별한 책임표지를 독자적인 책임요소로서 인정하고 있다. 개개의 표지들을 이하에서 상론하기로 한다.

책임의 구조

책		임	
책임능력	책임형식	불법의식 (= 위법성의 인식)	면책사유의 부존재 (적법행위에 대한 기대가능성)
누구나 일반적으로 책임을 질 수 있다는 것에 대한 전제로서 14세 이상인 범죄자의 정신적·심리적 상태	주관적 불법요소에 상응하여 책임영역에서 심정반가치의 요소로 나타나는 고의·과실 (고의·과실의 이중적 의미)	목적적 범죄체계 이후 독립된 책임요소가 됨. 물론 책임의 핵심요소이다 (책임의 핵심요소는 법적 의식의 결여에 대한 단적인 표현이다)	부수적인 사정의 정상성 : 비전형적인 사정의 부존재(비전형적 사정에 의하여 불법과 책임은 당벌성의 범위 내에서 감경된다)

책임조각사유

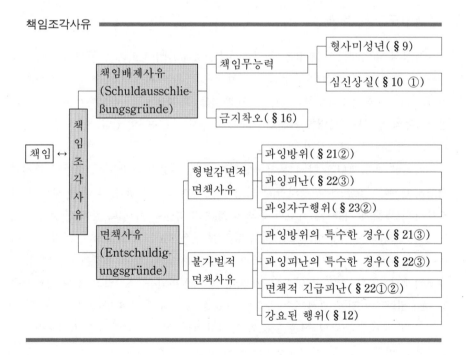

Ⅱ. 책임능력

1. 서

책임능력이란 법규범에 따라 행위할 수 있는 능력(Normative Ansprechbar-keit)을 말한다. 어떠한 사람이 행위시에 형사책임을 질 수 있느냐 하는 문제에 관하여는 먼저 연령($\frac{제9}{조}$)이 표준이 되며, 그 다음에 제10조와 제11조에 의해 심신장애 없는 상태하에서 통찰능력과 조종능력이 표준이 된다.

일정한 연령조건에 해당하지 않는 형사미성년자와 심신장애로 인하여 동찰능력과 조종능력을 상실한 심신상실자($\frac{제10조}{제1항}$)를 형사책임무능력자라고 한다. 책임무능력의 경우 책임 자체가 처음부터 성립하지 않는다는 점에서 소위 위법성에 관한 착오로 불법의식이 결여된 금지착오와 동일하다(책임배제사유).

2. 형사미성년자

형법은 형사미성년자에 관한 일반적 규정을 두어 만 14세가 되지 아니한 자의 행위는 책임능력의 흠결을 이유로 일체 형사처벌을 받지 않도록 함으로써($\frac{제9}{조}$) 형사미성년자를 예외 없이 절대적 형사책임무능력자로 다루고 있다. 이처럼 형사미성년자에게는 일체의 형사책임이 배제되어 형벌이건 보안처분이건 과하여질 수 없지만, 그렇다고 비행소년의 건전한 보호육성을 주목적으로 하는 소년법상의 보호처분까지 배제하는 것은 결코 아니다.

소년법은 이에 관하여 특별규정을 두어 형벌법령에 저촉되는 행위를 한 10세 이상 14세 미만의 소년($\frac{촉법소년, 소년법}{제4조 제1항 제2호}$)과 그러한 행위를 할 우려가 있는 10세 이상의 소년($\frac{우범소년, 동법}{제4조 제1항 제3호}$)에 대하여 보호처분을 할 수 있도록 규정하고 있다. 다른 한편으로 14세 이상의 책임능력 있는 자라도 19세 미만의 소년인 한, 형사처분에 관하여도 당해 소년의 건전한 보호육성의 관점에서 소년법은 특별한 조치를 취하고 있다. 즉 소년이 법정형 장기 2년 이상의 유기형에 해당하는 범죄를 저질렀을 때에는 법정형의 범위 내에서 장기와 단기를 정한 부정기형을 선고하되, 이 경우 장기는 10년, 단기는 5년을 넘지 못하도록 하고($\frac{동법 제60조}{제1항}$), 다만 형의 집행유예, 형의 선고유예를 선고할 때에는 정기형을 선고하도록 하고 있다($\frac{동법 제60조}{제3항}$). 그 밖에도 심리의 분리($\frac{동법}{제57조}$), 환형처분의 금지($\frac{동법}{제62조}$), 분리된 장소에서의 징역·금고형의 집행($\frac{동법}{제63조}$), 가석방조건의 완화($\frac{동법}{제65조}$), 자격에 관한 법령적용의 배제($\frac{동법}{제67조}$) 등의 특칙이 있다. 특히 죄를 범한 때 18세 미만인 소년에 대하여는 사형 또는 무

기형을 과할 수 없고, 사형 또는 무기형으로 처할 것인 때에는 15년의 유기징역
으로 형을 완화하도록 조치하고 있다(동법 제59조). 단, 특정강력범죄를 범한 18세 미만
의 소년에 대하여 사형 또는 무기형으로 처할 것인 때에는 소년법 제59조의 규정
에 불구하고 20년의 유기징역으로 한다(특정강력범죄의처벌에관 한특례법 제 4 조 제 1 항).

3. 심신장애자

(1) 형법상의 규율

연령이 14세 이상인 자에게는 원칙적으로 책임능력이 인정된다. 그러나 심신
장애로 인하여 통찰능력과 조종능력이 없는 경우 또는 그것이 제약된 경우에는
책임능력에 영향을 끼친다.

우리 형법상 인정된 심신장애자로는 심신상실자(제10조 제 1 항), 심신미약자(제10조 제 2 항), 농
아자(제11 조) 세 가지 유형이 있다.

이 중에서 심신상실자는 형사미성년자와 함께 **책임무능력자**라고 부른다. 심
신미약자와 농아자는 **한정책임능력자**라고 부른다. 한정책임능력자는 책임능력자
와 책임무능력자의 중간형태에 해당한다. 일단 책임능력은 인정하지만 그것이 온
전하지 못한 형편이므로 임의적으로 책임을 감경할 수 있다는 점에서 책임무능력
자와 다르다.

책임무능력 내지 한정책임능력을 형법상 규정하는 방법에는 ① 인체의 생물
학적 비정상 내지 정신병리학적 요인의 유무에 의해 결정하는 소위 **생물학적 방
법**, ② 사물변별 또는 의사결정능력을 기준으로 하는 소위 **심리학적 방법**, ③ 양
자를 종합하여 먼저 행위자의 비정상적 상태를 책임무능력의 생물학적 기초로 규
정하고, 이것이 어느 정도로 행위자의 사물변별 및 의사결정능력에 영향을 미쳤
는가 하는 심리학적 문제를 검토하는 소위 **혼합적 방법**이 있다.

형법은 심신장애로 인하여(생물학적 방법) 사물을 변별할 능력이나 의사를 결
정할 능력(심리학적 방법)이 없는 경우 제10조 제 1 항에 의해 책임을 탈락시킨다.
또한 심신장애로 인하여 사물을 변별할 능력이나 의사를 결정할 능력이 미약한
경우에는 제10조 제 2 항에 따라 임의적으로 책임을 감경할 수 있고, 농아자로서
위와 같은 능력이 미약한 경우에도 제11조에 따라 의무적으로 책임을 감경한다.

형법상 책임무능력 또는 한정책임능력에 관한 규정들은 생물학적·심리학적
방법을 혼합한 소위 혼합적 방법에 따르고 있음이 분명하다. 혼합적 방법은 오늘
날 각국의 형법에서 널리 채택되어 독일, 스위스, 미국의 모범형법전에서도 이 모
델을 취하고 있다.

(2) 생물학적 요인(심신장애)의 요건

(a) **심신상실의 요건** 심신상실의 요인으로는 정신병, 정신박약, 심한 의식장애 또는 기타 중한 심신장애적 이상을 들 수 있다. 정신병에는 내인성 정신병과 외인성 정신병이 있으며, 전자의 원인으로는 조현병, 조울증 등이 있고, 후자의 원인으로는 진행성 뇌연화증, 뇌손상, 뇌전증(대판 1984. 8. 21, 84 도 1510) 등이 있다. 정신박약은 백치 등과 같은 선천적 지능박약을 의미한다. 심한 의식장애는 자기의식과 외계의식 사이에 정상적인 연관이 단절된 상태를 말한다. 후자의 원인으로는 실신, 마취, 혼수상태, 깊은 최면상태, 극도의 피로, 심한 충격이나 극도의 격정상태, 명정상태(대판 1974. 1. 15, 73 도 2522) 등을 들 수 있다. 중한 심신장애적 이상으로는 중한 노이로제, 중한 충동장애 및 기타 중한 정신신경증 등을 들 수 있다.

‖ **판례** ‖ 피고인이 제 1 심에 이르기까지 범행행적에 대하여 논리정연한 진술을 하였고 범행을 전후하여 정신이상증세를 보인 적이 없다고 하지만, 범행 당시 고등학생으로서 전환신경증세로 정신병원에 입원했던 병력이 있고 사소한 일에도 쉽게 흥분하고 질책에도 간질환자와 같은 증상을 보이는 등의 사정이 인정된다. 따라서 전문가에 의한 정신감정결과를 참작하여 범행 당시 피고인의 심신장애 여부를 심리하여야 할 것이다(대판 1983. 7. 26, 83 도 1239).

(b) **심신미약의 요건** 심신미약도 심신장애의 일종이다. 다만 심신상실과는 장애의 정도에 차이가 있을 뿐이다. 따라서 경미한 뇌성마비, 가벼운 정신분열상태, 가벼운 간질, 보통 이상으로 술 취한 상태, 보통의 중독, 보통의 최면상태, 보통 이상의 노이로제 또는 보통 이상의 충동장애가 있는 상태가 한정책임능력의 원인이 되는 심신미약의 요인에 해당한다.

(c) **농아자의 요건** 농아자는 청각과 발성기관 양자에 모두 장애가 있는 자로서 그 원인은 선천적이든 후천적이든 불문한다. 농아자를 한정책임능력자로 규정하고 있는 것은 외국의 입법례에서는 찾아보기 힘든 우리 형법에만 특유한 것이다. 그러나 오늘날 농아교육의 발달로 농아자 일반을 한정책임능력자로 규정하는 것이 옳으냐 하는 점에 많은 의문이 제기되고 있다. 입법론으로는 오히려 농아자에 관한 제11조 규정을 삭제하고, 만약 이러한 사람에게 심신장애가 있다면 정도에 맞추어 심신상실이나 심신미약 중 어느 하나의 규정에 따라 해결하는 것이 옳다고 생각한다.

(3) 심리학적 요인의 요건

책임능력의 심리학적 요인이란 인간의 정신상태가 사물을 통찰하고 이에 따라 의사를 지배·조종할 수 있는 일정한 성숙에 이르러 있음을 말한다. 우리 형법은 이러한 능력을 적극적으로 규정하지 않고 대신 소극적으로 규정하여 행위자가 행위시에 사물을 변별할 능력이나 의사를 결정할 능력이 없는 경우에 책임무능력자로 하고, 정도가 미약한 경우에 한정책임능력으로 다루고 있다.

(a) **사물을 변별할 능력의 흠결**   사물을 변별할 능력이란 행위의 불법을 인식할 수 있는 **통찰능력**($_{제20조,\ 제21조}^{독일형법}$)을 말한다. 이는 책임능력의 심리학적 요인 중 특히 **지적 능력**을 뜻한다. 사물을 변별할 수 없을 정도로 지적 능력이 결여되어 있는 경우는 대개 정신질환이나 정신이상 상태에 빠진 경우일 것이다.

지적 능력이 결여되면 책임무능력자가 된다. 그러나 아주 결여된 것이 아니고 단지 미약할 뿐인 경우에는 책임능력이 배제되지 않고 다만 책임이 임의적으로 감경될 수 있을 뿐이다($_{제\ 2\ 항}^{제10조}$).

(b) **의사결정능력의 흠결**   의사를 결정할 능력이란 사물의 통찰에 따라 자신의 행위를 지배·조종할 수 있는 능력을 말한다. 이것은 책임능력의 심리학적 요인 중 특히 **의적 능력**을 뜻한다. 이같은 의적 능력을 독일형법 제20조는 「불법통찰에 따라 행위할 수 있는 능력」이라고 규정하고 있고, 미국의 모범형법전 §4.01(1)은 「행위를 법의 요구에 합치시킬 수 있는 능력」이라고 규정하고 있다.

의적 능력이 아주 결여된 때는 책임무능력자가 된다. 그러나 그것이 아주 결여된 것이 아니고 단지 미약할 뿐인 경우에는 책임능력이 배제되지 않고 다만 책임이 임의적으로 감경될 수 있을 뿐이다($_{제\ 2\ 항}^{제10조}$).

‖ **판례** ‖   형법 제10조 제 1, 2 항의 심신상실이나 심신미약은 심신장애의 양태에 관한 것으로 그 정도를 달리하는 차이가 있을 뿐이므로 심신상실은 심신장애로 인하여 사물의 선악을 변별할 능력이나 또 그 변별하는 바에 따라 행동할 능력이 없는 것을 말하며, 심신미약은 이러한 능력이 없는 정도에 이르지는 않지만 그 능력이 미약한 경우이다. 따라서 형법상 심신상실자라고 하려면 그 범행 당시에 심신장애로 인하여 사물의 시비선악을 변별할 능력이나 또 그 변별하는 바에 따라 행동할 능력이 없어 그 행위의 위법성을 의식하지 못하고 이에 따라 행위할 수 없는 상태에 있어야 한다. 범행을 기억하고 있지 않다는 사실만으로 바로 범행 당시 심신상실상태에 있었다고 단정할 수는 없다(대판 1985. 5. 28, 85 도 361).

⑷ 요점정리

우리 형법상 책임무능력과 한정책임능력에 관한 규정들은 생물학적·심리학적 방법을 혼합한 혼합적 방법에 따르고 있다. 이 혼합적 방법에서 먼저 두 가지의 포괄적인 생물학적·심리학적 표지군으로 분석이 가능하다. 이 양 표지군의 충족이 있을 때 형법상의 심신장애자의 요건이 충족되는 셈이다. 그러나 이 각 표지군 내에 열거된 개개의 표지들은 해당 표지군 안에서는 택일적 의미를 갖고 있기 때문에, 그 중에서 어느 하나의 표지만 갖추어지면 당해 표지군은 충족된다.

법적·규범적 판단에 따른 책임무능력이나 한정책임능력으로 인해 형사처벌을 받지 않거나 또는 감경된다 하더라도, 치료감호법에 의한 치료감호처분이 단독으로 혹은 택일적으로 과하여질 수 있다.

‖ **판례** ‖ 행위자가 앓아오던 간질병발작이 심화되면서 편집성 정신병을 갖게 되었으며 그 정신병증상이 더욱 악화되어 살인행위 당시에는 심한 망상 속에 빠져서 현실을 판단하는 능력을 상실해 있는 상태임을 인정할 때, 형법 제10조 제 1 항의 심신장애로 인해 사물을 변별할 능력과 의사를 결정할 능력이 없는 자의 행위로서 무죄이다. 다만 치료감호요건사실이 인정되므로 치료감호조치의 대상이 된다(대판 1984. 8. 21, 84 도 1510).

4. 입증문제

형사미성년자의 여부는 순수한 생물학적 방법에 의해 출생 이후의 연령이 아직 14세 미만인가에 따라 판단된다. 대개는 본인의 진술을 토대로 하여 결정하나 연령에 의심이 갈 때에는 가족관계증명서나 주민등록등본 등의 자료를 참고하기도 한다. 그런데 이러한 공문서상의 기재와 사실상의 연령이 일치하지 않음이 입증되었을 때에는 사실상의 연령을 기준으로 하여 형사미성년자인지의 여부를 최종적으로 판단해야 한다.

심신장애의 존재 여부를 결정하기 위하여 보통 법관은 전문가의 도움을 필요로 한다. 그러나 책임능력의 존부확정은 법관이 최종적인 책임을 져야 하는 **법적·규범적 문제이다**(대판 1981. 5. 26, 81 도 1344; 1985. 8. 20, 85 도 1235 등 심신장애판단에 전문인의 감정이 필요하지 않다고 본 판례가 많다). 따라서 법관은 전문가의 정신감정이나, 연령감정의 결과에 반드시 구속되어야 하는 것이 아니고, 그것을 참고자료로 하여 당해 행위상황에서 행위자에게 행위능력이 있었는지를 규범적으로 판단해야 한다. 이 경우 범행의 경위, 수단, 범행전후의 피고인의 행동 등 기록에 나타난 제반자료와 공판정에서 피고인의 태도 등을 종합하여 법원이 독자적으로 정신장애 유무를 판단할 수 있다(대판 1991. 9. 13, 91 도 1473).

‖**판례**‖ 수차례의 절도행위로 형을 선고받고 다시 집행유예기간중에 있는 상태에서 대학도서관에서 학생들의 지갑을 상습적으로 절취하였다. 그런데 이 상습절도범은 충동조절장애에 의한 병적인 도벽으로 인해 정상적인 사회생활을 하다가도 대학도서관에만 가면 절도를 해 왔던 것이다. 형법 제10조의 심신장애의 유무는 법원이 형벌제도의 목적 등에 비추어 판단하여야 할 법률문제로서 그 판단을 위해서는 전문감정인의 정신감정결과가 중요한 참고자료가 되기는 하지만, 법원으로서는 반드시 그 의견에 구속되는 것은 아니다. 즉 감정결과뿐만 아니라 범행경위, 수단, 범행전후의 피고인의 행동 등 기록에 나타난 제반자료 등을 종합하여 독자적으로 심신장애의 유무를 판단해야 한다. 원칙적으로는 충동조절장애와 같은 성격적 결함은 형의 감면사유인 심신장애에 해당하지 않는다. 다만 그러한 성격적 결함이 원래의 의미의 정신질환을 가진 사람과 동등하다고 평가될 수 있든지, 또는 다른 심신장애사유와 경합된 경우에는 심신장애를 인정할 여지가 있다(대판 1995. 2. 24, 94 도 3163).

책임능력은 가벌성을 근거짓는 하나의 표지이다. 이 때문에 「의심스러울 때에는 행위자에게 유리하게」라는 소위 'in dubio pro reo'의 원칙이 적용된다. 그러므로 애당초 의심이 있을 때에는 행위자의 책임무능력이 인정되어야 하지, 의심스럽다고 해서 한정책임능력을 인정해서는 안 된다. 또한 판단의 시점은 행위시이다. 따라서 정신적 장애가 있는 자라고 하여도 범행 당시 정상적인 사물변별능력이나 행위통제능력이 있었다면 심신장애로 볼 수 없다(대판 2007. 2. 8, 2006 도 7900). 판단의 정도는 평균인의 일반적 능력을 기준으로 해서 행위자에게 중한 정신장애가 있느냐 경한 정신장애가 있느냐를 판단하여야 한다.

5. 원인에 있어서 자유로운 행위

(1) 의 의

(a) **개 념** 범행시에 책임무능력 내지 한정책임능력상태에 있었음에도 불구하고, 범인이 고의 또는 과실로 자기 자신을 이와 같은 책임능력흠결상태에 빠뜨리고 그러한 상태에서 구성요건결과를 야기한 경우를 원인에 있어서 자유로운 행위(actio libera in causa)라 한다. 이 경우에 행위자는 책임으로부터 배제되지 아니하고 오히려 형법 제10조 제 3 항에 따라 책임능력이 있는 자로 취급된다.

(b) **연혁 및 입법례** 원인에 있어서 자유로운 행위는 원래 관습법적으로 인정되어 온 원칙이었다. 이 개념을 이론적으로 구성한 최초의 사람은 18세기 말 클라인슈로트(Kleinschrod)였다. 그는 원인에 있어서 자유로운 행위를 '자유에 관

런된 범행', 즉 직접적인 실행행위에서는(in actu) 자유롭지 않지만, 그의 원인에
서는(in causa) 자유로운 행위로 이해했던 것이다. 이것을 최초로 입법화한 것은
프로이센 일반란트법(§§ 22, 78)이며, 오늘날에 각국에서 널리 이를 실정화하고
있는 형편이다.

(c) **기본적인 사례**   원인에 있어서 자유로운 행위의 대표적 예로서는, 살인
하려는 자가 용기를 얻기 위해 음주대취하고 나서 그러한 명정상태에서 범행을
저지른 경우, 또는 자동차 운전자가 운전해야 한다는 점을 깊이 생각하지 않고 정
도에 지나치게 술을 마셔 만취한 상태에서 운전을 하다가 업무상 과실치사의 사
고를 낸 경우 등을 에로 들 수 있다.

(2) 가벌성의 근거에 관한 논거

형법상 의미 있는 가벌적 행위를 원인에 있어서 자유로운 행위에서는 어디에
서 찾을 것인가. 이 문제가 가벌성의 근거에 관한 문제이다. 이 점에 관하여는 범
행시 책임능력의 동시존재라는 원칙의 요구와 관련하여 종래 원인에 있어서 자유
로운 행위를 이 원칙과 일치하는 범주 내에서 파악할 것인가 아니면 이 원칙의
예외로 파악할 것인가를 놓고 견해가 대립하여 왔다.

(a) **일 치 설**   원인에 있어서 자유로운 행위에서는 자신의 책임능력을 자의
로 배제하거나 약화시키는 원인행위가 가벌성의 근거가 된다는 입장이다. 여기에
다시 몇 가지 관점이 있다.

(ⅰ) **확장모델**   행위자가 책임능력 있는 자유로운 상태에서 구성요건적 결
과야기에 결정적 원인(causa)을 제공했기 때문에, 이 자유로운 선행행위(actio
praecedens)가 가벌성이 인정되는 행위시점이라는 견해.[4]

(ⅱ) **간접정범모델**   간접정범과 비슷하게 자신을 도구로 이용하는 원인행위
가 가벌성이 인정되는 행위시점이 된다는 견해.[5]

(ⅲ) **구성요건모델**   행위자가 고의 또는 과실로 자신을 책임능력 흠결상태
에 빠뜨리고, 이 상태에서 사전에 인식했거나 인식할 수 있었던 범행을 저지르는
것이므로, 자신의 책임능력을 배제시키는 원인설정행위가 바로 범죄실행행위라는
견해. 이 구성요건모델은 종래 우리나라의 다수설의 입장이다.[6]

---

4) Maurach/Zipf, AT Ⅰ, S. 470; Haft, S. 100.
5) v. Hippel, Bd. Ⅱ, S. 296 Anm. 1; Welzel, S. 156.
6) 권문택, 「원인에 있어서의 자유로운 행위」, 고시계 1970. 1, 20면; 김일수, 한국형법 Ⅱ, 59
    면; 남흥우 162면; 백남억 178면; 손해목, 「원인에 있어서의 자유로운 행위」, 고시계 1969. 3,
    63면; 염정철, 328면; 이건호, 8인공저, 216면; 정영석 173면; 황산덕 199면; Jakobs, S. 508
    (17/68); Roxin, § 20 C Rdn. 55 ff.

이러한 일치설에 대해서는 다음과 같은 비판이 가해진다.

첫째, 아직 구성요건실현행위로 볼 수 없는 원인행위를 형사책임이 인정되는 범죄실행행위로 보게 되어 가벌성의 확장위험이 있다.

둘째, 원인에 있어서 자유로운 행위는 자신을 도구로 이용하므로 타인을 도구로 이용하는 간접정범과 구조적으로 동일시할 수 없다는 점이다. 간접정범에서는 도구인 제 3 자의 책임이 배제되는 어떠한 사정만 있으면 족한 데 비해, 원인에 있어서 자유로운 행위에서는 바로 도구 자신의 책임능력배제가 필요하다. 전자에서는 타인을 도구로 이용하기 때문에 그 도구가 행위자의 수중을 떠난다. 그래서 원인행위가 중요하다. 반면, 후자에서는 행위자가 자신을 도구로 이용하기 때문에 동기의 연속성이 유지되는 한 도구는 언제나 행위자의 수중에 남아 있다. 따라서 원인행위 자체가 반드시 중요하지는 않다는 것이다.

(b) **예 외 설**　　원인에 있어서 자유로운 행위에서는 책임무능력상태하에서 저지른 실행행위가 가벌성의 근거가 된다는 입장이다. 이것은 부자유한 행위에다 책임을 인정하는 계기로 삼기 때문에 '범행시 책임능력의 동시존재'의 원칙에 대한 예외라는 입장이다.

원인행위와 실행행위의 불가분적 연관성모델이 대표적이다. 이 견해는 행위자의 유책한 선행행위와 비난을 받을 만한 연관성을 갖고 있는 책임능력흠결상태에서의 구성요건적 실행행위가 책임이 귀속될 수 있는 논리적 근거라는 입장이다. 즉 구성요건실현행위 그 자체는 책임무능력상태에서의 행위이지만 원인설정행위와의 불가분적 관련성 속에서 발생했기 때문에 비난받아 마땅하다는 것이다. 현재 우리나라의 다수설이자 독일의 통설의 입장이다.[7]

이 견해에 대해서는 다음과 같은 비판이 제기된다. 첫째, 범행시 책임능력의 동시존재라는 책임원칙의 예외를 인정함으로써 불필요하게 형법의 법치국가적 제한을 벗어난다. 둘째, 부자유한 실행행위시에는 행위자가 규범명령에 대한 위반을 알지 못하므로 이것을 가벌성의 근거로 삼으면 책임과 규범명령위반과의 관

---

7) 권오걸 325면; 김성돈 355면; 김성천·김형준 276면; 박상기 246면; 배종대 446면; 손동권·김재윤 300면; 손해목 612면; 신동운 380면; 안동준 155면; 오영근 414면; 윤용규,「과실의 원인이 자유로운 행위」, 형사법연구 제11호(1999), 47면; 이기헌,「원인이 자유로운 행위」, 고시계 1993.10, 39면; 이용식,「원인에 있어서 자유로운 행위」, 고시계 1994.5, 122면; 이영란 343면; 이정원 257면; 이재상 315면; 이형국 225면; 임웅 298면; 정성근·박광민 330면; 정영일 272면; 정진영·신이철 256면; 조준현 228면; 진계호 398면; 최우찬,「자유로운 원인에 의한 행위」, 형사법연구 제 9 호(1997), 176면; Jescheck/Weigend, S. 446; Rudolphi, SK § 20 Rdn. 28; Sch/Sch/Lenckner, § 20 Rdn. 34; Stratenwerth, S. 166; Wessels, Rdn. 415.

계가 파괴된다.

(c) **결   론**   원인에 있어서 자유로운 행위란 엄밀히 말해서 **자유로운 원인에서 비롯된 부자유한 행위**를 지칭하는 것이다. 그러므로 책임능력 없는 부자유한 행위시점에서 가벌성의 근거를 찾는 것보다는 자신을 책임능력흠결상태에 빠뜨려 범행의 도구로 이용하는 자유로운 원인행위에서 가벌성의 근거를 찾는 일치설(특히 구성요건모델)이 책임원칙의 요청에 합치한다. 또한 행위자는 자유로운 원인설정시에만 규범명령과 충돌하고 있을 뿐 그 이후는 규범명령위반에 대한 의식 없이 자동적으로 구성요건의 실현과정에 놓여 있기 때문에, 규범론의 관점에서도 가벌성의 근거를 자유로운 원인설정행위에서 찾는 것이 더 적합하다.

일치설이 원인설정행위와 예비행위를 구별하지 못하고 가벌성을 확장할 위험이 있다는 비판은 실행의 착수시기를 동기의 연속성이 미치는 법익위해의 근접점에 설정함으로써 해결할 수 있다.

이 때 법익위해의 근접점을 어느 단계에서 판단할 것인가. 행위자가 자신을 책임무능력상태에 빠뜨리고(선행행위), 동기의 연속성이 존재하는 범위 안에서 자신을 도구로 장악하고 이용하는 일련의 모든 행위가 가벌성이 인정되는 범죄실행행위의 범주에 속한다. 그 중에서 실행의 착수시기는 원인설정행위를 벗어나 법익위해를 위한 진행을 시작한 시점이라고 해야 할 것이다.

(3) 행위유형

고의에 의한 원인에 있어서 자유로운 행위와 과실에 의한 원인에 있어서 자유로운 행위가 있다. 책임능력흠결상태에서 행하여지는 행위자의 법익위해행위가 고의적이냐 과실적이냐는 별로 중요하지 않다. 원인설정행위시 구성요건실현에 대한 고의가 있었느냐 아니면 예견가능성(과실)이 있었느냐가 중요한 판단기준이다.

(a) **고의에 의한 원인에 있어서 자유로운 행위**   책임능력 있는 행위자가 고의로 자신을 책임능력흠결상태에 빠뜨리면서 그 상태에서 저지를 범행(이 때의 범행은 고의·과실범을 다 포함한다)을 적어도 미필적 고의 정도로 인식하고 바라는 경우를 말한다. 행위자가 일정한 범죄구성요건을 충족시킬 수 있는 성향을 의식하고서도 그러한 상태에 자신을 빠뜨린 경우도 고의에 의한 원인에 있어서 자유로운 행위가 된다. 여기에서 고의는 ① 책임능력흠결상태의 야기와 ② 그 상태하에서 진행될 구성요건적 행위실행의 가능성 모두에 연결되어야 한다. 전자에 관

련된 고의는 확정적 고의여야 하지만, 후자에 관련된 고의는 미필적 고의라도 족하다(이중의 고의).

(b) **과실에 의한 원인에 있어서 자유로운 행위** 행위자가 고의 또는 과실로 자신을 책임능력흠결상태에 빠뜨리면서도 아직 그 상태에서 어떤 범행(이 때의 범행은 고의·과실범을 다 포함한다)을 저지르게 될 것을 과실로 예견하지 못했거나 결과가 발생하지 않으리라고 과신한 경우를 말한다. 여기에서도 책임형식은 이중적 연관성을 갖는다. 즉 선행행위에 대해서는 고의 또는 과실이, 책임능력흠결상태에서 저지르게 될 어떤 범행의 결과발생가능성에 대해서는 과실(예견가능성)이 있어야 한다.

책임능력흠결상태에서 행할 범죄에 대해 사전고의가 있었는데 과실로 그 상태를 야기한 때, 즉 과실로 책임무능력상태가 야기되어 평소에 계획했던 범죄가 실현되는 경우도 사안에 따라서는 과실에 의한 원인에 있어서 자유로운 행위의 한 유형에 속할 수 있다. 예컨대 술이나 마약의 복용으로 책임무능력상태에 빠질 경우 평소의 범행계획을 실행에 옮길 수 있다는 것이 과실로 인한 원인행위 설정시 이미 예견가능했던 경우에는 과실에 의한 원인에 있어서 자유로운 행위가 될 수 있다. 그러나 과실로 야기된 원인설정행위와 전혀 내적 연관성 없이 책임무능력상태에서 평소의 고의가 발동하여 범행이 실현된 경우에는 단지 책임무능력자의 행위가 되어 무죄로 평가되어야 한다. 책임능력흠결상태에서 예견하지 못했던 고의범죄를 범한 경우에는 독일 형법 제323조 a(명정상태하에서의 범죄)와 같은 특별규정이 유용한 대책이 될 수 있을 것이다.

과실에 의한 원인에 있어서 자유로운 행위는 과실범 처벌규정이 있는 경우에 한하여 처벌한다. 과실에 의한 원인에 있어서 자유로운 행위는 구조적으로 일반 과실범의 구성요건과 같은 과실범이기 때문이다. 이를 근거로 과실에 의한 원인에 있어서 자유로운 행위를 불필요한 개념이라고 하는 견해도 있으나,[8] 책임능력에 관한 특별규율을 불법구조의 유사성 때문에 무용화하려는 관점은 옳지 않다.

(4) 실행의 착수시기

(a) **학 설** 과실범의 미수는 원칙적으로 인정되지 않으므로 과실에 의한 원인에 있어서 자유로운 행위에서 실행의 착수시기를 논할 실익은 없다. 그러므로 고의에 의한 원인에 있어서 자유로운 행위에서 이것이 특히 문제된다. 원인에 있어서 자유로운 행위의 원인설정행위가 예비행위와 다른 점은 행위자가 고의

─────────
8) 이정원 250면.

또는 과실로 인과적 연쇄를 진행시켰을 뿐 그 이상의 사건경과를 장악하고 있지 못하다는 점이다.

실행의 착수시기에 관해서는 학설의 다툼이 있다. (ⅰ) 책임능력흠결상태에 빠진 자신을 도구로 이용하는 간접정범의 일종으로 보아 실행의 착수시기도 원인행위시라는 것이 종래의 다수설이다. 구성요건모델을 지지하는 쪽에서 주장된다. (ⅱ) 이에 반하여 책임능력흠결상태하에서 구성요건의 직접적인 실행행위에 실행의 착수시기를 인정하는 입장이 현재의 다수설이다. 예외설의 입장에서 주장된다.

(b) **사 견** 생각건대 원인행위 자체는 아직 예비단계에 불과하고 또한 구성요건실행행위의 정형성을 갖고 있지도 않다. 예컨대 술 마시는 행위가 이미 상해나 폭행의 실행의 착수라고 보기는 어렵기 때문이다. 여기에 실행의 착수시기를 인정하는 종래의 다수설은 가벌성의 지나친 확장위험이 있어 취할 바 못된다. 반면 책임능력흠결상태에서의 구성요건행위의 실행의 착수시기를 인정하는 현재의 다수설은 원인에 있어서의 자유로운 행위의 불법유형을 너무 축소시키는 결과가 되어 형사정책적으로 바람직하지 못하고, 범행시 책임능력 동시존재의 요구에도 반한다.

결국 원인에 있어서 자유로운 행위의 실행의 착수시기는 예비적인 원인설정행위가 완전히 끝나고 **책임능력흠결상태**(책임무능력 또는 한정책임능력상태)에 빠진 **행위자가 실행행위를 향해 진행을 결정적으로 개시한 바로 그 시점**이라고 보는 것이 타당하다. 예컨대 살인의 고의를 가지고 술을 마신 뒤 명정상태 또는 한정책임능력상태에서 살인목표를 향해 자리를 박차고 일어나는 시점이 바로 살인죄의 실행의 착수시기가 된다. 실행의 착수시기에 관한 통설적 견해인 주관적 객관설에 의할 때에도 바로 이 시점에서 행위자의 주관적 범행의사가 명백히 외부로 표명되고 보호법익에 대한 자동적인 침해가 개시되었다고 볼 수 있기 때문이다.

(5) **형법상의 규율**

우리 형법 제10조 제 3 항은 「위험의 발생을 예견하고 자의로 심신장애를 야기한 자의 행위에는 전 2 항의 규정(심신상실로 인한 면책 또는 심신미약으로 인한 형의 임의적 감경)을 적용하지 아니한다」라고 규정하고 있다. 해석상 다음과 같은 점이 문제된다.

(a) **위험발생의 예견 및 예견가능성** 행위자는 위험의 발생을 예견해야 한다고 규정하고 있다. 그렇다면 원인에 있어서 자유로운 행위는 고의적인 경우에

만 성립되는 것인가. 원래 원인에 있어서 자유로운 행위는 과실에 의한 경우가 빈
번한 사례이고, 고의에 의한 경우가 예외적인 사례라는 점을 감안한다면 목적론
적으로 위험발생을 예견한 경우(고의)뿐만 아니라, 예견할 수 있었던 경우(과실)
도 포함하도록 해석해야 한다(통설).

(b) **자의에 의한 심신장애의 야기** 우리 형법은 자의로 심신장애(심신상실·
심신미약)를 야기한 것으로 규정하고 있어 자의의 의미를 어떻게 이해할 것인가
가 문제된다. 과실로 심신장애상태를 초래한 자는 자의로 심신장애상태를 야기한
것으로 볼 수 없으므로, 고의로 심신장애상태를 야기하여 고의 또는 과실범의 구
성요건을 실현한 경우만을 규정하고 있다는 견해도 있다.[9]

그러나 자의라는 말은 「행위자가 책임능력 있는 상태하에서 스스로」라는 뜻
이므로, 이것을 고의 또는 과실과 연결시켜 해석하는 것은 옳지 않다. 도리어 그
것은 고의 또는 과실과 직접 관련성을 갖지 않은 의식상태를 뜻하기 때문에 비자
의적이 아닌 한, 심신장애상태는 고의 또는 과실 어느 쪽에 의해서도 야기될 수
있다.[10]

대법원도 형법 제10조 제 3 항은 고의에 의한 원인에 있어서의 자유로운 행위
만이 아니라, 과실에 의한 원인에 있어서의 행위까지도 포함하는 것으로 보고 있
다(대판 1992. 7. 28, 92 도 999).

‖**판례**‖ 형법 제10조 제 3 항은 "위험의 발생을 예견하고 자의로 심신장애를 야기한자
의 행위에는 전 2 항의 규정을 적용하지 아니한다"고 규정하고 있는바, 이 규정은 고의에
의한 원인에 있어서의 자유로운 행위만이 아니라 과실에 의한 원인에 있어서의 자유로운
행위까지도 포함하는 것으로서 위험의 발생을 예견할 수 있었는데도 자의로 심신장애를
야기한 경우도 그 적용 대상이 된다고 할 것이어서, 피고인이 음주운전을 할 의사를 가
지고 음주만취한 후 운전을 결행하여 교통사고를 일으켰다면 피고인은 음주시에 교통사
고를 일으킬 위험성을 예견하였는데도 자의로 심신장애를 야기한 경우에 해당하므로 위
법조항에 의하여 심신장애로 인한 감경 등을 할 수 없다(대판 1992. 7. 28, 92 도 999).

(c) **책임무능력·한정책임능력규정의 배제** 이와 같은 조건하에서 구성요
건행위를 실행하면, 비록 그 실행행위가 심신상실상태에서 행하여졌을지라도 면
책되지 아니하며, 심신미약의 상태에서 행하여졌을지라도 형이 감경되지 아니한다.

9) 남흥우,「원인에 있어서 자유로운 행위」, 법정 1975. 10, 75면; 배종대 448면; 오영근 421면;
  이정원 250면; 이재상 319면; 정영석 161면.
10) 같은 견해, 성낙현 346면; 박상기 231면; 손동권·김재윤 306면; 손해목 615면; 신동운 387
  면; 이태언 310면; 이상돈 417면; 이영란 347면; 이형국 228면; 임웅 304면; 정성근·박광민
  334면; 정진연·신이철 259면; 조준현 236면; 진계호 400면.

‖**판례**‖ 자신의 차를 운전하여 술집에 가서 술을 마신 후 야간에 비가 내려 전방을 보기가 힘든 상황에서 음주상태로 계속 운전을 하다가 교통사고를 일으키고 도주하였다. 그렇다면 음주 당시 교통사고를 일으킬 수 있다는 위험성을 예견하고도 스스로 심신장애를 야기한 경우에 해당한다. 따라서 설사 당시 심신미약상태에 있었다 하더라도 형법 제10조 제3항에 의하면 심신미약으로 인한 형의 감경을 할 수 없다(대판 1995. 6. 13, 95 도 826).

위의 전제조건 중 어느 하나라도 결여되어 있다면 우리 형법상으로는 불가벌이지만, 독일형법은 **명정상태하에서의 범죄**(독일 형법 제323조 a)로서 처벌한다. 따라서 독일 학자들은 이 명정상태하에서의 범죄에 대한 처벌을 객관적 처벌조건이라 하여 책임원칙의 적용 밖에 있는 예외로 인정할 뿐만 아니라 원인에 있어서 자유로운 행위와도 구별하고 있다. 즉 원인에 있어서 자유로운 행위와 명정상태하에서의 범죄와의 차이는 전자에서는 책임형식으로서의 고의와 과실이 구체적인 위법한 행위와 관련되어야 하는 데 반하여, 후자에서는 이러한 관련성이 요구되지 않는다. 따라서 명정상태범죄의 처벌규정에 따르면 아무런 이유 없이 명정상태에 빠져서 나중에 그가 고려하지도 못했고 고려할 수도 없었던 어떤 범행을 저질렀더라도 처벌을 받는다. 이 점은 책임형법에서 매우 의문의 여지가 많은 결과책임의 한 형태이나 형사정책적 필요에 의해 입법으로 특별히 규율하고 있는 실정이다.

원인에 있어서 자유로운 행위로 규율할 수 없는 책임무능력적인 명정 또는 중독상태나 극도의 격정상태하에서의 범행에 대해서는 독일형법 제323조 a와 같은 예외적 입법조치를 취하는 것도 형사정책적으로 한번 고려해 볼 문제이다.

Ⅲ. 책임형식(고의 또는 과실)

1. 문제의 제기

형법적으로 중요한 모든 행태는 고의 또는 과실에 의해 발생하지 않으면 안 된다. 고의와 과실은 오늘날 통설에 의하면 **이중기능**을 가지고 있다. 즉 고의와 과실은 행위반가치의 표현인 행태형식으로서 구성요건요소임과 동시에 심정반가치의 표현인 책임형식으로서 책임요소도 된다. 물론 고의와 과실이 사물논리상 책임에 앞서 존재하는 구성요건영역에서 이미 그 존재가 검토되어야 한다면, 그 후에 책임영역에서 여전히 어떤 독자적인 의미를 갖고 있는지 문제이다.

2. 책임형식으로서의 고의

책임형식으로서의 고의는 행위자가 자유 안에서 스스로 불법을 구성하는 당위규범에 반하여 내린 내심의 결정을 말한다.

다수설의 견해에 의하면 구성요건고의는 주관적 불법요소 및 행태형식으로서 그에 상응한 의미와 기능을 갖는 고의책임(Vorsatzschuld)에 대한 징표를 제공해 준다. 이러한 징표작용의 결과 구성요건고의가 인정되면 일반적으로 고의책임의 존재는 곧바로 인정될 수 있다. 그러나 이러한 징표는 허용구성요건착오(Erlaubnistatbestandsirrtum)가 있을 때 제거된다는 것이다.

  T는 화해의 악수를 청하는 연적 B가 비수를 꺼내는 것으로 착각하고 방어행위를 가해 그에게 상해를 입혔다(오상방위). 여기에서는 상해죄의 구성요건고의가 존재하지만, 그러나 그에 상응하는 고의책임은 성립하지 않는다.

여기에서 책임형식으로서 고의는 **법적으로 승인되지 아니한 범행의 심정반가치**로 표현된다. 이러한 심정반가치는 구성요건고의와 위법성조각사유의 부존재에 대한 고의(경우에 따라서는 정당화요소의 결여)를 포괄하여 행위자가 법질서 전체에 대하여 보여 준 사회적인 반항의 심정적 태도이다. 여기에는 또한 구성요건고의와 불법고의의 인식대상에서는 제외되었던 특별한 책임표지(영아살해죄에서 참작할 만한 동기 등)에 대한 내면적인 인식과 의사태도가 포함된다.

이 심정반가치로서의 고의는 불법개념에서처럼 경중을 구별할 수 있는 하나의 실체적 개념이다. 따라서 책임비난의 정도는 불법의 질과 양 외에 책임요소(고의·과실)에 의해서도 본질적으로 함께 형성된다.

3. 책임형식으로서의 과실

책임형식으로서 과실은 행위자가 불법을 구성하는 당위규범의 요청을 자신의 의무와 능력에 비추어 추종할 수 있었음에도 불구하고 태만하여 이를 저버리는 것을 말한다. 통설은 구성요건고의에서와는 달리 과실은 이중의 지위가 아니라 이종의 형식을 갖는다는 입장이다. 따라서 구성요건과실에 대해서는 책임과실에 대한 징표작용을 인정하지 않는다. 오히려 과실에서는 두 가지 상이한 척도가 문제된다. 즉 구성요건단계에서는 **객관적 척도**(일반인에게 요구되는 주의의무)가, **책임단계에서는 주관적 척도**(행위자에게 개별적으로 요구되는 주의의무)가 문제된다는 것이다. 그러므로 고의에서와는 달리 과실에서는 두 가지 종류를 분리하여 고찰해야 되는데 먼저 구성요건단계에서, 그 다음은 책임단계에서 각각 별도로 과실여부를 고찰하지 않으면 안 된다.

  한 시골 아낙네가 어린 아들을 데리고 난생 처음으로 지하철을 탔다. 그런데 그녀의 부주의한 감시의 틈에 그 어린애가 자동문 사이에 끼어서 상처를 입었다. 여기에서 우선 구성요건단계에서는 객관적 척도가 기준이 된다. 그것에 의하면 과실이 긍정될 수 있다. 그러나 책임에서는 주관적 척도가 기준이 된다. 여기에서는 시골 아낙네의 주관적 인식의 정도가 고려되고 이것에 의하면 과실책임이 부인된다. 이러한 2단계의 과실심사가 언제나 요구된다는 것이다.

과실범의 주관적 구성요건요소인 과실은 과실범의 구성요건해당성에서 행위반가치의 표현이고 책임요소인 과실은 책임고의가 심정반가치의 표현이듯 태도반가치(Einstellungsunwert) 내지 성격흠결(Charaktermängel)의 표현이다. 불법과실은 구성요건실현의 일반적인 인식·예견가능성에도 불구하고 결과실현으로 나아간 행위자의 부주의를 의미하고, 책임과실은 구성요건실현의 개인적인 회피가능성에도 불구하고 결과실현에 이른 행위자의 부주의를 의미한다.

Ⅳ. 불법의식

1. 개념과 체계적 지위

(1) 개   념

불법의식이란 행위자가 자신의 행위가 사회적으로 유해한 것이기 때문에 법적으로 금지되어 있다는 사실에 관한 인식이다. 이를 위법성의 인식이라고도 한다. 자신이 불법을 저지르고 있는 데 대한 행위자의 통찰이라고 규정한 입법례가 불법의식의 내용을 적절히 말해 주고 있다. 불법의식(Unrechtsbewußtsein)은 책임형식으로서의 고의·과실과 함께 책임비난의 핵심요소를 이룬다.

(2) 체계적 지위

목적적 범죄체계는 고의와 불법의식을 서로 다른 범죄체계의 영역에 위치시킨다. 즉 고의는 구성요건 영역에, 불법의식은 책임 영역에 놓는다. 그러나 고전적, 신고전적 범죄체계는 고의를 책임요소로 보고 불법의식은 고의의 한 요소로 본다(고의설). 오늘날 통설인 신고전적·목적적 합일체계는 고의의 이중기능을 인정하여 고의를 주관적 불법요소 및 책임요소로 본다. 따라서 불법의식은 책임고의와 독립된 또 다른 책임요소가 된다. 그러므로 신고전적·목적적 합일체계는 불법의식이 없으면 금지착오가 되고, 금지착오는 고의성립에 영향을 미치지 않으며 단지 책임에 영향을 미칠 뿐이라고 한다(책임설).

2. 불법의식과 고의의 관계

불법의식과 고의의 관계에 관해서는 일찍부터 고의설과 책임설이 대립하고 있다. 고의설은 고전적, 신고전적 범죄체계가, 책임설은 목적적 범죄체계가 주창한 이론이다.

(1) 고 의 설

고의설에 의하면 불법의식은 고의의 구성요소이다. 그러므로 불법의식이 없는 금지착오의 경우 고의가 성립되지 않는다. 다만 금지착오가 과실에 기인하였을 때에는 법률에 별도의 규정이 있으면 과실행위로 처벌할 수 있다.

고의설은 다시 어느 정도의 불법의식이 있어야 고의를 인정할 수 있느냐에 따라 엄격고의설과 제한고의설로 나뉜다. 엄격고의설은 불법의식이 현재적 의식 정도여야 고의를 인정하는 입장이고, 제한고의설은 잠재적 불법의식만 있어도 고의를 인정하는 입장이다.

(2) 책 임 설

책임설은 불법의식을 고의와 무관한 독자적인 책임의 한 요소로 본다. 따라서 불법의식이 없어도 고의의 성립에 아무런 영향을 미치지 않는다. 그러므로 금지착오의 경우 착오가 회피불가능한 때에는 책임이 배제되지만, 회피가능한 때에는 고의행위로 인한 가벌성이 남는다. 다만 그 정도에 영향을 미칠 뿐이다. 책임설은 다시 불법의식의 정도와 범위에 관하여 엄격책임설과 제한책임설로 나뉜다.

(a) **엄격책임설** 엄격책임설은 불법의식이 잠재적 의식정도로도 충분하고, 위법성조각사유의 객관적 전제사실에 대한 인식도 불법의식의 일종으로 본다. 따라서 허용구성요건착오를 금지착오의 일종으로 취급한다.

(b) **제한책임설** 제한책임설은 엄격책임설과 마찬가지로 잠재적 불법의식 정도이면 충분하나, 위법성조각사유의 객관적 전제사실에 대한 인식은 불법의식의 일종이 아니라 객관적 불법요소에 대한 인식의 일종으로 본다. 따라서 허용구성요건착오는 구성요건착오규정을 유추적용해야 한다는 입장이다.

3. 내 용

(1) 법적 의식

불법의식은 사회적 의미에서 행위가 갖는 '법적' 금지성에 대한 인식이다. 그러므로 행위가 '윤리적'으로 비난된다는 의식만으로 불법의식이 되지 않는다. 행위자는 전문가만이 알 수 있는 침해된 특별한 법규정을 분명히 인식할 필요는 없다. 법질서의 보호를 받고 있는 어떤 실질적인 이익을 위해시킨다는 대충적인 의식만 있으면 충분하다. 다만 과학기술·경제·행정분야의 부수형법에서 행위자의 불법의식은 침해한 규범의 인식을 필요로 할 경우가 있다.

(2) 금지의식

불법의식은 행위의 법적 '금지성'(Verbotensein)에 대한 인식이다. 따라서 불법의식은 실질적 위법성, 즉 침해된 법규범의 실질적 내용가치를 인식하는 것과 관련되어 있다. 실질적 위법성은 사회유해적인 법익침해를 의미하므로 불법의식도 사회유해적 행위로 법익을 침해하고 있다는 점에 관한 인식을 뜻한다. 행위자의 사회유해성에 대한 인식은 행위자가 보통사람의 일상언어적인 의미이해에 상응한 이해를 하였으면 충분하다. 예컨대 고액의 상품권을 형법상의 뇌물로 인식하지 못했더라도 부담되는 부자연스러운 선물정도로 이해했다면 뇌물죄의 불법의식은 있는 것이다.

(3) 양심과의 관계

행위자가 법에 반하는 어떤 행위를 윤리적·종교적 또는 정치적 확신에서 옳다고 간주하고 행하였거나(확신범) 혹은 양심에 비추어 불가피하다고 느껴서 행위했어도(양심범) 불법의식은 배제되지 않는다.

＊주의: 다른 법적 관점에 따라 확신범 내지 양심범의 책임이 감경되거나 배제될 수는 있다. 예컨대 행위자가 착오로 그에 의해 침해된 법규범이 무효인 것으로 믿은 때에는 금지착오로 인정될 수 있다.

4. 형   태

(1) 확정적 불법의식과 미필적 불법의식

행위자가 행위시에 행위의 위법성을 분명하고 확실하게 인식한 경우가 확정적 불법의식이고 자신의 행위가 위법일 수 있다는 가능성을 인식하면서도 이를 감수하겠다는 인식이 있는 경우가 미필적 불법의식이다. 책임의 구성요소로서 불법의식은 미필적 불법의식만으로도 충분하다.

(2) 현재적 불법의식과 잠재적 불법의식

불법의식을 행위자가 행위시에 현재적으로 가지고 있는 경우가 현재적 불법의식이고, 행위자가 행위시에 아주 낮은 정도의 불법의식만 가지고 있는 경우가 잠재적 불법의식이다. 책임요소로서 불법의식이 인정되기 위해서는 잠재적 불법의식만 있어도 충분하다.

5. 불법의식의 배제

불법의식은 행위시에 존재해야 한다. 행위시에 불법의식이 존재하지 않거나 배제되는 경우가 바로 금지착오의 사례이다. 금지착오에서 책임설에 따르면 착오가 회피불가능한 때에만 책임과 가벌성이 배제된다. 행위자가 금지착오를 회피할 수 있었다면 고의범으로 처벌된다. 그러나 책임감소로 인하여 형벌이 감경될 수 있다(책임설). 금지착오의 이러한 규율에 비추어 볼 때 불법의식은 현재적 불법의식뿐만 아니라 잠재적 불법의식으로서도 책임요소가 된다.

과실범도 현재적 불법의식이나 잠재적 불법의식은 있어야 한다. 따라서 과실범에도 금지착오의 문제가 생긴다. 부작위범에서는 불법의식이 작위의 명령과 관계되어야 한다. 따라서 부작위범에서 위법성의 인식에 관한 착오는 금지착오가 아니라 명령착오라고 말해야 옳다.

V. 금지착오

1. 의   의

금지착오(Verbotsirrtum)는 행위자가 행위시 착오로 자기의 행위가 금지·명령규범에 위반하여 위법함을 인식하지 못한 경우를 말한다. 즉 행위자가 구성요건적 사실에 대한 인식은 있었으나 착오로 그 사실의 위법성을 인식하지 못한 경우이다.

《참고》 우리 형법규정(제16조)은 금지착오에 법률의 착오라는 표제를 붙이고 있다. 그러나 사실의 착오는 일반사실이 아닌 구성요건적 사실의 인식에 한정되고, 법률의 착오는 법규정에 관한 착오가 아니라 실질적인 불법, 즉 금지에 관한 인식이 없는 것을 의미한다. 벨첼이 목적적 범죄체계에서 이를 구성요건착오와 금지착오라고 지칭한 이래 독일 연방최고법원판례(BGHSt 2, 194)가 이 입장을 따르면서부터 오늘날 이 용어가 학문세계에서도 널리 통용되고 있다.

금지착오는 위법하지 않은 행위를 위법한 행위로 오해한 위법성의 적극적 착오와 위법한 행위를 위법하지 않다고 오인한 위법성의 소극적 착오로 크게 나누어 볼 수 있다. 전자가 이른바 '환각범'이며, 애당초 구성요건해당성이 없으므로 형법상 문제될 것이 없다. 금지착오가 문제되는 것은 바로 위법성에 관한 소극적 착오이다.

2. 금지착오의 대상과 종류

(1) 직접적 금지착오

(a) **금지규범의 존재에 관한 착오**　행위자가 금지규범의 존재를 전혀 알지 못한 경우이다. 이 경우를 추상적 금지착오라 한다. 소위 **법률의 부지**에 해당하는 경우이다.

　　외국인 갑이 우리나라 해변에서 수영복을 입은 여성의 신체를 카메라로 촬영하였다. 자신의 나라에서는 그러한 행위가 금지되지 않았기 때문에 우리나라에서 그러한 행위를 법으로 금지(성폭력범죄의처벌등에
관한특례법 제14조)하고 있는지 몰랐다. 그러나 갑은 카메라 촬영 상황을 알고 행위했기 때문에 동죄의 구성요건은 충족시켰다. 다만 갑은 금지(규범)를 인식하지 못하고 행위했기 때문에 불법의식이 결여되었을 뿐이다.

　　대법원판례는 「제16조의 법률의 착오(금지착오)는 일반적으로 범죄가 되는 행위이지만 특수한 경우에 법령에 의하여 허락된 행위로서 죄가 되지 않는다고 그릇 인정하고 그와 같이 그릇 인정함에 있어서 정당한 이유가 있는 경우에는 벌하지 아니한다는 것이고, 단순한 법률의 부지를 말하는 것이 아니다」라고 하여 금지규범의 존재에 관한 착오를 부정한다.[11]

그러나 금지착오는 행위의 금지성에 대한 착오를 일으킨 모든 경우를 포함해야 하므로 금지법규의 존재를 알지 못해 자기 행위의 금지성에 대한 착오를 일으킨 법률의 부지도 당연히 금지착오의 대상으로 삼아야 한다(통설). 특히 과학기술·경제·행정분야의 부수형법분야에서는 형벌규정의 반윤리적 성격이 약해 행위자가 금지규범의 존재를 알지 못하고 행위하는 경우가 많으므로 이때에도 금지착오의 성립가능성이 당연히 인정되어야 한다.

그 밖에 행위자가 그 금지규범의 효력이 없다고 간주한 경우(**효력착오**)에도 금지착오가 성립한다.

　　사례: 갑은 그가 위반한 형법상의 금지규범이 위헌이기 때문에 효력이 없다고 잘못 생각한 나머지 위반하였다.

(b) **금지규범의 효력범위에 관한 착오**　행위자가 금지규범을 너무 좁게 해

---

11) 대판 2001. 6. 29, 99 도 5026; 1985. 5. 14, 84 도 1271; 1985. 4. 9, 85 도 25; 1980. 2. 12, 79 도 285; 1979. 6. 26, 79 도 1308 등. 판례의 입장을 따르는 학자로는 손해목 635면.

석하여 자기 행위를 그 금지규범과 관계없는 것으로 생각한 경우이다. 다시 말하
면 착오로 자기의 행태를 금지규범에 포섭시키지 않은 경우이다. 이를 **포섭착오**라
고 한다.

> 사례: 갑은 화물차 운행금지구역에 영구차를 몰고 들어갔다. 갑은 영구차가 화물차
> 개념에 속하지 않으며, 따라서 자신의 행태가 금지되어 있지 않다고 간주했기 때문
> 이다. 이 경우 갑은 포섭착오를 했다. 왜냐하면 갑은 '화물차'라는 구성요건표지를
> 충족시키는 행위사정은 올바로 인식하였기 때문이다. 그의 착오는 법적 금지를 너
> 무 좁게 해석하였다는 데 있다.

반면 대법원판례는 부동산중개업자가 아파트 분양권의 매매를 중개하면서
중개수수료 산정에 관한 지방자치단체의 조례를 잘못 해석하여 법에서 허용하는
금액을 초과한 중개수수료를 수수한 경우(피고인이 아파트 분양권의 매매를 중개할
당시 '일반주택'이 아닌 '일반 주택을 제외한 중개대상물'을 중개하는 것이어서 교부받은
수수료가 법에서 허용하는 범위 내의 것으로 믿은 경우)가 법률의 착오에 해당하지
않는다고 하였다(대판 2005. 5. 27, 2004 도 62).

(2) 간접적 금지착오

(a) **허용규범의 존재 및 한계에 관한 착오**   행위자는 금지규범을 위반하고
있음을 알았지만, 현실적으로 존재하지 않는 정당화사유가 존재하는 것으로 생각
하였거나(존재착오), 그의 행위가 예외적으로 허용된다고 간주한 경우이다(한계착
오). 이러한 금지착오는 위법성조각사유인 허용규범과 관련되기 때문에 허용착
오, 더 정확하게는 **위법성조각사유의 착오** 또는 **허용규범착오**라고도 한다.

> 사례: 공무원 갑은 수뢰금지($^{제129}_{조}$)를 알고 있었지만, 값비싼 새해 선물을 받는 것쯤
> 은 관습법상 예외적으로 허용된다고 생각하였다. 있지도 않은 관습법상의 정당화사
> 유를 착오로 잘못 인정한 경우이다.

(b) **허용규범의 효력범위에 관한 착오**   행위자는 금지규범을 위반하고 있
음을 알았지만, 기존의 정당화사유의 효력범위를 확대 해석하였기 때문에 그의
행위가 예외적으로 허용된다고 간주한 경우이다. 행위자가 알고 있는 정당화사유
를 너무 넓게 해석하여 그의 행위를 정당화사유에 포섭시킨 것이다. **허용포섭착오**
라고도 한다.

> 사례: 갑은 을의 공격을 완전히 분쇄시키는 결정적인 행위를 이미 완료했다. 그러
> 나 갑은 이에서 더 나아가 바닥에 쓰러진 을을 발로 심하게 걷어찼다. 이 때 갑은

이러한 행위도 정당방위($\overset{제21}{조}$)에 포함된다고 생각하였다.

3. 금지착오의 효과

(1) 원 칙 론

금지착오는 구성요건해당성이나 위법성을 배제하는 것이 아니라 책임만을 배제 또는 감경시킨다. 불법의식이 없어 책임의 핵심부분 성립에 영향을 주기 때문이다.

(2) 견해의 대립

(a) **고 의 설**   고의설에 따르면 고의범에서 고의는 책임요소이고, 고의의 본질적 구성부분은 불법의식, 즉 법적인 당위명령에 대한 의식적인 반항이다. 따라서 고의적인 범죄의 실현에 대하여 과해지는 형벌은 범행고의에서 나온 불법의식에 관련된다고 본다. 그 결과 행위자에게 범죄사실에 대한 인식과 의사가 있더라도 불법의식이 없으면 고의의 책임형식 및 고의벌(Vorsatzstrafe)은 탈락된다. 다만 금지착오가 회피가능했고 이에 대한 과실처벌규정이 있으면 과실범으로 처벌한다. 결국 법률의 착오는 사실의 착오와 똑같이 규율된다. 판례는 고의설을 취하고 있는 것으로 보인다(대판 1974. 11. 12, 74 도 2676).

고의설은 행위자가 법질서의 요구에 애당초 극히 무관심했기 때문에 불법의식이 없는 경우까지도 고의벌로 벌하지 않아 사리에 반한다. 또한 객관적 질서로서 존재하는 법의 효력을 행위자의 극히 주관적인 표상에 의존시켜서 법적 명령을 희생시키는 난점도 있다. 이 점은 형사정책적으로 시민을 깨어 있는 삶으로가 아닌 잠자는 삶으로 오도할 수 있다.

《참고》 고의설 내에서는 엄격고의설에 대하여 이른바 제한적 고의설이 주장되기도 한다. 즉 i) 고의에는 위법성의 인식가능성만 있으면 족하다는 입장(위법성인식가능성설), ii) 고의의 성립에는 위법성의 인식을 필요로 하나 위법성을 인식 못한 것에 대해 과실이 있을 때에는 이를 고의와 똑같이 취급하자는 입장(법과실준고의설), iii) 행위자에게 법적대적 내지 법무관심적 태도가 보이면 현실적인 위법성의 인식이 없어도 고의와 같이 취급하자는 입장(법적대성설) 등이 있으나 책임설의 등장으로 이같은 주장들은 무의미한 것이 되어 버렸다.

(b) **책 임 설**   책임설은 구성요건착오와 금지착오 사이에 내용적인 차이가 있음을 강조한다. 즉 불법의식 없이 행위하는 고의범도 언제나 법적인 금지나 명령이 규율하고자 하는 범행상황은 인식하고 있다. 그런데도 행위자가 행위의 위

법성을 인식하지 못하였다면, 그러한 착오는 보통 불법을 근거짓는 상태에 관한 구성요건착오보다 더 용서받을 수 없다. 따라서 금지착오는 어떠한 경우에도 고의벌 범주에서 벗어날 수 없다. 다만 구체적인 사례에서 행위자가 법적인 금지를 인식하지 못한 착오가 전혀 회피불가능했을 경우에는 책임을 배제하고, 회피가능했을 경우에는 그 정도에 따라 책임을 감경할 수 있을 뿐이라는 것이다.

(c) **우리 형법의 입장** 우리 형법은 고의설과 책임설 중 어느 입장을 취하고 있는지 밝히지 않았지만, 법적 무관심을 보인 행위자를 법과실(이른바 제한적 고의설의 입장)로가 아니라 직접 고의벌로 처벌할 수 있는 형사정책적 기능을 가진 책임설의 입장에 따라 제16조를 해석하는 것이 옳다(통설).

따라서 금지착오가 전혀 회피불가능했을 경우에는 책임이 배제되고(범죄불성립으로 인해 무죄), 회피가능했을 경우에는 사정에 따라 책임이 감경될 수 있다. 그런데 우리 형법상 금지착오의 규율은 감경의 기준에 관해 아무런 언급이 없다. 회피가능한 금지착오로 형을 감경할 때에는 행위자의 책임정도에 상응하도록 원칙적으로 법률상 감경($^{제55}_{조}$)을 하고 부가적으로 작량감경($^{제53}_{조}$)을 함께 고려해야 할 것이다.

문제는 개개의 사례에서 금지착오의 회피가능성을 어떤 척도에 따라 판단할 수 있을 것인가 하는 점이다.

(3) 회피가능성의 내용과 판단기준

금지착오에서 회피가능성(Vermeidbarkeit)은 행위자가 자기 행위의 구체적 위법성을 인식할 수 있는 가능성을 우선 전제한다. 가능성이 있음에도 자신의 지적 인식능력을 다하지 않음으로 인해 위법성을 인식하지 못했고 결과적으로 그릇된 행위결정을 내린 자는 회피가능했던 금지착오에 대한 책임을 져야 한다.[12] 그러나 지적 인식능력의 동원에도 불구하고 행위의 위법성을 인식할 수 있는 가능성이 없었던 경우에는 회피불가능한 착오가 되어 형법 제16조의 정당한 이유가 인정된다.

회피가능성판단에 대한 기준으로는 독일연방대법원이 제시한 양심의 긴장(Gewissensanspannung)이 자주 거론된다. 양심의 긴장이란 **심사숙고의무**(Nachdenkenspflicht)와 **조회의무**(Erkundigungspflichrt)를 그 내용으로 한다. 즉 행위자가 법상황의 허용 여부에 대해 심사숙고했거나 필요한 조회를 하였더라면 불법을 인식할 수

---

12) Arm. Kaufmann, Unterlassungsdelikte, S. 144 f.; Rudolphi, Unrechtsbewußtsein, Verbotsirrtum und Vermeidbarkeit des verbotsirrtums, 1969, 193 ff.

있었을 것인가를 판단하여 금지착오의 회피가능성 여부를 결정하려는 것이다.[13] 그러나 양심의 확신과 법이 일치하는 것은 아니기 때문에 양심의 긴장이 불법을 의식할 수 있는 유일한 계기(Anlaß)가 될 수는 없다. 양심범이나 확신범은 양심을 긴장시킬수록 금지의 인식은 커녕 고의만 강화될 뿐이다. 따라서 모든 법률상의 금지, 특히 질서위반법과 부수형법 등의 금지가 시민의 양심에 축적되어 금지를 인식하는 것을 양심의 긴장의 발로로 파악하는 것은 무리이다.[14] 그리고 양심의 긴장과 같이 자신의 행위의 위법성을 부단히 검토해야 할 일반적인 의무를 상정하는 것도 합리적이지 못하다. 만약 그렇다면 회피불가능한 착오는 거의 인정되기 어려울 것이기 때문이다.

회피가능성의 판단 여부에 있어서 먼저 확인되어야 할 점은 행위자가 행위의 위법성 여부에 대해 의문을 가질 수 있는 구체적인 계기(Anlaß)가 있었는가 하는 점이다. 이러한 계기가 없다면 행위자는 자신의 행위의 위법성에 대해 최소한의 의심도 갖지 않을 것이고 더불어 그 의문을 해소하기 위한 지적·정신적 노력도 없을 것이기 때문이다. 이런 점에서 양심의 긴장은 행위의 적법성 여부에 의문을 품는 한 계기가 될 수 있다.[15] 일반적으로는 과실범에서 행위자에게 부과되는 주의의무 정도의 불법통찰의 주의의무가 행위자에게 부과되어 있다고 보고 위법성의 성찰에 대한 계기의 존재 여부를 판단하면 될 것이다.[16] 물론 행위정황, 행위자의 생활권·직업영역, 침해되는 규범의 특성 등도 불법성성찰의 계기존부를 판단함에 함께 고려된다.

이러한 계기의 현존이 확인되면 다음에는 행위자가 자신의 지적 인식능력을 투입하여 의문을 해소하기 위한 **노력**이 있었는가가 평가되어야 한다. 이러한 행위자의 노력에는 사물의 존부와 옳고 그름을 판단할 수 있는 지적 인식능력과 가치관념, 숙고 등 개인의 정신적 역량이 총 동원되어야 하고, 필요한 경우 관계기관이나 전문가의 조언을 구하는 조회의무도 이행되어야 한다.[17] 결국 자기 행위의 불법성 여부를 성찰할 계기를 전혀 갖지 못했거나 그러한 계기가 있었더라도 의문을 해소하기 위한 노력에도 불구하고 위법성의 인식에 이르지 못한 경우에는 착오가 회피불가능한 것으로 인정된다.

---

13) BGHSt 2, 209; 4, 5.
14) 김일수, 한국형법 Ⅱ, 84면. 같은 견해, 손동권·김재윤 324면; 이재상 335면.
15) 이재상 336면도 양심은 위법성을 인식하는 근원이 아니라 인식과정에 있어서의 동기의 하나에 지나지 않는다고 한다.
16) 배종대 466면; 이재상 336면; Jescheck/Weigend, S. 458; Rudolphi, SK § 17 Rdn. 30a.
17) 신동운 416면; 이재상 341면; 임웅 317면.

⑷ 회피가능성의 구체적 판단척도

앞에서 논의된 바를 기초로 회피가능성이 인정될 수 있는 구체적인 척도들을 개별사례에 따라 분석해 보면 다음과 같다.

⑺ 행위자가 행위의 위법성을 쉽게 판단할 수 있는 형편에 있었거나, 평범한 사람도 행위의 법적 성질을 쉽게 알 수 있는 형편이었다면 위법성 인식의 계기로 인정할 수 있다. 따라서 행위자의 금지착오는 회피가능한 착오이다.

예컨대 행위의 위법성을 암시해 주는 사정이 있거나, 책임의식 있는 사람이라면 자신의 행위의 법적 성질에 관해 한번쯤 생각해 볼 수 있는 사정에 처한 경우 또는 행위자의 행위가 반도덕적·반사회적일 경우 등이다.

⑻ 법률, 대법원의 판결, 법률전문가의 신뢰할 만한 상담정보 등은 행위자에게 자기 행위의 위법성 여부를 쉽게 인식시켜 줄 수 있는 계기가 된다. 이 경우 회피가능성 판단은 사안 자체에 대한 행위자의 인식능력이 아니라, 입법자·대법원 또는 법률전문가의 권위와 신뢰성에 대한 행위자의 인식능력을 기준으로 해야 한다.

대법원도 의장법 위반 여부에 관하여 변리사의 답변을 신뢰한 경우,[18] 채권 존부에 관해 변호사 및 공무원의 답변을 신뢰한 경우[19]는 제16조의 정당한 이유가 있는 때에 해당한다고 판시하였다.

‖ **판례** ‖ 양말제조업자로서 1975년부터 생산해 오던 발가락양말에 대해 다른 업자로부터 의장권침해를 이유로 제조중지요청을 받자 변리사에게 문의하여 문제가 없다는 답변을 들었다. 그런데 1977년 대법원판결의 변경으로 의장권을 침해가 인정되게 되었다. 하지만 특허나 의장권관계법률에 대해서는 전혀 문외한인 양말제조업자로서는 변리사의 답변에 따라 자신이 제조하는 양말이 타인의 의장권을 침해하는 것이 아니라고 믿을 수밖에 없었기 때문에 발가락양말을 제조판매하는 행위가 법령에 의해 죄가 되지 아니하는 것으로 오인함에 있어 정당한 이유있는 경우에 해당한다(대판 1982. 1. 19, 81 도 646).

⑼ 허가 또는 인가권을 가진 관청이 법해석을 잘못하여 허가 또는 인가가 필요 없다는 의사표시를 한 것을 행위자가 신뢰한 경우에는 위법성의 인식이 없다. 따라서 행위자의 금지착오는 회피불가능한 것이다.

‖ **판례** ‖ 식용유제조업자가 미숫가루제조행위가 식품위생법상 허가대상인지의 여부가 문제가 되자 식용유협동조합을 통해 관계당국에 유권해석을 의뢰하였다. 이에 따라 서울

---

18) 대판 1982. 1. 19, 81 도 646.
19) 대판 1976. 1. 13, 74 도 3680.

시청과 관할구청으로부터 천연원료인 곡물을 단순히 볶아서 가공 판매하는 행위는 식품
위생법상 허가대상이 되지 않는다고 확인하는 답신을 받았다. 그래서 미숫가루제조행위
는 별도의 허가를 얻을 필요가 없다고 믿고 영업허가 없이 사람들이 가져온 곡물을 빻아
서 미숫가루를 제조해 주었다. 이러한 사정을 종합해 보면 행위 당시 자신의 행위가 식품
위생법상 죄가 되지 않는 것으로 오인하고 또 그렇게 오인함에 어떠한 과실도 없으므로
형법 제16조의 정당한 이유가 있는 경우에 해당되는 것이다 (대판 1983. 2. 22, 81 도 2763).

㈑ 판례는 일반인이 신뢰할 만하다. 그 내용이 높은 정당성을 지니고 있고
질서의 임무를 충족시킬 수 있기 때문이다. 따라서 판례의 내용이 법률과 일치하
느냐까지 행위자가 심사할 것을 기대할 수는 없다.

《참고》 서로 다른 판결이 존재하는 경우 다음과 같은 두 가지 사례로 나누어 볼
수 있다.
　① 다수의 상이한 판결이 동급법원에서 내려진 경우: 다수의 고등법원 또는 대
법원의 여러 형사부에서 비슷한 사안에 대해 각각 다른 판결이 내려진 경우에는 행
위자가 자기에게 유리한 어떤 판결을 신뢰했더라도 그 신뢰가치를 인정받을 수 없다.
　② 다수의 상이한 판결이 다른 심급법원에서 내려진 경우: 이 때에는 상위의 심
급법원의 판결에 더 높은 신뢰가치와 질서가치를 주어야 한다.

㈒ 정보는 전문가 또는 적절한 법정보를 제공할 수 있는 사람이 사건 및 법
적 문제에 관해 설득력이 있다고 간주할 수 있을 정도의 정보를 제공한 경우에
한해 신뢰할 만한 것으로 평가된다. 따라서 행위자가 저명한 법률전문가에 의해
주장되고 대법원에서도 반대의견의 여지가 없었던 정보를 신뢰한 때에는 회피불
가능한 금지착오가 되어 책임이 없다.

4. 형법 제16조의 해석

형법 제16조는 「자기의 행위가 법령에 의하여 죄가 되지 아니하는 것으로 오
인한 행위는 그 오인에 정당한 이유가 있는 때에 한하여 벌하지 아니한다」고 규
정하고 있다.

(1) 법령에 의하여 죄가 되지 아니하는 것으로 오인한 행위

'법령에 의하여 죄가 되지 아니하는 것'이란 금지·명령규범 및 허용규범의
존부 및 효력범위에 따라 죄가 되지 아니하는 경우를 말한다.

여기에서 '법령'은 실질적 불법의 근거지음과 배제에 관련된 것들이다. 법령
의 범위에 판례도 포함되는지에 관해서는 이를 부정하는 것이 옳다. 판례는 법령도
법원(法源)도 아니므로 금지규범이나 허용규범의 원천이 될 수 없기 때문이다.

＊다만 판례는 '정당한 이유'를 판단함에 있어 오인의 계기 내지 회피가능성의 척
도로는 충분히 고려할 가치가 있기 때문에, 판례를 신뢰하여 자기행위의 위법성에
대한 인식이 결여된 경우 금지착오의 성립은 가능하다고 해야 한다. 따라서 판례가
법령의 범위에 포함되지 않는다고 하여 판례를 신뢰한 경우는 금지착오의 사례가
될 수 없다는 성급한 결론을 이끌어 내는 것은 옳지 않다.

우리 형법은 단지 '죄가 되지 아니하는 것으로 오인한 행위'라고만 기술하고
있다. 그래서 여기에 면책사유에 관한 착오도 포함되는지 의문이 생길 수 있다.
그러나 면책사유의 존재나 한계에 관한 착오는 금지착오와는 별개의 문제이다.
이 경우 행위의 불법 및 책임내용의 현저한 감소를 고려하여 책임비난을 배제할
것인가 하는 점은 입법자가 별도로 결정해야 할 문제이다. 따라서 우리 형법상 면
책사유의 전제되는 사실에 관한 착오는 금지착오에 관한 규율의 형식을 직접적용
할 수 없고 유추적용할 수밖에 없다.

또한 본문이 적극적인 법오인의 경우만을 규정하고 있어 소극적으로 법을 몰
랐던 경우도 금지착오에 해당하는가가 문제이다. 우리 대법원판례는 일관되게 이
경우 금지착오를 부정한다. 법률의 부지는 변명되지 않는다는 것이다. 그러나 오
늘날 확립된 금지착오이론에 의하면 법률의 부지도 정당한 이유가 있는 한 금지
착오에 당연히 포함된다.

(2) 정당한 이유

정당한 이유란 그 착오의 회피가 불가능한 것을 의미한다. 형법 제16조의 해
석에서도 고의설과 책임설의 논의가 있을 수 있으나 책임설의 입장에 따라 해석
해야 한다. 따라서 금지착오는 착오에 정당한 이유가 있으면 책임이 배제되고(회
피불가능한 금지착오) 정당한 이유가 없다면 책임이 감경될 수 있을 뿐이다(회피가
능한 금지착오). 형법 제16조는 '벌하지 아니한다'고 하여 회피불가능한 금지착오
만 명시하고 있으나, 하나의 예시로 보고 회피가능한 금지착오도 포함되는 것으
로 해석해야 한다.

VI. 면책사유의 부존재(적법행위에 대한 기대가능성)

1. 면책사유의 기초이해

(1) 의   의

책임능력의 결여 및 불법의식의 결여(회피할 수 없는 금지착오의 경우에)는 애

당초 책임의 성립을 배제하는 책임배제사유(Schuldausschließungsgründe)인 반면, 이와 구별되는 면책사유(Entschuldigungsgründe)란 일단 성립된 책임에 대하여 책임비난을 면제하여 줌으로써 범죄가 성립하지 않도록 하는 사유이다. 전자를 책임의 내재적 제한사유라고 한다면 후자는 책임의 후발적 감면사유라고 할 수 있다.

(2) 정당화사유와 면책사유

정당화사유에 해당하는 행위는 법질서 전체에 의하여 적법하다고 시인된 것이다. 여기에서는 특정한 구성요건해당행위가 법질서 전체의 이념과 합치하기 때문에 법질서 전체의 입장에서 허용이 베풀어진다. 면책사유에 해당하는 행위는 법질서 전체의 입장에서 비인(非認)되지만, 행위자가 처했던 특별한 내면적 갈등상황에 비추어 볼 때 행위자 자신의 실천이성적인 양심과 합치하기 때문에 법질서로부터 행위자에게 관용이 베풀어진다. 면책사유가 있는데도 가벌적인 공범이 성립할 수 있는 이유는 바로 이 때문이다.

(3) 면책사유의 근거

오늘날 지배적인 신고전적·목적적 범죄체계는 면책사유의 근거를 비통상적인 사정으로 인한 불법과 책임의 감소에서 찾는다. 이러한 행위사정으로 인하여 책임내용만이 감소되는 것이 아니라 오히려 이미 행위불법과 결과불법도 감소된다고 한다.

(4) 우리 형법상의 면책사유

형법상 인정되는 면책사유로는 제22조 제 1 항의 면책적 긴급피난, 제21조 제 2 항의 과잉방위, 제21조 제 3 항의 비통상적 상태하에서의 과잉방위, 제22조 제 3 항의 과잉피난 및 비통상적 상태하에서의 과잉피난, 제23조 제 2 항의 과잉자구행위, 제12조의 강요된 행위, 제26조의 중지미수에서 형의 감면사유 등이다.

형법각칙에도 개별적인 면책사유가 규정되어 있다. 즉 친족간의 범인은닉과 증거인멸($^{제151조 제2항}_{제155조 제4항}$) 및 범인 자신의 범인은닉과 증거인멸은 기대가능성이 없다는 이유로 책임이 조각되는 경우이다. 또한 자신이 도주하는 단순도주죄($^{제145}_{조}$)가 방조적 성격을 지닌 도주원조죄($^{제147}_{조}$)보다 가볍게 처벌되고, 위조통화취득 후 지정행사죄($^{제210}_{조}$)가 보통행사죄($^{제207조}_{제4항}$)보다 가볍게 처벌되는 것은 행위의 기대가능성의 감소를 이유로 책임이 감경된 때문이다. 그 밖에도 사정에 따라서는 위에서 언급한 초법규적 면책사유도 극히 예외적으로 인정될 수 있다.

2. 기대가능성

(1) 의   의

기대가능성이란 행위자에게 적법행위를 기대할 수 있는 가능성이다. 이것은 책임을 비난가능성으로 보는 규범적 책임론의 핵심내용이다. 행위자가 비정상적인 사태로 말미암아 적법행위를 수행할 것을 도저히 기대할 수 없다면 비난할 수 없기 때문이다.

(2) 기대가능성사상과 초법규적 면책사유

기대불가능성을 초법규적 면책사유로 볼 것인가의 문제를 둘러싼 논쟁이다.

(a) **고의작위범**   고의작위범에서 기대불가능성을 초법규적 책임조각사유로 볼 것인가에 대해서는 긍정설과 부정설이 대립하고 있다.

(가) 긍 정 설   긍정설은 기대가능성의 부존재를 초법규적 면책사유로 본다.[20) 긍정설은 우리 형법상 책임조각사유에 관한 규정이 불충분하기 때문에 ① 면책적 긴급피난에 해당하는 경우, ② 상당성이 인정되지 않는 의무의 충돌, ③ 구속력 있는 위법한 상사의 명령에 복종한 행위, ④ 생명·신체 이외의 법익에 대한 강제상태에서 행한 강요된 행위의 경우 등에 있어서는 기대불가능성을 이유로 하는 초법규적 책임조각을 인정하지 않을 수 없다고 한다.

(나) 부 정 설   부정설은 기대불가능성을 일반적·초법규적 책임조각사유가 아니라 실정법 해석의 보조수단으로서 구체적 사례에 있어서 불법과 책임을 한계지우는 규제적 법원칙(Ein regulatives Rechtsprinzip)으로 보고 있다. 부정설이 기대가능성의 부존재를 초법규적 책임조각사유로 보지 않는 이유는, '규범 합치적 행태의 기대가능성'이라고 하는 내용이 모호하고, 전제나 한계가 불분명한 면책사유를 일반적으로 승인하게 되면 법규범의 일반예방적 기능과 법적 안정성을 해치고 법적용에 있어서의 평등을 훼손할 위험이 있기 때문이라는 데 있다.[21)

독일에서는 헨켈(Henkel)이 기대불가능성은 불법이나 책임의 귀속에 관한 구성적·규범적 원칙이 아니라 규제적 법원칙일 뿐이라고 지적[22)]한 이후, 현재는 기대불가능성을 초법규적 면책사유가 아니라 개개의 사례에서 구체적 사정에 따라 불법과 책임을 한계짓는 규제적 원칙으로 이해하는 것이 통설로 굳어져

---

20) 권오준 365면; 김성천·김형준 303면; 손동권·김재윤 333면; 손해목 663면; 오영근 438면; 이상돈 450면; 이영란 378면; 이재상 348면; 이형국, 연구 Ⅱ, 441면; 임웅 321면; 정성근·박광민 365면; 정영일 294면; 진계호 423면.

21) 박상기 273면; 배종대 479면; 성낙현 370면; 신동운 437면.

22) Henkel, FS-Mezger, S. 267 f.

있다.[23]

(다) 사 견 기대불가능성은 실정법적 근거가 없고 그 전제와 한계가 불명확하다는 점에서 일반적인 초법규적 책임조각사유로 인정하는 것은 문제가 있다. 따라서 기대불가능성은 원칙적으로 실정화된 면책사유들과의 관계 속에서 해석의 원칙으로 작용하는 것이 바람직하다. 그러나 법현실상 극히 제한된 경우이기는 하지만 기대불가능성을 초법규적인 책임조각사유로 인정해야 할 필요성이 인정되는 사례가 있고 실정법 규정이 이런 사례들을 다 포괄해 주지 못하고 있는 것이 사실이다. 이런 점에서 적법행위에의 기대불가능성을 일반적으로가 아니라 엄격히 제한된 예외적인 경우에 한하여 초법규적 면책사유로 인정하는 것은 필요하고 가능하다고 본다.

예컨대 구속력 있는 상관의 위법한 명령에 복종한 행위, 상당성이 인정되지 않는 의무의 충돌, 자유·정조·재산 등 생명·신체 이외의 법익에 대한 협박에 의하여 강요된 행위, 비교형량이 불가능한 긴급피난의 사례 등에서 예외적으로 기대불가능성에 기초한 초법규적 면책의 가능성이 인정될 수 있다.

(b) **부작위범**

작위범과는 달리 부작위범에서 가벌성은 일반적으로 규범합치적 행태의 기대가능성에 달려 있다. 보증인이 일정한 행위로 인해 자신에게 가치 있는 이익을 현저히 위태화시켜야 한다면, 그 경우 작위에의 기대는 불가능하다. 따라서 부작위로 나아갔다 하더라도 행위자를 처벌할 수 없다. 예컨대 보증인이 법에 의해 명령된 행위를 함으로써 자기 또는 친족을 형사소추의 위험 앞에 방치할 수밖에 없는 사정이라면, 명령된 행위는 기대불가능하다.

행위자가 윤리적인 의무를 과하는 양심의 판단에 의하여, 규범에 맞는 행동을 하는 것이 곧 자신의 인격을 몹시 침해하는 것이라고 느꼈다면 이 때 양심의 압박이 존재한다. 이러한 양심의 압박이 면책사유로서 인정이 될 수 있는지, 인정될 수 있다면 어떠한 전제에서 인정이 될 수 있는지는 논란이 되고 있다. 양심의 압박도 경우에 따라서는 기대불가능성의 사례로 볼 수 있다.

기대불가능성의 관점은 부진정부작위범에서는 물론 진정부작위범의 경우에도 적용된다. 진정부작위범에서는 작위범에서보다 더 광범위하게 법률 자체가 이미 기대불가능성사상에 일정한 영역을 제공해 주고 있기 때문이다.

23) Hirsch, LK vor §32 Vorbem. 196; Jescheck/Weigend, S. 504; Roxin, §22 Rdn. 139 ff.; Rudolphi, SK §19 Vorbem. 10; Sch/Sch/Lenckner, vor §32 Vorbem. 122; Wessels, Rdn 451 등.

결론적으로 부진정부작위범에서 기대불가능성은 전형적으로 개인적인 비난 가능성과 관련된 것이므로 부진정부작위범에 대한 초법규적 책임조각사유로 봄 이 타당하다.

(c) **과 실 범**　　고의범에서는 강한 동기의 압박이 있는 경우에도 엄격히 제 한된 몇몇 예외적인 경우에만 면책이 되는 반면, 과실범에서는 규범에 맞는 행태 의 기대불가능성이 일반적인 면책의 이유가 된다. 즉 과실범의 경우 기대불가능 성이 일반적인 초법규적 면책사유로 인정되기 때문에 행위자에게 개인적으로 주 의의무의 이행을 극도로 어렵게 하는 갈등상황이 있었을 때에는 책임이 탈락 된다.

‖ **판례** ‖　벽마(癖馬)사건 : 마차업자에게 고용된 마부가 성질이 난폭한 말로 마차를 부리다가 통행인을 상하게 하였다. 그 전에 마부는 이 말의 난폭함을 주인에게 이야기하 여 말을 바꿔줄 것을 요청하였다. 그러나 주인이 이를 듣지 않았다. 마부로서는 더 이상 주인과 다툴 수 없었다. 왜냐하면 주인에게 해고당할 것이 두려웠기 때문이었다. 여기서 제국재판소는 다음과 같이 책임을 부인했다. 「과실책임을 인정하기 위해서는 피고인이 통행인을 상하게 할지 모르겠다는 인식만으로는 불충분하고 고용주에게 난폭한 말의 사 용을 거절할 수 있는 정황하에 있을 것이 필요하다. 그러나 피고인이 생활의 근거를 잃 을 염려가 있는데 고용주의 의사에 반하여 말의 사용을 거절할 것까지 기대할 수 없다」 (RGSt 30, 25).

그러한 경우로는 순간적인 신체적·정신적인 통제불능, 흥분상태, 과로 등이 고려될 수 있으며, 외적 상황에 영향받는 정서불안정, 스트레스상태도 그것이 주 관적인 주의의무위반에서 고려되지 않는 한 면책적 기대불가능성의 판단에서 고 려될 수 있다.

(3) 체계적 지위

기대가능성의 체계적 지위에 관해서는 예외적으로 기대가능성이 없는 때 책 임이 조각된다는 입장(소극적 책임요소설)이 다수설이다.

(4) 기대가능성의 판단기준

(a) **행위자표준설**　　행위자가 처했던 구체적 사정하에서 행위자의 능력을 기 준으로 하여 그에게 적법행위를 기대할 수 있었는가를 판단해야 한다는 입장이다.

(b) **평균인표준설**　　사회의 평균인을 기준으로 행위자가 그 상황에서 적법 행위를 할 수 있었느냐의 여부를 판단하는 입장이다(다수설 및 대판 2008. 10. 23, 2005 도 10101).

(c) **결   론**   오늘날 행위자표준설과 평균인표준설이 첨예하게 대립하고 있다. 그러나 평균인표준설은 행위자표준설이 갖는 극단적인 개별화를 제거하여 책임판단의 확실성과 균형성을 유지할 수 있으므로 평균인표준설이 타당하다.

‖ **판례** ‖ 우연한 기회에 누나에게서 고등학교 입학시험지를 입수하여 그 정답을 암기하였는데, 실제 시험에서 암기한 답에 해당하는 문제가 출제되자 이를 답안지에 기재하였다. 하지만 답안지에 미리 암기한 답을 기입해서는 안 된다고 일반수험자에게 기대하는 것은 수험생들의 일반적인 심리상태로 보아 보통의 경우 도저히 불가능하다고 할 것이다. 따라서 업무방해죄가 아니라 무죄로 판단된다(대판 1966. 3. 22, 65 도 1164).

(5) 기대가능성에 관한 착오

기대가능성의 착오는 두 가지 사례로 나누어 살펴볼 수 있다.

첫째, 기대가능성의 존재 또는 한계에 관한 착오이다. 기대가능성의 유무는 법질서가 객관적으로 판단한다. 따라서 행위자 스스로가 기대불가능성을 이유로 면책될 것으로 판단했더라도 형법상 아무런 혜택을 받을 수 없다.

둘째, 기대가능성의 기초가 되는 사정에 관한 착오이다. 이 경우 금지착오와 유사하다. 그러므로 금지착오규정을 유추적용하여 회피가능성이 없는 경우에만 책임이 조각된다고 하여야 한다.

3. 면책적 긴급피난

(1) 의   의

면책적 긴급피난이란 현저히 우월하지 않은 자기 또는 타인의 법익에 대한 현재의 위난을 회피하기 위한 행위이지만, 행위자에게 달리 적법행위를 기대할 수 없었던 특수사정을 고려하여 면책의 효과가 인정되는 경우를 말한다. 정당화적 긴급피난만을 인정하는 일원설의 입장에서는 면책적 긴급피난의 사례를 기대불가능성이 초법규적 면책사유로 기능하는 경우로 보게 된다.

면책적 긴급피난은 그 요건과 효과에서 정당화적 긴급피난과 다음과 같이 구별된다.

첫째, 요건면에서 면책적 긴급피난은 일신전속적 또는 동가치적 이익이 충돌하거나, 적어도 가치교량이 가능한 이가치적 법익 사이에서 우월한 이익을 확보하기 위한 경우는 아니기 때문에 원칙적으로 법익교량이 필요 없다. 또한 자초위난자는 자기책임 때문에 면책적 긴급피난을 원용할 수 없지만, 정당화적 긴급피난을 원용할 수는 있다.

둘째, 효과면에서 면책적 긴급피난하의 행위도 위법한 상태로 남아 있기 때문에 그에 대한 정당방위가 가능하고 또한 공범도 성립할 수 있다.

면책적 긴급피난의 사례에서 법익교량이 아무런 도움도 주지 못한다는 점은 이미 고대에도 논의되었다. 카르네아데스(Karneades: 그리스의 철학자, 214~129 B.C.)의 널판자 사례가 좋은 예다. 즉 두 명의 난파자가 한 사람만이 탈 수 있는 널판자를 헤엄쳐 가서 붙잡았으나 둘 중에 힘센 자가 약한 자를 바다 속으로 떠밀어 익사시킨 사례이다. 칸트는 이 사례를 그의 「도덕형이상학」에서 다루면서 무죄라고 주장하였다.

미뇨네트(Mignonette)호의 사례도 이에 관한 또 다른 고전적인 예이다. 미뇨네트호는 1884년 5월 호주를 향해서 항해하던 중 동년 7월 5일 희망봉에서 1,600리 떨어진 지점에서 난파하여 선장 더들리(Dudley) 외 3인의 선원이 보트에 옮겨 탔다. 해상에 표류한 지 13일이 지나자 식량이 완전히 바닥났다. 수일 후 피고인은 브룩스(Brooks)에게 한 소년을 희생시키자고 제안하였으나 거절당했다. 2일 후, 즉 식량이 완전히 동난 지 8일 후 피고인들 중의 한 사람이 사경을 헤메고 있는 소년을 죽이고 4일간 그의 살점을 먹다 구조되었다. 피고인들은 모살로서 사형의 선고를 받았으나, 특사로써 감형되어 금고 6개월에 처해졌다.

현실의 생활세계에서 발생할 수 있는 실제적인 예는 다른 가족들의 생명에 위협을 줄 정도로 장기적으로 음주폭행을 일삼는 한 형제를 다른 형제들이 살해한 경우를 들 수 있다. 그 밖에도 살해의 위협을 면하기 위해 위증한 경우 또는 자신의 범행을 미끼로 장기적으로 협박과 공갈을 일삼는 위협으로부터 벗어나기 위한 범죄가 실제 문제되지만 이것은 우리 형법상 강요된 행위에 의해 면책되는 사례이다.

(2) 구   조

면책적 긴급피난도 정당화적 긴급피난과 같이 현재의 위난상황과 위난을 회피하기 위한 피난행위를 구조적으로 필요로 한다. 그러나 정당화적 긴급피난의 구조와는 달리 면책적 긴급피난의 구조에서는 이익교량을 필요로 하지 않는다.

면책적 긴급피난의 조건에서 보호되는 법익을 생명·신체·자유에 국한하고, 보호의 객체도 자기 또는 친족 기타 자기와 밀접한 관계에 있는 자로 제한하고 있는 입법례도 있다(독일형법 제35조 제1항 전단). 입법론적으로는 정당화적 긴급피난과 구별하여 면책적 긴급피난을 별개의 조문으로 하고 그 요건도 이와 같이 제한적으로 규정하는 것이 옳다고 본다.

(3) 요   건

(a) **긴급피난상황**   자기 또는 타인의 법익에 대한 현재의 위난을 피하기 위한 행위여야 한다($\binom{제22조}{제1항}$). 면책적 긴급피난에서 위난의 현재성은 정당화적 긴급피난에서의 그것보다 개념의 폭이 넓다.

이른바 장기적인 위난, 즉 위난상황이 현실적인 위난으로 바뀔 가능성은 상존하지만 언제 그것이 현실화될지 정확하게 말할 수 없는 위난의 범위도 정당화적 긴급피난에서 보다 더 넓게 인정해도 좋다. 예컨대 의붓아버지에게 아홉살 때부터 성폭행을 당해 온 대학생 김보은 양에게는 이같은 현재의 위난상황이 인정된다.

(b) **피난행위**

㈎ 피난행위는 먼저 최후의 수단(ultima ratio)이어야 한다. 즉 자기 또는 타인의 법익에 대한 현재의 위난을 달리 회피할 수 없어야 한다.

㈏ 피난행위는 가장 피해가 적은 수단을 사용해야 한다. 보호법익에 대한 침해가 급박할수록 중한 결과를 야기하는 피난행위가 가능하다(비례성의 원칙). 그 한에서는 이익교량이 행하여지나, 정당화적 긴급피난에서처럼 엄격한 것은 아니다.

㈐ 구조하려는 법익과 피난행위로 침해하는 법익 사이에 심한 불균형이 있어서는 안 된다. 예컨대 중국의 억압상태에서 벗어나기 위해 중국인이 중국민항기 조종사를 위협하여 중국을 탈출한 것만으로는 긴급피난이 되지 않는다.

㈑ 주관적으로 행위자는 위난상황을 인식하고 위난을 회피할 목적으로 행위하여야 한다(피난의사).

㈒ 행위자는 다른 수단으로 위난을 회피할 수 있는 가능성을 양심적으로 검토하지 않으면 안 된다(피난행위가 중대한 결과를 가져올수록 더욱더 양심적인 검토가 필요하다). 이 점은 정당화적 긴급피난과 달리 면책적 긴급피난에 특유한 요건이다.

이상의 요건이 갖추어지면 위난을 회피하기 위한 행위는 원칙적으로 타행위에 대한 기대가능성이 없어 면책효과를 갖는다.

(4) 효   과

이러한 전제요건이 충족되면 모든 이익의 침해는 면책될 수 있다. 그러므로 정당화적 긴급피난에서와는 달리 살해도 면책될 수 있다.

(5) 기대가능성조항(Zumutbarkeitsklausel)에 의한 제한

피난행위는 불법과 책임의 감소를 가져온다. 그러한 불법과 책임의 감소에도 불구하고 예외적으로 특별한 사정이 존재하기 때문에 면책적 긴급피난이 부인되고 오히려 위난의 감수가 기대되는 경우가 있다. 즉 우리 형법 제22조 제 2 항은 「위난을 피하지 못할 책임이 있는 자」라고 규정하고 있는 반면, 독일형법 제35조 제 1 항 후단은 「그 위난을 스스로 야기하였거나 혹은 특별한 법관계에 있는 행위자」라고 규정하고 있다. 이러한 규정의 기본사상을 다른 유사한 사례에 유추적용할 수 있다.

(a) **행위자 스스로 위난을 야기한 경우** 자초위난자는 자기책임 때문에 면책적 긴급피난을 원용할 수 없지만, 제한된 범위 안에서 정당화적 긴급피난은 원용할 수 있다.

(b) **행위자가 위난을 극복할 의무가 있는 특별한 법적 관계에 있는 경우**
소방수・경찰관・선원・군인 등은 직업활동에서 만나는 위난(직업활동의 전형적인 위난)에 처하여 위난을 감수하지 않은 때에는 면책이 되지 않고 임의적인 형벌감경이 가능할 뿐이다. 면책사유의 목록은 위에서 언급했듯이 완결된 것이 아니다. 그 밖에 유사한 사정이 발생했을 때라도 위난의 감수가 기대될 수 있다.

(6) 착오의 경우

객관적인 면책적 긴급피난상황을 착오로 잘못 알고 행위한 경우, 착오가 회피불가능했으면 면책된다. 그러나 회피가능한 착오였는데 착오가 행위자의 과실에 기인한 것이라면 과실범처벌규정이 있는 한 과실범으로 처벌해야 한다.

4. 과잉방위($\binom{제21조 \ 제2}{항・제3항}$)

(1) 의 의

과잉방위란 정당방위시에 방어행위가 방어의 상당성을 초과한 경우이다. 형법 제21조 제 2 항은 방위행위가 정도를 초과한 때에는 정황에 따라 형을 감경 또는 면제할 수 있도록 규정하고 있고, 동조 제 3 항은 과잉방위행위가 「야간 기타 불안스러운 상태하에서 공포・경악・흥분 또는 당황으로 인한 때에는 벌하지 아니한다」고 규정하고 있다.

정당방위의 구조로부터 출발한다면 과잉방위상황은 구조적으로 분명히 다른 두 가지 상황으로 분류된다. 즉 외연적 과잉방위(Der extensive Notwehrexzeß)와

과잉방위의 구조

	공격 ←──────────→ 방어	
	외연적(확장적) 과잉방위: 공격의 현재성 결여, 방어자는 이 점을 의식적으로 무시함	내포적(강도의) 과잉방위: 방어행위가 필요 이상으로 강한 경우
실례	이미 의식을 잃은 공격자에게 발길질하는 행위	다리에 사격하는 것으로도 충분한 곳에서 하복부에 총격을 가하는 행위
취급	우리나라, 독일 및 오스트리아의 통설에 의하면 과잉방위를 원용할 수 없다. 독일의 소수설은 정당방위의 한계는 시간적으로도 내포적(강도의) 과잉방위에서와 같은 근거에서 초과될 수 있기 때문에 내포적(강도의) 과잉방위와 동일하게 취급해야 한다고 주장하기도 한다. **통설이 타당하다.** 외연적 과잉방위는 정당방위상황의 부존재로 과잉의 전제가 상실되었기 때문이다.	행위자는 소위 심약적 충동(Der asthenische Affekt)──당황·공포·경악에서는 면책──이 되지만, 이에 반하여 공격성향적 충동(Der sthenischeAffekt)──분노·증오·발광──에서는 면책이 되지 않는다. 근거: 공격의 희생자인 경우에는 불법과 책임이 감소되므로 관용을 베푸는 것이 적합하다. * 우리 형법 제21조 3항은 흥분상태의 행위도 면책된다고 규정하고 있으나, 이것은 공격성향적 충동행위에 가까운 것이므로 이 경우까지 면책사유로 한 것은 입법론적으로 의문시된다.

내포적 과잉방위(Der intensive Notwehrexzeß)가 그것이다. 통설에 따르면 내포적 과잉방위만이 면책사유에 해당한다고 한다. 이 점에 관해서는 위의 도표를 참고하기 바란다.

(2) 법적 효과

과잉방위는 면책사유의 하나이다. 그러므로 당연히 형벌적용에서 행위자에게 유리한 효과를 나타낸다. 효과면에서 형법은 형벌감면적 과잉방위(제21조/제2항)와 불가벌적 과잉방위(제21조/제3항)를 구분하고 있다.

(가) **불가벌적 과잉방위**는 불법감소 외에 방위행위가 규범합치적 의사형성을 할 수 없을 정도로 공포·경악·당황과 같은 심약적 충동이 현저히 높은 상태였기 때문에 책임이 조각될 정도까지 감소된 경우이다. 이 경우를 책임소멸로 보는

견해도 있으나, 책임 자체는 아직 극도로 감소되었을 뿐 완전히 소멸될 것은 아니라고 보아야 한다. 왜냐하면 군인, 소방수, 경찰관 같이 위험감수가 기대되는 특별한 신분자가 동일한 정도의 현저한 심약적 충동상태에서 과잉방위를 했더라도 당연히 불가벌이 되는 것은 아니기 때문이다.

일반적으로 보통사람이 극심한 심약적 충동상태에서 과잉방위를 한 경우에 불가벌이 되는 것은 극도의 책임감소만이 그 이유가 아니다. 책임감소 외에 일반예방적·특별예방적 관점에서도 처벌의 필요성이 전혀 없기 때문이다. 특별한 신분자에게는 보통사람에 비해 예방적 처벌의 필요성이 높기 때문에 불가벌적 과잉방위의 적용은 제한되고, 경우에 따라 형벌감면적 과잉방위가 적용될 수 있을 뿐이다.

‖**판례 1**‖ 평소 포악한 성격으로 가족들을 괴롭혀 오던 사람이 한밤중에 술에 취해 어머니에게 식칼을 들이대고 난동을 부리다가 이를 말리려던 남동생의 목을 조르자 이를 보고 남동생의 생명이 위험하다고 생각한 여동생이 달려들어 그의 목을 힘껏 계속 졸라 결국 질식사망하게 했다. 이러한 행위는 정당방위의 요건인 상당성을 결여한 과잉방위행위에 해당될 것이다. 하지만 당시 야간에 가족들의 생명과 신체를 위협하는 폭행을 당해 불안스러운 상태에서 공포, 흥분, 당황으로 말미암아 저질러진 것이므로 무죄다(대판 1986. 11. 11, 86 도 1862).

‖**판례 2**‖ 피고인이 피해자 일행들로부터 폭행을 당하던 중에 피해자 일행에게 반격을 하겠다기보다는 그들의 공격으로부터 벗어나기 위하여 맥주병을 들고 나와서 위협을 하던 중 피고인을 뒤에서 끌어안은 피해자와 함께 넘어져 뒹굴며 옥신각신하는 과정에서 맥주병이 깨지게 되고 그 깨진 맥주병에 피해자가 이개절상 등의 상해를 입게 된 것으로서 피고인이 피해자 일행에 대항하여 상호 폭행을 가한 것이라기보다는 피해자 일행이 자신들을 때리는 등 위해를 가하자 그에 대항하여 싸우기에는 수적으로 절대적 열세에 있는데다 피고인 혼자서 보호하여야 할 여자 2명까지 딸려 있던 관계로 피해자 일행으로부터 별다른 이유 없이 갑자기 주먹으로 맞는 등 폭행을 당하고 특히 자신뿐만 아니라 자신의 처까지 위협을 당하던 중에 피해자 일행으로 하여금 더 이상 가해행위를 하지 못하도록 겁을 주려는 목적에서 근처에 있던 빈 맥주병을 들었음에도 피해자 일행이 물러서지 않고 피고인에게 달려들어 붙잡고 쓰러뜨린 후 폭행을 계속하는 상황하에서 순간적으로 공포, 흥분 또는 당황 등으로 말미암아 위와 같은 행위에 이르게 되었다고 인정된다면 피고인의 행위는 형법 제21조 제 3 항에 의하여 벌할 수 없는 경우에 해당한다(대판 2005. 7. 9, 2005 도 2807).

(나) **형벌감면적 과잉방위**는 불가벌적 과잉방위와 불법감소의 면에서는 차이가 없다. 그러나 불가벌적 과잉방위에 비해 책임감소의 정도는 낮고 예방적 처벌의 필요성은 높다.

형벌감면적 과잉방위의 경우에는 행위자의 일신에 관련된 면책적 정황이 먼저 문제된다. 행위자의 지능·성격·경험·능력·신분 등이 정황적 고려의 대상이 된다. 경우에 따라서는 공격적 상황과 방어적 상황의 위급성도 고려대상이 되어야 할 것이다. 이를테면 야간, 기타 불안한 상태하에서 행하여진 과잉방위의 정황은 고려해야 할 대상이다. 형벌감면적 과잉방위도 심약적 충동상황 때문에 일어날 수 있으나, 불가벌적 과잉방위에 비해 그 정도가 낮기 때문에 행위자에 대한 비난가능성이 탈락되지 않고 약화될 뿐이다.

5. 오상과잉방위(Putativnotwehrexzeß)

(1) 의   의

방위자가 현재의 부당한 침해가 없는데도 있다고 오신하고(오상방위), 상당성의 정도를 넘는 방위행위를 한 경우(과잉방위)를 오상과잉방위라 한다. 이것은 오상방위와 과잉방위가 결합된 경우이다.

(2) 법적 취급에 관한 논의

오상과잉방위를 오상방위의 예로 취급할 것인가 아니면 과잉방위의 예로 취급할 것인가에 관하여는 견해가 갈린다.

이를 오상방위와 같게 취급하되 엄격책임설에 따라 고의범에서 금지착오의 일례로 해결하려는 견해,[24] 오상방위로 취급하되 제한책임설에 따라 과실범의 일례로 해결하려는 견해,[25] 과잉성을 인식한 협의의 오상과잉방위는 과잉방위로, 착오로 그 정도를 초과한 광의의 오상과잉방위는 오상방위로 처리하려는 견해[26] 등이 있다.

(3) 종류에 따른 해결

고의적·공격성향적 오상과잉방위의 행위자는 과잉방위는 물론 오상방위도 원용할 수 없다. 정당방위상황에서 행해지는 인식 있는 과잉방위도 고의의 불법으로 평가되는데, 그보다 더 불법한 오상방위상태에서 저지른 과잉방위가 이보다 더 좋게 평가될 수는 없기 때문이다. 따라서 행위자는 고의범으로 처벌된다.

과실적·심약적 오상과잉방위의 행위자는 정당방위상황에서 과잉방위한 자와 행위자의 정신적 특수사정이 비슷하고 과실행위에 과실적인 요소가 있었으므로 오상방위와 같게 취급하는 것이 좋다. 이 때 엄격책임설에 따라 고의범에 대한

---

24) 정성근·박광민 253면; 진계호 328면.
25) 박상기 190면; 배종대 366면; 손해목 464면; 안동준 111면; 이재상 236면; 임웅 239면; 정영일 224면.
26) 차용석 625면.

금지착오규정을 적용토록 하는 것보다 제한책임설에 따라 과실범취급을 하는 것이 사리에 합당하다.

6. 과잉피난(제22조 제3항)

과잉피난이란 정당화적 피난행위가 상당한 정도를 초과한 경우, 즉 보충성이나 균형성을 결여한 경우를 말한다. 예컨대 위난을 피하기 위한 다른 방도가 있다든가 또는 동가치가 아닌 법익 중에서 작은 법익을 보전하기 위하여 큰 법익을 침해한 경우이다. 과잉피난(Notstandsexzeß)은 정당화적 긴급피난이 성립되지 아니하므로 위법성이 조각되지 않는다. 따라서 이에 대하여 정당방위가 가능하다.

다만 형법은 과잉방위와 같이 과잉피난의 경우에도 불법과 책임의 감소 및 예방적 처벌필요성이라는 관점에서 정황에 따라 그 형을 감경 또는 면제할 수 있도록 규정하고 있다(제22조 제3항, 제21조 제2항). 과잉피난행위가 야간, 기타 불안스러운 상태하에서 공포·경악·흥분 또는 당황으로 인한 때에는 벌하지 아니하도록 하였다(제22조 제3항, 제21조 제3항). 그 이유는 이러한 불안상태가 극도에 이른 경우에는 적법행위에의 기대가능성이 전혀 없을 정도로 책임이 감소되고 예방적 처벌의 필요성도 없기 때문이다.

여기에서도 오상과잉방위와 마찬가지로 착오로 인한 오상과잉피난이 성립될 수 있다. 법적 취급은 오상과잉방위와 같다. 즉 과실적·심약적 오상과잉피난에 한해 오상긴급피난과 같게 취급한다.

7. 과잉자구행위(제23조 제2항)

과잉자구행위는 청구권의 보전수단인 행위가 상당성을 초과한 경우를 말한다. 위법성이 조각되지 아니하나 정황에 따라 형을 감경 또는 면제할 수 있다(제23조 제2항). 여기서 '상당성을 초과'하였는가의 여부는 자구행위자의 주관적 판단에 의하여 결정할 문제가 아니고 객관적 고찰에 의하여 결정하여야 할 것이다.

그런데 과잉자구행위(Selbsthilfeexzeß)는 과잉피난과 달리 과잉방위에 관한 형법 제21조 제3항 규정이 준용되지 않는다. 만약 자구행위자에게 공포·경악 등의 정황이 있었다면 단지 형벌면제적 정황으로 취급할 수 있을 뿐이다.

여기에서도 오상과잉방위와 마찬가지로 착오로 인한 오상과잉자구행위가 성립할 수 있다. 과실적·심약적 오상과잉자구행위에 한해 오상자구행위로 취급한다.

8. 강요된 행위

(1) 의   의

형법 제12조는 「저항할 수 없는 폭력이나 자기 또는 친족의 생명, 신체에 대한 위해를 방어할 방법이 없는 협박에 의하여 강요된 행위는 벌하지 아니한다」고 규정하고 있다.

우리나라에서 강요된 행위는 북한공산치하에서 부득이한 국가보안법 내지 반공법 위반행위(대판 1954. 9. 28, 4286 형상 109; 1956. 3. 6, 4288 형상 392 등)와 어로작업 중 납북된 어부들이 억압된 상태에서 국가보안법·반공법 등을 위반한 행위(대판 1960. 10. 7, 4292 형상 829; 1961. 7. 13, 4293 형상 194; 1968. 12. 17, 68 도 1319 등)에 여러 차례 적용되어 많은 판례를 남겼고, 오늘날 기대가능성에 기한 책임조각사유의 중요한 예가 되고 있다.

‖**판례1**‖ 해방 이전부터 사리원 철도역에 근무하다가 해방 이후에도 계속 북한지역에서 근무중 민청위원장의 명에 의해 부득이 민청에 가입하였고 대한민국정부전복토론회에도 참가했지만, 만일 민청위원장의 명을 거부하면 인민군으로 징병되기 때문에 본의 아니게 강압에 못이겨 행동한 것임을 인정할 수 있으므로 이 경우 국가보안법위반행위는 고의 없는 행위로서 무죄다(대판 1954. 9. 28, 4286 형상 109).

‖**판례2**‖ 동해에서 명태잡이를 하다가 기관고장과 풍랑으로 표류중 북한함정에 피랍된 뒤 북한지역에 억류되어 북한공작원들의 지시대로 북한정권을 찬양하는 감상문을 제출하고 간첩활동의 지령을 받았다. 이러한 반공법위반행위는 생명에 위협을 받고 남한으로 송환해 주지 않을 것이라고 염려되어 쓰라는 대로 쓴 것이며, 지령을 받게 된 것은 살기 위한 부득이한 것일 뿐만 아니라 지령을 받는다 해도 실행하지 않으면 그만일 뿐이라고 생각했기 때문이다. 따라서 자유 없는 북한지역에서 거절할 수 없는 행위였기 때문에 무죄라고 판단된다(대판 1967. 10. 4, 67 도 125).

‖**판례3**‖ 형의 꾐에 빠져 사정을 모른 채 북한공작선에 승선하여 북한으로 가게 된 것이 자의가 아니었다 하더라도, 북한으로부터 공작금을 받아 남한에 잠입한 뒤 곧바로 수사기관에 자수하지 않은 점에 비추어 볼 때 간첩방조행위가 강요된 행위 내지 기대가능성이 없는 행위라고는 볼 수 없다(대판 1967. 9. 24, 67 도 481).

(2) 성립요건

(a) **저항할 수 없는 폭력**

(가) 폭력이란 상대방의 저항을 억압하기 위하여 행사하는 힘을 말한다. 이에는 절대적 폭력(vis absoluta)과 심리적 폭력(vis compulsiva)이 있다.

절대적 폭력이란 사람을 육체적으로 저항할 수 없게 하는 폭력으로 절대적 폭력을 당하는 자는 '의사 없는 도구'(Willenloses Werkzeug)로서 이용될 뿐이다.
예컨대 사람의 손을 붙들어 문서에 날인하게 하거나 약한 여자가 힘센 남자에게
손목을 잡힌 채 끌려가는 것 등이 여기에 속한다. 이러한 피강요자의 행위는 이미
형법상의 행위로 볼 수 없고, 따라서 이러한 폭력은 본조의 저항할 수 없는 폭력
에서 말하는 폭력에 포함되지 않는다.[27]

이에 반해 **심리적 폭력**이란 피강요자의 심리에 작용하여 그 자로 하여금 일
정한 행위(강요된 사실)를 하지 않을 수 없게 하는 간접적인 유형력의 행사, 즉 의
사폭력을 말한다. 심리적 폭력에 의한 행위는 단순한 도구로서의 행위가 아니며
형법상의 행위로 평가될 수 있기 때문에 본조에서 말하는 폭력은 바로 이러한 폭
력을 의미한다.

‖ **판례** ‖ 자신의 아내가 직장동료와 내연관계에 있다는 소문을 듣고 아내를 의심하던
끝에 아내를 폭행·협박하여 간통사실을 허위로 시인하게 만든 뒤 간통죄로 고소하였으
나, 재판과정에서 아내가 간통사실을 부인하여 석방되자, 다시 아내를 강요하여 그 직장
동료에 대한 허위내용의 고소장을 작성하고 제출케 하여 결국 아내는 무고죄로 기소되
었다.
　형법 제12조의 저항할 수 없는 폭력은 심리적 의미에서 육체적으로 어떤 행위를 절
대적으로 하지 않을 수 없게 하는 경우와 윤리적 의미에서 강압된 경우를 의미한다. 또
한 협박이란 자기 또는 친족의 생명 신체에 대한 위해를 달리 막을 방법이 없는 위협행
위를 의미하며, 강요라 함은 피강요자의 자유로운 의사결정을 하지 못하게 하면서 특정
한 행위를 하게 하는 것을 의미한다. 따라서 이와 같이 고소장을 작성 제출한 것은 폭력
이나 자기의 생명·신체에 대한 위해를 방어할 방법이 없는 협박에 의해 강요된 행위로
보아야 한다(대판 1983. 12. 13, 83 도 2276).

(내) **저항할 수 없는 폭력의 표준**　'저항이 불가능하다'함은 폭력 그 자체를
물리칠 수 없을 뿐만 아니라, 강요된 행위를 거부할 수 없는 형편을 말한다. 반드
시 피강요자가 저항을 시도하여야 하는 것은 아니고, 비록 폭력을 제거할 힘이 있
을지라도 그것을 거부할 처지에 놓여 있지 않다면 여기에서 말하는 저항할 수 없
는 폭력이다. 이 때 폭력의 수단·방법에는 제한이 없다. 폭력행사에 저항할 수
있었느냐 여부의 판단은 폭력의 성질·수단·방법·폭력자와 피강요자의 성질
등 모든 사정을 종합적으로 고려하되 행위자를 표준으로 결정해야 한다.

(b) **자기 또는 친족의 생명·신체에 대한 위해로 방어할 방법이 없는 협박**

(개) **협　　박**　협박이란 상대방으로 하여금 공포심을 일으킬 만한 해악의

---

27) 반면 절대적 폭력을 본조의 폭력에 포함시키는 견해로는 유기천 247면.

고지를 말한다. 이는 자연적으로 발생할 길흉화복의 도래를 알리는 단순한 경고
와 구별되고, 해악 자체를 내포하는 폭력과도 구별된다. 이러한 협박은 비록 협박
자가 협박을 실현할 의도가 없거나 실현이 불가능하더라도 협박이 진지하다는 사
실을 상대방에게 일깨워 주는 한, 협박이 성립한다.

본조의 협박은 「자기 또는 친족의 생명·신체에 대한 위해」와 연결되어야
한다(대판 1983. 12. 13, 83 도 2276). 따라서 생명·신체 이외의 법익에 대한 위해
가 협박의 내용일 때에는 본조에 해당될 수 없지만 경우에 따라서 **면책적 긴급피
난**이나 **기대불가능성으로 인한 초법규적 면책사유**의 문제가 될 수 있다.

친족의 범위는 민법의 규정($\substack{민법\\제777조}$)에 따라 결정할 수밖에 없으나 내연관계에
있는 부부나 사생자 등도 친족에 준한다고 보아야 할 것이다. 이러한 관계의 유무
는 강요된 행위 당시를 표준으로 하여 판단하여야 한다.

(나) **위해의 방어불가능성**   위해를 방어할 방법이 없다는 것은 피할 도리가
없는, 즉 보충할 길이 없는 협박만을 지칭하는 보충성의 원리(Prinzip der
Subsidiarität)를 말한다. 친족의 생명·신체에 대한 위해가 고지된 경우, 그 친족
자신은 위해를 피할 수 있더라도, 피협박자에게는 방어할 방법이 없는 위해가 될
수 있다. 그리고 방어할 방법이 없는가 여부의 판단은 협박자의 성질, 협박의 내
용·수단 방법 및 피협박자의 성질 등 모든 사정을 종합적으로 고려하여 결정하
여야 한다.

(c) **강요된 행위**   강요된 행위는 폭력이나 협박에 의하여 피강요자의 의사
결정 또는 행동의 자유가 침해되어 강요자가 의도 또는 요구하는 일정한 행위를
피강요자가 하는 것을 말한다.

‖**판례**‖   북한에서 출생하여 사상교육을 받은 후 대남공작원으로 선발되어 특수훈련
과정을 이수하고 북한노동당으로부터 대한항공 여객기폭파지령을 받아 실행에 옮겼다면
소위 ‘조국통일’을 위한 영광스러운 행동이라 확신하고 수행하였던 것이다. 따라서 저항
할 수 없는 폭력이나 생명·신체에 대한 협박에 의하여 강요되어 범행에 이른 것으로
볼 수 없으며, 그와 같은 잘못된 확신이 그의 자유의지에 반하는 성장교육과정에서 형성
되었다 하더라도 그에 기초한 범행을 강요된 행위나 기대가능성이 없는 행위여서 벌할
수 없는 행위라고는 할 수 없을 것이다.

즉 형법 제12조에서 말하는 강요된 행위는 저항할 수 없는 폭력이나 생명·신체에
위해를 가하겠다는 협박 등 다른 사람의 강요행위에 의해 이루어진 행위를 의미하는 것
이지, 어떤 사람의 성장과정을 통해 형성된 내재적인 관념 내지 확신으로 인하여 행위자
스스로 의사결정이 사실상 강제되는 결과를 낳게 하는 경우까지 의미한다고 볼 수 없다

(대판 1990. 3. 27, 89 도 1670).

(4) 취   급

(a) **피강요자의 책임**   강요된 행위는 적법행위에의 기대가능성이 없기 때문에 책임이 조각되어 벌하지 아니한다. 다만 책임이 조각될 뿐이므로 이에 대한 정당방위는 가능하다.

(b) **강요자의 책임**   강요자는 이 경우 보통 피강요자를 우월한 의사로 지배한 경우가 될 것이므로 간접정범이 성립한다. 다만 강요죄($^{제324}_{조}$)와 상상적 경합이 된다.

9. 관련문제

(1) 구속력 있는 것으로 간주한 위법한 명령에 따른 부하의 행위

근무지시가 가벌적 행태를 정당화시켜 줄 수는 없다. 그렇지만 그것이 면책사유로서 고려될 수는 있다. 즉 지시가 법적 구속력 없음이 명백히 인식되었으나 사실상의 구속력을 갖고 있어 회피할 도리가 없었을 경우에는 그 위법한 명령으로 인한 행위가 면책적 긴급피난의 성립 내지 기대불가능으로 초법규적 면책이 고려될 수 있다. 예컨대 행위자가 명령을 거절할 경우에 파면, 좌천 또는 사살될 것을 두려워한 나머지 명령을 수행한 경우 등을 들 수 있다.

《참고》 판례는 제12조에 해당하지 않으면 위법한 명령에 의한 행위의 면책을 인정하지 않는다(대판 1983. 12. 13, 83 도 2543).

‖**판례 1**‖ 군용물인 휘발유를 불법매각한 것이 상사인 인사계상사의 지시에 의한 것이라 할지라도, 그와 같은 지시가 저항할 수 없는 폭력이나 자기 또는 친족의 생명·신체에 대한 위해를 방어할 방법이 없는 협박에 상당한 것이라고는 인정되지 않는다. 따라서 강요된 행위로서 책임이 조각된다고 볼 수 없다(대판 1983. 12. 13, 83 도 2543).

‖**판례 2**‖ 참깻묵을 100% 원료로 사용하지 않으면서도 호마재유를 생산·판매하는 과정에서 부하직원에게 호마재유에 대한 제품검사의뢰서를 변조하게 하였다. 이러한 경우 직장상사가 범법행위를 하는 데 가담한 부하직원에게 직무상 지휘복종관계가 있다해도 범법행위에 가담하지 않을 기대가능성이 있다(대판 1986. 5. 27, 86 도 614).

(2) 법적으로 해결할 수 없는 의무충돌에서 초법규적 면책사유

(a) **초법규적 면책사유로서 면책적 의무충돌**   법적으로 해결할 수 없는 비통상적인 의무충돌상황이 실제 존재할 때는 초법규적 면책사유를 원용하지 않을

수 없다. 이들 경우는 충돌상황을 해결할 수 있는 다른 법적 가능성이 더 이상 존재하지 않는 경우에 속한다.

(b) **문제되는 사례**　　의무충돌상황은 먼저 법적 해결의 가능성을 검토한 후 비로소 초법규적 면책사유를 예외적으로 고려해야 한다. 예컨대 어떤 병사가 명령을 위반할 시에는 자신이 사살될 위험이 있기 때문에 상관의 명령에 따라 포로를 사살한 경우, 우선 면책적 긴급피난이 고려될 수 있으므로 초법규적 면책사유를 먼저 거론해서는 안 된다. 특히 문제되는 사례는 다음과 같다.

㈎ 행위자가 **충돌**하는 의무의 법적 서열을 착각한 경우　　이 경우는 의무의 의미에 관하여 착오를 일으킨 경우로서 오히려 금지착오에 해당한다. 따라서 착오에 정당한 이유가 있으면 책임이 조각될 수 있다.

㈏ 행위자가 저가치의 의무임을 알면서도 여기에 관련된 부득이한 사정을 극복할 수 없어서 이를 이행한 경우　　이 경우에 책임의 문제는 초법규적 면책사유로서 기대불가능성이 문제된다. 행위자에게 고가치의 의무이행이 기대될 수 없었다면 책임은 조각된다.

㈐ 행위자가 법질서와 사회의 일반적 가치관에 따라 어떤 의무의 가치가 더 높은가를 알면서도 자신의 종교 내지 윤리적 신념에 따라 저가치의 의무를 이행한 경우 확신범의 문제이다. 이 때 고가치의 의무를 희생시킨 행위는 원칙적으로 위법·유책하나, 법질서로부터 관용이 베풀어질 수 있는 극히 예외적인 상황에서만 초법규적 면책을 고려할 수 있을 것이다.

㈑ 구성요건, 위법성, 법적으로 확정된 면책사유, 그 어느 곳에서도 해결방법을 찾을 수 없는 경우　　이 경우에도 초법규적 면책사유를 고려할 수 있다. 판례에 나타난 재미있는 한 사건이 이에 해당한다: 초혼인 갑녀가 이혼한 을남과 결혼식을 올리고 혼인신고까지 마친 상태에서 동거중, 을남의 전처가 을남과의 이혼을 취소하는 판결을 받아 전혼관계가 부활한 사실을 알고도 갑녀는 을남과 계속 동거하였다. 이에 을남의 전처가 갑녀와 을남을 간통 고소한 경우, 판례는 갑녀의 행위가 간통죄의 구성요건에 해당하는 위법행위이지만 적법행위에 대한 기대가능성이 없어 죄가 되지 않는다고 판시하였다(인천지법 1993.1.6, 92 고단 4640).

이것은 특히 부작위범에서 주요한 역할을 한다. 초법규적 면책사유만이 이러한 미궁을 빠져나가는 출구를 제공해 줄 수 있기 때문이다.

(3) 면책사유에 관한 착오

(a) **행위자가 면책사유의 전제상황을 착오한 경우**(면책적 행위사정에 관한 착오) 예컨대 갑은 구속력 있는 명령이 발해졌다고 오신하고, 그 명령수행을 위해 위법한 행위를 하였다. 독일형법 제35조 제 2 항(면책적 긴급피난)은 이 경우를 법률로 정하여 입법적으로 해결하고 있다. 금지착오와 결론은 같다. 따라서 회피가능한가의 여부가 중요한 기준이 된다. 착오가 회피가능하였다면 면책되지 않지만 필요적인 형벌감경을 고려할 수 있다. 회피불가능하였다면 면책된다. 입법론적으로 우리 형법에도 도입할 필요가 있는 제도이다.

(b) **행위자가 법질서가 승인하지 않는 면책사유를 잘못 인정한 경우**(면책사유의 존재 또는 법적 한계에 관한 착오)   예컨대 갑은 정신병자인 가족을 살해하는 것은 기대가능성의 관점에서 면책될 수 있다고 오신하고 살해하였다. 통설은 이러한 착오를 중요한 착오가 아니기 때문에 면책되지 않는다고 본다. 왜냐하면 책임비난의 여부와 시기의 결정은 행위자 개인의 주관적 판단이 아니라 객관적인 법질서의 영역에 속하기 때문이다. 통설이 타당하다.

(4) 양심범의 문제

(a) **양심범의 의의**   양심과 법률이 충돌하는 극단적인 종교적·양심적 갈등상황에서 인격의 파멸을 회피하기 위해 양심의 부름에 좇아 법률에 반하는 행위를 한 행위자를 양심범이라 한다.

> 예컨대 여호와의 증인 신도인 아버지가 교통사고로 중상을 입은 아들에게 수혈과 수술을 하려는 의사의 조치를 종교적 이유로 저지한 경우, 또는 기도의 힘으로 치료할 수 있다는 이유에서 중환의 아내에 대한 의료적인 조치를 전혀 취하지 않아 사망에 이르게 한 경우, 또는 양심의 갈등을 이유로 병역의무를 기피하거나 집총을 거부한 경우 등을 들 수 있다.

양심범은 확신범의 특수한 경우에 해당한다. 확신범은 자기의 내면적 신조와 종교적·정치적·사상적 확신 때문에 법률의 구속력을 무시하고, 법률에 반하는 행위를 한 행위자를 말하기 때문이다. 확신범은 주관적인 확신 때문에 법률을 위반했으므로 불법과 책임에 아무런 영향을 받지 않고 일정한 경우에 양형의 참작사유가 될 뿐이다. 확신은 경우에 따라서 양형상 행위자에게 유리하게 작용할 수도 있지만, 불리하게도 작용하여 무거운 형벌을 받을 수 있다.

그러나 양심범은 양심의 갈등상황에서 법률을 따르면 비록 적법한 행위는 되지만, 양심의 법정에서 내려지는 가장 혹독한 벌(가책) 때문에 인격의 파괴와 인간실존의 몰락에 이를 수 있다. 따라서 이러한 극단적인 양심의 갈등상황에서 모든 사람에게 양심을 저버리고 법률을 따를 것을 기대하기란 불가능하다.

이처럼 인격을 파괴시키는 양심의 갈등상황에서 양심의 명령에 순종하고 법률의 명령을 거역한 양심범에게 면책적 고려가 가능할 것인가, 만약 가능하다면 그 근거는 어디에서 찾을 것인가가 어려운 문제로 등장한다.

(b) **형법상의 취급** 독일에서는 양심의 곤궁상태를 면책사유로 인정하는 것이 학설 및 판례의 일반적인 경향이다. 일찍이 독일연방헌법재판소는 국가가 신교와 양심의 자유를 존중해야 하므로 행위자가 양심상의 이유로 정신적인 곤궁상태에 빠져 있을 때 그에 대해 형법상 유죄판결을 하는 것은 인간의 존엄성을 침해하는 과도한 사회적 대응이라 하여 이를 거부하였다.[28] 마찬가지 이유로 다수의 형법학자들도 독일 헌법 제 4 조 제 1 항의 양심의 자유에서 양심범의 면책사유를 이끌어 내고 있다.

자유법치국가의 형법질서는 형법규범위반자들을 가차 없이 처벌할 것을 요구하지 않는다. 도리어 이들이 비록 일정한 형법규범을 침해했더라도 최상위의 헌법원칙과 타인의 기본권을 원칙적으로 무시하지 않고 또한 국가법질서의 안정을 침해하지 않는다면, 일정한 범위의 형법규범침해에 대해 국가는 관용할 수 있다. 특히 개인의 양심적인 결정이 현재의 실정법을 침해했더라도 그러한 실정법이 사회의 발전과 진보에 따라 앞으로 개폐되어 다수결의 지지가 변경될 수 있는 상황이라면, 국가는 양심범의 처벌에 더욱 관용을 베푸는 것이 법치국가이념에도 합치될 것이다. 특히 현재의 실정법이 양심과의 충돌을 야기하는 악법일 때 이에 저항하는 양심범이 속출할 수 있다. 오늘날과 같은 다원주의사회에서 국가는 세계관의 중립성을 지녀야 하는데, 특정한 실정법이 세계관적 편향성을 고집하여 양심의 저항을 자초한 경우에는 사법부와 헌법재판소의 지원이 필요하다.

어떤 경우이건 양심범은 본질적인 면에서는 법을 승인하면서도 개개의 현존하는 규범에 대해 양심상의 이유로 저항한 것이므로, 이러한 경우에 국한해서 양심범에 대한 면책가능성을 인정하는 것이 옳다. 신교와 양심의 자유를 이유로 한 면책가능성은 실정형법과 충돌하는 신앙상의 계명이나 양심상의 소명이 인격의 파괴를 회피하기 위해 형법이 요구하는 일정한 행동양식을 거부하도록 내면적인 힘을 행사했기 때문에 행위자의 의사결정능력의 약화로 책임이 감소되었고, 또한 법치국가적 형사정책의 관점에서도 예방적 처벌의 필요성이 존재하지 않는다는

---

[28] BVerfGE 32, 109.

관점에서 찾아야 할 것이다.

제 5 절　특별한 책임표지

I. 의　　의

형법각칙 중에는 특별한 책임표지를 갖추어야 범죄구성요건이 충족되는 경우가 많다. 영아살해죄($^{제251}_{조}$)가 대표적인 경우이다. 이것은 범행의 불법표지가 아니고 단지 개인적인 책임비난의 표지일 뿐이다. 즉 구체적인 범죄에 대한 행위자의 비난받을 만한 태도와 관련이 있다.

이들 범죄에서 행위자에게 보통의 책임비난을 가할 것인가 아니면 가중, 감경된 책임비난을 가할 것인가는 이같은 특별한 책임표지의 존재, 양태의 성격에 달려 있다. 특별한 책임표지는 책임구성요소이므로 고의나 불법의식에 의해 파악될 필요는 없다. 그러나 행위자의 동기를 형성하는 것이므로 이 한에서 책임 고의에 의한 의식을 전제한다.[29]

II. 종　　류

1. 순수주관적 책임표지(심정표지)

행위자가 자신의 범행에 대해 갖는 내면적인 태도를 말한다. 예컨대 영아살해죄에서 '참작할 만한 동기' 따위를 들 수 있다.

2. 제한된 주관적 책임표지

행위자의 내면적 태도와 관련되어 있다는 점에서 주관적인 성격을 갖고 있으나 추가적으로 법률이 이러한 내면적 태도에 이르게 된 일정한 외부적 동기상황을 전제하고 있는 점에서 순수한 주관적 책임표지와 구별된다. 예컨대 영아살해죄 또는 영아유기죄에서 '치욕을 은폐하거나 양육할 수 없음을 이유로' 한 표지, 범인은닉죄($^{제151조}_{제2항}$) 또는 증거인멸죄($^{제155조}_{제4항}$)에서 친족·호주 또는 동거가족이 본인을 위하여 이같은 죄를 범한 경우 '본인을 위하여'라는 표지가 이에 속한다.

---

29) 권봉호, 「특별한 책임표지에 관한 연구」, 고려대 박사학위논문(2000. 6), 105면 이하.

3. 객관적인 특별한 책임표지(추정적 책임표지)

입법자가 일반적인 생활경험을 기초로 일정한 부수적 행위사정이 생기면 책임에 영향을 미칠 동기상황이 추정될 수 있도록 규정해 놓은 일정한 책임표지를 말한다. 여기에서는 일정한 부수적 행위사정이 있으면 행위자의 동기형성에 영향을 미쳤으리라는 점이 추정된다. 이런 점에서 객관적인 특별한 책임표지를 **추정적 책임표지**라고도 부른다.

객관적인 특별한 책임표지의 전형적인 예로는 영아살해죄의 '분만중 또는 분만 직후'라는 표지, 위조통화취득후 지정행사죄의 '취득 후'라는 표지를 들 수 있다. 또한 범인은닉죄와 증거인멸죄에서 일정한 가족관계의 존재도 그 예이다. 한편 우리 형법에서 각종 상습범의 상습성은 형벌근거적·형벌가중적 표지로 사용되고 있는 객관적인 특별한 책임표지의 예이다. 따라서 이 점은 입법론적으로 비판의 대상이 된다.

Ⅲ. 구체적 적용

1. 범죄참가형태

범죄참가자는 공동정범이건 공범이건 책임개별화의 원칙에 따라 각각 특별한 책임표지를 가진 자만이 그에 대한 책임을 진다. 산모가 치욕을 은폐하기 위해 영아를 분만 직후 살해할 때 방조자에게 그와 같은 동기가 없었다면 방조자는 보통살인죄의 방조로 처벌될 수밖에 없다.

2. 책임고의

특별한 책임표지는 구성요건고의의 대상이 아니라 책임고의의 인식대상이다. 여기에서 행위자는 이 특별한 책임표지의 존재를 의식하고 그러한 동기로써 행위해야 하기 때문에 적어도 이 표지에 대한 의식은 필요하다.

3. 착   오

특별한 책임표지에 관한 착오는 오직 행위자의 비난받을 만한 심정을 탈락시킬 수 있을 뿐이므로 고의와 관련된 구성요건착오가 아니다. 특별한 책임표지는 객관적인 대상에 관한 준거점을 갖고 있지 않고 행위자의 심정과 관련이 있을 뿐이다. 그러므로 여기에서는 행위자가 주관적으로 생각했던 바에 따라 문제를 해결해야 한다. 영아살해에서 산모가 사생아인 영아를 적출인 아이로 알고, 장래 교육비부담을 없애기 위해 살해했다면 보통살인죄로 벌해야 한다.

단, 객관적인 특별한 책임표지(추정적 책임표지)에 관한 착오는 객관적으로 존재하는 부수적인 행위사정을 기준삼아야 한다. 즉 부수적인 행위사정이 객관적으로 존재하는가의 여부에 따라 특별한 책임표지의 존재 여부가 결정된다. 예컨대 영아살해에서 산모가 분만 직후의 영아라고 착오했어도, 출산한 지 며칠이 지난 후라면 객관적인 부수적 행위사정은 존재하지 않으므로 그 착오는 형법적으로 중요하지 않은 동기의 착오에 불과하고, 보통살인죄에 해당한다. 반면 산모가 분만 후 며칠이 지난 후라고 착각하고 영아를 살해했어도 분만 직후라는 객관적인 부수적 행위사정이 존재하면 그 착오는 형법적으로 중요하지 않은 동기의 착오에 불과하므로 영아살해죄로 다루어야 한다.

제 6 장 객관적 처벌조건·인적 처벌조건

I. 서   설

당벌성 있는 범죄행위에 대해서도 형벌권은 다시금 형벌의 필요성이 있는가 또는 형벌의 유용성이 있는가를 정책적으로 검토하지 않으면 안 된다. 예컨대 국회의원이 의정단상에서 국가원수를 모독하는 발언을 했다고 해서 함부로 형벌권을 발동하게 된다면 권력분립에 기초한 법치국가원리는 큰 타격을 입게 될 것이다. 그러므로 범죄가 성립하는 곳에 언제나 형벌권이 발동되는 것이 아니라, 발동의 조건을 다시금 검토해 보지 않으면 안 된다. 이와 같은 조건과 관련된 것이 바로 객관적 처벌조건 및 인적 처벌조건이다.

II. 객관적 처벌조건

범죄의 성부와 관계없이 일단 성립한 범죄의 가벌성만을 좌우하는 외부적·객관적 사정을 말한다. 예컨대 사전수뢰죄($\binom{제129조}{제2항}$)에서 공무원 또는 중재인이 될 자가 그 담당할 직무에 관해 청탁을 받고 뇌물을 수수·요구 또는 약속하면 이로써 수뢰죄는 성립한다. 그러나 이 행위가 가벌적이 되자면 행위자가 실제 공무원 또는 중재인이 된 사실을 필요로 한다. 이 때 가벌의 조건이 된 '공무원 또는 중재인이 된 사실'이 객관적 처벌조건이다.

객관적 처벌조건은 고의·과실의 인식대상이 아니다. 불법의식을 포함한 행위자의 책임관련대상도 아니다. 따라서 고의나 과실이 객관적 처벌조건에 속하는 사실에까지 미칠 필요가 없다. 객관적 처벌조건은 종래 결과책임의 잔재인 것으로 인식되기도 했지만 오늘날 단지 형벌권을 제한하는 형벌필요성의 조건으로 이해하는 경향이 일반적이다.

Ⅲ. 인적 처벌조건

1. 의 의

이미 성립한 범죄에 관하여 행위자의 특별한 신분관계 또는 태도로 형벌권의 발동을 저지시키는 인적 사정을 말한다. 이러한 예외적 사정은 형벌필요성이 처음부터 배제된 경우에 생길 수도 있고 사후에 소멸됨으로써 생길 수도 있다.

2. 종 류

(1) 인적 처벌조각사유

범죄는 성립하나 행위 당시에 존재하는 특별한 신분관계로 가벌성이 배제되는 경우이다. 예컨대 친족상도례($\binom{제344조,}{제328조}$)에서 직계혈족, 배우자, 동거친족, 동거가족 또는 그 배우자, 그리고 국회의원의 면책특권($\binom{헌법}{제45조}$), 외교사절의 외교특권 등이 이에 속한다.

이것은 입법자가 일반예방적 형벌목적보다 특별한 신분상의 지위와 관계를 존중하여 형벌권의 자제를 기하려는 **입법정책적 이유** 때문이다.

(2) 인적 처벌소멸사유

가벌적 행위 후 발생한 행위자의 특별한 태도에 따라 이미 성립한 가벌성을 소급적으로 소멸시키는 사정을 말한다. 예컨대 형법 제90조 제 1 항 단서 및 제101조 제 1 항 단서 소정의 자수로 인한 형의 면제 등이 그것이다.

3. 효 과

인적 처벌조각 및 소멸사유도 가벌성을 배제하지만, 그것은 특별한 인적 사정에 따라 개별적으로 적용되는 것이므로 공범자라도 이러한 사정이 있는 자에게만 그 효과가 나타난다($\binom{제328조}{제3항}$).

Ⅳ. 소추조건

객관적 처벌조건 및 인적 처벌조건은 실체법적 요건이지만, 형사소송법의 관점에서 공소제기 및 소추와 관련된 요건을 소추조건이라 한다. 예컨대 친고죄에서 고소, 반의사불벌죄에서 명시한 불처벌의사 등이 그것이다. 그 밖에도 조세범

처벌법$\binom{\text{제}6}{\text{조}}$·관세법$\binom{\text{제}200}{\text{조}}$ 등 특별법상의 고발도 소추조건의 중요한 일례가 된다.

　가벌성의 객관적 또는 인적 요건을 결한 때에는 실체관계적 재판인 면소판결$\binom{\text{형소법}}{\text{제}326\text{조}}$을 해야 하나, 소추조건을 결한 때에는 공소기각 등 형식재판에 의해 절차를 종결해야 한다$\binom{\text{형소법}}{\text{제}327\text{조}}$.

제 7 장 과실범론

제 1 절 서 론

I. 형법상의 규율

형법 제14조는 과실에 관하여「정상의 주의를 태만함으로 인하여 죄의 성립
요소인 사실을 인식하지 못한 행위는 법률에 특별한 규정이 있는 경우에 한하여
처벌한다」고 규정하고 있다. 이에 비추어 볼 때 과실은「정상의 주의를 태만함으
로 인하여 죄의 성립요소인 사실을 인식하지 못한 경우」에 해당한다.

고의는 구성요건의 실현을 인식·의욕함에 비해, 과실은 행위자가 원하지 않
았음에도 불구하고 부주의로 구성요건결과를 야기하는 것이므로 불법 및 책임의
정도가 고의보다 낮다. 따라서 과실은 고의와 달리 항상 처벌되는 것이 아니라,
법률에 특별한 처벌규정을 둔 경우에 한해 예외적으로 처벌된다.

II. 과실의 개념

1. 과실의 의미내용

과실이라 함은 행위자가 구체적인 행위상황에서 구성요건결과의 발생을 회
피하기 위하여 사회생활상 요구되는 주의의무를 위반하는 것을 말한다. 형법 제
14조의 법문은 이를 정상의 주의를 태만함이라고 표현하고 있다. 과실은 과실범
(Fahrlässigkeitsdelikte)을 특징지어 주는 본질적인 표지로서 과실범의 불법요소
에 해당한다. 고의가 고의범을 특징짓는 주관적 구성요건표지이듯이 과실은 과실
범의 구성요건표지이다. 이 과실개념에서 본질적인 내용은 주의의무위반이다. 우
리나라에서는 결과예견의무와 결과회피의무를 합하여 주의의무의 내용으로 삼는
것이 통설적 견해이다.

그런데 과실범을 특징지어 주는 본질적 표지인 주의의무에는 객관적 주의의

무와 주관적 주의의무가 있다. 객관적 주의의무란 사회생활을 함에 있어 누구에게나 일반적으로 요구되는, 사회 일반 평균인의 수준에서 요구되는 주의의무이고 주관적 주의의무란 행위자의 개인적 능력과 특성에 비추어 행위자에게 준수 가능한 수준의 주의의무이다. 그런데 학설은 과실범에 있어서 객관적 및 주관적 주의의무위반에 어떤 기능을 인정하며 또 체계적으로 어디에 위치시켜야 할 것인지를 놓고 다투고 있다.

2. 과실의 체계적 지위

(1) 구성요건 · 책임요소설(객관적 · 주관적 주의의무의 이중적 지위설)

신고전적 · 목적의 합일태적 범죄체계에서는 목적적 범죄체계의 존재론적 행위개념의 방법론적 요구를 거부하되, 그의 가장 중요한 체계적 성과인 고의 · 과실을 구성요건요소로 파악하는 착상을 그대로 받아들인다. 그리하여 목적적 범죄체계에서 객관적 주의의무위반(과실)을 과실범의 구성요건요소로 파악한 것을 그대로 수용하여, 객관적 주의의무위반은 구성요건요소로서 과실범의 구성요건에 정서시킨 뒤, 다시 주관적 주의의무위반(주관적 과실)은 책임요소로서 과실범의 책임에 편입시킨다. 다수설의 견해다.[1]

여기에서 과실은 이중적 지위를 지닌 고의의 구조와 비슷하게 구성요건요소임과 동시에 책임요소로서 이중적 기능을 갖는다. 다만 과실이 이중의 객관적 · 주관적 척도에 따라 순차적으로 달리 평가되어야 하므로 구성요건요소로서의 객관적 과실이 책임요소로서의 주관적 과실을 징표하는 기능을 갖는다고 말할 수 없다. 구성요건고의가 책임고의를 징표한다고 보는 일설에서는 고의와 과실이 갖는 이중적 기능의 차이를 이 점에서 찾기도 한다.

(2) 과실범체계의 신경향

최근에는 다수설의 견해와는 달리 객관적 주의의무위반은 과실의 구성요소

---

1) 이와 같은 의미에서 과실에 대하여 불법요소와 책임요소로서의 이중기능을 인정하는 입장은 김성천 · 김형준 162면; 박상기 274면; 배종대 668면; 손동권 282면; 손해목 700면; 신동운 227면; 오영근 199면; 이상돈 152면; 이재상 187면; 이정원 462면; 이형국 375면; 임웅 509면; 정영일 154면; 정성근 · 박광민 421면; 조준현 276면; Jescheck/Weigend, AT, §54 I 3; Wessels, AT, Rdn. 664ff., 692; Sch nemann, Neue Horizonte der Fahrlässigkeitsdogmatin, FS-Schaffstein, S. 160ff.; ders., Moderne Tendenzen in der Dogmatik der Fahrl ssigkeits- und Gef hrdungsdelikt, JA 1975, S. 512ff.; Donatsch, Sorgfaltsbemessung und Erfolg beim Fahrl ssigkeitsdelikt, S. 138; Hirsch, Der Streit um Handlungs-und Unrechtslehre, ZStW 94(1982), S. 266ff. 합일체계에 반대하면서도 과실의 이중지위를 인정하는 견해는 김종원, 「과실범」, 형사법강좌 I, 338면 이하; 정성근 415면.

가 아니라 단지 고의범과 과실범에 공통된 객관적 귀속의 일척도로서 과실범의
객관적 구성요소가 되고, 그 대신 주관적 주의의무위반만이 과실의 본질적 요소
로서 과실범의 주관적 구성요건요소가 된다는 견해가 주장되고 있다.[2] 그러나 소
수설 내에서도 과실범의 체계구성에 있어서 약간씩 차이를 보이고 있다. 구체적
으로 ① 객관적 주의의무위반은 고의와 과실에 공통된 객관적 귀속의 일척도이고
주관적 주의의무위반이 과실범의 주관적 구성요건요소라는 견해,[3] ② 객관적 주
의의무위반은 고의와 과실에 공통된 객관적 귀속의 일척도이고 주관적 주의의무
위반은 과실범의 주관적 구성요건요소인 동시에 책임요소로서의 이중적 지위를 갖
는다는 견해,[4] ③ 주관적 주의의무위반에 주관적 구성요건요소 및 책임요소로서
의 이중적 지위를 인정하면서 동시에 객관적 주의의무위반도 여전히 과실범의 객
관적 구성요건요소로서 과실판단에 기여한다고 보는 견해[5] 등이 있다.

(3) 평가와 결론

최근의 소수설이 객관적 주의의무(객관적 예견가능성)의 역할과 지위에 변화
를 가하려는 이유는 객관적 귀속론의 등장과 무관하지 않다. 동 이론에 따르면 객
관적 주의의무는 '허용되지 아니하는 위험의 창출' 여부를 판단하는 고의범과 과
실범에 공통된 일반적인 객관적 귀속의 척도로 기능한다. 즉 구성요건의 실현이
행위자에게 객관적으로 예견가능했을 때 위험의 창출은 법적으로 허용되지 아니
한 위험으로 귀속될 수 있게 된다. 이와 같이 객관적 주의의무를 객관적 구성요건
의 결과귀속단계에서 허용되지 않는 위험의 창출을 판단하는 일반적인 귀속의 척
도로 보면서, 이후 객관적 주의의무가 과실행위의 불법성을 결정짓는 구성요건요
소로 다시 자리매김하는 것은 확실히 기능의 중복에 해당한다.[6] 따라서 과실범에

---

2) 김성돈, 「과실개념에서 주의의무위반성과 예견가능성」, 형사정책연구 제 6 권 제 4 호(통권 제
24호 1995 · 겨울), 167~168면; 김성환, 「과실의 체계적 지위에 관한 일고찰」, 손해목교수화갑
기념논문집, 158면; 김일수, 한국형법 Ⅱ, 388면; 이호중, 「과실범의 예견가능성」, 형사법연구
제11호(1999), 73면 이하; 조상제, 「과실범론의 체계적 재구성」, 고시계 1995. 10, 116면;
Stratenwerth, AT I, Rdn. 1097; ders., Zur Individualisierung des Sorgfaltsmaßstabes beim
Fahrlässigkeitsdelikt, FS-Jescheck, S. 285ff.; Jakobs, Studien zum fahrlässigen Erfol-
gsdelikt, S. 48, 64ff.; ders., AT 9/1ff.; Samson, SK Ahn 16 Rdn. 13ff.; Gössel, Norm und
fahrlässiges Verbrechen, FS-Bruns, S. 51f.
3) 김성돈, 앞의 글, 179면; 조상제, 「형법상 과실의 체계적 정서」, 고시계 1998. 9, 57면; 이호
중, 앞의 글, 73면.
4) 김일수, 한국형법 II, 388면; Wolter, Objektive und personale Zurechnung, S. 156, 157.
고의범에서의 고의와는 달리 과실범에 있어서 주관적 과실에 구성요건요소 및 책임요소로서의
이중적 기능을 인정할 실익이 없다는 비판적 견해로는 김성돈, 앞의 글, 179면 참조.
5) 이용식, 「과실범에 있어서 주의의무의 객관적 척도와 개인적 척도」, 서울대법학 제39권 3
(1998. 11), 60~62면.
6) 이러한 비판은 김성돈, 앞의 글, 165면; 이용식, 앞의 글, 34면; 이호중, 앞의 글, 71면 이하 참조.

객관적 귀속론을 수용한다면 필연적으로 객관적 주의의무의 기능과 체계적 지위에 변화를 주지 않을 수 없다. 이러한 논리적 체계에 따라 소수설은 객관적 주의의무를 고의범과 과실범에 공통되는 객관적 귀속의 척도로 보아 과실의 개념에서 밀어내고 주관적 주의의무위반을 과실범의 주관적 구성요소로 인정하는 것이다.

생각건대 객관적 귀속이론의 등장으로 객관적 주의의무의 지위 변화를 고려해야 할 동인이 생긴 것은 사실이나 그럼에도 과실의 체계적 지위는 여전히 다수설의 입장에 따라 객관적·주관적 주의의무의 이중적 지위설을 취하는 것이 옳다고 본다. 단지 체계론적 관점에서만 본다면 객관적 주의의무가 일반적 귀속의 척도로 기능함으로써 자동적으로 과실범의 구성요건요소로서의 지위는 상실한다고 보는 것이 논리 일관적이다. 그러나 과실범의 구성요건에 객관적 주의의무를 구성요소로 배치할 것인가 또는 주관적 주의의무로 그 자리를 대신할 것인가의 문제는 불법구성요건단계에서 과실의 본질을 객관적으로 파악할 것인가 아니면 주관적으로 파악해야 할 것인가라는 보다 중요한 문제와 연관되어 있기 때문에, 섣불리 객관적 귀속이론의 등장과 함께 자동적으로 주관적 과실이 객관적 과실을 대신하게 되었다는 결론을 이끌어 내는 것은 금물이다. 아래의 논의에서 살펴보겠지만 과실범의 불법구성요건단계에서 과실의 본질은 객관적 주의의무의 위반에 있다고 보는 것이 옳기 때문에 객관적 주의의무는 여전히 과실범의 구성요건요소로 자리 매김하는 것이 타당하다. 반면 주관적 주의의무는 과실범의 책임요소로서 책임구성요건에 위치한다.

이렇게 보면 결국 과실범에 있어서 일반적 귀속의 척도인 위험의 창출과 객관적 주의의무위반은 병렬적으로 파악되고 그 판단도 동시에 내려진다는 결론에 이른다. 이러한 이유 때문에 최근에는 과실범의 불법구성요건해당성 판단은 객관적 귀속의 판단에 의해 전적으로 대체될 수 있다는 견해도 등장하고 있다.[7]

Ⅲ. 과실의 종류

1. 인식 없는 과실과 인식 있는 과실

(1) 인식 없는 과실

인식 없는 과실(negligentia)이란 행위자가 그에게 요구되는 주의의무를 위반하여 법적 구성요건의 실현가능성을 인식하지 못한 경우를 말한다. 우리 형법 제

---

7) 예컨대 Roxin, § 24Rdn. 8~10.

14조에 규정된 「죄의 성립요소인 사실을 인식하지 못한 행위」란 바로 인식 없는 과실을 지칭한 말이다. 행위자가 법적 구성요건에 해당하는 어떤 사태를 실현시킬 수 있다는 사실을 그의 개인적인 능력에 따라 알 수 있었음에도 불구하고 부주의하여 알지 못하고 행위한 점이 이 과실행태의 특징이다.

(2) 인식 있는 과실

인식 있는 과실(luxuria)이란 행위자가 법적 구성요건의 실현가능성을 인식했으나 그에게 요구되는 주의의무를 위반하여 자신의 경우에는 구성요건이 실현되지 않을 것으로 신뢰한 경우를 말한다. 우리 형법 제14조는 인식 없는 과실만을 명문으로 규정하고 있지만 인식 있는 과실도 당연히 전제하고 있다. 행위자가 구성요건실현의 가능성을 인식했지만 자신의 능력을 과신하거나 기타 부주의로 구성요건결과가 발생하지 않으리라고 신뢰한 점이 이 과실행태의 특징이다.

(3) 양자 구별의 의의

형법각칙에 규정된 개개 과실범의 구성요건이 인식 있는 과실과 인식 없는 과실로 구분되어 있는 것이 아니다. 따라서 과실범을 처벌하도록 규정하고 있는 한 이 두 가지 종류의 과실은 다같이 고려될 수 있다. 또한 양자는 형법상 본질적인 가치의 차등이 없는 같은 과실이며, 불법이나 책임의 정도에 경중의 차이가 확실히 있는 것도 아니다.

그러므로 인식 있는 과실이 인식 없는 과실보다 일반적으로 항상 불법이나 책임이 중한 경우라고 판단할 것이 아니다. 인식 없는 과실로 야기한 중한 결과발생은 인식 있는 과실로 야기한 경한 결과발생보다 일반적으로 무거운 범죄로 평가되기 때문이다. 다만 양자 구별의 실천적 의의가 있다면 인식 있는 과실과 미필적 고의를 구별함으로써 고의에 대한 과실의 한계를 그을 수 있다는 점이다.

2. 보통과실과 업무상 과실

업무상 과실은 일정한 업무종사자가 당해 업무의 성질상 또는 업무상의 지위 때문에 특별히 요구되는 주의의무를 태만히 한 경우이다. 보통과실에 비해 불법 및 책임이 가중됨으로써 중하게 처벌된다. 이 경우 행위자의 구체적인 주관적 인식이나 능력은 보통의 과실범에서와는 달리 당해 과실의 기준이 되지 않고 일정한 업무종사자로서의 사회적 신분이나 직업을 표준으로 구체적인 행위자의 과실 기준이 높아진다.

따라서 행위자가 업무상 필요한 주의를 기울일 만한 능력이 실제 없었더라도 그가 업무담당자인 한 과실이 배제되지 않는다. 따라서 업무상 과실은 당해 업무의 수행상 요구되는 주의의무를 행위자가 태만히 함으로써 결과발생을 예견하거나 회피하지 못한 경우에 해당한다. 우리 형법상으로는 업무상 과실교통방해($\frac{제189}{조}$)·업무상 실화($\frac{제171}{조}$)·업무상 과실치사상($\frac{제268}{조}$)·업무상 과실장물취득($\frac{제364}{조}$) 등이 여기에 속한다.

3. 경과실과 중과실

민법상으로는 중과실(Grobe Fahrlässigkeit)과 경과실(Leichte Fahrlässigkeit)의 구별이 있다. 종래 민법상의 중과실에 상응한 것이 바로 형법상의 중과실(Leichtfertigkeit)이라는 견해가 지배적이었다. 이것은 행위자가 약간의 주의를 기울였더라면 요구되는 주의의무를 위반하지 않았을 사정하에서 취한 경솔한 태도를 말했다. 그러나 최근에는 중과실을 가중된 불법 및 책임내용을 지닌 과실의 특수형태로 이해하는 경향이 유력해지고 있다.

중과실이 있었느냐의 여부는 구체적인 경우에 사회통념을 고려하여 결정해야 한다는 것이 우리 대법원의 입장이다(대판 1960. 3. 9, 4292 형상 761; 1980. 10. 14, 79 도 305). 예컨대 눈이 온 뒤 빙판이 된 내리막길을 브레이크가 고장난 자전거를 타고 내려오다가 행인을 치어 상해를 입힌 경우에는 중과실을 인정할 수 있다. 그 밖에도 구성요건실현의 현저한 위험을 인식하지 못한 경우, 매우 근접한 위험에 대한 의식적인 외면 등의 태도도 그 일례가 된다. 업무종사자의 중과실은 업무상 과실에 포섭된다. 우리 형법상으로는 중실화죄($\frac{제171}{조}$)·중과실교통방해죄($\frac{제189}{조}$)·중과실치사상죄($\frac{제268}{조}$)·중과실장물죄($\frac{제364}{조}$) 등이 이에 속한다.

‖ **판례** ‖ 피고인이 84세 여자 노인과 11세의 여자 아이를 상대로 안수기도를 함에 있어서 그들을 바닥에 반듯이 눕혀 놓고 기도를 한 후 "마귀야 물러가라," "왜 안 나가느냐"는 등 큰 소리를 치면서 한 손 또는 두 손으로 그들의 배와 가슴 부분을 세게 때리고 누르는 등의 행위를 여자 노인에게는 약 20분간, 여자아이에게는 약 30분간 반복하여 그들을 사망케 한 사안에서, 고령의 여자 노인이나 나이 어린 연약한 여자아이들은 약간의 물리력을 가하더라도 골절이나 타박상을 당하기 쉽고, 더욱이 배나 가슴 등에 그와 같은 상처가 생기면 치명적 결과가 올 수 있다는 것은 피고인의 연령이나 경험·지식을 가진 사람으로서는 약간의 주의만 하더라도 쉽게 예견할 수 있음에도 그러한 결과에 대하여 주의를 다하지 않아 사람을 죽음으로까지 이르게 한 행위는 중과실치사죄에 해당한다(대판 1997. 4. 22, 97 도 538).

중과실은 인식 있는 과실일 수도 있고 인식 없는 과실일 수도 있다. 인식 있는 과실이나 인식 없는 과실의 경우와도 달리 중과실과 경과실의 구분은 특별히 중한 구성요건해당성의 충족 이외에도 양형에서 실무적으로 중요한 역할을 담당할 수 있다.

제2절   과실범의 불법구성요건

형법상 불법구성요건해당성은 이익침해로서의 결과반가치와 규범침해로서의 행위반가치가 구비되었을 때 비로소 완전하게 성립한다. 결과반가치와 행위반가치는 독자적으로 불법구성요건을 충족시킬 수 없고 양자의 상호관계 속에서만 가능하다. 이 명제는 과실범의 경우에도 그대로 적용된다.

다수설에 의할 때 과실범의 행위반가치는 객관적 주의의무위반에 의해 근거지어진다. 과실범의 결과반가치는 주로 구성요건상으로 유형화될 결과의 발생에 의해 이루어진다. 물론 이 경우 결과의 인과적 야기만이 결정적인 기초가 되는 것이 아니고 이러한 결과가 주의의무에 위반한 행위에 기하여 실현되었는가가 중요하다.

I. 객관적 주의의무위반

1. 주의의무의 내용

주의의무의 구체적인 내용은 결과예견의무와 결과회피의무이다. 즉 행위자는 자신의 부주의한 행위로부터 발생할 수 있는 결과(법익침해의 위험성)를 예견하고 그러한 결과발생을 회피하기 위한 방어조치를 취할 의무를 진다.

2. 주의의무의 판단기준

(1) 객 관 설

다수설과 판례[8]는 형법 제14조의 '정상의 주의'를 사회생활상 요구되는 객관적 주의의무를 뜻하는 것으로 본다. 따라서 주의의무의 척도는 객관적·일반적인

---

8) 대판 1960. 4. 30, 4292 형상 618; 1969. 10. 23, 69 도 1650; 1971. 5. 24, 71 도 623("... 고속도로의 주행선상에 아무런 위험 표지 없이 노면 보수를 위한 모래무더기가 있으리라는 것은 일반적으로 예견할 수 있는 사정이 아니므로 ...") 등 참조.

것이 된다. 그리고 표준이 되는 일반인은 '주의 깊은·신중한·성실한 평균인'이다. 객관설에 의할 때 사회생활상 일반적으로 요구되는 주의의무를 다할 개인적 능력이 떨어지는 사람의 과실행위도 구성요건해당성과 불법성은 인정되며, 행위자의 개인적 능력 부재는 다만 책임단계에서 고려될 수 있을 뿐이다. 객관설이 주의의무의 기준을 객관적·일반적인 것으로 설정하는 주된 이유는, 법규범은 누구에게나 구속력을 갖는 일반적 원칙이어야지 개인적 규범이어서는 아니 된다는 데에 있다.[9]

(2) 주 관 설

주관설은 행위자가 자신의 주의능력에 비추어 가능한 주의의무를 다하지 아니함으로 인해 성립하는 주관적 과실만이 과실범의 불법을 이룬다고 보기 때문에 논리 필연적으로 행위자 개인의 주관적 주의능력을 표준으로 주의의무위반 여부를 판단한다. 주관설이 주의의무위반의 척도를 주관화·개별화하는 주된 이유는 법규범은 개인에게 불가능한 것을 요구할 수 없고 행위자 개인의 주의능력에 비추어 가능한 주의의무를 부과해야 한다는 데에 있다. 주관설에 따라 주관적 주의의무위반이 과실범의 구성요건요소로 자리잡게 되면 고의를 주관적 구성요건요소로 파악하는 고의범과 구성요건 단계에서 범죄의 체계적 논리가 같아지게 된다.

(3) 결   론

주의의무 판단척도의 일반화와 개별화를 둘러싼 객관설과 주관설의 논쟁은 법정책적·규범요청적 입장에서 결정될 수밖에 없을 것으로 본다. 이런 관점에서 보면 주관설보다는 객관설이 더 타당한 것으로 판단된다.

첫째, '법규범은 일반적 원칙이어야지 개인적 규범이어서는 아니 된다'라는 당위적 요청을 고려할 때 과실행위의 위법성은 객관적·일반적 척도에 의해 판단되어야 한다. 법규범의 선도적·일반예방적 기능을 강화하고 법익보호임무에 충실하기 위해서는 행위를 선도하고 평가하는 기준이 동일해야 하기 때문이다.

둘째, 과실판단기준의 주관화는 오늘날 과실범죄의 대부분이 업무상 과실범죄인 경향에 반한다. 교통·의료·산업·건설 등 과실사고가 대량으로 발생하는 직업생활영역에서는 행위자가 업무자로서 준수해야 할 주의의무가 정형화·표준화되어 적용되고 있고, 개인적·주관적 능력은 과실판단 여부에 큰 의미를 차지하지 못하고 있다. 게다가 대량적 법익침해의 위험성을 내포하고 있는 업무상 과

9) 정영일,「과실범에 있어서 인적 불법론에 관한 연구」, 서울대박사논문, 89면, 93면.

실범의 영역에서 일반적 주의의무의 부과를 포기하고 규범의 준수 여부를 개인의
주관적 능력에 맡기는 것은 사실상 법규범의 법익보호임무를 포기하는 결과를 낳
게 된다.

셋째, 불법구성요건── 학자에 따라서는 책임판단 단계까지 포함하여── 의
체계구성에 있어서 고의범죄와 과실범죄의 양 체계를 반드시 일치시켜야 한다는
강박관념에 빠질 필요는 없다. 고의범죄와 과실범죄는 그 성립요건과 구조에 있
어서 본질적인 차이를 가지고 있기 때문에 구조적으로 양 체계를 통일시킬 이유
와 특별한 필요성이 인정되지 않는다. 고의범죄와는 달리 과실범죄는 그 나름의
특성에 따른 성립요건과 체계가 요구되기 때문이다.

3. 객관적 주의의무의 근거

(1) 법규 및 행정규칙

법규범에 합치하는 행위는 사회적으로 상당한 행위일 뿐만 아니라 허용된 위
험의 범위 안에 속하는 행위이다. 따라서 법규를 준수하여 행위한 경우에는 비록
예기치 못한 방법으로 결과가 발생했더라도 객관적 주의의무위반이 배제된다. 허
용된 위험범위 내의 행위였으므로 그 결과는 부행일 뿐 부법일 수 없기 때문이다.

객관적 주의의무위반을 판정하는 기준이 되는 법규는 도로교통법규분야에
산재해 있다. 예컨대 도로교통법 제48조 제 1 항(안전운전의 의무)은 「제차의 운전
자는 당해 차의 조향장치, 제동장치 기타의 장치를 정확히 조작하여야 하며 도로
교통의 상황 및 당해 차의 구조 성능에 따라 타인에게 위해를 주는 속도나 방법
으로 운전하여서는 아니 된다」고 규정하고 있다.

(2) 거래의 관행 · 규제 및 사회규범

행위요구에 관하여 법적인 규율이 없을 때는 거래의 관행 · 규칙이나 사회규
범이 객관적 주의의무의 발견 내지 제한의 기준이 될 수 있다. 그러한 기준은 서
식으로 확정되어 있을 수도 있지만 구두로 전승된 것일 수도 있다. 그것이 거래의
관행 규칙이든 사회규범이든 여기서 공통점은 법적인 성질을 갖고 있지 않다는
점이다. 예컨대 운동규칙, 내부적인 근무지침, 의료기술의 규칙, 상인의 관행, 상
거래규칙 등이 이에 속한다.

(3) 판결에 의한 제한

법규범이나 사회규범이 결여된 때에는 객관적 주의의무 내지 허용된 위험의

한계는 법관의 판결에 의해 개별적으로 확정될 수 있다. 이러한 판결에서는 행위자가 처한 상황으로부터 **규범적으로 상정된 표준형**을 가지고 행위자의 행위를 추정하는 방법으로 한계를 확정한다. 즉 사려 깊고 통찰력 있는 사람이 행위자의 처지에서 법익침해의 위험을 인식하고 회피하기 위해 기울였던 주의가 표준이 된다.

이같은 표준형이 현실과 동떨어진 관념형이 되지 않기 위해서는 행위자가 속한 거래계의 범위에 따라 그때 그때마다 구체적으로 판단하지 않으면 안 된다. 구체적인 사안에서는 행위자가 법질서와 사회질서에서 정상적인 운전자, 정상적인 운동선수, 정상적인 상인, 정상적인 의사 등에 대해 요구하고 있는 정도의 행동을 했는가를 검토해 보아야 한다. 만약 행위자가 **정상적인 직업인**으로서 거래관행이나 사회규범에 맞는 행위를 했다면, 비록 예기치 못한 일로 법익침해의 결과가 발생했더라도 객관적 주의의무위반은 배제된다.

II. 구성요건결과의 발생

과실범은 원칙적으로 구성요건결과의 발생을 필요로 한다. 이 점에서 과실범은 원칙적으로 결과범이다. 과실거동범도 이론적으로 불가능하지 않으나 우리 형법에는 이에 관한 규정이 없다. 따라서 구성요건결과와 연관된 과실범의 구성요건은 우리 형법상으로 과실작위범·과실부작위범·과실침해범·과실위험범(예컨대 형법 제181조의 과실일수죄) 등이 고려될 수 있다.

한편 과실결과범에 있어서는 그 특성상 해당 주의의무위반성이 발생된 구성요건결과 속에 실현되어야 한다는 점에 주의해야 한다. 즉 실현된 구성요건결과는 주의의무위반성의 직접적인 결과여야 한다는 것이다. 비록 구성요건결과가 주의의무위반행위에 의해 발생하기는 했지만, 만약 주의의무위반이 없었더라도 같은 결과가 발생했을 경우——즉 규범합치적 행위가 있었더라도 역시 같은 결과가 발생했으리라는 사정이 인정될 경우——에는 그 결과는 주의의무위반성에 기인한 것이 아니기 때문에 과실범의 결과불법이 인정되지 않는다.[10] 그것은 발생한 구성요건결과가 사려 깊은 평균인이 객관적으로 예견가능한 범위 밖에 놓여 있었던 경우에도 마찬가지이다.

---

10) Welzel, Das Deutsche Strafrtecht, S. 136.

Ⅲ. 인과관계와 객관적 귀속

구성요건결과는 적어도 행위자의 주의의무위반행위를 원인으로 하여 야기된 것이어야 한다. 먼저 원인과 결과 사이에는 합법칙적 조건관계가 성립되어야 한다. 더 나아가 구성요건결과는 과실행위자의 작품으로 그에게 객관적으로 귀속될 수 있는 것이어야 한다.

주의할 점은 인과관계와 객관적 귀속은 고의범과 과실범에 원칙적으로 똑같이 적용되는 규칙이란 사실이다. 따라서 고의범의 객관적 구성요건에서 검토된 객관적 귀속의 척도는 과실범의 객관적 구성요건에도 그대로 유효하다.

따라서 객관적 주의의무위반을 의미하는 **위험의 창출**(허용된 위험의 원칙, 위험감소의 원칙, 사회상당하고 경미한 위험의 원칙, 구성요건적 결과의 객관적 지배가능성의 원칙)과 특별한 객관적 귀속의 척도가 되는 구체적인 **위험의 실현**(위험의 상당한 실현의 원칙, 법적으로 허용되지 아니한 위험실현의 강화, 합법적 대체행위와 의무위반관련성론 또는 위험증대이론) 및 **규범의 보호목적**(고의적인 자손행위에의 관여, 양해 있는 피해자에 대한 가해행위, 타인의 책임영역에 속하는 행위, 보호목적사상의 기타 적용례)이 과실범의 객관적 귀속의 척도로서 그대로 적용된다.

Ⅳ. 주관적 구성요건요소

다수설에 의하면 주관적 주의의무위반은 책임의 영역에서 검토되기 때문에 과실범의 경우 주관적 구성요건요소는 별도로 존재하지 않는다. 따라서 과실범의 행위반가치는 오직 객관적 주의의무위반에 의해 구성될 뿐이다.

반면 소수설에 의하면 과실범의 행위반가치는 주관적 구성요건요소인 주관적 주의의무위반에 의해 구성되기 때문에, 주관적 주의의무위반은 과실범의 주관적 구성요건단계에서 검토되는 주관적 구성요건요소가 된다. 그리고 과실범의 행위반가치도 주관적 주의의무위반에 의해 규정되는 셈이 되어, 고의범이 주관적 구성요건요소인 고의에 의해 행위반가치가 규정되는 것과 구조적으로 상통하게 된다.

V. 객관적 주의의무의 제한원리

1. 허용된 위험

(1) 의   의

현대사회에서 자동차·항공기 운행, 공장운영과 같은 기계조작이나 기업활동은 불가피하거나 소망스럽기까지 한 행태들이지만, 운행에서 최상의 주의의무를 준수한다 할지라도 회피하기 어려운 여러 가지 위험을 내포하고 있다. 그럼에도 불구하고 입법자는 위험을 수반하는 많은 행태들에 대해 개별사례를 검토함이 없이 공공이익이라는 상위의 근거로부터 안전을 위한 일정한 규칙의 준수를 전제로 하여 일반적으로 허용하고 있다. 이를 허용된 위험(Erlaubtes Risiko)이라 부른다. 이것은 인간의 일상생활을 자유롭고 원활하게 하기 위하여 또는 개인의 결정과 활동의 자유를 보장하기 위하여 사회적 유용성과 필요성의 관점에서 일정한 정도의 법익위태화를 사회가 감수하도록 한 결과이다.

(2) 법률상의 취급

허용된 위험, 즉 사회적으로 상당한 위험에 대해서는 객관적 주의의무위반을 부인함으로써 구성요건해당성을 배제하는 것이 타당하다. 이런 점에서 허용된 위험은 객관적 주의의무를 제한하는 원리라고 할 수 있다. 다만 사회적으로 상당한 위험 내지 거래교통에 적합한 행위가 아니고, 애당초 위험한 행위로 금지되어 있지만 이익교량의 관점에서 예외적으로 허용되는 경우로 보아야 할 경우에는 형법 제20조 정당행위 중 '기타 사회상규에 위배되지 아니하는 행위'에 속하는 위법성조각사유라고 해야 할 것이다.

(3) 적용상의 기준

앞에서 객관적 주의의무위반의 범위를 한정하던 기준들은 허용된 위험 내지 사회적 상당성의 한계를 확정하는 기준이 되기도 한다. 따라서 법규 및 행정규칙, 거래관행·규제 및 사회규범, 판결 등에 따른 행위가 예기치 않게 법익침해의 결과를 가져왔더라도 허용된 위험으로서 객관적 주의의무가 부인되어 구성요건해당성이 배제된다.

2. 신뢰의 원칙

(1) 의   의

신뢰의 원칙(Vertrauensgrundsatz)이란 교통규칙에 맞추어 행동하는 사람은 다른 교통관여자도 교통규칙을 지키리라는 것을 신뢰하면 충분하며, 타인의 교통규칙위반사실을 인식할 수 있는 특별한 사정이 없는 한, 미리 그 타인이 교통규칙위반행동으로 나오리라는 것을 예견하고 주의의무를 다할 필요가 없다는 원칙이다. 예컨대 차선을 따라 정상적으로 운행하는 운전자는 상대방의 차량이 교통법규를 어기고 중앙선을 침범하여 자기가 운전하는 차량 전방에 진입할 것까지를 예견하고 감속 등 충돌예방조치를 취할 업무상 주의의무는 없으며(대판 1976. 1. 13, 74 도 2314), 넓은 도로로 운행하며 통행의 우선순위를 가진 차량의 운전자는 교차로에서 좁은 도로의 차량들이 교통법규에 따라 적절한 행동을 취할 것을 신뢰하여 운전함으로써 족한 것이지 좁은 도로에서 진입하는 차량이 일단정지를 하지 않고 계속 진행하여 큰 도로로 진입할 것까지 미리 예견하고 이에 대한 방어조치를 강구할 필요는 없다(대판 1977. 3. 8, 77 도 409; 1984. 4. 24, 84 도 185).

여기에서 타교통관여자란 다른 자동차운전자만을 의미하는 것이 아니라 일정한 보행자까지도 포함한다. 물론 횡단보도 아닌 곳에서 무단횡단하는 모든 보행자에 대해 운전자의 신뢰가 인정되는 것은 아니지만, 예컨대 고속도로를 무단횡단하는 보행자(대판 1977. 6. 28, 77 도 403), 육교 밑을 무단횡단하는 보행자(대판 1985. 9. 10, 84 도 1572), 적색신호중에 횡단보도를 무단횡단하는 보행자(대판 1987. 9. 8, 87 도 1332) 등에 대해서는 운전자의 신뢰가 인정될 수 있다.

신뢰의 원칙은 특히 도로교통분야의 판례에서 발전하였다. 최초의 판례는 1935. 12. 9자 독일제국재판소의 판결(RGSt 70, 71)이었고 그 후 독일연방최고법원의 판례(BGHSt 4, 47; 7, 118; 8, 201; 9, 93; 12, 83; 13, 173)에 의해 계속 발전하여 왔다. 일본에서도 1950년대 후반부터 논의되기 시작하여 1966년에 판례로 확립되었다. 우리나라에서는 대판 1957. 2. 22, 4289 형상 330에서 기관조수견습생이 잘못하여 일으킨 사고로 입은 재해에 대해 기관사에게 신뢰의 원칙을 적용하여 업무상 과실치사을 부인한 이래, 대판 1971. 5. 24, 71 도 623에서도 고속도로에서 자동차를 운행함에 있어서는 일반적으로 감속서행 등의 주의의무가 없다고 판결함으로써 신뢰의 원칙이 확립되기에 이르렀다.

오늘날 이 원칙은 도로교통의 분야를 넘어서 책임이 각자에게 분담된 상태하에서 분업활동이 행하여지는 곳이면 어디서나 적용되고 있다. 예컨대 의료적인 공동수술, 과학적인 공동실험 등이 그 경우이다.

‖ **판례 1** ‖ 야간에 도로교통이 빈번한 육교밑 편도 4차선 도로 가운데 2차선 지점인 경우의 상황에서 자동차운전자는 무단횡단자가 없을 것으로 믿고 운전해 가면 되는 것이지, 도로교통법규에 위반하여 자동차 앞으로 횡단하려는 사람이 있을 것까지 예상해서 주의운전해야 할 주의의무는 없다(대판 1989. 2. 28, 88 도 1689).

‖ **판례 2** ‖ 차량운전자로서는 교통량이 많은 간선도로의 횡단보도의 보행자신호가 적색인 상태에서 보행자가 신호를 무시하고 갑자기 건너오지 않을 것이라고 신뢰하는 것이 당연할 것이다. 따라서 이러한 경우까지 미리 예견하여 주의운전해야 할 업무상의 주의의무는 없다(대판 1985. 11. 12, 85 도 1893).

‖ **판례 3** ‖ 좌회전 금지도로에서 횡단보도를 통해 반대차선으로 넘어가 중앙선설치부분의 반대차선을 거쳐 왼쪽 골목길로 좌회전하려고 하다가 반대차선에서 직진해 오던 오토바이와 횡단보도 못미친 중앙선설치부분에서 충돌하고 말았다. 도로에 설치된 중앙선은 서로 반대방향으로 운행하는 차들의 경계선으로 운전자로서는 특단의 사정이 없는 한 반대차선의 차량은 이 경계선을 넘어오지 않을 것으로 신뢰하여 운행하는 것이다. 그런데 부득이한 사유가 없는데도 고의로 중앙선을 넘어 들어가 침범당한 차선의 차량운행자의 신뢰에 어긋난 운행을 함으로써 사고를 일으킨 경우다. 따라서 교통사고처리특례법상의 중앙선 침범사고에 해당한다(대판 1995. 5. 12, 95 도 512).

(2) 법률상의 취급

신뢰의 원칙은 허용된 위험의 특별한 경우로서 사회생활상 요구되는 객관적 주의의무에 대한 한계를 그음으로써 과실범의 구성요건해당성을 배제하는 원칙으로 작용한다.

(3) 적용상의 제한

객관적 주의의무를 제한하는 원리인 신뢰의 원칙이 모든 경우에 항상 유효한 것은 아니다. 구체적인 사례에 적용함에 있어서는 몇 가지 제한이 가해진다.

(a) **타인의 교통규칙위반사실을 인식할 수 있는 특별한 사정이 존재하는 경우**
타인이 먼저 객관적 주의의무를 위반하여 법익침해의 위험이 이미 현존하고 있을 때, 교통규칙을 준수하여 운행하는 교통삼여자가 이 사정을 인식할 수 있는 한 회피해야 한다. 만약 그대로 운행하다가 사고가 발생하면 선행의 원인을 제공한 타인의 객관적 주의의무위반은 물론 부인될 수 없지만 정상적으로 운행하던 교통삼여자의 객관적 주의의무위반도 배제되지 않는다. 예컨대 20여 미터 전방 반대편으로부터 중앙선을 침범하여 들어오는 차량을 발견한 운전자는 일단 충돌을 회피하기 위한 조치를 취하지 않는 한 객관적 주의의무위반을 면하기 어렵다.

‖ **판례** ‖ 위험금지의 황색중앙선이 설정된 도로에서 자기차선을 따라 운행하는 자동차운전자는 반대방향에서 오는 차량도 그 쪽 차선에 따라 운행하리라고 신뢰하는 것이 보통이다. 따라서 중앙선을 침범하여 이 쪽 차선에 돌입할 경우까지 예견하여 운행할 주의의무는 없다. 다만 반대방향에서 오는 차량이 이미 중앙선을 침범하여 비정상적인 운행을 하고 있음을 목격한 경우에는 자기 차선전방에 뛰어들 위험의 가능성을 예견하여 그 차량을 주의깊게 살피면서 속도를 줄여 서행하는 등 적절한 조치를 취함으로써 사고발생을 미연에 방지할 업무상 주의의무가 있다(대판 1986. 2. 25, 85 도 2651).

(b) **타인의 객관적 주의의무위반을 인식할 수 있었던 특별한 사정이 존재하는 경우** 신체장애자·노약자·연소자 등이 구체적인 상황에서 교통규칙에 합당한 행위를 할 수 없을 개연성은 높다. 이러한 사정을 인식 예견할 수 있었던 교통참여자에게는 신뢰의 원칙의 적용이 배제되고 객관적 주의의무위반이 성립한다.

다른 교통참여자가 음주 등의 이유로 교통규칙에 맞추어 행위하지 못할 개연성이 높은 경우에도 마찬가지이다. 예컨대 앞차의 운전자가 음주운전중이라는 사실을 운전방법을 통해 확인할 수 있는 한, 뒷차의 운전자는 추월시 앞차의 운전자가 정상적인 운행을 할 것을 신뢰해서는 안 되며, 술 취한 보행자가 길을 건너고 있을 때에도 마찬가지이다.

교통사고가 빈발하는 지역임을 표시하는 표지를 보았을 때 이를 고려하여 운행하지 아니하면 신뢰의 원칙의 적용을 받기 곤란하다. 어떤 특수한 사정이 도로교통의 위험을 가중시키고 있거나 전방주시가 어려운 도로건널목에서도 신뢰의 원칙은 적용되지 않는다.

‖ **판례** ‖ 야간에 고속도로에서 차량을 운전하는 자는 주간에 정상적인 날씨 아래에서 고속도로를 운행하는 것과는 달리 노면상태 및 가시거리상태 등에 따라 고속도로상의 제한최고속도 이하의 속도로 감속·서행할 주의의무가 있다. 따라서 야간에 선행사고로 인하여 전방에 정차해 있던 승용차와 그 옆에 서 있던 피해자를 충돌한 사안에서 운전자에게 고속도로상의 제한최고속도 이하의 속도로 감속운전하지 아니한 과실이 있다(대판 1999. 1. 15, 98 도 2605).

(c) **주의의무가 타인의 행동에 대한 보호·감독 혹은 감시에 관계된 경우** 업무분담자 사이에 지휘·감독의 관계가 있는 경우에 감독에 대한 주의의무를 부담하고 있는 감독자에게 신뢰의 원칙은 적용되지 않는다.[11] 이 경우 감독의무를

---

11) 대판 2007. 2. 22, 2005 도 9229 : 「의사가 다른 의사와 의료행위를 분담하는 경우에도 자신

타인의 실수에 대한 일반적인 예견가능성과 단순한 침해의 가능성에서 이끌어내
서는 안 된다. 타인의 실수를 막기 위해 특별한 지휘·감독책임을 진다는 특별한
사정이 존재하는 경우에는 신뢰의 원칙이 제한된다. 그렇지 않다면 위험한 수술
의 경우 효과적인 분업이 불가능할 것이기 때문이다.

그 밖에도 어린아이들의 인솔책임 또는 정신장애자의 감호책임이나 신체장
애자의 보호책임 및 환자의 치료책임을 부담하고 있는 사람에게도 특별한 주의가
요망되므로 이들 피보호·감호자에 대해 보호·감독책임자의 신뢰의 원칙은 제
한된다. 특히 환자의 치료에서 의료조치는 생명 신체에 중대한 결과를 나타낼 수
있고, 또한 환자는 일반적으로 치료조치의 합목적성과 유해성을 잘 판단할 처지
에 있지 아니하므로 의사의 특별한 주의가 필요하다. 따라서 의사가 치료조치를
취할 때 환자가 적절한 행동을 취해 줄 것으로 신뢰해도 객관적 주의의무위반은
배제되지 않는다.

(d) **스스로 주의의무에 위반하여 행위한 자의 경우**   스스로 교통규칙에 위
반하여 행위한 자에게는 신뢰의 원칙이 적용되지 않는다. 객관적 주의의무에 위
반함으로써 자기 스스로 야기한 위험의 실현을 타인이 극복하여 잘 해결해 주리
라고 어느 누구도 신뢰해서는 안 되기 때문이다. 신뢰의 원칙은 이처럼 객관적 주
의의무의 한계만을 설정해 줄 뿐, 타인의 주의를 신뢰하여 행위자 스스로 객관적
주의의무에 위반하여 행위해도 좋다는 것을 의미하지는 않는다.

Ⅵ. 피해자의 승낙

1. 요건 및 법률상의 취급

고의범에서와 마찬가지 근거로 과실범에서도 피해자의 승낙은 구성요건해당
성배제사유가 된다. 승낙은 과실행위와 과실결과에 다 미쳐야 한다. 그런데 과실
범에서 피해자는 대개 행위자의 주의의무에 반하는 행위수행과 그로 인한 위태화
를 승낙하는 것이지, 과실적인 침해의 결과에 대해서 승낙하는 것은 아니므로 피
해자의 승낙에 의해 과실범의 구성요건해당성이 배제되는 경우는 그리 흔치 않다.

───────────

이 환자에 대하여 주된 의사의 지위에 있거나 다른 의사를 사실상 지휘 감독하는 지위에 있다면,
그 의료행위의 영역이 자신의 전공과목이 아니라 다른 의사의 전공과목에 전적으로 속하거나 다
른 의사에게 전적으로 위임된 것이 아닌 이상, 의사는 자신이 주로 담당하는 환자에 대하여 다
른 의사가 하는 의료행위의 내용이 적절한 것인지의 여부를 확인하고 감독하여야 할 업무상 주
의의무가 있고, 만약 의사가 이와 같은 업무상 주의의무를 소홀히 하여 환자에게 위해가 발생하
였다면, 의사는 그에 대한 과실 책임을 면할 수 없다.」

2. 적용상의 제한

과실치상($^{제266조}_{1항}$)이나 업무상 과실장물취득($^{제364}_{조}$)에 대한 피해자의 승낙으로 구성요건해당성이 배제됨에는 의문의 여지가 없다. 그러나 실화($^{제170}_{조}$)·과실일수 ($^{제181}_{조}$)·과실교통방해($^{제189}_{조}$)에 대한 피해자의 승낙은 유효하게 성립할 수 없다. 사회적 법익에 대한 침해의 경우 승낙으로써 결과반가치를 배제시키지는 못하기 때문이다.

사망에 이를 수 있는 생명의 위태화에 대한 승낙은 유효한가? 오늘날 통설적 견해는 유효성을 부인하고 있다. 이에 반해 생명을 위태롭게 하는 수술의 경우처럼 일정한 한계 내에서 생명의 위태화에 대한 승낙은 유효하다는 소수의 견해도 있다. 이 경우는 사망에 대한 승낙의 문제가 아니라 다만 위험한 행위 자체에 대한 승낙의 문제라는 점을 논거로 한다. 그러나 통설적 견해가 타당하다고 생각한다. 법익으로서의 생명은 애당초 포기할 수 있는 것이 아니다. 피해자의 승낙은 행위와 결과에 대한 승낙이 있어야 성립한다. 단순히 위험한 행위 자체만을 승낙한 것으로는 사망에 이른 생명의 위험 전체를 승낙한 것으로 볼 수 없다. 사망의 결과에 대한 과실이 있는 한, 비록 그것이 의료과실이라 하더라도 과실치사행위의 구성요건해당성을 부인할 수 없기 때문이다.

제 3 절 과실범의 위법성

I. 일반적 원칙

1. 위법성의 징표

과실범에서도 고의범에서와 마찬가지로 불법구성요건이 실현됨으로써 위법성은 징표된다. 즉 위법성은 예외적으로 정당화사유가 존재하지 않는 한 인정된다. 그러므로 과실범의 위법성이 정당화사유에 의해 조각됨은 고의범의 경우와 마찬가지이다. 과실범에 대해서도 원칙적으로 모든 정당화사유가 고려될 수 있다. 특히 정당방위·긴급피난 등이 자주 문제되는 정당화사유들이다.

2. 주관적 정당화요소

과실범의 경우에도 정당화사유를 인정하기 위해서는 주관적 정당화요소가 필요하다. 행위자는 적어도 허용구성요건을 충족시키는 상황을 인식하고 그 허용을 근거로 행위해야 하기 때문이다.

과실에 의한 정당화행위는 주관적 정당화의사에서 출발해야 함은 물론이지만, 문제는 구체적인 행위결과도 주관적 정당화의사에 의해 야기되어야 하느냐 하는 점이다. 만약 이같은 요구를 관철시킨다면 과실에 의한 정당방위자 등에게 불이익을 주게 됨은 말할 나위도 없다. 따라서 행위자가 **일반적인 방위의사** 내지 **일반적인 방위경향**을 가지고 미리 예견하지 못한 결과를 야기했으나, 그 결과가 고의적인 법익침해를 정당화할 수 있는 범위에 머무를 수 있는 것인 한 정당방위에 의해 정당화된다.

반면 과실범에게 정당화상황, 즉 허용구성요건을 충족시키는 상황 자체에 대한 인식이 결여되어 있는 경우에는 일반적인 방위의사나 방위경향이 존재할 수 없음은 자명하다. 예컨대 A가 자신을 살해하려는 B의 기도를 눈치채지 못한 상황에서 과실로 총을 격발하여 B를 살해한 경우, O가 옥상에서 과실로 화분을 밑으로 떨어뜨렸는데 마침 타인을 살해하려던 P가 그 돌에 맞아 기절하는 바람에 살인기도가 실패한 경우(과실에 의한 긴급구조) 등이 여기에 해당한다. 이 경우 과실범에게는 일반적인 방위의사가 존재하지 않기 때문에 과실행위자체가 정당화될 수는 없다.

다만 이 사례에서 행위자를 과실범으로 처벌할 수 있는지는 별개의 문제이다. 정당화상황을 인식하지 못하고 고의로 정당행위를 한 행위자에게 불능미수의 책임을 묻는 것이 타당하다면 역시 과실행위자에게도 발생한 결과에 대해 불능미수의 책임을 묻는 것이 논리 일관적이다. 결국 과실에 의한 불능미수로서 무죄가 될 수밖에 없다.

II. 개별적인 정당화사유

1. 과실범에서 정당방위

과실범에서도 고려할 수 있는 정당화사유 중 정당방위가 가장 중요한 역할을 한다. 하나의 행동이 그 자체 주의의무에 위반하고, 그럼으로써 구성요건에 해당하지만 주어진 정당방위권의 한계 내에 머물러 있을 때에는 정당방위가 성립된다.

예: 위법하게 공격을 받은 자가 단지 경고사격만을 하고자 하였으나 부주의로 공격

자를 명중시켜 그에게 총상을 입혔다. 이러한 과실치상($\frac{제266}{조}$)의 방위행위는 고의적인 반격에 의하였다 하더라도 정당화될 수 있는 것이었으므로 정당방위에 해당한다.

과실행위 자체가 행위와 결합된 위험을 포함하여 방어를 위해 필요했다면, 형법 제21조 제 1 항에 따라 방어적 과실행위는 정당화된다.

예: 물건을 훔쳐 달아나는 절도범의 도망을 막기 위해서 단순한 상해 정도가 바람직하고 또한 필요한 일이었지만 거리가 너무 벌어진 상태에서 도주했기 때문에 그에게 총격을 가하여 부주의로 치명상을 입힌 경우.
여기에서도 사격 자체가 필요한 것인 한 형법 제21조 제 1 항에 의해 정당화된다.

방위행위가 형법 제21조 제 1 항의 검토결과 필요성이 없었다든가 하는 등의 이유로 정당화될 수 없음이 판명될 때에는 과실에 의한 법익침해적 방위행위는 정당화될 수 없다. 이 때에는 단지 형법 제21조 제 2 항 · 3항에 따른 책임감경 내지 면책적 과잉방위가 고려될 수 있을 뿐이다.

만약 방위행위 중 잘못하여 제 3 자가 피해를 입었다면 제 3 자에 대한 공격행위는 정당방위가 되는 것이 아니라 면책적 긴급피난에 해당한다. 이 경우 과잉방위의 문제가 아님을 주의해야 한다.

2. 과실범에서 긴급피난

과실행위는 긴급피난($\frac{제22조}{제1항}$)에 의하여도 정당화될 수 있다. 주로 도로교통분야에서 발생한다. 즉 행위자가 교통규칙위반을 통해 보존하려던 이익이 교통안전수칙의 준수이익을 초과한 때 긴급피난은 성립한다.

예: 행위자는 자기의 자동차로 생명이 위독한 부상자를 가능한 한 빨리 병원으로 운송하고자 하였다. 이 경우 과속으로 질주하다가 주의의무를 위반하여 교차로에서 과실교통방해죄($\frac{제189}{조}$)를 저질렀다 할지라도 긴급피난으로 정당화된다.

3. 허용된 위험의 경우

허용된 위험은 객관적 주의의무의 제한을 통해 특히 과실범에서 주로 구성요건해당성배제사유가 된다. 그러나 인식 있는 과실과 관련하여 허용된 위험이 과실범의 위법성조각사유가 되는 경우도 있다. 일반적으로는 추정적 승낙의 경우가 대표적인 예라고 할 수 있다. 그 밖에도 예컨대 의사가 사고현장에서 불충분한 의료수단으로써 중상자를 일단 치료하는 경우, 조종사가 착륙예정지인 공항이 눈 때문에 사용불가능하게 되자 활주로가 짧은 간이착륙장에 착륙하는 경우 등이 거론되기도 한다.

제 4 절 과실범의 책임

Ⅰ. 책임표지의 구성

고의범행에서와 마찬가지로 과실범행에서 책임도 일반적으로 승인되지 아니한, 다시 말해서 구성요건에 해당하는 위법한 행위에 대한 개인적인 비난가능성이다. 이러한 책임비난을 위하여는 과실범에서도 고의범에서처럼 책임표지로서 책임능력, 책임과실 및 특별한 책임표지, (적어도 잠재적인) 불법의식, 그리고 책임조각사유의 부존재가 요구된다. 그리고 과실범의 특유한 책임표지로서 개인적 과실(Die individuelle Fahrlässigkeit)이 이에 부가된다.

Ⅱ. 책임능력과 불법의식

1. 책임능력

과실범은 고의범과 마찬가지로 책임능력을 요구한다. 책임능력에 대하여는 고의범의 경우를 참조하기 바란다.

2. 불법의식

고의범뿐만 아니라 과실범에서도 불법의식은 비록 그것이 현재적인 것이든 잠재적인 것(회피가능한 금지착오)이든간에 책임표지가 된다. 과실범의 불법의식이 성립하기 위해서는 행위자가 주관적으로 위반한 주의의무가 법적 의무로 인식되어 있거나 인식될 수 있는 것이어야 한다.

인식 있는 과실범의 경우에는 행위자가 그의 행위로 인한 위험성의 실질적 위법성을 고의범의 불법의식과 같은 정도로 인식하지 못한 때에 금지착오가 된다.

인식 없는 과실의 경우에는 단지 잠재적 불법의식만 있으면 책임비난이 가능하다. 이 경우에 행위자의 행위에 대한 구체적 위법성의 인식은 보통 잠재적이기 때문이다. 인식 없는 과실행위자는 자신이 어떤 법률구성요건을 실현한다는 사실을 현실적으로 인식하지 못하고 있으므로, 그의 구체적인 행위의 특별한 위법성에 관해서도 아무런 인식을 할 수 없는 것이 상례이다. 행위자에게 만약 추상적 불법의식 내지 구체적 위법성의 잠재적 인식조차 결여된 때에는 금지착오가 있게 된다. 따라서 그에 대한 책임비난은 감경되거나 완전히 배제되어야 한다.

Ⅲ. 책임조각사유의 부존재

고의범에서는 강한 동기의 압박이 있는 경우에도 엄격히 제한된 몇몇 예외적인 경우에만 면책이 되는 반면, 과실범에서는 규범에 맞는 행태의 기대불가능성이 일반적인 면책의 이유가 된다. 고의범과 마찬가지로 과실범의 경우에도 기대불가능성이 일반적인 초법규적 면책사유로 인정된다. 따라서 행위자에게 개인적으로 주의의무의 이행을 극도로 어렵게 하는 갈등상황이 있었을 때에는 책임이 탈락된다.

그러한 경우로는 순간적인 신체적·정신적인 통제불능, 흥분상태, 과로 등이 고려될 수 있으며, 외적 상황에 영향받는 정서불안정, 스트레스상태도 그것이 주관적인 주의의무위반에서 고려되지 않는 한 면책적 기대불가능성의 판단에서 고려될 수 있다.

인식 있는 과실의 경우에는 고의범의 경우와 같이 행위자에게 자신의 인식에 따라 행위할 것이 기대될 수 있었는가가 판단기준이 된다. 인식 없는 과실의 경우에는 행위자에게 자신의 인식에 따라 행위할 것이 기대될 수 있었는가 하는 점 외에도 그에게 그 행위를 회피할 것을 기대할 수 있었는가 하는 점도 판단기준이 된다.

다수설은 주관적 주의의무위반을 과실범의 책임표지로 보고 그와 함께 기대가능성에 독자적인 의미를 부여한다. 주관적 주의의무위반을 주관적 구성요건요소와 책임요소의 이중의미로 파악하는 소수설의 관점에서도 책임영역에서 이 양자는 별개로 구별된다.

Ⅳ. 주관적 주의의무위반(책임과실)

1. 의   의

주관적 주의의무위반은 과실범행의 책임요소이다. 불법요소로서의 객관적 과실이 일반인의 능력을 표준으로 구성요건적 사실의 인식·예견가능성을 논함에 반

하여, 책임표지로서의 주관적 과실은 행위자 개인의 능력에 비추어 구성요건결과
의 인식·예견이 가능했음에도 불구하고 그것을 회피하지 아니한 것을 의미한다.

2. 행위자의 개인적 능력

행위자는 개인적으로(주관적으로) 주의의무를 이행할 입장에 놓여 있지 않으
면 안 된다. 즉 행위자는 통찰력 있고 신중한 인간에게 주어진 규범의 요구를 개
인적으로도 인식하고 이행할 수 있지 않으면 안 된다. 행위자의 개인적 능력, 즉
행위자의 정신력과 체력, 행위자의 지식 그리고 행위자의 경험이 이에 대한 기준
이 된다.

(a) **행위자의 능력흠결의 경우**   행위자가 신체적인 결함이나 정신적인 결
함으로 인하여 혹은 그릇된 지식이나 경험부족으로 인하여 주의의무를 이행하지
못하였다면, 주의의무위반으로 행위자를 비난할 수 없다.

> 예: 과로 혹은 불충분한 운전실습으로 인한 중한 교통사고의 야기($\binom{제266조,}{제267조}$), 의사가
> 직업교육을 계속받지 아니함으로 인하여 그의 직업상 요구되는 일정한 의료수준에
> 이르지 못했기 때문에 치명적인 수술결과를 발생케 하는 것($\binom{제267}{조}$).

(b) **인수책임의 경우**   위의 사례에서도 행위자가 그의 능력에 벅찬 일을 인
수하였다는 점에서 책임비난이 가해질 수 있다(Übernahmeverschulden). 행위자
가 인수한 일의 요구를 이행하지 못하리라는 점을 개인적으로 인식할 수 있었을
때, 그는 위험행위를 회피해야 한다. 그럼에도 불구하고 그 위험행위를 감행했다
면 그러한 인수행위는 유책하다. 인수과실이라고도 한다.

> 위에서 언급한 교통사고와 수술의 사례에서 인수행위는 유책하다. 선행행위에 책
> 임비난을 연결한다는 점에서 인수책임은 원인에 있어서 자유로운 행위와 유사하다.

제 5 절 관련문제

I. 과실범의 미수와 공범

과실범에는 미수와 공범이 성립할 수 없다. 인식 있는 과실의 경우에 미수의
성립가능성을 인정하는 소수의 견해가 없는 것은 아니나, 학설과 입법은 아직 그

단계에까지 이르지 않았다.

Ⅱ. 과실범의 공동정범

과실범의 공동정범 성립 가부에 대해서는 본서 제5절 공동정범 부분 중 과
실범의 공동정범 성립을 둘러싼 논의를 참조할 것.

Ⅲ. 과실의 부작위범

부작위범도 과실로 행해질 수 있다. 물론 진정부작위범에서 과실범구성요
건은 드물다. 다만 도로교통법에 의한 고장 등의 조치($^{동법}_{제148조}$), 좌석안전띠착용
($^{동법\ 제156조}_{제6호}$) 등의 예가 있을 뿐이다.

과실의 부진정부작위범(망각범)은 과실범의 처벌규정이 존재하는 경우에는
언제나 고려될 수 있다. 과실에 의한 부진정부작위범의 요소는 특히 보증인지위
(Garantenstellung)를 필요로 한다는 점에서 고의에 의한 부진정부작위범의 요소
와 일치한다. 따라서 과실은 보증인지위를 포함한 모든 구성요건표지에 미쳐야
한다. 보증인지위의 발생근거는 고의범에서나 과실범에서나 동일하다. 그 밖에
어떠한 법익이 보호되어야 하는가 혹은 어떠한 위험이 방지되어야 하는가는 보증
인의무 및 주의의무로부터 발생한다. 이 양 의무는 형법적인 책임을 서로 규정하
기도 하고 제한하기도 한다.

제6절 결과적 가중범

Ⅰ. 서   설

1. 의의 및 종류

애당초 가벌적인 고의의 범죄행위가 본래의 구성요건결과를 넘어 행위자가
예견하지 못한 중한 결과를 야기한 경우에 그에 상응하여 중한 형벌이 가하여지
도록 규정한 범죄구성요건을 결과적 가중범(Erfolgsqualifizierte Delikte)이라 한
다. 우리 형법 제15조 제2항은 이와 관련하여 「결과로 인하여 형이 중한 죄에

있어서 그 결과의 발생을 예견할 수 없었을 때에는 중한 죄로 벌하지 아니한다」
라고 규정하고 있다.

여기에서 그 기초가 되는 가벌적인 고의의 범행부분을 **기본구성요건** 또는 기
본범죄라 하고, 중한 결과의 발생부분을 **결과구성요건**이라고 부른다. 우리 형법상
기본구성요건은 언제나 고의로 인한 경우에 국한된다. 이에 비해 결과구성요건은
과실에 의한 경우가 대부분이다(고의＋과실). 그러나 몇 가지 구성요건의 해석에
서는 과실에 의한 경우는 물론 고의에 의해 중한 결과가 발생한 경우도 상정할
수 있다(고의＋과실/고의＋고의). 전자를 진정결과적 가중범, 후자를 부진정결과
적 가중범이라고도 부른다.

진정결과적 가중범의 예로는 상해치사죄($^{제259}_{조}$)·폭행치사죄($^{제262}_{조}$)·낙태치
사상죄($^{제269조\ 제3항,}_{제270조\ 제3항}$)·유기치사상죄($^{제275}_{조}$)·체포감금치사상죄($^{제281}_{조}$)·강간치사상죄
($^{제301조의}_{2,\ 제301조}$)·인질치사상죄($^{제304조의4·}_{제304조의3}$)·강도치사상죄($^{제337조,}_{제338조}$) 등이 있고, 부진정결과
적 가중범의 예로는 특수공무방해치상죄($^{제144조}_{제2항\ 전단}$)·현주건조물방화치사상죄($^{제164조}_{제2항}$)·
현주건조물일수치사상죄($^{제177조}_{제2항}$)·교통방해치상죄($^{제188조}_{전단}$)·중상해죄($^{제258}_{조}$)·중권리
행사방해죄($^{제326}_{조}$)·중손괴죄($^{제368조}_{제1항}$) 등을 들 수 있다. 후자의 예에서 부진정결과적
가중범의 인정은 고의와 고의의 상상적 경합범보다 법정형이 더 높은 해당구성요건
의 해석상 부득이한 조치이지만, 그렇다고 진정결과적 가중범의 성립가능성이 여
기에서 전적으로 배제되는 것은 아니다.

2. 법적 성질

결과적 가중범은 고의범과 과실범이 하나의 구성요건 속에 결합된 결합범이
긴 하지만 구성부분인 고의범과 과실범의 단순한 가중적 구성요건이 아니라 독립
된 불법내용을 가진 **독자적 범죄**(delictum sui generis)이다. 여기에서 중한 결과
는 독자적 범죄의 구성요건요소이며 불법과 책임 저편에 존재하는 객관적 처벌조
건과는 다른 것이다.

결과적 가중범에서 과실로 인한 중한 결과에 대해 단순한 과실범보다 무겁게
처벌하는 까닭은 중한 결과가 고의적인 기본범죄에 전형적으로 내포된 잠재적인 위
험의 실현이란 점에서 단순한 과실범의 결과야기보다 행위반가치가 크다는 점에
있다.

3. 입법태도

형법 제15조 제 2 항은 「결과의 발생을 예견할 수 없었을 때에는」 결과적 가중범의 성립을 부인하고 있다. 이것은 중한 결과가 예견불가능할 때에는 결과적 가중범이 성립되지 않는다는 취지이므로, 거꾸로 적어도 **중한 결과가 예견가능할** 때, 즉 과실이 있었을 때 또는 예외적이긴 하지만 **중한 결과를 예견했을** 때, 즉 고의가 있었을 때에도 결과적 가중범의 성립을 일반적으로 인정한다는 의미를 내포하고 있다.

4. 책임원칙과의 조화

오늘날 결과적 가중범은 기본범죄에 대한 고의와 중한 결과에 대한 과실이 있어야만 성립하는 '고의와 과실의 **결합형식**'에 의해서 책임원칙과의 조화를 꾀하고 있다. 책임원칙과의 조화를 위한 이같은 노력에도 불구하고 결과적 가중범에서 형벌가중의 정도는 대체로 기본범과 결과구성요건상의 과실범의 형을 합한 것보다 더 중한 경우가 많기 때문에 아직도 책임원칙의 요청을 만족시키지 못한다는 비판은 계속되고 있다.[12]

최근 독일의 입법례는 결과적 가중범에 관한 개별규정에서 중한 결과에 대한 단순한 과실이 아니라 주관적으로 그 주의의무의 정도를 높인 중과실 내지 경솔성(Leichtfertigkeit)을 요구함으로써 입법적인 해결을 시도하는 경향이 두드러지고 있다.[13] 한편 독일 판례는 중한 결과의 객관적 귀속을 그 결과가 기본범죄의 직접적인 결과인 경우에 한하여 인정하려고 함으로써 소위 **직접성의 원칙과 중과실의 요청**을 결과적 가중범의 제한을 위한 부가적인 요건으로 고려하고 있다.[14]

우리나라에서는 중과실의 요청에 대해 회의적인 시각도 있으나,[15] 결과적 가중범의 중한 형벌을 책임원칙과 조화시키기 위해서는 중한 결과가 행위자의 중과실·경률성으로 인해 발생한 경우로만 제한하여 결과적 가중범의 성립을 인정하는 것도 적절한 방법이 될 수 있다고 본다. 또한 직접성의 원칙은 결과적 가중범의 중한 처벌의 근거를 기본범죄에 내재하는 특별한 위험, 즉 기본범죄행위와 직

---

12) 이같은 이유 때문에 스웨덴은 1965년 이후 형법전에서 결과적 가중범을 전부 삭제해 버렸다.
13) StGB §176 Ⅳ(중과실로 아동을 사망에 이르게 한 때), §177 Ⅲ(중과실로 피해자를 사망에 이르게 한 때), §178 Ⅲ, §239a Ⅲ, §239b Ⅱ, §310b Ⅲ, §311 Ⅲ, §311a Ⅲ, §316c Ⅱ 등.
14) BGHSt 19, 387; 20, 230; 22, 362; Geilen, FS-Welzel, S. 655ff.; Küpper, Der unmittelbare Zusammenhang, S. 45ff.
15) 김일수, 한국형법 Ⅱ, 446면; 배종대 707면.

접적으로 결합된 전형적인 위험에 국한시킴으로써 결과적 가중범을 책임원칙과 더 밀접하게 조화시키는 기능을 하고 있기 때문에 당연히 요청되는 원칙으로 볼 수 있다.[16]

Ⅱ. 구성요건해당성

1. 기본범죄행위

결과적 가중범에서 본질적 구성부분은 기본범죄행위이다. 우리 형법은 기본범죄가 고의적인 경우에 한해 결과적 가중범의 성립을 인정하고 있기 때문에 기본범죄행위 역시 고의적이어야 함은 물론이다. 기본범죄행위와 관련하여 행위주체·행위객체·행위수단·장소·시간 등에 관하여 구성요건상 특별한 규정이 있을 때에는 그와 같은 표지를 갖추어야 한다. 예컨대 유기치사상죄($^{제275}_{조}$)의 기본범죄행위인 유기행위는 법률상 또는 계약상 보호의무 있는 주체만이 행할 수 있도록 특정되어 있는 경우와 같다. 보통의 경우에는 일반적인 범죄행위의 그것과 다를 것이 없다.

기본범죄행위로 인하여 그 행위에 고유한 행위결과가 발생해야 함이 원칙이다. 그러나 기본범죄행위가 미수에 그친 경우라도 중한 결과가 발생하였다면 결과적 가중범의 기수가 성립하는 데 지장이 없다(통설). 예컨대 강간범이 미수에 그쳤더라도 이로 인하여 피해자가 상해에 이르게 한 경우에는 강간치상죄($^{제301}_{조}$)가 성립한다. 그러나 결과적 가중범에서 책임원칙을 보다 철저히 관철시키기 위해서는 기본범죄의 기·미수에 따라 불법과 책임의 양을 구분하는 것이 입법론적으로 바람직하다.

2. 중한 결과의 발생

기본범죄행위로 인하여 중한 결과가 발생한 때에 결과적 가중범이 성립할 수 있다. 여기에서 중한 결과는 이미 기본범죄행위에 내포된 전형적인 위험의 실현에 해당하므로 결과적 가중범의 본질적인 불법내용을 구성한다. 이 점에서 일정한 결과발생이 단지 가벌성의 전제조건을 형성할 뿐 불법이나 책임과는 무관한 객관적 처벌조건과 구별된다.

---

16) 배종대 707면; 안경옥, 「결과적 가중범의 직접성의 원칙」, 형사법연구 제12호(1999), 137면 이하; 안동준 284면; 이재상 201면; 조상제, 「결과적 가중범의 제한해석」, 형사판례연구 3 (1995), 49면 이하.

중한 결과는 대부분 법익침해에 해당하지만 구체적인 위험결과에 해당하는 경우도 있다. 중상해죄($\frac{제258조}{제1항}$)나 중권리행사방해죄($\frac{제326}{조}$)가 그 경우이다.

중한 결과의 발생은 과실에 의한 경우가 대부분이지만 부진정결과적 가중범의 예에서는 고의에 의한 경우가 있을 수 있다.

3. 인과관계와 객관적 귀속

(1) 인과관계

결과적 가중범에서 객관적으로 중한 결과를 행위자의 작품으로 귀속시키자면 먼저 고의의 기본범죄행위와 중한 결과의 발생 사이에 인과관계가 필요하다. 이 때의 인과관계는 합법칙적 조건관계를 의미한다.

상당인과관계로 족하다는 입장도 있다.[17] 상당인과관계설을 따를 경우에는 인과관계가 확인되면 더 이상 객관적 귀속의 문제를 검토할 필요가 없다. 상당인과관계설은 자연적 인과관계의 확정과 평가적 귀속의 문제를 한꺼번에 해결하는 일원적 인과관계의 확정방법이기 때문이다.

(2) 객관적 귀속관계

기본범죄행위·결과와 결과구성요건의 중한 결과의 발생 사이에 합법칙적 조건관계가 있더라도, 중한 결과를 행위자에게 객관적으로 귀속시킬 수 있을 때 비로소 결과적 가중범의 객관적 구성요건해당성은 인정된다(다수설).

다만 결과적 가중범의 결과귀속에 있어서는 **직접성의 원칙**이 이러한 범죄형태에만 특유한 특별한 객관적 귀속의 관점으로 검토된다(다수설). 객관적 귀속관계가 부정되면 비록 중한 결과가 발생했다 할지라도 객관적 구성요건해당성은 부인되며, 따라서 중한 결과발생에 관한 행위자의 과실 유무를 더 논의할 필요 없이 결과적 가중범은 불성립된다.

4. 직접성의 원칙

결과적 가중범에서 기본범죄는 애당초 중한 결과를 야기할 수 있는 일반적 경향이 있는 범죄에 국한되어 있으므로 중한 결과는 항상 기본범죄에 내포된 전형적인 위험이 실현된 것에 지나지 않는다. 따라서 중한 결과는 중간원인을 거치지 않고 기본범죄행위·결과로부터 직접 야기된 것이어야 한다. 이것을 직접성의

---

17) 권문택, 「결과적 가중범」, 고시계 1972. 7, 65면; 남흥우 179면; 배종대 714면; 염정철, 「결과적 가중범론」, 부산대학교법학연구, 4-2, 78면; 유기천 161면.

원칙이라 한다.

  이에 따르면 적어도 중간원인이 개재된 중한 결과발생에 대해서는 결과적 가중범의 성립이 제한된다. 예컨대 상해의 피해자가 상해를 피해 혼자 도망하다가 높은 곳에서 떨어져 사망한 경우, 강도의 피해자가 강취를 모면하기 위해 급히 서둘러 혼자 도망치다가 심하게 다친 경우, 상해의 피해자를 제 3 자가 다시 가혹행위를 가함으로써 사망케 한 경우 또는 강간의 피해자가 자살한 경우에는 결과적 가중범이 성립하지 않는다.

  그러나 피해자가 열차 안에서 계속 따라오며 위협하는 폭행을 피하려고 다른 찻간으로 도망치다가 열차 밖으로 떨어져 죽은 경우 또는 체포·감금이나 강간·강제추행 등의 경우처럼 행위의 일부실현으로도 가중결과에 대한 원인이 충분히 될 수 있는 범죄에서 피해자가 행위자의 기본범죄행위 자체를 피하기 위하여 도망하다 사상에 이른 경우에는 직접성이 인정된다. 판례도 같은 입장이다(대판 1990. 10. 16, 90 도 1786; 1991. 10. 25, 91 도 2085; 1996. 7. 12, 96 도 1142). 다만 판례는 직접성의 요구를 상당인과관계의 판단에 포함시켜 검토하고 있다.

‖**판례 1**‖ 피고인들이 공동으로 피해자를 폭행하여 당구장 3층에 있는 화장실에 숨어 있던 피해자를 다시 폭행하려고 피고인 갑은 화장실을 지키고, 피고인 을은 당구치는 기구로 문을 내려쳐 부수자 위협을 느낀 피해자가 화장실 창문 밖으로 숨으려다가 실족하여 떨어짐으로써 사망한 경우에는 피고인들의 위 폭행행위와 피해자의 사망 사이에는 원인관계가 있다고 할 것이므로 폭행치사죄의 공동정범이 성립된다(대판 1990. 10. 16, 90 도 1786).

‖**판례 2**‖ 아파트 안방에 감금된 피해자가 가혹행위를 피하려고 창문을 통하여 아파트 아래 잔디밭에 뛰어 내리다가 사망한 경우, 중감금행위와 피해자의 사망 사이에 인과관계가 있어 중감금치사죄가 성립된다(대판 1991. 10. 25, 91 도 2085).

‖**판례 3**‖ 폭행이나 협박을 가하여 간음을 하려는 행위와 이에 극도의 흥분을 느끼고 공포심에 사로잡혀 이를 피하려다 사상에 이르게 된 사실과는 이른바 상당인과관계가 있어 강간치사상죄로 다스릴 수 있다(대판 1995. 5. 12, 95 도 425).

‖**판례 4**‖ 폭행 또는 협박으로 타인의 재물을 강취하려는 행위와 이에 극도의 흥분을 느끼고 공포심에 사로잡혀 이를 피하려다 상해에 이르게 된 사실과는 상당인과관계가 있다 할 것이고 이 경우 강취 행위자가 상해의 결과의 발생을 예견할 수 있었다면 이를 강도치상죄로 다스릴 수 있다(대판 1996. 7. 12, 96 도 1142).

5. 예견가능성

형법 제15조 제 2 항은 중한 결과에 대한 예견가능성을 결과적 가중범의 요건으로 명시하고 있는데, 이것을 과실의 의미로 이해하는 것이 우리나라의 통설이다.

문제는 이 예견가능성의 내용을 어떻게 파악하느냐 하는 점이다.

과실범의 일반체계에 따라 결과에 대한 객관적 예견가능성은 결과적 가중범의 구성요건요소로, 주관적 예견가능성은 책임요소로 보는 것이 옳다. 다만 상당인과관계설(객관적 또는 절충적 상당인과관계설)이나 객관적 귀속론 모두 객관적 예견가능성의 관점을 이미 포함하고 있기 때문에 결국 상당인과관계 및 귀속의 판단과 과실의 판단이 동시에 중첩적으로 이루어지게 될 것이다.[18] 예견가능성의 판단시기는 기본범죄의 실행시기이다.

Ⅲ. 위 법 성

고의의 기본행위에 위법성이 인정되어야 함은 물론이다. 만약 기본적 범죄행위에 위법성조각사유가 있으면 결과적 가중범은 성립하지 아니한다. 비록 드문일이기는 하지만 기본행위시에 이에 내재된 전형적인 위험실현과 연관된 과실에 대하여 위법성조각사유가 성립될 수 있고, 그렇게 될 경우에는 역시 전체로서 결과적 가중범은 성립되지 않고 단지 기본범죄행위만이 문제될 뿐이다.

Ⅳ. 결과적 가중범의 책임

결과적 가중범의 책임에도 일반범죄론상의 책임요소가 갖추어져야 함은 물론이다. 책임요소로서의 과실은 구성요건요소인 객관적 과실과는 달리 결과발생에 대한 주관적 예견가능성, 즉 주관적 과실을 의미한다. 즉 행위자 개인의 정신적·신체적 능력과 인식에 따른 주관적 예견가능성을 의미한다.

결과적 가중범의 법정형은 고의의 기본범죄보다 무겁지만 중한 결과발생에 대하여 고의가 있는 경우에 비하면 원칙적으로 가볍다(부진정결과적 가중범의 경우 반드시 그런 것은 아니다). 책임원칙을 고려하여 책임귀속의 경중을 고의·과실 등의 책임표지에 따라 기본적으로 차등을 둔 때문이다. 그러나 현행 형법상 폭행치

---

18) 이러한 이유 때문에 형법 제15조 제 2 항에 있어서는 과실의 판단만 있으면 족하지 별도로 인과관계의 판단은 필요치 않다는 주장도 제기된다(박동희 170면; 황산덕 139면).

상죄의 형은 상해죄의 예에 의한다고 규정하고 있는 점($\frac{제262}{조}$)이 문제이다. 폭행치상죄는 결과적 가중범이고 상해죄는 고의범인 점을 고려할 때 전자의 법정형은 후자보다 가볍게 규정하는 것이 입법론적으로 타당할 것이다.

V. 결과적 가중범의 정범 및 공범

1. 공동정범

과실범의 공동정범을 부인하는 다수설은 결과적 가중범의 공동정범도 부인한다. 결과적 가중범은 고의와 과실이 결합된 결합범이므로 고의의 기본범죄에 대해서 공동정범원리의 적용이 가능하고, 결과구성요건에 대해서는 행위자 각자에게 과실이 있는 경우에 단지 과실의 동시범이 될 수 있을 뿐이라는 것이다.[19] 반면 과실범의 공동정범성립을 긍정하는 입장에서는 기본범죄행위에 참여한 자들간에 중한 결과발생에 대한 주의의무의 공동이 인정되는 경우에는 결과적 가중범의 공동정범이 성립하는 것으로 본다.[20]

생각건대 이론적으로 과실범의 공동정범성립이 가능하기 때문에 중한 결과발생에 대한 공동의 주의의무위반을 요건으로 결과적 가중범의 공동정범성립을 인정하는 것이 불가능한 것은 아니다. 다만 결과적 가중범의 경우에는 기본범죄의 참여자에게 중한 결과발생에 대한 과실이 있었는지를 개별적으로 확인하여, 과실이 있는 각 사람을 결과적 가중범의 정범으로 처벌하면 족하기 때문에 행위참여자 상호간에 반드시 공동정범관계를 인정해야 할 특별한 이론적·실무적 필요성이 존재하는 것은 아니다.

공모공동정범과 과실범의 공동정범을 인정하는 우리 대법원은 결과적 가중범의 공동정범에 대하여도 기본범죄를 공동으로 할 의사가 있으면 성립한다고 판시하였다가(대판 1978. 1. 17, 77 도 2193; 1988. 9. 13, 88 도 1046), 그 후 중한 결과를 「예견할 수 없었던 경우가 아니면」 결과적 가중범의 죄책을 면할 수 없다고 하였다(대판 1991. 11. 12, 91 도 2156). 과실 없는 자도 결과적 가중범의 책임을 져야 한다면 가벌성의 지나친 확장이란 비판을 의식한 판례의 변화라고 할 것이다.

19) 예컨대 김일수, 한국형법 Ⅱ, 296면; 박상기 320면; 배종대 718면; 임웅 545면.
20) 과실범의 공동정범은 주의의무의 공동을 요건으로 하기 때문에 결과적 가중범에 있어서도 중한 결과에 대한 공동의 과실이 있는 때에는 결과적 가중범의 공동정범이 될 수 있다는 견해(이재상 206면).

‖ **판례** ‖ 강도의 공범자 중 1 인이 강도의 기회에 피해자에게 폭행 또는 상해를 가하여 살해한 경우, 다른 공모자가 살인의 공모를 하지 아니하였다고 하여도 그 살인행위나 치사의 결과를 예견할 수 없었던 경우가 아니면 강도치사죄의 죄책을 면할 수 없다(대판 1991. 11. 12, 91 도 2156).

2. 교사범 · 방조범

결과적 가중범은 기본구성요건이 고의범인 한 결과구성요건이 과실이라도 전체로서 고의범의 일종으로 취급할 수 있다. 따라서 과실범에 대한 교사 · 방조는 불가능하지만, 이 한에서 결과적 가중범에 대한 교사 · 방조도 고려할 수 있다. 즉 기본범죄에 대한 교사자 또는 방조자가 중한 결과발생에 대해서 스스로 과실이 있었을 때 결과적 가중범의 공범으로 처벌할 수 있다. 이 경우에 정범이 중한 결과발생에 대하여 고의 또는 과실이 있었느냐 아니면 전혀 과책이 없었느냐를 문제삼을 필요는 없다.

Ⅵ. 결과적 가중범의 미수

결과적 가중범에서 책임원칙을 보다 철저히 관철시키기 위해서는 기본범죄의 기 · 미수에 따라 불법과 책임의 양을 구분하는 것이 입법론적으로 바람직하다는 점은 이미 앞서 지적하였다. 이 문제와 관련하여 결과적 가중범의 미수를 인정할 것인가, 인정한다면 어떻게 개념정의 할 것인가, 그리고 현행 형법규정의 해석상 결과적 가중범의 미수범 처벌이 가능한지에 대해서 의견이 나뉘고 있다.

결과적 가중범의 미수로 생각해 볼 수 있는 행위양태는 다음의 세 가지 경우이다.

(a) **진정결과적 가중범에서 중한 결과가 미수인 경우**　　진정결과적 가중범에서 중한 결과가 발생하지 않은 경우는 결과적 가중범 자체가 성립하지 않는다. 따라서 이러한 행위유형에서는 결과적 가중범의 미수란 생각할 수 없다. 우리 형법상 과실범은 항상 기수를 전제로 하고 있기 때문이다.

(b) **부진정결과적 가중범에서 중한 결과가 미수인 경우**　　결과적 가중범에서 중한 결과에 대하여 고의가 있는 경우, 즉 부진정결과적 가중범(예컨대 제258조의 중상해죄, 제164조 제 2 항의 현주건조물방화치사상죄, 제177조 제 2 항의 현주건조물 일수치사상죄, 제188조의 교통방해치사상죄)의 경우에는 이론상 결과적 가중범의

미수가 성립할 수 있다. 이 경우 형법상 미수범처벌규정을 두지 않고 있는 경우에는 해석상 당연히 미수범을 인정할 여지가 없으나 현주건조물 일수치사상죄의 경우에는 미수범처벌규정($\frac{제182}{조}$)이 있어서 문제이다.[21] 생각건대 부진정결과적 가중범이 성립하기 위해서는 중한 결과의 발생이 핵심요소이므로 중한결과가 발생하지 않은 경우까지 굳이 이를 부진정결과적 가중범으로 처리할 이유가 없다.[22] 이 경우에는 기본범죄의 고의와 중한결과의 미수의 상상적 경합으로 처리하면 족하기 때문이다(즉 현주건조물에 방화하여 사람을 살인하고자 했으나 살인이 미수에 그친 경우 현주건조물방화죄와 살인미수죄의 상상적 경합으로 처리하면 충분하다). 따라서 제182조는 일수죄의 경우에만 적용되고 우리 형법상 부진정결과적 가중범의 미수는 성립하지 않는 것으로 해석하는 것이 옳다.[23]

(c) **기본범죄가 미수인 경우**   현재 다수설은 기본범죄행위의 미수에 의해 중한 결과가 직접 발생한 경우라도 전체로서 결과적 가중범의 기수가 성립하는 것을 본다. 예컨대 강도에 착수한 자가 아직 재물을 탈취하기도 전에 피해자를 치사시킨 경우에는 강도행위로서는 미수이나 전체로서 강도치사죄($\frac{제338조}{후단}$)의 기수라는 것이다. 그러나 이러한 결론은 책임원칙을 벗어나 가벌성을 확장시킨 것이라고 평가할 수밖에 없다. 강도행위가 미수에 그쳤을 때와 기수에 이르렀을 때를 미수·기수로 구별하여 달리 취급하는 것이 책임원칙에 적합하다면, 강도행위로 인하여 중한 결과가 과실로 야기된 경우에도 고의적인 기본행위의 미수·기수에 따라 달리 취급하는 것이 책임원칙에 충실할 터이기 때문이다.

생각건대 기본범죄행위가 기·미수인가의 여부는 전체 결과적 가중범의 불법의 양과 행위자의 책임정도에 상당한 영향을 미치기 때문에,[24] 기본범죄행위가 미수이고 중한 결과가 기본범죄의 미수행위로부터 직접 발생한 것으로 인정될 때에는[25] 결과적 가중범의 기수가 아니라 미수를 인정하여 처벌에 차등을 두는 것

---

21) 긍정설로는 손동권·김재윤 384면; 임웅 545면.

22) 배종대 724면에서는 부진정결과적 가중범의 본질적인 개념요소가 '중한 결과의 발생'이기 때문에 고의가 있더라도 중한 결과가 발생하지 않았다면 그것은 처음부터 결과적 가중범의 범주에 들어올 여지가 없다고 지적한다.

23) 역시 부정설의 입장으로는 배종대 724면; 신동운 538면; 이재상 375면; 정성근·박광민 463면.

24) 강도치상죄에서 직원들에게 줄 월급 1억원을 빼앗기고 상처까지 입은 경우와 상처는 입었지만 돈을 지킨 경우에 범행의 불법의 양과 행위자의 책임이 양이 달라지는 것은 당연하다. 부녀가 실제 강간을 당하고 상처까지 입은 경우와 저항 과정에서 상처는 입었지만 성폭행 자체는 면한 경우에도 불법과 책임의 평가가 달라지는 것은 당연하다.

25) 예컨대 A가 B를 강간하려고 그녀의 목을 조르다가 성교에 이르기 전 B를 질식사시킨 경우에는 강간치사의 미수가 성립하나, C가 D를 가격하려고 주먹을 치켜들었으나 이를 본 D가 뒤로 물러서다 언덕 아래로 굴러 떨어져 사망한 경우에는 상해치사의 미수가 성립되지 않고 단지 상해미수와 과실치사의 상상적 경합이 인정될 뿐이다. 이 경우는 중한 결과가 기본범죄행위의

이 옳다고 본다.[26]

문제는 현행 형법으로 이러한 유형에 대한 결과적 가중범의 미수처벌이 가능한가이다. 이와 관련하여 개정형법이 강도치상($\frac{제337}{조}$)·강도치사($\frac{제338}{조}$), 해상강도치상($\frac{제340조}{제2항}$)·해상강도치사($\frac{제340조}{제3항}$), 인질치상($\frac{제324조}{의3}$)·인질치사($\frac{제324조}{의4}$) 등의 죄에 있어서 결과적 가중범의 미수를 규정($\frac{제342조, 제324}{조의5 참조}$)하고 있기 때문에 미수범처벌이 가능하다는 견해도 있다.[27] 그러나 제342조와 제324조의 5 미수범 규정은 고의결합범인 강도상해($\frac{제337}{조}$)·강도살인($\frac{제338}{조}$), 해상강도상해($\frac{제340조}{제2항}$)·해상강도살인($\frac{제340조}{제3항}$), 인질상해($\frac{제324조}{의3}$)·인질살해($\frac{제324조}{의4}$) 등에 제한 적용된다고 보는 것이 타당하다.[28] 고의범죄(강도상해, 강도강간 등)에서는 기본범죄의 기수·미수에 상관없이 중한 결과가 발생하면 기수범으로 보면서, 결과적 가중범에서는 중한 결과가 발생했음에도 불구하고 기본범죄가 미수이면 전체를 미수범으로 보자는 견해는 일관성이 결여된 것이다. 기본범죄의 기수·미수 여부에 따라 전체에 대한 불법의 평가를 달리하자는 취지는 공감이 가지만 그것은 고의범과 과실범에 공통적으로 적용되어야 한다. 따라서 결과적 가중범의 미수는 부정하는 것이 옳다. 개정형법의 미수범규정이 결과적 가중범을 포괄한 것은 입법의 실수로 보는 것이 타당하다.

___

직접적 결과가 아니기 때문이다.

26) 김성돈 501면; 김일수, 한국형법 Ⅱ, 458면; 임웅 544면.

27) 권오걸 409면; 김일수, 한국형법 Ⅱ, 458면; 박상기 323면; 임웅 545면; 이정원 487면; 정영일 178면.

28) 같은 견해, 김성돈 501면; 신동운 539면; 오영근 225면; 정성근·박광민 462면.

제 8 장 부작위범론

I. 서 론

1. 의 의

부작위범은 행위자가 개인적으로 할 수 있고 또 마땅히 하여야 할 것으로 명하여진 행위를 하지 아니함으로써 성립하는 범죄형태를 말한다. 즉 부작위범(Unterlassungsdelikt)은 아무 것도 하지 않는 단순한 무위(Nichtstun)가 아니라 법규범에서 명령한 행위를 소극적으로 하지 않음으로써 실현되는 범죄이다. 이 점에서 금지된 행위를 적극적으로 위반함으로써 실현하는 작위범(Begehungsdelikt)과 구별된다. 부작위범은 행위자에게 가능한 일정한 행위기대를 실추(Enttäuschung der Erwartung)시키는 의미를 가지고 있다.

2. 부작위와 작위의 구분

작위범과 부작위범은 가벌성의 요건에서 차이가 난다. 그러므로 개개의 사례에서 어떤 행태가 작위인가 부작위인가 하는 문제는 실무적으로 중요한 의미를 갖는다. 구체적인 사안의 해결을 위해서는 행위자의 전체 행위과정 중 형법적으로 중요한 부분이 작위인지 부작위인지를 사전에 먼저 확정하지 않으면 안 되기 때문이다.

(1) 일반적인 경우

일반적인 예에서는 작위와 부작위의 구분이 크게 문제될 게 없다. 사건의 자연적인 이해에 따라 쉽게 해결할 수 있기 때문이다. 이 경우에는 대체로 외적인 현상형태를 기초로 구별하여야 한다. 신체적인 에너지를 투입함으로써 사건의 진행을 변경시킨 자는 무엇인가를 행한 것이며, 이에 반해 사건의 진행을 변경시킬 수 있음에도 불구하고 신체적인 힘을 투입하지 아니함으로써 진행을 방치해 버린 자는 무엇인가를 하지 않은 것이다. 예컨대 산모가 영아를 목졸라 죽인 경우는 작위이고, 영아에게 젖을 주지 않아 영아를 아사케 한 경우는 부작위이다.

(2) 다의적인 행태의 경우

(a) **문제의 제기**　　하나의 행태가 작위요소와 부작위요소를 동시에 갖고 있는 경우가 있다. 이러한 다의적인 행태의 경우는 고의범과 과실범 두 가지 사례 군으로 나누어 볼 수 있다. 과실범에서는 주의의무가 종종 안전의무(주의 깊게 행동하라!)임과 동시에 부작위의무(위험한 일을 하지 말라!)이기도 하기 때문에 작위와 부작위가 동시에 일어날 수 있다. 고의범에서도 작위가 선행하고 부작위가 뒤따르는 경우에 문제가 된다. 예컨대 물에 빠진 부인을 구조해야 할 의무있는 남편이 구명도구를 숨겨 익사하도록 했을 때 남편의 행위를 작위 또는 부작위로 평가해야 할지의 문제가 발생하는 것이다. 이처럼 하나의 행태 중에 작위와 부작위가 얽혀 있는 경우 어느 것을 형법적 판단의 기준으로 삼아야 하는가가 문제이다.

(b) **판단기준**　　먼저 작위와 부작위의 구별이 분명치 않을 때에는 먼저 작위부분을 검토하고 그것이 성립하지 않을 경우에 부작위를 검토하는 것이 바람직하다는 견해(작위우선의 원칙)[1] 또는 일정한 방향으로 에너지의 투입이 있으면 작위이고 그러한 에너지의 투입이 없으면 부작위로 보아야 한다는 견해(에너지투입설)[2]가 있다. 그러나 작위와 부작위의 구분은 자연과학적·인과적인 분류가 아니라 구성요건의 해석과 적용을 고려한 법적 평가의 문제이기 때문에, 행태의 사회적인 의미를 고려하여 그 행태에 대한 법적 비난의 중점이 작위요소에 있는가 아니면 부작위요소에 있는가에 따라 작위와 부작위를 규범적으로 구별하는 것이 바람직하다(규범적 평가설).[3] 물론 부작위는 작위에 대해 보충적인 지위를 가지고 있기 때문에 다의적인 행태의 작위·부작위 여부를 구별함에 있어서 '작위우선의 원칙'이 보충적으로 고려될 수 있음은 물론이다.

(c) **구체적인 적용례**

㈎ 과실범의 경우　　과실범에서 작위요소, 즉 과실행위의 수행은 언제나 부작위요소, 즉 요구된 주의의무의 불이행을 수반한다. 이 경우 요구된 주의의무는 오직 작위의 무해성을 유지하기 위한 것이기 때문에 법적 평가의 중점은 작위에 주어진다. 왜냐하면 과실범에서는 행위자에게 가능한 결과의 인식이 요구되는 것

---

1) 배종대 730면; 오영근 256면; 이재상 115면; 이정원 433면; Jescheck/Weigend, S. 603; Rudolphi, SK, vor §13 Rdn. 7.
2) 김성돈 509면; 박상기 326면; 손동권·김재윤 395면.
3) 같은 견해, 신동운 119면; 이형국 396면; 임웅 549면; 정성근·박광민 469면; 진계호, 「형법상 부작위범론」, 성시탁화갑논문집, 34면 이하; Sch/Sch/Stree, vor §13 Rdn. 158; Wessels, Rdn. 700.

이 아니라, 오히려 인식가능한 결과예방에 적합한 주의의 흠결이 있는 행위가 금지되고 있기 때문이다. 따라서 다의적인 행태 전체가 작위로 평가된다.

‖ **사례** ‖ ① 야간에 전조등을 켜지 않고 거를 몰고 가던 운전자가 행인을 친 경우, 상해라는 사상에 대한 비난의 중점은 부작위, 즉 전조등을 켜지 않은 행위가 아니라 작위, 즉 전조등 없이 운전한 행위인 것이다. ② 또한 스프링쿨러와 같은 방화설비나 비상계단과 같은 피난설비를 충분히 갖추지 않은 채 호텔을 경영하다가 호텔화재로 사상자를 낸 경우 호텔경영자에게 돌아갈 사상에 대한 비난의 중점은 안전설비를 갖추지 않았다는 부작위에 있는 것이 아니라 화재사고예방에 대한 감독부주의라는 작위에 있는 것이다. ③ 그 밖에도 소독되지 않은 중국산 염소털을 가공하도록 고용원들에게 교부함으로써 탄저병에 감염된 근로자가 사망한 사례(RGSt 63, 213) 및 법정간격을 위반하여 추월하려다가 사고를 낸 운전자사례(BGHSt 11, 1)도 마찬가지 이유에서 작위로 평가된다. ④ 그러나 건강을 해칠 위험 있는 제품을 유통에 제공한 사람은 그러한 위험을 방지해야 할 보증인적 지위에 있을 뿐만 아니라, 이러한 지위로부터 그 유해한 제품을 수거해야 할 보증인적 의무가 발생하기 때문에 부작위에 의한 사상(미필적 고의가 있는 경우) 또는 부작위에 의한 과실사상(주의의무위반이 있는 경우)으로 평가된다.

　㈏ 타인의 **구조활동저지의 경우**　　타인의 구조활동을 적극적으로 저지시키거나 중단시킨 행위는 비록 부작위요소가 있다 해도 법적으로는 작위로 평가된다. 법적 비난의 중점이 인과적인 사건진행의 적극적인 조종 내지 변형에 놓여 있기 때문이다. 뿐만 아니라 행위자에게 보증인적 지위가 있을 경우에도 원칙적으로 부작위범이 작위범에 대하여 보충적인 지위에 있어 '작위의 우선'(Primat des Tuns)이 적용되기 때문이다.

‖ **사례** ‖ ① T가 물에 빠진 O에게 구명대를 던져 구조하려는 R을 폭력으로 저지하였거나, R이 던진 구명대를 거둬들인 경우 T는 작위에 의한 살인죄의 죄책을 지게 된다. 이 때 비록 T에게 보증인적 지위가 있다 하더라도 부작위에 의한 살인이 아니라 단순한 작위에 의한 살인이 된다. ② 위의 예의 약간 다른 변형으로서, 구명보트의 주인이 물에 빠진 O를 살리기 위해 그 보트를 사용하려는 R에게 보트의 사용을 거절함으로써 O가 익사한 경우를 생각할 수 있다. 이 때 구명보트의 주인은 필요로 하는 도움을 거절하였기 때문에 비난의 중점은 부작위에 놓이게 된다.

　㈐ 원인에 있어서 **자유로운 부작위**　　어떤 사람이 적극적인 작위에 의해 자신의 구조행위를 불가능하게 만든 경우를 원인에 있어서 자유로운 부작위(omissio libera in causa)라 한다. 이 경우 원인작위에 작위요소가 있었음에도 불구하고 법적으로는 부작위로 보아야 한다. 왜냐하면 이 경우 그가 왜 부작위했느냐 하는 이

유가 중요한 것이 아니라 그가 요구된 활동을 하지 않았다고 하는 사실이 중요하기 때문이다.

‖ **사례** ‖   건널목지기 T는 기차가 지나갈 무렵 술에 취해 차단기를 내리지 않음으로써 충돌사고를 일으켜야겠다는 미필적 고의를 가지고 음주대취하여 차단기를 내리지 않았다. 그 결과 마침 건널목을 지나던 승용차와 기차가 충돌하여 승용차의 운전자가 현장에서 사망했다. 이 경우 T는 부작위에 의한 살인죄로 처벌된다.

(라) **자신의 구조활동의 효과를 사후에 적극적으로 무효화시킨 경우**   어떤 사람이 자신이 기왕에 취한 구조활동의 효과를 계속 유지하지 않고 사후에 적극적인 행태에 의해 저지시키거나 무효화시킨 경우이다. 이러한 경우를 작위로 볼 것인가, 부작위로 볼 것인가가 문제이다.

‖ **사례** ‖   우물익사사례: (a) T는 우물 속에 빠진 O를 구하기 위하여 밧줄을 던졌으나 O가 자신의 딸을 폭행했던 전과자라는 사실을 알자 O가 밧줄을 잡기 전에 그것을 도로 거두어 올렸다. (b) T는 같은 사정하에서 O가 밧줄을 잡자 그 밧줄을 놓아 버렸다.
‖ **사례** ‖   우편물회수사례: (a) T는 반국가단체구성에 관한 모의계획을 제보하는 내용으로 검찰총장을 수신인으로 하는 편지 한 통을 우체통에 투입했다가 잠시 후 생각을 고쳐 먹고 이를 교묘히 끄집어 내어 소각시켜 버렸다. (b) T는 같은 사정 하에서 일단 배달된 편지를 검찰총장이 읽어 보기 전에 몰래 회수하여 소각시켜 버렸다.

이 같은 사례의 해결을 위해 구체적인 판단기준으로는 **구조수단이 이미 구조를 받는 자의 영역에 도달했느냐의 여부**가 중요하다. 즉 구조수단이 구조를 받는 자의 영역에 도달한 뒤에 행위자가 취한 무효화 또는 저지행위는 상대방으로부터 자신의 구조활동의 효과를 빼앗는 것으로서 결과적으로 타인의 구조활동을 무효화시키는 것과 같은 정도의 평행성을 지닌다. 따라서 이 경우는 작위로 평가해야 한다. 반면 구조수단이 아직 구조를 받는 자의 영역에 도달하지 못하였거나 또는 실효를 나타내기 이전에 행위자가 그 구조수단을 무효화시킨 경우에는 부작위로 평가해야 한다.[4]

이에 따라 앞의 우물익사사례 (a)의 경우는 부작위가 되어 행위자에게 특별한 보증인적 지위가 없을 때에는 그 사망에 대해 적어도 살인죄의 죄책을 지지는 않는다. 반면 우물익사사례 (b)의 경우는 작위가 되어 살인죄의 죄책을 져야 한다. 또한 우편물회수사례 (a)의 경우는 부작위가 되어 단순한 불고지죄($^{국가보안법}_{제10조}$)에 해당되는 반면, 우편물회수사례 (b)의 경우는 작위가 되어 반국가단체구성죄($^{국가보안법}_{제3조}$)

---

4) 같은 견해, 임웅 550면.

의 방조범이 될 수 있다.

㈑ 소극적 안락사 또는 치료중단의 경우   의사가 치료중인 중환자에게 부착시킨 생명연장구조장치인 인공심폐기를 차단시키거나, 생명연장가능성이 있는 중환자에게 인공심폐기 부착 등의 치료조치를 취하지 않고 생명연장가능성을 포기함으로써 사망시킨 경우를 어떻게 취급할 것인가?

단순한 인과적 기준에 따라 인공심폐기의 차단행위에 중점을 두면 작위라고 해야 한다(통설). 판례도 환자 가족의 퇴원요구에 응해 의료행위를 중지하고 인공호흡장치를 제거하여 그것이 직접적인 원인이 되어 환자가 사망한 사건(보라매병원사례)에서 이를 작위행위로 판단하였다(대판 2004. 6. 24, 2002 도 995). 그러나 치료를 맡은 의사가 치료를 포기하고 환자의 생명을 단축시키기 위해 인공심폐기를 차단한 경우, 인공심폐기 차단에 법적 비난의 중점이 있는 것이 아니라 의사로서 마땅히 해야 할 치료행위를 중단하였다는 점에 법적 비난의 중점이 있다. 따라서 의사의 소극적 안락사는 작위가 아니라 부작위로 평가하는 것이 옳다.

‖ **판례** ‖   어떠한 범죄가 적극적 작위에 의하여 이루어질 수 있음은 물론 결과의 발생을 방지하지 아니하는 소극적 부작위에 의하여도 실현될 수 있는 경우에, 행위자가 자신의 신체적 활동이나 물리적·화학적 작용을 통하여 적극적으로 타인의 법익 상황을 악화시킴으로써 결국 그 타인의 법익을 침해하기에 이르렀다면, 이는 작위에 의한 범죄로 봄이 원칙이고, 작위에 의하여 악화된 법익 상황을 다시 되돌이키지 아니한 점에 주목하여 이를 부작위범으로 볼 것은 아니며, 나아가 악화되기 이전의 법익 상황이, 그 행위자가 과거에 행한 또 다른 작위의 결과에 의하여 유지되고 있었다 하여 이와 달리 볼 이유가 없다(대판 2004. 6. 24, 2002 도 995).

3. 부작위범의 종류

⑴ 진정부작위범

진정부작위범은 행위에 대한 명령규범을 부작위로 위반하는 범죄이다. 다시 말해 법적으로 명령된 활동을 단순히 이행하지 아니하거나 거부함으로써 성립하는 범죄이다. 작위범의 측면에서 보면 거동범이 이에 해당한다.

진정부작위범의 예로는 전시군수계약불이행죄($\frac{제103조}{제1항}$), 다중불해산죄($\frac{제116}{조}$), 전시공수계약불이행죄($\frac{제117조}{제1항}$), 집합명령위반죄($\frac{제145조}{제2항}$), 퇴거불응죄($\frac{제319조}{제2항}$) 등이 있고, 국가보안법상의 불고지죄($\frac{제10}{조}$), 경범죄처벌법상의 여러 행태들($\frac{제3조 6호·}{29호·34호 등}$)도 이에 해당한다.

∥**판례**∥   예배의 목적이 아니라 오히려 이를 방해하기 위해 교회에 출입하자 이를 안 교회의 당회는 교회출입금지의결을 했고, 교회관리인이 퇴거를 요구하였으나 이에 응하지 않았다. 이처럼 교회출입을 막으려는 교회의 의사가 명백히 나타난 이상 이에 불응하여 퇴거하지 않은 행위는 퇴거불응죄에 해당된다(대판 1992. 4. 28, 91 도 2309).

(2) 부진정부작위범

부진정부작위범은 결과방지의 의무 있는 보증인이 부작위로써 작위범의 구성요건을 실현하는 범죄이다. 이를 부작위에 의한 작위범(delicta commissiva per omissionem)이라고도 한다. 부진정부작위에서 가벌성의 법적 기초는 적극적인 작위에 의해 결과의 야기가 전제된 형법각칙상의 모든 구성요건이다. 특히 우리 형법 제18조(부작위)는 일정한 전제하에서 결과방지에 나아가지 않은 부작위를 적극적인 작위에 의한 결과의 야기와 동일시함으로써 형법각칙상 구성요건의 적용범위를 2 배나 확장시켜 주는 역할을 한다.

이처럼 작위와 부작위는 존재론적으로는 유·무의 차이가 있음에도 불구하고 형법적으로는 둘 다 대등한 기본형태라는 점이 부진정부작위에서 분명해진다. 예컨대 살인죄의 '사람을 살해하는 행위'는 칼로 찌르는 적극적인 작위만이 아니라 젖을 주지 않는 부작위로도 똑같이 행하여질 수 있기 때문에 작위범형식으로 규정된 살인죄는 부진정부작위범의 형태에 의해 2 배로 확장되는 셈이다.

∥**판례**∥   폭약을 호송하는 사람이 화차 내에서 금지된 촛불을 켜놓은 채 잠자다가 폭약상자에 불이 붙는 순간 이를 발견하였다면 그 상자를 뒤집는 등 쉽게 진화할 수 있었는데도 도주하였다. 그렇다면 부작위에 의한 폭발물파열죄에 해당한다(대판 1978. 9. 26, 78 도 1996).

법률확정성의 요구가 있음에도 불구하고 입법자는 왜 부진정부작위와 같은 방법을 사용해야 하는가? 부작위 영역에서 생활상은 너무 다양하여 작위범과 같은 수준으로 가벌적인 행태의 요건을 완전하게 기술할 수 없기 때문이다. 작위범에서는 기술할 수 있는 작위행태(예컨대 살해·절도·강도 등)가 언제나 존재한다. 그러나 부진정부작위범에서는 이에 상응하는 방식으로 기술할 수 있는 생활상이 존재하지 않기 때문에 형법총칙상의 일반조항과 이에 대한 학설 판례상의 구체화 작업을 통해 법률확정성의 요구를 만족시킬 수밖에 없다.

(3) 양자의 구별기준

(a) **실 질 설**   명령된 행위를 단순히 부작위함으로써 실현하는 범죄를 진정

부작위범이라 하고, 부작위 외에 구성요건결과의 발생이 있어야 성립하는 범죄를 부진정부작위범이라고 하는 입장을 실질설이라 한다. 이 구별은 작위범에서 거동범과 결과범에 대응하는 것으로서 진정부작위범은 단순한 거동범에, 부진정부작위범은 결과범에 상응한다. 따라서 진정부작위범에서 결과방지는 입법자의 입법동기이긴 하지만 구성요건요소가 아닌 반면, 부진정부작위범에서 결과방지는 구성요건요소이다. 현재 독일 및 오스트리아의 판례 및 다수설의 입장이다.[5]

(b) **형 식 설**   실정법의 규율형식에 따라 구별하는 입장이다. 즉 진정부작위범은 구성요건결과의 발생이 구성요건요소인가 아닌가를 불문하고 법률에 명문으로 부작위를 처벌하도록 규정한 경우이고, 부진정부작위범은 부작위의 처벌이 법률에 명문으로 규정되어 있지 않은 경우를 말한다(우리나라의 다수설[6]). 즉 법률상의 규정형식은 작위범이지만 총칙상의 일반적인 부작위범규정의 해석적용을 통해 부작위에 의해서도 실행될 수 있는 범죄가 부진정부작위범이다.

(c) **결   론**   우리 형법의 해석상 다수설과 같은 형식설의 입장을 원칙적으로 취하되, 예외적인 경우에는 실질설의 관점을 함께 고려하여 양자의 구별을 꾀하는 것이 합목적적이라고 생각한다. 이와 같은 입장에서 퇴거불응죄나 불고지죄가 진정부작위범임은 물론 사기·배임 등도 작위범과 진정부작위범의 결합형태로 이해할 수 있다. 또한 유기 및 영아유기 등은 비록 작위범의 형식으로 규정되어 있지만 행위양태에 따라 작위범, 진정부작위범 또는 부진정부작위범으로도 이해할 수 있다.

Ⅱ. 부작위범의 구조

1. 부작위범에 공통되는 구조

진정부작위범이건 부진정부작위범이건 부작위범이 성립하기 위하여는 작위범의 체계처럼 구성요건해당성·위법성·책임이 있어야 한다.

부작위범의 구성요건해당성 검토 이전에 행위의 한 형태로서 부작위 자체의 성립문제가 검토되어야 함은 물론이다. 이것이 일반적 행위가능성 또는 일반적 행위능력의 문제이다. 이 일반적 행위가능성이 있으면 그 때에 비로소 부작위범의 구성요건해당성의 검토가 뒤따른다.

---

5) 박상기 336면; 성낙현 449면; 이정원 492면.
6) 권오걸 419면; 김성돈 513면; 배종대 731면; 손동권·김재윤 393면; 오영근 259면; 이재상 121면; 임웅 551면; 정성근·박광민 471면; 정영일 99면; 정진연·신이철 101면.

2. 부진정부작위범에 특유한 구조

부진정부작위범은 형법상 작위의 형식으로 규정된 구성요건을 부작위에 의해 실현하는 것으로서 이 때 작위의무자의 부작위에 의한 범행이 작위를 통한 법적 구성요건의 실현에 상응해야 한다. 이것이 바로 부진정부작위범의 **동치성**(Gleichstellung)의 문제이다. 이 동치성의 문제는 오늘날 부진정부작위의 구성요건해당성의 문제라고 하는 것이 일반적인 견해이다.

동치성에는 두 가지 요소가 있다. 동치성의 제 1 요소로서 보증인지위가 있다. 이 보증인지위와는 별도로 보증인의무라는 것이 있는데, 이 양자의 관계 및 보증인의무의 체계상의 위치에 관하여는 견해가 갈린다. 동치성의 제 2 요소로서 **행위양태의 동가치성**(Gleichwertigkeit)이 있다. 이것을 **상응성**(Entsprechung)이라고도 부른다. 이 동가치성의 체계상의 지위 및 적용범위를 놓고 물론 견해의 대립이 있다. 그러나 오늘날 대체로 동치성의 문제는 부진정부작위의 구성요건해당성의 문제이며, 따라서 보증인지위와 동가치성의 표지가 부진정부작위범의 객관적 구성요건요소라고 보는 것이 일반적인 경향이다.

3. 일반적 행위가능성에 대한 검토

부작위범의 구성요건해당성의 검토에 앞서 행위자의 일반적 행위가능성을 검토해 보아야 한다. 이 단계에서는 행위자가 어떤 적극적인 작위에 의해 자신의 소극적인 부작위로부터 벗어날 수 있는 일반적인 형편과 처지에 놓여 있었는가 하는 점이 검토되어야 한다. 이것을 일반적 행위능력이라고도 하지만, 엄격한 도그마틱의 입장에서는 일반적 행위가능성이라고 부르는 것이 좋다.

일반적 행위가능성은 일정한 시간적 · 장소적 상황과 연관되어 있는 것이 보통이다. 예컨대 한강에 빠진 아들을 성북동 자택에 있는 부모가 구조할 수 없는 것과 같다. 그 밖에도 인간일반에게 가능한 행위인가를 기준으로 하여 부작위의 개념성립 자체를 부인할 수 있다. 예컨대 인질범에게 억류되어 있는 아버지가 같은 인질범에게 감금되어 죽어가는 아들을 구조할 수 없는 경우처럼 절대적 폭력 하에서의 무위는 부작위가 될 수 없다.

일반적 행위가능성은 부작위의 개념성립의 문제로서 부작위의 구성요건해당성 이전의 검토대상이므로 부작위의 구성요건해당성의 한 요소인 개별적 행위가능성(Individulle Handlungsmöglichkeit)과는 구별해야 한다.

부작위범의 구조 ▬▬▬▬▬▬▬▬▬▬▬▬▬▬▬▬▬▬▬▬

	Ⅰ. 구성요건해당성		Ⅱ. 위법성		Ⅲ. 책 임
일반적 행위가능성에 대한 검토	1. 객관적 구성요건요소	2. 주관적 구성요건요소	위법성조각사유의 검토		1. 책임능력
	a) 구성요건적 부작위 — 구성요건적 상황 — 명령된 행위의 부작위 — 개별적 행위가능성 ※ 부진정부작위범에서만 — 보증인지위 — 동가치성 b) 구성요건결과 c) 부작위와 결과 사이의 인과관계 및 객관적 귀속관계	a) 고의 (또는 과실) — 구성요건적 부작위 — 구성요건결과 — 부작위와 결과 사이의 인과관계 및 객관적 귀속관계 b) 특별한 주관적 불법요소	객관적 정당화요소	주관적 정당화요소	2. 고의 · 과실 등 책임형식 3. 불법의식 4. 특별한 책임표지 5. 면책사유의 검토 6. 기대가능성

부작위범의 구조를 도표로 표시하면 위와 같다.

Ⅲ. 부작위범의 불법구성요건

1. 객관적 구성요건요소

(1) 구성요건적 부작위

부작위범의 객관적 구성요건에는 작위범의 구성요건행위에 상응하는 구성요건적 부작위가 있어야 한다. 이 구성요건적 부작위에는 구성요건적 상황, 명령된 행위의 부작위, 개별적인 행위가능성의 표지가 속한다. 이것은 모두 부작위 일반에 공통된 구성요건적 부작위의 요소이다. 이 외에도 부진정부작위범에만 특유한 구성요건적 부작위의 요소가 있다. 즉 보증인지위와 동가치성의 문제가 그것이다.

(a) **구성요건적 상황**   부작위범에서 작위의무의 내용과 작위의무자의 신분을 인식시켜 주는 사태를 구성요건적 상황이라 한다. 구성요건적 부작위가 성립

하려면 먼저 이같은 구성요건적 상황이 존재해야 한다.

(i) 진정부작위범의 경우 구성요건적 상황은 구성요건 속에 비교적 상세히 규정되어 있다. 예컨대 전시군수계약불이행죄($^{제103조}_{제1항}$)에서 '전쟁 또는 사변', 전시공수계약불이행죄($^{제117조}_{제1항}$)에서 '전쟁 · 천재 기타 사변', 집합명령위반죄($^{제145조}_{제2항}$)에서 '천재 · 사변 기타 법령에 의해 잠시 해금된 경우' 등이 그것이다.

(ii) 부진정부작위범의 경우 구성요건적 상황은 구성요건적 결과발생의 위험, 즉 법익침해 내지 법익위태화를 의미한다.

(iii) 작위범에서 특정한 행위자만이 정범이 될 수 있는 경우처럼 부작위범에도 특별한 행위자표지가 구성요건적 상황 속에 포함될 때가 있다. 진정부작위범의 경우는 다중불해산죄($^{제116}_{조}$)에서 '다중', 집합명령위반죄($^{제145조}_{제2항}$)에서 '법률에 의하여 체포 또는 구금된 자'가 그 예이고, 부진정부작위범의 경우는 영아살해($^{제251}_{조}$)나 영아유기($^{제272}_{조}$)에서 '직계존속' 등이 그것이다. 다시 말해서 영아살해의 경우 치욕을 은폐하기 위하여 영아를 살해하는 직계존속, 특히 산모만이 정범이 될 수 있듯이 부진정부작위범에서도 이러한 행위자표지를 가진 자만이 정범이 될 수 있다.

(b) **명령된 행위의 부작위** 행위자가 구체적인 상황하에서 구성요건실현을 회피하도록 명령된 행위를 하지 않은 때 구성요건적 부작위가 성립한다. 이 명령된 행위는 작위범의 경우처럼 정형성을 갖고 있지 않기 때문에 수개의 행위유형도 가능하다. 그 경우에는 행위자가 명령된 수개의 행위 중 아무 것도 행하지 않은 때 구성요건적 부작위가 성립한다. 그 중 한가지 행위라도 했다면 부작위가 되지는 않는다.

행위자가 명령된 행위를 하였지만 구성요건실현을 저지하지 못했을 경우 적어도 고의에 의한 부작위범은 성립할 수 없다. 행위자에게 과실이 있었다면 과실에 의한 부작위범이 성립할 수 있을 뿐이다.

(c) **개별적 행위가능성** 개별적 행위가능성 또는 개별적 행위능력이란 행위자가 객관적인 위기상황에서 명령된 행위를 개인적으로 할 수 있었음을 의미한다. 일반적 행위가능성이 부작위개념 성립 자체의 한 표지가 됨에 반해, 개별적 행위가능성은 부작위범의 객관적 구성요건요소인 구성요건적 부작위의 한 표지이다.

개별적 행위가능성은 명령된 행위를 수행하기 위한 **외적 조건**(예컨대, 현장성, 적절한 구조수단의 존재 등) 및 **신체적 능력**(예컨대 신체적 조건의 구비, 기술적인 지식, 일정한 지능 등)을 필요로 한다. 따라서 반신불수 또는 전혀 수영을 할 줄 모르

는 아버지가 아들의 익사현장에서 아무런 구조행위도 하지 못했다 하더라도 구성
요건적 부작위는 성립할 수 없다.

개별적 행위가능성의 판단은 통찰력 있는 제 3 자의 입장에서 사전적으로(ex
ante) 사태를 검토하는 객관적 기준에 의해야 함은 물론이다.

(d) **보증인지위**(동치성의 제 1 요소)

(가) **의　　의**　　부진정부작위범에서 구성요건실현의 방지를 위한 행위자의
특별한 지위를 보증인지위라고 한다. 예컨대 동굴안내인은 동굴관광에서 발생할
수 있는 위험을 방지해야 할 보증인지위에 있는 경우이다. 보증인지위는 부진정
부작위범의 구성요건적 부작위의 한 표지가 된다. 법적 성격은 부진정부작위범의
기술되지 아니한 규범적 구성요건요소이다. 이 보증인지위라는 객관적 행위자표
지에 의해 부진정부작위범은 진정신분범의 특성을 갖는다.

보증인지위는 일반적으로 다음 세 가지 요인으로 특징지어진다. 즉 ① 보호법
익의 주체가 법익에 대한 침해위협에 대처할 보호능력이 없고, ② 부작위행위자
에게 위협적인 위험으로부터 법익을 보호해 주어야 할 특별한 법적 의무가 지워
져 있으며(보증인의무), ③ 부작위행위자가 이러한 보호자의 지위에서 법익침해를
일으키는 사태를 지배하고 있다는 점이다.

이 세 가지 요인에 의해 부작위행위자는 타인의 법익침해에 대해 적극적으로
행위하는 작위행위자와 같은 모양으로 영향을 미친다는 점에서 작위와 부작위의
동치가 가능해진다. 보증인지위를 동치성의 제 1 요소라고 하는 이유가 여기에 있
다. 그러나 이 세 가지 요인 중 특히 중요한 것은 작위의무, 즉 보증인의무이다.

(나) **보증인의무와의 관계**

(ⅰ) 보증인의무의 의의　　보증인지위로부터 행위자는 구성요건실현의 회피
내지 방지를 위한 특별한 법적 의무를 진다. 이것을 보증인의무(Garantenpflicht)
라고 한다. 이 보증인의무는 적어도 다음과 같은 두 가지 요건을 갖추어야 한다.

첫째, 적어도 법적 의무여야 한다. 입법자는 대체로 보증인의무를 개개 구성요
건 속에 분명히 규정하지 않고 일반적인 법질서로부터 유추되도록 하고 있다.

어쨌든 보증인의무가 법적 의무일 것을 요하는 이상 단순한 도덕적 의무나
윤리적 의무로는 충분하지 않다.

둘째, 보증인의무는 행위자에게 그 신분상의 지위로 인해 특별히 주어진 것이어
야 한다. 일반인 누구에게나 과하여질 수 있는 의무도 물론 법적 의무이긴 하지만
보증인의무는 아니다. 따라서 모든 사람이 다같이 부담하고 있는 일반적인 부조

의무와 같은 법적 의무는 보증인의무가 아니다. 예컨대 경범죄처벌법 제 3 조 제
6 호(관리장소에서 발생한 요부조자 등 신고불이행) 및 제29호(재해 또는 화재, 교통
사고 등 범죄발생시 공무원 원조불응)는 독일형법 제323조 c나 오스트리아 형법 제
95조의 선한 사마리아인 규정과 비슷한 성격의 일반적인 부조의무규정으로서 진
정부작위범일 뿐 부진정부작위범의 특별한 보증인의무는 아니다. 이 점에서 부진
정부작위범의 보증인의무는 모든 사람에게 다같이 적용되는 과실범의 객관적 주
의의무와도 개념상 구별된다.

(ii) 보증인의무의 체계상 위치

① 학   설   보증인지위는 보증인의무의 기초가 되는 사실적·규범적인
여러 사정을 말하고, 보증인의무는 이로부터 발생하는 구체적인 결과방지의 작위
의무를 말한다. 오늘날은 보증인지위와 보증인의무를 구별하여 전자를 구성요건
요소로 보는 데 거의 의견이 일치하고 있다. 결과방지의무를 갖고 있는 보증인지
위는 진정신분범의 성격을 띤 부진정부작위범의 행위주체에 해당하는 요건이기
때문에 당연히 구성요건요소에 속한다고 보아야 한다.

그러나 보증인의무가 보증인지위와 마찬가지로 구성요건요소인지 아니면 위
법성요소인지의 문제를 놓고는 견해의 대립이 있다.

ⓐ 구성요건요소설(보증인설)   보증인의무와 그것의 기초가 되는 보증
인지위까지 일괄하여 구성요건요소로 보는 입장이다. 보증인지위에 있는 자의 부
작위만이 작위에 의해 구성요건을 실현한 것과 동가치성이 인정되어 작위범의 구
성요건에 해당할 수 있다는 것을 이유로 든다.[7] 예컨대 유아에게 수유를 하지 않
아 아사한 경우에, 유아가 아사하지 않도록 보증해야 할 일정한 법률적 지위에 있
는 자(보증인)만이 형법상의 작위의무자로서 수유의무를 지는 것이고 그 자의 작
위의무위반행위만이 구성요건에 해당할 수 있다는 것이다.[8]

ⓑ 이 분 설   보증인지위는 구성요건요소이지만 보증인의무는 위법요소
라는 입장이다. 작위범에서 일정한 위법행위를 하지 말아야 할 의무(부작위의무)
가 위법성의 요소이고 이에 대한 착오를 위법성의 착오로 다루기 때문에, 부진정
부작위범에서의 결과방지의무(작위의무)도 위법성의 요소로 파악하는 것이 논리
일관된 입장이라는 것이다. 이분설에 따를 경우 보증인지위에 대한 착오는 구성

---

7) 김성돈 527면; 남흥우 93면; 이건호 61면; 이정원 505면; 정영석 107면; 정영일 94면; 황산
   덕 67면; Nagler, Die Problematik der Begehung durch Unterlassung, Gerichtssal, Bd
   Ⅲ, 1938, S. 1 ff.
8) 정영석 107면.

요건착오가 되지만 보증인의무에 대한 착오는 금지착오가 된다는 결론에 이르게
된다. 이분설이 오늘날의 통설이다.[9]

② 결   론   이분설이 타당하다. 보증인지위를 구성요건요소로 파악하고
보증인의무를 이와 분리시키는 한, 후자를 범죄체계 내에서 구성요건과 다른 범
죄표지로 정서시키는 것이 이론적·실무적으로 바람직하다. 보증인의무는 체계적
으로 구성요건고의의 인식대상인 구성요건표지가 아니라 단지 위법성과 관련된
일반적 범죄표지로서 불법의식의 인식대상이 될 뿐이다. 마치 작위범에서 금지의
무위반에 대한 인식이 불법의식이 되듯이, 부진정부작위범에서는 명령의무위반에
대한 인식이 불법의식이 된다. 결국 보증인의무에 대한 명령착오(작위범의 금지착
오에 해당[10])는 책임설에 따를 때 책임배제 내지 책임감경의 사유가 된다. 보증인
지위가 구성요건고의의 인식대상으로서 그에 대한 착오가 구성요건착오의 문제
가 되는 것과 구별된다.[11]

(다) 보증인지위의 발생근거

(i) 분류방법   형법각칙에 규정된 부진정부작위범의 일례인 유기죄$\binom{\text{제271조}}{\text{제1항}}$
는 「부조를 요하는 자를 보호할 법률상 또는 계약상 의무 있는 자」라고 하여 유
기죄의 보증인지위를 형식설의 관점에 따라 분류하는 분명한 입장을 취하고 있
다. 이에 비해 형법 제18조는 「위험의 발생을 방지할 의무가 있거나 자기의 행위
로 인하여 위험발생의 원인을 야기한 자」라고 하여 보증인지위의 분류에 관한 어
떤 확실한 준거점을 제시하고 있지 않다. 따라서 분류방법은 학설에 일임되어 있
다고 본다.

① 형 식 설   보증인지위 및 이로부터 도출되는 작위의무가 형식적인 세가
지 유형, 즉 법령·계약·선행행위·조리에서 발생한다는 견해이다. 법원설이라
고도 부른다. 종래의 통설이다.[12]

ⓐ 법령에 의한 작위의무   민법상 친권자의 보호의무$\binom{\text{제913}}{\text{조}}$·친족간의 부양의

---

9) 권오걸 424면; 박상기 310면; 배종대 631면; 손동권·김재윤 401면; 손해목 793면; 안동준
   296면; 이재상 126면; 임웅 556면; 정성근·박광민 464면.
10) 작위범의 경우는 금지규범(Verbotsnorm)에 대한 착오이므로 금지착오(Verbotsirrtum)라고
   하지만, 부작위범의 경우는 명령규범(Gebotsnorm)에 대한 착오이므로 명령착오(Gebotsirr-
   tum)라고 부른다.
11) 다만 보증인의무는 위법성의 적극적인 구성요소라기보다는 단지 부진정부작위범에서 불법의
   식의 관련대상 및 금지착오문제를 규율하기 위한 준거점일 뿐이다. 위법성론은 실질적 위법성개
   념의 승인에도 불구하고 실제 위법성조각사유의 존부를 소극적으로 검토하는 데 중점이 있으므
   로 보증인의무를 위법성의 적극적 구성요소로 자리매김할 필요성은 크지 않다.
12) 현재는 배종대 737면.

무($^{제974}_{조}$), 부부간의 부양의무($^{제826}_{조}$) 등이 여기에 속한다. 법령은 반드시 사법에 한하지 않고, 공법에 의하여도 작위의무가 발생할 수 있다. 경찰관직무집행법에 의한 경찰관의 보호조치의무($^{제4}_{조}$), 의료법에 의한 의사의 진료와 응급처치의무($^{제15}_{조}$), 도로교통법에 의한 운전자의 구호의무($^{제54}_{조}$)는 공법에 의하여 작위의무가 발생하는 경우이다.

ⓑ 계약에 의한 작위의무   계약에 의하여 양육 또는 보호의 의무를 지는 경우에도 작위의무가 발생한다. 고용계약에 의한 보호의무, 간호사의 환자간호의무, 신호수의 직무상의 의무 등이 계약에 의한 작위의무의 예이다.

ⓒ 조리에 의한 작위의무   통설은 법령이나 계약 이외에도 사회상규 또는 조리에 의하여 작위의무가 발생하는 것을 인정하고, 동거하는 고용자에 대한 고용주의 보호의무, 관리자의 위험발생방지의무, 목적물의 하자에 대한 신의칙상의 고지의무 등이 여기에 해당한다고 하고 있다. 판례도 조리에 의한 작위의무를 인정하고 있다.[13] 이에 대하여 작위의무는 윤리적 의무가 아니라 법적 의무이므로 조리에 의한 작위의무를 인정하는 것은 작위의무를 불분명하게 할 뿐만 아니라, 조리에 의한 작위의무는 사실상 다른 유형에 포함될 수 있다는 이유로 조리에 의한 작위의무를 부인하는 견해도 있다.[14]

ⓓ 선행행위에 의한 작위의무   자기의 행위로 인하여 위험발생의 원인을 야기한 자는 그 위험이 구성요건결과로 발전하지 않도록 해야 할 작위의무가 있다($^{형법}_{제18조}$). 따라서 자동차를 운전하여 타인에게 상해를 입힌 자는 피해자를 구조해야 할 보증인이 되고(BGHSt 7, 287), 과실로 불을 낸 사람은 소화조치를 취할 보증인이 되고(대판 1978. 9. 26, 78 도 1996), 미성년자를 감금한 자는 탈진상태에 빠져 있는 피해자를 구조할 보증인이 되며(대판 1982. 11. 23, 82 도 2024), 어린 조카를 저수지로 데리고 가서 미끄러지기 쉬운 제방쪽으로 유인하여 걷게 한 자는 물에 빠진 피해자에 대한 보증인이 된다(대판 1992. 2. 11, 91 도 2951).

‖ **판례 1** ‖   자신이 담임인 학숙의 학생을 유인하여 자신의 집에 감금하고 이 학생이 이미 탈진상태에 빠졌는데도 불구하고 병원에 옮기지 않아 결국 죽게 했다. 이와 같이

---

13) ① 대판 1996. 7. 30, 96 도 1081; 1984. 9. 25, 84 도 882:「사기죄의 요건으로서의 기망은 널리 재산상의 거래관계에 있어 서로 지켜야 할 신의와 성실의 의무를 저버리는 모든 적극적 또는 소극적 행위를 말하는 것인바, 거래의 상대방이 일정한 사정에 관한 고지를 받았더라면 당해 거래에 임하지 아니하였을 것임이 경험칙상 명백한 경우 그 거래로 인하여 재물을 수취하는 자에게는 신의성실의 원칙상 사전에 상대방에게 그와 같은 사정을 고지할 의무가 있다고 할 것이므로 이를 고지하지 아니한 것은 고지할 사실을 묵비함으로써 상대방을 기망한 것이 되어 사기죄를 구성한다.」② 대판 1998. 12. 8, 98 도 3263:「사기죄의 요건으로서의 기망은 널리 재산상의 거래관계에 있어 서로 지켜야 할 신의와 성실의 의무를 저버리는 모든 적극적 또는 소극적 행위를 말하는 것이고, 이러한 소극적 행위로서의 부작위에 의한 기망은 법률상 고지의무 있는 자가 일정한 사실에 관하여 상대방이 착오에 빠져 있음을 알면서도 이를 고지하지 아니함을 말하는 것으로서, 일반거래의 경험칙상 상대방이 그 사실을 알았더라면 당해 법률행위를 하지 않았을 것이 명백한 경우에는 신의칙에 비추어 그 사실을 고지할 법률상 의무가 인정되는 것이다.」③ 대판 1993. 7. 13, 93 도 14:「토지에 대하여 도시계획이 입안되어 있어 장차 협의매수되거나 수용될 것이라는 사정을 매수인에게 고지하지 아니한 행위가 부작위에 의한 사기죄를 구성한다.」
14) 김성천·김형준 164면; 오영근 268면; 임웅 260면; 진계호 180면; 차용석 307면.

미성년자를 유인하여 감금한 후 단지 그 상태를 그대로 유지하였을 뿐인데도 피감금자가 사망에 이르게 된 것이라면 감금치사죄의 죄책을 지게 될 것이다. 하지만 그 감금상태가 계속된 시점에서 살해의 범의가 생겨 사경에 이른 피감금자에 대한 위험발생을 방지하지 않고 그대로 방치함으로써 사망케 했다면 이러한 부작위는 살인죄의 구성요건적 행위를 충족하는 것이라고 평가하기에 충분하다. 따라서 부작위에 의한 살인죄를 구성한다(대판 1982. 11. 23, 82 도 2024).

‖ **판례 2** ‖   조카들을 살해할 것을 마음먹고 미리 물색해 둔 인적드문 저수지로 데리고 가서 경사가 급하여 미끄러지기 쉬운 제방쪽으로 유인하여 함께 걷다가 조카 하나가 미끄러져 물속에 빠지게 하고 다른 하나는 소매를 잡아당겨 빠뜨려 둘 다 익사케 했다. 형법이 금지하고 있는 법익침해의 결과발생을 방지할 법적인 작위의무를 가지고 있는 자가 그 의무를 이행함으로써 결과발생을 방지할 수 있었는데도 그 결과 발생을 용인하고 의무를 이행하지 않은 경우다. 그렇다면 그 부작위가 작위에 의한 법익침해와 동등한 형법적 가치 있는 것이어서 그 범죄의 실행행위로 평가될 만한 것이라면 작위에 의한 실행행위와 동일하게 부작위범으로 처벌할 수 있는 것이다. 따라서 살해의 범의를 가지고 물에 빠진 피해자들의 숙부로서 구호해 주어야 할 법적인 작위의무를 지고 있음에도 익사하는 것을 용인하고 방관했다면 직접 물에 빠뜨려 익사시키는 행위와 다름없다고 형법상 평가될 만한 살인행위라고 보아야 한다(대판 1992. 2. 11, 91 도 2951).

② **실 질 설**   형식설과는 달리 실질적 기준에 따라 보증인지위 및 의무가 인정될 수 있는 모델을 개발하려는 입장이다. 실질설의 창안자 아르민 카우프만(Armin Kaufmann)은 보증인지위 및 의무가 발생할 수 있는 두 가지 실질적인 지도적 관점으로 **보호**의무(Obhutspflicht)와 안전의무(Sicherungspflicht)를 제시하였다. 이 두 가지 기본의무가 보증인의무의 기능적 관점에서 도출되었기 때문에 실질설을 기능설이라고도 부른다.[15]

③ **결론**(절충설)   이 문제의 올바른 해결을 위해서는 오늘날 형식설과 실질설의 관점을 결합한 절충설을 취해야 한다는 견해가 우세하다. 형식설은 작위의무의 내용과 한계를 명확히 정할 수 없다는 난점이 있고 실질설은 보증인의무의 범위가 지나치게 확대될 우려가 있으므로, 양자를 결합한 절충설의 입장이 타당하다. 절충설이 현재 우리나라의 통설이다.[16]

절충설을 취할 때에도 여러 보증인지위와 의무를 어떻게 구성하고 세분하여야 하는가는 각자의 관점에 따라 다양할 수밖에 없다. 여기에 방법론이 먼저 검토

---

15) 기능설을 지지하는 학자는 이정원 507면; 이형국 414면.

16) 권오걸 425면; 김성돈 523면; 박상기 316면; 손동권·김재윤 401면; 손해목 795면; 신동운 138면; 오영근 270면; 이상돈 239면; 이재상 127면; 임웅 563면; 정성근·박광민 480면; 조준현 301면; 진계호 179면.

되어야 할 이유가 있다.

생각건대 방법론으로서는 먼저 아르민 카우프만(Armin Kaufmann)의 2 대 분류인 보호의무와 안전의무를 보증인지위의 규율을 위한 지도적 관점으로 삼고 출발하는 것이 좋다고 생각한다.

다수의 학자들이 취하고 있는 형식설의 분류와 실질설의 분류를 단순히 병렬시키는 방법은 바람직하지 않다. 양자의 범위는 일부 중복되지만 반드시 일치하는 것은 아니어서 체계와 사고의 혼란만 가중시킬 수 있기 때문이다. 특히 경찰관직무집행법 제 4 조는 '적당한 조치를 할 수 있다'라고 규정하고 있어 이로부터 경찰관의 보증인지위와 의무가 직접 도출된다고 보기는 어렵다. 경찰관이 타인의 법익을 위한 보호자의 지위나 안전감시자의 지위에 서는 것은 실질적인 사실관계에 따라 결정될 사항이지 이 법률에 의해 형식적으로 결정될 사항은 아니다. 마찬가지로 의료법 제 15조에 의한 의사의 진료와 응급처치의무 및 응급의료에관한법률 제 6 조에 의한 응급의료의무도 부진정부작위범의 보증인지위의 발생근거는 아니다.

이 2 대 분류의 기준은 개별적인 보증인지위 내지 의무를 일단 총괄하여 집합사례군으로 대별하는 지도적 역할을 담당한다. 이 지도적 관점하에서 개별적인 사례군을 평가할 수 있는 더 세분된 관점목록들을 발견하는 일이 중요하다.

오늘날 보호의무의 지도하에 있는 관점목록으로는 자연적인 결합관계·긴밀한 공동관계·위험의 자의적 인수가, 그리고 안전의무의 지도하에 있는 관점목록으로는 선행된 위험행위·자신의 지배영역 내에 있는 위험원에 대한 감시·제 3 자의 행위에 대한 감독책임 등이 열거되고 있다.

이러한 2 대 지도적 관점과 그 아래 세분된 관점목록을 발견하는 방법론은 우리 형법 제18조의 해석과 관련하여 보증인지위 및 의무를 분류하는 데도 유용하다고 본다. 즉 형법 제18조의「위험의 발생을 방지할 의무」는 법익에 대한 보호의무를,「자기행위로 인하여 위험발생의 원인을 야기한 자」는 위험원에 대한 안전의무를 지칭하며, 이 지도적 관점의 구체화·세분화를 위한 관점목록은 학설에 일임되어 있다고 본다.

(ii) 보증인지위의 유형

① 법익에 대한 보호의무와 관련된 보증인지위   법익의 향유자와 보증인 사이에 특별한 결합관계, 연대관계 또는 보호관계 등의 의존관계가 있음으로써 보증인이 법익 내지 법익향유자에 대하여 특별한 보호책임을 지는 경우이다. 이를 다시 세 가지 관점 목록에 따라 세분할 수 있다.

ⓐ 특별한 결합관계   자연적인 결합관계로 인하여 특별한 상호의존관계

에 놓여 있는 사람들 사이에는 서로 상대방의 법익에 대한 위험을 방지해 주어야 할 보호보증인지위가 생긴다.

　　a) **가족적 혈연관계**　　먼저 가족적인 혈연관계에서 생기는 보증인지위가 있다. 부부간의 상호부양의무$\left(\substack{\text{민법 제826조}\\\text{제1항}}\right)$, 친권자의 자녀에 대한 보호의무$\left(\substack{\text{민법}\\\text{제913조}}\right)$ 및 자의 특유재산관리의무$\left(\substack{\text{민법}\\\text{제916조}}\right)$, 친족간의 상호부양의무$\left(\substack{\text{민법}\\\text{제974조}}\right)$ 등 법률의 규정에 의해서도 가족 사이에는 서로 생명과 신체의 위험방지 및 일정한 조건하에서 재산관리의 보증인지위가 성립한다. 특히 중요한 것은 의존관계에 있는 부모와 자녀, 조부모와 손자 또는 부부 사이에서 서로의 생명·신체에 대하여 갖는 보증인지위이다.

　　다만 가족적 혈연관계로 인한 보호보증인지위는 보호법익 내지 피보호자에 대한 법적 관계 외에도 사실적인 관계가 전제되어야 한다. 따라서 상호간의 신뢰와 의존관계가 현실적으로 존재하지 않는 별거중인 부부 사이에는 보호보증인지위가 인정되지 않는다.[17] 반면, 태아에 대해서는 아직 이와 같은 법적·사실적인 관계는 불분명하지만 확실한 의존관계는 있으므로, 산모의 자기낙태에 대해 남편은 저지해야 할 보증인지위에 있다고 본다.[18]

　　b) **긴밀한 자연적 결합관계**　　비록 법률에 의해 보호될 만한 가족적 혈연관계는 없을지라도 긴밀한 자연적 결합관계로 인하여 보증인지위가 인정될 경우가 있다. 예컨대 사실혼관계에 있는 부부 또는 동거자 사이·약혼자 사이·형제자매 사이에서도 밀접한 개인적 유대와 결속 및 신뢰관계가 존재할 때에는 상호간에 개인적인 보호보증인지위가 인정되어야 할 것이다.[19]

　　물론 이 경우 법적 의무로 실정화되어 있지 않아 형식설의 관점을 충실히 따르는 한, 이에 대해 보증인지위를 인정하기 곤란한 것이 사실이다. 그러나 우리 형법처럼 선한 사마리아인 규정이 없어 일반적인 부조의무불이행을 처벌하지 않는 법제하에서는 긴밀한 자연적 결합관계로 인하여 실질적인 신뢰 및 의존관계가 있는 한 보증인지위를 넓히는 것이 바람직하다고 본다.

　　ⓑ **특별한 연대관계**　　탐험·등산과 같은 위험한 일을 함께 하는 사람들 사이에 위험상황의 보다 나은 극복을 목적으로 하는 위험공동체가 자의에 의해 형성된 경우 구성원 상호간에는 위난시 조력에 관한 신뢰가 기대된다. 이

---

17) 같은 견해, 정성근·박광민 481면.
18) 같은 견해, 정성근·박광민 481면.
19) 같은 견해, 배종대 741면; 정성근·박광민 481면.

러한 신뢰관계로부터 상호간에 일정한 보호보증인지위가 생긴다. 예컨대 등산
및 해저탐험대의 사실상의 대장은 소속대원이 위험공동체생활중 입는 생명·신
체상의 위험에 대해 보호책임을 진다. 뿐만 아니라 참여자 각자도 타인의 안전
을 위해 기대되는 조치를 취하여야 할 보호책임이 있다.

위험상황의 보다 나은 극복을 목적으로 하는 것이 아닌 단순한 숙식공동체,
낚시·바둑 등의 동호인회, 단순한 사단법인이나 비법인사단 등의 단체는 특별
한 연대관계를 기초로 한 위험공동체가 아니다.

비자의적인 연대관계는 비록 그것이 특별한 연대관계적 공동체를 형성한다
하더라도 위험공동체가 아니므로 보호보증인지위가 생기지 않는다. 예컨대 교
도시설 내의 재소자 상호간, 군내무반의 동료 군인 상호간에는 보증인책임이 없
다. 또한 파선이나 자연적 재해로 인하여 여러 사람이 한 척의 구명보트를 중심
으로 운명공동체를 형성하게 된 경우처럼 우연히 공동의 위험에 처하게 된 사
실만으로는 보증인지위가 생기지 않는다.[20]

ⓒ 자의적인 인수에 의한 보호관계   피해자의 법익에 대한 보호기능을
계약이나 사무관리 또는 사실상의 관계에서 자의로 인수하여 피해자와 인수인
사이에 보호 및 의존관계가 생긴 때 인수인에게 보증인지위가 생긴다. 예컨대
고용계약에 의한 보호의무 인수자, 환자간호를 맡은 간호사나 호스피스, 등산의
인도를 맡은 등산안내인, 동굴관광의 안내를 맡은 동굴관광안내인, 수영지도를
맡은 수영교사, 환자의 치료를 맡은 의사 등에게 보호보증인지위가 인정된다.

여기서 중요한 것은 인수인이 일정한 보호의무를 적어도 사실상 자의로 인
수했느냐의 여부이다. 따라서 인수관계가 보통은 계약 또는 사무관리에 의해 생
기지만 반드시 계약상 또는 그 밖의 사법상의 근거를 필요로 하는 것은 아니다.
계약이 무효·취소인 때, 계약의 유효기간이 종료한 후라도 적어도 사실상 보호
기능을 맡고 있으면 보증인지위도 계속된다.

의사가 환자의 치료를 맡았을 때 보통은 계약에 의해 보호관계가 생기고 환자
가 더이상의 치료를 거절했을 때 계약에 의한 보호관계는 끝난다. 그러나 의료적
인 관점에서 퇴원 자체가 바로 죽음을 의미하고, 혼수상태에 빠진 환자를 두고
환자가족들이 치료비부담 때문에 퇴원을 강행하려 할 때, 이를 방치한 의사는 자
의적인 인수관계에 의한 보호의무위반으로 부작위살인 또는 상해의 죄책을 면할
수 없다(보라매병원사건: 서울지법남부지원판결 1998. 5. 15, 98 고합 9).

---

20) 정성근·박광민 481면.

일방적으로 보호기능을 맡은 경우에도 보증인지위가 인정된다. 그러나 이러한 보증인지위는 그로 인하여 피해자에 대한 다른 구조의 가능성이 배제되었거나 새로운 위험이 발생한 경우에 한하여 인정된다. 예컨대 의사가 치료를 시작하여 다른 의사를 찾게 할 기회를 없게 하였거나, 수술에 의하여 피해자에 대한 새로운 위험을 발생케 한 경우가 여기에 해당한다.

　　의사의 진료와 응급처치의무$\binom{\text{의료법}}{\text{제15조}}$, 응급의료종사자의 응급의료의무$\binom{\text{응급의료에관한}}{\text{법률 제 6 조}}$ 등은 앞에서 언급한 바와 같이 의료인 등에 대한 **일반적인 법적 의무**일 뿐, 타인의 법익보호의무와 관련된 **특별한 보증인의무**는 아니다. 따라서 이러한 의무의 위반은 부진정부작위범이 되지 않는다. 인수관계에 의한 보증인지위가 인정될 때 부진정부작위범이 문제될 수 있다.

사실상의 계약관계에 있는 때 또는 공무원의 임용절차가 무효임에도 일정한 공직관계에 사실상 취임하여 있을 때에도 보증인지위가 생길 수 있다. 반면 아무리 계약상의 의무가 있더라도 사실상 보호관계를 떠맡아 활동을 개시한 경우가 아니면 보증인지위가 생기지 않는다. 예컨대 등산안내를 맡기로 한 안내인이 약속장소에 나타나지 않자, 등반인 몇몇이서 자기들끼리 안내인도 없이 위험한 등반코스를 가다가 사고를 당했어도, 현장에 있지 않은 계약위반의 안내인은 그 사고방지에 대한 보호책임을 지지 않는다.

② **위험원에 대한 안전의무와 관련된 보증인지위**　　불특정다수인의 법익을 위협하는 특정한 위험원이 있을 때 이 위험원에 대해 특별한 통제 및 지배관계를 가진 자는 보증인지위에 서게 된다. 보증인은 그 위험원으로부터 법익침해의 결과가 생기지 않도록 안전조치를 취하거나 감시할 책임을 지게 된다. 위험원에 대한 안전의무와 관련된 보증인지위를 다시 세 가지 관점목록에 따라 세분할 수 있다.

ⓐ **선행행위**　　자신의 행위에 의하여 법익에 대한 근접하고 상당한 위험을 창출한 자는 그 법익이 침해되지 않도록 위험을 제거하거나 결과를 방지해야 할 보증인지위에 선다. 우리 형법 제18조에서 「자기의 행위로 인해 위험발생의 원인을 야기한 자」란 바로 선행행위(Ingerenz)로 인한 보증인지위를 지칭하는 말이다. 예컨대 지하시설물을 구축하기 위하여 구덩이를 깊게 판 자는 주위에 통행금지의 표지판을 세우거나 야간에는 조명시설을 설치하여 위험이 구성요건결과로까지 실현되지 않도록 이를 보증해야 한다. 또한 타인에게 고의 또는 과실로 상해를 입힌 자는 보증인으로서 피해자에 대한 의료조치나 생명구조의 필요한 원조

를 해야 할 책임이 있다. 교통사고운전자의 구호의무(도로교통법 제54조)가 그 예이다.

여기서 근접하고 상당한 위험의 창출이란 선행행위가 새로운 위험원의 발생에 직접적이고도 일반적인 적성을 갖고 있거나 위험에 전형적으로 연관된 것임을 의미한다. 따라서 담뱃불을 끄지 않은 채 숲속에 버린 것만으로는 근접한 위험의 창출이 아니지만, 낙엽에 불붙기 시작했는데도 소화조치를 취하지 않는 것은 산불에 대한 근접한 위험의 창출이 된다.

또한, 근접하고 상당한 위험의 창출은 선행행위자의 방치가 위험의 정도나 재해의 크기를 증대시킨 경우를 포함한다. 예컨대 자가운전자에게 만취상태가 되도록 술을 권한 사람은 그의 운전행위를 만류해야 할 책임이 있는 경우와 같다.

중요한 쟁점은 선행행위가 객관적으로 의무에 위반한 위법한 것이어야 하는가 하는 점이다. 예컨대 교통규칙을 준수하고 진행하던 자동차운전자가 갑자기 차도로 뛰어든 행인을 치어 상해를 입힌 경우 또는 노상강도를 만난 행인이 오히려 정당방위로 강도에게 중상을 입힌 경우이다. 신뢰의 원칙이 적용될 운전자나 정당방위로 행위한 자에게 상해나 중상을 입은 피해자를 구조해야 할 보증인의무가 있는가에 관해서는 이를 긍정하는 견해[21]도 있으나 부정하는 것이 타당하다.[22] 피해자에 대한 일반적인 부조의무(Hilfspflicht)는 있을지라도 이를 넘어가는 특별한 구조의무(Rettungspflicht)는 발생하지 않으므로 적법한 선행행위로부터는 보증인적 지위 내지 의무가 생기지 않기 때문이다. 따라서 적법한 선행행위가 있는 경우에는 보증인의무가 발생하지 않는다. 다만 유책한 행위일 필요까지는 없다.

다만 우리나라의 도로교통법은 사고운전자에게 비록 위법하지 않은 사고였을지라도 필요한 구호조치를 취하도록 하는 일반적인 부조의무를 법적으로 과하고 있다. 따라서 위법하지 않은 사고를 일으킨 운전자라도 일단 일정한 부조의무를 행하지 않으면 진정부작위범으로서 도로교통법 제148조 · 제54조 제1항(교통사고운전자의 구호의무)에 의한 처벌을 받는다. 또한 과실 없는 사고운전자가 도로교통법상 부과된 부조의무를 행하지 않고 현장을 이탈하면 공법상 부과된 부조의무를 다하지 않았기 때문에 형법상 유기죄(제272조)에도 해당되고 양 죄는 상상적 경합관계에 놓이게 된다.

그러나 특정범죄가중처벌법 제5조의 3에 규정된 소위 '뺑소니 범죄'는 형법 제

21) Lackner, § 13 Rdn. 13; Sch/Sch/Stree, § 13 Rdn. 43.
22) 김상돈 525면; 박상기 314면; 배종대 740면; 손동권 · 김재윤 409면; 신동운 145면; 이재상 130면; 이정원 512면; 임웅 558면; 정성근 · 박광민 482면; 진계호 194면; Celle VRS 41, S. 98; Gallas, 「Studien zum Unter-lassungsdelikt」, 1989, S. 92; Hirsch, ZStW Beiheft 81, S. 30; Rudolphi, JR 1987, S. 162; Wessels/Beulke, § 16 Rdn. 725.

268조에 규정된 업무상과실치사·상죄를 범한 사람만이 행위주체가 될 수 있기 때문에 사고 자체에 과실이 없는 운전자는 구호의무를 행하지 않고 현장을 이탈하더라도 뺑소니죄에는 해당하지 않는다.

　ⓑ **위험원의 감시**　자기의 관할 지배영역 안에 일정한 위험원을 점유하거나 소유한 자는 이 위험원으로부터 타인의 법익이 침해되지 않도록 안전조치를 취하거나 감시해야 할 보증인지위를 갖는다. 여기서 일정한 위험원이란 위험한 물건, 시설, 기계 또는 동·식물을 말한다.

　이러한 감시·안전의무는 법령 또는 계약에 의해 생기는 경우가 대부분이다. 그 밖에 사실상의 생활관계에서 생기는 경우도 있다. 예컨대 경찰관, 소방관, 정비검사의무를 진 자동차소유자, 임대·전세건물의 소유자의 어두운 계단에 조명시설을 갖추어야 할 의무, 건축공사장의 감독자, 야구장·골프연습장과 같은 운동시설의 안전그물망 시설의무, 생산기업체 내에서 안전관리책임자 등은 전자의 경우이고, 빙판이 된 사도에 모래를 뿌리는 일을 사실상 인수한 자, 위험한 물건에 타인이 접근하지 못하도록 감시하는 일을 인수한 자 또는 위험한 맹견을 소유한 자 등은 후자의 경우이다.

　　위험원에 대한 감시책임의 경우는 실제적인 침해보다 장차 발생할지도 모를 위험에 대한 사전감시라는 점에서 선행행위로 인한 보증인지위와 구별된다. 즉 공작물 또는 동·식물의 소유자·점유자 및 관리인은 그것으로부터 직접 발생할 수 있는 위험을 미리 통제하고 방지할 의무, 즉 거래안전의무를 진다. 예컨대 건물소유자가 붕괴위험이 있는 건물의 난간을 수리하지 않음으로써 그 일부가 떨어져 행인에게 상해를 입혔다면 안전의무위반이며 부작위에 의한 과실치상의 책임을 져야 한다.

　위험원이 주거·건물과 같은 장소적 성격을 가진 것인 때 이에 대한 지배관계에서 오는 보증인지위의 범위는 위험원의 장소적 폐쇄의무에 국한된다. 따라서 적법하게 들어온 외부인을 위험으로부터 보호하는 데 그치며, 위법하게 그 장소에 침입한 자에 대해서까지 안전보증인이 되는 것은 아니다.

　　이와 같은 장소가 제3자의 범죄장소로 이용되지 않도록 감시해야 할 의무를 지는가에 관하여는 견해가 갈린다. 그 장소 자체가 장소적인 속성 때문에 범죄수행의 소굴과 같은 표준적 역할에 제공된 경우에는 그와 같은 보증인지위를 인정해도 좋을 것이다. 예컨대 자기 집에서 고액의 판돈을 건 도박판이 벌어지는 것을 저지하지 않은 집주인은 도박개장죄(제247조)는 물론이거니와 경우에 따라 부작위에 의한 도박방조의 책임을 질 수 있다.

ⓒ **타인의 행위에 대한 감독**　관할권이나 지배영역에서 오는 특별한 신분상의 권위로 인해 타인을 통솔할 책임이 있는 자는 이들의 행위로 다른 사람의 법익이 침해되지 않도록 감독해야 할 보증인지위를 갖는다. 예컨대 책임무능력자의 친권자 또는 후견인, 학생을 지도·감독하는 교사, 부하직원을 감독하는 상사, 선원을 통솔하는 선장, 부하사병을 지휘하는 군지휘관, 재소자들을 감독하는 교도관 등을 들 수 있다.

책임무능력자에 대한 감독은 법령상의 근거가 있는 경우에 한한다. 예컨대 후견인의 피성년후견인에 대한 보호의무(민법 제947조), 친권자의 미성년자에 대한 보호·교양의무(민법 제913조) 등이 그것이다. 그 밖의 경우에는 법령상의 근거가 있는 것이 대부분이지만 계약상 또는 사실상의 인수행위에 의한 경우도 있다. 예컨대 변호사가 법률사무소직원의 변호사법위반행위를 알고도 방치한 때 부작위에 의한 방조가 될 수 있다. 이 경우 직원에 관한 감독책임은 계약상의 것이라 할 수 있다. 또한 정신박약아를 임의로 인수하여 보호하는 경우는 사실상의 인수행위에 의해 감독책임이 생기는 경우이다.

감독권에 의한 보증인의무의 범위는 피감독자의 범죄행위를 방지하는 데 그치며, 이미 피감독자의 행위로 인해 피해를 입은 피해자를 구조할 의무까지 요구하는 것은 아니다. 그러므로 미성년자인 아들의 상해행위를 알고도 방치한 부모는 부작위에 의한 상해방조범으로 처벌될 뿐, 피해자를 구조하지 않은 것을 이유로 부작위에 의한 상해의 책임까지 져야 할 이유는 없다. 부하직원의 범죄사실을 알면서 방치한 상사도 부작위에 의한 방조범이 될 수 있다. 그러나 같은 작업장에서 근무하는 근로자 사이에는 비록 선임근로자라도 후임근로자의 범죄행위를 저지해야 할 법적 의무가 없다.

부부도 타방의 범죄행위를 저지해야 할 의무를 서로 부담하지 않는다. 혼인으로 인하여 발생하는 부부상호간의 책임은 타방의 법익을 보호하기 위한 보호의무이지 타방을 감독할 안전의무가 아니기 때문이다. 부부간에 안전의무를 인정하는 것은 오늘날의 혼인관념에 반한다.

③ **보증인지위의 경합**　보증인지위가 여러 가지 원인으로 2개 이상 중첩할 수 있다. 이 경우를 보증인지위 내지 의무의 경합이라 한다. 예컨대 자연적 결합관계로부터 보호의무를 지는 아버지가 미성년자인 아들을 위험에 빠뜨린 경우에는 다시 선행행위로부터 발생하는 안전의무가 이에 경합한다. 이 경우에 의무 그 자체가 강화되는 것은 아니다. 의무는 신축성 있게 증가하는 개념이 아니기 때

문이다. 그러나 구조행위의 기대가능성은 물론 높아진다.

(e) **행위양태의 동가치성**(동치성의 제 2 요소)

㈎ 의 　 의 　 구성요건적 부작위가 작위와 동치성을 갖자면 보증인지위에
있는 자의 행위의무위반만으로는 부족하고 부작위가 구성요건 속에 유형화된 행
위양태와 **동가치성** 내지 상응성을 갖지 않으면 안 된다. 이것을 부진정부작위범에
서 행위양태의 동가치성이라 한다. 원래 부진정부작위범의 동치성은 보증인지위
(제 1 요소)와 행위양태의 동가치성(제 2 요소)을 포괄하는 개념이다. 전자는 구성
요건결과와 관련한 작위와 부작위의 동치를 말함에 비해, 후자는 구성요건적 결
과야기의 양태와 관련된 작위와 부작위의 동치를 말한다.

> 여기서 행위양태의 동가치성의 의미를, 부작위를 작위와 같이 평가할 수 있는 행
> 위라는 강력한 요소가 있어야 한다는 의미,[23] 부작위가 작위에 의한 구성요건의 실
> 현과 같은 정도의 위법성(불법성)을 갖추어야 한다는 의미[24] 등으로 이해하는 견
> 해가 있다. 그러나 이러한 견해들은 행위의 '양태 또는 정형의 동가성'(결국 수단·
> 방법 등의 동가치성)에 대한 평가를 행위양태의 '불법성의 정도'에 대한 상응성평가
> 로 격상시켜 지나친 부담을 주는 한편, 구체적으로는 어떤 기준에 의해 부작위의
> 불법성이 작위의 불법성과 동등한 것으로 평가될 수 있는지에 대한 명확한 기준을
> 제시해 주지 못하고 있다. 행위양태의 동가치성의 의미는 부작위에 의한 구성요건
> 적 결과가 구성요건에서 요구하는 수단과 방법으로 행하여질 것을 요구한다는 의미
> 에 지나지 않음을 주의해야 한다.[25]

우리 형법 제18조는 이러한 동가치성조항을 두고 있지 않은데, 이 점은 오늘
날 확립된 부작위범이론에 비추어 볼 때 입법의 부비라고 할 수밖에 없다. 따라서
해석에 의한 보충이 필요한 부분이다. 실제 우리 형법의 해석에서도 동가치성이
인정될 때 부작위가 작위범의 구성요건에 해당할 수 있다(통설).

㈏ **적용대상** 　 동가치성기준은 행위양태와 관련된 행위반가치요소이므로 그
적용대상은 모든 결과범이 아니라 그 중 특별히 행위양태가 구성요건적으로 중요
한 의미를 갖는 범죄에만 국한된다. 즉 살인죄·상해죄·손괴죄·방화죄와 같은
'**순수한 결과야기범**'(Reine Verursachungsdelikte)에서는 행위에 의해 일단 결과
야기가 있으면 처벌하는 것이므로 행위양태의 동가치성기준은 적용될 필요가 없

---

23) 유기천 126면.
24) 차용석 309면; 임웅 564면(특히 임의의 결과범에 있어서도 불법의 상응성을 요구함으로써 결
　국 작위의 불법정도에 상응하는 부작위의 불법을 요구하고 있다); Lackner/Kühl, §13 Rdn.
　16(역시 일체의 결과발생에 있어서 동가치성이 필요함을 주장하고 있다).
25) 김성돈 461면; 박상기 338면; 배종대 744면; 손동권·김재윤 411면; 신동운 145면; 이재상
　133면; 정성근·박광민 484면; 조준현 309면.

다. 따라서 이같은 결과범의 부진정부작위범은 보증인지위에 있는 자의 작위의무 위반만으로 구성요건적 부작위는 성립한다.

이와는 달리 구성요건상 행위수단이나 방법이 특정되어 있어 일정한 행위양태에 의해서만 구성요건결과가 발생하도록 되어 있는 범죄가 '행태의존적 결과범' (Verhaltensgebundene Delikte)이다. 여기에서는 부작위가 작위범의 구성요건적 행위양태에 상응한 것일 때 비로소 구성요건적 부작위가 될 수 있다(통설). 이러한 행태의존적 결과범은 각칙상의 개개 구성요건의 해석에 의해 결정될 문제이지만 사기죄($^{제347}_{조}$)의 '기망', 모욕죄($^{제31}_{조}$)의 '모욕', 강요죄($^{제324}_{조}$)의 '강요', 공갈죄($^{제350}_{조}$)의 '공갈', 강제추행죄($^{제298}_{조}$)의 '폭행·협박'·'추행', 특수폭행죄($^{제261}_{조}$)의 '단체 또는 다중의 위력'·'위험한 물건의 휴대' 등의 행위양태가 이에 속한다. 이와 같은 행태의존적 결과범의 구성요건은 부작위가 결과야기 자체와 동가치성을 가져야 할 뿐만 아니라, 결과야기행위의 구성요건적 양태와도 동가치성을 가질 때 비로소 구성요건적 부작위로 평가될 수 있다.

이렇게 보면 동가치성의 요구는 행태의존적 결과범에서 부작위가 적극적인 작위에 필적할 만한 형상을 갖고 있는가의 여부, 즉 그것이 동일한 종류의 방식으로 행하여졌는지의 여부를 심사하여 형사처벌을 제한하는 기능을 한다고 말할 수 있다.

㈐ 체계상의 위치　동가치성의 표지가 체계상 갖는 위치에 관해서는, 동가치성의 표지가 결과범 중에서도 행태의존적 결과범에만 제한적으로 적용된다고 보는 한, 보증인지위와 체계상의 위치를 같이하면서 구성요건적 부작위의 성립을 제한하는 객관적인 불법구성요건요소로 봄이 타당하다.

㈑ 판단의 기준　부작위의 양태가 어느 정도에 이르렀을 때 작위범의 행위양태와 동일시할 수 있는가. 일반적으로 동가치성의 심사는 판단대상이 된 부작위의 사회적 의미내용의 검토에서 출발한다. 즉 부작위행태가 갖는 사회적 무가치의 의미내용을 먼저 확인하는 것이다. 더 나아가 부작위가 적극적인 작위범의 행태와 그 행위반가치의 측면에서 사회적으로 같은 의미를 갖는지의 여부를 검토해야 한다. 물론 이러한 검토는 형법각칙상의 개개의 구성요건적 행위양태의 해석과 함께 행하여져야 한다.

예컨대 사기죄에서의 기망이 성립하려면 단순히 상대방의 착오를 불러일으키는 것을 넘어서 그 행위가 거래에서 통상 요구되는 신의칙에 반하는 것이라고 평가될 수 있는 것이어야 한다. 따라서 부작위에 의한 사기죄에 있어서도 고지의무의 불이

행이 거래에서 요구되는 신의칙에 반하는 것이라고 평가될 수 있는 정도에 이르러
야 기망으로 평가될 수 있다.

‖ **판례** ‖   물품의 국내독점판매계약을 체결함에 있어서 거래상의 고지의무위반이 있다
면 사기죄를 인정할 수 있다. 왜냐하면 사기죄의 요건으로서의 기망은 널리 재산상의 거
래관계에서 서로 지켜야 할 신의와 성실의 의무를 저버리는 모든 적극적 또는 소극적 행
위를 의미한다. 따라서 거래의 상대방이 일정한 사정에 관한 고지를 받았더라면 당해 거
래에 임하지 않았을 것이 경험칙상 명백한 경우, 그 거래로 인하여 재물을 수취하는 자
에게는 신의성실의 원칙상 사전에 상대방에게 그와 같은 사정을 고지할 의무가 있다고
할 것이다. 그러므로 이를 고지하지 아니한 것은 고지할 사실을 묵비함으로써 상대방을
기망한 것이 되어 사기죄를 구성한다(대판 1996. 7. 30, 96 도 1081).

(2) 구성요건결과

형법각칙의 각 구성요건에서 결과범의 결과는 작위범에서와 마찬가지로 부
진정부작위범의 구성요건에 속한다. 객관적 구성요건의 결과에 관한 한, 작위범
과 부진정부작위범 사이에 차이가 없다. 따라서 이 구성요건결과가 형법상 갖는
의미도 작위범과 부진정부작위범에서 똑같다. 중한 결과로 인하여 가중효과가 생
기는 문제라든가 기수·미수의 문제도 마찬가지이다.

다만 진정부작위범의 경우는 단순거동범에 해당되는 경우가 대부분이므로
주의를 요한다. 단순한 거동범의 경우에는 결과의 검토, 행위와 결과 사이의 인과
관계 및 객관적 귀속에 관한 검토가 필요 없으므로, 단순한 거동범에 해당하는 진
정부작위범의 경우에는 결과의 검토 및 부작위와 결과 사이의 관련성이 애당초
문제되지 않는다.

2. 주관적 구성요건요소

부작위범의 주관적 구성요건요소로서도 고의, 과실, 특별한 주관적 불법요소
(예: 목적범의 목적 등)가 필요함은 물론이다. 그러나 당해 부작위가 어떠한 주관
적 구성요건요소를 필요로 하고 있는지의 검토는 개개의 특별한 명령구성요건의
내용에 따라 결정할 문제이다.

(1) 고   의

작위범이건 부작위범이건 고의범에서 불법내용은 행위자가 구성요건적 불법
을 실현하기 위한 결정을 내렸다는 점에서 본질적으로 동일하다.

원칙적으로 부작위의 고의도 개개 명령규범의 객관적 불법표지의 인식을 필

요로 한다. 부작위행위자가 모든 객관적 구성요건표지를 알고도 부작위로 나갔을 때에만 구성요건적 불법의 실현을 위한 결정이 있다고 말할 수 있기 때문이다.

(a) **인식의 대상**　모든 부작위범에서 고의는 객관적 구성요건요소, 즉 구성요건적 상황의 존재, 명령된 행위의 부작위 및 개별적인 행위가능성에 대한 인식을 필요로 한다. 그 밖에도 결과야기가 가능한 진정부작위범 및 부진정부작위범에서는 구성요건결과 및 구성요건적 부작위와 결과 사이의 연관성에 대한 인식도 있어야 한다.

(b) **부진정부작위범에 특유한 인식의 대상**　부진정부작위범에서 고의는 그 밖에도 보증인지위 및 동가치성에 대한 인식을 필요로 한다.

보증인지위는 부진정부작위범의 객관적 구성요건요소이지만 그로부터 도출되는 보증인의무는 고의와 무관한 일반적 범죄표지에 불과하다. 따라서 보증인지위에 관한 **착오**는 고의를 배제시키는 **구성요건착오**가 되지만, 보증인의무에 관한 **착오**는 고의와 무관한 **명령착오(Gebotsirrtum)**가 될 뿐이다. 보증인의무에 대한 명령착오(작위범의 금지착오에 해당)는 책임설에 따를 때 책임배재 내지 책임감경의 사유가 된다.

(c) **의적 요소의 문제**　의도된 범행 내지 목적실현을 위한 범행의 실질적 불법내용은 행위자가 결과를 자신의 행위의 목표로 삼고 추구했다는 점에 있다. 이러한 불법내용은 작위에 의해서건 부작위에 의해서건 똑같이 실현될 수 있는 것이다. 따라서 부작위범에서도 의도적 고의에 의한 의도적·목적적 행위수행이 원칙적으로 가능하다.

다만 모든 목적범이 부작위에 의해 저질러질 수 있는 것은 아니다. 그 한계는 목적범에서 목적을 실현하고자 하는 행위양태가 객관적으로 부작위에 의해서도 저질러질 수 있는 행위양태인가의 여부에 달려 있다. 우리 형법에서 내란목적살인죄($^{제88}_{조}$)·다중불해산죄($^{제116}_{조}$)는 물론, 도주원조죄($^{제147}_{조}$)·범인은닉죄($^{제151조}_{제1항}$)·사기죄($^{제347}_{조}$)·배임죄($^{제355조}_{제2항}$) 등의 경우에는 부작위에 의한 목적범의 성립이 가능하다. 그러나 절도죄의 영득의사나 각종 위조·변조죄에서 행사의 목적 등은 부작위에 의해 실현되기 곤란한 목적이다.

(d) **미필적 고의의 문제**　부작위범에서도 작위범에서와 마찬가지로 미필적 고의가 인정되며, 인식 있는 과실과의 한계도 작위범의 경우와 동일한 기준으로 그어진다. 따라서 부작위행위자가 구성요건적 불법결과의 야기를 가능한 것으로 간주하고 또한 이러한 가능성을 감수하겠다는 의사였을 때에는 미필적 고의이고,

반면에 그와 같은 결과야기가 방지되리라는 것을 과신했으면 인식 있는 과실이
된다.

(2) 과   실

과실에 의한 부작위는 형법 제14조에 의하여 진정부작위범이건 부진정부작
위범이건 과실범처벌의 특별규정이 있는 때에 한하여 고려된다. 과실의 본질은
부작위범이건 작위범이건 다같이 객관적 주의의무의 위반을 말한다. 다만 과실행
위의 구성요건적 불법은 구성요건실현의 위험에 대한 행위자의 객관적 주의의무
위반인 데 비해, 과실에 의한 부작위는 그러한 위험을 행위자가 객관적 주의의무
에 위반하여 방지하지 않았다는 점에 있다. 이러한 주의의무위반은 행위자가 파
악해야 할 구성요건적 상황의 인식과 관련될 수 있고, 보증인지위의 오인과도 관
련될 수 있다.

Ⅳ. 부작위범의 위법성

부작위범에서도 작위범과 마찬가지로 구성요건이 실현되면 위법성이 징표된
다. 그러므로 징표된 위법성은 정당화사유가 있을 때 배제된다. 정당화사유 중에
는 구조상(여러 행위의무의 충돌이 있는 경우) 특히 부작위에서 의미를 갖는 의무
충돌이 중요하다.

Ⅴ. 부작위범의 책임

일반적인 책임표지가 부진정부작위범에도 그대로 적용된다. 따라서 책임능
력, 고의·과실 등 책임형식, 영아살해죄에서의 '참작할 만한 동기'와 같은 특별
한 책임표지, 불법의식, 면책사유의 부존재 등의 요건이 있어야 한다. 반면 부작
위범의 가벌성은 책임무능력, 회피할 수 없는 명령착오, 혹은 기타 면책사유의 발
생에 의하여 배제될 수 있다. 부작위범의 면책사유로서 특히 중요한 것은 기대불
가능성이다.

VI. 부작위범의 처벌

부작위범의 처벌과 관련하여 소극적인 부작위는 적극적인 작위에 비해 일반적으로 '불법의 정도' 및 책임이 낮기 때문에, 행위태양·정형의 동가치성이 인정되더라도 입법론적으로는 부작위의 형을 임의적 감경사유로 규정하는 것이 바람직하다는 견해가 있다.[26] 예컨대 계약의 중요한 부분에 대해 상대방을 적극적으로 속이는 것보다는 스스로 착오에 빠진 거래상대방에게 단순히 고지하지 않는 경우, 그리고 적극적으로 사람을 물에 빠트려 익사시키는 것보다는 스스로 물에 빠진 자를 방치하여 익사케 하는 경우가 일반적으로 불법 및 책임의 정도가 낮다고 볼 수 있다는 것이다. 실제 독일 형법 제13조 제 2 항과 오스트리아 형법 제35조는 부진정부작위범의 형을 임의적 감경사유로 규정하고 있다.

부진정부작위범에서는 위법행위를 하지 아니할 반대동기 형성을 작위범에서와 같은 정도로 기대하기 어렵기 때문에 불법과 책임의 정도가 상대적으로 낮을 가능성이 큰 것은 사실이다. 그러나 부진정부작위범에서 그러한 불법 및 책임의 감경사유가 존재할 경우에는 작량감경 등의 방법으로 양형단계에서 얼마든지 고려될 수 있기 때문에 반드시 입법론적으로 형감경규정을 둘 필연적인 이유는 없는 것으로 본다.[27]

---

26) 이재상 134면.
27) 배종대 745면; 조준현 310면.

제 9 장 미 수 론

제 1 절 고의범의 시간적 진행과정

모든 범죄는 진행과정의 시간적 순서에 따라 단계별로 설명할 수 있다. 특히 고의범은 사건의 경과에 따라 ① 결심단계, ② 예비단계, ③ 미수단계, ④ 기수단계, ⑤ 완수단계 등 여러 단계로 구분하는 것이 합목적적이다.

(1) 결심단계

어떤 범죄를 저지르려고 내심으로 결심하는 단계이다. 모든 고의범죄는 행위자의 구성요건실현결의가 필요하다. 혼자서 범죄에 대해 결심하는 것은 형법적으로 문제될 것이 없다. 그러나 교사를 받은 자가 범죄실행을 승낙한 것만으로도 형법 제31조 제 2 항(기도된 교사)에 의해 처벌될 수 있다.

(2) 예비단계

예비는 결심한 범죄를 효과적으로 수행하기 위해 사전에 하는 인적·물적 준비행위이다. 예를 들면 대상의 물색, 범행장소의 답사, 범행도구의 준비 등이다. 예비행위는 원칙적으로 처벌하지 않는다. 법익에 대한 위해가 아직 없기 때문이다. 다만 행위자에게 특별한 위험성이 있을 때 예외적으로 처벌한다($^{제28}_{조}$).

(3) 미수단계

범행의 주관적 구성요건요소는 충족되었으나 객관적 구성요소는 충족되지 못한 경우가 미수이다. 형법은 이를 범죄의 실행에 착수하여 행위를 종료하지 못했거나 결과가 발생하지 않은 경우라고 하고 있다($^{제25조}_{제1항}$). 미수의 종류와 그 처벌의 차등은 형법 제25조~제27조에 규정되어 있다. 이 단계에서는 공범의 성립도 가능하다.

(4) 기수단계

모든 구성요건표지가 충족된 단계이다. 법문은 이를 행위의 종료라고 말한다($^{제25조}_{제1항}$). 기수를 형식적인 범행의 완성이라고도 말하지만, 실질적인 범행의 완성인 완수(완료)단계와 구분된다. 기수단계가 지나면 더 이상 교사의 성립은 불가능하지만 방조(사후방조)와 범죄비호는 가능하다.

⑸ 완수단계

범행목표의 달성, 범행목적의 완전한 성취처럼 범죄의 실질적인 완성, 완료를 완수라고 한다. 목적범에서는 목적이 성취된 때이다. 법문은 이를 범죄행위의 종료라고 한다($_{제252조}^{형소법}$ 제1항). 완수개념을 형법적으로 인정할 필요성은 정당방위 또는 방조의 성립 여부, 공소시효의 기산점 등 때문이다. 완수단계에 이르면 공소시효가 시작되고, 정당방위나 방조는 성립할 수 없다. 다만 범죄비호(범죄은닉이나 증거인멸)만 가능하다.

> 계속범의 경우: 주거침입죄에서 갑이 을의 주거에 침입함으로써 기수가 된다. 그러나 갑이 을의 주거에 머무는 한 행위는 완료되지 않고, 일단 퇴각했을 때 갑의 주거침입죄는 완료된다. 한편 완료이론이 죄형법정원칙에 위배된다는 비판도 있다.[1]

제 2 절   미 수 범

Ⅰ. 미수의 개념

미수란 주관적 구성요건요소는 충족되었으나 행위의 미종료나 결과의 미발로 객관적 구성요건요소가 충족되지 못한 경우를 말한다. 즉 범죄실행의 착수는 있었으나 범죄의 기수(종료)에는 이르지 못한 경우가 미수이다. 미수는 범죄실행의 착수 이후에만 인정될 수 있다. 이로써 미수는 실행의 착수 이전의 행위인 예비·음모와 구별된다.

미수는 형법각칙상 이에 대한 처벌규정이 있는 경우에 한하여 처벌한다($_{조}^{제29}$). 대체로 비교적 중한 범죄의 미수범만을 처벌하고 있다. 또 미수범의 형은 적어도 기수범보다 감경할 수 있다($_{제2항}^{제25조}$). 이처럼 미수범은 기수범형식으로 정해진 규율대상과 처벌범위를 수정하는 형식이다. 따라서 미수범은 공범과 함께 구성요건의 수정형식 또는 수정된 구성요건이라고도 한다. 단, 특별한 형사정책적 고려에서 미수범을 기수범과 같은 형으로 처벌하는 경우가 있다($_{법률 제5조의4 제1항}^{특정범죄가중처벌등에관한}$).

---

1) 박상기, 「범행단계로서의 종료이론」, 형사법연구 1988, 169면 이하; Hruschka, JZ 1983, S. 216.

Ⅱ. 미수범의 처벌근거(본질론)

미수범의 본질론은 미수범의 처벌근거와 가벌성에 관한 논의이다. 이 논의를
둘러싸고 오랫동안 주관설과 객관설이 대립하여 왔다.

1. 객 관 설

객관주의 범죄론에 바탕을 둔 객관설은 미수범의 처벌근거를 행위자의사가
아니라, 구성요건적 결과실현에 근접한 위험이라고 한다. 객관설에 따르면 미수범
의 불법은 행위반가치보다 특별한 사태반가치에 의해 결정된다는 것이다. 여기에
서 결정적으로 중요한 의미를 지니는 것은 행위반가치가 아니라 결과반가치이다.

이처럼 객관적 위험성을 염두에 둔 객관설은 리스트/벨링의 고전적 범죄체계
의 결과라고 할 수 있다. 왜냐하면 이 체계는 범죄행위의 모든 주관적 표지를 책
임에 귀속시키고 불법을 구체적인 법익위태화 내지 침해라는 객관적 표지로 구성
하였기 때문이다.

2. 주 관 설

주관주의 범죄론에 바탕을 둔 주관설은 미수범의 처벌근거를 범인이 그의 행
위를 통하여 실제적으로 보여 준 법적대적 의사에서 찾는다. 이에 의하면 미수범의
처벌을 위해서는 범죄의사로 나타난 행위반가치로서 족한 것이며, 보호법익에 대
한 아무런 위험을 야기시키지 아니한 행태도 가벌적이라고 한다.

여기에서 미수행위가 법익을 객관적으로 위태화시켰느냐, 행위가 도대체 위
험에 이르기에 적당한 것인가 하는 점은 중요하지 않다. 그러므로 수단이나 객체
가 불가능한 미수도 행위자가 그것이 가능한 것으로 생각하고 행위한 이상 미수
로 처벌할 수 있다. 따라서 주관설의 입장에서 미수범의 불법은 행위반가치만으
로 구성되며, 사태반가치는 불필요하다는 결론에 이른다.

3. 절충설 · 인상설

주관설과 객관설을 상호 결합시켜 양자를 절충하려는 입장이다. 현재 우리나
라의 다수설의 입장이다.[2]

---

[2] 권오걸 447면; 김성돈 405면; 김성천 · 김형준 322면; 박상기 354면; 배종대 501면; 손동
권 · 김재윤 430면; 손해목 844면; 안동준 177면; 이재상 360면; 이정원 299면; 이형국 272면;
임웅 355면; 조준현 253면; 진계호 446면.

절충설에도 여러 가지 형태가 있는데 그 중 인상설(Eindruckstheorie)이 대표적이며 현재 독일의 다수설[3]의 입장이다. 인상설은 주관설에서 출발하지만, 여기에 범행이 일반인에게 준 범죄적 인상이라는 객관적 표지를 결합시킴으로써 주관적 출발점을 객관적 관점으로써 수정・보완한다. 그리하여 미수범의 처벌근거를 범죄의사에서 찾지만, 그 의사가 범죄지향적 의사표시에 의해 법질서의 효력에 대한 일반인의 신뢰를 깨뜨리고 법적 안정감과 법적 평화를 저해할 수 있을 정도에 이르렀다는 점도 고려한다. 여기에서 미수범의 가벌성을 주관설처럼 단지 법적대적 의사로 인한 행위반가치에서만 찾거나 객관설처럼 범행의 특별한 사태반가치에서만 찾지 않고, 주관적인 범인의 범죄의사(행위반가치)가 적어도 객관적인 법적 평화를 혼란케 함(결과반가치)으로써 전체적으로 '범죄적 인상'(Der ver-brecherische Eindruck) 내지 '법동요적 인상'(Der rechtserschütternde Eindruck)을 가져 왔다는 점에서 찾기 때문에 이를 인상설이라 한다. 따라서 인상설은 행위반가치와 법익평온상태의 교란이라는 제 3 의 결과반가치의 절충과 결합 속에서 미수범의 불법을 파악한다.

이 이론은 구성요건적 법익침해・위태화 행위를 이미 기수 이전의 단계에서도 주관적・객관적 기준에 의해 구성할 수 있다는 점에서 논리일관성을 지닌다는 장점을 갖고 있다. 인상설이 타당하다고 생각한다.

제 3 절   미수의 종류 및 내용

Ⅰ. 장애미수(협의의 미수)

1. 의   의

장애미수란 행위자가 자신의 의사에 반하여 범죄를 완성하지 못한 경우를 말한다(제25조 제1항).

---

3) Maurach/Gssel/Zipf, Ⅱ, §40 Rdn. 40 ff.; Jescheck/Weigend, SS. 541, 522; Roxin, JuS 1979, S. 1; Sch/Sch/Eser, Vorbem. 23 vor §22; Rudplphi, SK, Vorbem. 1314, vor §22; Wessels, Rdn. 594 등.

2. 성립요건

(1) 주관적 요건

(a) **고   의**   미수범은 기수범에서와 마찬가지로 객관적 구성요건표지를 인식하고 구성요건을 실현하려고 하는 고의를 필요로 한다.

기수범은 미필적 고의로도 충분히 성립할 수 있으므로 미수범의 고의도 미필적 고의로 족하다. 그러나 단순한 미수의 고의(Versuchsvorsatz)는 범행고의 (Tatvorsatz)가 아니므로 미수범의 고의는 기수의 의사(Vollendungswille)이어야 한다. 그러므로 함정수사(Lockspitzel, agent provocateur)에서 행위자의 의사는 기수의 의사가 아니므로 원칙적으로 불가벌이다.

미수범의 고의는 범행실현의 의사를 내용으로 하는 범행고의이어야 하므로 과실범의 미수는 있을 수 없다.

(b) **확정적 행위의사**   기수범에서와 마찬가지로 모든 미수범에도 고의와 구별되는 확정적 행위의사(Unbedingter Handlungswille)가 필요하다. 이 확정적 행위의사란 '무조건적'인 범행의사를 의미한다. 그러므로 행위자가 범행을 저지를 지 여부에 관해 아직 결정을 내리지 못하고 있는 상태인 미필적 행위의사 (Bedingter Handlungswille)는 미수범의 성립을 주관적으로 충족시켜 줄 수 없다.

(c) **특별한 주관적 불법요소**   구성요건고의 외에도 당해 범죄의 종류에 따라 특별한 주관적 구성요건표지가 전제되어 있을 때에는 주관적 불법요소도 미수범의 주관적 구성요건요소가 된다. 따라서 절도죄처럼 고의 외에 특별한 목적, 즉 위법영득의 의사가 있어야 하는 경우, 만약 범인이 이 의사를 좇지 않거나 이와 다른 목적을 추구했다면 범행결의의 흠결로서 미수조차 성립하지 않는다.

만약 범인이 당해 재물에 관하여 청구권이 있다고 오신한 경우라면 구성요건 착오가 된다. 이 때에는 이미 구성요건고의가 결여되므로 미수도 성립할 수 없다.

(2) 객관적 요건

(a) **구성요건실현의 직접적 개시**(실행의 착수)   미수의 객관적 표지로서 중요한 것이 실행의 착수이다. 실행의 착수란 행위자가 **구성요건실현을 직접적으로** 개시하는 것이다. 여기서 **직접적 개시**(Unmittelbares Ansetzen)라 함은 더 이상의 중간준비절차를 거치지 않고 구성요건의 실현에 곧장 이르게 될 어떤 행태를 취하는 것을 말한다.

실행의 착수시기를 중심으로 하여 불가벌적인 예비와 가벌적인 미수 사이를 시간적으로 구별하는 기준에 관하여 종래부터 객관설과 주관설 사이에 오랜 논란이 있어 왔다.

(개) **형식적 객관설** 형식적 객관설은 행위자가 법률에 기술된 구성요건행위를 시작했을 때 비로소 실행의 착수가 있다고 본다. 이 때 개개 범죄구성요건이 기술하고 있는 결과를 포함한 모든 거동표지의 문언에 의해 파악되는 행위의 일부분이 행하여져야 실행의 착수가 있게 된다. 예컨대 절도죄의 경우에는 재물을 손으로 잡을 때 실행의 착수가 인정된다. 가장 오래된 학설이다. 이 학설은 죄형법정원칙의 법치국가적 요청에는 합당하지만, 불가벌적 예비의 영역을 넓게 확장하는 대신 이미 처벌할 수 있는 미수의 범위를 좁게 잡음으로써 형사정책적으로 만족스럽지 못한 결과에 이른다.

(내) **실질적 객관설** 실질적 객관설은 형식적 객관설과는 달리 실질적 관점에 의해 가벌적 미수의 영역을 구성요건실현의 전단계에까지 넓히려고 하는 입장이다. 여기에는 두 가지 형태가 있다.

(i) 프랑크의 공식 프랑크에 따르면 자연적으로 보아 구성요건행위와 필연적으로 결합되어 있어 구성요소로 보이는 거동이 있으면 구성요건실현의 전단계(Das Vorfeld der Tatbestandsverwirklichung)에 속한 행위라 하더라도 실행의 착수는 있다고 한다. 예컨대 금고문을 열기 위한 행위를 개시한 때 이미 금고에 든 물건의 절취에 대한 실행의 착수가 있었다고 본다.

(ii) 위험한 법익침해의 공식 이것은 보호법익에 대한 직접적 위험을 가지고 실행의 착수를 논하는 입장이다. 예컨대 금고문을 연 때 이미 금고에 든 물건의 절취에 대한 실행의 착수가 있었다고 본다. 여기서는 형식적인 구성요건 대신 법익침해의 위험성이 예비와 미수를 가르는 실질적인 기준이 된다.

그러나 실질적 객관설에 대해서는, 행위자의 주관적 관점(주관적 범행계획)을 전혀 고려하지 않고서는 법익침해에 대한 실질적 위험 여부를 확정하기 어렵다는 비판이 제기된다.

(대) **주 관 설** 주관설은 행위자의 의사(Der Wille des Täters)에 따라 실행의 착수 유무를 결정해야 한다고 본다. 예컨대 금고를 털기 위한 목적으로 건물 안으로 들어간 때에도 이미 절도죄의 실행의 착수가 있다고 본다. 그러나 주관설에서는 객관적 기준이 무시되는 결과, 미수의 가벌성의 폭이 지나치게 확대된다는 비판을 받는다. 당연히 불가벌이어야 할 예비의 영역까지 침식해 들어갈 정도이기 때문이다.

㈒ **개별적 객관설(주관적 객관설)**   순수한 객관설이나 순수한 주관설은 이제 더 이상 지지될 수 없다는 관점에서, 양자를 절충하는 입장이 오늘날 학설과 판례의 지배적 경향이다. 이러한 경향을 대표하고 있는 견해가 소위 개별적 객관설이다.

이에 따르면 행위자의 주관적인 범행의 전체계획에 비추어(주관적 기도), 범죄의사가 분명히 표명되었다고 볼 수 있는 모종의 행위가 개개 구성요건의 보호법익에 대한 위험에 직접 이르렀을 때(객관적 기준) 실행의 착수가 있다는 것이다. 즉 실행의 착수는 본질적으로 보호법익에 대한 직접적 위험이 개시되었을 때에 인정되지만, 그 직접적 위험이 개시되었는가의 여부는 행위자의 주관적 범행계획에 의해 확정된다는 것이다. 예컨대 특정한 금고를 털기 위해 금고가 있는 건물 안으로 들어가 금고가 놓여 있는 특정한 방문의 잠겨진 자물쇠를 뜯고 들어갔을 때 절도죄의 실행의 착수가 있다고 본다. 독일 형법은 제22조에서 「그의 의사에 의하여 직접 구성요건이 실현되는 행위를 개시한 자는 미수이다」라고 규정하여 개별적 객관적설의 입장을 명문으로 밝히고 있다. 현재 우리나라[4]와 독일의 통설의 입장이며, 미수범의 실행의 착수를 결정하는 데 가장 타당한 견해라고 생각한다.

㈓ **구체적인 적용의 기준**   구체적인 실행의 착수시기는 원칙적으로 각칙상 개별적 구성요건의 실행행위에 대한 해석을 통해 정해진다. 그리고 실행의 착수시기에 관한 구성요건해석은 **개별적 객관설**의 입장에 따라 행해져야 한다.

(ⅰ) 구성요건해당행위 또는 그 일부에 해당하는 행위가 시작되면 당연히 실행의 착수가 인정된다. 이 점에서 형식적 객관설의 입장과 궤를 같이 한다.

(ⅱ) 보호법익침해의 직접적 위험을 내포하는 행위에는 구성요건해당행위뿐만 아니라 구성요건실현에 직접 연결되는 구성요건전단계의 행위도 포함된다. 이를 구성요건실현에 **밀접한 행위** 또는 **접근한 행위**라고도 한다. 이러한 행위는 피해대상에 시간적·장소적으로 접근되어 있거나 또는 더 이상의 중간행위 없이도 직접 보호법익의 침해에 이를 수 있는 행위들을 의미한다(소위 밀접행위설). 이러한 점에서는 실질적 객관설의 관점이 통용된다. 우리 판례 중에도 밀접행위설의 관점에서 실행의 착수를 인정한 것들이 눈에 띈다.[5]

---

4) 김성돈 411면; 김성천·김형준 327면; 박상기 361면; 손동원·김재윤 434면; 오영근 484면; 손해목 851면; 안동준 181면; 유기천 257면; 이상돈 501면; 이재상 366면; 이정원 305면; 이형국 276면; 정성근·박광민 396면; 정영일 307면; 정진연·신이철 289면; 진계호 450면.

5) 대판 1985. 4. 23, 85 도 464; 1986. 12. 23, 86 도 2256; 2001. 7. 27, 2000 도 4298.

(iii) 보호법익침해의 직접적 위험을 내포한 행위인지의 여부는 순전히 객관적으로 결정되는 것이 아니라 행위자의 주관적 범행계획을 참고하여 결정된다. 이 점에서 실질적 객관설과 차이를 갖는다. 따라서 객관적으로 보호법익침해에 밀접한 행위라 할지라도 행위자의 범행계획에 따라서는 실행의 착수로 인정되지 않을 수도 있다.

‖판례 1‖ 노상에 세워놓은 자동차 안에 있는 물건을 훔칠 생각으로 자동차 유리창을 통해 내부를 손전등으로 비추어 본 것에 불과하다면, 비록 유리창을 따기 위해 면장갑을 끼고 있었고 칼을 소지하고 있었다 하더라도 절도의 예비행위는 성립될지라도 타인의 재물에 대한 지배를 침해하는 데 밀접한 행위를 한 것이라고는 볼 수 없다. 즉 절도행위의 실행의 착수에 이른 것이라고 볼 수 없다(대판 1985. 4. 23, 85 도 464).

‖판례 2‖ 절도죄의 실행의 착수시기는 재물에 대한 타인의 사실상의 지배를 침해하는 데 밀접한 행위가 개시된 때라 할 것인바, 피해자 소유 자동차 안에 들어 있는 밍크코트를 발견하고 이를 절취할 생각으로 공범이 위 차 옆에서 망을 보는 사이 위 거 오른쪽 앞문을 열려고 앞문 손잡이를 잡아당기다가 피해자에게 발각되었다면 절도의 실행에 착수하였다고 봄이 상당하다(대판 1986. 12. 23, 86 도 2256).

‖판례 3‖ 절도의 목적으로 피해자의 집 현관을 통하여 그 집 마루 위에 올라서서 창고문 쪽으로 향하다가 피해자에게 발각, 체포되었다면 아직 절도행위의 실행에 착수하였다고 볼 수 없다(대판 1986. 10. 28, 86 도 1753).

‖판례 4‖ 소를 흥정하고 있는 피해자의 뒤에 접근하여 들고 있던 가방으로 피해자의 돈이 들어 있는 하의주머니를 스치면서 지나갔다. 이러한 행위는 단지 피해자의 주의력을 흐트려 주머니 속에 든 돈을 절취하기 위한 예비단계의 행위에 불과한 것이다. 따라서 이로써 절도죄의 실행의 착수에 이른 것이라고는 볼 수 없다(대판 1986. 11. 11, 86 도 1109).

‖판례 5‖ 야간에 강도를 마음먹고 타인의 집에 침입하여 동정을 살피던 중 마침 화장실에서 나오는 피해자를 발견하고 갑자기 욕정을 일으켜 칼을 들이대고 방안으로 끌고 들어가 밀어 넘어뜨려 반항을 억압한 다음 강제로 간음하였다. 형법 제334조 특수강도죄의 실행의 착수는 강도의 실행행위, 즉 사람의 반항을 억압할 수 있는 정도의 폭행 또는 협박을 행할 때에 있다. 하지만 야간에 타인의 주거에 침입하여 집안의 동정을 살핀 것만으로는 특수강도죄의 실행에 착수한 것으로 볼 수 없다. 따라서 특수강도에 착수하기 전에 저질러진 강간행위를 구 특정범죄가중처벌법상 특수강도강간죄에 해당한다고 할 수 없다(대판 1991. 11. 22, 91 도 2296).

‖판례 6‖ 강간죄의 실행의 착수가 있었다고 하려면 강간의 수단으로 폭행이나 협박

을 한 사실이 있어야 한다. 그런데 강간할 목적으로 피해자의 집에 침입하여 방에 들어가 자고 있는 피해자의 가슴을 만지면서 간음을 기도하다가 피해자가 소리를 치자 도망했다는 사실만으로는 강간죄의 실행에 착수했다고 보기 어렵다(대판 1990. 5. 25, 90 도 607). 여기에서 사실관계만 놓고 볼 때 강간죄 실행의 착수로 보기는 어렵지만, 준강간죄 (제299조)의 실행의 착수가 있다고 해야 할 것이다.

‖**판례 7**‖ 외국환거래법 제28조 제1항 제3호에서 규정하는 신고를 하지 아니하거나 허위로 신고하고 지급수단·귀금속 또는 증권을 수출하는 행위는 지급수단 등을 국외로 방출하기 위한 행위에 근접·밀착하는 행위가 행하여진 때에 그 실행의 착수가 있다고 할 것인데, 피고인이 일화 500만 ¥은 기탁화물로 부치고 일화 400만 ¥은 휴대용 가방에 넣어 국외로 반출하려고 하는 경우에, 500만 ¥에 대하여는 기탁화물로 부칠 때 이미 국외로 반출하기 위한 행위에 근접·밀착한 행위가 이루어졌다고 보아 실행의 착수가 있었다고 할 것이지만, 휴대용 가방에 넣어 비행기에 탑승하려고 한 나머지 400만 ¥에 대하여는 그 휴대용 가방을 보안검색대에 올려 놓거나 이를 휴대하고 통과하는 때에 비로소 실행의 착수가 있다고 볼 것이고, 피고인이 휴대용 가방을 가지고 보안검색대에 나아가지 않은 채 공항 내에서 탑승을 기다리고 있던 중에 체포되었다면 일화 400만 ¥에 대하여는 실행의 착수가 있었다고 볼 수 없다(대판 2001. 7. 27, 2000 도 4298).

⒝ **범죄유형에 따른 실행의 착수시기**

(i) **공동정범**   다수설은 공동정범자의 전체행위를 기초로 종합판단하여야 한다는 입장이다. 그러나 각자의 행위가 예비단계를 넘었는지를 개별적으로 판단하는 것이 옳다.

(ii) **간접정범**   다수설은 이용자가 피이용자를 이용하기 시작한 때로 실행의 착수를 인정한다. 그러나 이용자의 우월한 의사에 의한 행위지배를 정범성의 표지로 삼는 간접정범에 있어서는, 적어도 이용행위가 도구에 영향을 미쳐 피이용자가 이용자의 우월한 의사지배의 영향력하에 들어왔고 그로 인해 자동적으로 보호법익에 대한 침해가 개시된다고 인정될 때 비로소 실행의 착수가 인정된다. 그러한 시점은 바로 이용자의 이용행위가 실질적으로 완료되고 피이용자가 이용자의 손을 벗어나 독자적으로 행위를 개시한 때라고 할 것이다.[6]

(iii) **원인에 있어서 자유로운 행위**   실행의 착수시기는 구성요건적 정형을 떠나서는 정할 수 없으므로 반무의식상태에서 구성요건행위를 실행한 때를 착수시기로 보아야 한다는 견해가 현재의 다수설적 입장이다. 그러나 간접정범과 마찬가지로 행위자가 반무의식상태를 야기하여, 책임능력흠결상태에 있는 자신을

---

6) 김일수, 한국형법 Ⅱ, 168면.

도구로 삼고서 원인행위로부터 벗어나 진행을 시작할 때 실행의 착수가 있다(원인행위 → 자신을 도구로 삼고 행위자가 원인행위권에서 벗어나 진행을 시작한 단계 → 책임능력 없는 도구로서 구성요건실행행위)고 보는 것이 타당하다.

(iv) **이 격 범** 구성요건행위와 결과발생 사이에 시간적 장소적 간격이 있는 범죄를 이격범(Distanzdelikt)이라 한다. 폭발물이 들어 있는 소포를 먼 거리에 있는 타인에게 우송하여 수령자를 살해하는 경우와 같다. 객관설은 적어도 소포가 배달된 때 실행의 착수가 있다고 본다. 주관설은 소포를 우송한 때 실행의 착수가 있다고 한다. 개별적 객관설에서는 원인설정행위가 종료된 때(예컨대 우체국에 탁송위탁이 된 때) 실행의 착수가 있다고 본다.

(v) **결 합 범** 독립하여 각각 범죄가 될 수 있는 수개 행위를 하나의 범죄구성요건으로 하는 범죄를 결합범이라 한다. 강도죄, 강도살인죄, 야간주거침입절도죄 등이 그 예이다. 객관설은 제1행위의 착수시 실행의 착수가 있다고 한다. 주관설은 결합범 전체에 대한 고의가 확실히 드러난 때 실행의 착수가 있다고 한다. 개별적 객관설은 결합범 전체의 고의로써 제1행위에 착수한 때 실행의 착수를 인정한다. 야간주거침입절도죄는 절도고의로 주거에 침입한 때, 강간죄는 강간고의로 폭행을 개시한 때 각각 실행의 착수가 있다.

(vi) **부작위범의 실행의 착수** 부작위범에서도 미수가 가능하다. 그러므로 원칙적으로는 미수의 일반적인 규율($\binom{제25조\sim}{제29조}$)에 따라 처벌된다. 다만 부작위범에서는 범행의 직접적인 개시가 작위형태로 나타나지 않기 때문에 언제 실행에 착수한 시기를 잡을 것인가를 놓고 견해가 갈리고 있다.

① 최초의 구조가능성 기준설 부작위행위자가 최초의 구조가능성을 지나쳤을 때, 다시 말해서 행위에 대한 법적 의무가 발생하자마자, 곧 실행의 착수가 있다고 한다.[7] 예컨대 물에 빠져 허우적거리는 사람을 보고 부조의무자가 도울 수 있는 사정에 처하였을 때 그는 곧 실행에 착수한 것이다.

② 최후의 구조가능성 기준설 부작위행위자가 최후의 구조가능성을 지나쳤을 때, 다시 말해서 행위자의 표상에 따라 이제 곧 행위를 수행하지 않으면 구조의 기회를 놓칠 것이라는 사정하에서 구조기회를 잡지 않을 때 범행에 대한 직접적인 개시가 있다고 한다. 예컨대 물에 빠진 사람에게 손이 미칠 수 없을 정도로 거리가 멀어져 더 이상 구조가 가능하지 않을 경우에 비로소 실행의 착수가 있게 된다.

---

7) 배종대 749면.

③ 법익에 대한 직접적인 위험야기·증대 기준설 행위자의 표상에 따라 「작위행위를 지체함으로 인해 더 이상 행위부분을 필요로 함이 없이 법익에 대한 직접적인 위험이 야기·증대되었을 때」실행의 착수가 있다고 보는 견해이다. 그러므로 앞의 예에서 지체행위가 더 이상의 부분동작을 필요로 함이 없이 법익에 대한 직접적인 위험을 야기시켰느냐 하는 것이 결정적 기준이 된다(다수설[8]).

④ 결 론 행위자의 작위의무는 요보호자에 대한 위험의 제거를 그 내용으로 하는 것이기 때문에, 법익에 대한 직접적인 위험야기 및 증대를 기준으로 삼는 다수설의 견해가 타당하다. 피해자가 수영을 하지 못하는 자일 경우 구조작위의 지체는 피해자의 법익에 대한 직접적인 위험증대로서 실행의 착수가 된다. 그러므로 여기서 구조의무자가 즉시 관여하지 않았을 경우에는 적어도 미수가 성립한다. 이와 반대로 피해자가 수영을 할 줄 아는 자일 경우에는 상황에 따라 구조의무자의 지체가 아직도 불가벌적 예비단계에 머물 수 있다. 그러나 구조의무자가 도망을 쳐 인과과정을 더 이상 지배할 수 없게 된 경우에 현실적인 위험이 훨씬 늦게서야 증대되었다 할지라도 구조의무자는 이미 미수단계에 도달한 것이 된다.

(b) **법익위태화**(결과반가치) 미수와 예비를 구별하는 실질적 기준으로 위험사고를 받아들인다면 문제는 이처럼 포괄적이고 불확정한 위험표지를 어떻게 각 미수형태의 특성에 맞게 구체화할 수 있을까 하는 점이다. 법익위해의 질적·양적 차이는 그 정도가 가장 높은 **법익침해**와 중간정도인 **법익위태화** 및 그 정도가 가장 낮은 법익평온상태의 교란으로 분류할 수 있다.

법익위해의 중간형태인 법익위태화는 제 2 의 결과반가치 형태로서 장애미수이건 중지미수이건 모든 가능미수의 불법을 규정해 주는 표지가 된다. 따라서 장애미수의 결과불법은 구성요건실현의 직접적 개시로써 법익위태화를 야기했다는 점에 있다.

(c) **행위의 미종료 또는 결과의 미발생** 실행의 착수단계를 지났으나 타율적인 사유에 기인하여 행위자가 행위를 종료하지 못했거나 기타 사유로 구성요건 결과가 후발적으로 발생하지 않은 경우 또는 발생하였어도 그 결과를 행위자의 행위 탓으로 귀속시킬 수 없는 경우에 장애미수가 성립한다. 이 때에 원인(수단의 잘못, 객체의 착오)의 어떠함과 행위자의 목적달성 여부를 불문한다. 결과가 발생

---

8) 김성돈 537면; 김성천·김형준 329면; 박상기 322면; 손동권·김재윤 417면; 손해목 807면; 이재상 372면; 이형국 278면; 임웅 568면; 정성근·박광민 489면; 진계호 187면.

했더라도 인과관계가 없거나 통설의 입장에서 객관적 귀속관계가 결여되었으면
역시 범죄는 미수이다.

3. 처   벌

우리 형법상 미수범의 처벌 여부는 각칙에서 개별적으로 정한다(제29조). 그리고
그 처벌은 기수범의 형에 비해 임의적 감경을 하도록 하였다(제25조). 임의적 감경의
대상은 주형에 한한다. 부가형이나 보안처분은 감경할 수 없다. 임의적 감경은 주
관적 미수론의 논리적 귀결이라 할 수 있지만, 인상설의 관점에서 볼 때 중도적
해결을 시도한 결과로 이해할 수 있다.

Ⅱ. 불능미수

1. 의   의

⑴ 불능미수의 개념

불능미수(Untauglicher Versuch)는 애당초 결과가 발생할 수 없지만 위험성
때문에 미수범으로 처벌하는 경우이다. 우리 형법 제27조는 이를 「실행의 수단
또는 대상의 착오로 인하여 결과의 발생이 불가능하더라도 위험성이 있는 때」라
고 규정하고 있다.

‖ **판례** ‖ 향정신성의약품인 속칭 히로뽕 제조를 공모한 뒤 그 제조원료인 염산에 여러
종류의 약품을 섞어 히로뽕 제조를 시도하였으나 약품배합미숙으로 완제품을 제조하지
못했다. 불능범은 범죄행위의 성질상 결과발생의 위험이 절대로 불가능인 경우를 의미
하는 것인데, 위의 행위는 그 성질상 결과발생의 위험이 있으므로 습관성의약품제조죄
의 불능미수범이 된다(대판 1985. 3. 26, 85 도 206).

⑺ **불능미수와 불가벌적 불능범의 구별**   불능범은 실행의 착수단계 이전의
상태로 애당초 형법적으로 의미 없는 행위이고, 불능미수는 실행의 착수단계를
지나 실질적 불법을 형성할 수 있는 위험성이 있는 범죄현상이다.

⑻ **불능미수와 미신범의 구별**   미신범은 비현실적인 수단(마술도구), 비현실
적인 행위(살해를 기원하는 일)로 범죄를 저지르려고 하거나, 비현실적인 대상
(혼)에 대해 범죄를 시도하는 행위이다. 따라서 미신범은 형법적으로 행위반가치
조차 없는 행위인 반면, 불능미수는 **실질적 불법**에까지 이른 범죄현상을 말한다.

㈐ **불능미수와 환각범의 구별**   불능미수는 대상 또는 방법이 불가능하거나 없는 경우이다. 환각범은 사실상 허용되어 있는 행위를 금지 또는 처벌되는 행위로 오해하고 그럼에도 범행을 저지른 경우이다. 대상 또는 방법이 흠결된 불능미수를 반전된 **구성요건착오**라 한다. 형법상 구성요건적 사실에 관한 착오를 행위자에게 불리하게 적용하는 유일한 예이다. 그러나 환각범은 반전된 금지착오가 되어 애당초 처벌하지 않는다.

㈑ **부작위범과 불능미수**   부진정부작위범의 불능미수는 물론 이론적으로 가능하다. 그러나 이러한 경우는 대개 주체의 불능으로서, 보증인지위에 있지 않은 자가 그러한 지위에 있는 것으로 상상한 경우이거나 착오로 자신의 실행행위로 말미암아 위험이 야기된 것으로 생각한 경우일 것이다. 이러한 경우는 환각범의 범주를 벗어나지 못한다. 따라서 부진정부작위범의 불능미수는 불가벌이라고 해야 할 것이다.

(2) 불능미수와 장애미수의 구별

장애미수는 구성요건결과의 발생가능성이 있는 경우이다. 따라서 이러한 가능성이 애당초(실행의 착수시기에) 없었던 불능미수와 다르다. 장애미수는 행위반가치 외에 법익위태화라는 제 2 의 결과반가치가 있는 경우로서 미수의 형태 중 불법의 정도가 가장 높다.

‖ **판례** ‖   남편을 살해하기 위해 국그릇에 농약을 넣어 독살하려 했으나 피해자가 국물을 토해냄으로써 그 목적을 이루지 못했다. 범행에 사용한 독의 양은 치사량에 현저히 미달한 것이었다. 형법은 범죄의 실행에 착수하여 결과가 발생하지 아니한 경우인 장애미수와 실행수단의 착오로 인하여 결과발생이 불가능하더라도 위험성은 있는 경우인 불능미수를 구별하여 처벌하고 있으므로 이 사건에서는 농약의 치사량을 좀더 심리하여 범행이 어떠한 미수의 유형에 해당하는지를 가려야 한다(대판 1984. 2. 14, 83 도 2967).

(3) 불능미수와 중지미수의 구별

중지미수란 구성요건실현의 결의를 가지고 범죄의 실행에 착수한 자가 자의로 범행을 중지하거나 결과발생을 방지한 경우를 말한다. 중지미수는 장애미수와 불능미수로부터도 언제든지 성립할 수 있다. 중지미수는 심정가치로 인하여 책임이 감경되기 때문에 장애미수와 불능미수의 불법을 넘어 형의 필요적 감면에까지 나아가고 있기 때문이다.

따라서 불능미수의 행위자가 결과발생이 가능하다고 잘못 알고 일단 범행을 시작하다가 자의로 중지 또는 방지하면(불능미수의 실행미수의 중지) 중지미수규정이 불능미수규정보다 먼저 적용된다. 종래의 다수설은 이 경우 행위자의 중지행위 때문에 결과가 미발한 것은 아니므로 불능미수의 중지미수를 인정하지 않고 대신 불능미수일 뿐이라는 입장이었다. 그러나 중지미수는 불능미수의 불법감면사유를 넘어 심정가치로 인한 책임감면사유를 포함하고 있으므로 불능미수의 중지미수를 인정하는 것이 옳을 뿐만 아니라 행위자에게도 유리하다. 현재의 다수설도 같은 입장이다.

2. 성립요건

(1) 주관적 성립요건

장애미수와 같다.

(2) 객관적 성립요건

(a) **구성요건실현의 직접적 개시** 불능미수도 미수범의 일종이므로 구성요건실현의 직접적 개시라는 객관적 표지가 필요하다. 비록 구성요건실현은 객관적으로 불가능해도 당해 구성요건에서 요구하는 행위자의 범행결의가 실현되는 단계에 있어야 한다.

(b) **법익평온상태의 교란** 위험사고의 관점에서 보면, 법익평온상태의 교란은 제 3 의 결과반가치로서 가장 약한 위험의 정도이다. 이것은 불능미수와 불가벌적 불능범을 내용적으로 구별해 주는 요소이다.

(c) **결과발생의 불가능** 이 표지가 불능미수와 장애미수를 구별해 주는 결정적인 기준이다. 우리 형법 제27조는 결과발생의 불가능의 원인을 실행의 수단, 대상의 착오라고 명시하고 있지만 예시에 불과할 뿐이다. 따라서 대상의 불능, 방법의 불능으로 인한 불능미수의 경우도 생각할 수 있다. 결과발생의 불가능을 판단하는 시점은 실행행위의 직접적 개시시점이다. 바로 이 시점에서 행위가 사실적 또는 법적 이유 내지 행위의 성질 또는 상황에 따른 제약을 이유로 기수에 이를 수 있는지 없는지를 판단해야 한다.

(가) 실행수단의 착오 행위자가 시도한 범행수단이나 방법이 구성요건결과를 발생시킬 수 없는 경우이다. 예컨대 애당초 잘못 놓여진 차단기를 교통방해의 목적으로 제자리에 똑바로 세워 놓은 경우이다.

(나) 대상의 착오 행위객체가 전혀 없거나 침해될 수 없는 상태에 놓여 있는데도 행위자가 구성요건행위를 하는 경우이다. 예컨대 살인고의로 시체를 향해

발포한 경우, 자기물건을 다른 사람의 것으로 잘못 알고 절취하거나 손괴하는 경우 등이다.

(다) 행위주체의 착오

(ⅰ) 문제의 제기   우리 형법 제27조는 결과발생 불가능의 원인으로 주체의 착오와 주체의 불가능성을 열거하고 있지 않다. 따라서 주체의 착오로 인한 결과발생의 불가능을 불능미수로 할 수 있느냐가 해석론적으로 문제된다. 예컨대 공무원 임용이 무효가 된 자가 그 사실을 모르고 수뢰를 하거나 또는 민간인이 스스로를 공무원으로 착각하고 수뢰를 한 경우, 보증인적 지위에 있지 않은 자가 부진정부작위범을 범하는 경우 등이 문제된다.

(ⅱ) 주체의 불능이 대상의 불능에 기인하는 경우   주체의 불능이 대상의 흠결 또는 대상의 불능에 기인한다면 불능미수이다. 예컨대 자기의 보호감독을 받지 않는 부녀인데도 업무·고용·기타 관계로 인하여 자기의 보호감독을 받는 부녀인 줄 알고 위력으로 간음하려고 한 경우($\frac{\text{제303조}}{\text{제1항}}$)는 보호감독직이 없다는 이유로 막바로 불가벌적 불능범이 되는 것은 아니다. 이 경우 범죄주체로서 갖는 자질은 행위객체의 특성과 함께 고려된다. 따라서 가벌적 불능미수를 인정해야 한다.

(ⅲ) 진정신분범의 경우

① 불능미수설   진정신분범의 행위주체를 구성요건요소로 보고, 주체의 착오도 반전된 구성요건착오라 하여 불능미수범으로 취급한다.[9] 형법 제27조의 실행의 수단 혹은 대상의 착오는 예시규정으로 보아야 하며, 신분도 수단·대상과 마찬가지로 동등한 구성요건요소이기 때문에 착오에 있어서 이를 달리 취급할 필요가 없고 위험성이 있는 한 불능미수로 처벌하는 것이 타당하다는 것이다. 독일의 다수설의 입장이기도 하다.[10]

② 불능미수부정설   신분은 불법구성요건을 구성하므로 신분 없는 자는 행위반가치가 결여되어 처벌할 필요성이 없고, 또한 수단이나 대상의 착오가 아닌 주체의 착오에 대해서는 형법 제27조가 함구하고 있으므로 만약 불능미수를 인정하게 되면 죄형법정원칙에 반하게 된다는 입장이다. 우리나라의 다수설의 견

---

9) 박상기 384면; 이정원 338면; 이형국 298면.
10) Jescheck/Weigend, S. 535; Maurach/G ssel/Zipf, S. 35; Rudolphi, SK §22 Rdn. 26; Sch/Sch/Eser, §22 Rdn. 76; Wessels, Rdn. 623. 다만 독일에서는 신분의 착오의 경우에도 반전된 포섭의 착오가 있는 경우, 예컨대 공무원 아닌 자가 스스로를 공무원으로 생각하고 수뢰를 하거나 보증인적 지위에 있지 않은 자가 스스로를 보증인으로 생각하고 부작위 한 경우 등은 환각범이 된다고 보고 있다(Jescheck/Weigend, S. 535).

해다.[11]

③ 환각범설   행위자가 신분을 갖고 있지 않으면 비록 그에 관한 착오를
했어도 불능미수가 아니라 환각범이라는 견해이다. 그 이유는 진정신분범의 신분
은 특수한 의무표지이므로 사실상 그러한 신분 있는 자에게만 적용될 수 있기 때
문이다.[12]

④ 결   론   주체의 착오를 불가벌적 환각범으로 취급하는 입장이 타당
하다. 왜냐하면 주체의 착오를 처벌하지 않는 것이 법의 객관적 목적에 맞기 때문
이다.[13] 그러나 처벌되지 않는다는 점에서 부정설과 같기 때문에 결국 환각범설
은 불능미수부정설에 포함시킬 수도 있을 것이다.

(3) 위 험 성

(a) **문제의 제기**   형법 제27조는 결과발생이 불가능해도 위험성이 있으면
처벌한다고 규정하고 있다. 위험성은 우리 형법상 불가벌적 불능범과 가벌적 불
능미수를 구별하는 표지이다. 위험성의 내용에 대해 다수설은 '구성요건결과발생
의 가능성'을 의미하는 것으로 본다. 그러나 결과발생이 불가능한 불능미수에 있
어서 '결과발생의 가능성'이라는 개념을 쓰는 것은 문제가 있다고 본다. 때문에
불능미수의 위험성은 '법적대적인 행위자의 의사실행이 법적 평온을 교란함으로
써 법질서에 대한 일반인의 신뢰를 저해시키는 법동요적 인상'을 의미한다고 보
는 것이 옳다(인상설의 입장).

문제는 이러한 위험성의 유무를 어떠한 기준과 방법에 의해 판단할 것인가이
다. 이에 대해서는 학설이 나뉘고 있다.

(b) 위험성의 판단기준과 방법

(가) **구객관설**(절대적 불능·상대적 불능 구별설)   법관이 사후(ex post)에 인
식한 사정을 기초로 결과발생의 불능을 절대적 불능과 상대적 불능을 구별하여
상대적 불능만이 위험성이 있는 것으로 보는 견해이다. **절대적 불능**이란 개념적으
로 결과발생이 불가능한 경우이고 **상대적 불능**이란 일반적으로 결과발생이 가능
하지만 개별적으로 특수한 경우에 결과발생이 불가능한 경우를 의미한다. 우리

---

11) 권오걸 481면; 김성돈 417면; 배종대 535면; 김성천·김형준 357면; 성낙현 520면; 손동
   권·김재윤 468면; 손해목 905면; 신동운 517면; 안동준 201면; 오영근 534면; 이재상 401
   면; 임웅 385면; 정영일 334면; 하태훈, 「불능미수」, 형사법연구 제 4 호(1991), 79면.
12) 정성근·박광민 418면은 환각범의 일종으로 처음부터 구성요건해당성이 없다고 한다.
13) 신동운 517면은 신분범은 일정한 신분관계에 있는 자에게 일정한 법적 의무를 부과한 범죄유
   형이기 때문에, 특별히 입법자가 신분범에 대한 불능범을 처벌하겠다는 의지를 명문으로 표시하
   지 않는 한 실행주체의 착오는 처벌할 수 없다고 한다.

판례가 원칙적으로 취하고 있는 입장이다(대판 2007.7.26, 2007 도 3687; 1984.2. 28, 83 도 3331; 1985.3.26, 85 도 206[14])). 예컨대 수단의 착오에 있어서 감기약을 독약인 줄 알고 먹인 경우는 절대적 불능이 되나 치사량 미달의 독약을 먹인 경우는 상대적 불능이 된다. 대상의 착오에 있어서는 시체를 살아 있는 사람으로 오인하고 발포한 경우는 절대적 불능이 되나, 사정거리 밖에 있는 사람을 향해 발포한 경우 또는 부재중인 사무실에 폭탄을 던져 폭파한 경우 등에는 상대적 불능이 된다.

그러나 절대적 불능과 상대적 불능의 구별이 반드시 분명한 것이 아니고 상대적이라는 데에 이 견해의 약점이 있다. 왜냐하면 상대적 불능도 개별적 사례에서는 절대로 결과발생이 있을 수 없다는 점에서 절대적 불능으로 볼 수 있고(예컨대 사정거리 밖에 있는 사람은 절대 사살할 수 없고 부재중인 사람도 사무실에 폭탄을 던져서는 절대로 죽일 수 없다), 절대적 불능도 관점에 따라서는 상대적 불능으로 판단될 수 있기 때문이다(예컨대 감기약을 독약으로 착오하지 않고 진짜 독약을 먹였다면 결과발생이 가능하다). 현재 이 견해를 취하는 학자는 없다.

㈏ **구체적 위험설**(신객관설)　　행위시(ex ante)에 행위자가 특별히 인식한 사정과 일반인이 인식할 수 있었던 사정을 기초로, 일반인의 입장에서 일상의 경험법칙에 따라 판단하여 결과발생의 구체적 위험성이 있다고 판단되면 불능미수라고 보는 견해이다.[15] 일본의 다수설과 판례의 입장이다. 만약 행위자가 인식한 사정과 일반인이 인식한 사정이 다를 경우에는 일반인이 인식한 사정을 기초로 삼되 행위자가 특별히 알고 있는 사정을 고려하여 위험성을 판단하게 된다. 구체적으로 판단하면, ① 일반인과 행위자가 모두 오인할 수 있는 사정에 기초한 행위에는 보통 구체적 위험성이 인정된다. 예컨대 일반적으로 임신한 것으로 여겨지는 실제 회임하지 않은 여자에 대한 낙태행위, 장전된 것으로 보이는 빈 총으로 사살하는 행위, 치사량 미달의 독으로 독살하는 행위 등에서는 구체적 위험성이

---

14) 대판 1984.2.28, 83 도 3331: 「이 사건 농약의 치사추정량이 쥐에 대한 것을 인체에 대하여 추정하는 극히 일반적, 추상적인 것이어서 마시는 사람의 연령, 체질, 영양 기타의 신체의 상황 여하에 따라 상당한 차이가 있을 수 있는 것이라면 피고인이 요구르트 한병마다 섞인 농약 1.6 씨씨가 그 치사량에 약간 미달한다 하더라도 이를 마시는 경우 사망의 결과발생 가능성을 배제할 수는 없다고 할 것이다.」
　　대판 1985.3.26, 85 도 206: 「불능범은 범죄행위의 성질상 결과발생의 위험이 절대로 불능한 경우를 말하는 것인바, 향정신성의약품인 메스암페타민 속칭 "히로뽕" 제조(제조)를 위해 그 원료인 염산에 페트린 및 수종의 약품을 교반하여 "히로뽕" 제조(제조)를 시도하였으나 그 약품배합미숙으로 그 완제품을 제조하지 못하였다면 위 소위는 그 성질상 결과발생의 위험성이 있다고 할 것이므로 이를 습관성의약품제조미수범으로 처단한 것은 정당하다.」
15) 김종원, 「불능미수」, 형사법강좌 Ⅱ, 628면; 박상기 387면; 배종대 539면; 안동준 204면; 오영근 540면; 이재상 404면; 정진영·신이철 313면; 하태훈 343면.

인정된다. ② 일반인이 알고 있는 사정을 행위자가 오인한 경우에는 일반인의 인식사정을 기초로 행위의 위험성 여부를 판단하게 되며, 보통은 구체적 위험성이 인정되지 않는다. 예컨대 일반인은 모두 사망한 것으로 알고 있는데 행위자만 살아 있는 사람으로 오인하고 사살한 경우, 명백히 사거리 밖에 있는 사람에 대해 사거리 안에 있다고 믿고 총격하는 경우, 일반인은 그저 뚱뚱한 사람으로 알고 있는데 행위자만 임신한 여자로 오인하고 낙태를 시도한 경우 등에서는 구체적 위험성이 인정되지 않아 불능범이 된다. ③ 일반인은 인식하지 못했으나 행위자가 특별히 알고 있는 사정이 있었을 때에는 행위자의 특별한 인식을 기초로 위험성 여부를 판단한다. 예컨대 일반인은 죽은 것으로 오인했으나 행위자는 아직 피해자가 살아 있음을 알고 발포했는데 마침 총알이 없었던 경우에는 행위자의 인식사실을 기초로 판단하여, 구체적 위험성이 인정된다.

　　구체적 위험설에 대해서는 주로 행위자가 인식한 사실과 일반인이 인식한(할 수 있었던) 사실이 다른 경우에 누구의 인식사실을 기초로 위험성을 판단할지가 불분명하다는 비판이 가해진다.[16] 그러나 이러한 비판은 앞에서 언급한 원칙에 따라 해결하면 되기 때문에 큰 설득력을 갖지 못한다. 다른 한편 불능미수에 있어서는 항상 행위자의 인식수준이 일반인의 인식수준보다 떨어지는 경우만을 문제삼고 행위자의 인식수준이 일반인의 인식수준보다 높은 경우에는 불능미수의 문제가 되지 않는다는 비판도 제기된다.[17] 그러나 이러한 비판이 항상 옳은 것은 아니다. 예컨대 일반인은 피해자가 명백히 사정거리 밖에 있다고 생각했으나 행위자는 사거리가 긴 특수총임을 알고 발포한 경우 또는 다른 사람들은 빈총이라고 생각했으나 행위자는 장전된 총임을 알고 발포한 경우 등에서는 명백히 수단의 착오의 문제가 발생하지 않는다. 그러나 다른 사람들은 피해자가 죽은 줄 알았으나 행위자는 아직 살아 있는 것을 알고 사살하기 위해 총을 발포했는데 그것이 빈총이었던 경우와 같이 행위사정의 일부에 대해서만 행위자의 인식이 일반인보다 우세한 경우에는 불능미수의 문제가 발생할 수 있다.

　(다) **추상적 위험설**(주관적 위험설)　　행위 당시(ex ante) 행위자가 인식한 사실을 기초로 하여 만약 그러한 사실이 실재 존재하였다면 위험성이 인정될 수 있겠는가를 일반인의 입장에서 판단하는 견해이다.[18] 이 입장에 기초한 법원의 판례도 있다(대판 1978.3.28, 77도 4049; 2005.12.8, 2005도 8105[19]). 예컨대 행위자

---

16) 손해목 910면; 임웅 395면.
17) 임웅 396면.
18) 권오걸 485면; 김성돈 422면; 김성천·김형준 361면; 손동권·김재윤 472면; 임웅 397면; 이상돈 529면; 정영석 225면; 정영일, 「불능미수」, 고시연구 1998.5, 62면; 정성근·박광민 423면; 진계호 476면; 황산덕 240면.
19) 대판 1978.3.28, 77도 4049: 「불능범의 판단기준으로서 위험성 판단은 피고인이 행위 당시

가 설탕을 독약으로 오인하고 독살을 기도한 사건에서 추상적 위험설을 따르면 행위자가 인식한 사정이 실제 존재한 것을 가정하여 일반인이 위험성을 판단하게 되므로, 행위자가 인식한 대로 설탕이 실제 독약이었다면 독약을 먹인 행위는 위험성이 인정될 수 있기 때문에 불능미수가 성립한다. 반면 행위자가 감기약으로도 사람을 살해할 수 있다고 믿었거나 미신적인 방법으로 사람을 살해할 수 있었다고 믿었더라도 일반인의 입장에서 위험성을 인정할 수 없기 때문에 불능범이 성립한다.

추상적 위험설에 대해서는 행위자가 경솔하게 판단한 사정도 위험성 판단의 자료로 삼기 때문에 불능미수의 성립범위가 부당하게 확장될 수 있다는 비판이 제기된다.[20]

(라) 순주관설   행위자가 인식한 사실을 기초로 행위자의 입장에서 위험성을 판단하는 견해이다. 독일의 통설과 판례의 입장이다. 미신범을 제외하고 불가벌적 불능범의 개념을 인정하지 않는다. 따라서 시체에 대한 살해행위(RG 1, 451), 두통약을 이용한 낙태행위(RG 17, 158), 임신하지 아니한 부녀의 낙태행위(RG 8, 198; 47, 65), 장물이 아닌 재물에 대한 취득행위(RG 64, 130), 치사량 미달의 독약을 사용한 독살미수(BGHSt 11, 324) 등을 모두 불능미수로 보게 된다.

순주관설에 대해서는 행위자의 주관적 인식을 기초로 하면서도 미신범만은 불능미수에서 제외시키는 이유가 분명치 않고, 객관적 요소를 전혀 고려하지 않고 주관적 요소에 의해서만 위험성을 판단하기 때문에 불능미수의 성립범위가 지나치게 넓어진다는 비판이 가능하다.

(마) 인 상 설   인상설은 행위자의 법적대적 의사의 실현이 법질서와 법적 안정감에 대한 일반인의 신뢰에 동요를 가져다 준 경우에 위험성이 인정된다고

에 인식한 사정을 놓고 이것이 객관적으로 일반인의 판단으로 보아 결과발생의 가능성이 있느냐를 따져야 하므로 히로뽕제조를 위하여 에페트린에 빙초산을 혼합한 행위가 불능범이 아니라고 인정하려면 위와 같은 사정을 놓고 객관적으로 제약방법을 아는 과학적 일반인의 판단으로 보아 결과 발생의 가능성이 있어야 한다.」

대판 2005. 12. 8, 2005 도 8105: 「불능범의 판단기준으로서 위험성 판단은 피고인이 행위 당시에 인식한 사정을 놓고 이것이 객관적으로 일반인의 판단으로 보아 결과발생의 가능성이 있느냐를 따져야 하고, 한편 민사소송법상 소송비용의 청구는 소송비용액 확정절차에 의하도록 규정하고 있으므로, 위 절차에 의하지 아니하고 손해배상금 청구의 소 등으로 소송비용의 지급을 구하는 것은 소의 이익이 없는 부적법한 소로서 허용될 수 없다고 할 것이다. 따라서 소송비용을 편취할 의사로 소송비용의 지급을 구하는 손해배상청구의 소를 제기하였다고 하더라도 이는 객관적으로 소송비용의 청구방법에 관한 법률적 지식을 가진 일반인의 판단으로 보아 결과 발생의 가능성이 없어 위험성이 인정되지 않는다고 할 것이다.」

20) 이재상 405면; 이형국, 「불능미수」, 고시연구 1983. 7, 91면; 하태훈 342면.

한다.[21] 인상설은 행위자가 실제로 인식한 구성요건적 사실 및 객관적으로 실현된 법익평온상태의 교란을 위험성판단의 기초자료로 삼는 견해이다. 만약 행위자가 일반인보다 더 높은 사실인식력을 갖고 있었다면(예컨대 의사 또는 총기전문가로서) 이것을 기준으로 삼는다. 그리고 판단의 기준은 통찰력 있는 평균인을 상정한다.[22]

　　그러나 인상설은 불능미수, 나아가서 미수범 일반의 처벌근거를 설명하는 데에는 적당하지만, 위험성의 판단방법 내지 법적 평화교란의 확정방법은 여전히 미해결인 채로 남겨 두고 있어 위험성을 판단하는 설명으로는 부적당하다는 비판을 받을 수 있다.[23] 인상설이 법동요적 인상을 곧 위험성이라고 한다면 어떤 기준과 판단방법에 의해 법동요적 인상이 발생했다고 평가할 것인지에 대한 명확한 기준을 제시해야 할 것이기 때문이다. 그리고 인상설은 행위자의 주관적 인식을 기초한 범죄실행이 사회일반의 법적 신뢰에 동요를 가지고 왔는가를 기초로 위험성을 판단하기 때문에 결국 추상적 위험설의 입장에 접근하게 된다.

(바) **결　　론**　　구체적 위험설이 위험성판단의 기준에 적합하다. 행위자의 주관적 인식을 고려하면서도 일반인이 인식할 수 있었던 사정을 고려하여 합리적 범위 내에서 불능미수의 성립범위를 제한할 수 있기 때문이다. 추상적 위험설은 행위자의 주관적 인식만을 기초로 판단하기 때문에 부당하게 가벌성이 확대되는 불합리를 초래하게 된다는 점에서 찬성하기가 어렵다.

(c) 요　　약　　구체적 위험설의 입장에서 문제해결을 위한 기준을 요약하면 다음과 같다.

(가) 진정신분범에서 주체의 착오 내지 흠결의 경우는 언제나 불가벌이다. 착오한 경우는 환각범, 흠결인 경우는 불능범이 되기 때문이다. 공무원이 퇴직 후 재직중의 행위에 대해 큰 사례를 받아도 불능범이다.

(나) 대상의 착오 내지 흠결의 경우는 실행수단이 불가벌적 불능범에 상당한 것이 아닌 한 대부분 불능미수이다. 상상임신한 임산부가 다량의 진한 커피를 마심으로써 낙태를 시도한 경우는 불능범이다. 그러나 타인의 빈 호주머니에 손을 넣어 절취를 시도한 경우나 사체를 생존자로 알고 한 총기살해시도는 불능미수가 된다.

(다) 실행수단의 착오 내지 흠결은 그것이 법익평온상태를 파괴할 만큼 잠재적

---

21) 김일수, 한국형법 Ⅱ, 190면; 손해목 914면; 신양균, 「불능미수의 법적 성격」, 김종원화갑기
　　념논문집, 425~426면; 이형국 302면.
22) 김일수, 한국형법 Ⅱ, 190면.
23) 임웅 398면; 하태훈 343면.

위험성이 있거나 행위자의 위험성이 입증된다면 불능미수이고, 그럴 정도가 아니
라면 불가벌적 불능범이다. 아스피린으로 상해가 가능하다고 믿고 복용시킨 경우
는 불가벌적 불능범이 되지만, 독약을 음식물에 투입한다는 것이 착각으로 인해
옆에 놓여 있던 설탕을 투입한 경우라든가 착탄거리를 약간 벗어난 곳에서 발사
하여 살해를 시도한 경우 등은 불능미수가 된다.

3. 처 벌

형법 제27조는 불능미수의 처벌에 관하여 「형을 감경 또는 면제할 수 있다」
고 규정하고 있다. 우리 형법이 장애미수를 임의적 감경으로, 중지미수는 필요적
감면으로 한 것과 비교하면, 불능미수의 처벌정도는 그 중간에 위치한다.

Ⅲ. 중지미수

1. 의 의

⑴ 중지미수의 개념

중지미수(Rücktritt vom Versuch)는 범죄의 실행에 착수한 자가 그 범죄가
완성되기 전에 자의로 범행을 중단하거나 결과의 발생을 방지하는 경우이다(제26조).
중지미수의 핵심표지는 자의성이다. 이것은 책임감면사유로서 범죄체계론상 책임
영역에 속한다. 그러므로 중지미수(제26조)는 일종의 면책사유이다.

⑵ 입 법 례

영미법은 범죄의사의 포기(abandonment of purpose)도 원칙적으로 책임이
있다고 하여 중지미수와 장애미수를 구별 없이 처벌한다. 반면 독일(제24조)·오스트
리아(제16조)·그리스(제44조) 등의 형법은 중지미수를 처벌하지 않는다. 우리 형법(제26조)
은 중지미수를 처벌하되 필요적 감면으로 하고 있다.

⑶ 필요적 형벌감면의 법적 근거

(a) 형사정책설

㈎ '퇴각을 위한 황금의 다리'이론(Eine goldene Brücke zum Rückzug)   실
행에 착수한 행위자가 스스로 범죄의 기수에 이르는 것을 저지하도록 형사정책적
인 고려를 한 것이 중지미수제도라는 것이다.

이에 대해서는, 첫째 행위자 대부분이 행위시에는 이러한 고려를 전혀 하지

않고, 둘째 중지미수를 벌하지 않는 독일형법과 달리 필요적 감면사유로 한 우리 형법의 해석상 이 효과는 크게 고려될 수 없으며, 셋째 감경과 면제의 기준이 구체적으로 제시되고 있지 않다는 비판이 있다.

(나) 공적설(Verdienstlichkeitstheorie) 또는 보상설(Prämientheorie) 결과발생을 방지하고 합법성의 세계로 돌아온 것에 대해 법률이 행위자에게 은혜를 베푸는 것이라는 견해로 은사설(Gnadentheorie)이라고도 한다. 그러나 은사라는 표현은 형법적(규범적) 문제를 설명하기에 부적합하다.

(다) 형벌목적설 중지미수는 일반예방이나 특별예방의 목적에 비추어 처벌이 필요하지 않거나 그 필요성이 줄어든 경우라는 주장이다. 형사정책적 고려가 전면에 나타난 이론이다. 그러나 처벌근거는 객관적으로 고려해야 할 규범적 사항이지 행위자의 개별적 사정까지 고려한 순정책적 문제만은 아니라는 비판이 가능하다.

요컨대 형사정책설의 각 이론들은 형법이라는 규범의 문제를 단지 형사정책적 효과에서만 설명한다는 공통된 비판을 받고 있다.

(b) 법정책설 중지미수는 구체적인 형벌필요성의 관점에서 처벌을 배제하는 제도이므로 이를 인적 처벌조각사유 내지 객관적 처벌조건의 하나로 보는 견해이다(독일의 다수설).

(c) 법 률 설 중지미수가 범죄구성요건 중 하나를 소멸 또는 감소시키는 것으로 이해하는 견해이다.

(가) 위법성소멸·감소설 미수범의 고의는 주관적 불법요소이고 위법성 요소이므로, 이에 대한 중지의 결의는 위법성을 소멸·감소시키는 주관적 요소라는 이론이다. 이에 대해서는 다음과 같은 비판이 있다. 첫째, 일단 발생된 불법은 위법성조각사유가 아닌 한 소멸·감소될 수 없다. 둘째, 공범자 중 어느 한 사람의 중지효과는 그에게만 미치므로 이같은 일신전속적 성질에 반한다. 셋째, 위법성이 소멸된다면 당연히 무죄판결을 선고해야지 형을 면제하는 것은 형법의 태도와 맞지 않는다.

(나) 책임소멸·감소설 중지미수의 형감면은 책임의 감소·소멸 때문이라는 견해이다. 이에 대하여는 다음과 같은 비판이 있다. 첫째, 자의에 의한 중지로 책임은 단지 사후적으로 일정한 정도까지 상쇄될 뿐이다. 둘째, 책임이 소멸되면 아예 죄가 없어 무죄판결을 해야 하는데 형벌만 약하게 하는 형법의 태도와 맞지 않는다.

(d) **결 합 설**　형사정책설과 법률설을 절충한 입장이다. 이에는 i) 위법성소멸 감소설＋형사정책설, ii) 책임소멸·감소설＋형사정책설, iii) 위법성소멸·감소설＋책임소멸·감소설＋형사정책설을 결합한 입장이 있다. 우리나라에서는 책임소멸·감소설과 형사정책설을 절충한 결합설이 다수설이다.

(e) **결론**(형벌목적론적 책임감소설)　우리 형법상 중지미수에 대한 처벌감면의 법적 성격은 형벌목적설을 가미한 책임감소로 파악하는 것이 옳다. 실행의 착수에 의해 이미 발생한 책임을 사후적인 금지행위로 소멸시킬 수는 없지만, 중지행위 속에 나타난 자의성 때문에 책임이 감소된다. 책임과 형벌목적은 상관개념이므로 책임감소로 인해 필요적 형벌감경이 가능해진다. 필요적 형벌면제는 자의성 외에 일반예방 및 특별예방이라는 형벌목적론적 관점에서 처벌의 필요성이 약화되었을 때 가능하다. 전혀 예방적 처벌의 필요성도 없다면 형벌을 근거지울 벌책성이 소멸하여 결국 무죄가 된다.

2. 성립요건

(1) 주관적 요건

(a) **일반적 주관적 요건**　중지미수도 미수의 일종이기 때문에 먼저 일반적·주관적 요건인 고의, 확정적 행위의사, 그리고 경우에 따라서는 특별한 주관적 불법요소를 모두 갖추어야 한다(이에 관하여는 장애미수 부분을 참고하기 바란다).

(b) **특별한 주관적 요건 - 자의성**

(가) **자의성의 의미와 성격**　중지미수가 성립하기 위해서는 범인이 범행을 자의로 포기해야 한다. 자의성은 행위자가 자율적 동기에서 실행에 착수한 범행을 중단하거나 결과의 발생을 방지하는 것을 말한다. 자의성은 중지미수의 불법과 관련된 주관적 요건이 아니라 책임감소와 관련된 주관적 요건으로서 중지미수에만 특유한 주관적 요건이다.

(나) **'자의성' 판단의 일반적 기준**　'자의성'표지를 어떠한 기준으로 판단할 것이냐에 관해서는 견해가 다양하다. 크게 심리학적 이론과 규범적 이론으로 나뉜다.

(i) **심리학적 이론**　중지동기의 윤리적 성격을 도외시하고 다만 그 동기가 행위자의 자유로운 선택에 영향을 미쳤는가에 따라 자의성 여부를 판단한다. 그래서 자유의사를 배제하는 심리적 압박이 있을 때에는 비자의적이라고 한다. 종래 우리나라에서 자의성의 기준으로 거론되었던 객관설, 절충설, 프랑크(Frank)

공식, 주관설 등이 여기에 속한다.

① 객 관 설   외부적 사정과 내부적 동기를 구별하여 범죄의 미완성이 외부적 사정에 의한 때는 장애미수, 내부적 동기에 의한 때는 중지미수로 본다. 그러나 내부적 동기는 대부분 외부적 사정에 의해 유발되는 경우가 많기 때문에 객관설은 외부적 사정과 내부적 동기를 명확하게 구별하기 어렵다는 문제점을 가지고 있다. 또한 행위자의 내부적 동기를 중시하다 보면, 예컨대 경찰관이 오지 않는데도 온다고 착각하여 중지한 경우에도 중지미수를 인정할 수밖에 없어 중지미수의 성립범위가 지나치게 확대될 수 있다.

② 주 관 설   객관설과 달리 후회·동정·연민 기타 이와 비슷한 윤리적 동기에 의하여 중지한 경우만이 중지미수이고 기타의 경우는 장애미수라고 보는 입장이다. 이 설은 중지미수를 인정하는 범위가 지나치게 좁고, 자의성과 윤리성을 동일시하고 있다는 비판을 받고 있다.

③ 절 충 설   사회일반인의 경험상 보통 외부적 장애로 인한 중지는 장애미수, 보통 외부적 장애라고 할 수 없는 사정에 의한 중지는 중지미수라고 보는 견해이다. 우리나라 다수설의 견해이다.[24] 그러나 절충설에 대해서는 판단기준인 '사회일반인의 경험,' '일반사회통념' 등의 개념이 불명확해 자칫 판단자의 주관에 따라 판단이 달라질 수 있는 문제점을 안고 있다. 판례도 절충설의 입장에 서 있는 것으로 보인다.

‖ 판례 1 ‖   중지미수라 함은 범죄의 실행행위에 착수하고 그 범죄가 완수되기 전에 자기의 자유로운 의사에 따라 범죄의 실행행위를 중지하는 것으로서 장애미수와 대칭되는 개념이나 중지미수와 장애미수를 구분하는 데 있어서는 범죄의 미수가 자의에 의한 중지이냐 또는 어떤 장애에 의한 미수이냐에 따라 가려야 하고 특히 자의에 의한 중지 중에서도 일반사회통념상 장애에 의한 미수라고 보여지는 경우를 제외한 것을 중지미수라고 풀이함이 일반이다(대판 1985. 11. 12, 85 도 2002).

‖ 판례 2 ‖   피고인 갑, 을, 병이 강도행위를 하던 중 피고인 갑, 을은 피해자를 강간하려고 작은 방으로 끌고 가 팬티를 강제로 벗기고 음부를 만지던 중 피해자가 수술한 지 얼마 안되어 배가 아프다면서 애원하는 바람에 그 뜻을 이루지 못하였다면, 강도행위의 계속중 이미 공포상태에 빠진 피해자를 강간하려고 한 이상 강간의 실행에 착수한 것이고, 피고인들이 간음행위를 중단한 것은 피해자를 불쌍히 여겨서가 아니라 피해자의 신

---

24) 권오걸 462면; 김성천·김형준 339면; 배종대 519면; 손동권·김재윤 448면; 안동준 190면; 오경식, 「범행중지의 자의성과 공동정범의 행위귀속」, 법정고시 1996. 10, 81면; 오영근 513면; 이상돈 509면; 이재상 381면; 이정원 316면; 이형국 289면; 정영일 318면; 정진연·신이철 296면; 진계호 461면.

체조건상 강간을 하기에 지장이 있다고 본 데에 기인한 것이므로, 이는 일반의 경험상 강간행위를 수행함에 장애가 되는 외부적 사정에 의하여 범행을 중지한 것에 지나지 않는 것으로서 중지범의 요건인 자의성을 결여하였다(대판 1992. 7. 28, 92 도 917).

‖ **판례 3** ‖ 피해자를 강간하려는 의도로 폭행한 다음 강간하려 했지만 다음번에 만나 친해지면 응해주겠다고 강간하지 말라고 간곡히 부탁하자 피해자를 자신의 차에 태워 집에 되돌려 보내 주었다. 이러한 경우 자의로 강간행위를 중지한 것이고 피해자의 부탁은 사회통념상 범죄실행에 대한 장애라고 여겨지지는 않는다. 따라서 이러한 경우는 중지미수에 해당한다(대판 1993. 10. 12, 93 도 1851).

‖ **판례 4** ‖ 피고인이 장롱 안에 있는 옷가지에 불을 놓아 건물을 소훼하려 하였으나 불길이 치솟는 것을 보고 겁이 나서 물을 부어 불을 끈 것이라면, 위와 같은 경우 치솟는 불길에 놀라거나 자신의 신체안전에 대한 위해 또는 범행 발각시의 처벌 등에 두려움을 느끼는 것은 일반 사회통념상 범죄를 완수함에 장애가 되는 사정에 해당한다고 보아야 할 것이므로, 이를 자의에 의한 중지미수라고는 볼 수 없다(대판 1997. 6. 13, 97 도 957).

④ 프랑크 공식 이 견해에 따르면 '할 수 있었음에도 불구하고 하기를 원치 않아서' 중지한 때는 중지미수, '하려고 했지만 할 수 없어서' 중지한 때는 장애미수가 된다고 한다.[25] 프랑크 공식은 자의성 판단에 대한 명쾌한 기준을 제공하고 있기는 하지만 판단기준을 순전히 행위자의 주관적인 심리상태에 맞추고 있기 때문에 자칫 행위자의 주장에 따라 결론이 다르게 날 수 있고 또한 행위자가 가능성 여부에 대한 판단 없이 중단한 경우에는 이 공식에 따라 자의성 여부를 판단하기가 곤란하다는 문제점을 가지고 있다.

(ii) 규범적 이론 '자의성'을 순수한 형법상의 평가문제로 보고 범인이 범행을 중지하게 된 내심의 태도를 규범적으로 평가하여 중지행위의 자의성 여부를 결정하는 입장이다.[26]

규범적 이론에는 ① '자의성' 판단의 기준을 범죄인의 이성(Verbrechersver-nunft)에 두고 비이성적 이유로 범행을 중지했다면 자의성이 존재하고, 이성적 이유, 즉 발각이나 처벌의 위험이 있음을 이성적으로 판단하여 중지했다면 자의성이 없다고 판단하는 입장(BGHSt 9, 50), ② 중지가 '합법성으로 돌아가려는 의사의 표현'이라면 자의적인 것이며, 중지가 오직 범죄목적에 봉사하는 행태의 다른 표현(예컨대 더 나은 범행의 기회를 잡기 위해 중지한 경우)이라면 비자의적이라고 하는 입장(Roxin) 등이 있다.

---

25) 우리나라에서 프랑크 공식을 지지하는 학자는 신동운 491면; 임웅 373면.
26) 우리나라에서 규범설을 지지하는 학자는 박상기 369면.

(iii) 결   론   '자의성'은 단순한 심리적 사실만은 아니지만 행위자의 심정 가치의 표현이므로 심리학적 해석, 즉 자율성과 관련되어 있다. 또한 당벌성의 존재와 범위에 관련된 규범적 평가의 대상이기 때문에 규범적 해석, 즉 합법성으로의 회귀와도 밀접한 연관이 있다. 이렇게 볼 때 심리학적 요건과 규범적 요건, 즉 자율성과 합법성으로의 회귀를 통합하여 구체적인 사안에서 자의성 여부를 판단하는 것이 타당하다.[27]

(대) 심리학적 · 규범적의 절충적 방법에 따른 '자의성' 기준의 구체적 척도   핵심은 자율성과 합법성에로의 회심을 종합하여 판단하는 데 있다.

(i) 자 율 성   자율성과 관련해서는 자율적 동기와 타율적 동기를 구별하여 판단하는 것이 좋다.

① 자율적 동기   중지는 자율적 동기에서 해야 한다. 여기에서는 범죄자가 세운 계획을 객관적으로 관철할 수 있었느냐 하는 객관적 측면보다 오히려 행위자의 주관적인 태도, 즉 자신의 결의를 지배하고 있었는가를 중시한다. 그 때문에 행위자가 가능성을 확신하였고, 그 결과 범행을 아직도 완성할 수 있다고 믿었다면 불능미수의 중지도 가능하다. 그러나 행위자가 범행의 종료가 불가능하거나 더 이상 의미가 없다고 확신하였기 때문에 그만 둔 경우라면 자의성은 인정되지 않는다.

  * 주의: 의사형성의 계기는 내심(양심의 가책, 수치심, 능동적 후회, 흥분, 더 나은 통찰, 용기상실)으로부터 올 수 있지만, 외부사정(방해 · 발각 · 지면)으로부터도 올 수 있다. 그 외부사정이 행위자의 원래의 의사지배력을 마비시킬 정도로 작용했다면 자의성이 부인되지만, 그렇지 않은 상태에서 자발적으로 범행을 중단했다면 자의성은 인정된다. 따라서 계기가 외부로부터 왔다고 해서 자의성을 배제할 필연적인 이유가 되지는 않는다.

② 타율적 동기   행위자가 타율적인 사유로 범행을 포기한 경우는 비자의적이다.

  ⓐ 행위자 개인이 극복할 수 없는 장애   행위자가 쇼크로 더 이상 행위할 수 없다면 비자의적인 중지이다. 또한 심리적인 불안이나 정서상의 장애가 행위자로 하여금 범행의 관철을 할 수 없게 만드는 강제적인 사유가 된다면 그 중지도 비자의적이다. 심리적인 무능력으로 인한 비자의성은 내심적 장애요인이 행위자로 하여금 범행을 포기할 수밖에 없게 만든 강제적인 사유일 때에만 인정된다.

---

27) 같은 입장 정성근 · 박광민 407면.

‖ **판례** ‖ 피고인이 피해자를 살해하려고 그의 목부위와 왼쪽 가슴부위를 칼로 수회 찔렀으나 피해자의 가슴부위에서 많은 피가 흘러나오는 것을 발견하고 겁을 먹고 그만두는 바람에 미수에 그친 것이라면, 위와 같은 경우 많은 피가 흘러나오는 것에 놀라거나 두려움을 느끼는 것은 일반사회통념상 범죄를 완수(종료)함에 장애가 되는 사정에 해당한다고 보아야 할 것이므로, 이를 자의에 의한 중지미수라고 볼 수 없다(대판 1999. 4. 13, 99 도 640).

ⓑ 본질적인 사태의 변화   사태가 본질적으로 바뀌었기 때문에 범행을 중단했다면 비자의적이다. 행위자가 아직도 범행의 기수에 이를 수 있다고 간주했지만 범행의 최종목적에 옳든 그르든 도달할 수 없었기에 중단하거나, 범행종료가 도리어 중대한 불이익을 가져올 수 있다고 간주하여 중단한 경우가 그러한 예에 해당한다.

보기: 행위자가 다른 선행범죄의 발각을 우려하여 사기행위를 중지한 경우, 행위자가 어떤 부녀가 생리중이라 성교에 적합하지 않기 때문에 강간을 중지한 경우, 행위자가 범행실행중에 제 3 자가 갑자기 나타나 범행을 중단하고 도주한 경우 등은 비자의적 중지이다. 그러나 피해자가 강간범에게 자기 집으로 같이 가면 성교에 응하겠다고 꾀였기 때문에 강간이 중지된 경우는 자의적 중지이다(물론 이 경우도 피해자가 그와 같은 약속을 곧바로 지키지 않으면, 다시 폭행해서 성교하겠다는 결심을 행위자가 하고 있었다면 중지미수가 아니다).

‖ **판례** ‖ 강도가 두려움으로 항거불능상태에 있는 피해자의 양손을 묶고 강간하려 했으나 피해자의 어린 딸이 잠에서 깨어 우는 바람에 도망을 쳤고, 또다시 다른 집에 침입하여 또다른 피해자를 강간하려 했으나 임신중인데다가 시장에 간 남편이 곧 돌아온다고 애원하자 도주하였다. 이러한 경우는 자의로 강간행위를 중지하였다 볼 수 없다(대판 1993. 4. 13, 93 도 347).

ⓒ 범행발각에 대한 두려움   범행발각에 대한 두려움, 고발과 수사절차 혹은 범죄효과(형사처벌)에 대한 우려도 중지의 결정적 동기가 될 수 있다. 그러나 이런 두려움 때문에 범행을 중단한 경우는 대개 비자의적이다.

‖ **판례** ‖ 밀수를 공모했지만, 범행 당일 미리 범행의 제보를 받은 세관직원들이 범행장소주변에 잠복근무를 하고 있는 것을 목격하자 범행발각이 두려워 자신이 분담하기로 한 실행행위를 하지 못하고 주저하고 있을 때 사정을 모르는 다른 공범이 실행에 옮겼다. 이러한 경우 자의에 의한 범행중지라 볼 수 없기 때문에 관세포탈죄의 미수가 된다(대판 1986. 1. 21, 85 도 2339).

(ii) 합법성으로의 회심   합법성으로의 회심은 법적대적인 의사를 포기하고 내면적으로 합법성의 세계로 복귀함을 말한다. 다시 말해서 법적대적 의사에 의

해 위험에 직면한 법익위해를 방지하고자 하는 결과회피의사이다. 행위자가 유리한 기회를 잡기 위한 의도에서 일응 범행을 중지한 경우도 법적대적 의사의 포기로 간주할 수 있다.

(2) 객관적 요건 — 실행중지 또는 결과방지

중지미수는 행위자가 객관적으로 실행행위를 중지하거나 이미 종료된 실행행위의 결과를 방지해야 성립한다. 즉 범인 자신의 자의적인 중단행위 내지 방지행위가 있어야 한다. 따라서 범인에게 자의적인 중단 내지 결과방지행위 중 어느 하나가 결여된 경우는 중지미수가 아니라 장애미수이다. 중지미수의 객관적 요건은 미종료미수와 종료미수에 따라 차이가 난다. 구체적으로 미종료미수(종료단계를 지나지 않은 미수)는 실행중지가 문제되지만, 종료미수(이미 종료단계를 지났지만 결과가 발생하지 못한 미수)는 결과방지만이 문제된다.

(a) **미종료미수**(착수미수)**와 종료미수**(실행미수)**의 구별**　　미종료미수와 종료미수는 실행행위를 종료하였는가에 따라 구별된다. 그러나 어느 시점이 실행행위의 종료인가에 관하여는 견해가 갈린다.

① 주 관 설　　행위자의 의사에 따라 실행행위의 종료시점을 결정하려는 견해이다.[28] 따라서 결과발생에 필요한 행위가 이미 끝났어도 행위자의 범행계획에는 행위가 계속되는 것으로 되어 있으면 실행행위의 종료가 인정되지 않는다. 그러나 주관설은 착수시기와 중지시기에 행위자의 의사(범행계획)가 변경될 수 있는 가능성을 간과했다는 비판을 받는다. 예컨대 총알을 2발 발사하여 살해하기로 마음먹고 제1탄을 발사하여 상해를 입혔는데 상대방이 의사의 도움으로 목숨을 건진 상황에서 행위자가 제2탄을 발사하지 않으면 주관설의 입장에서는 아직 실행행위가 종료되지 않았기 때문에 착수미수(미종료미수)의 중지범이 되는 부당한 결론에 이른다.

② 객 관 설　　행위자의 의사와는 관계없이 객관적으로 결과발생의 가능성이 있는 행위가 있으면 실행행위의 종료로 보는 견해이다.[29] 그러나 비록 결과발생의 가능성이 있는 행위가 있었더라도 아직 결과가 발생하지 않은 상황에서는 실행행위의 중지가 여전히 가능하다고 보아야 한다는 점에서 객관설은 부당하다. 예컨대 제1탄이 발사되었으나 상대방이 아직 죽지 않은 경우에 제2탄의 발사를

---

28) 김성천·김형준 345면; 성낙현 510면; 손동권·김재윤 451면; 이재상 386면; 이정원 273면; 이형국 290면; 정진연·신이철 299면.
29) 이상돈 514면.

중지한다면 이는 실행행위의 중지로 평가되어야 하는 것이다.

③ 절 충 설   행위자의 범행계획을 고려하면서 행위 당시의 객관적 사정과 이에 관한 행위자의 인식을 종합하여 결과발생에 필요한 행위가 끝났을 때에 실행행위의 종료가 있다고 보는 견해이다.[30] 실행행위 자체가 이미 주관적 범죄의사의 객관적 표현을 의미하므로 절충설의 입장이 타당하다.

(b) **미종료미수의 중지**   미종료미수의 중지는 실행행위를 중단·포기함으로써 이루어진다. 그러나 부작위범의 경우에는 명령충족(진정부작위범)이나 위험방지(부진정부작위범)를 위하여 의무로 명령된 작위를 함으로써 중지미수가 된다.

실행의 중단이란 이미 행해진 구체적 실행행위를 더 이상 계속하지 않는 것을 의미한다. 따라서 이후의 행위가 앞의 행위와 단일한 행위가 아니라면 유리한 기회에 범행을 하기 위해 잠정적으로 범죄실행을 유보해도 중지미수이다.

실행의 포기는 반드시 종국적 포기만을 뜻하지 않는다. 독일형법은 중지미수를 불가벌로 취급하기 때문에 종국적 포기를 요한다는 입장이 유력하나, 우리 형법은 필요적 감면으로 취급하고 있기 때문에 실행행위의 진지한 포기만으로도 미종료미수의 중지는 인정된다(통설).

(c) **종료미수의 중지**   행위자가 자의로 범행의 기수에 속하는 결과의 발생을 적극적으로 방지해야 한다.

(가) **적극적인 결과방지**   결과방지를 위한 행위자의 거동에는 행위자의 의사에 따르는 결과방지행위 모두가 포괄된다. 반드시 행위자 자신의 직접적인 결과방지행위만을 의미하지는 않는다. 따라서 제 3 자의 행위도 행위자에 의해 유발되었으면 여기에 포함시킬 수 있다. 예컨대 의사의 치료를 받게 한다거나 소방수로 하여금 소화케 하는 경우 등이다. 물론 결과방지는 행위자의 주도하에서 이루어져야 하며, 또한 그것은 진지해야 한다. 따라서 음독시킨 자를 병원에 데려다 주고 곧 도망쳐 버린다거나 방화 후에 이웃에게 불을 꺼달라고 부탁하고 도주했다면 행위자가 스스로 방지한 것이라 볼 수 없어 중지미수가 아니다.

(나) **결과의 미발생**   종료미수가 되려면 행위자는 구성요건에 해당하는 결과를 방지해야 한다. 그리고 행위자의 중지노력은 성공해야 한다. 따라서 행위자의 진지한 노력이 있었지만 결과가 발생했다면 기수의 책임을 져야 한다. 그러나 실제적인 인과과정과 행위자가 생각한 인과과정이 본질적으로 일치하지 않는 가운

---

30) 권오걸 466면; 박상기 373면; 배종대 523면; 안동준 192면; 오영근 516면; 이영란 416면; 임웅 377면; 정성근·박광민 409면; 정영일 320면; 진계호 463면.

데 발생된 결과는 행위자에게 귀속시킬 수 없다.

㈐ 인과관계   행위자 자신이나 보조인의 방지의무이행과 결과불발생 사이에는 인과관계가 있어야 한다. 이같은 방지행위가 아닌 다른 원인에 의해 결과가 미발생한 경우는 중지미수가 될 수 없다.

㈑ 종료불능미수에 대한 중지미수의 가부   불능미수는 애당초 결과발생이 불가능하다. 그런데 종료미수의 자의적 중지에는 결과발생방지와 인과관계가 있어야 한다면 개념상 종료불능미수에 대한 중지미수가 가능할 것인가 하는 문제가 생긴다. 부정설은 종료미수에서 자의적 중지행위와 결과방지 사이의 인과관계를 강조한 나머지 중지미수의 특전을 부여할 수 없다고 본다.[31] 이에 반해 긍정설은 인과성의 요건을 완화하여 이 경우에도 자의에 의한 진지한 중지노력이 있는 한 그 행위로 인한 결과미발은 아닐지라도 결과발생은 없었기 때문에, 행위자에게 유리하도록 중지미수를 인정해야 한다는 생각이다(다수설).[32]

독일형법 제24조 제 1 항 제 2 문(범죄가 중지자의 행위 없이도 기수에 이를 수 없는 경우 그 중지자가 범죄의 완성을 방지하기 위하여 자의로 진지하게 노력한 때에는 벌하지 아니한다)과 같은 규정이 없는 우리 형법에서도 행위자의 진지한 노력이 있는 한 필요적 감면의 특권을 부여하는 것이 형벌목적론적 책임감소설의 취지에 맞다고 생각한다.

3. 처   벌

중지미수이면 형을 감경 또는 면제한다(제26조). 형의 필요적 감면사유이다. 그런데 제26조는 미종료미수와 종료미수를 중지미수에 포함하면서 처벌에서는 구분하지 않고 있다. 따라서 형을 면제할 것인가 아니면 감경할 것인가는 구체적인 경우에 제반사정을 고려하여 합리적으로 결정할 성질의 것이다. 다만 그 결정은 i) 중지의 동기 여하, ii) 중지한 범죄의 경중, iii) 중지시까지 실행행위를 통하여 피해자에게 입힌 손해 등을 자료로 삼아야 한다. 특히 범죄의 경중과 관련하여, 장애미수에서 중지미수로 나아간 경우는 불능미수에서 중지미수로 나아간 경우보다 더 무겁게 취급해야 할 것이다.

---

31) 김성돈 438면; 김종원, 8 인공저, 295면; 유기천 264면; 정영석 215면; 하태훈 369면.
32) 권오걸 469면; 김성천 · 김형준 347면; 박상기 375면; 배종대 525면; 성낙현 513면; 손동권 · 김재윤 456면; 손해목 889면; 안동준 194면; 오영근 520면; 이상돈 519면; 이영란 418면; 이재상 389면; 이형국, 연구 Ⅱ, 509면 이하; 임웅 378면; 정성근 · 박광민 410면; 조준현 261면.

《참고》 중지범이 범행을 중지했으나 다른 죄명에 해당되는 결과가 발생했다면 어떻게 취급해야 하는가?

① 법조경합의 경우, 예컨대 살인행위를 중지했는데 상해의 결과가 발생했다면 단순히 중한 죄의 미수범으로 처벌하고 경한 죄를 독립하여 처벌할 수 없다.

② 상상적 경합은 원래 수죄이므로 일죄의 중지는 다른 죄의 가벌성에 영향을 미치지 않기 때문에 형법 제40조에 의해 해결해야 한다.

4. 관련문제

(1) 예비의 중지

예비의 중지에도 중지미수의 필요적 감면규정을 적용할 수 있는가를 놓고 견해가 갈린다. 이에 관해서는 예비죄를 참조하기 바란다.

(2) 정범의 가담범과 중지

(가) 정범의 가담형태(공동정범·간접정범)로 실행에 착수했을 때 정범자 중의 한 사람이 자신의 범행을 중지한 것만으로는 중지미수가 되지 않는다. 전체 결과를 방지했을 때에만 중지미수가 된다. 예컨대 공동정범에서 공동정범자 중의 한 사람이 자신의 행위를 중지할 뿐만 아니라 다른 공동정범자의 행위도 중지시켜야만 중지미수가 된다(대판 1954. 1. 30, 4286 형상 103; 1969. 2. 25, 68 도 1676).

‖ **판례** ‖ 군부대엔진오일의 처분을 공모한 후 갑은 이를 매각하고 을은 장부를 조작하기로 하였다면 을의 행위는 사후에 범행이 발각되지 않도록 하는 수법의 하나이지 갑의 군용물횡령에 절대 필요한 것은 아니다. 더구나 후에 을이 범의를 철회하고 장부정리를 거절하였다 하더라도 공범자인 갑의 범죄실행을 중지케 하지 않았으므로 을에게 중지미수를 인정할 수 없다(대판 1969. 2. 25, 68 도 1676).

(나) 중지미수에서 형의 감면은 자의성이라는 심정가치로 인한 책임감소 때문이다. 따라서 가담자에 대한 중지미수의 효과는 책임개별화에 따라 자의로 진지하게 범행을 중지한 자에게만 미친다. 다른 범죄가담자는 장애미수이다.

(3) 공범과 중지

공범(교사범·방조범)도 정범의 가담범 형태처럼 공범자 중의 한 사람이 자신의 범행을 중지한 것만으로는 중지미수가 되지 않고 전체 결과를 방지해야 한다. 따라서 교사자나 방조자가 정범의 실행을 중지 또는 결과를 방지한 때에만 중지미수의 공범이 된다. 물론 이 때 정범은 장애미수가 된다. 반면 정범이 자의로 실행을 중지하거나 결과발생을 방지한 때에는 정범만이 중지미수가 되고 교사·방조범은 장애미수의 처벌을 받게 된다.

제 4 절 예 비 죄

I. 일반적 고찰

1. 의   의

예비란 특정범죄를 실현할 목적으로 하는 준비행위로서 아직 실행의 착수에 이르지 않은 일체의 행위를 말한다. 그러나 심리적 결심 내지 표명만으로는 부족하고 이에 더하여 외부적 준비행위가 있어야 한다.

예비는 본범실행에 시간적으로 선행하여 장래의 행위를 가능·촉진·용이하게 하는 것이기 때문에 실행의 착수에 이르지 않아야 한다. 바로 이 기준이 예비를 미수 이후의 단계와 구별해 준다.

모든 가벌적 행태는 행위반가치와 결과반가치를 필요로 한다. 미수는 이 요건을 충족시키므로 원칙적으로 처벌이 가능한 행태이다. 이에 비하여 예비는 실행의 착수 이전에 속하는 행태이므로 제 3 의 결과반가치(법익평온상태의 교란)도 없이 단지 행위반가치만 있을 뿐이다. 가벌적 예비는 행위반가치만으로 처벌할 수 있는 예외적 현상이기 때문에 실정법은 법익의 중대성을 고려하여 몇몇 구성요건에 한하여 예비죄 처벌규정을 두고 있다. 이에 따라 현행 형법은 「범행의 음모 또는 예비행위가 실행의 착수에 이르지 아니한 때에는 법률에 특별한 규정이 없는 한 벌하지 아니한다」($^{제28}_{조}$)고 규정하여 처벌하지 않는 것을 원칙으로 하고 있다.

2. 음모와 구별

음모란 2인 이상이 일정한 범죄를 실현하려는 합의이다. 상대방에게 범죄의사를 일방적으로 전달하는 것이나, 설령 상호간에 범죄의사의 교환이 있었더라도 합의에 이르지 못했다면 단순한 범죄의사의 표현일 뿐 음모는 아니다. 실행의 착수 이전의 행위라는 점에서 예비와 같다. 형법은 예비와 음모를 동등하게 취급하고 있다.

Ⅱ. 예비죄의 성격

1. 법적 성격

⑴ 구성요건의 수정형식설(발현형태설)

현행 형법이 예비행위를 독립된 범죄유형으로 규정하지 않고 「…죄를 범할 목적으로」라는 형식을 취한 점으로 보아 기본적 구성요건의 수정형식으로 보아야 한다는 견해이다 즉 다양한 범죄행위의 발현형태를 처벌의 대상으로 삼고 있다는 입장이다(다수설).[33]

⑵ 독립된 구성요건설

「본죄의 미수범은 처벌한다」는 형식으로 되어 있어 구성요건을 실체화하지 않은 미수범과는 달리, 예비죄는 대개 「…죄를 범할 목적으로 예비한 자는 …에 처한다」는 형식으로 규정하여 예비행위 자체를 독립된 범죄유형으로 볼 수 있다는 견해이다.[34]

⑶ 결   론

예비죄는 기본범죄로부터 어느 정도 거리를 두고 독자적인 범죄구성요건의 골격을 갖춘 독립된 범죄유형으로 파악하는 것이 옳다. 비록 불법의 내용과 질에서는 미수보다 불완전하나 예비죄불법유형의 정형성을 고려하여 입법자는 예비죄를 독립된 범죄구성요건으로 정형화하였다. 마치 주된 구성요건 주위를 맴돌고 있는 한 개의 위성이 예비죄라고 말할 수 있다. 독자적인 불법유형성을 갖춘 독립된 구성요건으로 보는 것이 가벌성의 명확한 한계설정을 위한 입법의도에도 맞는다고 생각한다.

2. 예비죄의 실행행위성

예비죄의 법적 성질을 독립범죄로 보면 예비죄의 실행행위성을 인정할 수 있다. 그러나 수정형식설의 경우에는 다시 긍정설과 부정설로 갈린다. 부정설은 실행행위는 기본적 구성요건에 해당하는 정범의 실행행위에 한정되기 때문에 실행의 착수 이전의 예비행위에는 실행행위성이 없다고 한다.[35] 예비행위의 무정형성도 실행행위성을 부인하는 한 이유가 된다. 반면 긍정설은 이같은 형식논리적 사

---

33) 권오걸 491면; 김성돈 444면; 김성천·김형준 365면; 박상기 356면; 손동권·김재윤 478면; 안동준 206면; 오영근 493면; 이재상 410면; 이정원 351면; 임웅 359면; 정성근·박광민 381면; 정영일 337면; 정진연·신이철 318면; 진계호 437면.
34) 배종대 544면; 성낙현 529면.
35) 김성천·김형준 366면; 신동운 547면; 오영근 494면; 임웅 360면; 정영일 338면.

고에서 벗어나 실행행위개념을 상대적・기능적으로 파악하여 예비죄의 실행행위
성을 인정한다. 예비죄의 구성요건이 있는 한 실행행위성을 인정할 수 있다는 것
이다.[36] 이 논의는 예비죄의 공범성립 여부와 관련하여 의미를 가지고 있다.

3. 예비죄의 정범적격

예비죄의 정범적격은 자기예비와 타인예비의 문제를 지칭하는 말이다. 자기
예비란 예비자 스스로 또는 타인과 공동으로 실행할 목적으로 한 준비행위이고,
타인예비란 타인에게 실행시킬 목적으로 한 준비행위를 말한다. 타인예비행위자
가 예비죄의 정범이 될 수 있는가에 관해서는 긍정설[37]과 부정설[38]이 대립한다.

생각건대 원래 예비행위는 자기예비이든 타인예비이든 기본범의 실행을 용
이하게 하는 행위양태라는 점에서 차이가 없다. 그러나 법적 평가의 관점에서는
'준비하는 행위'와 '준비에 도움을 주는 행위'를 구별해야 한다. 또한 그 기준이
되는 행위자의 주관을 무시할 수도 없다. 이 점에서 **부정설**의 입장이 옳다.

Ⅲ. 예비죄의 성립요건

1. 주관적 성립요건

(1) 예비 자체에 대한 고의

예비행위자는 예비행위 자체에 관한 고의가 있어야 한다. 고의의 내용에 관
해서는 견해가 나뉘고 있다.

(a) **실행의 고의설**　　예비의 고의는 '실행의 고의', 즉 기본적 구성요건에 해
당하는 사실의 인식을 의미한다는 견해이다. 이에 따르면 i) 예비는 미수처럼 구
성요건의 수정형식이며, ii) 예비・미수・기수는 한 개의 고의에 기초한 일련의
행위발전단계이므로 각 단계에 상응하는 특유한 고의가 있는 것은 아니라고 한다.

(b) **예비의 고의설**　　실행의 고의와 구별하여 준비행위 그 자체에 관한 인식
을 의미한다는 견해이다. 이에 따르면 i) 예비행위는 정범에 의한 구성요건적 위

---

36) 권오걸 492면; 김성돈 445면; 백형구, 「예비죄」, 고시연구 1988.5, 80면; 손해목 824면; 이
　재상 411면; 정성근・박광민 382면; 진계호, 「예비죄」, 고시연구 1986.5, 69면; 정진연・신이
　철 319면; 차용석, 「예비죄」, 고시계 1985.5, 72면.

37) 권문택, 「예비죄」, 형사법강좌 Ⅱ, 556면; 손해목 830면; 차용석, 「예비죄」, 고시계 1985.5,
　68면.

38) 권오걸 493면; 김성돈 448면; 배종대 547면; 오영근 497면; 이재상 414면; 이정원 354면;
　이형국 263면; 임웅 362면; 정성근・박광민 384면; 진계호 440면; 백형구, 앞의 글, 79면.

법을 직접 실현하는 것이 아니라 직접정범의 실행착수를 위한 준비에 불과하다. ii) 예비 자체의 고유한 고의를 찾을 수 있다. iii) 예비 자체에 고의가 존재해야만 실제 예비행위에 그친 경우 그 책임을 물을 수 있다. iv) 법문상 「⋯죄를 범할 목적으로」라고 규정한 것은 예비죄의 고의에 준비행위 자체의 인식을 요하는 일종의 목적범 구조를 취하고 있다고 볼 수 있다.

(c) **결   론**   예비죄를 독립범죄로 인정하는 한 고의의 내용으로 예비행위 자체에 관한 인식을 뜻한다는 예비의 고의설이 옳다.

(2) 목   적

예비죄는 예비 자체에 대한 고의와 아울러 기본범죄를 행하려는 목적이 있어야 한다.[39] 이 목적요소에 의해 일상적인 생활세계와 범죄의 준비행위를 구별할 수 있다. 다만 강도죄에서 강도가 아닌 준강도죄를 범할 목적이 있음에 그치는 경우에는 강도예비·음모죄가 성립하지 않는다(대판 2006. 9. 14, 2004 도 6432).

2. 객관적 성립요건

(1) 외부적 행위가 있을 것

객관적으로는 범죄실현을 위한 **외부적 준비행위**가 있어야 한다. 그것은 물적 준비에 그치지 않는다. 오히려 그 수단·방법·양태에 제약이 없고 유형은 비한정적·무정형적이다. 다만 단순히 범행의사 또는 계획만으로는 예비가 될 수 없고 범죄의 실현에 실질적으로 기여할 수 있는 외적 행위가 있어야 한다(대판 2009. 10. 29, 2009 도 7150). 이에 대한 평가는 각론의 해석론과 구체적 사례에서 법관의 판단활동에 맡길 수밖에 없다. 범죄실행의 착수에 시간적·장소적으로 밀접하게 연관된 준비행위는 예비죄의 외부적 행위로 평가할 수 있을 것이다.

(2) 실행의 착수 이전의 행위일 것

예비행위자가 기본범죄를 실행에 착수하면 예비죄는 본범의 미수 또는 기수에 흡수되므로 예비행위는 적어도 기본범죄가 실행의 착수에 이르기 전이어야 한다.

3. 처벌규정의 존재

법률에 특별한 규정이 있는 경우에 한하여 예비죄로 처벌한다($^{제28}_{조}$).

---

39) 권오걸 492면; 김성돈 449면; 배종대 545면; 오영근 498면; 임웅 361면.

Ⅳ. 관련문제

1. 예비죄의 중지

형법 제26조(중지미수)는 실행에 착수한 후 중지한 경우에 적용되는 규정이다. 따라서 실행의 착수 이전의 예비행위를 중지한 경우에 직접 적용할 수 없다. 그러나 예비행위를 거쳐 실행에 착수한 후에 중지하면 형을 감경할 뿐 아니라 면제까지 해야하는 데 반해, 실행의 착수 이전에 중지한 때에는 예비·음모로 처벌한다면 형의 불균형이 생긴다. 이를 어떻게 합리적으로 조화할 수 있느냐를 놓고 견해가 대립한다.

(a) **성립부정설**   예비의 중지라는 관념은 인정할 수 없으므로 예비를 범죄로 처벌하는 경우에는 형의 균형을 고려하여 중지미수에 대하여도 형의 면제를 허용하지 말아야 한다는 입장이다(대판 1991. 6. 25, 91 도 436; 1966. 7. 12, 66 도 617). 이러한 견해는 중지미수규정의 의의 자체를 없애 버린다는 비판을 받는다.

‖ **판례** ‖   중지범은 범죄의 실행에 착수한 후 자의로 그 행위를 중지한 때를 말하는 것이므로 실행의 착수가 있기 전인 예비·음모의 행위를 처벌하는 경우에는 중지범의 관념을 인정할 수 없다. 따라서 단지 쿠데타계획을 중지단념시키기로 합의하였다 해도 중지미수에 해당되지 아니한다(대판 1966. 7. 12, 66 도 617).

(b) **중지미수규정준용설**   예비의 중지에 중지미수규정을 준용한다는 입장에도 두 가지 견해가 있다.

첫째, 예비의 형이 중지미수를 적용해 감경한 형보다 중한 때($^{제90조}_{제101조}$)에 한하여 형의 불균형을 피하기 위해 중지미수의 규정을 준용해야 한다는 견해이다. 다수설의 입장이다.[40] 그러나 이에 대해서는 다음과 같은 비판이 있다. 첫째, 형의 면제에 관해서는 일괄적으로 중지미수의 규정을 유추적용하고 형의 감경에 관해서는 경우에 따라 중지미수를 유추적용하는 것은 이론상 일관성이 없다. 둘째, 형법은 예비·음모의 형을 각칙에서 별도로 규정하고 있는바, 이는 예비의 위험성과 불법을 각칙에서 구체적으로 판단해야 한다는 의미이므로 중지미수의 형과 예비의 형은 그 경중을 비교할 성질의 것이 아니다.

둘째, 모든 예비의 중지에 대해 중지미수의 규정을 준용하여, 예비의 중지는

---

40) 김종원, 8인 공저, 298면; 박상기 379면; 배종대 527면; 안동준 195면; 이영란 420면; 이재상 392면; 이정원 355면; 이형국, 연구 Ⅱ, 487면; 정성근·박광민 386면; 정영석 232면; 정영일 324면; 정진연·신이철 304면; 조준현 263면; 진계호 442면.

언제나 형을 감경 또는 면제해야 한다는 입장이다.[41] 그리고 감경 또는 면제해야 할 형도 예비·음모에 관하여 규정된 형이라고 한다. 예비의 중지는 기수의 중지가 아니라 예비행위의 중지이기 때문이라는 것이다.

(c) **결   론**   예비는 미수 이전의 범죄실현단계이다. 다만 형사정책적 고려에 의해 독립된 범죄구성요건의 형식으로 형법각칙에 개별적으로 규정되어 있다. 그러므로 예비의 미수란 **형용의 모순**(contradictio in adjecto)이다. 예비행위의 종료는 절대적 기준에 의해 정해지는 것이 아니라 기본범죄의 실행의 착수에 의해 상대적으로 결정된다. 그러므로 예비의 중지를 중지미수로 처벌하면 결과적으로 모든 예비행위는 중지미수로 취급될 우려가 있다. 따라서 예비행위자가 자수에 이르렀거나 **능동적 후회**(Tätige Reue)의 표현에 이르렀을 때만 예비죄의 자수에 대한 필요적 감면규정($\binom{제90조\ 제1항\ 단서,}{제101조\ 제1항\ 단서\ 등}$)을 유추적용해야 한다. 중지미수규정보다 자수의 필요적 감면규정을 **일반적 유추(법의 유추)** 형식에 따라 유추하는 것이 이론적으로 옳다.

2. 예비죄의 공범

일정한 범죄를 예비했지만 아직 기본범죄에 착수하지 못한 공동예비자들을 예비죄의 공동정범으로 처벌할 수 있는가? 또한 정범을 교사 또는 방조했는데 정범이 단순히 예비단계에 그쳤다면 그 교사자나 방조자를 예비죄의 교사범 또는 방조범으로 처벌할 수 있는가?

교사의 경우에는 기도된 교사($\binom{제31조}{제2항·제3항}$)에 해당한다. 따라서 피교사자가 예비에 그칠 경우에도 교사자는 예비·음모에 준하여 처벌할 수 있다. 기도된 교사와 같은 규정이 없는 공동정범과 방조범에서 예비죄의 문제가 특히 중요하다.

⑴ 예비죄의 공동정범

예비죄의 공동정범은 2인 이상이 공동하여 기본범죄를 실현하고자 했으나 가벌적 예비행위에 그친 경우이다. 예비죄의 실행행위성을 부인하면 이 개념을 인정할 수 없다. 부정설은 기본범죄에 대한 음모죄가 성립한다고 한다.[42]

그러나 예비죄의 실행행위성을 인정하면 2인 이상의 실행행위를 통한 예비죄의 공동정범도 당연히 가능하다.[43] 판례도 긍정설을 취하고 있다.

---

41) 권오걸 471면; 김성천·김형준 349면; 백남억 259면; 성낙현 534면; 오영근 526면; 이상돈 512면; 임웅 365면.

42) 임웅 362면.

43) 긍정설이 다수설이다. 권오걸 494면; 박상기 358면; 배종대 548면; 성낙현 535면; 손동권·

‖**판례**‖ 형법 제32조 제 1 항에서 타인의 범죄를 방조한 자는 종범으로 처벌한다고 할 때 타인의 범죄란 정범이 범죄를 실현하기 위해 착수한 경우를 의미하는 것이다. 따라서 종범이 처벌되기 위해서는 정범의 실행의 착수가 있는 경우에만 가능하고 정범이 실행의 착수에 이르지 않고 예비에 그친 때에는 이에 가공하는 행위가 예비의 공동정범이 되는 경우를 제외하고는 이를 종범으로 처벌할 수 없다. 왜냐하면 형법 제28조에 의하면 범죄의 음모 또는 예비행위는 실행의 착수에 이르지 않은 때에는 법률에 특별한 규정이 없는 한 벌하지 않는다고 규정하였고, 따라서 형법 각칙의 예비죄를 처단하는 규정을 바로 독립된 구성요건개념에 포함시킬 수는 없다고 보는 것이 죄형법정주의원칙에 합당하는 해석이기 때문이다(대판 1976. 5. 25, 75 도 1549).

(2) 예비죄의 공범

(a) **문제의 제기** 예비단계에서 교사·방조를 했는데 정범이 실행에 착수하지 않았을 경우 교사자와 방조자를 어떻게 처리해야 하는가?

(b) **최근의 학설동향**

(가) **불가벌설** 예비죄의 공범성립을 부인하는 입장이다. 그 논거는 다음과 같다. 첫째, 교사범이나 방조범이 성립하려면 정범의 실행행위가 전제되어야 하는데, 예비죄에서는 실행행위가 없다. 둘째, 형법이 협의의 공범을 인정하는 것에 소극적이므로 예비죄의 교사범이나 방조범은 성립될 수 없다. 셋째, 예비죄의 실행행위는 확실한 윤곽이 잡히지 않으므로 이에 대한 방조범까지 처벌하는 것은 곤란하다. 넷째, 예비죄의 처벌 자체도 사회통념상 법감정을 무시한 처사인데 하물며 예비·음모의 방조를 처벌하는 것은 너무 지나치다. 현재 다수설[44]과 판례의 입장이다(대판 1976. 5. 25, 75 도 1549; 1979. 11. 27, 79 도 2201).

(나) **예비죄설** 예비의 교사·방조는 모두가 「정범의 실행에 지향하는 독립된 행위」이므로 바로 예비죄가 된다는 견해이다.

(다) **공 범 설** 예비죄의 공범성립을 인정한다.[45] 이 설의 논거는 다음과 같다. 첫째, 예비죄도 기본적 구성요건에 상응한 독립된 구성요건이므로 이에 가담하는 행위도 공범이 될 수 있다. 둘째 행위단계로서의 예비와 미수의 구분은 가벌적 행위의 한계를 구획하는 문제이므로 가벌적 행위의 공범 여부에 관한 문제와 구별해야 한다.

김재윤 483면; 이재상 415면; 이형국 268면; 정성근·박광민 387면; 정영일 341면; 진계호 442면.

44) 권오걸 495면; 박상기 359면; 배종대 549면; 손동권·김재윤 484면; 손해목 836면; 오영근 501면; 이재상 416면; 이형국, 연구 II, 490면; 임웅 363면; 정성근·박광민 389면; 정영일 342면; 정진연·신이철 323면; 진계호 443면; 황산덕, 전게논문, 91면.

45) 권문택, 형법문제연구, 161면; 성낙현 536면; 안동준 210면; 염정철 356면; 유기천 303면.

㈜ **결   론**   예비죄의 실행행위성을 긍정하고, 타인예비를 정범의 객관적
표지로 볼 수 없다는 입장에서는 **공범설**이 타당하다. 예비는 행위의 위험성·법
익의 중대성으로 인하여 예외적으로 처벌하므로 예비죄의 공동정범을 인정하는
한 그의 교사범·방조범의 가벌성도 긍정하는 것이 일관된 논리에 속한다. 부정
설은 예비죄에 대한 방조범의 성립을 인정하면 예비죄처벌 범위가 지나치게 확장
된다고 하지만, 예비죄의 공동정범을 인정하면서 그 방조범 성립만 부인하면 대
부분의 방조행위가 공동정범으로 낙인 찍힐 위험이 있다. 방조범은 총칙상 그
처벌이 완화되어 있기 때문에 처벌범위확장 염려는 지나친 기우라고 해야 할 것
이다.

3. 기타 해석상의 문제

(1) 예비죄와 불능범

기본적 범죄행위에 아예 도달할 수 없는 예비행위는 행위자가 그것을 위험한
행위로 생각하고 준비했어도 애당초 불가벌적 불능범이다.

(2) 예비죄와 죄수

1개의 정범실행을 위하여 수개의 준비행위가 행해진 때에도 1개의 예비죄로
취급한다. 여러 예비행위가 서로 보완되어 전체로서 하나의 준비행위를 이루는 1
개의 행위이기 때문이다. 예비죄가 기본범죄의 실행행위로 나아가면 기본범죄가
예비죄를 흡수한다(법조경합).

제 10 장 정범 및 공범론

제 1 절 서 론

I. 범죄참가형태와 정범 및 공범

구성요건의 실현에 관여하는 범죄주체가 한 사람인가 여러 사람인가에 따라 범죄형태는 단독정범과 범죄참가형태로 대별된다.

단독정범(Alleintäterschaft)이란 한 사람이 범죄를 저지르는 경우로서 범죄 실행의 가장 단순한 기본형태이다. 그런데 종종 2인 이상의 사람들이 각각 상이한 정도의 기여도로써 서로 협력해 구성요건을 실현하는 경우가 있다. 공동정범, 간접정범, 교사범, 방조범의 예와 같다. 이러한 경우를 통틀어 **범죄참가형태**(Beteiligungsform)라고 부른다. 이 범죄참가형태는 원칙적으로 고의범에만 문제된다.

범죄참가형태는 우선 정범(Täterschaft)과 공범(Teilnahme)으로 구분된다. 이 두 가지 형태 내에서 정범과 공범 각각에 특수한 참가형태가 다시 세분된다. 형법각칙의 구성요건은 주로 **정범**의 형태로 규정되어 있다. 행위자가 단독으로 또한 직접 구성요건을 실현하는 단독정범 및 직접정범의 형태가 대부분이지만 합동범, 필요적 공동정범, 동시범의 특례도 있다. 형법총칙에 규정된 공동정범·간접정범·동시범 등의 정범형태는 이러한 각칙상의 정범형태에 대해 보충적으로 적용될 뿐이다.

이에 반해 **공범**은 독자적인 의미보다는 정범개념을 전제하고 이에 의존하여 성립되는 범죄참가형태이다. 물론 공범도 그의 독자적인 불법내용의 실현을 부인할 수 없지만 정범의 구성요건에 해당하는 위법한 범행의 불법에 의존하여 성립한다. 그러므로 정범의 개념이 밝혀지면 이에 따라 공범의 개념도 확정된다. 즉 정범 없이는 공범 없다. 범죄참가형태 중 이처럼 정범개념이 중심을 이루고 있는 점을 일컬어 **정범개념의 우위성, 공범개념의 종속성**이라고 한다.

II. 범죄참가형태의 규율방식

다수인의 범죄참가형태를 이론적 또는 입법기술적으로 어떻게 취급할 것인 가에 관하여 두 가지 입법형식이 있다. 즉 정범·공범분리형식과 단일정범형식이 그것이다.

1. 정범·공범 분리형식

형법총칙상의 정범과 공범론을 구성요건론의 일부로 편입하고 구성요건영역 에서 여러 가지 범죄참가형태를 구분한다. 그리고 각칙의 구성요건을 총칙의 정 범 및 공범론을 통해 보충함으로써 형벌에 영향을 미치는 구성요건상의 세분화를 도모하는 방법이다.

이러한 분리형식은 항상 어떤 범죄참가형태가 정범인가 공범인가를 구분해 야 하는 번거로움이 있는 반면, **구성요건중심적 형법**(Tatbestandsstrafrecht)이라 는 법치국가적 요청에 적합한 방식이기 때문에 법정책적으로 선호되고 있다. 정 범과 공범의 구별기준들이 이론적으로 확립된 오늘날에는 분리형식의 번거로움 도 해소되었기 때문에 더욱 그러하다.

2. 단일정범체계

구성요건영역을 범죄참가형태에 따라 세분하지 않고 오히려 구성요건실현에 원인이 되는 기여를 한 모든 사람들을 정범으로 간주하되, 개개인의 구체적인 형 량은 각칙의 각 구성요건에 통일적으로 정하여진 형벌범위 내에서 개개인의 구체 적인 범죄기여도에 따라 정하도록 하는 방법이다. 말하자면 원인에 있어서는 구 별 없이 모두 정범이되 양형상의 세분화방법을 통해 처벌의 개별화를 꾀하는 방 법이다(오스트리아형법의 예).

이 방법은 고의범에서 범죄참가의 복잡한 형태를 구별해야 하는 번거로움을 없애 주기 때문에 입법론으로서는 고려해 볼 만한 가치가 없지 않다. 실제 정범· 공범의 분리형식을 취하고 있는 독일이나 우리나라에서도 고의범과 다른 특별한 구조를 갖고 있는 과실범에 있어서는, 과실범에 대한 공범의 성립이 애당초 불가 능하고 사정에 따라 단지 정범의 형태로만 취급할 수 있다는 점에서 부분적으로 이 단일정범원칙이 적용된다고 할 수 있다.

우리 형법의 해석론으로는 이미 입법자가 분리형식을 취한 이상 단일정범원칙을 고려할 수 없다.

제 2 절   정범과 공범의 구별

I. 정범과 공범의 의의

　　범죄구성요건의 실현에 2인 이상의 사람들이 참가할 경우 분리형식을 취하고 있는 법제하에서는 참가형태를 정범과 공범으로 구별해야 한다. 정범과 공범의 구별은 구성요건해당성의 판단 및 양형의 구체적인 적용을 위해서도 극히 중요하다. 특히 간접정범과 교사범의 구별 및 공동정범과 방조범의 구별은 실무적으로도 종종 문제거리가 되고 있다. 종래 정범 및 공범론의 이론학적 발전도 이러한 정범과 공범의 구별과 관련하여 계속되어 왔다.

　　방법론적으로 정범의 우선적 확정이 필요한 결과 정범개념의 우위성 또는 공범개념의 종속성이란 명제도 함께 고려의 대상이 된다. 따라서 정범과 공범의 구별은 언제나 공범의 개념규정에 앞서 정범의 개념표지를 확정짓고 난 뒤에 비로소 이루어져야 한다.

　　　예컨대 11살 난 형사미성년자를 꾀어 그의 아버지의 돈지갑을 훔쳐 가지고 나오게 한 경우를 놓고 볼 때 소위 극단적 종속형식에 따르면 공범이 성립할 수 없기 때문에 행위자는 간접정범이 된다거나, 제한적 종속형식을 따를 때에는 교사범이 될 수 있다는 등의 이론전개는 정범개념의 우위성을 염두에 두지 않고 거꾸로 공범개념의 우위성에서 문제를 해결하려는 잘못된 방법이다. 이 경우 행위자에게 어떠한 정범표지가 있느냐를 먼저 살펴보아 정범의 가능성을 확인한 뒤 이에 보충하여 그 다음으로 공범 여부를 살펴야 한다.

　　다수인이 범죄행위에 참여했을 때 이를 정범과 공범으로 구별하자면 대략 다음과 같은 개념을 염두에 두어야 한다.

　　㈎ 자기의 범죄를 스스로 행하는 자가 정범이다. 정범에는 이론상 보통 단독(직접)정범·간접정범·공동정범이 포함된다. 단독정범은 자기의 범죄를 스스로 행하는 자이고, 간접정범은 타인을 이용하여 자기의 범죄를 행하는 자이며, 공동정범은 여러 사람이 공동하여 죄를 범하는 경우이다.

　　우리 형법은 제 2 장 제 3 절 공범의 절에서 공동정범($^{제30}_{조}$)·간접정범($^{제34}_{조}$)을 규정하고 있을 뿐 단독정범에 관하여는 별도의 규정을 두고 있지 않다.

(나) 공범은 타인의 범죄를 교사 또는 방조하는 자이다. 교사자 또는 방조자로서 타인의 범행에 고의로 참가하는 것이다. 교사범은 타인으로 하여금 고의적인 위법행위를 수행토록 결의시킨 자이고, 방조범은 타인의 고의적인 위법행위의 수행에 보조로 참가한 자이다.

우리 형법 제31조는 교사범을, 제32조는 방조범을 규정하고 있다.

(다) 정범과 공범은 이처럼 법제도상 또는 개념상으로 구별되지만, 구체적인 개개의 사안에서 그것이 **간접정범인지 교사범인지** 또는 **공동정범인지 방조범인지**를 구별하기란 쉽지 않다. 정범과 공범의 구별에 관한 이론적인 노력이 다양하고 그 역사도 깊다. 구별의 어려움 때문에 단일정범체계라는 입법방향까지 생겨났다. 양자의 구별이 어려운 이론적 작업임을 암시해 주는 대목이다.

Ⅱ. 구별기준에 관한 학설

정범과 공범의 구별을 놓고 19세기 초부터 주관설과 객관설의 대립이 있어 왔다. 그러나 1933년 로베(Lobe)에 의해 범행지배설이 구성된 이래 오늘날은 이 범행지배설이 주관설과 객관설을 결합한 절충설로서 절대적인 우위를 차지하고 있다.

1. 주 관 설

주관설은 범죄참가자의 의사, 목적, 동기, 심정과 같은 주관적 기준에 따라서 구별하고자 하는 입장이다. 이것은 다시 의사설과 이익설로 나누어진다.

(1) 의 사 설

정범과 공범을 행위자의 특별한 의사의 종류에 따라 구별하는 견해이다. 즉 **정범의사**(animus auctoris)를 가진 자가 정범이고 **공범의사**(animus socii)를 가진 자가 공범이다. 여기서 정범의사란 범행을 자기의 것으로 행하고자 하는 의사이고, 공범의사란 범행을 남의 것으로 야기 또는 촉진시키는 의사를 말한다.

의사설(Dolustheorie)은 정범의사에 관한 징표가 매우 임의적인 것이기 때문에 개개 사례의 판단에서 법관의 자의가 크게 작용할 수 있다는 실무상의 난점을 안고 있다.

《참고》 의사설의 이같은 자의적 결론의 대표적인 사례가 독일제국재판소의 소위 욕조사건(RGSt 74, 85)이다. 즉 미혼모의 언니가 미혼모의 양해 아래 분만 직후의 사생아를 욕조에 집어 넣어 익사시킨 사건인데, 이 사건을 놓고 독일제국재판소는 미혼모의 언니의 경우에는 「자기의 죄를 범할 의사」로써 한 것이 아니라는 이유로 공범에 불과하고 오히려 미혼모가 정범이라는 불합리한 결론을 내렸다.

(2) 이 익 설

결과에 대한 이익을 기준삼아 정범과 공범을 구별하는 견해이다. 즉 자기의 이익을 위하여 범행을 저지른 경우는 정범이 되고 타인의 이익을 위하여 행위한 경우는 공범이 된다는 것이다.

이익설도 정범의사를 확정짓기 위한 올바른 기준이 될 수 없다. 행위자가 이타적인 이유에서 행위했을 때에도 그의 정범성은 인정될 수 있을 뿐만 아니라 개개의 구성요건 중에는 이미 입법자가 이타적인 행위의 가능성을 정범으로 규율하고 있는 경우도 없지 않기 때문이다. 예컨대 촉탁살인$\binom{제252조}{제1항}$ · 촉탁낙태$\binom{제269조}{제2항}$ 외에도 제3자를 위한 사기$\binom{제347조}{제2항}$ · 공갈$\binom{제350조}{제2항}$ · 배임$\binom{제355조}{제2항}$ 등이 그것이다.

2. 객 관 설

(1) 형식적 객관설

각칙의 구성요건에 기술된 행위의 전부나 일부를 직접 스스로 행한 자가 정범이고, 실행행위 이외의 방법으로 단지 조건을 제공한 자가 공범이라는 견해이다. 예컨대 A와 B가 자동차를 몰고 돈 많은 C의 집 앞에 와서 B는 집 안으로 들어가고 A는 자동차에 그대로 앉아 망을 보고 지시를 한 경우, 구성요건적 절도행위를 직접 스스로 행한 자는 B이므로 B만이 정범이 되고 A는 공범(방조범)에 불과하다. 형식적 객관설에 수반되는 결론은 제한적 정범개념이다. 따라서 형법상 인정된 공범의 처벌규정은 체계상 형벌확장사유에 해당한다는 것이다.

이 견해에 의하면 스스로 실행행위를 하지 않는 간접정범과 범죄집단의 배후에서 실질적으로 중요한 범죄활동을 조종하는 범죄단체의 두목도 외형상 스스로 직접 범행을 수행하는 자가 아니므로 공동정범으로 인정할 수 없게 된다. 특히 입법자가 간접정범을 정범의 한 유형으로 실정화하고 있는 법제하에서는 형식적 객관설이 입법자의 목적설정과 상치한다는 난점에 부딪힌다.

(2) 실질적 객관설

인과적 방법을 좇아 특히 인과관계론 중 원인설의 입장에서 정범과 공범을 구별하며, 결과에 대한 원인력의 차이에서 기준을 찾고자 하는 견해이다.

(a) **필 요 설**(Notwendigkeitstheorie)   범죄의 수행에서 필요불가결한 범행 기여를 한 자를 자기 손으로 직접 범행을 한 정범과 동치시키려는 견해이다. 즉 그것이 없었더라면 범행이 실현될 수 없었으리라는 관계에 있는 필요불가결한 기여행위를 한 자는 정범이고 그렇지 아니한 단순가담자는 공범일 뿐이라는 입장이다.

그러나 인과적 방법으로 필요불가결한 인과적 원인을 찾아 정범과 공범을 구별하려는 것은 법적 의미의 차이에 따라 구별해야 할 대상에 맞지 않는 방법론이다. 또한 이 이론은 행위자의 의식에 따라 그 기여가 필요불가결한 것인지의 여부를 확인하려고 하기 때문에 실무상 적용하기 어려운 난점을 지니고 있다.

(b) **우 위 설**(Überordnungstheorie)   개개 사례의 사정을 고려하여 범죄참가자의 법익침해행위가 **협동적**(동가치적)이었느냐 **종속적**(열위적)이었느냐에 따라 전자의 경우는 공동정범이고, 후자의 경우는 방조범이라는 견해이다.

그러나 이러한 기준은 너무 일반적·추상적인 것이어서 구체적인 사례에서 정범과 공범을 구별하는 데 별로 쓸모가 없을 뿐더러, 판단자에게 너무 넓은 재량의 여지를 남겨 주게 된다는 단점이 있다.

3. 범행지배설

범행지배(Tatherrschaft)를 정범과 공범의 구별에 관한 지도원리로 삼는 이론을 범행지배설(Tatherrschaftstheorie)이라 한다. 여기서 범행지배란 고의에 의해 포괄된 구성요건적 사건진행의 장악을 의미한다.

범행지배는 이처럼 주관적·객관적 요소로 구성된 개념이므로, 이를 기초로 한 범행지배설도 주관적 관점과 객관적 관점을 실질적으로 종합한 관점이다. 이에 따르면 범행지배를 한 자가 정범이고, 자신의 범행지배 없이 단지 범행을 야기하거나 촉진시킨 자는 공범이 될 뿐이다.

(1) 벨첼(Welzel)의 범행지배설

벨첼은 목적성을 사물논리적 구조라고 하여 심지어 입법자까지도 구속하는 존재소여(존재론적으로 이미 주어진 것)로 파악한 결과, 행위가 목적적 행위이듯 정범의 표지도 **목적적 범행지배**에서 찾아야 한다고 본다. 즉 자신의 의사결정을 근거로 목적적으로 범행을 실행하는 자가 정범이고 이와 같은 표지를 결여한 단순한 가담자를 공범이라고 한다. 벨첼에게 목적성은 고의와 동일한 것이므로 정범과 공범의 문제도 단지 고의범에서만 문제될 뿐이다.

그러나 이 관점에 서면 고의적으로 활동하는 공범에게도 이미 목적적 범행지배가 있다고 할 수 있으므로 정범과 공범의 구별이 곤란하게 된다.

⑵ 록신(Roxin)의 범행지배설

이에 의하면 정범은 **구체적인 행위사상의 중심체**로서 범행지배의 표지에 의해 특정될 수 있다고 본다. 이러한 특정을 위해서는 방법론적으로 먼저 구성요건의 심사에서 출발해야 한다는 것이다. 즉 정범과 공범의 구별을 포함한 범죄참가론은 독립된 범죄성립요소가 아니라 범죄체계론 내에서 구성요건의 문제영역에 해당하기 때문에 우선 각칙의 법률구성요건을 검토하여 개개의 구성요건이 정범과 공범의 구별을 예정하고 있는지를 확인해 보아야 한다.

여기에서 소위 의무범과 자수범은 그와 같은 구별을 예정하고 있지 아니하므로 범행지배의 기준에 의한 적용을 필요로 하지 않는다. 반면 정범의 범위가 특별히 제한되어 있지 않은 소위 일반범에서는 누구나 금지된 행위 및 결과를 지배함으로써 정범이 될 수 있다. 그러므로 이러한 **일반범**을 의무범이나 자수범과 구별하여 **지배범**이라고 부른다.

지배범의 정범성판단을 위한 유형적 기준으로 록신은 **행위지배 · 의사지배 · 기능적 범행지배**를 제시한다. 즉 행위지배는 직접정범의 정범표지이고, 의사지배는 간접정범, 기능적 범행지배는 공동정범의 정범성표지라는 것이다.

록신의 범행지배설은 오늘날 독일에서는 물론 일본과 우리나라의 정범 및 공범론에서도 일반적으로 통용되는 지배적 견해가 되었다. 다만 록신의 범행지배설은 모든 구성요건에 대해 정범과 공범의 구별기준으로 통용될 수 있는 것은 아니다. 범죄주체에 대한 특별한 제한이 없는 일반범 · 지배범에 한해 범행지배설을 적용할 수 있고, 의무범에 대해서는 적용할 수 없기 때문이다.

4. 결   론

정범과 공범의 구별은 주관적 · 객관적 요소를 포괄하고 있는 범행지배설에 의해 해결하여야 한다. **정범**이란 구체적인 행위사상의 중심체로서 스스로 또는 타인을 통하거나 공동으로 범행을 지배하는 자이다.

공범은 이러한 핵심형상인 정범에 종속된 주변형상으로서, 범행지배 없이 정범으로 하여금 위법적 고의행위를 수행하도록 정범의 고의를 유발시키거나 정범의 범행에 가공하여 그것을 촉진시키는 자를 말한다.

제 3 절 정범론의 기본이해

Ⅰ. 정범성의 기초

1. 법적 구성요건의 문제

정범은 범죄주체와 관련된 것이다. 범죄주체가 객관적 구성요건표지인 관계로 정범성도 다른 구성요건표지와 함께 구성요건적으로 기술된다. 형법상 모든 범죄에 통용되는 단일한 정범개념은 없다. 고의적인 정범, 과실적인 정범은 물론 작위적인 정범, 부작위적인 정범도 가능하고, 또한 범죄참가자의 양태에 따라 단독(직접)정범·간접정범·공동정범으로 분류되기도 한다. 다만 공범의 성립이 가능한 정범은 고의범에 한하고 과실범에는 그것이 불가능하다.

2. 구성요건의 심사

정범과 공범에 관한 범죄참가론은 독자적인 범죄성립요소가 아니다. 범죄체계론 내에서 구성요건해당성의 문제이다. 그러므로 정범성의 표지는 주로 각칙의 구성요건의 해석을 통해 확정해야 한다. 따라서 문제되고 있는 구성요건이 의무범·신분범·자수범에 해당하는 것인가 아니면 지배범에 해당하는 것인가를 먼저 살펴보아야 한다. 이들 범죄양태를 특징짓는 정범성의 표지가 각각 다르기 때문이다. 지배범인 경우에는 일반적인 정범성의 표지인 범행지배의 양태에 따라 총칙의 정범규정을 적용한다. 특히 문제되는 것은 신분범, 의무범과 자수범의 확정이다.

(1) 신 분 범

신분범(Sonderdelikte)에서는 법률이 요구하는 신분주체로서의 자격을 갖춘 자만이 정범이 될 수 있다. 신분범에는 다음과 같은 종류가 있다.

(a) **진정신분범·부진정신분범**　행위자의 신분이 가벌성의 존부를 결정하는 요인이 되는 범죄를 진정신분범이라 한다. 예컨대 수뢰죄($\frac{\text{제}129}{\text{조}}$)에서 공무원 또는 중재인의 신분, 횡령·배임의 죄($\frac{\text{제}355}{\text{조}}$)에서 타인의 사무를 처리하는 자의 신분 등과 같다. 여기에서는 신분이 없으면 범죄가 성립하지 않으므로 이 신분을 구성적 신분이라고도 한다.

이에 반해 행위자의 신분이 일단 성립된 범죄의 가벌성의 정도를 감경 또는 가중시키는 기능만 하는 범죄를 **부진정신분범**이라 한다. 예컨대 업무상 과실치사상죄$\binom{제268}{조}$에서 업무자의 신분, 존속살해죄$\binom{제250조}{제 2 항}$에서 직계비속인 신분, 영아살해죄$\binom{제251}{조}$ · 영아유기죄$\binom{제272}{조}$에서 직계존속인 신분 등을 들 수 있다. 여기에서 신분이 없으면 보통의 범죄가 성립하므로 이 신분을 **가감적 신분**이라고도 한다.

신분범을 이와 같이 진정신분범과 부진정신분범으로 나누는 이유는 비신분자가 신분자인 정범의 범행에 가담했을 때 양자를 달리 취급하여야 하기 때문이다. 즉 진정신분범에 가담한 비신분자는 진정신분범의 구성요건에 따라 처벌하고 $\binom{제33조}{본문}$, 부진정신분범에 가담한 비신분자는 보통범죄의 구성요건에 따라 처벌하여야$\binom{제33조}{단서}$ 하기 때문이다.

　　진정신분범의 신분을 구성적 신분, 부진정신분범의 신분을 가감적 신분이라고 지칭함과 아울러 소위 소극적 신분을 논하기도 한다. 이것은 행위자에게 일정한 신분이 있을 때 범죄의 성립을 배제하거나 처벌이 조각되는 경우의 신분이다. 여기에는 다시 세 가지 종류가 있다.

　　(ⅰ) **위법조각적 신분**: 업무자의 업무행위(의사의 진료행위, 변호사의 유료법률상담행위 등), 법률에 의한 행위와 같이 일정한 신분을 가진 자에게는 일반인에게 금지되어 있는 행위가 허용되는 경우이다.

　　(ⅱ) **책임조각적 신분**: 범인은닉죄$\binom{제151조}{제 2 항}$, 증거인멸죄$\binom{제155조}{제 4 항}$에서 친족관계의 신분처럼 행위자에게 일정한 신분이 있을 때 책임이 조각되는 경우이다.

　　(ⅲ) **처벌조각적 신분**: 친족상도례$\binom{제328조,}{제344조 등}$에서 처럼 행위자에게 일정한 신분이 있을 때 범죄 자체는 성립하나 가족간의 정의를 고려하여 처벌만을 조각시키는 경우이다.

(b) **법적 신분범 · 자연적 신분범**　　공무원범죄와 같이 일정한 법적 · 사회적 지위 · 자격을 가진 사람에 대해서만 가벌성이 인정되는 범죄를 법적 또는 사회적 신분범이라 한다. 이에 비해 강간죄의 남성이나 자기낙태죄의 부녀와 같이 신분성이 자연적인 성별에 의해 결정되는 범죄를 자연적 신분범이라 한다.

신분범을 이와 같이 분류하는 이유는 법적 신분범보다 자연적 신분범의 경우에 비신분자에 의한 간접정범이나 공동정범의 성립가능성이 이론적으로나 성질상 훨씬 용이하게 인정될 수 있다는 데 있다.

(c) **행위자관련신분범 · 결과관련신분범**　　일정한 직무범죄처럼 법률이 행위자의 특성을 특별히 구별하여 이 특성을 가진 신분으로 말미암아 비로소 정범이 성립할 수 있도록 한 범죄를 행위자관련신분범이라 한다. 이에 비해 존속살해$\binom{제250조}{제 2 항}$에서 직계비속이라는 신분, 학대죄$\binom{제273조}{제 1 항}$나 아동혹사죄$\binom{제274}{조}$에서 보호자

또는 감독자의 신분 그리고 강간($^{제297}_조$), 업무상 위력 등에 의한 간음($^{제303}_조$) 등에서
남성이라는 자연적 신분처럼 결과의 저지가 법률의 주목적이 되어 있어 비신분자
라도 공범이나 공동정범으로 가담하면 처벌할 수 있게 한 범죄를 결과관련신분범
이라 한다.

이같은 분류의 목적은 행위자관련신분범에서는 비신분자의 정범성이 일체
배제되는 데 반해, 결과관련신분범에서는 비신분자의 간접정범이나 공동정범의
성립이 인정되어 그에 대한 처벌이 가능하다는 점에 있다.

(2) 의 무 범

(a) **의   의**   의무범(Pflichtdelikte)이라 함은 구성요건에 앞서 존재하는
형법 외적인 특별의무(Außerstrafrechtliche Sonderpflicht)를 침해할 수 있는 자만
이 정범이 될 수 있는 구성요건을 말한다.[1]

공무원의 직무상의 범죄는 대부분 이에 속한다. 공직자에게는 공법상의 특별
한 의무가 부과되어 있기 때문이다. 예컨대 공직자의 직무유기($^{제122}_조$), 불법체포·
불법감금($^{제124}_조$), 폭행·가혹행위($^{제125}_조$), 피의사실공표($^{제126}_조$), 공무상비밀누설($^{제127}_조$),
선거방해($^{제128}_조$), 수뢰죄($^{제129}_조$), 허위공문서 등의 작성($^{제227}_조$) 따위가 이에 속한다.

그 밖에도 사인의 업무상의 비밀누설($^{제317}_조$)이나 횡령죄($^{제355조}_{제1항}$), 배임죄($^{제355조}_{제2항}$)
와 같은 직무상의 신분범죄, 일반유기($^{제271조}_{제1항}$)와 같은 의무 있는 자의 유기행위 및
부진정부작위범 등을 들 수 있다. 이 경우 업무상 타인의 비밀을 지득한 자는 그
비밀을 신뢰성 있게 다루고 함부로 공개하지 말아야 할 의무, 타인의 재물을 보관
하는 자는 그 위탁물을 위법하게 영득하지 말아야 할 의무, 타인의 재산관련 사무
를 처리하는 자는 임무에 위배하는 방법으로 사무를 처리하여 타인에게 재산상
손해를 입히지 말아야 할 의무, 유기자는 법률상·계약상 보호해야 될 자를 보호
없는 상태에 버려 두지 말아야 할 의무, 부진정부작위범은 구성요건결과발생을
저지해야 할 작위의무 등 형법 외적인 의무를 가지고 있다.

(b) **특   성**   의무범의 특성은 형법 외적 특별의무의 침해만이 정범성을
근거지우고 범행지배와 같은 다른 표지의 존재는 필요로 하지 않는다는 점이다.
따라서 구성요건적으로 특별한 의무침해가 없는 한, 비록 범행지배가 있어도 행
위자는 정범이 아니라 단지 방조범에 불과하다. 예컨대 서울에 사는 타인의 재산

---

1) 의무범 개념은 현재 독일 형법학계에서 많은 학자들의 지지를 받고 있다. Bloy, Zurech-
nungstypus, S. 229; Herzberg, Täterschaft, S. 33; Jakobs, AT, 21/116; Roxin, §10 Rdn.
128; ders., Tatherrschaft, S. 353; Sch/Sch/Cramer, vor §25 Rdn. 62; Samson, SK §25
Rdn. 34.

관리인이 해외에 일시 거주하면서 자기의 친구에게 그 재산을 처분해 달라고 부탁하여 그 돈을 송금받아 탕진해 버린 경우에 배임죄의 정범은 의무위반을 한 재산관리인만이고 그의 부탁을 받아 재산을 처분해 준 친구는 범행지배가 있었음에도 불구하고 방조범이 될 뿐이다.

전(前)형법적인 특별의무를 부담하지 않는 자(Extraneus)가 이 의무부담자(Intraneus)를 이용하여 간접정범을 저지를 수 없음은 물론, 양자 사이에 공동정범의 성립도 원칙적으로 불가능하다. 이러한 의무 없는 자는 가담 정도에 따라 단지 공범이 될 수 있을 뿐이다.

우리 형법 해석상 특히 의무범의 존재를 인정해야 할 필요성은 형법($\frac{제33}{조}$)이 전형법적 특별의무를 갖지 않은 자(비신분자)에 대해서도 일반적으로 정범이 될 가능성을 열어 놓고 있는 데서 찾을 수 있다. 이는 형법 외적 특별의무를 전제하는 범죄들의 특성을 무시하고 단순히 법에 의해 정범성을 창설할 수 있다고 믿는 법만능주의의 한 단면이라고 할 수 있다. 참고로 독일 형법($\frac{제28}{조}$)은 비신분자에 대해서 진정신분범죄의 정범이 될 수 있는 가능성을 인정하지 않고 있다. 공범의 성립가능성만을 열어 놓고 있을 뿐이다.

그 밖에도 소위 신분 없는 고의 있는 도구를 이용한 간접정범의 인정을 자연스럽게 설명할 수 있다는 점 및 부진정부작위의 정범성을 형법 외적인 의무침해로 규정함으로써 부진정부작위범과 작위범이 공동한 경우에 원칙적으로 작위범의 정범성을 부인하고 단지 방조범을 인정하게 된다는 점이다. 예컨대 중병에 걸린 아들을 치료하기를 거부하는 아버지의 의무침해에 제 3 자가 전달된 의약품을 폐기함으로써 가공한 경우와 같다. 그러나 만약 제 3 자가 아버지와의 의사합치 하에 이 아들을 직접 살해하는 경우에는 단순한 공범이 아닌 공동정범이 된다.

(c) **신분범과의 관계**   우리 형법상 의무범은 진정신분범의 특수형태로서 대부분 결과관련신분범이 아니라 **행위자관련신분범**이다. 공무원의 직무상의 범죄, 직업적 비밀준수의무침해범죄, 배임죄, 부진정부작위범 등 의무범적 진정신분범은 동시에 행위자관련신분범에 해당한다.

진정신분범을 의무범(행위자관련신분범)과 비의무범(결과관련신분범)으로 나누는 것은 공범과 신분에 관한 형법 제33조 본문 중 공동정범의 적용범위와 관련하여 의미가 있다. 즉 의무 없는 자는 의무범의 신분주체와 공동했더라도 의무범의 공동정범이 될 수 없다고 해야 한다. 이 한에서 의무범은 제33조 본문 중 공동정범의 적용범위를 제한한다.

⑶ 자 수 범

⒜ **의의 및 본질**　　자수범(Eigenhändiges Delikt)이란 정범 자신이 구성요 건행위를 직접 실행함으로써만 범할 수 있는 범죄를 말한다. 따라서 자수범의 본 질적 특성은 **직접·단독정범만이 성립가능**하고, 대신 간접정범이나 자수적 실행 없는 공동정범의 성립은 불가능하다는 점이다(대판 2003. 6. 13, 2003 도 889). 자수 범의 이용자는 단지 교사 또는 방조범이 될 수 있을 뿐이다.

비교적 자수성이 확실한 군형법 제92조의 계간을 예로 들자면 어떤 병사가 타인 의 계간행위를 돕고자 타인의 상대방(피해자)을 붙잡고 있는 경우, 기능적 범행지 배는 존재한다고 볼 수 있으나 협력자가 공동정범이 될 수 없는 공동의 행위수행일 뿐이다. 또한 절대적 폭력하에서 부하에게 그와 같은 추행을 저지르게 한 상관이 간접정범으로 평가될 수도 없다.

자수범은 범행지배사고나 의무위반사고를 통해 이해할 수 없고 독자적인 기 준에 따라 판단해야 하는 범죄유형이다. 오늘날 자수범의 존재 자체를 인정하는 데는 이론이 없으나[2] 그 이론적 근거와 적용범위에 대해서는 논란이 많다.

⒝ **자수범의 인정근거**

⒜ **문언설**(Wortlauttheorie)　　형벌규정의 어의에 비추어 국외자(局外者)가 아무리 긴밀하게 협력했어도 그에 대해 구성요건에 기술된 행위를 실행했다고 말 할 수 없는 경우에만 자수범으로 간주할 수 있다는 견해이다.

예컨대 의사가 사정을 모르는 간호사를 이용하여 환자에게 독주사를 놓게 했다 면, 살해라는 문언에 비추어 의사 자신이 환자를 살해한 것으로 간주할 수 있으므 로 살인죄는 자수범이 아니다. 반면 타인에게 간통과 같은 풍속범죄를 저지르도록 사주한 사람은 그러한 이유로 구성요건에 기술된 음행을 범행했다고 간주할 수 없 으므로 자수범이 된다는 것이다.

그러나 입법에서 사용되고 있는 언어의 표현은 다양하고, 또한 언어의 관용도 정 범과 공범의 한계를 고려해서 이루어지는 것이 아니기 때문에 자수범의 인정에 기 준이 될 만한 세부적인 기준을 법률문언을 통해 얻기란 쉬운 일이 아니다.

⒝ **거동설**(Körperbewegungstheorie)　　단순거동범과 결과범을 구분하여 전 자가 자수범이라는 견해이다. 즉 구성요건충족이 결과발생을 전제하지 않고 단지 일정한 신체거동만으로 일어나는 경우는 자수범이며, 따라서 이 경우에는 간접정 범과 공동정범이 성립가능성이 애당초 배제된다는 것이다.

---

2) 우리 형법상 자수범은 인정되지 않는다는 견해는 차용석, 「간접정범」, 형사법강좌 Ⅱ, 717면.

그러나 거동범이 전부 자수범은 아니며, 주거침입죄($^{제319조}_{제1항}$) · 공무원자격사칭죄($^{제118}_{조}$) 등의 경우에는 간접정범이 성립할 수 있다고 보아야 한다.

㈐ 이분설(진정자수범 · 부진정자수범)   이분설은 자수범의 범주에 들어가는 범죄를 ① 행위자형법적 범죄: 개개의 행위가 문제되는 것이 아니고 행위자의 일정한 생활방식이 처벌대상으로 되는 경우〔상습도박($^{제246조}_{제2항}$) 등의 상습범〕, ② 법익침해 없는 반윤리적 행태범죄: 행위로 인한 법익침해성은 없지만 반윤리성 때문에 범죄로 규율되는 경우〔성매매행위금지위반, 군대 내 동성추행($^{군형법}_{제92조의6}$)〕, ③ 극도의 일신전속적 의무 때문에 행위자의 자수적 실행만이 가능한 범죄〔도주죄($^{제145}_{조}$) · 위증죄($^{제152}_{조}$), 허위공문서작성죄($^{제227}_{조}$), 군무이탈($^{군형법}_{제30조}$), 적진으로의 도주($^{군형법}_{제33조}$)〕로 구분하고, 앞의 두 범죄는 진정자수범, 마지막 범죄는 부진정자수범으로 분류한다.[3]

이분설에 대해서는 해석론으로는 타당할지 몰라도, 오늘날의 법익침해 없는 풍속범죄 내지 성범죄의 비범죄화사상과 조화되기 어렵다거나,[4] 반윤리성 · 법익침해의 결여 · 의무 자체 등이 자수범의 실질적 기준이 될 수 없다는 비판이 가해진다.[5]

그 밖에 신분자이든 비신분자이든 결코 간접정범의 형태로 범할 수 없는 범죄를 '진정자수범'(예컨대 위증죄), 신분자가 비신분자를 도구로 이용하여 간접정범을 범할 수 있으나, 비신분자가 신분자를 이용하여 간접정범을 범할 수는 없고 이용자는 단지 교사범 또는 방조범이 될 수 있을 뿐인 범죄를 '부진정자수범'(예컨대 업무상 비밀누설죄 · 배임죄 · 도주죄)으로 보는 분류도 있으나 이러한 구분은 의미가 없다고 본다. 왜냐하면 자수범의 본질적 특성이 직접 · 단독정범만이 가능하고, 간접정범이나 자수적 실행 없는 공동정범의 성립을 부인하는 데 있기 때문에, 신분자가 비신분자를 도구로 이용하여 간접정범을 범할 수 있다는 부진정자수범은 더 이상 자수범이 아니라고 해야 하기 때문이다.

㈑ 삼 분 설   삼분설은 헤르츠베르크(Herzberg)가 주장한 것으로[6] 자수범을 ① 범죄의 실행에 행위자 자신의 신체적 가담이 요구되는 범죄〔군대 내 동성추행($^{군형법}_{제92조의6}$)〕, ② 반드시 신체적 행위가 아니더라도 행위자의 인격적인 행위(인격적 태도표현)를 요구하는 범죄〔명예훼손죄($^{제307}_{조}$) · 모욕죄($^{제311}_{조}$) · 업무상 비밀누설죄($^{제317}_{조}$)〕, ③ 범죄 자체의 성질 때문이 아니라 소송법, 기타 다른 법률이 행위자 스스로의 실행행위를 요구하는 범죄〔위증죄($^{제152}_{조}$), 군무이탈죄($^{군형법}_{제30조}$)〕로 나눈다. 삼분

---

3) 우리나라에서 이러한 이분설의 입장을 취하는 학자로는 김일수, 한국형법 Ⅱ, 253면 이하; 신동운 683면. 독일에서는 Roxin, LK § 25 Rdn. 35.
4) 임웅 468면.
5) 배종대 637면; 이재상 452면.
6) Herzberg, Eigenhändige Delikte, ZStW 82(1970), S. 913 ff.

설이 현재 우리나라의 다수설이다.[7]

(마) **결론과 형법상의 자수범**　　자수범은 행위자에 의한 직접 실행지배만이 가능하고 타인에 의한 의사지배(간접정범)나 기능적 행위지배(공동정범)가 불가능하다는 점을 특성으로 하기 때문에, 결국 자수범의 판단기준을 정함에 있어서는 행위자에 의한 자수적 실행이 요구되는가 라는 점에 중점이 놓여져야 한다. 이런 점에서 이분설은, 특히 진정자수범에 있어서 상습 등 행위자의 특성이나 행태의 반윤리성에 초점을 맞추고 있기 때문에 자수범의 본질을 설명해 주는 데에는 부적당한 것으로 보인다.

삼분설은 행위자의 자수적 행위에 초점을 맞추고 있기 때문에 비교적 무난하나, 두 번째 기준("반드시 신체적 행위가 아니더라도 행위자의 인격적인 행위·인격적 태도표현이 요구된다")은 자수범의 기준으로 부적당하다고 해야 한다. 왜냐하면 신체적 거동이 아닌 인격적 행위나 인격적 태도표현은 의사지배에 의한 제3자를 통한 실행에서도 얼마든지 가능하기 때문이다. 예로 들고 있는 명예훼손·모욕·업무상 비밀누설 등은 간접정범에 의한 범죄실행이 가능한 경우이기 때문에 자수범의 영역에서 제외하여야 한다.[8] 그리고 형법 외의 법률에 의해 행위자 스스로의 실행행위가 요구된다는 세 번째 기준은 행위자 스스로의 신체적 가담을 요구한다는 점에서 결국 첫 번째 기준에 포괄될 수 있다. 그렇다면 삼분설에서도 남는 것은 행위자 '스스로의 신체적 가담'(자수적인 신체적 실행)이라는 기준뿐이다.

결론적으로 자수범은 범죄의 특성에 기인하든 법률구성요건의 요구에 기인하든 상관없이 '행위자의 자수적인 신체적 가담'에 의해서만 행해질 수 있는 범죄라는 한가지 형태로만 존재한다고 보는 것이 옳다. 자수범의 기능이 행위자 외에 범행에 관여한 자에 대한 정범(특히 간접정범)의 성립을 배제하는 것에 있기 때문에 이러한 기준 외에 추가적인 표지를 설정한 필요는 전혀 없다. 이 표지에 따를 때 우리 형법 및 부수형법상으로는 군대 내 동성추행, 위증죄, 도주죄, 허위공문서작성죄, 군무이탈죄, 성매매행위금지위반행위 등을 자수범으로 볼 수 있다. 반면 준강간·준강제추행($^{제299}_{조}$)은 간접정범성립이 가능한 지배범이고 피구금부녀간음($^{제303조}_{제2항}$)은 의무범적 진정신분범일 뿐 자수범은 아니라고 해야 한다.

(바) **실질적 자수범·형식적 자수범**　　범죄의 성질상 일정한 주체의 일정한 행

---

[7] 권오걸 626면; 김성돈 560면; 박상기 96면; 배종대 638면; 성낙현 604면; 안동준 247면; 이재상 452면; 임웅 469면; 정성근·박광민 540면; 정진연·신이철 346면. 이에 대한 비판적 견해는 이정원 395면.

[8] 업무상 비밀누설죄에 대해 간접정범성립이 가능하다는 견해로는 이정원 394면.

위에 의해서만 그 범행이 저질러질 수 있고 그 밖의 타주체에 의해서는 비록 외견상 일정한 결과가 발생했을지라도 범죄가 성립한 것으로 볼 수 없는 경우를 실질적 자수범이라 한다. 여기에는 널리 진정신분범, 목적범, 진정부작위범, 단순거동범 및 형식범을 들 수 있다.

‖ **판례** ‖ 부정수표단속법의 목적은 부정수표발행에 대한 단속처벌에 있다. 같은 법 제 4 조 허위신고죄는 수표금액의 지급 또는 거래정지처분을 면할 목적을 요건으로 하고 있는데 수표금액의 지급책임을 부담하는 자 또는 거래정지처분을 당하는 자는 발행인에 국한된다. 따라서 발행인 아닌 자는 허위신고죄의 주체가 될 수 없고 허위신고의 고의 없는 발행인을 이용하여 간접정범의 형태로 허위신고죄를 범할 수도 없다(대판 1992. 11. 10, 92 도 1342).

이에 반해 법률이 일정한 범죄유형을 독립별개 구성요건의 간접정범형태로 규정함으로써, 법률상 간접정범의 범행형식이 그 밖에 달리 성립할 수 없는 경우를 형식적 자수범이라 한다. 여기에는 공정증서원본 등의 부실기재죄($^{제228}_{조}$)가 해당한다.

(4) 지 배 범

정범의 범위와 자격이 제한되어 있지 아니한 일반범(Allgemeindelikte)에서는 누구나 금지된 행위 및 결과를 지배함으로써 정범이 될 수 있다. 이것을 신분범이나 의무범 또는 자수범에 비해 특별히 지배범(Herrschaftsdelikte)이라고 부른다.

지배범의 정범성판단에는 록신이 창안한 범행지배의 기준, 즉 행위지배, 의사지배, 기능적 범행지배가 오늘날 널리 통용되고 있다.

II. 제한적 · 확장적 정범개념

1. 제한적 정범개념

구성요건에 해당하는 행위를 스스로 범한 자만이 정범이고, 구성요건행위 이외의 다른 행위로써 결과야기에 단순히 가공한 자는 단지 공범(교사 또는 방조)에 불과하다는 입장이 제한적 정범개념(Restriktiver Täterbegriff)이다.

이에 의하면 정범만이 원래 가벌적이므로 교사자 또는 방조자는 특별한 처벌규정이 없으면 마땅히 불가벌이다. 그럼에도 형법상 이들 공범에 대한 특별한 처

벌규정을 둔 것은 구성요건 이외의 행위에까지 가벌성을 확장한 **처벌확장사유**
(Strafausdehnungsgründe)가 된다는 것이다.

2. 확장적 정범개념

2인 이상의 범죄참가자들을 구별하지 않고 구성요건실현에 어떤 형태로든
기여한 자는 당해 구성요건의 실현에서 정범이며, 구성요건상의 처벌도 받게 된
다는 것이 확장적 정범개념(extensiver Täterbegriff)이다. 여기에서 구성요건결
과의 발생에 원인을 준 자는 모두 정범이다.

예: 피해자를 직접 권총으로 사살한 자는 물론 그를 돕기 위하여 권총을 빌려준
자, 애당초 살해의 의사를 품도록 그를 사주한 자도 모두 살인죄의 정범이다.

확장적 정범개념은 이처럼 정범과 공범 사이의 구별을 원칙적으로 필요로 하
지 않기 때문에 **단일정범개념**(Einheitstäterbegriff)이 논리적 귀결이다. 따라서 공
범(교사 또는 방조)도 원래 정범의 형으로 처벌되어야 할 것이다. 그럼에도 법률
이 공범형태의 가벌성을 별도로 규정하고 그 처벌에 관해서도 정범보다 가볍게
취급하고 있는 것은 확장적 정범개념의 관점에서 보면 단지 정범의 처벌범위를
축소한 **처벌제한사유**(Strafeinschränkungsgründe)가 될 뿐이다.

3. 양 개념 대립의 의의

정범개념에 관한 위의 어느 입장도 정범개념을 완벽하게 구성하여 줄 수는
없다. 특히 오늘날 이 정범개념은 정범과 공범의 구별에 관한 범행지배설과 같은
새로운 이론의 발전으로 인해 그 독자적인 의미와 기능을 잃어 버렸다.

Ⅲ. 정범의 종류와 그 표지

정범과 공범의 구별에서 정범개념의 우위성을 유지하기 위해서는 먼저 정범
의 종류와 그 표지에 관한 확정이 필요하다. 우리 형법상 인정된 정범의 세 종류,
즉 단독·직접정범, 간접정범, 공동정범의 표지가 분명히 나타나는 것은 지배범
의 경우임은 위에서 언급한 바와 같다. 지배범에서 정범과 공범의 구별을 위한 정
범성의 표지는 **범행지배**(Tatherrschaft)이다. 범행지배란 구성요건적 사태 전체에
관한 지배를 말한다.

1. 행위지배

스스로 범행을 저지름으로써 모든 구성요건표지를 충족시키는 자는 구성요건해당행위를 지배하는 자이다. 이처럼 행위지배(Handlungsherrschaft)를 하는 정범을 직접정범 또는 단독정범이라고 한다. 따라서 행위지배는 **직접·단독정범**의 범행지배의 표지가 된다. 비록 행위자가 타인의 이익을 위하여 구성요건행위를 스스로 실현한 경우이거나 또는 다수인이 동시 또는 이시에 각각 구성요건행위를 실현했더라도 행위지배에 의한 단독·직접정범의 인정에 아무 지장이 없다.

2. 의사지배

의사지배(Willensherrschaft)란 우월한 의사를 가지고 '타인을 통하여' 또는 '타인을 지배하여' 범행을 저지르는 경우를 말한다. 의사지배를 하는 자도 정범이다. 이러한 정범은 범행매개자(Tatmittler)를 자신의 도구로 이용함으로써 구성요건적 행위사태를 장악하는 특징을 갖고 있기 때문에 간접정범이라고 부른다. 따라서 의사지배는 **간접정범**의 범행지배의 표지가 된다.

3. 기능적 범행지배

기능적 범행지배(Funktionelle Tatherrschaft)란 타인과 함께 각자의 **역할분담**에 따라 **공동**으로 범행을 저지르는 경우를 말한다. 이처럼 타인과 역할을 나누어 범행을 지배하는 자도 정범의 일종인 **공동정범**이다. 여기서 각자의 역할분담은 전체범행계획의 수행에 본질적으로 중요한 부분을 대상으로 한다. 비본질적인 부분의 기여는 방조에 불과하다. 예컨대 망을 보는 행위는 그것 없이는 전체범행계획의 수행이 불가능한 경우에 한해 기능적 범행지배라고 해야 할 것이다.

4. 신분범·의무범·자수범의 정범표지

이들 범죄유형에서도 스스로 범행을 저지르는 자가 직접정범이 되며 단독이었을 때에 단독정범이 될 수 있음은 물론이다. 신분범은 신분의 소지자만이 정범성을 획득할 수 있고, 의무범은 형법 외적·전형법적 의무의 침해가 있어야 정범이 되고, 자수범은 자수적인 신체적 실행이 있어야 정범이 된다는 점이 특색이다. 따라서 의무범과 자수범에서는 간접정범 및 공동정범의 성립가능성에 자연히 신분범과는 다른 제한이 따른다.

제 4 절 간접정범

I. 의의 및 성질

1. 의   의

타인을 이용하여 범죄를 실행하는 자는 간접정범(Mittelbare Täterschaft)이다(제34조 제1항). 예컨대 정신이상자를 충동질하여 방화를 하게 하거나 사정을 모르는 간호사에게 독약이 든 주사를 놓게 하여 환자를 살해한 사람은 간접정범에 해당한다. 우리나라 판례에서 간접정범이 자주 문제되는 경우로는 문서위조 및 동 행사죄가 주종을 이룬다.

2. 성   질

간접정범도 정범의 한 형태임은 두말할 것도 없다. 문제는 정범의 한 형태인 간접정범의 정범성표지를 어떻게 파악할 수 있겠는가 하는 점이다. 간접정범은 범행지배의 일종인 의사지배를 정범성표지로 삼는 정범형태이다. 즉 우월한 의사를 가지고 「타인을 통하여」, 「타인을 이용하여」 또는 「타인을 지배하여」 범행을 저지르는 자가 간접정범이며, 그 한에서 역시 정범이다. 그 과정에서 타인의 의사를 부당하게 억압해야만 간접정범이 성립하는 것은 아니다(대판 2008. 9. 11, 2007 도 7204).

II. 성립요건

1. 구   조

간접정범은 정범으로서 그의 우월한 의사지배의 힘에 의해 범행매개자를 하나의 인간도구(Menschliches Werkzeug)로 이용한다. 우리 형법 제34조는 어느 행위로 인하여 처벌되지 아니하는 자 또는 과실범으로 처벌되는 자를 이용하는 경우에 간접정범이 성립됨을 규정해 놓고 있으나, 실제 간접정범이 성립하기 위한 범행매개자(도구)의 행위유형에는 여러 가지 가능성이 있을 수 있다.

(1) 구성요건에 해당하지 않는 행위를 이용하는 경우

(a) **범행매개자의 행위가 객관적 구성요건요소를 충족시키지 않는 경우**

도구인 피이용자가 이용자의 강요 또는 기망에 의해 자살 또는 자상한 경우에는 그 자살 또는 자상이 살인죄 또는 상해죄의 구성요건에 해당하지 않기 때문에 이용자는 간접정범이 된다. 그러나 강요 또는 기망에 의해 피해자를 자살하게 한 경우는 이론상 살인죄의 간접정범이지만 형법각칙에 위계·위력에 의한 자살결의죄($\frac{제253}{조}$)가 있기 때문에 이 죄의 적용을 받는다.

(b) **객관적 구성요건에는 해당하나 주관적 구성요건요소를 충족시키지 않는 경우** 고의 없는 또는 과실 없는 도구를 이용한 경우가 이에 해당한다. 또한 구성요건착오에 빠진 자를 이용하는 때에도 경우에 따라서 고의 없는 도구를 이용한 경우가 될 수 있다.

‖**판례 1**‖ 경찰서 보안과장이 갑의 음주운전을 눈감아 주기 위하여 그에 대한 음주운전자 적발보고서를 찢어버리고, 부하로 하여금 일련번호가 동일한 가짜 음주운전 적발보고서에 을에 대한 음주운전사실을 기재케 하여 그 정을 모르는 담당 경찰관으로 하여금 주취운전자 음주측정처리부에 을에 대한 음주운전사실을 기재하도록 한 경우 허위공문서작성 및 동 행사죄의 간접정범에 해당한다(대판 1996. 10. 11, 95 도 1706).

‖**판례 2**‖ 감금죄는 간접정범의 형태로도 행하여질 수 있는 것이므로, 인신구속에 관한 직무를 행하는 자 또는 이를 보조하는 자가 피해자를 구속하기 위하여 진술조서 등을 허위로 작성한 후 이를 기록에 첨부하여 구속영장을 신청하고, 진술조서 등이 허위로 작성된 정을 모르는 검사와 영장전담판사를 기망하여 구속영장을 발부받은 후 그 영장에 의하여 피해자를 구금하였다면 형법 제124조 제 1 항의 직권남용감금죄가 성립한다(대판 2006. 5. 25, 2003 도 3945).

우리 형법에는 이에 해당하는 간접정범의 한 유형을 형법각칙에서 특별히 규정해 놓은 경우가 있다. 즉 형법 제228조(공정증서원본 등의 부실기재)는 고의 없이 부실등재하는 공무원의 행위를 조종하여 죄를 범하는 점에서 형법 제34조의 간접정범에 대한 특별규정이라 할 수 있다.

(c) **진정신분범에서 신분자가「신분 없는 고의 있는 도구」를 이용하는 경우**
공무원이 신분 없는 그러나 전후사정을 알고 있는 처나 친척을 이용해서 뇌물을 받는 경우이다. 범행지배설의 입장에서 보면 이 경우 도구는 신분이라는 특수한 행위자적 불법요소는 없지만, 고의라는 일반적 행위불법요소는 갖고 있기 때문에 이용자에게 우월한 의사지배가 있다고 보기 어렵고, 또한 피이용자도 순수한 도구라고 보기 어려우므로 결국 간접정범의 정범표지를 인정하기가 어려워진다. 때문에 이용자가 간접정범이 될 수 있는가에 대해 의견이 갈린다.

첫째, 다수설은 이 경우에 간접정범의 성립을 긍정한다.[9] 피이용자의 행위가
구성요건에 해당하지 않으므로 이용자를 공범으로 처벌할 수 없다거나, 엄격한 의
미에서의 의사지배는 아니지만 규범적·사회적 관점에서 이용자의 피이용자에 대
한 행위지배가 인정될 수 있기 때문이라는 것이다. 피이용자의 형사책임에 대해서
는 구성요건해당성의 결여로 무죄라는 견해[10]와 방조범이라는 견해[11]가 있다. 그
러나 이에 대해서는 간접정범의 정범성 표지인 의사지배가 없음에도 불구하고 지
나치게 의제적으로 행위지배를 인정하여 결론을 이끌어 낸다는 비판이 가능하다.

둘째, 신분 없는 고의 있는 도구를 이용하는 경우에 의사지배가 성립될 수 없
으므로 이용자는 교사범이 되고, 피이용자는 제33조에 의해 방조범이 된다는 견
해가 있다.[12] 그러나 이 입장은 정범 없는 교사범을 인정하는 결과가 되어 부당
하다고 하지 않을 수 없다. 이러한 비판에 대해서는 최소한 '신분 없는 고의 있는
행위'[13] 또는 '사실상의 정범'[14] 등이 전제되어 있기 때문에 문제가 없다고 하나,
공범은 반드시 법률상의 정범(제한적 종속설을 따를 때 구성요건에 해당하고 위법한
정범의 행위)을 전제로 해서만 성립할 수 있다는 점에서 사실상의 정범을 전제로
한 이론구성은 부당하다고 해야 한다.

생각건대 간접정범의 정범성표지인 우월한 의사지배는 지배범에만 타당하다.
이와 범죄유형을 달리하는 의무범적 진정신분범에서는 정범표지가 특별한 전형
법적·형법외적 의무의 위반에서 결정된다. 그러므로 이 후자의 범죄유형에서 간
접정범을 포함한 정범의 표지는 현실적인 범행지배가 아니라 규범적인 의무위반
이다. 따라서 의무범적 진정신분범에 해당하는 경우에는 신분 없는 고의 있는 도
구를 이용한 신분 있는 배후자만이 우월한 의사지배와 관계 없이 이 의무범의 간
접정범이 될 수 있다. 단, 이 경우 신분 없는 피이용자는 경우에 따라 방조범이
될 수 있을 뿐이다(제33조 본문).

다만 이 경우, 피이용자가 처벌되지 않거나 과실범으로 처벌되는 경우에만 간접
정범으로 처벌하도록 되어 있는 우리 형법 제34조의 해석과 일치하지 않는 문제가
발생한다. 그럼에도 불구하고 간접정범은 정범개념의 우위성의 원칙에 따라 피이용

9) 김성천·김형준 409면; 박상기 447면; 배종대 625면; 손동권·김재윤 511면; 손해목 955
면; 신동운 659면; 오영근, 「간접정범」, 고시계 1992.10, 98면; 이재상 447면; 이정원 383면;
이형국 343면; 정성근·박광민 512면; 조준현 529면; 진계호 527면.
10) 이재상 441면.
11) 배종대 625면; 손동권·김재윤 511면; 손해목 956면.
12) 임웅 461면; 차용석, 「간접정범」, 신동욱박사정년논문집 1983, 191면.
13) 임웅 461면.
14) 차용석, 앞의 글, 191면.

자의 처벌 여부나 형태에 의해 정해지는 것이 아니라 스스로 간접정범의 표지를 갖
추었는가의 여부에 따라 결정되어야 한다고 본다.[15]

그리고 의무범에서 직접정범과 간접정범의 구별은 범행매개자가 중간에 개입했
느냐의 여부에 달려 있다. 또한 의무범에서 공동정범과 간접정범의 차이는, 전자가
수인의 의무위반자가 공존하는 경우이고, 후자는 형법 외적 특별의무부담자(Intra-
neus)가 국외자(Extraneus)를 통해 범행결과에 이른다는 점이다.

(d) 목적범에서「목적 없는 고의 있는 도구」를 이용하는 경우   사용목적이
없는 사람을 이용하여 화폐를 위조하거나 위법영득의 의사가 없는 사람을 이용하
여 절도를 하는 경우이다. 단 주의할 것은 이 때 피이용자가 이용자의 목적의사까
지 알고 있어야 한다는 것이다. 만일 피이용자가 행위에 대한 사실상의 고의는 있
지만 이용자의 불법목적을 모르고 이용당하는 경우에는 '행위전반에 대한 정을
모르는 도구'로 이용되는 것이기 때문에 의사지배하에 있고 따라서 간접정범이
성립한다고 해야 한다.

이런 점에서 영화감독이 영화소도구로 사용한다고 미술학도를 오신 시켜 위폐를
그리게 한 경우를 목적 없는 고의 있는 도구를 이용한 사례로 든 것은[16] 잘못된 것
이다. 행사목적이 없는 미술학도가 위폐를 그려 행사목적을 가진 영화감독에 넘긴
것은 행위상황 전반에 대해 착오를 일으키고 있기 때문에 당연히 간접정범이 성립
한다.

목적 없는 고의 있는 도구의 경우 피이용자에게 비록 목적은 결여되어 있지
만 행위상황 전반을 파악하고 있고 구성요건행위에 대한 인식 · 의욕을 가지고 있
기 때문에 이용자의 일방적인 의사지배를 인정하기 어렵다. 때문에 이 경우 배후
의 이용자에게 간접정범성립을 인정할 수 있는가에 대해서 학설은 나뉘고 있다.

첫째, 다수설은 이 경우에도 신분 없는 고의 있는 도구를 이용하는 경우와 마
찬가지로 피이용자의 행위가 구성요건해당성이 없고, 사실상의 행위지배를 인정
하기는 어렵지만 규범적 측면에서의 행위지배가 인정될 수 있기 때문에 간접정범
이 성립된다고 한다.[17]

둘째, 소수설은 목적 없는 고의 있는 도구를 이용하는 경우에는 사실상 우월
한 의사에 의한 행위지배가 불가능하기 때문에 간접정범의 성립은 불가능하다고

---

15) 같은 견해, 손동권 · 김재윤 512면.
16) 손해목 952면.
17) 배종대 625면; 손해목 953면; 이재상 441면; 이형국 343면; 정성근 · 박광민 527면; 조준현
    332면.

한다.[18] 이 때 이용자는 교사범의 책임을 지게 된다는 것에 대해서는 의견의 일치를 보이고 있으나, 피이용자에 대해서는 정범이 된다는 견해[19]와 피이용자는 목적범에 대해 방조의 의사를 갖고 있다고 보기 어렵기 때문에 대체로 방조범조차도 성립하지 않는 경우가 많다는 견해[20]가 있다.

생각건대 일반 지배범에 있어서 의사지배를 간접정범의 정범성표지로 인정하는 한 목적 없는 고의 있는 도구를 이용한 간접정범의 법형상은 부인하는 것이 옳다. 이용자의 우월한 의사를 통한 행위지배가 사실상 불가능하기 때문이다. 오히려 이런 경우는 개개 목적범의 구성요건을 해석하면서 범죄참가인 중 누구에게 초과된 내적 경향, 즉 목적이 있느냐를 가려 그 자에게 간접정범 아닌 직접정범을 인정하고, 그 외의 참가인에 대하여는 가공 여부에 따라 공범 여부를 살펴야 할 것이다.

　　예컨대 행사할 목적이 있는 친구로부터 부탁을 받고 스스로는 행사할 목적이 없는 학생이 스캐너와 칼라프린터를 이용하여 위폐를 만들어 친구에게 건네 준 경우, 행사할 목적이 있는 사람을 위해 위폐를 만들어 주는 행위에는 이미 제207조의 행사 할 목적이 내포되어 있는 것으로 볼 수 있기 때문에 위폐를 만든 학생은 화폐위조의 정범이 되고, 부탁한 친구는 교사범이 된다고 보아야 한다.[21] 또한 스스로는 영득할 의사가 없는 사람이 친구의 부탁을 받고 재물을 절취하여 넘겨준 경우에도 재물을 절취한 사람이 절도죄의 정범이 되고 부탁을 한 친구는 교사범이 되는 것으로 보아야 한다. 남을 위한 절취는 형법적 판단에 있어서 중요하지 않은 절취의 동기에 불과하고, 영득의 의사는 재물에 대한 타인의 소유권을 배제하고 스스로 주인처럼 처분하면 인정될 수 있기 때문에 영득의 최종 주체가 타인이라고 해서 부인될 수는 없기 때문이다.[22] 현재 독일의 다수설 및 절도죄 개정조항도 제3자를 위한 영득의사를 정면으로 인정하고 있으므로 스스로 절취행위를 한 사람을 절도죄의 정범으로 보고 있다.

한편 우리 판례가 12·12 군사반란과 관련된 내란죄 사건에서 목적 없는 고의 있는 도구를 이용한 경우 간접정범을 긍정하고 있다고 예시된다.[23]

‖ **판례** ‖　한편 범죄는 '어느 행위로 인하여 처벌되지 아니한 자'를 이용하여서도 이를

---

18) 박상기 442면; 임웅 461면; 한정환, 「간접정범의 고의 있는 도구」, 정성근교수화갑기념논문집 1997, 194면; Roxin, Täterschaft, 5. Aufl., S. 345 f.
19) 박상기 442면.
20) 임웅 461면.
21) 같은 견해, 박상기 443면. 우리 판례도 행사할 의사가 분명한 자에게 교부하는 것도 행사가 되는 것으로 보고 있다(대판 1995. 9. 29, 95 도 803; 1983. 6. 14, 81 도 2492).
22) 같은 견해, 박상기 442면.
23) 정성근 · 박광민 527면.

실행할 수 있으므로($\binom{형법 제34조}{제1항}$), 내란죄의 경우 '국헌문란의 목적'을 가진 자가 그러한 목적이 없는 자를 이용하여 이를 실행할 수도 있다고 할 것이다. 그런데 앞서 본 사실관계에 의하면, 피고인들은 12·12 군사반란으로 군의 지휘권을 장악한 후, 국정 전반에 영향력을 미쳐 국권을 사실상 장악하는 한편, 헌법기관인 국무총리와 국무회의의 권한을 사실상 배제하고자 하는 국헌문란의 목적을 달성하기 위하여, 비상계엄을 전국적으로 확대하는 것이 전군지휘관회의에서 결의된 군부의 의견인 것을 내세워 그와 같은 조치를 취하도록 대통령과 국무총리를 강압하고, 병기를 휴대한 병력으로 국무회의장을 포위하고 외부와의 연락을 차단하여 국무위원들을 강압 외포시키는 등의 폭력적 불법수단을 동원하여 비상계엄의 전국확대를 의결·선포하게 하였음을 알 수 있다. 사정이 이와 같다면, 위 비상계엄 전국확대가 국무회의의 의결을 거쳐 대통령이 선포함으로써 외형상 적법하였다고 하더라도, 이는 피고인들에 대하여 국헌문란의 목적을 달성하기 위한 수단으로 이루어진 것이므로 내란죄의 폭동에 해당하고, 또한 이는 피고인들에 의하여 국헌문란의 목적을 달성하기 위하여 그러한 목적이 없는 대통령을 이용하여 이루어진 것이므로 피고인들이 간접정범의 방법으로 내란죄를 실행한 것으로 보아야 할 것이다 (대판 1997. 4. 17, 96 도 3376).

그러나 이런 경우는 목적 없는 고의 있는 도구를 이용하는 전형적인 사례에 해당하지 않고, 오히려 강요죄나 '정범 배후의 정범' 사례처럼 강압에 기초한 우월한 의사지배가 인정되기 때문에 간접정범성립이 긍정되는 것이라고 보아야 한다.

(2) 도구에게 위법성이 없는 경우

타인의 정당행위를 이용하는 경우(경찰공무원을 속여 죄 없는 자를 체포·구금케 한 경우), 타인의 정당방위를 이용하는 경우(O를 살해하기 위하여 O를 사주하여 T를 공격하게 하고 T의 정당방위를 이용하여 O를 살해한 경우), 타인의 정당화적 긴급피난행위를 이용한 경우(낙태에 착수한 임산부가 생명의 위험을 야기시키고 의사를 찾아가 이 의사로 하여금 그녀의 생명을 구하기 위한 긴급수단으로 낙태수술을 하게 한 경우)처럼 적법하게 행위하는 도구를 이용한 경우가 이에 해당한다.

이 경우 배후자는 간접정범으로 처벌되거나 아니면 불가벌이다(예컨대 앞서 본 낙태사례에서 임산부의 자초위난이 경우에 따라서는 임산부 자신의 긴급피난이 될 수 있다). 그러나 어떠한 경우에도 공범이 성립할 가능성은 전혀 없다. 왜냐하면 공범은 언제나 정범의 위법한 범행을 전제로 하기 때문이다.

(3) 도구가 구성요건에 해당하고 위법하게 행위했으나 책임이 없는 경우

강요된 상태에 있는 자의 행위를 이용한 경우 또는 책임무능력자를 이용한 경우이다. 절대적 책임무능력자인 미성년자를 이용한 경우에는 예외 없이 간접정범의 성립을 인정해야 할 것이다. 형사미성년자를 절대적 책임무능력자로 규정한 입법의 취지(ratio legis)를 고려할 때, 이 형사미성년자를 이용하는 자는 피이용자인 형사미성년자가 구체적·현실적으로 갖고 있는 지능·의식 여하를 불문하고 우월한 의사지배를 하고 있다고 판단할 목적론적 근거가 있기 때문이다.

그 밖의 경우에는 간접정범의 성립가능성 외에 교사범의 성립가능성도 함께 고려해야 한다. 왜냐하면 제한적 종속형식에 의할 경우 공범은 정범행위가 구성요건에 해당하고 위법하기만 하면 비록 책임은 없어도 성립할 수 있기 때문이다. 이 때에는 정범개념의 우위성을 사고의 출발점으로 하여 먼저 의사지배의 원칙에 의한 간접정범의 성립 여부에 관한 심사가 행하여져야 한다.

　　대개의 경우에는 다음과 같은 규칙이 문제해결에 적용될 수 있다: 배후인이 도구의 책임비난을 탈락케 하는 사정을 인식하고 있을 경우에는 일반적으로 간접정범이 성립하며, 그렇지 않은 경우에는 교사범의 성립이 고려될 수 있다.

⑷ 도구가 구성요건에 해당하고 위법 및 유책하게 행위한 경우

이 때에는 원칙적으로 간접정범이 성립하지 않는다. 그럼에도 불구하고 제한된 예외적 상황에서는 유책하게 행위한(volldeliktisch) 고의의 정범도 배후인에 의해 지배될 수 있다. 이 때 자주 원용되는 것이 정범 배후의 정범이론(Die Lehre vom Täter hinter dem Täter)이다.[24] 다음의 경우들을 생각해 볼 수 있다.

⒜ 행위자의 회피가능한 금지착오를 이용한 경우　　이 경우 직접행위자는 제16조에 따라 책임이 배제되지 않는다.

⒝ 자신의 행위의 구체적 의미에 대한 행위자의 착오를 이용한 경우　　예컨대, H는 T가 O를 살해하기 위해 매복해 있다는 사실을 알고서 O 대신 X를 그 함정으로 밀어 넣어 X를 살해한 경우이다. 이 경우 H는 간접정범이며, 직접정범인 T에게는 법적으로 중요하지 않은 객체의 착오가 존재할 뿐이다.

⒞ 조직적인 권력장치가 그의 의사에 따라 무제약적으로 범행진행을 조정할 수 있는 경우　　나치·구동독·구소련의 정부권력범죄나 마피아 등 조직범죄의 수뇌부와 그의 명령에 절대복종하는 하수인 사이에서도 간접정범이 성립한다. 김현희와 북한 대남공작부 사이에도 같은 관계가 성립한다.

　　이에 관한 독일 판례로는 소련의 비밀경찰의 일원이었던 스타신스키(Staschynskij)가 비밀경찰의 암살지령에 따라 소련의 한 정치망명객을 살해한 사건(Sta-

---

24) 정범 배후의 정범이론을 긍정하는 입장은 박상기 448면; 손동권·김재윤 518면; 손해목 961면; 오영근 633면.

schynskij-Urteil)이 있다. 이 사건에서 독일연방최고법원은 극단적 주관설의 입장
에 따라 스타신스키를 방조범으로 판결했다(BGHSt 18, 87). 그러나 이 경우 스타신
스키는 정범이며, 그 배후의 소련 비밀경찰은 간접정범이라는 것이 학설의 일치된
견해이다.

　　한편 이런 경우 처벌되지 않는 자를 이용하는 행위에 대해 간접정범 성립을 인정
하는 우리 형법의 해석상 '정범 배후의 정범'은 인정될 수 없으며, 형법 제34조 제
2항 특수교사・방조죄의 규정으로도 조직범죄집단의 수괴에 대한 가중처벌 등 형
사정책적 목적을 달성할 수 있다는 점에서 '정범 배후의 정범'이론을 부인하는 견
해가 다수설이다.[25]

(d) **과실범으로 처벌되는 자를 이용한 경우**　　이 경우 직접정범으로서 도구
에 해당하는 과실범은 과실범처벌규정이 있는 가벌적인 과실범은 물론, 과실범처
벌규정이 없는 불가벌적인 과실범인 때(예컨대 과실재물손괴)에도 간접정범의 성
립은 가능하다.

　　구성요건착오에 빠진 자를 이용하는 경우 착오자가 만약 그 사실을 인식하지
못한 데에 과실이 있었을 때에도 이에 해당할 수 있다.

2. 이용행위

(1) '교사 또는 방조'의 의미

　　간접정범은 피이용자를 도구로 이용함으로써 구성요건을 실현하는 정범이다.
형법 제34조 제1항은 「교사 또는 방조하여 범죄행위의 결과를 발생케 할 것」을
요한다고 규정하고 있다.

　　여기서 교사 또는 방조는 교사범・방조범의 그것과 같지 않고 단지 사주 또
는 이용의 뜻이다(통설).

　　여기서의 교사 또는 방조는 이용자의 우월한 의사지배라는 간접정범의 정범
성의 표지와 관련시켜 이용행위의 두 가지 양태로 이해하고 실질적으로 구별해
보아야 한다. 즉 간접정범의 이용행위로서 **교사**는 우월한 의사지배에 의한 조종행
위를 말하고, **방조**는 우월한 의사지배에 의한 원조행위를 말한다.

(2) 부작위에 의한 간접정범의 성부

　　부작위범을 도구로 이용한 간접정범은 가능하다. 예컨대 보증인을 체포・감
금시켜 부작위하게 함으로써 결과발생의 위험을 야기한 경우이다.

　　25) 권오걸 610면; 김성돈 624면; 김성천・김형준 412면; 배종대 629면; 성낙현 597면; 이상돈
　　　　543면; 신동운 666면; 이재상 445면; 이정원 386면; 이형국 347면; 임웅 458면; 정성근・박
　　　　광민 533면; 정진연・신이철 341면.

그러나 부작위에 의한 간접정범은 사리상 성립하기 곤란하다. 여기에서 이용행위는 적극적인 개입으로서 적어도 작위를 의미할 수 있는 정도의 것이라야 하기 때문이다.

예컨대 정신병자의 감호자가 그 정신병자의 타인에 대한 공격을 의도적으로 방치하여 타인이 상처를 입게 내버려 두었다면 부작위에 의한 간접정범이 아니라 부작위에 의한 상해의 방조범, 즉 부작위범이 된다. 반면 이 경우에 감호자가 정신병자의 타인에 대한 공격에 어느 정도 개입하여 결과야기에 기여했다면, 그것은 부작위에 의한 간접정범이 아니라 작위에 의한 간접정범이 되어 어느 모로 보나 부작위에 의한 간접정범의 성립은 불가능하다.[26]

(3) 실행의 착수시기

간접정범에 있어서 우리나라의 다수설은 이용자가 피이용자를 이용하기 시작할 때 실행의 착수가 있는 것으로 본다.

생각건대 가벌적 행위의 구성요건적 정형성을 생각하면 피이용자의 행위를 기준으로 하는 것이 타당하나, 간접정범에 있어서는 이용자의 우월한 의사에 의한 행위지배가 정범성의 표지이고 피이용자의 행위는 이용자의 의사지배하에 놓인 자동적 행위에 불과하기 때문에 원칙적으로 배후의 이용행위를 기준으로 삼는 것이 타당하다. 그러나 다수설과 같이 이용자가 이용행위를 개시할 시점에서 일반적으로 실행의 착수를 인정하는 것은 불합리하다. 이용행위의 개시만으로는 아직 피이용자가 우월한 의사지배의 영향력하에 들어왔다고 볼 수 없고, 또한 보호법익에 대한 침해위험이 야기되었다고도 볼 수 없기 때문이다.[27] 따라서 적어도 이용행위가 도구에 영향을 미쳐 피이용자가 이용자의 우월한 의사지배의 영향력하에 들어왔고 그로 인해 자동적으로 보호법익에 대한 침해가 개시된다고 인정될 때에 비로소 실행의 착수가 인정된다. 그러한 시점은 바로 이용자의 이용행위가 실질적으로 완료되고 피이용자가 이용자의 손을 벗어나 독자적으로 행위를 개시한 때라고 할 것이다.

(4) 결과발생의 의미

범죄결과를 발생케 한 때라 함은 구성요건해당사실을 실현하여 기수에 이른 것을 말한다. 그러나 결과가 발생하지 않을 때에도 간접정범의 미수가 성립할 수

26) Roxin, Täterschaft und Tatherrschaft, S. 472; 최우찬, 「간접정범」, 고시계 1994. 3, 27면.
27) 예컨대 의사가 간호원에게 독이 든 주사를 주면서 환자에게 주사하라고 지시했는데 간호원이 다른 바쁜 일이 있다고 거절한 경우에는 간호원이 의사의 지시만으로 의사지배하에 들어왔다고 할 수 없고 따라서 실행의 착수도 인정할 수 없다고 해야 한다. 같은 견해, 손해목 967면.

있음은 물론이다. 따라서 직접정범의 범죄에 미수처벌규정이 있는 이상 간접정범의 미수도 처벌된다.

Ⅲ. 처　벌

1. 교사 또는 방조의 예에 의한 처벌

교사 또는 방조의 예에 의해 처벌한다. 마땅히 정범으로 처벌해야 할 것을 공범의 예로 처벌케 한 것은 입법상의 잘못이다. 입법론(de lege ferenda)으로는 독일형법 제25조 제1항처럼 적극적으로 간접정범을 정범으로 규정하여 처벌하도록 하는 것이 옳다고 본다. 다만 해석론(de lege lata)으로는 간접정범이 우월한 의사에 의해 피이용자를 지배·조종한 경우에는 교사의 예에 따라 정범과 동일한 형으로 처벌하고($^{제31조}_{제1항}$), 우월한 의사에 의해 피이용자를 단지 이용·원조한 경우에는 방조의 예에 따라 정범의 형보다 감경하여 처벌한다는($^{제32조}_{제2항}$) 취지로 해석해야 한다. 이렇게 해석할 때, 간접정범이 처벌에서 공범화하는 이론상의 모순을 일단 피할 수 있을 것이다.

2. 간접정범 미수의 처벌

간접정범을 공범의 예에 따라 처벌토록 한 것은 간접정범의 처벌에 있어서 공범화를 의미하는 것은 아니다. 따라서 간접정범의 미수는 간접정범의 처벌기준에 다시금 미수의 일반적 처벌에 따른 임의적 감경($^{제25}_{조}$), 임의적 감면($^{제27}_{조}$), 필요적 감면($^{제26}_{조}$) 등을 고려하여 처벌해야 할 것이다. 만약 간접정범의 미수를 교사의 미수($^{제31조}_{제3항}$)의 예에 따라 처벌한다면, 실행에 착수한 정범을 실행착수 이전의 예비·음모로서 처벌하는 결과가 되어 범죄이론상의 모순을 해결할 길이 없기 때문이다.

Ⅳ. 관련문제

1. 착오의 경우

배후인도 도구도 착오를 할 수 있다. 구조상 두 가지의 가능성이 논의될 수 있다.

(1) 배후인의 피이용자에 대한 착오

(가) 이용자가 피이용자가 사정을 모르는 도구인 줄 알고 이용했으나 사실은 악의 있는 도구였을 경우 이 경우 배후인의 관점에서 보면 배후인은 간접정범이 되지만, 객관적 법상태로는 공범에 해당한다. 실제 피이용자가 정범으로 행위한 이상 그를 이용하려고 한 이용자의 행위는 우월한 의사지배가 있었다고 보기 어렵고, 가공 정도에 그치는 것으로 보아 이용자를 교사범으로 취급하는 것이 합리적이다.[28]

(나) 피이용자는 사정을 모르는 도구였으나 배후의 이용자는 그를 악의 있는 도구로 오인하고 교사 또는 방조한 경우 이 경우 배후인의 관점에서 보면 배후인은 교사 또는 방조범이지만, 객관적 법상태로는 간접정범에 해당한다 할 것이다. 실제 이용자가 피이용자를 악의 있는 도구로 간주한 이상 간접정범으로서 우월한 의사지배를 할 만큼의 범행지배를 할 수 없을 것이므로 배후의 이용자를 역시 교사범으로 취급하는 것이 합리적이다.[29]

(2) 피이용자의 실행행위의 착오

(가) 피이용자가 도구로서 실행행위를 하면서 객체 또는 대상의 착오를 하였거나 방법의 착오를 하였을 경우, 이를 배후에서 이용하려 한 이용자의 관점에서는 언제나 방법의 착오가 문제된다. 예컨대 갑이 정신이상자인 을을 이용하여 병을 살해하고자 하였으나 을의 착오로 정을 살해하게 된 경우와 같다. 이 경우 법정적 부합설에 따라 갑은 살인죄의 간접정범으로서 죄책을 져야 한다는 견해도 있다.[30] 그러나 오히려 구체적 부합설에 따라 갑은 병에 대한 살인미수와 정에 대한 과실치사의 관념적 경합으로 취급해야 할 것이며, 중한 살인미수에 대한 간접정범이 성립한다.[31]

(나) 피이용자가 배후인이 애당초 의도한 범위를 초과하여 실행한 경우에는 배후인에게 초과부분에 대한 간접정범은 성립하지 않고 단지 실현된 부분에 대해서만 간접정범이 성립될 뿐이다. 단 그 초과된 결과에 대해 배후인에게 미필적 고의가 있었을 때에는 그 전체에 대한 간접정범이 성립할 수 있다. 그 초과된 결과가

28) 김성돈 625면; 김종원,「교사범」, 고시계 1975.6, 10면; 배종대 635면; 신동운 667면; 이재상 448면; 이정원 391면; 임웅 465면; 정성근·박광민 536면; Jescheck/Weigend, S. 671; Wessels, Rdn. 546.
29) 배종대 635면; 이재상 448면; 임웅 465면; 정성근·박광민 536면.
30) 신동운 669면; 이재상 448면; 정성근·박광민 536면.
31) 권오걸 621면; 박상기 450면; 배종대 635면; 손동권·김재윤 526면; 손해목 969면; 오영근 642면; 이정원 392면; 이형국 348면.

결과적 가중범에 해당할 경우에는 배후인이 중한 결과에 대해서도 예견할 수 있었을 때에 한해 결과적 가중범의 간접정범이 성립될 수 있다.[32]

2. 간접정범의 한계

(1) 신분범의 경우

진정신분범에서 이론상 신분 없는 자는 정범이 될 수 없다. 다만 진정신분범이라도 결과관련신분범일 때는 형법 제33조에 의해 신분 없는 자도 신분 있는 자와 같이 공범 또는 공동정범이 될 수 있다.

간접정범도 정범이므로 간접정범이 성립하기 위하여는 간접정범자에게 정범적격이 있어야 한다. 따라서 신분 없는 자는 신분 있는 자를 이용하여 진정신분범의 간접정범이 될 수 없다고 보는 것이 통설이다. 판례도 부정설의 입장에 서 있다.

‖ **판례** ‖ 갑은 자신의 친구인 을에게 70만원을 빌려주면서 을이 발행한 백지가계수표 한 장을 다른 곳에 할인하지 않는다는 조건으로 교부받았다. 그런데 갑은 이 수표의 금액란에 70만원이라고 기재하여 할인을 의뢰하였다. 이에 할인의뢰를 받은 사람이 다시 다른 사람에게 할인의뢰를 하였고 이 사람은 가계수표를 은행에 지급제시하였다. 은행으로부터 연락받은 을이 이러한 사실을 따지자 갑은 책임을 면하기 위해 가계수표를 분실했다고 거짓말을 하고 분실신고를 할 것을 요구했다. 그래서 을은 은행에 수표분실신고를 하였다. 그런데 부정수표단속법상 발행인 아닌 자는 허위신고죄의 주체가 될 수 없고 허위신고의 고의 없는 발행인을 이용한 간접정범의 형태로 허위신고죄를 범할 수도 없는 것이다. 따라서 갑은 무죄이다(대판 1992. 11. 10, 92 도 1342).

(2) 의무범의 경우

의무범에서는 의무 있는 자만이 의무 없는 국외자를 이용한 간접정범이 될 수 있다. 종래 의무범에 관한 이론이 없었을 때에는 이 문제도 진정신분범의 하나같이 신분 없는 고의 있는 도구의 이용문제로 다루었다. 그러나 의사지배를 간접정범의 정범성을 결정하는 표지로 보는 한 논란의 여지가 생길 수밖에 없다. 의무범의 개념을 도입할 때 의사지배가 없더라도 의무위반만 있으면 정범성을 인정할수 있으므로 이 문제를 쉽게 해결할 수 있다.

반면 의무범에서 의무 없는 국외자가 의무 있는 자를 이용하여 간접정범이 될 수는 없다. 단지 공범이 성립할 수 있을 뿐이다.

---

32) 신동운 670면; 정성근·박광민 536면.

(3) 자수범의 경우

자수범이란 정범 자신만이 손수 구성요건을 실행하여 저지를 수 있는 범죄이므로, 자수범에 대해 간접정범이나 공동정범이 성립할 여지는 없다. 국외자가 자수적 정범을 이용하여 간접정범을 범할 수도 없다.

(4) 구체적인 문제사례

(a) **강 간 죄**　　강간죄에서 성적 의사결정의 자유를 침해한 결과반가치에 중점을 두면 이는 신분범(결과관련신분범)일 뿐 자수범은 안 되지만, 강제적 수단으로 성욕을 만족시키는 행위반가치에 중점을 두면 진정자수범이 된다. 그러나 강간죄는 구체적인 법익침해범이므로 결과반가치를 염두에 둔 통설의 입장이 타당하다. 따라서 신분자인 남자가 비신분자인 여자를 이용하여 강간죄를 범할 수는 없으나, 신분자인 남자가 책임무능력상태에 있는 다른 남자를 이용하거나 심지어 비신분자인 여자가 다른 남자를 이용하여 강간의 결과를 야기시킨 때에도 간접정범이 된다(결과관련신분범).

(b) **허위공문서작성죄**　　허위공문서작성죄는 자수범의 일종이므로 국외자가 자수적 정범을 이용하여 간접정범을 범할 수 없다(공무원 아닌 자의 간접정범을 부정한 판례: 대판 1976. 8. 24, 76 도 151).

대법원판례는 예외적으로 공문서의 작성권한 있는 공무원을 보좌하여 공문서의 기안을 담당하는 공무원이 직위를 이용하여 허위내용의 공문서를 기안하고 사정을 모르는 상사의 결재를 받아 공문서를 작성한 경우에는 허위공문서작성죄의 간접정범이 된다고 한다(대판 1977. 12. 13, 74 도 1900; 1978. 12. 26, 78 도 2777). 하지만 비판의 여지가 많다. 형법이 보충적 법익보호의 수단임을 고려할 때 이 경우는 오히려 행정벌의 일종인 징계벌이면 충분할 것이다. 굳이 간접정범으로 처벌할 필요까지 없다고 본다.

‖**판례 1**‖ 면사무소 호적계장이 허위사실을 기재한 문서를 작성하고 공문을 기안하여 이 사정을 모르는 면장으로 하여금 결재하게 하고 허위내용의 호적부를 작성하였다. 이처럼 공문서의 작성권한이 있는 공무원의 직무를 보좌하는 자가 그 직위를 이용하여 행사할 목적으로 허위내용이 기재된 문서초안을 상사에게 제출하여 결재하도록 함으로써 허위공문서를 작성케 하는 경우에는 허위공문서작성죄의 간접정범이 성립한다(대판 1990. 10. 30, 90 도 1912).

‖**판례 2**‖ 갑은 예비군훈련을 받은 사실이 없는데도 소속예비군중대 방위병인 을에게 예비군훈련을 받았다는 확인서를 발급해 달라고 부탁했다. 이에 을은 예비군중대장

에게 갑이 훈련을 받았다고 보고하여 확인서를 발급하도록 지시받았고, 을은 미리 중대
장의 직인을 찍어 보관하고 있던 훈련확인서용지에 갑의 부탁내용을 기재하여 교부하였
다. 공문서의 작성권한 있는 공무원의 직무를 보좌하는 자가 그 직위를 이용하여 행사할
목적으로 허위내용이 기재된 문서초안을 그 사정을 모르는 상사에게 제출하여 결재하도
록 하는 등의 방법으로 작성권한이 있는 공무원으로 하여금 공문서를 작성하게 한 경우
에는 간접정범이 성립된다. 또한 이에 공모한 자 역시 간접정범의 공범으로서 죄책을 지
며, 반드시 공무원의 신분 있는 자에 한정되지 않는다. 따라서 갑은 을의 허위공문서작
성죄의 간접정범에 대한 공범의 죄책을 진다(대판 1992. 1. 17, 91 도 2837).

3. 특수간접정범

형법 제34조 제2항은 「자기의 지휘 · 감독을 받는 자를 교사 또는 방조하여
전항의 결과를 발생케 한 자」를 가중처벌하고 있다. 불법가중으로 인해 형을 가중
하는 경우이다. 이에 대해서는 특수공범설, 특수공범 · 특수간접정범설 등의 입장
이 있으나 단지 특수간접정범만을 규정하고 있다고 봄이 옳다(특수간접정범설).
입법론으로는 양형의 참작사유에 맡기도록 이를 폐지하는 것이 좋으리라고 본다.

지휘 · 감독의 근거는 법률상이든 사실상이든 불문한다. 지휘 · 감독관계의
예로는 상관과 부하, 공장주와 직공, 집주인과 가정부, 의사와 간호사 등이 있다.

제5절 공동정범

Ⅰ. 의의 및 본질

1. 의   의

(1) 개   념

2인 이상이 공동의 범행계획에 따라 각자 실행의 단계에서 본질적인 기능을
분담하여 이행함으로써 성립하는 정범형태를 공동정범(Mittäterschaft)이라 한다.

예컨대 A와 B는 함께 은행을 털기로 하되, 여의치 않으면 흉기를 사용하기
로 합의하였다. 강도 현장에서 A는 흉기로 은행원을 찔러 중상을 입히고, B는
단지 창구에 놓여 있는 돈뭉치만 챙겨들고 도망쳐 나왔다. 이 경우에 B도 A의
상해행위에 대해 정범으로 귀책되어 A와 B 모두 강도상해의 공동정범이 된다.
공동의 범행계획 때문에 단지 일부의 범행만을 저지른 자도 전체범행에 대해 똑

같이 정범으로 취급된다. 이처럼 공동정범에는 불법의 양에서 동시범의 산술적인 불법의 합을 능가하는 법률적인 가중평가의 일면이 없지 않다.

우리 형법 제30조는 「2인 이상이 공동하여 죄를 범한 때에는 각자를 그 죄의 정범으로 처벌한다」고 함으로써 공동정범의 핵심내용을 규정하고 있다.

(2) 개념의 구별

공동정범은 2인 이상이 공동하여 기능적으로 범행을 지배한다는 점에서 단독으로 행위지배를 하는 단독정범(Alleintäterschaft)과 구별되고, 또 2인 이상이 직접적으로 범행지배를 한다는 점에서 의사지배에 의해 간접적으로 범행을 지배하는 간접정범과도 구별된다.

공동정범의 각 공동행위자에게는 **공동의 범행결의**가 있어야 하므로 이것이 결여된 동시범(Nebentäterschaft)과도 구별된다.

공동정범은 또한 1인으로도 실현가능한 구성요건을 2인 이상이 공동하여 실현하는 임의적 **공동정범**이라는 점에서 범죄단체의 조직($^{제114}_{조}$)이나 다중불해산($^{제116}_{조}$)과 같이 구성요건상 이미 일정한 목적하에 2인 이상의 공동을 필요로 하는 소위 필요적 **공동정범**과 구별되며, 어떤 상황에 의한 제약도 받지 않고 성립된다는 점에서 **현장**에서라는 상황에 의해 제약을 받는 공동정범인 **합동범**($^{제331조 제 2 항, 제334조}_{제 2 항, 제146조}$)과도 구별된다.

그 밖에도 기능적 범행지배를 표지로 하는 정범이란 점에서 단순히 타인의 범죄에 가담하는 협의의 공범인 교사범 · 방조범과도 구별된다.

2. 본 질

(1) 범죄공동설과 행위공동설

범죄공동설은 두 사람 이상이 공동하여 특정한 범죄를 실현하는 것을 공동정범이라 한다. 즉 공동정범에서 공동으로 행하는 대상은 특정한 범죄라는 것이다. 형법 제30조도 「2인 이상이 공동하여 죄를 범한 때」라고 규정하고 있으므로 이 입장이 법문에도 충실한 입장이라고 한다.

행위공동설은 두 사람 이상이 행위를 공동으로 하여 각자의 범죄를 수행하는 것을 공동정범이라 한다. 즉 공동정범에서 공동으로 행하는 대상은 특정한 범죄나 특정한 객관적 구성요건사실이 아니라 사실상의 행위 그 자체라는 것이다. 여기에서는 형법 제30조도 「2인 이상이 행위를 공동하여 각자의 죄를 범한 때」라고 해석함으로써 실정법상의 근거를 찾는다.

종래 행위공동설은 전구성요건적·전법률적 혹은 자연적 의미의 행위를 공동으로 하면 족하다고 봄으로써 공동정범의 성립범위를 너무 넓게 잡는 경향이 있었다. 이 입장에서는 서로 다른 종류의 고의범 상호간은 물론 고의범과 과실범 또는 과실범 상호간에도 공동정범이 가능하다는 것이다. 이러한 난점을 피하기 위해 최근에는 행위의 의미를 제한하여 공동행위는 각각 개개 구성요건에 해당하는 실행행위의 전부 또는 일부의 공동이라고 한다(구성요건적 행위공동설).

(2) 본질론의 재구성

범죄공동설은 공동정범의 성립을 엄격히 제한함으로써 책임원칙에는 충실한 반면 형사정책적인 합목적성을 결여하고 있다. 이에 비해 행위공동설은 공동정범의 성립을 확대함으로써 형사정책적인 합목적성은 충족시킬 수 있으나 책임원칙을 저해할 위험이 있다. 두 이론은 오늘날까지도 이러한 이론적 난점을 극복하지 못해 해체의 위기를 맞고 있다.

이에 따라 오늘날 공동정범을 둘러싼 논쟁은 '무엇을 공동으로 하는가'의 문제에 집착했던 범죄공동설과 행위공동설의 논쟁에서 범행지배론의 관점에 따라 '공동정범을 어떠한 조건과 어떤 범위 내에서 인정할 것인가'라는 문제로 옮겨졌다. 따라서 공동정범의 본질문제도 이 범행지배이론으로 해결하는 것이 바람직하다.

Ⅱ. 성립요건

공동정범이 성립하자면 주관적 요건인 **공동의 범행결의**(계획)와 객관적 요건인 **공동의 실행행위**가 있어야 한다. 이 두 가지 요소가 모두 구비될 때에만 공동정범은 성립한다.

1. 주관적 요건

(1) 공동의 범행결의(범행계획)

(a) **의 의** 2인 이상이 동등한 자격의 참가자로서 서로 공동으로 수립한 범행계획에 따라 공동으로 범행을 저지르고자 하는 의사를 말한다. 이는 기능적 범행지배에 의해 성립되는 공동정범의 본질적 요건이며, 이로 인하여 개별적 행위가 전체적으로 결합되면서, 분업적으로 실행된 행위의 전체에 대한 구성요건 귀속을 행위자 모두에게 인정할 수 있게 된다. 2인 이상이 죄를 범했어도 공동의 사가 없으면 단독정범의 병존에 불과한 동시범이 성립할 뿐이다.

‖**판례**‖ 갑은 자신이 대표로 있는 영화사에서 법적 등록절차를 밟지 않고 소형영화를 제작한 뒤, 이를 상영하기 위해 극장주인과 대관계약을 체결하였다. 그런데 영화를 상영할 무렵에 극장운영권이 을에게 넘어갔고, 결국 이 영화는 공연윤리위원회의 심의를 받지 않고 을의 극장에서 상영되었다.
　　공동정범이 성립하기 위해서는 두 사람 이상이 공동하여 죄를 범하여야 한다. 여기에는 주관적 요건인 공동가공의 의사와 객관적 요건인 공동의사에 의한 기능적 행위지배를 통한 범죄의 실행사실이 필요하다. 공동가공의 의사는 타인의 범행을 인식하면서도 이를 막지 아니하고 용인하는 것만으로는 부족하고 공동의 의사로 특정한 범죄행위를 하기 위해 일체가 되어 서로 다른 사람의 행위를 이용하여 자기 의사를 실행에 옮기는 것을 내용으로 한다. 따라서 단지 전 대표와 체결된 대관계약에 따라 영화가 상영되는 것을 적극적으로 저지하지 않았을 뿐인 을이 영화법위반죄의 공동정범이라고 볼 수 없다(대판 1993. 3. 9, 92 도 3204).

　　(b) **편면적 공동정범**　　공동정범은 원칙적으로 모두 각자의 역할분담과 공동작용에 대한 상호양해가 있어야 한다(대판 1987. 9. 22, 87 도 347: 서로 협력하여 공동의 범의를 실현하려는 의사의 상통). 이 상호양해 없이 한 사람만 범행의사를 가진 소위 편면적 공동정범(Einseitige Mittäterschaft)은 공동정범이 아니다.

‖**판례**‖ 갑과 을이 함께 술을 마시다가 술을 더 마시기 위해 갑이 앞서 술집으로 향하던 중 갑이 행인 병과 시비가 붙어 싸움을 하고 있는데, 뒤따라오던 을이 이를 목격하고 달려들어 병을 폭행하다 넘어뜨려 사망케 했다. 갑은 을의 가세를 미리 인식하였거나 의욕하지도 않았고 을의 폭행에 가담하지도 않았으니, 이 과정에서 갑과 을이 암묵적으로라도 공동실행의 의사가 형성되었다고 볼 수도 없다. 공동정범은 행위자 상호간에 범죄행위를 공동으로 한다는 공동가공의 의사를 가지고 범죄를 공동실행하는 경우에 성립하는 것이다. 여기서 공동가공의 의사는 공동행위자 상호간에 있어야 하며 행위자 일방의 가공의사만으로는 상해치사죄의 공동정범관계가 성립할 수 없다(대판 1985. 5. 14, 84 도 2118).

　　(c) **묵시적 의사연락**　　공동가공의 의사는 반드시 명시적일 필요는 없고 묵시적인 의사연락만 있어도 족하다(대판 1979. 9. 25, 79 도 1698; 1986. 1. 25, 85 도 2421).

‖**판례**‖ 갑은 을이 피해자를 강간하기 위해 유인해 가는 것을 알고서 뒤를 따라가다가 을이 강간을 위해 폭행할 무렵 나타나서 을이 강간을 마치기를 기다렸다가 다시 강간을 했다면, 을의 뒤를 따라갈 때까지는 강간의 모의가 있었다고는 할 수 없지만 을이 강간의 실행에 착수할 무렵에는 암묵적으로 범행을 공동할 의사의 연락이 있었다고 볼 수 있다. 즉 공동정범이 성립하기 위하여는 반드시 공범자간에 사전에 모의가 있어야 하는 것은 아니며, 우연히 만난 자리에서 서로 협력하여 공동의 범의를 실현하려는 의사가 암묵적으로 상

통하여 범행에 공동가공하더라도 공동정범은 성립된다(대판 1984. 12. 26, 82 도 1373).

(d) **연쇄적·간접적 의사연락**   1인 또는 2인 이상을 통한 연쇄적 의사연락이나 간접적 의사연락도 그 내용에 관한 개별적 또는 포괄적 의사연락이나 인식이 있으면 전원에게 공동의 범행결의가 성립한다(대판 1983. 3. 8, 82 도 2873). 공동행위자 전원이 일정한 장소에 모여 직접 모의해야 하는 것은 아니다.

‖**판례**‖ 대학교 교수와 교무처장에게 자녀들의 부정입학을 청탁하면서 그 대가로 학교측에 기부금명목의 금품을 제공하였다. 이에 교무처장은 실제 입학시험성적을 임의로 고쳐 합격이 가능하도록 허위로 서류를 작성하였다. 그리고 사정을 알지 못하는 입학사정위원들에게 이를 제출하여 합격자로 처리되게 하였다. 이러한 경우 부정입학알선을 의뢰받은 교수와 실제로 부정입학을 주도한 교무처장 등과의 사이에 암묵적인 의사연락에 의한 순차적인 공모관계가 있다고 보아야 할 것이다. 두 사람 이상이 공모하여 범죄에 공동가공하는 공범관계에서 공모는 법률상 어떤 정형을 요구하는 것이 아니고 공범자 상호간에 직접 또는 간접으로 범죄의 공동실행에 관한 암묵적 의사연락이 있으면 족한 것이다. 따라서 비록 전체의 모의과정이 없었다고 하더라도 여러 사람 사이에 의사의 결합이 있으면 공동정범이 성립될 수 있다(대판 1994. 3. 11, 93 도 2305).

(e) **초과행위**   각 공동행위자는 자기가 인식·의욕했던 공동의 범행계획 범위 안에서만 다른 참가자의 행위에 대한 귀속주체가 된다. 이 공동의 범행계획 밖에서 다른 참가자가 행한 부분은 초과행위이며 이 부분은 그 행위자 자신에게만 귀속될 뿐 타공동행위자에게 귀속되지 않는다. 예컨대 2인이 절도를 하기로 계획했는데 그 중 한 사람이 살인이나 강간을 했을 경우 이 초과부분은 그 행위자의 단독범행에 돌아갈 뿐이다.

(2) 정범의 주관적 구성요건요소

(a) **주관적 불법요소**   모든 범죄참가자에게는 구성요건의 주관적 불법요소(고의, 특별한 목적 등)가 있어야 함은 물론이다. 공동정범 각자가 자기 자신의 행위부분과 마찬가지로 타인의 행위부분에 대해서도 고의의 범위 내에서만 귀속되어야 함은 형법($^{제13}_{조}$) 및 구성요건착오의 규율에 비추어 당연하다. 물론 여기에서 구성요건고의는 공동의 범행결의 속에 포함된 경우가 원칙이므로 흔히 구성요건고의는 공동의 범행결의의 한 요소로 다루어진다.

공동정범의 착오에 관하여는 구성요건착오이론이 그대로 적용된다. 그리고 공동행위자 중 어느 한 사람에게 고의의 귀속에 관한 객체의 착오가 있는 경우에 나머지 다른 공동정범에게는 그와 같은 착오가 고의의 귀속을 저해하지 않는다.

(b) **공모관계의 이탈**   다른 공동행위자의 실행행위 개시 전에 명시적 또는
묵시적인 방법으로 고의를 철회한 경우에는 원칙적으로 그 철회자(이탈자)는 공
동정범으로서의 죄책을 지지 않는다. 그러나 이 경우에도 철회자 자신의 기여도
가 유효하게 존속하는 한 기능적 행위지배의 관점에서 공동정범의 성립에는 지장
이 없다. 따라서 공모관계의 이탈을 이유로 공동정범의 죄책을 면하기 위해서는
실행의 착수 이전에 고의를 철회하여야 하고, 자신의 기여도가 남아 있다면 이를
제거하기 위한 노력이 있어야 한다.[33] 판례는 이탈자가 공모관계의 평균적 일원
이 아닌 주모자로서 다른 공모자의 실행에 강한 영향을 미친 때에는 실행에 미친
영향력을 제거하기 위한 진지한 노력을 필요로 한다는 견해를 취한다(대판 2010.
9. 9, 2010 도 6924).

‖**판례 1**‖   살해모의에는 가담하였지만 다른 공범자들이 피해자를 묶어 저수지로 던
지기 전에 범행을 단념하고 범행현장을 이탈하였다. 그렇다면 공모공동정범에서 공모자
중 한 사람이 다른 공모자가 실행행위에 이르기 전에 그 공모관계에서 이탈한 때에는 그
이후의 다른 공모자의 행위에 관하여 공동정범으로서의 죄책은 지지 않는다. 그리고 그
이탈의 표시는 반드시 명시적임을 요하지 않는다(대판 1986. 1. 21, 85 도 2371; 동지: 1995.
7. 11, 95 도 955; 1996. 1. 26, 94 도 2654).

‖**판례 2**‖   공모공동정범에 있어서 공모자 중의 1인이 다른 공모자가 실행행위에 이르
기 전에 그 공모관계에서 이탈한 때에는 그 이후의 다른 공모자의 행위에 관하여는 공동
정범으로서의 책임은 지지 않는다 할 것이나, 공모관계에서의 이탈은 공모자가 공모에
의하여 담당한 기능적 행위지배를 해소하는 것이 필요하므로 공모자가 공모에 주도적으
로 참여하여 다른 공모자의 실행에 영향을 미친 때에는 범행을 저지하기 위하여 적극적
으로 노력하는 등 실행에 미친 영향력을 제거하지 아니하는 한 공모자가 구속되었다는
등의 사유만으로 공모관계에서 이탈하였다고 할 수 없다(대판 2010. 9. 9, 2010 도 6924).

다만 공모관계의 이탈 문제는 행위기여가 없는 단순한 공모만으로도 공동정
범의 책임을 인정하려는 공모공동정범이론이나 또는 기능적 행위지배설의 입장
에서도 공동정범의 실행의 착수 여부를 공동정범자 전체의 행위를 기초로 판단하
는 전체적 해결방법에 설 때 비로소 의미를 가질 수 있다. 본서와 같이 공동정범
의 실행의 착수 여부를 공모관계에 참여한 각자의 기능적 역할수행의 착수 여부
에 따라 판단하는 개별적 해결방법에 설 때에는, 공모관계의 이탈이란 각자가 맡
은 기능적 역할수행의 포기를 의미하는 것과 사실상 다르지 않아 전체 공동정범
의 책임 부과 여부를 판단할 때 독자적인 의미를 갖지 않기 때문이다.

---

33) 같은 견해, 신동운 513면; 이재상 478면.

(3) 공동적 범행계획의 성립시기

공동정범에서 공동의 범행계획이 성립하는 시기에 따라 공모공동정범(공동의 범행결의가 실행행위의 착수 이전에 성립한 경우), 우연적 공동정범(공동의 범행결의가 실행행위시에 성립한 경우) 및 승계적 공동정범(공동의 범행결의가 실행행위의 일부 종료 후 그 전부의 기수 이전에 성립한 경우)으로 구분된다.

(a) **원 칙 론**   공동정범에서 공동의 범행결의(계획)는 적어도 **실행행위** 이전 또는 늦어도 실행행위시에는 존재해야 한다. 이러한 기준에 비추어 볼 때 사전에 2 인 이상의 행위자 사이에 공동모의가 있어서 성립하는 공모공동정범(예비적 공동정범)이나(대판 1985. 12. 24, 85 도 2317; 1987. 9. 22, 87 도 347), 실행행위시에 우연히 의기투합하여 성립하는 **우연적 공동정범**(Zufällige Mittäterschaft)은 별로 문제될 것이 없다. 그러나 공동의 범행결의가 실행행위의 일부 종료 후 그 전부의 기수 이전에 성립한 경우에 범행 전체에 대한 공동정범을 인정할 수 있느냐는 문제이다. 이것이 승계적 공동정범의 문제이다.

(b) **승계적 공동정범**

(개) **의   의**   공동의 범행결의가 실행행위 도중, 즉 실행행위의 일부 종료 후 기수 전에 성립한 경우를 승계적 공동정범이라 한다. 예컨대 A가 강도의 고의로 피해자에게 폭행을 가하여 항거불능상태에 이르게 한 후, 이 사실을 안 B가 의기투합하여 이에 가담하여 O의 금품을 함께 **빼앗은** 경우와 같다.

이와 같은 승계적 공동정범(sukzessive Mittäterschaft)은 일행위범과 같은 단순한 행위로 된 범죄보다는 이행위범 또는 다행위범과 같은 결합범이나 죄수론상 과형상 일죄·실체적 경합과 같은 수죄의 경우에 흔히 문제가 된다.

(내) **승계적 공동정범의 인부문제**   종래 승계적 공동정범을 둘러싼 논의는 당연히 승계적 공동정범을 인정하는 입장에 서서 다만 후행자에게 그가 개입하기 전 선행자의 행위를 포함한 전체행위에 대한 공동정범의 성립을 인정할 것인가(적극설[34]), 아니면 후행자는 자기가 개입한 이후의 공동실행부분에 대해서만 공동정범이 된다고 할 것인가(소극설[35]) 하는 공동정범의 성립범위가 주된 관심사였다. 그런데 이 소극설의 결론은 승계적이란 개념이 없더라도 당연히 도출할 수

---

34) 권문택, 「승계적 공동정범」, 고시계 1972. 4, 40면; 김성돈 581면; 김종원, 「승계적 공동정범」, 사법행정 1969. 7, 25면; 손해목 1010면; 이보영, 「승계적 공동정범논고」, 김종원교수화갑논문집, 489면; 정대관, 「승계적 공동정범」, 정성근교수화갑논문집, 83면; 정영석 253면; 황산덕 266면.

35) 손동권·김재윤 541면; 이재상 462면; 임웅 431면; 정성근·박광민 554면; 진계호 500면; 하태훈 442면.

있는 것이므로 이것은 사실상 승계적 공동정범을 부정하는 것과 마찬가지이다.

이렇게 보면 적극설과 소극설의 대립에서 실제 중요한 것은 승계적 공동정범의 성립범위의 문제가 아니라 인정여부의 문제임을 알 수 있다. 승계의 본래 의미는 후행자가 선행자의 실행부분을 인식·인용하고 후행사실에 가담할 때 선행사실이 승계되어 후행행위와 결합함으로써 전체에 대하여 공동정범관계가 인정된다는 것이기 때문이다.

(다) **결 론** 승계적 공동정범의 개념을 별도로 인정할 필요가 없다고 본다.[36] 특히 기능적 범행지배의 관점에서 보면 공동정범의 귀속을 위해서는 **공동의 범행결의**와 기능적 역할분담에 상당하는 **공동의 실행행위**가 있어야 한다.

그런데 승계적 공동정범의 예에서, ① 비록 후행자가 선행자의 앞선 일부 범행실현을 인식·인용한 상태에서 개입했다 해도 그것만으로는 전체행위에 대한 공동의 범행결의가 있다고 볼 수 없고, ② 이미 실현된 행위부분과 후행자의 행위기여 사이에는 아무 인과관계도 없고, ③ 후행자는 개입 전의 선행행위를 기능적 역할분담의 관점에서 지배할 수도 없으므로 이에 대해 공동정범으로서의 귀속을 인정할 수 없기 때문이다.

우리 대법원도 포괄적 일죄의 일부에 정범으로 가담한 자에 대하여 그 가담 후의 사실에 대해서만 공동정범의 성립을 인정하고 있다(대판 1997. 6. 27, 97 도 163; 1982. 6. 8, 82 도 884). 이러한 관점은 본래 수죄인 과형상의 일죄나 실체적 경합범에 대해서도 그대로 적용하여야 마땅하리라고 본다.

‖ **판례** ‖ 공소외 유춘원이 이미 1981년 1월 초순경부터 히로뽕제조행위를 하여 오던 중 1981년 2월 9일경 피고인이 비로소 위 유춘원의 히로뽕제조행위를 알고 그에 가담한 사실이 인정되는바, 이처럼 연속된 제조행위 도중에 공동정범으로 범행에 가담한 자는 비록 그 범행에 가담할 때 이미 이루어진 종전의 범행을 알았다 하더라도 그 가담 이후의 범행에 대하여만 공동정범으로 책임을 진다(대판 1982. 6. 8. 82 도 884).

2. 객관적 요건

(1) 공동의 실행행위

공동의 실행행위란 전체적인 공동의 범행계획을 실현하기 위해 공동참가자들이 분업적 공동작업원리에 따라 상호간의 역할을 분담하여 각각 실행단계에서

---

36) 권오걸 537면; 김성천·김형준 399면; 박상기 414면; 배종대 578면; 성낙현 561면; 안동준 230면; 오영근 578면; 이영란 474면; 이정원 403면; 이형국 333면; 정영일 364면; 정진연·신이철 354면.

본질적인 기능을 수행하는 것을 말한다. 예컨대 2인 이상이 은행에서 강도질을 할 때 한 사람은 권총으로 은행직원들이 꼼짝 못하도록 위협하고, 다른 한 사람은 열려진 금고에서 돈을 챙기는 역할분담과 같다.

공동의 실행행위는 범죄의 **실행단계**에서 분업적 공동작업을 필요로 한다. 따라서 이 실행단계 이전의 예비·음모단계에서 기여한 행위는 공동정범의 객관적 요건인 실행행위로는 미흡하다. 공동정범은 각자 자기 자신의 객관적인 범행기여를 넘어서 전체사상에 미치는 공동지배 때문에 정범성을 갖는다. 그러므로 단순한 예비행위자는 본질적인 기여를 하건 비본질적인 기여를 하건 아직 범죄실행에 대한 지배를 하고 있는 것은 아니기 때문에 범행지배가 있다고 할 수 없다.

분업적인 공동작업은 실행단계에서 행하여져야 하지만 범행기여가 언제나 동시적으로 일어나야 하는 것은 아니다. 적어도 실행의 착수 이후 범행의 실질적인 완료 사이의 모든 시간적 간격은 실행단계에 속한다. 따라서 실행의 착수 이후는 물론 범행의 기수 후라도 실질적인 범행의 완료 이전이면 공동정범은 성립할 수 있다. 이 사이에 제공된 모든 분업적 공동작업은 공동의 실행행위로 간주될 수 있기 때문이다.

실행단계에서 범행기여는 범죄수행에서 **본질적인 기능**을 갖는 것이어야 한다. 여기에서 본질적이란 범행기여가 분업적인 역할분담의 범위 내에서 중요한 기능을 갖는다는 의미이다. 즉 그 범행기여가 없이는 전체적인 범죄수행이 전혀 불가능하거나 거의 불가능한 경우일 때 공동정범자 중 1인의 기여는 본질적인 기능을 갖는다고 말할 수 있다.

예컨대 장물운반자($^{제362조}_{제1항}$)에게 음료수 한 잔을 제공하는 일, 사기행위자를 절묘한 화장술로 분장시키는 일 따위는 비록 행위자가 주관설에서 중요시하는 정범자의 의사를 가지고 했더라도 본질적인 기능수행이 아니다. 따라서 공동의 실행행위가 될 수 없다. 반면 야간주거침입절도의 현장에서 주인이 들어오는가를 길목에 서서 망을 보아주는 행위라도 그것이 전체적인 진행과정에서 성공을 위해 빼놓을 수 없는 몫인 한 본질적인 기여가 된다(대판 1968. 3. 26, 68 도 236; 1971. 4. 6, 71 도 311).

반드시 범죄현장에 함께 있어야만 공동의 실행행위를 한 것으로 평가되는 것은 아니다. 예컨대 범죄현장으로부터 멀리 떨어진 곳에서 무선전화 등으로 은행강도를 지휘한 경우라도 공동의 실행행위가 인정된다. 그의 지휘 자체가 범죄수행에서 본질적인 기여를 하고 있기 때문이다.

집단범죄조직에서 **두목의 역할**을 어떻게 취급할 것인가? 두목이 비록 실행단계에서는 범행의 지휘 내지 다른 본질적인 기여가 없더라도 전체 범행계획을 수립하고 실행을 지시했다면 기능적 관점에서 전체 범행의 수행에 본질적인 기여를 한 것으로 보아 교사범이나 방조범이 아니라 공동정범이 되는 것으로 보는 것이 옳다. 다만 조직 내 특성과 두목의 강압에 의해 부하들의 행동에 대한 의사지배관계가 인정될 수 있다면 두목은 특수간접정범이 된다고 보아야 한다.

공동의 실행행위는 작위·부작위를 불문한다.[37] 고의행위와 과실행위 상호간에는 공동의 범행결의에 기초한 행위실행의 공동이 존재하지 않는다.

(2) 실행행위의 주체

실행행위의 주체는 원칙적으로 제한이 없다. 다만 실행행위의 공동주체 중 형사미성년자가 포함된 경우, 형사미성년자는 일반적으로 사물의 변별능력과 의사결정능력이 없다고 간주되므로 배후자의 간접정범을 인정하는 것이 사리에 합당하다. 구성요건상 객관적 행위자표지(신분·의무 등)를 필요로 하는 범죄의 실행을 위하여는 각기 이러한 객관적 표지를 완전히 구비한 자라야 한다. 신분범의 공동정범이 성립하려면 원칙적으로 각자에게 신분이 있어야 한다.

이와 관련하여 형법 제33조 본문은 신분관계로 인하여 성립될 범죄에 가공한 행위는 신분관계가 없는 자에게도 공동정범의 규정까지 적용하게 함으로써 진정신분범의 위법연대효과를 공동정범에까지 확장하고 있다. 그러나 이것은 올바른 입법태도라고 보여지지 않는다. 형법개정시에 손질이 필요한 조항 중 하나이다.

부진정신분범에 대해서는 형법 제33조 단서가 적용된다. 신분 없는 자는 신분자와 더불어 부진정신분범의 공동정범이 될 수 없다. 기본범죄의 공동정범 또는 교사범·방조범이 될 수 있을 뿐이다.

(3) 공모공동정범의 문제

단순히 모의에만 가담하고 실행행위 분담이 없는 공모자도 공동정범이 되는가?

(a) **의 의** 공모공동정범이론은 2인 이상의 자가 공모하여 공모자 중 일부만이 범죄의 실행에 나아간 때에 실행행위를 분담하지 않은 공모자에게도 공동정범이 성립한다는 주장이다.

이 이론을 적용하면 책임원칙과 상용할 수 없는 공동정범 적용범위의 확대라

---

37) 예컨대 갑이 A를 위험에 빠트리고 A에 대한 구조의무 있는 을이 갑과의 사전 모의에 따라 구조행위를 부작위함으로써 결국 A가 사망한 경우에는 갑의 작위와 을의 부작위 사이에는 행위 실행의 공동이 인정될 수 있다.

는 난점에 부딪힌다. 그러나 집단범·지능적 조직범의 배후에서 실행행위에 가담
하지 않고 단지 범행을 계획하고 조종만 하는 거물을 직접 실행행위에 가담한 부
하들과 같이 공동정범으로 취급할 수 있다는 장점 때문에 학설의 압도적 반대에
도 불구하고 판례에서는 긍정적으로 논의되어 왔다.

(b) **판례의 변화**   종래 우리나라 대법원은「범죄행위를 공모한 후 그 실행
행위에 직접 가담하지 아니하더라도 다른 사람의 행위를 자기의사의 수단으로 하
여 범죄를 한 경우 공동정범의 죄책을 면할 수 없다」고 하여 **공모공동정범이론을**
일관되게 유지해 왔다(대판 1955. 6. 24, 4288 형상 145; 1967. 9. 19, 67 도 1027; 1983.
3. 8, 82 도 3248; 1988. 4. 12, 87 도 2368 등).

‖**판례**‖   갑과 을은 서로 공모하여 군부대부지를 고위권력층을 통해 특혜불하받을 수
있는 것처럼 병을 속이고, 병으로 하여금 적법한 업무권한 없는 정과 불하계약을 체결하
도록 했다. 이어 병으로부터 불하대금을 편취하였는데, 다만 을은 이러한 범행의 실행행
위를 직접 분담하지는 않았다. 공모공동정범에서 공모는 법률상 어떤 정형을 요구하는
것이 아니고 두 사람 이상이 공모하여 범죄에 공동가공하여 범죄를 실현하려는 의사의
결합만 있으면 된다. 즉 전체의 공모과정이 없었다고 하더라도 여러 사람 가운데 순차적
으로 또는 암묵적으로 상통하여 그 의사의 결합이 이루어지면 공모관계가 성립한다. 그
리고 이러한 공모가 이루어진 이상 실행행위에 직접 관여하지 않은 사람도 다른 공모자
의 행위에 대해 공동정범으로서의 형사책임을 지는 것이다. 따라서 을도 특정경제가중
처벌법상 사기죄의 공동정범의 죄책을 지게 된다(대판 1994. 9. 9, 94 도 1831).

그런데 최근 우리 대법원은 행위기여가 전혀 없는 단순공모자에 대한 공모공
동정범의 성립범위를 제한하기 위하여 **단순공모를 넘어서는 객관적 측면에서의 행**
위기여를 요구하고 있다. 즉 구성요건행위를 직접 분담·실행하지 아니한 공모자
가 공모공동정범으로 인정되기 위해서는 전체 범죄에 있어서 그가 차지하는 지위
·역할이나 범죄경과에 대한 지배 내지 장악력 등을 종합하여 그가 단순한 공모자
에 그치는 것이 아니라 범죄에 대한 본질적 기여를 통한 기능적 행위지배가 존재
하는 것으로 인정되어야 한다는 것이다(대판 2009. 8. 20, 2008 도 11138).

‖**판례**‖   피고인이 위 회사를 유일하게 지배하는 자로서 회사 대표의 지위에서 장기간
에 걸쳐 현장소장들의 뇌물공여행위를 보고받고 이를 확인·결재하는 등의 방법으로 현
장소장들의 뇌물공여행위에 관여하였다면, 비록 피고인이 사전에 현장소장들에게 구체
적인 대상 및 액수를 정하여 뇌물공여를 지시하지 아니하였다고 하더라도 이 사건 뇌물
공여의 핵심적 경과를 계획적으로 조종하거나 촉진하는 등으로 현장소장들의 뇌물공여
행위에 본질적 기여를 함으로써 기능적 행위지배를 하였다고 봄이 상당하다고 할 것이

다(대판 2010. 7. 15, 2010 도 3544).

(c) **결 론** 공모공동정범의 개념을 부정하는 것이 옳다. 기능적 범행지배설에 따르면 일정한 범위의 역할분담에 따라 본질적인 범행기여를 하지 않은 단순공모자를 공동정범으로 취급할 수 없기 때문이다. 기능적 범행지배 밖에 있는 단순공모자를 공동정범으로 취급하려는 것은 개별책임원칙과 충돌되는 단체주의사고 내지 심정형법적 발상일 뿐이다.

그리고 단순공모자를 넘어서는 조직범죄집단의 수괴 등 주모자에 대해서는 기능적 범행지배의 관점에서 공동정범성립의 이론적 가능성이 존재하고 또한 형법 제34조 제 2 항 특수간접정범에 의한 처벌의 가능성도 있기 때문에 굳이 공모공동정범이론을 원용할 필요성이 전혀 없다.

(4) 실행의 착수시기

(a) **전체적 해결방법** 공동정범의 실행의 착수 여부를 공동정범자 전체의 행위를 기초로 종합판단해야 한다는 입장이다. 즉 공동정범 중 어느 한 사람이 실행행위를 직접 개시한 순간, 공동정범 모두에 대해 실행의 착수도 개시된다는 것이다. 다수설의 입장이다.[38]

(b) **개별적 해결방법** 공동정범의 실행의 착수시기는 기능적 역할분담에 참가한 각자의 범행지배가 예비단계를 지나 실행의 착수에 이르렀는가를 개별적으로 판단하여 결정할 문제라는 입장이다. 이 견해는 공동정범의 실행의 착수를 전체적 해결방법에 따라 인정할 경우 아직 실행에 착수하지 못한 채 범행의 일부를 기능적으로 지배하지 못한 단순공모가담자도 공동정범으로 취급하게 되고, 결과적으로 공모공동정범을 인정한 꼴이 되어 부당하다는 점을 논거로 든다.[39]

(c) **결 론** 기능적 범행지배라는 공동정범의 정범성 표지를 고려할 때 개별적 해결방법이 타당하다. 기수범의 공동정범이 되기 위해서는 범행결의의 참여 외에 각자의 기능적 역할수행(기능적 행위기여)이 필수적인데, 미수범의 공동정범성립은 모의에의 참여사실만으로도 가능하다고 보는 것은 모순이기 때문이다. 객관적으로 아직 미수단계의 행위불법을 스스로 실현하지 않은 자에게는 미수의 공동책임을 지우지 않는 것이 공동정범의 법형상이 추구하는 형사책임의 기

---

38) 신동운 교수는 처벌에 있어서는 개별적 해결방법을 따르고 있다(형법총론 600면).

39) 김일수, 499면; 이정원 409면; Roxin, Zur Mittäterschaft beim Versuch, FS-Odersky, 1996, S. 491 ff.; Rudolphi, SK, § 22 Rdn. 19a. 신동운 교수는 전체적 해결방법에 따르면서도 개별행위자의 처벌은 개별적 해결방법을 따르고 있다(형법총론 600면).

본원칙에도 합치한다.[40] 따라서 미수단계의 공동정범성립도 각자의 기능적 역할 분담에 따른 실행의 착수가 있었는지를 개별적으로 고찰하여 그 성립범위를 정하는 것이 합리적이다. 개별적 해결방법에 의할 경우 모의에만 참가하고 아직 실행의 착수에 이르지 못한 자는 규정에 따라 예비·음모죄로 처벌을 받게 된다.

(5) 상호보완적 귀속

공동정범의 실행행위에서 역할분담의 본질적인 의미는 개별적인 범행기여도가 결국 전체적인 범죄성립에 상호보완적으로 귀속된다는 데 있다. 즉 각자의 범죄의사가 공동의 범행결의를 통해 결합되고 이에 기초한 각자의 역할분담이 기능적으로 상호보완됨으로써 각자의 몫은 부분실현이지만 타인의 실현부분까지 포함한 전체에 대한 귀속이 가능해진다.

행위자 상호간의 보완적 귀속의 논리적 귀결은 극단적인 경우, 한 공동정범자 자신이 다른 공동정범자의 희생자가 된 때에도 공동정범의 성립에 지장이 없다는 데 이른다.

예: 다수인의 공동정범이 야간주거침입절도행위중 발각되어 도망가던 와중에 애당초 공동범행결의에 의거, 그 중 한 사람이 살해의 고의로 다른 공동정범자를 추적자로 잘못 알고 총격을 가했으나 그에게 중상을 입힌 경우, 총기발사로 인한 희생자인 이 공동정범도 상호귀속의 논리상 강도살인미수의 정범에 해당한다.

(6) 초과된 공동실행

만약 공동정범자 중 어느 한 사람의 공동정범자가 공동의 범행결의를 넘어 범죄실행을 했을 경우, 이 초과부분에 대해 나머지 공동정범자는 책임을 지지 않는다. 또한 결과적 가중범에서는 기본범죄의 각 공동정범자에게 중한 결과에 대한 과실이 있을 때에만, 각자 중한 결과적 가중범으로 처벌할 수 있다($\genfrac{}{}{0pt}{}{\text{제15조}}{\text{제2항}}$).

3. 과실범의 공동정범

(1) 논점의 정리

2인 이상의 공동과실로 인하여 사람을 사상케 한 경우, 이들에게 공동정범에 관한 형법 제30조의 규정을 적용할 것인가? 종래 행위공동설은 과실범의 공동정범을 인정하였고, 범죄공동설은 이를 부인하여 왔다. 입법자가 이에 관하여 아무 언급도 하고 있지 않은 우리 형법의 해석상 양 입장의 선택은 해석자의 자유에

---

40) Roxin, FS-Odersky, SS. 492, 494.

맡겨져 있다.

우리나라 판례는 초기에 과실범의 공동정범을 부인하는 입장이었다(대판 1956. 12. 21, 4289 형상 276).

반면 일본은 이미 1954년에 초기의 부정적인 판례의 입장을 바꾸어 과실범의 공동정범을 인정하기 시작했다. 그 후 우리나라 대법원도 종전의 입장을 바꾸어 1962년에 행위공동설의 입장에서 과실범의 공동정범을 처음으로 인정한 후 줄곧 이 입장을 견지하고 있다(대판 1962. 3. 29, 4294 형상 598; 1978. 9. 26, 78 도 2082; 1994. 5. 24, 94 도 660; 1996. 8. 23, 96 도 1231; 1997. 11. 28, 97 도 1740).

‖**판례 1**‖ 열차의 통행이 빈번하고 시야가 산에 가려 열차충돌사고가 예측되는 만큼 세심한 주의를 기울여야 하는데도 건널목 진입시 우선 멈춤을 하지 않은 채 열차를 운행하다가 사고를 냈다. 그렇다면 정기관사의 지휘감독을 받는 부기관사라 하더라도 사고 열차의 운행에 관해 서로 의논하고 동의한 이상 과실책임을 면할 수 없을 것이다. 공동정범은 고의범이나 과실범을 불문하고 의사의 연락이 있는 경우면 그 성립을 인정할 수 있다(대판 1982. 6. 8, 82 도 781).

‖**판례 2**‖ 터널굴착공사를 도급받은 건설회사 현장소장과 공사발주회사의 지소장은 공사의 진행정도를 정확히 파악하여 암반상태 등을 확인하고 발파시기를 정하는 등 사고를 미연에 방지할 업무상 주의의무를 게을리한 결과 운행하던 열차가 전복되었다. 두 사람 이상이 서로의 의사연락하에 과실행위를 하여 범죄되는 결과를 발생하게 하면 과실범의 공동정범이 성립한다(대판 1994. 5. 24, 94 도 660).

‖**판례 3**‖ 건물(삼풍백화점) 붕괴의 원인이 건축계획의 수립, 건축설계, 건축공사공정, 건물완공 후의 유지관리 등에 있어서의 과실이 복합적으로 작용한 데에 있다고 보아 각 단계별 관련자들을 업무상 과실치사상죄의 공동정범으로 처단하였다(대판 1996. 8. 23, 96 도 1231).

‖**판례 4**‖ 성수대교와 같은 교량이 그 수명을 유지하기 위하여는 건설업자의 완벽한 시공, 감독공무원들의 철저한 제작시공상의 감독 및 유지·관리를 담당하고 있는 공무원들의 철저한 유지·관리라는 조건이 합치되어야 하는 것이므로, 위 각 단계에서의 과실 그것만으로 붕괴원인이 되지 못한다고 하더라도, 그것이 합쳐지면 교량이 붕괴될 수 있다는 점은 쉽게 예상할 수 있고, 따라서 위 각 단계에 관여한 자는 전혀 과실이 없다거나 과실이 있다고 하여도 교량붕괴의 원인이 되지 않았다는 등의 특별한 사정이 있는 경우를 제외하고는 붕괴에 대한 공동책임을 면할 수 없다(대판 1997. 11. 28, 97 도 1740).

‖**판례 5**‖ 예인선 정기용선자의 현장소장 갑은 사고의 위험성이 높은 해상에서 철골구조물 및 해상크레인 운반작업을 함에 있어 선적작업이 지연되어 정조시점에 맞추어 출항할 수 없게 되었음에도, 출항을 연기하거나 대책을 강구하지 않고 예인선 선장 을의

출항연기 건의를 묵살한 채 출항을 강행하도록 지시하였고, 예인선 선장 을은 갑의 지시
에 따라 사고의 위험이 큰 시점에 출항하였고 해상에 강조류가 흐르고 있었음에도 무리
하게 예인선을 운항한 결과 무동력 부선에 적재된 철골 구조물이 해상에 추락하여 해상
의 선박교통을 방해한 사안에서, 갑과 을을 업무상과실일반교통방해죄의 공동정범으로
처벌한 사례 (대판 2009. 6. 11, 2008 도 11784).

(2) 긍 정 설

(a) **행위공동설**   행위공동설은 과실범의 공동정범 및 고의범·과실범 사이
의 공동정범도 인정하는 입장이다.[41] 우리 대법원판례도 원칙적으로 이 입장에
서 있다.

이에 대해서는 부인설의 입장에서 ① 과실범의 구성요건적 행위는 존재론적 현
상으로서의 '사실행위'가 아니라 평가개념으로서의 '과실행위'이기 때문에, 만약 공
동의 의사를 사실행위에 대한 의사의 공동으로 이해한다면 그것은 과실범의 공동정
범의 성립요건으로서는 무의미한 것이며,[42] ② 만약 의사의 공동을 평가개념으로
서의 '어떠한 과실행위'에 대한 공동으로 이해한다면 과실의 개념상 과실행위를 하
겠다는 의사의 공동은 있을 수 없고, ③ 만약 과실범에서 사실행위에 대한 의사의
공동을 요구한다면 고의범에서도 역시 사실행위에 대한 의사의 공동을 요구하여야
하나, 고의범에서는 '범죄의사의 공동'을 요구[43]하여 논리적으로 상호 일관되지 않
는다는 비판[44]이 제기된다.

(b) **과실공동·행위공동설**   과실범의 공동정범에는 과실행위를 함께 한다
는 의사의 연락은 불필요하고, 고의범의 공동정범이 고의의 공동을 필요로 하듯
과실의 공동만 있으면 족하고 이 과실의 공동 위에서 구성요건행위의 공동이 있
으면 과실범의 공동정범을 인정할 수 있다는 견해이다.[45]

이에 대해서는 ① 행위의 공동을 자연적·전법률적 사실행위가 아니라 구성요건
실현행위로 이해하게 되면 사실상 범죄공동설에서 이야기하는 범죄(행위)의 공동
이 되어 버리고,[46] ② 이러한 의미에서의 범죄(행위)의 공동이 있기 위해서는 구성
요건적 정형행위에 대한 고의를 필요로 한다는 점에서 결국 과실범에서는 구성요건
실현행위의 공동이 불가능하다는 결론에 이르게 된다. 결론적으로 이 이론은 과실
범의 본질상 불가능한 구성요건적 정형행위의 공동을 요구한다는 점에서 과실범의

41) 정영일 361면.
42) 배종대 584면; 심재우, 「과실범의 공동정범」, 고시계 1980. 4, 36면.
43) 대판 1990. 6. 22, 90 도 767; 1990. 6. 26, 90 도 765 참조.
44) 전지연, 「과실범의 공동정범」, 형사법연구 제13호(2000), 35면.
45) 이재상 468면; 정성근·박광민 573면.
46) 이 때문에 전지연 교수는 이 입장을 '행위공동설이라는 명칭을 차용한 범죄공동설'이라고 한
   다. 앞의 글, 47면.

공동정범을 설명하는 이론으로는 부적합하다는 비판을 받는다.

(c) **주의의무의 공동·기능적 범행지배설**   기능적 범행지배가 고의와 과실범죄에 있어서 공동정범을 구성하는 공통의 성립요소라는 전제하에 고의범의 공동정범에 있어서는 '범행의사의 공동'과 '기능적 범행지배의 공동', 과실범의 공동정범에 있어서는 '주의의무의 공동'과 '기능적 범행지배의 공동'이 공동정범의 성립요소라는 견해이다.[47]

이 견해에 대해서는 ① 우선 '기능적 범행지배'란 참가자 자신이 객관적으로 '기능적 범행지배'를 하고 있어야 할 뿐만 아니라 이러한 '기능적 범행지배에 대한 인식'이 있어야 한다는 주관적 관점을 내포하고 있는 개념인데, 이러한 주관적 관점이 결여된 과실범에서 기능적 범행지배라는 용어를 쓰는 것은 일반적인 개념이해에 혼돈을 야기시킨다.[48] ② 고의의 공동정범에서 공동의 범행결의는 각자의 객관적 기여를 행위자적 관점에서 통합시키는 존재론적 토대라는 전제하에, 과실범의 공동정범에서 각자의 행위기여가 아무리 객관적으로 전체 범행에 대해서 기능적 역할지배를 했다 하더라도 그것이 공동의 범행결의에 의한 경우가 아니라면 그러한 기능적 지배역할은 단지 '우연'일 뿐이고, 따라서 그러한 객관적 기여를 매개로 하여 범행 전체를 행위자의 작품으로 그에게 전부 귀속시키는 것은 타당하지 않다라는 비판[49]이 가해진다.

(3) 부 정 설

(a) **범죄공동설**   범죄공동설은 동일한 고의범의 범위 내에서만 공동정범을 인정하기 때문에 과실범의 공동정범 및 고의범·과실범 사이의 공동정범을 부인하고 단지 동시범이 될 뿐이라고 한다.[50]

이에 대해서는 i) 입법에 근거가 없는 주장이므로 그것의 취사선택 여부는 완전히 해석자의 자유에 맡겨져 있다는 점, ii) 따라서 범죄공동설의 입장에서 과실범의 공동정범을 부인해야 된다는 주장과 행위공동설의 입장에서 과실범의 공동정범을 인정해야 된다는 주장 사이에는 우열의 차이가 없이 동등한 논증상의 지위가 주어져 있기 때문에 과실범의 공동정범을 부인해야 한다는 점에 관한 특별한 논증은 아직 결여되어 있다는 점, iii) 범죄공동설 자체가 공동정범의 본질문제에서 빗나간 방법론적 오류를 갖고 있다는 점 등이 지적되고 있다.

---

47) 심재우, 「과실범의 공동정범」, 고시계 1980. 4, 37~38면; 「과실범의 공동정범」, 고려대학교 판례연구 제3집(1984), 117, 122면; 정성근 571면.
48) 전지연, 앞의 글, 49면.
49) 문채규, 「과실범의 공동정범에 대한 논증도구로서의 기능적 범행지배」, 법치국가와 형법, 심재우교수정년기념논문집 1998, 379면; 전지연, 앞의 글, 49면.
50) 우리나라에서는 신동운 교수가 범죄공동설의 입장에서 과실의 공동정범을 부인하고 있다(형법총론 593면).

⑤ **기능적 범행지배설**   지배범의 공동정범은 기능적 범행지배가 있을 때 성립한다. 기능적 범행지배는 '공동의 범행결의'를 기초로 기능적 역할분담을 한 때 성립한다. 그런데 과실범은 애당초 공동의 범행결의가 불가능하므로 기능적 범행지배가 성립할 수 없다. 따라서 과실범의 공동정범을 부정한다(다수설[51]).

⑷ 절 충 설

형법상의 범죄를 크게 지배범과 의무범으로 나누고 의무범의 경우에만 과실범의 공동정범이 가능하다는 견해이다.[52]

⑸ 결   론(제한적 긍정설)

과실범의 공동책임을 인정할 형사정책적 필요성이 인정되고 이론적 구성이 가능한 것도 사실이다. 그러나 과실범의 공동정범성립을 전적으로 긍정할 경우 남용으로 인한 가벌성 확대의 위험성이 따르기 때문에 본서에서는 제한된 사례에서만 그 성립의 가능성을 인정한다.

ⓐ 과실범의 공동정범을 인정할 필요성이 있는 사례

㈎ 단독으로는 결과발생이 불가능한 수개의 과실행위가 누적적 인과관계 속에서 결과를 야기한 경우   성수대교붕괴사건[53] 및 삼풍백화점붕괴사고[54] 등을 예로 들 수 있다. 이와 같이 단독으로는 결과발생이 불가능한 수개의 과실행위가 누적적 인과관계(kumulative Kausalität, 상호 보충적이고 연대적 관계) 속에서 결과를 야기한 경우 '합법칙적 조건설'에 의하면 각 과실행위와 결과발생 사이에 인과관계는 인정되나 객관적 귀속이 부인되어 행위자는 결국 불가벌이 된다(통설). 다수의 주의의무위반행위가 순차적으로 누적되어 엄청난 인명의 손실을 가져온 성수대교 붕괴사고·삼풍백화점붕괴사고 등을 생각하면 객관적 귀속의 불가능으로 행위자들에게 무죄라는 면죄부를 안겨주는 것이 수용하기 어려운 결론이라는 것은 쉽게 짐작이 간다. 반면 이러한 사례에서도 과실범의 공동정범 성립을 인정한다면 어렵지 않게 과실행위자들의 형사처벌을 근거지을 수 있다. 합법칙적 조건설에 따라 인과관계가 당연히 인정될 뿐만 아니라, 상호 보충적이고 연대적 관계 속에서 결과가 야기되었기 때문에 일종의 기능적 역할분담과 협력관계를 인정하

---

51) 권오걸 594면; 김성돈 587면; 김성천·김형준 403면; 박상기 421면; 배종대 584면; 손동권·김재윤 544면; 손해목 1028면; 이보영, 형사법연구 제 4 호(1991), 99면; 이영란 468면; 이정원 402면; 이형국, 연구 II, 595면; 임웅 435면; 정진연·신이철 356면; 진계호 503면; Dreher/Tröndle, §25 Rdn. 10; Jescheck/Weigend, S. 676; Roxin, LK §25 Rdn. 221; Samson, SK §25 Rdn. 54, 41; Sch/Sch/Cramer, §25 Rdn. 101; BGH VRS 18, 415 등 참조.
52) 김일수 493면. 독일에서는 Roxin, LK, 11. Aufl., §25 Rdn. 221.
53) 대판 1997. 11. 28, 97 도 1740.
54) 대판 1996. 8. 23, 96 도 1231.

여 각 과실행위자들에게 전체결과의 귀속이 가능하기 때문이다. 결국 이런 사례와 같이 분업적 역할분담을 통해 전체 결과발생에 기여한 과실행위자들의 형사책임을 묻기 위해서는 과실범의 공동정범성립을 인정할 수밖에 없다.

(나) 다수가 과실로 잘못된 의사결정을 내림으로써 법익침해가 발생한 경우

(ⅰ) 피혁분무기 사건   건강을 훼손할 수 있는 피혁분무기를 제조·판매하는 회사의 중역회의에서──건강을 해한 결과들이 보고되었음에도 불구하고──회의 참석자들은 제품의 회수를 결정하지 않았다. 제품을 사용한 소비자들이 건강훼손을 당했다.[55]

(ⅱ) 기사공개의 위법   편집인들의 공동결정으로 특정기사를 실었는데 그 기사의 공개는 법으로 금지된 것이었다.

(ⅲ) 행정당국의 잘못된 결정   일정한 곳에 도시미관을 위해 안전조치를 취하지 않기로 결정하였는데 그로 인해 사람이 죽거나 다쳤다. 관청에서 여러 공무원이 참여하여 법에 위반된 허가를 하였는데 그에 따라 어린아이들이 죽거나 다쳤다.

이러한 사례들에서도 한 행위자의 과실행위(작위 또는 부작위)는 다른 참가자들의 과실행위와 상호 보충적·연대적 관계에 놓여 있기 때문에 인과관계는 인정되나 객관적 귀속은 부인될 수밖에 없고, 따라서 어느 한 사람의 결과기여행위를 다른 참가자들에게 상호 귀속시키는 방법──즉 과실범의 공동정범을 인정하는 방법──을 취하지 않고서는 야기된 결과에 대하여 각자의 형사책임을 묻는 것은 불가능하게 된다.[56] 그리고 현대사회에서는 집단에 의한 공동과실사례가 증가하고 있기 때문에 조직적 무책임(Organisierte Unverantwortlichkeit)이 일어나는 현상을 방지하기 위해서도 공동정범의 법리를 이용하여 각 과실행위자들에 대해 형사책임을 묻는 것이 형사정책으로 바람직하다.

이상과 같이 다수의 과실행위가 상호 연대적이고 보충적인 관계, 즉 누적적 인과관계 속에서 결과발생에 기여한 경우에는 부당한 형사처벌의 흠결을 막기 위해 예외적으로 과실범의 공동정범 성립을 인정할 필요성이 있다고 하겠다.

(b) **이론적 성립가능성의 검토**   과실범의 공동정범성립가능성을 부인하는

---

55) BGHSt 37, 106 ff.
56) 이용식,「과실범의 공동정범」, 형사판례연구 제 7 호(1999), 93면. 피혁분무기 사건에서 회사 간부들은 다른 동료들이 함께 하지 않으면 자신만으로는 제품수거를 할 수 있게 만들 수 없으므로, 결과는 자신에게 귀속될 수 없다고 주장하였으나 독일연방대법원은 이들을 과실범으로 처벌하였다(BGHSt 37, 106 ff.).

가장 주된 이론적 논거는, 과실범에서는 공동의 범행결의가 없고 기능적 행위지배가 불가능하다는 점에 있다. 아래에서는 이러한 논거들이 과실범의 공동정범성립을 부인할 수 있는 타당성을 지니고 있는지를 살펴본다.

㈎ 공동의 범행결의가 없다는 점에 대해   우선 과실범죄가 고의범죄와는 상이한 성립요건을 갖고 있다는 점을 상기해야 한다. 과실범은 고의범과는 달리 결과발생에 대한 인식과 의욕이라는 요소를 갖고 있지 않다. 과실범과 고의범 사이의 이러한 근본적인 구조적 차이는 오늘날의 형법이론에서 아무 이견 없이 받아들여지고 있다. 그렇다면 고의범죄에 있어서의 공동정범과 과실범죄에 있어서의 공동정범 또한 당연히 서로 다른 요건에 의해 그 성립이 인정되어야 한다. 이러한 본질적 차이를 무시하고 고의범죄의 공동정범 성립요건인 공동의 범행결의가 결여되어 있기 때문에 과실범의 공동정범성립이 불가능하다는 주장은 타당한 비판이 될 수 없다.[57] 결과발생에 대한 인식과 의욕을 정범의 요소로 갖지 않는 과실범죄는 그 공동정범의 성립에 있어서도 범행결의를 필수적 성립요건으로 가질 이유가 없는 것이다.

㈏ 기능적 범행지배가 불가능하다는 점에 대해   형법상 범행지배의 개념이 고의범에 있어서 '고의에 의해 포괄된 구성요건적 사건진행의 장악'을 의미하는 것이기 때문에 과실범에 대해 범행지배라는 용어를 사용하는 것이 혼란을 불러일으키는 것은 사실이다. 그러나 과실범에 있어서의 '기능적 범행지배'의 개념을 고의범과 같은 구성요건적 정형행위에 대한 인식과 사태의 지배·조정을 의미하는 것이 아니라 전법률적 사실행위에 대한 '기능적인 역할 분담' 또는 '기능적인 분업 수행'의 의미로 해석한다면 이러한 의미에서의 '기능적 범행지배'는 과실범에 있어서도 가능하다. 과실범에 있어서 범행지배라는 용어를 사용하는 것이 개념상 혼돈을 가져올 수 있는 위험성에도 불구하고 이것을 '전법률적 사실행위에 대한 기능적 역할 분담'의 의미로 쓴다면 큰 문제는 없다

(c) 과실범의 공동정범의 성립요건   이상의 논의를 바탕으로 과실범의 공동정범이 성립하기 위한 요건을 살펴보면 다음과 같다.

㈎ 객관적 주의의무의 공동(=주의의무의 동질성)   과실로 결과발생에 기여한 각 행위자들에게 공동의 책임을 묻기 위해서는 각자에게 주어진 객관적 주의의무가 관여자 전원에게 공동의 것이어야 한다. 즉 주의의무의 태양과 정도가 행

---

57) 같은 지적, 이용식, 앞의 글, 87-88면; Otto, Jura 1990, S. 48; ders., Täterschaft und Teilnahme im Fahrlässigkeitsbereich, FS-Spendel, 1992, S. 281, Weißer, JZ 1998, S. 232.

위자들에게 동일한 것이어야 하며 그 질적·양적 평가에 있어서 현격한 차이를 가져서는 안 된다는 것이다. 이렇게 동질·동량의 주의의무를 전제로 할 때에만 동일한 범죄가 문제될 수 있고 또 결과발생에 기여한 각 행위들의 상호귀속이 고려될 수 있다. 주의의무의 동질성은 결과실현에 이르는 행위과정이 불가분리하게 상호보충적이고 상호연대적인 경우, 또는 각 행위참여자의 주의의무가 동일한 대상에 관련되어 있고 동일한 목적의 주의의무를 지고 있을 때는 원칙적으로 인정된다.[58]

㈏ **공동행위계획의 실행(기능적 행위기여)** 두 번째 요건은 각 관여자들이 공동의 행위계획을 실현하기 위해 자기에게 주어진 역할을 수행함으로써 객관적으로 결과발생에 기여해야 한다는 것이다. 즉 각 과실행위자 자신의 주의의무에 위반한 과실행위가 있어야 한다는 것이다. 어떤 공동의 행위계획에 함께 참여하는 경우 부분적 역할의 수행으로 전체 결과발생에 대해 공동책임을 질 수 있는 필요조건이 갖추어지게 된다.

㈐ **공동목표달성을 위한 행위공동의 의식** 세 번째로는 각 과실행위자에게 공동의 목표를 달성하기 위해 함께 행위한다는 협력의식이 필요하다. 과실범죄에 있어서 결과발생으로 지향된 주관적 요소는 필요치 않으나 전구성요건적 사실행위에로 지향된 주관적 요소는 있어야 한다. 그것은 전구성요건적 사실행위에 대한 공동수행의 의사를 의미한다.[59] 예컨대 함께 또는 분업적으로 대형 건축물을 짓고 환자를 수술한다는 등의 공동협력의식이 각자에게 있어야 한다는 것이다. 중역회의결과 인체에 유해한 스프레이 제품을 회수하지 않기로 결정을 내린 사례에서 제품회수에 찬성표를 던진 사람은 이러한 공동의 협력의식이 결여되어 결과발생에 대한 공동책임을 지지 않게 된다.[60] 다만 전통적 행위공동설이 주장하는

---

58) 이런 점에서 과실범의 공동정범이 의무범의 경우에만 성립 가능하다고 보는 것도 큰 설득력이 없다. 의무범의 경우 행위자 사이에 존재하는 특별한 형법 외적인 의무가 과실행위에 의해 공동으로 침해되었을 경우에 과실범죄의 공동정범성립을 당연히 인정할 수 있지만, 그렇다고 의무범의 범주에는 들어가지 않으나 일반 범죄에서 형법에 의해 일정한 주의의무ㅡ예컨대 과실치사상죄 등에 있어서 타인의 생명·신체의 완전성을 침해하지 않도록 주의해야 할 의무ㅡ가 부과되어 있고, 이러한 의무가 수인 사이에 공동으로 존재하며 그 공동의 의무가 공동으로 침해된 경우에 과실범의 공동정범을 부인해야 할 아무 합리적인 이유가 없기 때문이다. 주의의무의 공동과 공동침해라는 관점에서 의무범과 일반 범죄 사이를 구별해야 할 아무런 이유가 없으며, 오히려 이 견해는 공동의 주의의무와 공동침해라는 관점에서 과실의 공동정범성립을 폭넓게 인정할 수 있는 실마리를 제공해 준다고 할 수 있다.

59) 이용식, 앞의 글, 105면; Weißer, JZ 1998. 5, S. 172 ff; 비슷하게 Küpper, GA 1998, S. 519; Otto, Jura 1998, SS. 409, 412는 참가자간의 합의(eine Übereinkunft der Beteiligten)을 요구한다.

60) 이용식, 앞의 글, 105면; Weißer, JZ 1998. 5, 5. 236.

것처럼 각자가 타인과 행위를 공동으로 하여 각각 자신의 범죄를 저지르는 경우가 되어서는 안 된다. 공동의 협력의식은 반드시 공동의 목표(공동의 행위계획)을 달성하기 위한 것이어야 하기 때문이다. 이런 점에서 고의범죄와 과실범죄간에는 공동정범이 성립할 수 없다.

4. 부작위범의 공동정범

진정부작위범의 공동정범은 다수인이 의사합치에 따라 부작위로 나아감으로써 성립할 수 있다. 그러나 다중불해산죄($\frac{\text{제}116}{\text{조}}$)는 이미 다수인이 주체가 되어 있으므로 이에 별도의 공동정범을 인정할 필요는 없다고 본다.

부진정부작위범은 순수한 의무범죄이므로 공동실행의 의사가 있는 한, 기능적인 범행의 실행분담까지 있을 필요는 없고 단지 의무위반의 공동성만 있으면 공동정범이 성립한다.

의무범인 부진정부작위범과 작위범 사이에는 원칙적으로 공동정범의 성립이 불가능하고 작위범에는 공범성립의 가능성만이 열려 있다. 그러나 양자간의 의사합치에 따라 어느 한 사람은 적극적 작위를 하고 다른 사람은 이를 저지해야 할 법적 의무를 이행하지 않은 경우에는 공동정범이 성립할 수 있다. 예컨대 아버지가 중병에 걸린 아들의 치료를 거부함으로써 의무를 침해하는 행위에 제3자가 전달된 의약품을 폐기함으로써 가공한 경우에는 공범이 되나, 제3자가 아버지와의 의사합치하에 아들을 직접 살해하는 경우에는 단순한 공범이 아닌 공동정범이 된다.

Ⅲ. 처   벌

㈎ 각자 정범으로 형사책임을 져야 한다. 예컨대 A와 B가 C를 살해하기로 공모하고 각각 C를 향해 발포한 결과 A가 쏜 탄환에 의하여 C가 사망하고, B가 쏜 탄환은 빗나간 경우에도 기수에 이른 A와 미수에 그친 B는 다같이 살인죄의 기수범으로 처벌된다. 이처럼 공동정범에서 일부실행, 전부귀속의 원리는 미수범과 기수범을 똑같이 기수범으로 취급한다는 데 특징이 있다. 그러나 실행에 착수하지 못한 채 단순한 예비단계에 머문 공모자와 실행의 착수단계를 지나간 기수범 또는 미수범을 다같이 기수범으로 처벌한다는 의미는 아니다.

㈏ 제33조 본문은 「신분관계로 인하여 성립될 범죄에 가공한 행위는 신분관

계가 없는 경우에도 전 3조의 규정을 적용한다」고 규정하고 있다. 그 결과 비신분자는 단독으로 진정신분범의 정범이 될 수 없으나 신분자와 공동으로 진정신분범을 범할 수 있다. 그러나 제33조 본문을 목적론적으로 제한하여 이같은 위법연대는 결과관련신분범에 국한시키고, 행위자관련신분범인 의무범에는 공동정범의 성립을 부인하는 것이 옳다. 따라서 여자도 남자와 같이 강간죄의 공동정범이 될 수 있지만, 비공무원은 공무원과 같이 수뢰죄의 공동정범이 될 수 없다.

(다) 공동정범에서 일부실행, 전부귀속에 의한 공동책임은 불법구성요건의 실현에 대한 불법귀속을 두고 하는 말이다. 공동정범의 책임귀속에 관해서는 책임개별화의 원칙이 적용된다. 따라서 만약 공동정범 가운데 책임조각사유나 처벌조각사유에 해당하는 자가 있으면 그 사유는 그 자에게만 적용된다($\frac{제33조}{단서}$).

(라) 공동정범은 공동의사의 범위 안에서만 성립한다. 각각의 구성요건이 변형·중복·유사관계에 있을 때에는 각자 다른 동기로 구성요건을 실행했더라도 공동정범이 성립한다(부분적 범죄공동설). 다만 형사책임귀속은 각자가 실현한 구성요건에 따른다. 예컨대 살인과 존속살해, 살인과 상해, 상해와 폭행, 절도와 강도, 공갈과 수뢰 사이에도 공동정범은 성립하고 책임은 각자 실현한 구성요건에 따른다.

그러나 공동정범 가운데 어느 1인이 고의행위에 의해 공동의사의 범위를 초과할 경우, 그 부분은 공동정범이 아니라 단독정범에 해당한다.

그러나 대법원은 이 문제에 대해 상당히 혼란된 입장을 보이고 있다. 판례 중에는, ① 중한 결과발생에 대한 과실(예견가능성)이 없는 경우에도 기본범죄에 대한 공모만으로 중한 결과에 대한 '고의책임'을 인정하는 판례(과실 없는 고의책임 인정),[61] ② 기본범죄에 대한 공동이 있는 경우 중한 결과에 대한 '고의책임'을 인정하되 과실을 요구하는 판례(과실 있는 고의책임 인정),[62] ③ 기본범죄에 대한 공모가 있는 경우 중한 결과에 대한 과실이 없이도 '과실책임'을 인정하는 판례(과실 없는 과실책

---

61) 대판 1998. 4. 14, 98 도 356(강도상해): "강도합동범 중 1인이 피고인과 공모한 대로 과도를 들고 강도를 하기 위하여 피해자의 거소를 들어가 피해자를 향하여 칼을 휘두른 이상 이미 강도의 실행행위에 착수한 것임이 명백하고, 그가 피해자들을 과도로 찔러 상해를 가하였다면 대문 밖에서 망을 본 공범인 피고인이 구체적으로 상해를 가할 것까지 공모하지 않았다 하더라도 피고인은 상해의 결과에 대하여도 공범으로서의 책임을 면할 수 없다."(동지: 대판 1990. 10. 12, 90 도 1887; 1981. 7. 28, 81 도 1590; 1983. 3. 22, 83 도 210; 1987. 5. 26, 87 도 832; 1988. 12. 13, 88 도 1844; 1991. 11. 26, 91 도 2267).

62) 대판 1984. 2. 28, 83 도 3162(강도살인): "수인이 합동하여 강도를 한 경우 …피고인이 피해자를 강타, 살해하리라는 점에 관하여 나머지 피고인들도 예기할 수 없었다고는 보여지지 아니하므로 피고인들을 모두 강도살인죄의 정범으로 처단함은 정당하다." 대판 1988. 2. 9, 87 도 2460(준강도에 의한 강도상해): "2인 이상이 합동하여 절도를 한 경우 범인 중의 1인이 체포를 면탈할 목적으로 폭행을 하여 상해를 가한 때에는 나머지 범인도 이를 예기하지 못한 것으로 볼 수 없으면 강도상해죄의 죄책을 면할 수 없다."(동지: 대판 1982. 7. 13, 82 도 1352; 1984. 2. 28, 83 도 3321; 1984. 10. 10, 84 도 1887).

임 인정),[63] ④ 기본범죄에 대한 공모가 있는 경우 '과실'(예견가능성)을 전제 조건으로 중한 결과에 대해 '과실책임'을 인정하는 판례(과실 있는 과실책임 인정)[64] 등이 혼재되어 있다. 최근의 판례는 네 번째 입장에 기초하고 있다.

‖ **판례** ‖ 강도의 공범자 중 1인이 강도의 기회에 피해자에게 폭행 또는 상해를 가하여 살해한 경우, 다른 공모자가 살인의 공모를 하지 아니하였다고 하여도 그 살인행위나 치사의 결과를 예견할 수 있었다면 그 공범자는 결과적 가중범인 강도치사죄의 죄책을 면할 수 없다(대판 2000. 12. 8, 2000 도 4459).

제6절 합 동 범

I. 합동범의 의의

2인 이상이 합동하여 죄를 범하도록 규정되어 있는 경우, 이들의 합동범행을 합동범이라고 한다. 이 합동범도 공동정범적 참가형태의 일종이다.

II. 현행법상 합동범의 예

형법상의 합동범으로는 특수절도$\left(\begin{smallmatrix}제331조\\제2항\end{smallmatrix}\right)$ · 특수강도$\left(\begin{smallmatrix}제334조\\제2항\end{smallmatrix}\right)$ · 특수도주$\left(\begin{smallmatrix}제146\\조\end{smallmatrix}\right)$ 등 세 가지 경우뿐이다. 성폭력범죄의처벌등에관한특례법 제4조에 규정된 합동범으로는 특수강간 · 특수강제추행 · 특수준강간 등이 있다.

III. 합동범의 개념구성

1. 공모공동정범설

이른바 공동의사주체설에 의거한 공모공동정범은 현행법상 공동정범 가운데

---

63) 대판 1988. 9. 13, 88 도 1046(강도치사): "강도의 공범자 중 1인이 강도의 기회에 피해자에게 폭행 또는 상해를 가하여 살해한 경우에 다른 공범자는 강도의 수단으로 폭행 또는 상해가 가해지리라는 점에 대하여 상호 인식이 있었으므로 살해에 대하여 공모한 바가 없다고 하여도 강도치사죄의 죄책을 면할 수 없다."

64) 대판 1991. 11. 12, 91 도 2156(강도살인): "강도의 공범자 중 1인이 강도의 기회에 피해자에게 폭행 또는 상해를 가하여 살해한 경우 다른 공모자가 살인의 공모를 하지 아니하였다고 하여도 그 살인행위나 치사의 결과를 예견할 수 없었던 경우가 아니면 강도치사죄의 죄책을 면할 수 없다."

당연히 포함되는 것은 아니라는 전제하에, 오로지 합동범의 규정 속에 형법총칙상의 공동정범과 이른바 공모공동정범의 개념이 함께 포함되었다고 본다. 그리고 이제 합동범의 규정에 의해 "우리 형법상 판례가 인정하는 이른바 공모공동정범은 죄형법정원칙에 반한다는 다수설의 공격에 대하여 실정법의 근거를 갖추게 되었고, 또 종래 판례가 그 이론을 확대적용한다는 비난에 대하여 위 3개의 합동범에 한하여 이른바 공모공동정범을 인정하게 되므로 그와 같은 비난은 의미가 없게 된다"고 설명하는 입장이다.[65]

그러나 합동에 공모공동의 개념이 포함된다는 것은 법문의 의미를 넘어가는 유추해석이 될 위험이 있고, 또한 이 입장에 서면 합동범의 범위가 크게 넓어져 형법총칙상의 교사범·방조범의 규정은 합동범에 관한 한 고려될 여지가 거의 없게 된다.

2. 현 장 설

형법이 합동범에 대해 일반 공동정범의 경우보다 형을 가중하고 있기 때문에 그 성립범위를 제한할 필요가 있고 따라서 합동은 공동보다 좁은 개념으로서 합동자들의 시간적·장소적 협동을 의미한다고 한다(다수설[66]). 즉 공동정범이 성립하기 위해서는 실행행위의 분담양태에 대해 아무런 제약이 없으나, 합동범의 경우에는 반드시 시간적·장소적 협동, 즉 현장에서 실행행위를 분담한 사실이 인정될 때에만 성립할 수 있다는 것이다. 이렇게 볼 때 합동범은 **총칙상의 공동정범**보다 좁은 개념이 된다.

그러나 현장설에 의하면 합동범규율의 범위를 극도로 제한시키는 결과가 되어, 예컨대 합동하지 아니하였지만 기능적 범행지배를 한 어느 특수절도의 수괴, 배후거물 등이 위법가중된 특수절도의 공동정범으로 처벌받지 아니하고 도리어 교사 또는 방조 내지 단순절도죄의 공동정범으로 처벌받을 수밖에 없다는 부당한 결과에 이른다.

3. 가중적 공동정범설

정범의 기준에 관한 목적적 범행지배설에 따르면 공동정범·공모공동정범·

---

65) 김종수, 「공모공동정범」, 법조 1965. 2, 20면 이하.
66) 권오걸 562면; 김성돈 608면; 김성천·김형준 399면; 박상기 406면; 배종대 607면; 손동권·김재윤 557면; 손해목 1034면; 신동운 717면; 오영근 553면; 이재상, 형법각론 287면; 이형국 339면; 임웅 448면; 정성근·박광민 578면; 진계호 511면.

합동범은 본질상 같은 것이라는 입장에서 "합동범은 본질상 공동정범이지만 집단 범죄에 대한 대책상 특별히 형을 가중한 것이라고 해석… 현장에서 공동하는 경우뿐만 아니라 비록 현장에서 공동하지 않았을지라도 공동실행의 사실이 공동정 범이 될 정도에 이르면 이것을 합동범이라고 하여 형을 가중하기로 한 것이다"라는 견해이다.[67]

형법상 집단적인 절도·강도·도주를 중요시하여 그에 대한 강력한 대책을 마련하기 위해 총칙상 공동정범과 구별하는 의미에서 합동범을 가중적 공동정범 이라고 한다면, 그 한에서 합동범의 개념의 폭은 이른바 공모공동정범설보다는 좁게 되지만 현장설보다는 넓어 양 입장의 중간영역에 처하게 된다.

그러나 합동과 공동이 본질상 동일하다면 법문이 왜 굳이 "2 인 이상이 공동 하여"라고 하지 않고 "2 인 이상이 합동하여"라고 하였을까. 또한 집단범죄에 대한 대책상 특별히 그 형을 가중하기 위해 가중적 공동정범으로서 합동범을 규정 하고 있다면 왜 현행법상 굳이 절도·강도·도주에만 대책이 필요한지도 의문이 아닐 수 없다.

4. 사견 (현장적 공동정범설)

우리 형법상 '합동'의 개념은 가중적 공동정범설과 현장설의 중간에서 파악 하는 것이 옳다. 즉 합동범은 주관적 요건으로서 공모 외에 객관적 요건으로서 현 장에서의 실행행위의 분담을 요한다.[68] 이 실행행위의 분담은 반드시 동시에 동일 장소에서 실행행위를 특정하여 분담하는 것만을 뜻하는 것이 아니라 시간적·장 소적으로 협동관계에 있으면 충분하다 (대판 1992. 7. 28, 92 도 917). 따라서 합동범 은 공동정범보다 좁은 개념에 속한다.

‖**판례**‖ 합동범은 주관적 요건으로서 공모 외에 객관적 요건으로서 현장에서의 실행 행위의 분담을 요하지만 이 실행행위의 분담은 반드시 동시에 동일장소에서 실행행위를 특정하여 분담하는 것만을 뜻하는 것이 아니라 시간적으로나 장소적으로 서로 협동관계 에 있다고 볼 수 있으면 충분하다 (대판 1992. 7. 28, 92 도 917).

그러나 합동범도 본질상 공동정범의 일형태이다. 아무리 현장성을 갖춘다고 해도 공범과 정범의 일반적 구별기준에 따라 정범이 될 수 없는 사람은 합동범이 될 수 없다. 2 인이 현장에서 범행을 실현하면서 1 인만이 정범표지를 갖추어 실행

---

67) 김종원, 형법각론(상), 194면; 황산덕, 형법각론 269면.
68) 이영란 461면.

하고 다른 1인은 단지 공범의 표지만을 갖고 실행했다면, 이 경우 양자는 그 자체 현장성이 있어도 합동범이 될 수 없다. 이 의미에서 본서는 합동범을 **현장적 공동정범**이라고 부른다. 이 견해에 따를 때 합동범의 성립범위는 현장의 범위를 어떻게 잡느냐에 달려 있다. 현장을 시간적·장소적 협동관계로 이해하면 현장설과 별 차이가 없다. 현장설이 현장에서 단지 방조적 기여를 한 데 불과한 사람까지도 합동범으로 보는 것과 달리, 현장에서 기능적 역할분담을 한 사람만 합동범으로 취급한다는 데 이 견해의 신중성이 있다. 다른 한편 가중적 공동정범설이 정범의 표지로 목적적 범행지배설을 취하였기 때문에 정범의 범위가 확장되었고, 합동범의 범위도 확대되었는데, 이것을 현장요소에 의해 어느 정도 제한하여야 한다. 그러므로 합동범은 현장적 공동정범으로만 성립한다.

그 밖에 이 합동범에 기능적 범행지배를 한 배후거물이나 공범은 공동정범의 정범성표지인 '기능적 범행지배'의 기준에 따라 '합동범의 공동정범'으로 규율한다는 점에서 현장설과 차이를 갖는다.

Ⅳ. 합동범의 공범과 공동정범

합동범은 현장에서 합동하는 2인 이상의 정범을 필요로 하므로 필요적 공동정범의 일종이다. 다만 현장성의 제한을 받는 공동정범이므로 합동범에 대한 공동정범 내지 공범의 성립문제는 이를 구분하여 고찰해야 할 것이다.

1. 공범의 성립

합동범이 성립되는 한 그 내부에서 별도로 공동정범이나 교사·방조범 등의 가능성을 고려할 필요는 없다. 그러나 그 외부에서 교사 또는 방조의 방법으로 이에 관여할 수는 있다. 종전 대법원 판례는 외부에서 가공한 합동범의 방조를 일반범죄의 공동정범으로 취급했다. 예컨대 A·B·C 세 사람이 소를 절취하여 운반하기로 공모하고 A가 그 공모내용대로 국도상에 대기시켜 두었던 트럭에 B·C 등이 절취해 온 소를 싣고 간 경우에 A는 합동절도의 방조이지만, 종전 대법원 판례는 일반절도의 공동정범 또는 적어도 합동절도의 방조로 보았다(대판 1976.7. 27, 75 도 2720: 이 판결은 아래의 전원합의체판결에 의해 폐기되었다).

2. 공동정범의 성립

외부에서 공동정범의 방법으로 참가가 가능한가에 대해 현장설을 따르는 다수설은 이를 부인한다. 그러나 현장적 공동정범설에 의할 경우 이의 성립가능성을 제한적으로 인정할 수 있다. 즉 현장 밖에서 전체 합동범관계를 기능적 역할분담의 관점에서 주도적으로 지배한 배후거물이나 공범은 범행에 대한 공동지배가 있는 한 공동정범을 인정할 수 있다.

대법원 전원합의체판결(대판 1998. 5. 21, 98 도 321)은 삐끼주점 지배인 갑이 피해자에게 술을 먹여 신용카드를 빼앗고 비밀번호를 알아낸 후, 종업원 을·병·정과 인출한 현금을 분배할 것을 공모하고, 갑이 피해자를 계속 붙잡아 두면서 감시하는 동안, 을·병·정이 타처의 현금자동지급기에서 현금을 인출한 사건에 대하여, 갑에게도 합동절도의 공동정범을 인정하였다. 이로써 현장 밖에서도 합동범의 공동정범이 성립할 수 있는 길을 열어 놓은 셈이다.

‖**판례**‖ 2인 이상의 범인이 합동절도의 범행을 공모한 후 1인의 범인만이 단독으로 절도의 실행행위를 한 경우에는 합동절도의 객관적 요건을 갖추지 못하여 합동절도가 성립할 여지가 없지만, 3인 이상의 범인이 합동절도의 범행을 공모한 후 적어도 2인 이상의 범인이 범행 현장에서 시간적 장소적으로 협동관계를 이루어 절도의 실행행위를 분담하여 절도범행을 한 경우에는 공동정범의 일반이론에 비추어 그 공모에는 참여하였으나 현장에서 절도의 실행행위를 직접 분담하지 아니한 다른 범인에 대하여도 그가 현장에서 절도범행을 실행할 수 있는 정범성의 표지를 갖추고 있다고 보여지는 한 그 다른 범인에 대하여 합동절도의 공동정범의 성립을 부정할 이유가 없다(대판 1998. 5. 21, 98 도 321).

제7절 동 시 범

I. 의   의

동시범(Nebentäterschaft)이란 다수인이 의사의 연락 없이 동시 또는 이시에 동일한 객체에 대하여 구성요건결과를 실현한 경우를 말한다. 동시범은 단독범이 경합된 것인 만큼 각자의 행위는 단독범이다. 또 동시범에서 다수인은 반드시 동시에 실행행위를 할 것을 요하지 않는다. 그렇다면 동시범이란 용어는 그다지 적합한 것이 아니다. 정확한 의미에서 '독립행위의 경합'이라 부르는 것이 더 타당

하다. 우리 형법 제19조도 이런 의미에서 "독립행위의 경합"이라는 용어를 사용
하고 있다.

동시범은 공범이 아니고 **단독범이 병렬경합**된 경우이다. 고의범과 과실범 모
두에 성립할 수 있고, 특히 과실범의 공동정범성립을 부인하는 입장에서는 다수
에 의한 과실적 공동작용이 흔히 동시범으로 취급된다.

이런 의미에서 동시범은 공동정범 내지 공범을 대체한다. 동시범은 고의범이
건 과실범이건, 동시이건 이시이건 간에 2인 이상의 정범이면서 공동의 범행결의
나 공동의 주의의무가 없기 때문에 공동정범이 되지 않는 모든 현상을 지칭하는
말이다. 단독정범의 우연한 만남이 문제될 뿐이기 때문에 독자적 가치를 갖는 범
죄표지는 아니다.

Ⅱ. 종   류

동시범에는 원인행위가 분명한 동시범과 원인행위가 불분명한 동시범 두 가지
가 있다. 동시범을 우리 형법 제19조(독립행위의 경합)와 개념상 혼동해서는 안
된다. 우리 형법 제19조는 동시범 중에서도 특히 원인행위가 판명되지 아니한 불
분명한 경우를 **독립행위의 경합**이라고 하여 특별취급토록 한 규정일 뿐, 원인행위
가 판명된 2인 이상의 정범으로서 동시범(동시범의 대부분의 경우)을 내포하고 있
는 것은 아니기 때문이다.

원인행위가 분명한 동시범의 경우에는 그것이 고의행위이건 과실행위이건,
각 행위자는 그 원인행위에 따라 각각 정범으로 처벌된다. 그러나 결과발생의 원
인행위가 판명되지 아니한 경우에 이를 어떻게 취급할 것인가, 이것이 문제이다.
따라서 이하에서는 원인행위가 불분명한 동시범의 경우를 규정한 형법 제19조를
중심으로 살펴보기로 한다.

Ⅲ. 성립요건

우리 형법 제19조는 원인행위가 불분명한 동시범의 경우를 "독립행위의 경합"
이라는 용어하에서 "동시 또는 이시의 독립행위가 경합한 경우에 그 결과발생의
원인된 행위가 판명되지 아니한 때에는 각 행위를 미수범으로 처벌한다"고 규정하
고 있다. 이와 관련하여 미수범으로 취급하는 동시범의 요건을 살펴보기로 한다.

1. 행위주체 · 행위

동시범에서 행위자는 다수인이어야 하고, 다수인의 행위는 실행행위이어야 한다. 동시범은 독립행위가 경합된 것, 즉 단독범이 경합된 경우이므로 행위자는 다수인임을 요한다. 따라서 한 사람이 단독으로 동시에 여러 개의 행위를 실행하였을지라도 그것은 단독범이지 동시범이 될 수 없다. 행위자의 수는 최소한 2인 이상이면 된다. 또 다수인의 행위는 실행행위임을 요한다. 이 경우에 실행행위는 미수범($\frac{제25}{조}$)의 요건에 해당하는 실행행위이며, 그 단계에도 이르지 못한 예비죄 · 음모죄에서의 실행행위가 아니다. 실행행위는 이론상 예비 · 음모에서도 물론 있을 수 있으나, 형법이 동시범에 관하여 결과의 발생을 요건으로 하는 취지로 보아 실행행위는 미수범의 요건인 실행행위로 이해하여야 한다.

2. 시간적 동일성문제

동시범에서 다수인의 행위는 반드시 동시에 이루어질 필요는 없고 이시라도 상관 없다. 이 경우에 이시는 시간적인 연속성 또는 행위의 계속성을 뜻하는 것이 아니므로, 반드시 동시에 가까운 전후관계 또는 행위병렬성을 요하지 않는다. 따라서 다수인에 의한 실행의 착수시기 사이에, 혹은 종료시기 사이에 시간적인 차이가 있거나, 결과의 발생시기 사이에 다소의 시간적 간격이 있을지라도 그것은 동시범에서의 이시라 할 수 있다. 따라서 전행자의 행위가 종료된 후 그와 의사의 연락이 없는 후행자가 다시 가공한 경우에도 결과발생의 원인이 판명되지 않는 한 동시범이라 할 수 있다.

3. 장소적 동일성문제

동시범에서 다수인의 행위는 반드시 동일한 장소에서 행하여질 것을 요하지 않는다. 따라서 갑은 부산에서, 을은 대구에서 동시 또는 이시에 서울에 사는 병에게 협박장을 발송하였으나 피해자 병이 누구의 협박장에 의하여 외포를 일으켰는지 불분명한 경우에 갑·을의 행위는 협박죄의 동시범이라 할 수 있다.

4. 객체의 동일성

동시범에서 다수인의 행위는 동일한 객체로 향하여야 한다. 여기서 객체란 행위의 객체, 즉 공격의 목적물을 뜻한다. 동일한 객체는 결국 다수인이 동일한 범죄의 목적물을 향하여 실행하는 경우, 즉 범죄의 객체가 동일한 경우이다. 이 경우에 객체의 동일성은 사실상의 개념이 아니고 법률상의 개념이다. 따라서 반드시 수적 또는 양적으로 동일함을 요하지 아니하며, 구성요건상 객체가 동일하면 충분하다. 예컨대 동일한 장소에 있는 A·B를 살해하기 위하여 의사의 연락 없이 갑은 A에게, 을은 B에게 발포했는데 A만이 사망한 경우를 놓고 볼 때, 사망케 한 행위자가 판명되지 아니한 갑과 을의 행위는 살인죄의 동시범이라 할 수 있다. 또 행위의 객체가 동일하면 족하고, 각 행위가 모두 구성요건적으로 동일할 필요는 없다. 예컨대 살인과 상해의 동시범도 성립할 수 있다.

5. 의사의 연락의 부존재

동시범에서 다수인의 행위는 독립행위가 경합한 경우이어야 한다. 독립행위의 경합이란 다수인이 상호간에 의사의 연락 없이 각자 독립하여 단독으로 동일한 객체에 대해 범죄를 실행하는 경우를 말한다. 동시범에서는 다수인의 상호간에 의사의 연락의 부존재가 요건이 된다. 이 점으로 인해 의사의 연락을 필요로 하는 공동정범과 구별된다. 즉 의사의 연락이라는 요소를 전제로 할 경우에 그것이 존재하면 공동정범으로 되지만, 그것을 결한 때에 동시범으로 되므로 의사의 연락을 기준으로 한 공동정범의 성립 여부는 동시범의 성립범위에 중요한 영향을 미치게 된다.

공동정범의 법리에 따라 고의가 동일하지 아니한 다수인의 고의범 상호간, 고의범과 과실범 상호간에 공동정범이 성립할 수 없고 이른바 편면적 공동정범의 개념도 인정할 수 없으므로 이러한 범위 내에서 동시범이 성립하게 된다. 과실범의 경우는 사실행위에 대한 의사의 연락이 있고 주의의무의 공동이 있으면 공동정범의 성립을 인정할 수 있으므로 이러한 한에서는 동시범의 성립이 배제된다.

6. 원인행위의 불분명

결과가 발생하여야 하되, 결과발생의 원인된 행위가 판명되지 않아야 한다. 예컨대 갑과 을이 의사의 연락 없이 병을 살해하기 위하여 동시에 발포했는데, 단한 발만이 명중되어 병이 사망하였으나 명중된 탄환을 발사한 자가 누구인지 알수 없는 경우이어야 한다. 결과발생의 원인이 판명되지 아니한 경우는 누구의 행위가 원인이 되어 결과가 발생하였는지에 대한 인과관계의 증명이 불가능한 경우이다.

Ⅳ. 형법상의 취급

동시범에서 결과에 대한 원인행위가 분명한 경우에는 그것이 고의행위이건 과실행위이건 각 행위자는 각기 독립하여 자기책임의 한도 내에서 원인행위에 따라 정범으로 처벌된다.

반면 원인행위가 불분명한 동시범의 경우에는 형법 제19조와 관련하여 다음과 같이 구분하여 고찰해 볼 수 있다.

㈎ 고의행위와 고의행위가 독립행위로 경합한 경우에는 각자 미수범처벌규정이 있을 때에 한하여 고의행위의 미수범으로 처벌된다. 이 경우에 동시범 모두를 미수범으로 처벌되도록 한 것은 인과관계의 불성립 내지 개별책임의 원칙을 고려한 당연한 귀결이다.

㈏ 고의행위와 과실행위가 경합한 경우에는 고의행위는 미수로, 과실행위는 미수의 처벌이 없으므로 불가벌이다.

㈐ 과실행위와 과실행위가 경합한 경우에는 형법 제19조에 따르면 각자를 미수범으로 논해야 할 것이다. 과실범 일반이론에 따르면 과실범의 미수는 생각할 수 없으므로 각자 불가벌이 된다. 형법은 이같은 경우에 형사정책적 공백상태를 메우기 위해 제263조에서 상해죄 동시범의 특례를 인정하여 상해의 결과에 대해 각자를 공동정범의 예에 따라 처벌하도록 하고 있다.

제 8 절 공범론의 기본이해

Ⅰ. 공범의 처벌근거

1. 책임가담설

공범의 처벌근거에 관한 이론 중 가장 오래된 것이 책임가담설이다. 여기에서는 공범자가 정범을 범죄행위에 휘말려들게 함으로써 정범으로 하여금 유책하게 범죄를 저지르게 했다는 점에서 공범의 처벌근거를 파악한다. 이것은 이론상으로는 소위 극단적 종속형식과 결론을 같이한다. 그러나 이 이론은 제한적 종속형식을 택한 우리 형법의 실정법규정에 반하는 이론이다.

2. 불법가담설

책임가담설을 제한적 종속형식의 원칙을 고려하여 변형한 것이 소위 불법가
담설이다. 이 이론은 교사자가 정범으로 하여금 범행을 저지르게 함으로써 정범
을 사회와의 일체성 해체에 이르게 하여 법적 평화를 해하였다는 점에서 가벌성의
근거를 찾는다. 따라서 전혀 사물의 변별능력 없는 책임무능력자로 하여금 범행
을 저지르게 한 자도 정범인 책임무능력자와 그의 사회적 환경과의 관계를 악화
시켰다는 점에 처벌의 근거가 있다는 것이다. 그러나 이 이론에 따르면 교사범의
처벌근거는 설명될 수 있으나, 종범의 경우는 적극적인 불법가담이 없기 때문에
공범의 처벌근거를 통일적으로 파악하는 데 난점이 발생한다.

3. 야 기 설

(1) 순수한 야기설

이 견해는 공범의 불법은 정범의 불법으로부터 완전히 독립하여 스스로 법익
침해를 야기했다는 점에서 찾는 입장이다. 이 입장은 공범의 가벌성의 전제가 정
범의 불법에서 도출되는 것이 아니라는 점을 강조한다. 종래의 공범독립성설과
같은 입장이다.

(2) 종속적 야기설

종속적 야기설은 공범의 처벌근거를 오직 종속적인 결과야기에서 찾는 입장
이다. 종속성사고에 따라 공범의 불법을 정범의 불법에서 도출함으로써 공범의
독립적인 불법요소를 무시한다는 점에서 순수한 야기설과 구별된다. 이런 의미에
서 이 종속적 야기설을 일명 **종속성사고에 의해 수정된** 야기설이라 부르기도 한
다. 종래의 공범종속성설과 같은 입장이다. 현재 우리나라와 독일의 다수설의 입
장이다.[69]

그러나 종속적 야기설은 우리 형법상 기도된 교사의 처벌근거를 잘 설명해
줄 수 없다는 점, 함정교사의 불가벌성을 설명해 줄 수 없다는 점 등의 약점을 가
지고 있다. 정범의 미수도 법적인 의미에서는 일종의 결과의 야기인데 종속적 야
기설에 따르면 이 미수에 가담한 행위도 처벌될 수 있다는 결론에 이를 수 있기

---

69) 김성천·김형준 389면; 배종대 569면; 손해목 1060면; 안동준 225면; 이재상 436면; 이정
원 362면; 이형국 314면; 정영일 350면; 정진연·신이철 333면; 조준현 320면; Baumann/
Weber/Mitsch, S. 554; Jescheck/Weigend, S. 620; Maurach/Gössel/Zipf, S. 283; Sch/Sch/
Cramer, vor § 25 Rdn. 22; Wessels, Rdn. 552.

때문이다. 미수를 교사하는 함정교사의 불가벌성은 교사행위 자체가 독자적인 법
익침해로 볼 수 있는 실질을 갖추지 못했다는 점에서 찾을 때에만 무리 없이 설
명될 수 있다.

(3) 혼합적 야기설(종속적 법익침해설)

록신이 주장한 것으로 순수한 야기설과 종속적 야기설의 일면성을 지양하여,
공범의 불법이 일면 정범의 행위에서(종속적 야기설의 입장), 타면 공범자의 독자
적인 법익침해에서(순수한 야기설의 입장) 도출된다고 함으로써, 모든 가벌적인 공
범은 종속적이지만 동시에 독립된 법익침해성을 내포하고 있다는 견해이다.[70] 종
래의 공범독립성설과 공범종속성설을 혼합한 것과 같은 입장이다. 순수한 야기설
과 종속적 야기설을 변증론적으로 합일하였다는 의미에서 혼합적 야기설이라 부
른다.

그 요점은 한마디로 종속적 법익침해로 정의할 수 있다. 즉 공범자는 스스로
구성요건해당행위를 실현함이 없이 정범의 구성요건해당행위에 가공함으로써 비
로소 처벌의 대상이 되지만, 그 불법의 내용은 공범자 스스로 자신의 고의로써 구
성요건상 보호된 법익을 정범을 통해 간접적으로 침해하였기 때문에 자신의 불법
을 실현한다는 것이다.

(4) 행위반가치 · 결과반가치 구별설

혼합적 야기설의 일종으로 공범의 불법 중 행위반가치는 공범 자신의 교사·
방조행위에서 독립적으로 인정되고, 결과반가치는 정범에 종속한다는 입장이다.
즉 공범의 교사행위·방조행위는 정범의 범행을 야기·촉진한다는 점에서 그 자
체에 반가치성이 인정되고, 공범의 결과반가치는 교사행위·방조행위만으로는 초
래되지 않으므로 정범의 법익침해에 종속한다는 것이다.[71]

앞의 혼합적 야기설이 공범의 행위반가치는 종속되지만 결과반가치는 독립
적인 것으로 보는데 반해, 이 견해는 행위반가치를 독립적, 결과반가치를 종속적
인 것으로 보는 차이점을 가지고 있다.

4. 결 론

우리 형법은 타인의 범죄를 교사·방조한 자를 교사범·방조범으로 취급하

---

70) Roxin, LK, vor §26 Rdn. 17. 우리나라에서는 권오걸 519면; 김일수, 한국형법 Ⅱ, 323면;
   손동권·김재윤 572면.
71) 김성돈 572면; 성낙현 610면; 이영란 448면; 임웅 421면; 정성근·박광민 521면.

고 그 형도 정범의 형을 기준으로 삼는다는 점에서 공범종속성설의 입장에서 출발한다. 그러나 교사를 받은 자가 범행의 실행을 승낙하지 아니한 때에도 교사자를 예비·음모에 준하여 처벌하고($\substack{\text{제31조}\\\text{제3항}}$), 교사를 받은 자가 범행을 승낙하고 실행에 착수하지 않은 때에는 교사자·피교사자 모두를 예비·음모에 준하여 처벌토록 하였다($\substack{\text{제31조}\\\text{제2항}}$). 이 점은 우리 형법이 어느 정도 공범독립성설의 입장을 고려한 것으로 보인다. 따라서 우리 형법의 해석에서 **혼합적 야기설**이 공범의 처벌근거를 해명해 주는 데 가장 합당한 입장이라고 생각한다.

Ⅱ. 공범의 종속성

1. 서 언

교사범과 방조범은 정범의 존재를 전제하고 정범을 교사 또는 방조하여 정범으로 하여금 범죄를 실행하게 하는 경우이다. 종래 공범은 정범에 종속하여 성립하는가 또는 독립하여 성립하는가가 문제되었으나, 오늘날 공범의 처벌근거에 관한 이론이 확립된 결과, 이 양자의 대립은 큰 의미가 없어졌다.

현행 형법상 여러 공범규정의 해석과 관련하여 볼 때 우리 형법에서는 공범독립성설이나 공범종속성설 어느 하나만으로 해결할 수 없는 문제들이 많다. 이러한 문제들을 놓고 어느 일방의 이론만을 추종할 때, 원칙과 예외의 도식밖에 생겨나지 않고, 개개의 사례에서 사리에 맞는 해결을 얻을 수 없다.

공범의 처벌근거에 관해 **혼합적 야기설**을 취하는 한, 이와 같은 난점을 근원적으로 피할 수 있다고 본다. 이 관점에서 보면 공범은 그 자체 독자적인 불법을 실현하는 일면을 갖는 반면, 정범의 실행행위에 종속하여 성립하는 다른 일면도 갖고 있다.

공범의 독립성과 종속성은 택일 또는 대립관계가 아니라 혼합적 결정체이며, 개개의 구체적인 문제해결에서 어느 면이 다른 일면보다 중추적인 기능을 담당할 뿐이다. 다만 기능면에서 종속성의 면이 독립성보다 더 큰 비중을 갖고 있는 것만은 사실이다. 종속성의 정도문제를 특히 검토해야 할 이유가 여기에 있다.

2. 종속성의 정도

⑴ 공범의 종속형식

공범종속성의 측면에서 정범이 어느 정도까지 실행행위를 했을 때 공범이 성

립하느냐가 종속성의 정도에 관한 문제이다. 그 정도는 입법자가 여러 가지 공범
규정에서 보여 준 의도를 고려하여 결정할 문제이다. 이와 관련하여 종래 엠·에·
마이어가 제시한 네 가지 종속형식이 오늘날도 결정의 기준으로 통용된다.

　　(a) **최소종속형식**　　정범의 행위가 구성요건에 해당하기만 하면, 비록 위법·유
책하지 않더라도 공범이 성립한다.
　　(b) **제한종속형식**　　정범의 행위가 구성요건에 해당하고 위법하면, 비록 유책하
지 않더라도 공범이 성립한다(통설).
　　(c) **극단종속형식**　　정범의 행위가 구성요건에 해당하는 위법·유책한 것일 때
비로소 공범이 성립한다.
　　(d) **초극단종속형식**　　정범의 행위가 구성요건에 해당하는 위법·유책한 것임은
물론 더나아가 가벌성의 모든 조건까지 완전히 갖추었을 때 비로소 공범이 성립한다.

(2) 우리 형법의 입장

위 네 가지 공범의 종속형식 중 현행 형법의 해석상 입법자의 의도와 합치하
는 것으로 제한적 종속형식과 극단적 종속형식이 거론된다.

　　제한적 종속형식은 1943. 5. 29 이래 독일에서 입법화되었고 현행 독일형법 제26
　　조, 제27조 및 제29조에도 그 취지가 명시되고 있다. 우리나라에서도 다수설은 이
　　것을 지지하고 있다. 극단적 종속형식은 독일에서 1943년의 입법 전까지 유력한 입
　　장이었고 일본에서도 통설이었다. 우리나라에서도 제31조, 제32조가 '타인의 범죄'
　　라는 문언을 쓰고 있다는 점에 착안하여 정범행위의 완전한 범죄성이란 관점에서
　　일부 학자들이 이에 따르고 있다.

양자 중 제한적 종속형식이 우리 형법의 해석상 더 타당하다고 본다. 공범 자
체가 불법구성요건의 변형 내지 수정형식이라는 점 및 정범개념의 우위성과 공범
의 종속성이라는 명제를 충족시켜야 한다는 점을 염두에 둘 때, 정범의 행위가 구
성요건에 해당하고 위법하기만 하면 되기 때문이다. 따라서 공범성립의 필요조건
은 정범의 실행행위의 구성요건해당성과 위법성만 있으면 된다. **정범행위의 유책
성은 필요조건이 아니다.**

3. 공범종속성의 귀결

교사는 시간적으로 정범행위의 시작 전에 성립 가능하나, 방조는 정범행위의
시작 전에는 물론 기수후 완료 직전까지 성립 가능하다. 그런데 공범자는 정범행
위가 미수에 그쳤는지 기수에 이르렀는지 알지 못하는 경우가 빈번하다. 이처럼
우연성이 작용하는 한, 공범종속성으로 인한 공범처벌에는 아직도 피할 수 없는

결과책임의 잔재가 어느 정도 남아 있다고 말할 수 있다.

공범이 문제될 경우 항상 정범행위부터 먼저 심사해야 한다.

(ⅰ) 정범행위가 행해지지 않은 경우: 여기서는 공범의 미수가 문제된다. 교사의 경우에는 교사의 미수로서 제31조 제 2 항에 의하여 예비·음모의 예로 처벌된다. 그러나 방조의 미수는 불가벌이다.

(ⅱ) 정범행위는 행해졌으나 기수에 이르지 못한 경우: 이 경우에는 정범행위의 미수에 대한 공범(교사범·방조범)이 성립한다. 정범행위의 미수가 처벌되는 경우 공범도 미수벌로 처벌된다. 예컨대 정범이 살인미수에 그쳤다면 살인을 교사한 공범은 **살인교사미수**가 된다(흔히 살인미수교사라고도 하나 부정확하다).

(ⅲ) 정범행위가 기수에 이른 경우: 이 경우에는 정범의 기수행위에 대한 공범이 성립한다. 이 유형이 공범이 문제되는 보통의 경우이다. 그러나 기수 이후부터 완료시까지는 방조행위만 가능할 뿐 교사행위는 불가능하다.

(ⅳ) 정범행위가 완료된 경우: 여기서도 정범행위가 기수에 이른 경우와 마찬가지이다. 그러나 범죄완료 이후에는 더 이상 방조행위가 불가능하며 단지 범죄비호만이 문제될 뿐이다. 범죄비호는 별개의 구성요건(범인은닉, 증거인멸 등)에 의해 규율되는 것이 보통이다.

Ⅲ. 필요적 정범 및 공범

1. 의   의

구성요건의 실현에 반드시 2 인 이상의 참가가 요구되는 범죄유형을 필요적 공범이라 한다. 이것은 원래 단독으로 범할 수 있는 범죄를 2 인 이상이 공동하여 실현하는 임의적 공범에 대칭하는 말이다. 필요적 공범의 성립에는 행위의 공동을 필요로 하는 것에 불과하고 반드시 협력자 전부에게 형사책임이 있을 필요는 없다(대판 2008. 3. 13, 2007 도 10804).

2. 종   류

(1) 집 합 범

집합범(Konvergenzdelikte)이란 다수의 행위자가 같은 목표를 향하여 같은 방향에서 공동으로 작용하는 것을 전제하고 있는 구성요건을 말한다. 이는 다시 처벌의 기준에 따라 두 가지 유형으로 세분할 수 있다.

(a) **다수인에게 동일한 법정형이 부과된 경우**   2인 이상의 합동이 필요한 특수도주($\substack{제146 \\ 조}$) · 특수절도($\substack{제331조 \\ 제2항}$) · 특수강도($\substack{제334조 \\ 제2항}$)와 같은 합동범과 다중 또는 단체의 존재를 필요로 하는 소요($\substack{제115 \\ 조}$) · 특수공무방해($\substack{제144 \\ 조}$) · 특수주거침입($\substack{제320 \\ 조}$) · 해상강도($\substack{제340 \\ 조}$) · 특수손괴($\substack{제369 \\ 조}$)에 관한 구성요건이 이에 속한다.

(b) **다수인에게 상이한 법정형이 부과된 경우**   범죄주체의 집단성 · 군중심리를 특징으로 하면서도 참가자의 역할수행에 차이가 날 수 있으므로, 이 점에 착안하여 참가자의 기능 · 지위 · 행위양태 · 역할의 중요성에 따라 법정형을 각각 달리 정한 경우이다. 예컨대 내란죄($\substack{제87 \\ 조}$) · 반국가단체구성죄($\substack{국가보안법 \\ 제3조}$) 등이 이에 속한다.

(2) 대 향 범

대향범(Begegnungsdelikte)이란 2인 이상의 참가자가 서로 다른 방향에서 서로 다른 역할수행으로 동일한 목표를 향해 공동작용하는 것을 전제하고 있는 구성요건을 말한다. 이는 다시 처벌의 기준에 따라 세 가지 유형으로 세분할 수 있다.

(a) **대향자에 대한 법정형이 동일한 경우**   도박죄($\substack{제246조 \\ 제1항}$) · 아동혹사죄($\substack{제274 \\ 조}$) · 부녀매매죄($\substack{제288조 \\ 제2항}$) 등이 이에 속한다.

(b) **대향자에 대한 법정형이 상이한 경우**   뇌물죄에서 수뢰자($\substack{제129 \\ 조}$)와 증뢰자($\substack{제133 \\ 조}$), 낙태죄에서 부녀의 자기낙태($\substack{제269조 \\ 제1항}$)와 의사 등의 낙태($\substack{제270조 \\ 제1항}$), 배임수증죄에서 배임수재자($\substack{제357조 \\ 제1항}$)와 배임증재자($\substack{제357조 \\ 제2항}$) 및 도주죄에서 단순도주자($\substack{제145조 \\ 제1항}$)와 도주원조자($\substack{제147 \\ 조}$) 등이 이에 속한다.

(c) **대향자 중 일방만이 처벌되는 경우**   대향자 중 일방은 구성요건실현에 필요한 정도를 초과하지 않았다든가, 당해 구성요건이 보호하고자 하는 법익의 향유주체라든가, 범인은닉 또는 범인도피죄($\substack{제151조 \\ 제1항}$)에서처럼 범인 자신은 그만이 가질 수 있는 특별한 동기를 이유로 처벌되지 않고 타방만이 처벌되는 경우이다. 음화판매죄($\substack{제243 \\ 조}$)에서 매수자의 불처벌, 촉탁 · 승낙살인죄($\substack{제252조 \\ 제1항}$)에서 촉탁 · 승낙자의 불처벌, 범인은닉죄($\substack{제151조 \\ 제1항}$)에서 범인 자신의 불처벌 등이 이에 속한다.

3. 공범규정의 적용

필요적 공범은 구성요건상 2인 이상의 참가가 요구되는 공범관계이다. 따라서 집합범이건 대향범이건 내부참가자 사이에는 임의적 공범을 전제한 총칙상의 공범규정이 적용될 여지가 없다.

‖**판례**‖ 갑이 을에게 외화취득의 대가로 원화를 지급하고 을은 이를 영수한 경우 갑과 을에게는 대가 수수를 금한 외국환관리법위반죄만 성립될 뿐 각각 상대방의 범행에 대해서는 공범관계가 성립하지 않는다. 이른바 대향범은 대립적 범죄로서 2인 이상의 서로 대향된 행위의 존재를 필요로 하는 필요적 공범관계에 있는 범죄다. 여기에는 공범에 관한 형법총칙규정의 적용이 있을 수 없다(대판 1985. 3. 12, 84 도 2747).

다만 필요적 공범관계에 있지 않는 외부의 자가 이에 관여할 때 총칙상의 공범규정의 적용문제가 생긴다. 이 경우에는 개개의 필요적 공범에 관한 구성요건을 검토하여 그 적용 여부를 결정해야 하겠지만 몇 가지 일반적인 원칙이 없는 것은 아니다.

(1) 집합범의 경우

(a) **다수인에게 동일한 법정형이 부과된 경우**   이 경우 범죄참가자에 대해 구별하여 형벌을 정하고 있지 아니하므로 외부의 자가 참가한 경우 총칙상의 공범규정이 적용된다. 외부의 자가 필요적 공범에 대한 교사·방조자가 될 수 있음은 물론이다. 다만 공동정범이 성립할 수 있는가는 각 구성요건의 해석에 따라 달라질 수 있다.

(b) **다수인에게 상이한 법정형이 부과된 경우**   전형적인 예는 내란죄($^{제87}_{조}$)이다. 내란죄의 주체 밖에서 내란죄를 교사·방조한 자를 교사범 또는 방조범으로 처벌할 수 있는가를 놓고 견해가 갈린다. 생각건대 내란죄의 구성요건은 이미 상당한 범위의 교사·방조행위를 세분하여 규정하고 있을 뿐 아니라 교사보다 의미의 폭이 넓은 선동행위도 제90조 제2항에 별도 규정하고 있다. 따라서 그 밖의 공범형태는 처벌하지 않겠다는 취지로 제한하여 해석해야 할 것이다. 부정설이 타당하다.

(2) 대향범의 경우

(a) **대향자에 대한 법정형이 동일한 경우**   각 대향자에게 동일한 형벌이 규정되어 있으므로 대향자 상호간의 내부적 관여행위에 대해서는 정범 이외에 따로 총칙상의 공범규정이 적용되지 않는다. 그러나 대향자 이외의 자가 각 대향자에게 교사·방조한 경우에는 공범규정에 따라 처벌할 수 있다. 예컨대 도박방조가 그것이다.

(b) **대향자에 대한 법정형이 상이한 경우**   이 경우는 앞의 대향범의 경우와

똑같이 취급하면 된다.

(c) **대향자 중 일방만이 처벌되는 경우**   대향관계에 있지 아니한 외부인의 교사 · 방조행위가 공범으로 처벌될 수 있음은 물론이다. 그러나 처벌규정이 없는 대향자에게 공범규정을 적용할 수 있는가를 놓고 견해가 대립한다. 전면부정설의 입장도 있다.[72] 판례도 부정설에 서있다.

‖ **판례** ‖   2인 이상 서로 대향된 행위의 존재를 필요로 하는 대향범에 대하여는 공범에 관한 형법총칙 규정이 적용될 수 없는데, 형법 제127조는 공무원 또는 공무원이었던 자가 법령에 의한 직무상 비밀을 누설하는 행위만을 처벌하고 있을 뿐 직무상 비밀을 누설받은 상대방을 처벌하는 규정이 없는 점에 비추어, 직무상 비밀을 누설받은 자에 대하여는 공범에 관한 형법총칙 규정이 적용될 수 없다고 보는 것이 타당하다(대판 2011. 4. 28, 2009 도 3642).

이 점에 관하여는 다음의 몇 가지 원칙이 적용될 수 있다.

(ⅰ) 처벌규정이 없는 대향자가 구성요건실현에 필요한 최저한의 정도를 넘지 않을 때에는 언제나 불가벌이다. 그러나 그 정도를 넘어간 가공행위는 공범이 될 수 있다. 예컨대 음란물의 매수자가 단순히 수동적으로 이를 매수함에 그친 때에는 불가벌이지만, 적극적인 가담으로써 판매자를 교사 · 방조하여 이를 매수한 경우에는 판매죄의 교사범 · 방조범이 성립할 수 있다.

(ⅱ) 처벌규정이 없는 대향자가 당해 구성요건의 보호법익 주체일 때에는 언제나 불가벌이다. 예컨대 촉탁살인죄의 피해자가 적극 간청 · 권유하므로 행위자의 범죄의사를 유발시켰다 하더라도 교사범이 될 수 없고, 13세 미만의 부녀간음죄에서 13세 미만의 부녀자가 간음을 적극 유도했을지라도 교사범이 되지 않음은 이들이 당해 구성요건이 보호하고자 하는 법익의 주체들이기 때문이다.

(ⅲ) 처벌규정이 없는 대향자가 특별한 동기 때문에 단독정범으로서 처벌될 수 없는 상황일 때는 공범형태로도 불가벌이다. 이를 정범으로 처벌할 수 없는 자는 공범으로도 처벌할 수 없다는 말로 표현하기도 한다. 예컨대 범인은닉죄에서 은닉을 원하는 범인 자신이 형사소추나 집행으로부터 벗어나고자 함은 인지상정이고, 범인은닉죄는 범인 자신의 이와 같은 동기를 무시하고 형벌권을 실현하려고 하지 않으므로, 범인 자신의 은닉 · 도피를 처벌하지 않는다.

---

72) 신동운 709면.

제 9 절 교 사 범

I. 교사범의 의의와 구조

1. 의   의

교사범(Anstiftung)이란 타인으로 하여금 범죄를 결의하여 실행케 하는 자를 말한다($\frac{제31조}{제1항}$). 교사범은 스스로 기능적 범행지배에 관여하지 않고 기능분담이 없다는 점에서 공동정범과 구별되고, 정범의 존재를 전제로 한다는 점에서 의사지배를 하는 정범인 간접정범과도 구별된다.

교사범·방조범 모두 협의의 공범이지만, 교사범은 타인에게 범죄의 결의를 유발한다는 점에서, 타인의 결의를 전제하고 실행을 유형·무형으로 돕는 방조범과 구별된다.

음행매개죄($\frac{제242}{조}$)·자살관여죄($\frac{제252조}{제2항}$)도 범죄결의에 영향을 준 교사행위이나, 각칙에 별도로 규정되어 있으므로 예컨대 자살을 교사하는 행위 자체는 자살관여죄의 실행행위에 해당한다.

2. 구   조

교사범은 고의로 타인을 교사하여 피교사자로 하여금 고의에 의한 구체적인 위법행위를 실행케 함을 구조적 특징으로 한다. 따라서 과실에 의한 교사나 과실에 대한 교사 및 부작위에 의한 교사는 구조적으로 불가능하다.

II. 성립요건

1. 교사자의 교사행위

(1) 교사행위

(a) 의   의   교사행위란 애당초 범죄를 저지를 의사가 없는 정범에게 범행의 결의를 불러일으키는 것을 말한다. 그러므로 이미 구체적인 범행을 결의하고 있는 자에게는 교사행위가 성립할 수 없다. 이 경우에 단지 방조 혹은 교사의 미수가 가능할 뿐이다. 그러나 정범자의 결의가 확고하지 않거나 막연한 일반적 범죄계획을 가지고 있을 정도인 때에는 교사가 될 수 있다.

이미 범죄의 결의를 하고 있는 정범에게 가중적 구성요건을 실현하도록 교사한 때에는 단지 초과부분만이 아니라 전체에 대한 교사행위가 성립할 수 있다. 예컨대 강도를 결의한 정범에게 흉기를 가지고 강도하도록 만든 경우에는 특수강도교사가 된다. 그러나 이미 범죄결의를 가진 자에게 그보다 경미한 죄를 범하도록 한 경우에는 방조가 성립할 뿐이다.

‖**판례 1**‖ 갑이 을과 병이 절취해 온 물건을 상습적으로 매수하여 취득해 오던 중, 을과 병에게 드라이버를 사 주면서 "동료가 구속되어 도망다니려면 돈도 필요할텐데 열심히 일하라"고 말했다. 이는 종전의 절도를 다시 계속하면 그 장물을 매수해 주겠다는 것으로 갑의 을과 병에 대한 절도의 교사가 있었다고 보아야 한다. 즉 교사범이란 타인 즉 정범으로 하여금 범죄를 결의하게 하여 그 죄를 범하게 한 때 성립하는 것이고 피교사자는 교사범의 교사에 의하여 범죄실행을 결의해야 하는 것이다. 따라서 피교사자가 이미 범죄의 결의를 가지고 있을 때에는 교사범이 성립할 여지가 없다(대판 1991. 5. 14, 91 도 542).

‖**판례 2**‖ 평소 지리산 내 국유림에서 부정임산물 등의 제재업을 해 오던 자에 대하여 구체적으로 도벌하여 해태상자를 생산해 달라고 부탁하고 그 도벌자금을 제공한 경우에는 산림법위반의 교사죄가 성립한다(대판 1969. 4. 22, 69 도 255).

(b) **수   단**   교사행위의 수단에는 제한이 없다. 예컨대 명령·지시·설득·애원·요청·유혹·이익제공·기망·위협 등이 가능하며 명시적이든 묵시적이든 상관없다(대판 1969. 4. 22, 69 도 255; 1967. 12. 19, 67 도 1281).

단, 강요·위력 또는 기망에 의한 경우 이것이 의사지배의 정도에 해당할 때에는 간접정범이 성립할 뿐이다. 또한 교사는 특정 범죄에 대한 결의를 갖게 하는 것임을 요하며, 막연히 죄를 범하라고 하는 것처럼 범죄일반을 교사하는 것은 교사라고 할 수 없다.

‖**판례**‖ 막연히 범죄를 하라거나 절도를 하라고 하는 등의 행위만으로는 교사행위가 되기에 부족하다. 타인으로 하여금 일정한 범죄를 실행할 결의를 생기게 하는 행위를 해야 하며 교사의 수단방법에는 제한이 없다. 따라서 교사범이 성립하기 위해서는 범행일시, 장소, 방법 등의 세부적 사항까지를 특정하여 교사할 필요는 없으며, 정범으로 하여금 일정한 범죄실행을 결의할 정도에 이르게 하면 교사범이 성립한다(대판 1991. 5. 14, 91 도 542).

(c) **교사행위의 완결성 여부**   교사행위 자체의 완결성은 교사범성립에 그다지 중요하지 않다. 교사행위 자체가 불완전하거나 중단된 경우라도 정범에게 범행결의를 불러일으키는 데 충분했으면 교사범은 성립한다. 교사행위 자체를 기준으로 그것이 기수냐 미수냐를 따질 필요는 없다.

(d) **교사가 불가능한 경우**   부작위에 의한 교사 또는 과실행위에 의한 교사가 가능한가에 대해 양자 모두 성립할 수 없다는 것이 통설의 입장이다. 과실범에 대한 이용행위로서의 교사는 간접정범이 될 뿐이다.

(e) **공동교사의 경우**   교사자가 2인 이상일 때는 기능적 범행지배의 관점을 원용하여, 피교사자의 범행결의의 유발에 본질적인 기능을 공동으로 수행한 한, 비록 기여도가 낮은 사람도 공동교사자로 인정할 수 있다.

(2) 교사자의 고의

교사자의 고의는 한편으로 피교사자(정범)에게 범행결의를 갖게 하고, 다른 한편으로 피교사자로 하여금 범행의 종료(＝기수)에까지 이르게 한다는 점에 미쳐야 한다. 이런 의미에서 교사자의 고의는 교사의 고의와 정범의 실행행위에 대한 고의를 필요로 하는 이중의 고의라야 한다. 단 미필적 고의로도 충분하다. 과실에 의한 교사는 있을 수 없으며, 경우에 따라 과실범의 정범으로 처벌될 수 있을 뿐이다.

(a) **구체적이고 특정된 고의**   교사자의 고의는 구체성과 특정성이 있어야 한다. 즉 특정한 범죄와 특정한 정범에 대한 인식이 있어야 한다. 구체적인 범행의 특정 없이 가벌적 행위일반 내지 법률구성요건에 서술된 정도의 범행을 저지르도록 부추기는 교사자의 의사만으로는 아직 교사자의 고의가 있다고 말할 수 없다. 피교사자는 특정되어 있기만 하면 다수인이어도 무방하다. 교사자는 피교사자가 특정만 되어 있으면(공간·상황 등) 그가 누구인지 몰라도 교사를 성립시킬 수 있다. 예컨대 교도소의 옆방 죄수에게 탈옥을 교사하는 경우와 같다.

만약 교사된 범죄가 특별한 주관적 불법요소를 필요로 하는 범죄라면 교사자는 피교자에게 그와 같은 요소가 존재한다는 사실을 인식해야 한다. 목적범인 경우에는 피교사자뿐만 아니라 교사자에게도 목적이 있어야 하지만, 교사자는 피교사자가 일정한 목적하에 행위한다는 것을 알면서 교사하기만 해도 목적범의 교사가 성립한다.

(b) **기수의 고의**   교사자의 고의는 범죄의 기수, 즉 구성요건결과를 실현할 의사가 아니면 안 된다. 애당초 미수에 그치게 할 의사를 가졌음에 불과한 때에는 고의가 있다고 할 수 없다. 즉 교사의 미수는 처벌되지만, 미수의 교사는 불가벌이다. 형사가 마약사범을 단속하기 위해 혐의자에게 마약구입의 의사를 표명하고 그가 매도할 때 현행범인으로 체포하는 이른바 **함정교사**(agent provocateur)의 경우에도 미수의 교사처럼 교사자의 가벌성은 부인된다.

(c) **특히 문제되는 경우**   교사자는 미수를 교사하였으나 그의 기대와는 달

리 피교사자의 실행행위가 기수에 이르렀을 경우 결과발생에 대한 교사자의 과실
유무에 따라 과실책임(인식 있는 과실책임)을 지울 수 있다.

(3) 교사자의 공범관계의 이탈

피교사자가 범죄의 실행에 착수하기 전에 교사자가 피교사자에게 교사행위
를 철회한다는 의사를 표시하여 이에 피교사자가 따르기로 하거나 또는 교사자가
명시적으로 교사행위를 철회함과 아울러 피교사자의 범죄실행을 방지하기 위한
진지한 노력을 하여 교사자에 의해 형성된 피교사자의 범죄실행 결의가 해소된
사정이 인정되는 경우에는 교사자에게 공범관계의 이탈이 인정된다. 설사 그 후 피
교사자가 범죄를 저지르더라도 교사자는 제31조 제 2 항에 의한 죄책을 부담함은 별
론으로 하고 교사범으로서의 죄책을 지지 않는다(대판 2012. 11. 15, 2012 도 7407).

2. 피교사자의 실행행위

(1) 피교사자의 정범성

피교사자는 비록 교사에 의해 범행결의를 하게 되었지만 전체 범행과정을 지
배하여 수행하는 정범이다. 따라서 교사자는 이 정범에 종속하는 공범일 뿐이다.
피교사자가 정범으로서 범죄를 실행하는 데 교사자의 교사가 유일한 조건일 필요
는 없다. 비록 정범에게 당해 범죄의 습벽이나 상습성이 있어 그 습벽과 함께 교
사행위가 원인이 되어 정범의 범행이 이루어진 경우에도 교사범성립에는 지장이
없다(대판 1991. 5. 14, 91 도 542).

(2) 피교사자의 결의

피교사자는 교사에 의해 비로소 범행을 결의했어야 한다. 정범이 범죄실행을
승낙하지 아니한 때에는 교사범이 성립하지 않고 형법 제31조 제 3 항에 따라 음
모·예비에 준하여 처벌한다. 정범에게 결의가 필요 없는 과실범죄에 대해서는 교
사가 있을 수 없고, 간접정범이 문제될 뿐이다.

교사행위와 피교사자의 결의 사이에는 인과관계가 있어야 한다. 인과관계가 결
여된 경우로는 이미 범행의 결의를 하고 있는 사람에 대한 교사와 편면적 교사(피
교사자가 교사받고 있다는 사실을 알지 못한 경우)가 있다. 전자의 경우는 실패한 교사
의 일종으로서 형법 제31조 제 3 항에 따라 처벌할 것이나, 후자의 경우는 불가벌이
라 해야 할 것이다. 편면적 방조는 가능하나 편면적 교사는 불가능하기 때문이다.

(3) 피교사자의 실행행위

교사범의 종속성으로 인해 정범의 실행행위가 있어야 교사범이 성립할 수 있

다. 정범(피교사자)은 적어도 실행의 착수단계를 지나야 한다. 실행행위를 한 이상 그것이 미수이건 기수이건 완수이건 불문한다. 그러므로 교사자의 실행의 착수는 피교사자의 실행의 착수를 기준으로 해야 한다.

정범의 실행행위가 없으면 교사범은 성립하지 않으며 제31조 제 2 항에 따라 음모·예비에 준하여 처벌한다. 교사행위와 실행행위간에 인과관계가 없는 때에도 동일하다(대판 2013. 9. 12, 2012 도 2744). 정범의 행위는 구성요건에 해당하고 위법해야 하지만 유책할 것을 요구하지는 않는다(제한적 종속형식). 그리고 신분범 및 목적범에서는 정범에게 그러한 신분 또는 목적이 있어야 한다.

Ⅲ. 교사의 착오

교사자는 피교사자에 의해 저질러진 범행과 자신의 고의가 일치하는 한에서만 책임을 진다. 착오가 있을 경우 교사자의 책임에 영향을 미친다. 교사의 착오란 일반적으로 피교사자에 대한 교사자의 착오와 피교사자의 실행행위에 대한 교사자의 착오를 내용으로 한다.

1. 실행행위의 착오

교사자의 교사내용과 피교사자가 현실로 실행한 행위가 일치하지 않는 경우를 실행행위의 착오라 한다.

(1) 교사내용보다 적게 실행한 경우

피교사자가 교사받은 것보다 적게 실행한 경우 교사자는 피교사자가 실행한 범위 안에서 책임을 진다(공범종속성의 결과). 특히 기수를 예상했는데 미수에 그쳤거나 가중구성요건을 실현하도록 교사했는데 기본적 구성요건을 실행한 경우에 그렇다. 예컨대 살인의 교사를 받은 정범이 살인미수에 그친 경우 교사자는 살인교사의 미수범으로 책임을 지고, 특수강도의 교사를 받은 정범이 단순강도죄를 범한 경우 또는 존속살인의 교사를 받은 정범이 보통살인을 저지른 경우 교사자는 단순강도죄 교사범 또는 보통살인죄 교사범의 죄책을 진다.

그러나 형법해석상 이러한 원칙이 엄격히 관철될 수 없는 경우가 있다. 특히 양자 사이에 유사성은 있지만 양적 감소(기수·미수)나 질적 감소(불법 또는 책임의 가중·감경)가 발생한 것이 아닌 때에는, 실패한 교사와 실행범죄의 교사 사이에 관념적 경합이 된다. 예컨대 강도를 교사했으나 절도를 범한 경우 교사자는 절도의 교사범이 되지만, 다른 한편 형법 제31조 제 2 항에 의해 강도의 예비·음모와 관념적 경합관계가 되어 형이 중한 후자에 의하여 처벌받게 된다.

(2) 교사내용을 초과하여 실행한 경우

(a) **양적 초과의 경우**   실행된 범죄가 교사된 범죄와 공통의 요소를 지니고
있지만 정도를 초과한 경우를 양적 초과라 한다. 이 경우 교사자는 교사된 내용을
초과하는 부분에 대하여 책임을 지지 않는다. 예컨대 절도를 교사받고 강도를 범
한 경우에 교사자는 절도교사의 책임만을 질 뿐이다.

한편 피교사자가 결과적 가중범의 중한 결과를 실현한 경우 교사자는 중한
결과에 대한 과실이 있는 때에(제15조 제2항) 결과적 가중범의 교사가 성립한다. 이 때에
과실의 유무는 교사자를 기준으로 판단하여야 하며, 피교사자인 정범의 결과에
대한 고의 또는 과실의 유무는 고려의 대상이 되지 않는다.

‖ **판례** ‖   자신의 영업을 방해하면서 협박하는 사람에게 보복하기 위해 깡패를 고용하
여 중상해를 가해 활동을 못하도록 교사하였다. 그런데 이 깡패는 피해자를 칼로 찔러
살해하였다. 이와 같이 교사자가 피교사자에게 상해 또는 중상해를 교사하였는데 피교사
자가 이를 넘어 살인을 한 경우 일반적으로 교사자는 상해죄 또는 중상해죄의 교사범이
된다. 하지만 교사자에게 피해자가 죽을 수도 있다는 사실에 대한 예견가능성이 있는 경
우에는 상해치사죄의 교사범으로서의 죄책을 지을 수 있다(대판 1993. 10. 8, 93 도 1873).

(b) **질적 초과의 경우**   실행된 범죄가 교사된 범죄와 전혀 다른 범죄인 경
우, 이를 질적 초과라 한다. 상해를 교사받고 절도를 범한 경우 및 강도를 교사받
고 강간을 범한 경우가 그 예로서 실행된 범죄가 교사자의 고의에서 벗어난 것이
므로 교사자는 이에 대한 교사책임이 없다. 교사자는 단지 형법 제31조 제 2 항에
의하여 교사한 범죄의 예비·음모에 준하여 처벌될 수 있을 뿐이다.

그러나 질적 초과로 인한 교사범의 면책은 질적 차이가 본질적인 경우에 한
정된다. 예컨대 사기를 교사했는데 기망을 근거로 공갈을 하였거나 공갈을 교사
했는데 강도를 범한 경우처럼 질적 초과에 본질적 상위가 없는 경우에는 양적 초
과와 마찬가지로 교사한 범죄에 대한 교사범이 성립한다.

(3) 동일구성요건 내의 착오

교사자의 교사내용과 피교사자의 실행이 구체적으로 일치하지 않아도 양자
가 동일한 구성요건범위 내에 있을 때에는 양자의 불일치로 인하여 교사자의 고
의가 조각되지 않는다. 따라서 피교사자의 범행이 일시, 장소 또는 방법에서 교사
자의 예상과 다르다 할지라도 교사자의 고의성립에 아무 지장이 없다.

피교사자(정범)의 객체의 착오는 교사자에게 방법의 착오가 되어 의도한 사

실의 미수에 대한 교사범으로 돌아간다(구체적 부합설의 입장). 피교사자의 방법의
착오는 교사자에게도 방법의 착오가 된다.

2. 피교사자에 대한 착오

피교사자의 책임능력에 대한 인식은 교사자의 고의의 내용에 포함되지 않는
다는 점에서 이에 대한 착오는 교사범의 고의를 조각하지 아니한다. 그러므로 피
교사자를 책임능력자로 알았으나 책임무능력자인 경우 및 그 반대되는 경우에도
교사범의 성립에는 지장이 없다.

Ⅳ. 처　　벌

교사범은 정범과 동일한 형으로 처벌한다($^{제31조}_{제1항}$). 피교사자가 미수에 그쳤을
때 미수범처벌규정이 있는 한 교사자도 미수로 처벌된다. 진정신분범에서는 비신
분자도 교사범이 될 수 있으나($^{제33조}_{본문}$), 신분관계로 인한 형의 가중·감면은 당해
신분자에게만 적용된다($^{제33조}_{단서}$).

Ⅴ. 관련문제

1. 예비·음모의 교사

최종적으로 목표한 범죄행위에 이르게 하려는 고의 없이 단지 예비에만 그치
게 할 의사로 교사한 경우에는 미수의 교사와 마찬가지로 불가벌이다. 그러나 최
종적으로 목표한 범죄실행에 이르게 하려는 의사로 예비행위를 교사한 자는 예비
죄의 교사로 처벌된다.

2. 교사의 교사

이에는 간접교사와 연쇄교사가 있다. 이에 관해서는 형법규정이 없으므로 해
석과 학설에 의해 해결하지 않으면 안 된다.

(1) 간접교사

여기에는 ① 피교사자로 하여금 다시 제 3 자를 교사하여 범죄를 실행케 한
경우, ② 타인을 교사했는데 피교사자가 직접 범죄를 실행하지 않고 다시 제 3 자
를 교사하여 실행케 한 경우, ③ 행위자에게 교사자는 나타나지 않고 제 3 자를

도구로 사용하여 행위자를 교사하는 경우(간접정범의 규율에 상당) 등이 있다.

간접교사에 대해서는 가벌성을 부정하는 견해[73]도 있다. 그러나 간접교사자가 직접교사자도 행위사정을 알 것이라고 생각하고 교사했고, 간접교사와 직접교사자의 교사행위 및 정범의 실행 사이에 인과관계가 있는 한 간접교사자에 대한 가벌성이 인정된다고 본다. 현재 간접교사의 가벌성을 인정하는 것이 통설과 판례(대판 1967. 1. 24, 66 도 1586; 1974. 1. 29, 73 도 3104)의 입장이다.

‖판례‖   갑으로부터 소속부대저장창고에 있는 군용물을 부정인출하여 처분해 달라는 말을 을에게 전해 달라는 부탁을 받고 그 요청이 군용물을 위법하게 처분하려고 교사한다는 사실과 그 취지를 전달하면 을이 범의를 일으켜 군용물을 처분할 것이라는 점을 알면서도 그 결과를 용인하여 을에게 군용물처분을 요청하였다. 그렇다면 범죄를 저지르도록 요청한다는 것을 알면서 부탁을 받고 갑의 요청을 을에게 전달하여 을로 하여금 범의를 가지게 하는 것은 교사에 해당한다(대판 1974. 1. 29, 73 도 3104).

⑵ 연쇄교사

연쇄교사란 재간접교사 및 그 이상의 교사의 교사를 말한다. 간접교사의 경우와 마찬가지로 재간접교사자가 바로 앞의 간접교사자도 행위사정을 알 것이라고 생각하고 교사했고, 중간교사자들과 정범의 실행 사이에 인과관계가 있는 한 가벌성을 인정할 수 있을 것이다(통설).

3. 교사의 미수

피교사자가 실행에 착수했으나 미수에 그친 경우, 즉 '좁은 의미의 교사미수'와 '기도된 교사'의 경우를 합쳐 교사의 미수라 한다. 기도된 교사란 '실패한 교사'와 '효과 없는 교사'를 함께 일컫는 말이다. 실패한 교사란 교사를 하였으나 피교사자가 범죄의 실행을 승낙하지 않은 경우($\frac{제31조}{제3항}$)와 교사 이전에 이미 범죄의 실행을 결의하고 있었던 경우를 말한다. 효과 없는 교사란 피교사자가 범죄의 실행을 승낙하고 실행의 착수에 이르지 아니한 경우($\frac{제31조}{제2항}$)를 말한다.

형법은 효과 없는 교사에 대하여는 교사자와 피교사자를 예비·음모에 준하여 처벌하고($\frac{제31조}{제2항}$), 피교사자가 범죄실행을 승낙하지 않은 실패한 교사에 대하여는 교사자만 예비·음모에 준하여 처벌한다($\frac{제31조}{제3항}$).

우리 형법이 기도된 교사의 가벌성을 인정하는 점에서는 공범의 독립적인 법익침해성을 어느 정도 고려한 것이라고 말할 수 있는 반면, 교사의 미수로 벌하지

---

73) 정영석 261면; 황산덕 283면.

아니하고 예비·음모에 준하여 처벌함은 공범의 종속성을 고려하고 있다고 보여 결국 우리 형법은 공범의 본질에 관하여 공범독립성설과 공범종속성설 양자의 절충입장인 이른바 **혼합적 야기설**을 취한 것이라고 볼 수 있다.

제 10 절 방 조 범

Ⅰ. 방조범의 의의와 구조

1. 의   의

방조범(Beihilfe)이란 정범의 범죄실행을 방조한 자를 말한다($\binom{제32조}{제1항}$). 방조란 정범의 구성요건실행을 가능하게 하거나 용이하게 하는 행위 혹은 정범에 의한 법익침해를 강화하는 것을 말한다.

방조에는 언어방조와 거동방조가 있다. **언어방조**는 지적·정신적 방조를 말하는 것으로 이미 범죄를 결의하고 있는 자에게 결의를 강화시켜 주고 조언을 한다는 점에서 교사와 구별된다. **거동방조**는 기술적·물리적 방조를 말하며 범행지배가 없다는 점에서 공동정범과 구별된다.

각칙상 방조행위가 특별구성요건으로 규정되어 있는 경우가 많다. 예컨대 도주원조($\binom{제147}{조}$), 아편흡식 등 장소제공($\binom{제201조}{제2항}$), 자살방조($\binom{제252조}{제2항}$) 등의 경우는 그것 자체가 정범의 실행행위이므로 제32조가 적용될 여지가 없다.

2. 구   조

방조범은 고의로 타인을 방조해 피방조자로 하여금 고의에 의한 구체적 위법행위를 실행케 함을 구조적 특징으로 한다. 따라서 과실에 의한 방조나 과실에 대한 방조는 불가능하지만 보증인지위에 있는 자의 부작위에 의한 방조는 가능하다.

Ⅱ. 성립요건

1. 방조범의 방조행위

(1) 방조행위

(a) **의   의** 방조행위란 정범의 구성요건실행을 가능하게 하거나 용이하

게 하는 행위 또는 정범에 의한 법익침해를 강화하는 일체의 행위를 말한다. 이미 범행을 결의하고 있는 자의 실행행위를 돕는 행위라는 점에서 방조행위는 교사행위와 구별되고, 불법의 질과 정도면에서도 교사행위보다 약하다.

(b) **방법 및 양태**   방조행위는 정신적 또는 물리적인 방법으로 가능할 뿐만 아니라 작위 또는 부작위에 의해서도 가능하다. 정범의 실행행위를 돕는 것이면 무엇이든지 방조행위가 될 수 있으므로 방법에는 제한이 없다. 예컨대 언어에 의한 조언·격려, 범행도구의 대여, 범행장소의 제공, 범행자금의 제공 등을 비롯하여 정범에게 두려움을 없애 주고 안정감을 일으켜 범행결의를 강화하는 경우 및 절취해 온 장물을 처분해 주겠다는 약속 등을 포함한다.

(c) **방조행위의 완결성 여부**   방조행위 자체의 완결성은 교사행위와 마찬가지로 방조범 성립에 그다지 중요하지 않다. 방조행위 자체가 불완전하거나 중단된 경우라도 정범의 실행행위의 법익위해를 증대시킨 데 인과적으로 기여했으면 방조범은 성립한다. 방조행위 자체를 기준으로 기수냐 미수냐를 따질 필요는 없다.

‖**판례**‖   증권회사직원인 갑은 주식의 입출고절차를 비롯한 주식관리에 관한 일체의 절차를 정확히 알고 있으면서, 을에게 병의 주식을 인출해 오면 관리해 주겠다고 약속했고, 이에 을은 그 주식을 인출절차에 관련된 출고전표를 위조하는 방법으로 인출해 왔다. 갑은 이를 자신이 관리하는 증권계좌에 입고하여 관리운용해 주었다. 형법상 방조행위는 정범의 실행행위를 용이하게 하는 직접·간접의 모든 행위를 의미한다. 그러한 방조는 유형적·물질적 방조뿐만 아니라 정범에게 범행의 결의를 강화하도록 하는 것과 같은 무형적·정신적 방조행위까지도 해당한다. 따라서 갑은 사문서위조행사죄의 방조범의 죄책을 진다(대판 1995. 9. 29, 95 도 456).

부작위에 의한 방조가 가능한 것은 부작위에 의한 교사가 부정되는 것과 대조적이다.

‖**판례**‖   종범의 방조행위는 작위에 의한 경우뿐만 아니라 부작위에 의한 경우도 포함하는 것으로서 법률상 정범의 범행을 방지할 의무 있는 자가 그 범행을 알면서도 방지하지 아니하여 그 범행을 용이하게 한 때에도 부작위에 의한 종범이 성립한다(대판 1985. 11. 26, 85 도 1906).

(2) **방조행위의 시기**

방조행위는 정범의 실행행위의 착수 전후에 걸쳐 가능하다. 즉 착수 이전에 예비행위의 방조, 정범 결의의 강화 등이 가능하며, 또한 실행행위의 종료 후에도 결과발생 전까지는 방조가 가능하다.

정범의 행위가 기수(Vollendung)가 된 후에도 완료(Beendigung) 전까지는 방조범이 성립할 수 있으므로 방화에 의해 건물에 불이 붙은 후 휘발유를 뿌려 건물이 전소하도록 돕는 경우, 감금된 자의 감금상태가 계속되도록 하는 경우 그리고 절도범을 추격하는 자를 방해하여 도주를 도와주는 행위 등은 모두 방조행위에 해당한다. 범죄가 완료된 후에는 방조범이 성립할 수 없으므로 범죄완료후 범인은닉, 증거인멸 등은 사후방조가 아니라 독립된 범죄비호유형이 된다($\binom{제151조,}{제155조}$).

(3) 방조행위와 인과관계

방조행위와 정범의 실행행위 사이에 인과관계를 필요로 하느냐에 대해서는 인과관계 필요설이 통설의 입장이다.

여기에는 ① 합법칙적 조건설(방조행위가 정범의 실행행위 또는 정범의 구성요건적 결과발생에 합법칙적 조건관계가 성립될 정도로 영향을 미쳤거나 기여했을 때 인과관계가 충족된 것으로 보는 입장[74]), ② 상당인과관계설(방조행위가 정범의 실행행위에 엄격한 조건이었나를 묻지 않고 상당히 개연적인 원인행위가 되었으면 인과관계가 충족된 것으로 보는 입장[75]), ③ 기회증대설(가벌적 방조행위가 성립하자면 통상의 인과관계나 수정된 인과관계의 존재만으로 불충분하고 방조행위가 특정한 구성요건적 결과발생의 기회를 증대시킨 경우라야 한다는 입장[76]) 등이 있다.

생각건대 인과관계필요설이 타당하다. 인과관계가 필요하다고 할 때 그 내용이 문제가 된다. 방조범에서 요구되는 인과관계의 내용은 일상적인 생활경험에 비추어 유형·무형의 방조행위가 정범의 실행행위를 용이하게 하고 실행의지를 강화시키는 효과를 가져온 것으로 인정될 수 있으면 족한 것으로 보는 것이 옳다. 이것은 기회증대설의 결론에 해당한다.

반면 정범의 실행행위와 직접 연결되지 아니한 행위를 도와준 데 불과한 경우에는 방조행위가 되지 않는다. 예컨대 간첩의 심부름으로 안부편지나 사진을 전달했거나[77] 간첩인 줄 알면서 숙식을 제공한 것만으로는[78] 간첩방조행위가 될 수 없다. 이와는 달리 갑이 을에게 범죄에 사용할 흉기를 제공했으나 을이 그것을

---

74) 이재상 498면; 이형국 363면.
75) 배종대 656면.
76) 김성돈 658면; 김일수, 한국형법 Ⅱ, 351면; 박상기 484면; 손동천·김재윤 600면; 손해목 1095면; 신동운 649면; 안동준 259면; 이정원 438면; 임웅 488면; 정성근·박광민 602면; Roxin, LK §27 Rdn. 2 ff.
77) 대판 1966. 7. 12, 66 도 470.
78) 대판 1965. 8. 17, 65 도 388; 1967. 1. 31, 66 도 1661.

사용하지 않고 범죄를 저지른 경우 갑의 물질적 방조는 성립되지 않지만, 예외적으로 갑의 흉기제공이 을의 범의를 강화시켜 준 효과가 입증될 수 있다면 정신적 방조로서 가벌적 방조행위가 될 수 있다.

⑷ 공동방조의 경우

방조자가 2인 이상일 경우에 기능적 범행지배의 관점을 원용하여 정범의 범죄실행을 돕는 데 본질적인 기능을 공동으로 수행한 한, 비록 방조자 상호간에 그 기여도에 차이가 있을지라도 전원을 공동방조자로 인정할 수 있다.

⑸ 방조자의 고의

방조자는 정범의 범죄실행을 방조한다는 인식, 즉 '방조의 고의'와 정범이 범죄를 실행함으로써 기수에 이르러 결과가 발생할 것이라고 하는 점을 인식하는 정도의 '정범의 고의'가 있어야 한다. 이를 이중의 고의라고 한다. 과실에 의한 방조는 있을 수 없으며, 경우에 따라서 과실범의 정범으로 처벌할 수 있다.

정범에 의해 실현되는 범죄의 본질적 요소를 인식해야 하지만, 구체적인 내용까지 인식할 필요는 없다. 직접적인 방조뿐만 아니라 간접적인 방조도 가능하다. 간접방조의 경우에는 실제 정범이 누구이며 또한 실존여부까지 반드시 알아야 할 필요는 없다.[79]

방조자의 고의는 교사자의 고의와 같이 정범의 범죄의 기수를 내용으로 하는 고의이어야 하며, 미수의 방조는 방조행위가 아니다.

방조범과 정범간에 의사의 일치가 있을 필요는 없다. 그러므로 은밀한 방조나 **편면적 방조범**도 가능하며, 이 점에서 편면적 교사범이나 편면적 공동정범이 인정될 수 없는 것과 구별된다.

2. 정범의 실행행위

방조범의 종속성으로 인해 정범의 실행행위가 있어야 한다. 정범은 적어도 실행의 착수단계를 지나야 한다. 방조범의 실행의 착수는 정범의 실행의 착수를 기준으로 해야 한다(공범종속성). 제한적 종속형식의 결과 이 경우 정범의 실행행

---

79) 대판 2007. 12. 14, 2005 도 872:「저작권법이 보호하는 복제권의 침해를 방조하는 행위란 정범의 복제권 침해를 용이하게 해주는 직접·간접의 모든 행위로서, 정범의 복제권 침해행위 중에 이를 방조하는 경우는 물론, 복제권 침해행위에 착수하기 전에 장래의 복제권 침해행위를 예상하고 이를 용이하게 해주는 경우도 포함하며, 정범에 의하여 실행되는 복제권 침해행위에 대한 미필적 고의가 있는 것으로 충분하고 정범의 복제권 침해행위가 실행되는 일시, 장소, 객체 등을 구체적으로 인식할 필요가 없으며, 나아가 정범이 누구인지 확정적으로 인식할 필요도 없다.」

위는 구성요건에 해당하고 위법해야 한다.

정범의 행위는 기수에 이르렀거나 적어도 처벌되는 미수단계에 이르러야 한다. 정범이 가벌적 미수에 그친 경우 좁은 의미의 방조미수가 성립하며 방조자도 미수로 처벌된다. 그러나 **기도된 방조**(효과 없는 방조와 실패된 방조), **미수의 방조**는 원칙적으로 불가벌이다.

정범이 예비의 단계에 그친 경우 그 예비의 방조범이 가능한가? 예비는 독립된 구성요건이 아니고 기수라는 구성요건의 수정형식에 불과하므로 예비에 대한 방조는 있을 수 없다는 것이 우리 대법원의 일관된 입장이다(대판 1976. 5. 25, 75 도 1549; 1978. 2. 28, 77 도 3406; 1979. 11. 27, 79 도 2201).

그러나 정범이 기수에 이르기 위한 실행의 결의를 가지고 그 객관화의 표현으로 예비행위에 이르렀다면 실행의 착수를 미연에 방지하려는 입법자의 의도에 비추어 독자적 범죄로 간주할 수밖에 없다. 이 경우 예비의 불법은 독자성을 띠는 것이므로 예비죄가 성립하는 한 그에 대한 방조의 처벌도 가능하다.

Ⅲ. 처   벌

방조범의 형은 정범의 형보다 감경한다($^{제32조}_{제2항}$). 이런 의미에서 방조범은 필요적 감경사유가 된다. 정범이 가벌적인 미수에 그칠 경우 방조범의 형은 이중으로 감경될 수 있다. 단 특별한 경우, 예컨대 간첩방조($^{제98조}_{제1항}$) · 관세법위반($^{제271조}_{제1항}$) 등의 경우에는 방조범에게 정범과 동일한 형을 과하도록 규정하고 있다. 이 경우는 방조범에 대한 필요적 감경의 예외사유가 된다.

제33조의 적용에 따라 신분 없는 자도 진정신분범의 방조범이 될 수 있다. 부진정신분범에서 비신분자는 기본적 범죄의 방조범이 될 뿐이다. 방조범은 공동정범 또는 교사범과 흡수관계에 있다.

Ⅳ. 관련문제

1. 방조범과 착오

㈎ **정범의 양적 초과의 경우**   정범의 초과분에 대해 방조범은 책임이 없다. 그리고 정범이 결과적 가중범을 실현한 경우 방조범도 그 결과를 예견할 수 있었을 때에 한하여 결과적 가중범의 방조범이 된다.

‖**판례**‖　갑은 을의 부탁으로 밀수행위를 도왔지만 그 내용물이 무엇인지 또는 얼마나 되는 것인지 인식하지도 못한 채 다만 밀수입품일 것이라는 막연한 생각만 가지고 범행에 가담하였다. 따라서 갑은 정범 을이 특정범죄가중처벌법에 의해 가중처벌되는 액수의 밀수를 한다는 것을 전혀 인식하지 못하고 오로지 관세법상의 관세포탈행위를 방조하는 것으로만 인식했을 뿐이다. 그렇다면 방조자의 인식과 정범의 실행간에 착오가 있고 양자의 구성요건을 달리한 경우에는 원칙적으로 방조자의 고의는 조각된다. 하지만 그 구성요건이 중첩되는 부분이 있는 경우에는 그 중복되는 한도 내에서는 방조자의 죄책을 인정해야 한다(대판 1985. 2. 26, 84 도 2987).

(내) **정범의 질적 초과의 경우**　정범이 성격이 전혀 다른 범죄를 저지른 경우 방조는 기도된 방조가 된다. 우리 형법상 기도된 방조는 불가벌이다.

(대) **정범이 방조범의 인식보다 적게 실행한 경우**　정범의 실행행위의 범위 내에서만 방조가 성립한다.

2. 방조의 방조, 교사의 방조 및 방조의 교사

(개) **방조의 방조**　정범이 구성요건에 해당하고 위법한 행위에까지 이른 한 정범에 대한 간접방조 내지 연쇄방조로서 방조범이 성립한다.

(내) **교사의 방조**　불가벌설과 가벌설이 대립하고 있다. 교사의 방조도 정범에 대한 방조로 보아 방조범의 성립을 인정할 수 있다. 단, 기도된 방조는 불가벌이기 때문에 정범이 실행에 착수하였을 것을 요한다. 기도된 교사에 대한 방조는 처벌할 수 없다고 한다(통설). 그러나 기도된 교사에서도 교사자는 예비·음모에 준하여 정범성을 취득하므로($\frac{제31조}{제2항·제3항}$), 예비죄의 방조에 준하여 처벌대상으로 삼을 수 있다.

(대) **방조의 교사**　구형법은 방조범의 예에 준하도록 규정하였으나 현행 형법은 이를 삭제하였다. 방조범을 교사한 자도 실질적으로 정범을 방조한 것이므로 방조범으로 보아야 한다는 견해가 있으나, 기도된 교사·방조의 단계를 지나 이 교사에 응하여 실제로 방조범이 정범에 종속, 성립하는 경우에 한하여 이론상 그 교사자를 방조범으로 취급할 수 있을 것이다.

3. 공범과 부작위

정범에게는 작위가, 공범에게는 부작위가 있는 경우와 그 반대의 경우를 생각할 수 있다. 우선 정범은 부작위이고 공범은 작위일 때 공범이 성립할 수 있다. 예컨대 A가 T를 교사 또는 방조하여 T의 아이를 아사시킨 경우, T의 부작위에 의한 살인죄의 교사 또는 방조범으로 A는 처벌될 수 있다.

반면 정범은 작위이고 공범이 부작위일 경우에는 교사와 방조를 나누어 살펴보아야 한다. 교사의 경우에는 부작위에 의한 교사는 성립할 수 없다. 그러나 방조의 경우에는 원칙적으로 부작위에 의한 방조가 인정된다. 즉 방조자가 보증인지위와 의무를 갖고 있을 때에 한하여 부작위에 의한 방조를 인정하는 견해이다(다수설). 따라서 보증인지위에 있는 자가 보증인의무에 반하여 정범의 행위로 인한 결과발생을 방지하지 아니하면 부작위에 의한 방조범이 성립한다.

제11절 정범·공범과 신분

I. 서 설

우리 형법 제33조는「신분관계로 인하여 성립될 범죄에 가공한 행위는 신분관계가 없는 자에게도 전 3조(공동정범·교사범·방조범)의 규정을 적용한다. 다만 신분관계로 인하여 형의 경중이 있는 경우에는 중한 형으로 벌하지 아니한다」고 규정하고 있다.

이것을 종래 공범과 신분이란 문제로 취급하여 왔다. 즉 신분이 범죄의 성립이나 형의 가감에 영향을 미치는 경우에 신분 없는 자와 신분 있는 자가 공범관계에 있을 때 이를 어떻게 취급할 것이냐의 문제가 그것이었다.

이 문제에 관하여 우리나라의 다수설은 제33조 본문은 진정신분범(구성적 신분)의 연대성을, 단서는 부진정신분범(가감적 신분)의 개별화를 규율한다는 입장을 취하고 있다.[80] 이에 반해 본문은 진정·부진정신분범의 공범성립을, 단서는 부진정신분범의 과형문제를 다루며, 따라서 본문은 공범독립성설의 예외규정, 단서는 공범독립성설의 원칙규정이라는 소수설이 있다.[81] 또한 최근 들어 본문은 진정신분범이건 부진정신분범이건 위법신분에, 단서는 진정·부진정신분범의 구별 없이 책임신분에 적용되는 것이라는 견해도 제기되고 있다.[82]

---

80) 권오걸 637면; 김성천·김형준 437면; 박상기 495면; 배종대 667면; 성낙현 656면; 손동권·김재윤 613면; 손해목 1111면; 안동준 265면; 이상돈 626면; 이영란 512면; 이재상 506면; 이정원 450면; 이태언 494면; 이형국 370면; 임웅 499면; 정영일 425면; 전진연·신이철 393면; 조준현 344면.
81) 백남억 316면; 신동운 695면; 염정철 489면; 정영석 270면; 진계호 564면.
82) 박양빈,「공범과 신분」, 고시연구 1991. 6, 48면; 정성근·박광민 612면; 최선호 396면.

우리 형법에서 정범 및 공범과 신분의 관계를 논의하기 위하여는 먼저 신분
개념의 범위를 확정하는 데서 출발해야 할 것으로 본다.

Ⅱ. 신분의 의의 및 분류

1. 신분의 의의

(1) 개념 및 표지

종래의 통설은 일본 판례상 신분에 관한 정의를 답습하여 「남녀의 성별, 내·
외국인의 구별, 친족관계, 공무원인 자격과 같은 관계에만 한정하지 않고 모든 일
정한 범죄행위에 관한 범인의 인적 관계인 특수한 지위 또는 상태」를 신분으로
지칭하였다.

그러나 우리 형법상 신분개념의 새로운 지평을 위하여는 다음 두 가지 점에
대한 검토를 필요로 한다.

첫째, 신분의 계속성에 관한 문제이다. 원래 특별한 일신적 표지 속에는 ①
성별·연령·친족관계와 같은 정신적·육체적·법적인 본질표지가 되는 특별한
일신적 특성(Persönliche Eigenschaft), ② 공무원·의사·타인의 사무를 처리하
는 자·법률에 의하여 선서한 증인($\frac{제152조}{제1항}$) 같이 사람이 타인, 국가 또는 사물에
대하여 갖는 사회적 지위 또는 관계를 의미하는 특별한 일신적 관계(Persönliches
Verhältnis), ③ 앞에서 언급한 신분적 특성이나 신분적 관계에 속하지 않는 특별
한 신분적 표지로서 업무성, 상습성(대법원 1984. 4. 24, 84 도 195), 누범 및 특별한
심정표지와 같은 특별한 일신적 상태(Persönliche Umstände)가 포함된다.

여기에서 일신적 특성이나 관계는 계속성을 본질요소로 하기 때문에 종래 신
분요소는 반드시 계속성을 가져야 하는가가 논의되었다. 그 후 특별한 일신적 상
태는 반드시 계속성을 가질 필요 없이 일시적인 성격을 띠는 것도 가능하다는 점
이 인식되면서, 오늘날 신분은 반드시 계속성을 가질 필요가 없다는 점이 확인되
었다(다수설[83]) 반면 일회적이거나 우발적으로 발생한 인적 상태는 배제된다는
반대견해도 있다.[84]

---

83) 권오걸 629면; 배종대 663면; 손해목 1103면; 성낙현 649면; 이재상 503면; 이정원 446면;
이형국 367면; 정성근·박광민 607면; 진계호 561면; 차용석, 「공범과 신분」, 고시연구 1986.
5, 24면; Dreher/Tröndle, §28 Rdn. 6; Jescheck/Weigend, S. 658; Samson, SK §28
Rdn. 22.

84) 권문택, 형사법강좌 Ⅱ, 783면; 염정철, 총론(8인 공저), 435면; 성시탁, 「공범과 신분」, 고시계
1978. 2, 66면; 김성돈 666면; 신동운 690면; 오영근 650면; 이상돈 622면; 임웅 495면.

둘째, 신분요소는 행위자에 연관된 표지(Täterbezogene Merkmale)여야 한다. 행위자를 근거지우는 의무지위로서 위에서 본 특별한 신분적 관계 또는 신분적 특성 외에 부진정부작위범에서 보증인지위 내지 의무도 행위자관련표지로서 신분성을 지닌다. 단순히 행위에 연관된 표지는 비록 행위자의 인적 불법과 연관된 것일지라도 공범과 신분관계의 적용대상인 신분요소가 될 수 없다(통설). 예컨대 일반적인 주관적 불법요소인 고의와 특별한 주관적 불법요소인 목적·표현·경향 등은 행위관련표지이기 때문에 신분개념에 포함되지 않는다. 제한적 종속형식을 취하면 이러한 행위관련표지는 당연히 공범에게도 귀속될 수 있기 때문이다.

(2) 요   약

(i) 신분은 범죄의 성립이나 형의 가감에 영향을 미치는 일신상의 특성·관계·상태이다.

(ii) 신분의 계속성은 요건이 아니다.

(iii) 신분은 행위자관련요소여야 한다. 따라서 행위관련요소인 주관적 불법요소, 즉 고의·목적·경향·표현 따위는 신분에서 제외하여야 한다.

신분에서 계속성의 요건이 불필요하다는 전제에서, 통설과는 달리 계속성 없는 일시적 심리상태인 동기·영리의 목적·행사의 목적 등과 같은 주관적 불법요소도 제33조 본문과 단서의 신분개념에 포함시키는 소수설[85]과 판례(대판 1994. 12. 23, 93 도 1002)도 있다.

‖ 판례 ‖ 갑은 을을 모해할 목적으로 병에게 위증을 하도록 교사하였고, 이에 병은 자신의 기억에 반하는 내용의 증언을 했다. 형법 제33조의 이른바 신분관계라 함은 남녀의 성별, 내외국인의 구별, 친족관계, 공무원인 자격과 같은 관계뿐만 아니라 널리 일정한 범죄행위에 관련된 범인의 인적관계인 특수한 지위 또는 상태를 가리키는 것이다. 형법 제152조에서 위증을 한 범인이 형사사건 피고인 등을 모해할 목적을 가지고 있었는지의 여부는 범인의 특수한 상태의 차이에 따라 범인에게 과할 형의 경중을 구별하고 있으므로 형법 제33조 단서 소정의 신분관계로 인하여 형의 경중이 있는 경우에 해당한다. 또한 형법 제31조 제1항은 협의의 공범의 일종인 교사범이 그 성립과 처벌에 있어 정범에 종속된다는 일반적인 원칙을 선언한 데 불과하다. 따라서 신분관계로 인하여 형의 경중이 있는 경우에는 신분 있는 자가 신분 없는 자를 교사하여 죄를 범하게 한 때에는 형법 제33조 단서가 형법 제31조 제1항에 우선하여 적용됨으로써 신분 있는 교사범이 신분 없는 정범보다 중하게 처벌되는 것이다. 결국 갑은 모해위증교사죄, 병은 위증죄의 죄책을 지게 된다(대판 1994. 12. 23, 93 도 1002).

---

85) 정성근 606면; 차용석, 전게논문, 24면 이하.

이 판례에서 모해목적을 신분관계로 본 것은 신분개념의 확장이며 잘못된 것이다. 갑은 위증교사일 뿐이다.

2. 신분의 분류

신분의 분류에서 전통적 방법은 제33조의 본문과 단서의 문언을 중심으로 구성적·가감적·소극적 신분으로 나누는 입장이다. 이와는 달리 신분의 법적 성지을 기준으로 위법신분과 책임신분으로 나누는 새로운 시도도 나타나고 있다. 신분분류의 방법은 후술할 제33조의 본문과 단서의 의미와 관계를 해석하는 데 직결되어 있어, 제33조 해석론의 전제라고 할 수 있다.

(1) 전통적인 분류

(a) **구성적 신분**   일정한 신분이 있어야 범죄가 성립하는 경우에 신분은 가벌성을 구성하는 요소로 작용한다. 이를 구성적 신분이라 부른다. 또한 구성적 신분을 필요로 하는 범죄를 **진정신분범**이라 한다. 신분의 착오는 고의를 조각하며 신분 없는 자는 단독으로 신분범죄의 주체가 되지 못한다. 수뢰죄($\frac{제129}{조}$), 위증죄($\frac{제152}{조}$), 횡령 및 배임죄($\frac{제355}{조}$) 등이 이에 해당한다.

(b) **가감적 신분**   신분이 없어도 범죄는 성립하지만 신분에 의하여 형벌이 가중 또는 감경되는 경우이다. 이에 해당하는 범죄를 **부진정신분범**이라고 부른다. 존속살해죄($\frac{제250조}{제2항}$)에서 직계비속, 영아살해죄($\frac{제251}{조}$)에서 직계존속, 업무상 횡령죄($\frac{제356}{조}$)에서 업무상의 지위 등이 이에 속한다. 여기서 신분은 형벌을 가감하는 인적 요소로서 기능할 뿐이며 신분 없는 자에게도 보통의 범죄는 성립한다. 따라서 가감적 신분의 착오는 고의를 조각시킬 수 없고 제15조 제1항에 따라 경한 죄로 처벌된다.

(c) **소극적 신분**   소극적 신분이란 신분으로 인하여 범죄의 성립 또는 형벌이 조각되는 경우의 신분을 말한다. 입법례에 따라서는 명문의 규정을 두고 있는 경우도 있으나, 우리 형법은 이에 대해 아무런 규정을 두고 있지 않다. 소극적 신분을 다음과 같이 세 유형으로 나누어 설명할 수 있다.

(개) **위법성조각적(불구성적) 신분**   일반인에게 금지된 행위를 특정신분자에게만 허용하는 경우의 신분을 말한다. 예컨대 의료법에 그 활동이 저촉되지 않는 의사, 변호사법에 그 활동이 저촉되지 않는 변호사의 신분 등이 이에 속한다.

(내) **책임조각적 신분**   신분자의 행위도 구성요건에 해당하는 위법행위가 되

지만 특정신분의 존재로써 책임이 조각되는 경우의 신분을 말한다. 예컨대 범인
은닉죄($\frac{제151조}{제2항}$), 증거인멸죄($\frac{제155조}{제4항}$)에서 친족·호주·동거의 가족인 신분과 14세
미만의 형사미성년자인 신분이 여기에 해당한다.

(다) **형벌조각적(처벌조각적) 신분**   범죄 자체는 성립하지만 특정신분의 존재
로써 형벌이 면제되는 경우의 신분을 말한다. 예컨대 친족상도례($\frac{제344조}{제328조}$)에서 친족
의 신분이 이에 해당한다.

(2) 새로운 분류

전통적인 분류방식을 형식주의 내지 실증주의라고 비판하면서 신분을 그의
법적 성질에 따라 새로이 구별해야 한다는 주장이다. 일찍이 침멀(Zimmerl)이 이
같은 입장에서 위법신분·책임신분으로 나눌 것을 주창한 이래 스위스 및 오스트
리아 형법에서 채택되었다 이 분류방법을 우리 형법 제33조의 해석에 도입하려는
새로운 시도도 있다.

즉, 정범행위의 결과반가치를 근거짓거나 조각시키는 신분을 **위법신분**이라
하고, 행위자의 책임비난(비난가능성)에 영향을 주거나 이를 조각시키는 신분을
책임신분이라 한 후, 전자는 구성적이든 가감적이든 제33조 본문의 신분으로 보
아 이에 가공한 공범에 연대적으로, 후자는 구성적이든 가감적이든 제33조 단서
의 신분으로 보아 개별적으로 책임을 물어야 한다는 견해이다. 신견해에 따르면
설령 신분이 가감적일지라도 그의 법적 성질이 위법신분이라면 제33조 본문의 연
대적 작용을, 책임신분이라면 그것이 구성적일지라도 단서의 개별적 작용을 받게
된다는 것이다.[86]

위법신분에는 구성적 신분에서 제시한 것 이외에 직권남용죄의 공무원, 간수자도
주원조죄의 간수자, 업무상 과실장물죄의 업무자, 위법성조각적 신분의 모두가 여
기에 해당하는 것으로 본다. 반면 책임신분에는 존속범죄에 있어서 직계비속, 영아
살해죄에 있어서의 직계존속, 각종 상습범의 상습성, 업무상 과실범죄의 업무자, 14
세 미만자, 심신상실자, 심신미약자, 책임조각적 신분 등이 속한다고 한다.[87]

종래 통설과 신견해의 큰 차이점은 가감적 위법신분에 대해 신견해가 가벌성
을 확대적용하는 해석론이라는 점이다. 구성적 책임신분에 대해 신견해가 가벌성
을 축소하는 해석론이긴 하지만 구성적 책임신분이 실제 우리 입법례에는 발견되

---

86) 박양빈, 「공범과 신분」, 고시연구 1991. 6, 43면 이하 ; 정성근·박광민 612면 ; 차용석, 「공범
    과 신분」, 월간고시 1986. 2, 35면 이하 ; 최선호, 「공범과 신분에 관한 연구」, 1986, 82면 이하.
87) 정성근·박광민 609～610면.

지 않는다는 점에서 별 의미가 없다.

결국 우리 형법 제33조의 해석적용에서 신견해를 따르기에는 아직 불비한 점이 많다.[88] 원칙적으로 전통적 해석론에 입각한 통설의 입장을 따르는 것이 좋다고 생각한다.

Ⅲ. 형법 제33조의 해석론

1. 기본적인 입장

형법 제33조 본문과 단서의 관계를 논할 때 다수설은 본문은 진정신분범에 가공한 비신분자에게도 신분의 연대적 작용을 규정한 것이며, 단서는 부진정신분범의 공범성립과 그 과형에 대한 규정으로 이해하고 있다. 단서가 비신분자를 중한 형으로 벌하지 아니한다고 규정한 것은 **책임의 개별화**를 선언한 것이며, 이 점은 공범종속성설 중 제한적 종속형식의 당연한 귀결이라고도 한다.

이에 대해 소수설은 단서의 신분을 과형의 문제로만 이해하고 본문의 신분의 연대적 작용을 부진정신분범에까지 확대적용함으로써 본문·단서 사이의 모순을 해소하려 한다. 여기에서는 본문의 신분이 진정·부진정신분범을 포함한 신분범 일반에 대하여 **공범의 성립문제**를, 단서는 특히 부진정신분범에 한하여 **과형의 문제**를 각각 규정한 것으로서 본문은 공범독립성설의 예외규정, 단서는 공범독립성설의 원칙규정이라고 한다.

소수설은 다수설에 대해 다음과 같이 비판한다.
① 본문을 진정신분범에 대해서만 적용된다고 해석하면 부진정신분범에 대하여는 공범성립의 근거규정이 없게 된다.
② 형법 제33조 단서는 부진정신분범의 과형에 대하여만 규정한 것이 명백한바, 본문을 진정신분범에 제한하여 적용할 근거가 없다.

그러나 이러한 비판에 대하여 다수설의 입장은 다음과 같이 반박한다.
① 본문을 부진정신분범에 대하여도 적용하여 공범성립의 근거를 마련하면 진정신분범에 대하여는 과형에 관한 규정이 없게 된다.
② 본문은 「신분관계로 인하여 성립될 범죄」라고 규정하고 있는데 부진정신분범은 신분관계로 인하여 '성립'되는 범죄가 아니다.

---

88) 신동운 교수는 형법상의 신분을 불법신분·책임신분으로 나누는 소수설은 형법 제33조의 독자성을 설명해 주지 못하고, 또한 불법신분과 책임신분의 구별이 분명치 않아 법적 안정성을 해치며 신분관계에 관한 총론적 검토를 포기하고 개별조문의 해석문제로 후퇴하는 문제점을 가지고 있다고 지적한다(형법총론 695면).

③ 부진정신분범의 경우 형의 가감의 원인이 되는 개인적 사정을 공범에까지 확대할 수는 없으며 확대 후 다시 개별화하는 것도 무의미하다.

이상이 제33조 본문 단서를 둘러싼 시각의 차이들이지만 다수설이든 소수설이든 신분의 분류에서 전통적 분류를 따른다는 점에서는 차이가 없다. 어느 설을 취하든 구성적 또는 가감적 신분에 가공한 공범이 결과적으로 귀착되는 법정형량은 같은 것이며 그 과정이 다를 뿐이다.[89]

2. 형법 제33조 본문의 해석

(i) 진정신분범에 가담한 비신분자는 진정신분범의 공동정범 또는 공범이 된다. 본문은 공동정범에 대해서는 위법연대를, 공범에 대하여는 종속성 강화를 규정하고 있기 때문이다. 종래 비신분자는 '신분의 존재'라는 정범요소가 없으므로 신분범의 공동정범이 될 수 있는가에 대하여 논란이 있었으나 형법은 「전 3조의 규정을 적용한다」고 하여 입법적으로 해결하였다.

‖ **판례** ‖   형법 제30조의 공동정범은 공동가공의 의사와 그 공동의사에 기한 기능적 행위지배를 통한 범죄 실행이라는 주관적 · 객관적 요건을 충족함으로써 성립하는바, 공모자 중 일부가 구성요건 행위 중 일부를 직접 분담하여 실행하지 않는 경우라고 할지라도 전체 범죄에 있어서 그가 차지하는 지위, 역할이나 범죄 경과에 대한 지배 내지 장악력 등을 종합해 볼 때, 단순히 공모자에 그치는 것이 아니라 범죄에 대한 본질적 기여를 통한 기능적 행위지배가 존재하는 것으로 인정된다면 이른바 공모공동정범으로서의 죄책을 면할 수 없는 것이고, 이러한 법리는 공무원이 아닌 자가 공무원과 공모하여 직권남용권리행사방해죄를 범한 경우에도 마찬가지라고 할 것이다(대판 2010. 1. 28, 2008 도 7312).

* 주의: 형법 제33조 본문의 「구성적 위법신분의 위법연대의 원칙」은 무제한 적용할 것이 아니다. 진정신분범 중 이른바 행위자관련신분범 내지 의무범에 해당하는 범죄에는 각 행위자에게 특유한 신분상의 의무위반이 없는 한 정범성을 취득할 수 없으므로 신분표지 없는 자가 타인의 신분을 차용하여 신분범의 공동정범이 될 수 없다. 따라서 제33조 본문의 진정신분범에 대한 공동정범의 성립범위는 의무범적 진정신분범의 범주에 속하는 행위자관련신분범을 제외한 나머지 진정신분범, 즉 결과관련신분범에 대해서만 적용되는 것으로 해석해야 한다.

---

89) 그러나 신동운 교수는 다수설과 소수설에 따라 확정되는 죄명이 다를 경우 공소시효에 차이가 나기 때문에 학설대립의 실익이 있다는 점을 지적한다(형법총론 696면). 예컨대 갑이 아들 을과 함께 남편 병을 살해한 경우, 다수설에 따르면 갑은 보통살인죄, 을은 존속살인죄가 되나, 소수설에 따르면 갑과 을은 존속살인죄의 공동정범이 되고 다만 갑은 보통살인죄의 법정형으로 처벌되기 때문에 공소시효에 있어서 차이가 난다는 것이다.

(ii) 비신분자는 신분범의 간접정범이 될 수 있는가? 예컨대 비공무원이 수뢰죄의 간접정범이 될 수 있다고 보아 이를 긍정하는 견해가 있다.[90] 판례도 이를 긍정한다(대판 1992. 1. 17, 91 도 2837; 2011. 5. 13, 2011 도 1415). 하지만 형법 제 33조 본문은 비신분자가 공동정범은 될 수 있어도 단독으로 진정신분범의 정범이 될 수 있다는 의미는 아니므로 다수설은 이를 부정하고 있다. 비신분자에게는 진정신분범의 정범적격이 결여되어 있기 때문이다.[91]

(iii) 제33조 본문이 비신분자가 신분자에 가공한 경우에 적용됨은 명백하지만, 반대로 신분자가 비신분자에 가공한 경우는 어떻게 할 것인가? 소위 행위공동설의 입장에서 제33조 본문이 적용되어야 한다는 견해도 있다. 하지만 본문의 신분은 구성요건요소이고 비신분자의 행위는 구성요건해당성이 없으므로, 신분자가 비신분자를 이용하여 진정신분범을 범한 경우에는 신분 없는 고의 있는 도구를 이용한 간접정범으로 보아야 할 것이다(다수설).

3. 동조 단서의 해석

(i) 비신분자가 부진정신분범에 가공한 경우 신분자에게는 부진정신분범, 비신분자에게는 그 가담의 정도에 따라 보통범죄의 공동정범 또는 교사범·방조범이 성립한다. '중한 형으로 벌하지 아니한다'는 의미는 존속살해죄처럼 부진정신분범이 가중적 신분범인 경우 이에 가담한 비신분자에게 중한 형인 존속살해죄를 적용하지 않고 보통살인죄의 공동정범이나 교사 또는 방조범으로 처벌한다는 뜻이다. 종래 통설은 그 이유를 단서가 책임개별화의 원칙을 규정한 때문이라고 보았다. 그러나 단서는 부진정신분범의 공동정범에 대해서는 위법신분의 **연대해제**를, 부진정신분범의 공범에 대해서는 **종속성완화**를 규정한 때문으로 보는 것이 옳다.

(ii) 가중적 신분범에게는 이 원칙이 전적으로 타당하지만, 감경적 신분범의 경우에는 가공자의 정범·공범의 성립 및 과형에 관해 해석상 문제가 있다. 예컨대 A가 미혼모인 B의 영아살해에 가담한 경우 A를 중한 보통살인죄의 공범으로 처벌할 것인가 아니면 영아살해죄의 공범으로 처벌할 것인가가 문제이다. 형

---

90) 박양빈,「공범과 신분」, 고시연구 1991. 6, 47면; 신동운,「공범과 신분」, 고시계 1991. 12, 45면; 신동운 700면; 진계호 566면; 차용석, 앞의 글, 35면.
91) 김성돈 677면; 김성천·김형준 439면; 박상기 494면; 배종대 668면; 손동권·김재윤 615면; 이상돈 632면; 이재상 507면; 이정원 394면; 임웅 501면; 정성근·박광민 616면; 정영일 413면; 정진연·신이철 394면.

법이 명문으로 중한 형으로 벌하지 아니한다고 규정한 이상 비신분자는 언제나 경한 죄로 벌하여야 한다는 견해와,[92] 그렇게 될 경우 단서의 책임개별화원칙 취지에 반하므로 감경사유는 언제나 신분자 일신에 한하고 공범에겐 미치지 않는다는 견해[93]로 나뉘고 있다. 종속성완화의 원칙에서 볼 때 정범의 책임감경신분에까지 공범이 종속되어야 할 이유는 없으므로 이같은 신분요소가 없는 공범에게는 보통범죄가 적용되어야 한다. 판례도 같은 입장이다(대판 1994. 12. 23, 93 도 1002).

(iii) 한편 신분자가 비신분자에 가공한 경우, 본문과 달리 단서는 이 경우에도 적용되어야 한다는 데 이론이 없다(통설). 형법 제33조 단서가 종속성완화의 원측을 채택하고 있는 한, 비신분자의 행위에 부진정신분범이 가담하여도 부진정신분범의 공범으로 규율되어야 한다. 예컨대 A가 B를 교사하여 자기의 부 C를 살해하게 한 때 B는 보통살인죄의 정범, A는 존속살해죄의 교사범이 된다.

(iv) 판례는 소수설의 입장을 따라 부진정신분범에 가담한 비신분자에게 부진정신분범의 공범이 성립하고, 그 과형은 단서에 따라 중하지 않은 형을 과한다는 입장을 취하고 있다.

‖ **판례** ‖ 상호신용금고법 제39조 제 1 항 제 2 호 위반죄는 상호신용금고의 발기인·임원·관리인·청산인·지배인 기타 상호신용금고의 영업에 관한 어느 종류 또는 특정한 사항의 위임을 받은 사용인이 그 업무에 위배하여 배임행위를 한 때에 성립하는 것으로서, 이는 위와 같은 지위에 있는 자의 배임행위에 대한 형법상의 배임 내지 업무상배임죄의 가중규정이고, 따라서 형법 제355조 제 2 항의 배임죄와의 관계에서는 신분관계로 인하여 형의 경중이 있는 경우라고 할 것이다. 그리고 위와 같은 신분관계가 없는 자가 그러한 신분관계에 있는 자와 공모하여 위 상호신용금고법위반죄를 저질렀다면, 그러한 신분관계가 없는 자에 대하여는 형법 제33조 단서에 의하여 형법 제355조 제 2 항에 따라 처단하여야 할 것인바, 그러한 경우에는 신분관계가 없는 자에게도 일단 업무상배임으로 인한 상호신용금고법 제39조 제 1 항 제 2 호 위반죄가 성립한 다음 형법 제33조 단서에 의하여 중한 형이 아닌 형법 제355조 제 2 항에 정한 형으로 처벌되는 것이다(대판 1997. 12. 26, 97 도 2609).

4. 요 약

(i) 형법 제33조 본문은 구성적 (위법)신분의 위법연대(공동정범의 경우) 및 종속성강화(공범의 경우)를 규정한 것이다.

---

92) 권문택, 앞의 글, 791면; 신동운, 앞의 글, 47면; 오영근 661면; 진계호 565면.
93) 박상기 470면; 배종대 669면; 안동준 266면; 이재상 510면; 임웅 504면; 정성근·박광민 619면; 조준현 346면.

(ii) 형법 제33조 단서는 가감적 위법신분의 연대해제 및 종속성완화의 규정으로
이해하는 것이 좋다. 종래 통설은 단서를 책임개별화원칙으로 보았으나 우리 형법상
단서의 책임개별화는 책임가감신분에 한하여 인정하는 것이 좋을 것으로 본다.

5. 필요적 공범과 신분에 관한 규정의 적용

필요적 공범에도 공범과 신분에 관한 형법 제33조가 적용되는가? 집합범과
대향범 사이에 차이가 난다. 전자의 경우에는 제33조의 적용이 전적으로 배제되
지만, 후자의 경우에는 단지 그 적용이 제한될 뿐이다.

(1) 집합범의 경우

내란죄·소요죄·합동범 등의 집합범은 애당초 신분을 요하는 범죄가 아니
므로 제33조의 적용 여부가 문제되지 않는다. 다만 특수절도($\frac{제331조}{제2항}$)의 경우 그 중
1 인에게 상습 또는 친족과 같은 신분이 있을 때 제33조 단서 및 제328조 제 3 항
이 적용된다.

(2) 대향범의 경우

도박죄·뇌물죄 등의 대향범은 필요적 공범 상호간에 제33조가 적용될 여지
가 없지만, 제 3 자가 필요적 공범의 일방에 가담한 때에는 제33조가 적용될 가능
성이 있다.

(a) **상습도박죄**($\frac{제246조}{제2항}$)   상습자는 신분자이다. 그러나 이 신분은 구성적 신
분이 아니라 가중적 신분으로서 양형의 근거와 관련될 뿐이므로 이에 관하여는
제33조 본문은 적용될 여지가 없고 제33조 단서만 적용된다. 예컨대 상습도박자
를 교사하여도 단순도박죄의 교사로 처벌될 뿐이다. 반면 상습도박자가 단순도박
자의 도박행위를 교사·방조하면 상습도박교사·방조죄가 성립한다(대판 1984. 4.
24, 84 도 195).

(b) **뇌 물 죄**   뇌물죄의 경우 필요적 공범인 공범자 상호간에는 제33조 본
문이 적용될 여지가 없다. 진정신분범인 수뢰죄의 경우 공무원인 신분은 구성적
신분이므로 비신분자인 제 3 자가 이에 가공한 경우 제33조 본문에 따라 수뢰죄의
교사범 또는 방조범의 규정이 적용된다. 제33조 본문은 공동정범의 성립도 인정
하나, 의무범적 진정신분범인 수뢰죄에 비신분자의 공동정범성립가능성은 배제되
도록 제한적으로 해석하는 것이 옳다(목적론적 제한해석).

‖ **판례** ‖   매도, 매수와 같이 2인 이상의 서로 대향된 행위의 존재를 필요로 하는 관계

에 있어서는 공범이나 방조범에 관한 형법총칙의 규정의 적용이 있을 수 없고, 따라서 매도인에게 따로 처벌규정이 없는 이상 매도인의 매도행위는 그와 대향적 행위의 존재를 필요로 하는 상대방의 매수행위에 대하여 공범이나 방조범의 관계가 성립되지 아니한다(대판 2001. 12. 28, 2001 도 5159).

Ⅳ. 소극적 신분과 공범

1. 위법성조각적 신분과 공범

(ⅰ) 위법성조각적 신분자의 행위에 비신분자가 가공한 경우에는 신분자의 적법행위에 비신분자가 관여한 것이 되어 범죄가 성립하지 않는다.

(ⅱ) 신분자가 비신분자에 가공한 때에는 신분자도 일반인과 함께 법익을 침해하는 것이 가능할 것이므로 제33조 본문의 취지에 비추어 공범의 성립이 긍정된다.[94] 여기서 공범의 범위에는 협의의 공범 외에 공동정범도 포함된다.

반면 대법원판례는 이 문제에 대해 통일된 입장을 확립하지 못하고 있다.

‖**판례 1**‖ 의료인이 의료인이나 의료법인 아닌 자의 의료기관 개설행위에 공모하여 가공하면 의료법 제66조 제3호, 제30조 제2항 위반죄의 공동정범에 해당된다(대판 2001. 11. 30, 2001 도 2015).

‖**판례 2**‖ 의사인 피고인이 그 사용인 등을 교사하여 의료법 위반행위를 하게 한 경우 피고인은 의료법의 관련 규정 및 형법 총칙의 공범규정에 따라 의료법 위반 교사의 책임을 지게 된다(대판 2007. 1. 25, 2006 도 6912).

‖**판례 3**‖ 변호사 아닌 자가 변호사를 고용하여 법률사무소를 개설·운용하는 행위에 있어서는 변호사 아닌 자는 변호사를 고용하고 변호사는 변호사 아닌 자에게 고용된다는 서로 대향적인 행위의 존재가 반드시 필요하고, 나아가 변호사 아닌 자에게 고용된 변호사가 고용의 취지에 따라 법률사무소의 개설·운영에 어느 정도 관여할 것도 당연히 예상되는바, 이와 같이 변호사가 변호사 아닌 자에게 고용되어 법률사무소의 개설·운영에 관여하는 행위는 위 범죄가 성립하는 데 당연히 예상될 뿐만 아니라 범죄의 성립에 없어서는 아니 되는 것인데도 이를 처벌하는 규정이 없는 이상, 그 입법 취지에 비추어 볼 때 변호사 아닌 자에게 고용되어 법률사무소의 개설·운영에 관여한 변호사의 행위가 일반적인 형법 총칙상의 공모, 교사 또는 방조에 해당된다고 하더라도 변호사를 변호사 아닌 자의 공범으로서 처벌할 수는 없다(대판 2004. 10. 28, 2004 도 3994).

---

94) 권문택, 앞의 글, 794면; 김성돈 680면; 박상기 499면; 배종대 670면; 손동권·김재윤 621면; 손해목 1115면; 신동운 706면; 안동준 266면; 이재상 511면; 이형국 371면; 임웅 505면; 정성근·박광민 621면; 진계호 569면.

2. 책임조각적 신분과 공범

(ⅰ) 책임조각적 신분자에 비신분자가 공동정범・교사범・방조범의 형식으로 가담한 때에는 신분자는 책임이 조각되어 처벌받지 않지만 비신분자의 범죄성립에는 영향이 없다. 이는 공범제한종속형식(정범의 불법행위에 종속)의 당연한 귀결이다. 만약 이 경우 비신분자가 의사지배를 하고 있는 상황이라면 간접정범이 성립할 수 있다.

(ⅱ) 반대로 책임조각적 신분자가 비신분자를 교사・방조한 경우 비신분자의 범죄성립에는 이론이 없지만 신분자에 대해서는 견해가 나뉘고 있다. 이 경우 책임신분으로 인한 불가벌의 범위를 일탈한 것이라 하여 공범성립을 인정하는 견해도 있으나, 책임개별화원칙에 따라 책임이 조각된다고 보아야 할 것이다.[95]

3. 형벌조각적 신분과 공범

(ⅰ) 신분의 존부는 범죄의 성립과 아무런 관련이 없고 정책적 이유 때문에 국가형벌권의 행사를 제약한 경우로서 통설은 친족상도례에서 형이 면제되는 신분을 그 예로 들고 있다. 비신분자가 이에 가공한 경우 양자 모두 범죄는 성립하나 신분자에게는 형벌이 조각된다$\left(\begin{smallmatrix}\text{제344조,}\\\text{제328조 제 1 항}\end{smallmatrix}\right)$.

(ⅱ) 그와 반대되는 경우, 즉 친족이 제 3 자에게 자기 가족의 재물을 절도하라고 교사한 경우에 책임조각적 신분의 예와 마찬가지로 새로운 범인을 산출하는 행위로서 절도죄의 교사범으로 처벌하자는 견해도 있다.[96] 그러나 제한적 종속형식에 의하는 한, 범죄가 직접적인가 간접적인가는 중요한 것이 아니므로 역시 형벌이 조각된다고 보아야 할 것이다.[97]

‖ **판례** ‖ 자신의 동생이 벌금 이상의 형에 해당하는 범죄를 저지른 자임을 알면서도 제 3 자로 하여금 수사기관에 허위진술을 하도록 교사하였다. 그렇다면 형법 제151조 제 2 항에 정한 친족이 범인 본인을 도피하게 한 경우에 해당되지 않으므로 범인도피죄의 교사범으로서의 죄책을 지게 된다(대판 1996. 9. 24, 95 도 1382).

---

95) 배종대 671면; 손동권・김재윤 624면; 손해목 1116면; 이재상 512면; 임웅 505면; 정성근・박광민 622면.
96) 권문택, 앞의 글, 795면; 김종원,「공범과 신분」, 법정 1976. 1, 51면.
97) 배종대 671면; 손동권・김재윤 624면; 이재상 512면; 임웅 505면; 정성근・박광민 623면.

제3편 죄수론

제 1 장 죄수의 일반이론

제 1 절 죄수론의 의의

죄수론은 범죄의 수가 1개인가 또는 수개인가의 문제를 다루는 이론영역이다. 범죄의 수가 1개인가 수개인가의 여부는 형법의 적용에서뿐만 아니라 형소법상 법적 효과에서도 차이를 나타낸다.

형법은 죄수론에 관하여 총칙 제2장 제37조부터 제40조에 걸쳐 경합범과 상상적 경합을 규정하고 있다. 누범규정($^{제35}_{조}$)도 학자에 따라서는 죄수론에서 다루기도 하나 형벌론에서 다루는 것이 타당하다고 본다.

제 2 절 죄수결정의 기준

I. 학설의 현황

범죄의 수를 정하는 기준을 놓고 다음과 같은 학설들이 제시되고 있다.

1. 행위표준설

이 견해는 자연적 의미의 행위가 1개인가 수개인가에 따라 범죄의 다수를 결정하고자 한다. 이 견해에 의하면 행위는 원칙적으로 의사의 표현과 결과를 포함하므로 양자 중 어느 하나만 단일하면 행위는 1개이고, 죄수도 1개라고 한다. 이 입장에 따르면 연속범은 수죄이지만 상상적(관념적) 경합은 일죄가 된다. 이 설에 대하여는 수개의 행위에 의해 1개의 구성요건을 실현하는 경우를 설명하지 못할 뿐더러, 더 근본적으로는 구성요건의 해석학적 순환과정에 들어가지 않고서는 자연적 의미에서 행위가 1개라는 점을 인식할 수가 없다는 점이 지적될 수 있다.

2. 법익표준설

이 견해는 범죄행위로 침해되는 보호법익의 수 또는 결과의 수를 기준으로 죄수를 결정한다. 또한 법익의 주체와 관련하여 생명·신체·자유·명예 등의 일신 전속적 법익과 재산죄 등과 같은 비일신전속적 법익을 나누어 전자의 경우에는 피해주체마다 1개의 죄가 각기 성립한다고 본다. 이 입장에 따르면 상상적 경합은 실질상은 수죄이지만 처벌상 일죄로 취급하는 것으로 보게 된다.

그러나 같은 법익의 침해에 대하여도 여러 가지 행위양태가 가능하며 그에 따라 수개의 구성요건에 관계될 수 있는데, 법익표준설은 이것을 단지 일죄로 보지 않으면 안 된다는 부당한 결론에 이른다.

3. 의사표준설

이 견해는 범죄의사의 수를 표준으로 하여 죄수를 결정하려고 한다. 따라서 범의가 한 개이면 한 개의 행위와 한 개의 범죄만 인정되고 범의가 수개이면 수개의 범죄가 인정된다. 이 입장은 상상적 경합은 물론 연속범도 의사의 단일성이 인정된다고 본다.

이 설에 대하여는 하나의 범죄의사를 가졌다고 하여 다수의 범죄결과가 발생한 때에도 일죄라고 하는 것은 부당하다는 비판이 가해진다. 역시 이 설에 대하여도 근본적으로는 범죄의사의 단일성이라는 것은 인식론적으로 구성요건과의 해석학적 순환과정 안에서만 밝혀질 수 있다는 점을 지적할 수 있다.

4. 구성요건표준설

이 견해는 구성요건해당사실의 단수·복수 여하에 따라 죄수를 결정한다. 이에 따르면 상상적 경합은 본질상 수죄이지만 과형상 일죄로 취급하는 것이라고 본다.

그러나 이 설은 행위가 여러 차례 반복되어 동일한 구성요건에 해당할 경우(예컨대 접속범이나 연속범) 일죄인가 수죄인가를 밝혀 주지 못한다. 이 지적은 역시 구성요건과 행위간의 해석학적 순환을 바라보고 있지 않다는 점에 대한 것이라 할 수 있다.

Ⅱ. 죄수결정의 일반이론

1. 문 제 점

범죄의 모든 면들을 종합적으로 고려하여 구체적인 경우에 합목적적으로 결정해야 한다는 데에는 학자들간에도 어느 정도 의견합치가 이루어져가고 있다. 이하에서는 인식론적·방법론적인 문제의식 속에서 죄수결정에 관한 일반이론을 전개해 보기로 한다.

2. 죄수결정의 일반이론

(1) 다수 혹은 다종의 **구성요건침해**(구성요건침해의 다수성)

어떤 범죄행태가 수죄가 되기 위해서는 적어도 구성요건이 여러 개 혹은 여러 번 침해되었어야 한다. 다시 말해 구성요건의 다수 혹은 다종의 침해는 수죄가 되기 위한 필요조건이다.

다만 후술하게 될 행위단일성이 인정되지 않는 경우에도, 외견상으로는 수개의 범행을 저지르는 것 같지만 구성요건이 이미 수개의 행위를 그의 전형적인 범죄행태 내지 존재방식으로 삼음으로써, 수개의 행위가 1개의 구성요건을 침해하는 것으로 되는 경우가 있다. 이러한 구성요건을 **행위통합적 구성요건**(Die hand-lungsvereinigenden Tatbestände)이라고 한다. 이에는 다음 네 가지가 있다.

(ⅰ) 각기 독립된 구성요건에 해당할 수 있는 수개의 행위(예컨대 폭행과 절도)를 결합하여 1개의 범죄(예: 강도죄)로 규율하는 구성요건(예: 강도죄·강도살인죄·강간죄 등)은 각기 하나의 행위로 인정될 수 있는 행동들을 죄수론상 하나의 행위로 통합시키는 행위단일성에 관한 법규범적 기준이다. 따라서 종래 포괄일죄의 하나로 다룬 결합범은 단순일죄일 뿐이다.

(ⅱ) 일정한 시간상의 지속을 통해서만 비로소 효과적인 결과를 달성할 수 있는 범죄(계속범)에서 구성요건행위에 의해 초래된 위법상태를 유지하기 위한 행위는, 비록 그것만을 떼놓고 보면 같은 구성요건을 다시 충족하는 경우이지만 행위단일성이 인정된다. 왜냐하면 계속범의 구성요건은 위법상태를 유지하기 위한 행위와 위법상태야기행위의 불가분적 연관을 예정하는 전형적인 범죄행태의 존재방식에 해당하기 때문이다. 따라서 종래 포괄일죄의 하나로 취급되어 왔던 계속범도 단순한 일죄일 뿐이다.

(iii) 형법 제114조(범죄단체조직죄)의 경우와 같이 하나의 범죄행태가 반복되는 수개의 행위실행 속에 존재하는 경우, 반복되는 수개의 행위는 하나의 행위로 인정된다.

(iv) 이 외에도 상습범·영업범 등에서와 같이 행위자의 일정한 위법한 생활영위태도를 객관적으로 표현하는 개개의 행위들도 당해 구성요건에 의해 죄수론상 하나의 행위로 통합된다. 이러한 경우에는 수죄가 되기 위한 필요조건 자체가 충족되지 않는 경우로서 단순일죄가 될 뿐이다.

죄수론상 구성요건의 수회 내지 수종의 침해가 수죄의 필요조건이 된다는 점도 후술하는 행위(단일성)와의 해석학적 관련 속에서만 의미를 갖는다. 그러므로 동종의 구성요건이 수회 침해된 경우에, 희생자의 인격적 주체성이 문제되지 않는 법익이고 동시에 행위단일성이 인정되면, 수죄가 되기 위한 필요조건은 충족되지 않는 것이 된다. 왜냐하면 이 경우에는 구성요건실현의 단순한 양적 증가가 있을 뿐이기 때문이다.

구성요건이 다수 혹은 수종 침해되지 않으면 수죄 내지 경합범이 될 수 없다는 점에서 소위 **법조경합의 경우는 수죄가 될 수 없다**. 즉 법조경합의 경우에는 구성요건이 다수 혹은 수종 침해된 것이 아니라 하나의 구성요건이 침해된 것인데 단지 적용될 구성요건(혹은 법조)간에 **법기술적인 경합**이 발생하고 있을 뿐이다.

(2) 행위단일성(Handlungseinheit)과 행위다수성(Handlungsmehrheit)

(a) **문제의 제기**　　어떤 범죄행태가 실질상으로뿐만 아니라 처분상으로도 수죄가 되기 위해서는 구성요건의 다수 혹은 수종의 침해 외에 **행위가 다수**라고 평가받을 수 있어야 한다. 즉 행위다수성은 처분상으로도 수죄(실체적 경합)가 되기 위한 충분조건이라 할 수 있다. 바로 여기서 상상적 경합(처분상 일죄)과 실체적 경합(처분상 수죄)이 구분될 수 있다. 그런데 행위다수성은 행위단일성이 인정되지 않는 범죄행태라 할 수 있으므로, 문제는 **행위단일성**(행위가 평가상 한 개임)의 인식에 집중된다.

(b) **죄수론상의 행위개념**　　형법 제40조는 「1개의 행위가 수개의 죄에 해당하는 …」이라고 규정하고 있는바, 여기서 죄수론상의 행위를 어떻게 파악해야 하는가 하는 문제가 죄수결정기준으로서의 행위단일성(평가상 한 개의 행위)을 구체화하는 데 관건이 된다.

㈎ **자연주의적 행위개념과 구분**   한 개의 행위라는 것은 자연적 의미의 행위단일성을 의미한다고 보는 견해이다. 우선 하나의 행위결의와 하나의 의사실행이 있으면 자연적 의미의 한 행위가 있다고 한다. 또한 다수의 행동방식도 하나의 통일적인 의사에 의해 수행되고 다수의 행동이 공간적·시간적 연관을 기초로 자연적 삶의 파악에서 단일한 것으로 보여질 만큼 서로 얽혀져 있을 때에는 행위단일성이 인정된다고 한다(독일 판례의 입장).

이 견해에 대해서는 자연적 의미에서의 행위는 무수히 분할될 수 있는 의사활동과 물리적 활동의 연속체이므로 단일성을 판가름해 주는 계기를 그 자체로는 내포하고 있지 않다는 비판이 가능하다.

㈏ **구성요건상의 행위개념과 구분**   형법 제40조의 행위는 자연적 의미의 행위일 수 없지만 또한 동시에 구성요건에 해당하는 행위일 수도 없다. 왜냐하면 구성요건에 해당하는 행위란 언제나 단지 하나의 구성요건을 침해하는 것이기 때문이다. 그러므로 어떤 행위가 수개의 구성요건에 해당할 가능성($_{조}^{제40}$)을 갖기 위해서는 구성요건해당성의 영역으로부터 독립하지 않으면 안 된다. 즉 **죄수론상의 행위개념은 구성요건상의 행위개념과 구분되지 않으면 안 된다.**

㈐ **해석학적 행위개념**   죄수론상의 행위단일성은 자연적으로는 무수한 분할이 가능한 인간행태에 대하여 '그것은 하나의 행위이다'라는 법공동체 구성원들간의 의미합치적 이해에 의해 판가름된다. 이 의미합치적 이해는 법규범상에 제도화된 것도 있지만(물론 제도화된 의미이해가 다른 요소보다 우월한 지위를 갖는다), 실정법의 차원이 아니라 우리들의 역사적·해석학적 차원에 존재하는 것도 있다. 죄수론상의 행위개념은 바로 이러한 법공동체 구성원간의 (열려진) 상호의 미이해(이 의미이해의 내용은 유형화된 일종의 사회적 규칙이기도 하다)를 포착하려는 작업 속에서만 올바르게 정립될 수 있다.

⑶ 희생자 관점

이제까지 범죄수의 결정기준으로 구성요건과 행위단일성을 살펴보았다. 그런데 죄수결정에 관한 상호주관적 인식모델은 행위자에 관해서만이 아니라 행위의 희생자도 고려할 것을 요구한다. 이 고려는 다음과 같은 형태로 나타난다. 즉 행위자가 범행을 통해 침해한 법익이 일신전속적 법익(예컨대 생명·신체·자유·명예 등)인 경우에는 침해된 희생자 주체마다 각각 하나씩의 범죄가 인정된다. 일신전속적 법익이 아닌 경우, 즉 희생자의 인격적 주체성이 크게 두드러지지 않는 법

익인 경우에는 다수인의 법익을 침해하여도, 그것은 단지 구성요건실현의 양적
증가에 불과하기 때문에, 다른 요건이 일죄의 요건을 갖추었을 때 일죄의 최종적
승인에 아무런 영향을 미치지 않는다. 그러나 희생자의 인격적 주체성이 문제되
는 다수인의 법익을 침해한 경우에는 다른 요건에 의해서 일죄가 인정되는 경우
에라도 수죄가 된다고 할 수 있다.

이러한 입장에 따르면 구성요건실현의 단순한 양적 증가에 불과한 경우(예컨
대 수인의 재물을 손괴하는 경우)에는 동종의 상상적 경합이 인정되지 않는다. 그것
은 일죄일 뿐이다. 이 희생자 관점은 구성요건의 해석학적 작용에 관계되므로 행
위단일성의 기준과 중첩될 수도 있다.

제 3 절 수죄의 처벌

죄수결정기준에 따라 수죄로 판정된 경우 이것을 어떻게 처벌할 것인가에 관
하여 세 가지 기본원칙이 있다.

Ⅰ. 병과주의

이 원칙은 각 죄에 대하여 독자적인 형을 확정한 후 이를 합하여 형을 부과
하는 방법이다. 영미법에서 이 원칙을 채택하고 있다.

이 병과주의(Kumulationsprinzip, Häufungsprinzip)의 문제점은 자유형 가운
데 유기형을 병과하는 때에는 실제상 무기형의 결과가 될 수 있으며, 병과주의의
기초가 되는 개개 형의 가산은 같은 기간의 분리된 형벌보다 수형자에게 더 큰
고통을 준다는 점이다.

현행 형법은 제38조 제 1 항 제 3 호에서 「각 죄에 정한 형이 무기징역이나 무
기금고 이외의 이종의 형인 때에는 병과한다」라고 하여 부분적으로 병과주의를
채택하고 있다.

Ⅱ. 가중주의

가중주의는 각 범죄에 대한 개별적 형벌을 확인한 다음 이들 중 가장 중한

죄에 정한 형을 가중하는 방법으로 하나의 전체형을 만들어 이를 선고하는 방법이다. 물론 여기서 전체형은 개개 형벌의 총 합계를 초과하지 않는 것이 원칙이다. 스위스 형법($^{제68}_{조}$)과 오스트리아 형법($^{제28}_{조}$)은 상상적 경합과 경합범을 모두 가중주의에 의해 벌하고 있다.

우리 형법은 경합범에서만 각 죄에 정한 형이 사형 또는 무기징역이나 무기금고 이외의 형인 경우에 가중주의(Asperationsprinzip, Verschärfungsprinzip)를 택하고 있다($^{제38조 \ 제1항}_{제2호}$).

Ⅲ. 흡수주의

흡수주의는 수죄 가운데 가장 중한 죄에 정한 형을 적용하고 다른 경한 죄에 정한 형은 여기에 흡수시키는 방법을 의미한다. 여기서 경한 죄에 정한 형의 하한이 중한 죄에 정한 형의 하한보다 높은 경우, 경한 죄에 정한 형의 하한으로 처벌하는 것을 결합주의(Kombinationsprinzip)라고 한다.

우리 형법은 상상적 경합($^{제40}_{조}$)의 경우와 경합범 중 중한 죄에 정한 형이 사형 또는 무기징역이나 무기금고인 경우($^{제38조 \ 제1항}_{제1호}$)에 흡수주의(Absorptionsprinzip, Einschlußprinzip)를 명시적으로 규정하고 있을 뿐, 결합주의에 관하여는 명문규정이 없다.

제 2 장   법조경합

제 1 절   법조경합의 의의

법조경합(Gesetzeskonkurrenz)이란 1 개 또는 수개의 행위가 외관상 수개의 구성요건에 해당하는 것 같이 보이지만 실제로는 한 구성요건이 다른 구성요건을 배척하기 때문에 단순일죄가 되는 것을 말한다.

법조경합이 일죄가 되는 것(한 개의 구성요건만이 적용되고 나머지는 배척되는 것)은 이중평가금지의 원칙에 의해서이다. 예컨대 아버지를 살해한 자가 존속살해죄의 적용만 받고 보통살인죄의 적용을 받지 않는 것은 존속살해죄와 보통살인죄를 동시에 적용하는 것이 이중평가가 되기 때문이다.

제 2 절   법조경합의 여러 경우들

법조경합에는 특별관계·보충관계·흡수관계 세 가지가 있으며, 학자에 따라서 택일관계까지 포함시키기도 한다.

I. 특별관계

특별관계(Spezialität)란 어느 구성요건이 다른 구성요건의 모든 요소를 포함하고 이 외에 다른 특별한 표지까지 포함하는 경우를 의미한다. 기본적 구성요건과 가중적 혹은 감경적 구성요건 사이의 관계가 이에 해당한다. 특별관계에서는 **특별법은 일반법에 우선한다**(lex specialis derogat legi generali)는 해석학적 원칙에 따라 특별규정만 적용되고 일반규정은 적용되지 않는다.

예를 들면 보통살인죄($^{제250조}_{제1항}$)에 대한 존속살해죄($^{제250조}_{제2항}$) 또는 영아살해죄($^{제251}_{조}$)의 관계, 폭행죄($^{제260}_{조}$)에 대한 특수폭행죄($^{제261}_{조}$)의 관계, 절도죄($^{제329}_{조}$)에 대한 특수절도죄($\substack{제331 \\ 조}$)의 관계 등이 이에 속한다.

‖**판례**‖ 법조경합의 한 형태인 특별관계란 어느 구성요건이 다른 구성요건의 모든 요소를 포함하는 외에 다른 요소를 구비하여야 성립하는 경우로서 특별관계에 있어서는 특별법의 구성요건을 충족하는 행위는 일반법의 구성요건을 충족하지만 반대로 일반법의 구성요건을 충족하는 행위는 특별법의 구성요건을 충족하지 못한다.

　공직선거및선거부정방지법과 정당법은 각기 그 입법목적 및 보호법익을 달리하고 있을 뿐만 아니라, 공직선거및선거부정방지법 제113조, 제112조와 정당법 제31조의2 제 1 항 본문의 내용을 비교하여 보면, 그 행위 주체, 제한 또는 금지가 이루어지는 기간의 유무, 고의와 더불어 목적을 요하는지 여부, 기부행위 또는 금품 등 제공의 대상, 행위의 내용 및 방법 등 구체적인 구성요건에 많은 차이가 있어, 정당법의 구성요건이 공직선거및선거부정방지법의 구성요건의 모든 요소를 포함하는 외에 다른 요소를 구비하는 경우에 해당하지 않으므로, 정당법의 규정이 공직선거및선거부정방지법의 규정에 대하여 특별법의 관계에 있다고 볼 수 없고, 이들은 각기 독립된 별개의 구성요건으로서 1개의 행위가 각 구성요건을 충족하는 경우에는 상상적 경합의 관계에 있다고 보아야 한다(대판 2003. 4. 8, 2002 도 6033).

　　이 외에도 결합범(예: 강도죄)과 그 일부를 이루는 행위(예: 폭행죄와 절도죄) 간의 관계, 결과적 가중범(예: 상해치사죄)에서 그 내용이 되는 고의의 기본범죄와 가중된 결과의 관계도 특별관계의 일종이라는 견해, 흡수관계의 일종이라는 견해가 있으나 오히려 각각 독립된 별개의 구성요건으로 봄이 타당할 것이다.

Ⅱ. 보충관계

1. 의　　의

　　보충관계(Subsidiarität)란 어떤 구성요건이 다른 구성요건과의 관계에서 단지 보충적으로만 적용되는 관계를 의미한다. 이는 동일한 법익에 대해 서로 다른 침해단계가 있는 경우, 그 각 침해단계에 여러 구성요건이 적용될 때 주로 인정된다. 여기에 기초가 되는 것은 기본법은 보충법에 우선한다(lex primaria derogat legi subsidiariae)라는 원칙이다.

2. 종　　류

　　보충관계는 명시적 보충관계와 묵시적 보충관계로 구분할 수 있다.

(1) 명시적 보충관계

형법이 명시적으로 보충관계를 인정한 것으로는 일반이적죄($\frac{제99}{조}$)의 외환유치죄($\frac{제92}{조}$), 여적죄($\frac{제93}{조}$), 모병이적죄($\frac{제94}{조}$) 등에 대한 관계를 들 수 있다.

(2) 묵시적 보충관계

(a) **불가벌적 사전행위**   불가벌적 사전행위(Straflose Vortat)는 예컨대 예비의 미수와 기수에 대한 관계, 미수의 기수에 대한 관계처럼 전자가 후자에 대하여 보충관계에 있으므로 처벌의 대상이 되지 않는 경우를 말한다.

(b) **침해방법에 따른 경우**   가벼운 침해방법은 무거운 침해방법에 대하여 보충관계에 있다. 예컨대 방조범은 교사범과 정범에 대하여, 교사범은 정범에 대하여, 부작위범은 작위범에 대하여 보충관계에 있다. 이는 범죄행태의 존재론적 구조의 차이에 기초하여 침해방법의 경중을 구분함을 전제로 하는 것이다. 그러나 그러한 존재론적 차이가 침해방법의 경중을 규범적으로 구분해 주지도 않으며, 또한 침해방법의 경중이 보충관계를 필연적으로 결정하는 것도 아니기 때문에 이러한 설명은 약간 의문시된다.

Ⅲ. 흡수관계

1. 의   의

흡수관계(Konsumtion)란 어떤 구성요건에 해당하는 행위의 불법과 책임내용이 다른 행위의 그것들을 함께 포함하면서 특별관계나 보충관계에 해당하지 않는 경우를 의미한다. 흡수관계는 흡수법의 구성요건이 피흡수법의 구성요건을 당연히 포함하는 것은 아니라는 점에서 특별관계와 구분되며, 서로 다른 행위가 전형적으로 결합된 것이라는 점에서 보충관계와 구분된다. 1 개나 혹은 수개의 행위(불가벌적 사후행위의 경우)에 의해 수개의 구성요건을 실현하지만 흡수법의 구성요건만 적용되는 데에는 **전부법은 부분법을 폐지한다**(lex comsumens derogat legi consumtae)라는 법원리가 기초로 되어 있다.

2. 종   류

흡수관계에는 다음 세 가지 종류가 있다.

(1) 전형적 또는 불가벌적 수반행위

불가벌적 수반행위(Typische od. mitbestrafte Begleittat)란 살인에 수반된 재물손괴행위, 문서위조에 수반된 인장위조 또는 동행사, 자동차 절도와 그 속의 내장물 절취 등에서처럼 행위자가 특정한 죄를 범하면, 비록 논리필연적인 것은 아니나 일반적·전형적으로 어떤 다른 구성요건을 충족하게 되는데, 이 때 그 구성요건의 불법이나 책임내용이 주된 범죄에 비해 경미하기 때문에 처벌이 별도로 고려되지 않는 것을 의미한다. 그러나 이러한 경우에는 대개 상상적 경합과의 구분이 문제될 수 있다. 따라서 이론적으로는 상상적 경합이 인정되지 않는 제한된 범위 내에서 이와 같은 불가벌적 수반행위를 인정해야 할 것이다. 그러자면 수반행위가 주된 범행에 비해 침해의 질과 양을 초과해서는 안된다.

‖ **판례 1** ‖ 읍장이 청탁을 받고 건축허가도 없이 도시계획선을 침범하여 당초 허가면적보다 초과한 건물을 건축하도록 교사했으며, 이후 군수로부터 불법건축물시정지시를 받고도 이를 중단케 하거나 이미 시공된 부분을 철거하는 조치를 취하지 않았다. 불법건축물이 생기지 않도록 예방단속해야 할 직무상 의무 있는 공무원이 불법건축을 하도록 타인을 교사한 경우 직무위배의 위법상태는 건축법위반교사행위에 이미 내재하고 있는 것이다. 따라서 별도로 새로운 직무유기죄가 성립되어, 건축법위반교사죄와 직무유기죄가 실체적 경합관계가 되지는 않는다(대판 1980. 3. 25, 79 도 2831).

‖ **판례 2** ‖ 업무방해죄와 폭행죄는 구성요건과 보호법익을 달리하고 있고, 업무방해죄의 성립에 일반적·전형적으로 사람에 대한 폭행행위를 수반하는 것은 아니며, 폭행행위가 업무방해죄에 비하여 별도로 고려되지 않을 만큼 경미한 것이라고 할 수도 없으므로, 설령 피해자에 대한 폭행행위가 동일한 피해자에 대한 업무방해죄의 수단이 되었다고 하더라도 그러한 폭행행위가 이른바 '불가벌적 수반행위'에 해당하여 업무방해죄에 대하여 흡수관계에 있다고 볼 수는 없다(대판 2012. 10. 11, 2012 도 1895).

(2) 불가벌적 사후행위

(a) **의 의** 불가벌적 사후행위(Mitbestrafte Nachtat)란 예컨대 절도범이 절취한 물건을 손괴한 경우와 같이, 범죄에 의해 획득한 위법한 이익을 확보·사용·처분하는 구성요건에 해당하는 사후행위가 불법의 질과 양에서 이미 저질러진 주된 범죄에 의해 완전히 평가된 것이기 때문에 따로 죄를 구성하지 않는 경우를 말한다. 그러나 절취한 위조수표를 부정사용하여 사기행각을 벌인 경우처럼 이미 저질러진 주된 범죄에 의하여 완전히 평가된 것으로 볼 수 없을 경우에는 불가벌적 사후행위에 의한 흡수관계가 성립하지 않고, 별개의 범죄가 성립하고 또한 실체적 경합이 된다.

‖ **판례 1** ‖   절도범인으로부터 그 정을 알면서 자기앞수표를 교부받아 이를 음식대금으로 지급하고 거스름돈을 환불받은 행위는 장물취득에 대한 가벌적 평가에 당연히 포함되는 불가벌적 사후행위로서 별도의 범죄를 구성하지 아니한다(대판 1993. 11. 23, 93 도 213).

‖ **판례 2** ‖   열차승차권을 절취한 자가 역직원으로부터 대금의 환불을 받음에 있어서 비록 기망행위가 수반한다고 하더라도 따로 사기죄로 평가할 만한 새로운 법익의 침해가 있다고 할 실질을 가지지 못하여 절도의 불가벌적 사후행위로 보아야 한다(대판 1975. 8. 29, 75 도 1996).

(b) 요   건

㈎ 주된 선행행위의 행위자 또는 공범자가 스스로 사후행위로 구성요건행위를 범하거나 또는 그에 가담해야 한다. 따라서 사후행위는 제 3 자에 대한 관계에서는 불가벌이 아니다. 선행행위자가 구성요건의 구조에 비추어 개념상 사후행위자로 간주될 수 없는 경우에 사후적으로 야기된 결과는 다른 행위의 내용적 첨가물에 불과하다. 따라서 그 결과는 불가벌적 사후행위에 해당하여 처벌되지 않는 것이 아니라 구성요건에 해당하는 행위 자체가 불성립하여 처벌되지 않는다.

예: 절도범이 절취한 장물을 운반하거나 소비하였더라도 장물죄나 횡령죄의 구성요건에 해당하지 않는다. 만약 제 3 자가 절도범의 도품운반을 도왔다면 절도방조가 아니라 장물운반죄의 정범이다.

㈏ 사후행위는 주된 선행행위와 동일한 보호법익 또는 동일한 행위객체를 침해해야 하되 그 침해의 양을 초과(새로운 법익을 침해)해서는 안 된다. 따라서 절도·횡령·사기로 취득한 재물을 손괴하거나 반환거부하는 행위는 불가벌적 사후행위가 되지만 절취 또는 갈취한 물건으로 제 3 자를 기망하여 재산상의 이익을 취득한 자는 별도의 사기죄를 구성한다.

‖ **판례 1** ‖   은행예금통장을 절취한 후 이를 사용하여 마치 진실한 예금명의인이 예금을 찾는 것처럼 은행원을 기망·오신시켜 예금을 인출한 행위는 절도죄 이외에 새로운 법익을 침해한 것이므로 별도로 사기죄를 구성하며 위 예금인출행위가 절도행위의 연장이라든가 또는 그에 흡수되는 것이라고는 볼 수 없다(대판 1974. 11. 26, 74 도 2817).

‖ **판례 2** ‖   갑 주식회사의 대표이사와 실질적 운영자인 피고인들이 공모하여, 자신들이 을에 대해 부담하는 개인채무 지급을 위하여 갑 회사로 하여금 약속어음을 공동발행하게 하고 위 채무에 대하여 연대보증하게 한 후에 갑 회사를 위하여 보관 중인 돈을 임의로 인출하여 을에게 지급하여 위 채무를 변제한 사안에서, 피고인들이 갑 회사의 돈을 보관하는 자의 지위에서 회사의 이익이 아니라 자신들의 채무를 변제하려는 의사로 회사 자금을 자기의 소유인 경우와 같이 임의로 인출한 후 개인채무의 변제에 사용한 행위

는, 약속어음금채무와 연대보증채무 부담으로 인한 회사에 대한 배임죄와 다른 새로운
보호법익을 침해하는 것으로서 배임 범행의 불가벌적 사후행위가 되는 것이 아니라 별
죄인 횡령죄를 구성한다(대판 2011. 4. 14, 2011 도 277).

(다) 주된 선행행위가 사후행위보다 법정형이 낮거나 사실상 처벌될 수 없을
때에도 사후행위는 불가벌이다. 예를 들어 횡령행위자가 타인에게 장물인 횡령물
을 취득하도록 교사한 경우에 중한 장물교사는 불가벌적 사후행위이다. 또한 선
행행위가 공소시효의 완성, 고소의 부존재, 인적처벌조각사유의 존재 등으로 인
해 처벌되지 않을 때에도 사후행위는 불가벌이다.

(라) 불가벌적 사후행위는 선행행위가 주로 상태범일 때 성립한다. 그러므로
주된 선행행위는 재산죄인 경우가 보통이지만 반드시 이에 국한되지 않는다. 예
컨대 살인범이 사체를 그대로 방치하고 도망쳤더라도 사체유기죄가 별도로 성립
하는 것은 아니다. 살인죄가 사체유기죄와의 관계에서는 상태범이기 때문이다.

(마) 선행행위는 적어도 기수에 이르러야 한다. 기수에 이르지 않은 채 사후행
위가 저질러진 경우에는 별개의 독립적인 평가가 가하여지기 때문이다.

(c) 효   과   불가벌적 사후행위는 처벌되는 선행범죄행위와 행위다수성
의 관계에 있지만 실체적 경합문제는 발생하지 않는다. 주된 선행행위의 법효과
가 사후행위의 법효과를 배제하고 우선 적용되기 때문이다. 그러나 선행행위로부
터 사후행위 자체만 떼어놓고 본다면 사후행위도 제 3 자에 대한 관계에서는 구성
요건에 해당하는 위법한 행위에 해당하므로 그에 대한 공동정범 및 공범성립은
가능하다. 따라서 불가벌적 사후행위만에 대한 공범은 간접정범으로서가 아니라
독자적인 공범으로 처벌된다. 또한 불가벌적 사후행위는 선행행위에 의해 적용이
배제되는 경우이므로 판결의 주문 또는 이유에 기재할 필요는 없다.

(d) 문제되는 사례

(가) 국외이송목적으로 약취·유인 또는 매매한 자($^{제289조}_{제1항}$)가 그 피인취·매매
자를 국외에 이송($^{제289조}_{제2항}$)까지 한 경우에 대해서 제289조 제 2 항의 죄는 계속범이
므로 포괄적으로 국외이송죄만 성립한다는 견해, 상상적 경합이라는 견해와 실체
적 경합이라는 견해가 대립한다. 그러나 이송행위가 행위자의 이송목적인취·매
매행위시에 의도했던 범행계획에 상응하는 한 이송목적인 제289조 제 1 항의 죄
만 성립하고 이송행위는 불가벌적 사후행위가 된다고 보아야 한다.

(나) 문서를 위조하여 행사까지 한 경우에 관하여 이를 법조경합 보충관계로
보아 행사죄만 처벌하고 위조행위는 불가벌적 사전행위로 보는 견해, 상상적 경

합으로 보는 견해와 실체적 경합(판례)으로 보는 견해가 대립한다. 그러나 사전
행위인 위조행위는 목적범으로서 더 큰 범죄추진력을 가진 행위이고 행사행위는
이로 인해 야기된 법질서에 해로운 행위기능의 일부라는 점에서 선행행위가 더
큰 불법성을 가진다고 보아야 한다. 따라서 위조행위시에 의도했던 범행계획에
상응하는 한 위조죄만 처벌대상이 되고 그 행사는 불가벌적 사후행위라고 보아야
할 것이다.

(3) 불가벌적 사전행위

홉수관계에서 문제되는 불가벌적 사전행위(Mitbestrafte Vortat)란 어떤 주된
범행에 앞서 그 범행의 실행에 영향을 미치며, 같은 법익에 대한 위해를 도모하는
법익침해행위를 말한다. 예컨대 강간의 전 단계에서 행해지는 강제추행, 방화의
전 단계에서 행해지는 주거영역 내에 있는 타인의 인화물질사용, 수뢰후 부정처사
죄에 대한 수뢰행위, 준강도에 대한 절도죄 등을 들 수 있다.

Ⅳ. 택일관계

택일관계(Alternativität)란 예컨대 절도죄와 횡령죄의 관계처럼 성질상 양립
할 수 없는 두 개의 구성요건에서 어느 하나만 적용되는 경우를 의미한다. 택일관
계는 두 개의 구성요건 중 어느 하나에만 해당하는 것이기 때문에 같은 행위가
수개의 법조에 해당하는 것으로 보이는 법조경합과는 구분될 수 있다. 따라서 택
일관계를 법조경합의 한 경우로 그 독자성을 인정할 필요는 없다(다수설).[1]

제 3 절 법조경합의 처리

법조경합관계에서 배척되는 구성요건은 적용되지 아니하며, 따라서 그것을
형사제재의 근거로 삼을 수 없다. 또한 판결주문에도 배척되는 구성요건을 기재
할 필요가 없으며 상상적 경합의 경우와는 달리 판결이유에도 기재할 필요가 없
다. 배척되는 구성요건을 양형에서 고려할 수 있는가에 관하여는 논란이 있다. 오
늘날 독일의 판례는 이를 긍정하고 있다.

---

1) 반면 두 개의 구성요건에 해당하는 것으로 보이는 상황도 법조경합의 개념 속에 포함된다는
   반대견해도 있다. 권오걸 661면; 신동운 739면; 오영근 697면; 임웅 589면.

제 3 장 일   죄

제 1 절 구체적인 범죄유형에 따른 일죄 여부의 검토

I. 협의의 포괄일죄라고 불리는 사례유형

협의의 포괄일죄는 1개의 구성요건에 수개의 행위양태가 규정되어 있는 경우 $\binom{\text{제129조, 제151조 제1항,}}{\text{제276조 제1항, 제362조}}$를 말한다. 예컨대 공무원이 뇌물을 요구하고 수수한 경우에 요구행위와 수수행위는 단지 수뢰죄의 구성요건을 1회 실현한 것이므로 당연히 일죄이다.

II. 결 합 범

결합범(Zusammengesetzes Delikt)이란 수개의 행위가 개별적으로도 각각 독립된 범죄의 구성요건에 해당하나 죄형법규의 규정상 이를 1개의 구성요건에 결합시켜 일죄로 규정한 경우를 말한다. 예컨대 강도죄는 폭행죄 또는 협박죄와 절도죄, 강도강간죄는 강도죄와 강간죄의 결합범이다. 이러한 경우 폭행, 절도 등의 행위는 강도죄의 구성요건을 1회 실현하는 것이므로 일죄이다.

III. 계 속 범

계속범(Dauerdelikt)은 위법상태를 초래한 행위뿐만 아니라 그것을 일정시간 유지하는 행위도 당해 구성요건을 실현하는 전형적인 행태방식인 경우, 즉 위법상태 초래행위뿐만 아니라 그것의 유지행위도 함께 그 구성요건의 존재방식인 경우를 의미한다. 예컨대 주거침입죄·감금죄 등이 이에 해당한다. 위법상태의 야기행위와 유지행위가 하나의 구성요건을 실현하는 것이므로 두 행위는 수죄가 아니라 일죄일 뿐이다.

Ⅳ. 접 속 범

접속범은 동일한 법익에 대하여 (비록 그 자체 단독으로도 구성요건에 해당할 수 있는) 수개의 행위가 불가분적으로 접속하여 행하여지는 경우를 말한다. 예를 들면 절도범이 대문 앞에 자동차를 대기해 놓고 재물을 수회 반출하여 자동차에 싣는 방법으로 절취한 경우나, 동일한 기회에 같은 부녀를 수회 간음한 경우가 이에 속한다. 이런 경우는 비록 ⅰ) 구성요건을 수회 침해하므로 수죄의 필요조건은 구비되었으나, ⅱ) 행위단일성이 인정되고, ⅲ) 수회 침해된 법익이 희생자인 인격적 주체성이 문제되는 고도의 인격적 법익이 아니거나, 희생자가 1인인 경우에 해당하므로 일죄가 된다.

판례는 접속범의 요건으로 ⅰ) 피해법익의 동일성 또는 단일성, ⅱ) 범의의 동일성 내지 계속성, ⅲ) 행위양태의 동종성, ⅳ) 시간적·장소적 근접성 등을 들고 있다.

‖ **판례** ‖　단일하고 계속된 범의하에 동종의 범행을 일정기간 반복하여 행하고 그 피해법익도 동일한 경우에는 각 범행을 통털어 포괄일죄로 보아야 하는 것이므로 공무원이 동일인으로부터 다른 공무원 소관의 관광호텔사업승인에 따른 직무사항의 알선에 관하여 교제비 명목으로 3개월여 동안 3회에 걸쳐 합계 4백 5십만원을 받은 경우는 뇌물수수죄의 포괄일죄에 해당한다(대판 1990. 6. 26, 90 도 466).

Ⅴ. 연 속 범

1. 의　　의

연속범(Das fortgesetzte Delikt)이란 연속하여 행하여진 수개의 행위가 같은 범죄에 해당하는 경우로서, 예를 들면 절도범이 쌀 창고에서 수일에 걸쳐 매일 밤마다 쌀을 한 가마씩 절취하는 경우가 이에 속한다. 앞에서 설명한 접속범도 광의의 연속범의 특별한 경우라고 할 수 있다. 즉 명백하게 행위단일성이 인정되는 경우라는 점이 접속범의 두드러진 특징이라 할 수 있다. 협의의 연속범은 접속범에 해당하지 않는 경우만을 의미한다.

연속범을 어떻게 취급할 것인가를 놓고 견해가 대립되고 있다. 판례는 연속범을 포괄일죄라는 개념으로 포섭하여 실체상 일죄로 보고 있다(대판 1960. 8. 3, 4293 형상 64).

학설상으로는 연속범을 포괄일죄로서 인정하는 것이 다수설[1]이나 연속범 개념을 부인하고 개개의 연속행위가 각각 독립적인 범죄를 구성한다고 보아 실체적 경합으로 취급해야 한다는 견해[2]도 유력하다.

이러한 판례와 학설의 입장의 공통점은 연속범은 행위단일성이 인정될 수 없어서 존재론적 구조에 있어서는 수죄일 수밖에 없다고 하는 점이다. 그렇다면 여기서 포괄일죄로 다루려고 하는 이유는 무엇인가 하는 의문이 생길 수 있다.

연속범을 일죄로 보는 것은 우선 형사소송상에서 모든 개개의 행위들을 입증해야 하는 부담을 덜 수 있으며, 또한 수죄로 형법 제37조, 제38조(특히 제2항)에 따라 수죄에 해당하는 각각의 행위에 대한 형벌을 정하고 다시 전체형을 정하는 부담을 법관이 지는데, 일죄로 보면 이를 피할 수 있는 이점이 있기 때문이다. 이러한 장점 때문에 독일의 판례와 많은 학자들이 연속범을 법적인 행위단일성의 특별한 경우로 보아 일죄로 다루기도 한다.

그러나 자세히 살펴보면 연속범을 일죄로 다루는 것은 단지 소송경제라는 이유에서만 비롯된 것은 아니다. 판례가 연속범으로 인정해 오고 있는 사례들은 고의의 단일성은 없지만, 동종의 범죄행위를 반복한다는 점에서 일종의 가벌적인 생활태도(예컨대 도벽)를 엿볼 수 있다. 이것은 연속범에서 비록 구성요건은 수회 실현했지만 하나의 **생활영위책임**이 존재한다는 것을 뜻하고, 바로 이 점에서 연속범을 **실체상 일죄**로 다룰 필요성 내지 타당성을 찾을 수 있다.

2. 연속범이 일죄가 되기 위한 요건

연속범으로 분류되는 행위들이 일죄가 되기 위한 요건은 다음과 같다.

(1) 객관적 요건

(a) **법익의 동일** 연속된 범행이 연속범이 되려면 각각의 행위들이 동일한 법익을 침해하는 경우라야 한다. 이것은 침해대상의 동일성을 의미하지 않는다. 더 엄밀히 말하면 연속된 범행이 이미 행해진 구성요건실현을 양적으로 증가시키는 데 불과해야 비로소 연속범의 범주 안에 들어올 수 있다. 예컨대 절도죄와 강도죄, 문서위조죄와 문서손괴죄 사이의 연속된 행위는 연속범에 속할 수 없다. 연속범의 범주에 속할 수 있기 위해서는 동일한 구성요건을 연속적으로 침해하거나

---

1) 김성천·김형준 459면; 박상기 507면; 배종대 765면; 성낙현 684면; 손동권·김재윤 643면; 오영근 704면; 이재상 532면; 임웅 591면.
2) 권오걸 668면; 김성돈 711면; 신동운 749면; 정성근·박광민 655면; 정영일 444면.

기본적 구성요건과 가중적 구성요건, 기수와 미수의 연속된 범행이어야 한다.

‖ **판례 1** ‖ 자신이 세들어 살던 집 주인 안방에 침입하여 신용카드와 현금을 절취한 후, 절취한 카드를 사용하여 현금서비스로 50만원을 인출하고, 다시 20일 후 현금서비스를 받아 50만원을 인출하였다. 이러한 경우, 신용카드를 부정사용하여 현금자동인출기에서 현금을 인출한 행위는 신용카드업법상 신용카드부정사용죄에 해당할 뿐만 아니라 그 현금을 취득함으로써 현금인출기관리자의 의사에 반하여 현금을 자신의 지배하에 옮겨놓은 것이 되므로 별도로 절도죄를 구성하고 이 두 죄의 관계는 보호법익과 행위형태가 전혀 다르므로 실체적 경합관계에 있는 것으로 보아야 한다(대판 1995. 7. 28, 95 도 997).

‖ **판례 2** ‖ 신용카드를 절취한 후, 전자제품상점에서 컬러텔레비전을 구입한 뒤 신용카드소유자인 것처럼 행세하면서 절취한 카드로 대금을 결제하고 다음 날 새벽까지 7개의 카드가맹점에서 2백만원 상당의 물품을 구입하고 절취한 카드로 대금을 결제했다. 이와 같이 동일한 신용카드를 동일한 방법으로 부정사용한 행위는 포괄하여 일죄에 해당한다. 즉 단일하고 계속된 범의하에 동종의 범행을 동일하거나 유사한 방법으로 일정기간 반복하여 행하고 그 피해법익도 동일한 경우에는 각 범행을 통틀어 포괄일죄로 볼 것이다. 따라서 절도죄 및 신용카드업법상 신용카드부정사용죄의 경합범이 아니라 신용카드부정사용죄의 포괄일죄에 해당하는 것이다(대판 1996. 7. 12, 96 도 1181).

  (b) **희생자의 인격적 주체성이 문제되는 법익이 아닐 것**   법익이 동일한 경우에도 수회 침해된 법익이 희생자의 인격적 주체성이 두드러진 법익(자유·명예·신체·생명 등)에 속하고 동시에 침해대상(희생자·피해주체)이 다른 경우에는 구성요건실현의 양적 증가가 아니므로 일죄의 연속범으로 취급할 수 없다. 따라서 여러 여자에 대한 강간은 수죄가 된다. 그러나 한 여자를 매일 밤 수회 강간하는 경우처럼 한 사람의 인격적 법익을 수회 침해하는 경우에는 다른 행위단일성의 요건(특히 범의의 단일성)을 구비하지 못한 경우에만 수죄가 된다.

  (c) **구성요건실현의 외부적 양태의 유사성**   일죄의 연속범이 되기 위해서는 구성요건실현의 외부적 양태가 유사해야 한다(특히 독일 판례의 경향). 따라서 고의범과 과실범, 작위범과 부작위범, 정범과 공범간에는 일죄의 연속범이 성립할 수 없다.

  (d) **기   타**   이 외에도 견해에 따라서는 개개 행위의 시간적·장소적 계속성이나 범행상황의 유사성이 요구되기도 한다. 판례는 예컨대 각 범죄 사이의 기간이 4 개월 이상이 된 경우 연속범을 부인하였다(대판 1982. 11. 9, 82 도 2055).

‖ **판례 1** ‖ 시소유토지매각업무를 담당하는 공무원이 두 차례에 걸쳐 각각 1 백만원과 2 백만원의 뇌물을 받고 뇌물제공자가 거주하는 주택의 부지인 시유지를 저렴한 가격에

불하받을 수 있도록 해주었다. 이와 같이 동일한 직무에 관하여 동일한 명목으로 불과 며칠 사이에 행해진 금전수수는 피해법익도 동일한 경우이므로 수뢰죄의 경합범이 아니라 포괄하여 뇌물수수죄의 일죄를 구성한다(대판 1995. 12. 26, 95 도 2376).

‖**판례 2**‖ 수 개의 범죄행위를 포괄하여 하나의 죄로 인정하기 위하여는 범의의 단일성 외에도 각 범죄행위 사이에 시간적·장소적 연관성이 있고 범행의 방법 간에도 동일성이 인정되는 등 수 개의 범죄행위를 하나의 범죄로 평가할 수 있는 경우에 해당하여야 한다(구 공직선거 및 선거부정방지법상 금지되는 선전행위 등이 약 2개월 남짓한 기간에 걸쳐 서로 다른 장소에서 별개의 사람들을 대상으로 이루어졌고 그 구체적인 행위 역시 서로 동일성이 인정된다고 보기 어려운 다양한 행위들이어서 하나의 범죄로 평가할 수 있는 경우에 해당한다고 볼 수 없다는 이유로 이를 포괄일죄로 본 원심의 판단을 위법하다고 한 사례) (대판 2005. 9. 15, 2005 도 1952).

(2) 주관적 요건

주관적 요건으로는 범의의 단일성이 요구된다. 판례는 엄밀한 의미의 범의단일성인 전체고의 외에도 범의의 계속성이 인정되면 (포괄)일죄가 된다고 보고 있다.

‖**판례 1**‖ 출판사 사장이 영리의 목적으로 불량만화 ‘엑스’를 제작하여 미성년자보호법위반죄로 1995년 3월 30일 서울지방법원에서 벌금형을 선고받았다. 그리고 다시 1993년 11월 동일한 성격의 불량만화 ‘화이브스타 스토리’를 제작했다가 당국에 적발되었다. 결국 1994년 출판사를 폐업하였다. 그렇다면 만화의 제목과 줄거리가 다르더라도 불량만화를 제작한 행위가 연속적으로 이루어진 것이라면 그 범의의 계속성도 인정할 수 있기 때문에 포괄하여 일죄를 구성한다. 즉 동일죄명에 해당하는 수 개의 행위를 단일하고 계속된 범의하에서 일정기간 동안 계속하여 행하고 그 피해법익도 동일한 경우에는 이들 각 행위를 통틀어 포괄일죄로 처벌해야 한다(대판 1996. 4. 23, 96 도 417).

‖**판례 2**‖ 소속부대 창고에서 보관중이던 군용미를 1981년부터 1983년까지 8회에 걸쳐 꺼내어 매각하거나 자신이 임의로 소비하였다면, 수 개의 업무상 횡령행위라 하더라도 피해법익이 단일하고 범죄의 형태도 동일하며 단일한 범의에 기인한 행위라고 인정된다. 따라서 업무상 횡령죄의 포괄일죄가 된다(대판 1993. 10. 12, 93 도 1512).

Ⅵ. 집 합 범

1. 의   의

집합범(Kollektivdelikt)이란 다수의 동종의 행위가 동일한 의사의 경향에 따라 반복될 것이 당연히 예상되는 경우로서 상습범(예: 상습도박죄)·영업범(예: 음화의 판매행위, 의료법상 무면허의사의 영업)·직업범($\binom{동일형법}{제144조}$) 등이 이에 속한다.

2. 죄수론상의 문제

이러한 집합범이 일죄인가 수죄인가에 관하여 다툼이 있다. 판례는 영업범과 상습범을 일관하여 포괄일죄로 다루고 있다(대판 1970. 8. 31, 70 도 1393; 1986. 2. 25, 85 도 2767). 학설로는 집합범의 범죄요소가 되는 영업성·상습성 및 직업성이 개별적인 행위들을 하나의 행위로 통일하는 기능을 가진다는 이유로 집합범은 포괄일죄라고 보는 견해와 집합범을 행위자의 생활태도 내지 내심의 의사의 동일성을 근거로 수개의 독립된 행위를 포괄일죄로 인정하는 것은 특수한 범죄에너지를 가진 범죄인에게 부당한 특혜를 주는 것이므로 집합범 그 자체는 경합범이 된다고 보는 견해가 있다.

생각건대 집합범의 구성요건표지가 일정한 위법한 행위자의 생활태도를 객관화시키는 개개의 행위들을 통합하는 기능을 갖고 있음은 부인할 수 없으므로 집합범은 일단 포괄적 일죄가 된다고 보아야 한다.

‖**판례 1**‖ 단일의사로써 반복계속한 무면허의료행위는 포괄적 일죄다. 따라서 보건범죄단속에 관한 특별조치법 제 5 조의 규정이 신설된 후에는 그 전체를 포괄적 일죄로 하여 같은 법을 적용처벌하면 된다(대판 1970. 8. 31, 70 도 1393).

‖**판례 2**‖ 1984년 12월 부산지방법원에서 폭력행위처벌에 관한 법률위반죄로 벌금형을 받아 1985년 2월 형이 확정되었다. 제 1 심은 폭력행위처벌법위반에 대한 재판확정 전후에 범해진 각 특수강도의 범행을 판결확정 전후로 나누어 각기 별개의 형을 정하지 않고, 이를 특정범죄가중처벌법상 상습특수강도죄와 형법상 강도상해죄의 경합범으로 보아 범죄 모두에 대해 한 개의 형으로 처단하였다. 이와 같이 상습범과 같은 이른바 포괄일죄는 그 중간에 별종의 범죄에 대한 확정판결이 끼어 있어도 그 때문에 포괄적 범죄가 둘로 나뉘는 것은 아니다. 또한 이 경우에는 그 확정판결 후의 범죄로서 다루어야 한다(대판 1986. 2. 25, 85 도 2767).

제 2 절 일죄의 법적 효과

일죄로 인정되면 1 개의 형벌법규만이 적용된다. 소송법적으로 검사에 의해 일죄의 일부기소가 행해질 가능성이 있는 경우(종래 포괄일죄로 파악한 사례들)도 있으나 어느 경우를 막론하고 일죄로 인정되는 행위 전부에 대하여 공소제기의 효력이 미치며, 또한 잠재적 혹은 현실적 심판대상이 되며 기판력도 그 전부에 대하여 미친다.

제 4 장 상상적 경합

제 1 절 의   의

Ⅰ. 개   념

상상적 경합(Idealkonkurrenz)이란 1개의 행위가 수개의 죄에 해당하는 경우를 말한다. 예컨대 1개의 폭발물을 던져 여러 명을 다치게 하거나 한 사람을 살해하고 다른 사람에게 상해를 입히는 경우가 그것이다. 실체적 경합과 구별하여 이것을 관념적 경합이라 부르기도 한다. 형법은 이 경우 「가장 중한 죄에 정한 형으로 처벌한다」($^{제40}_{조}$)고 규정하고 있다.

Ⅱ. 본   질

1. 문제의 제기

상상적 경합이 일죄인가 수죄인가에 관하여는 견해의 대립이 있다. i) 일죄설(Einheitstheorie)은 상상적 경합이 비록 법적 평가는 수개이지만 본래는 단일행위인 것이므로 실체상 일죄라고 한다. ii) 수죄설(Mehrheitstheorie)은 상상적 경합이 비록 외적으로는 하나의 행위가 존재하지만 수개의 형벌법규를 침해하므로 수죄라고 한다(대판 1961. 9. 28, 4294 형상 415).

2. 수죄설의 타당근거

우리는 앞에서 죄수결정기준으로 구성요건, 행위단일성, 희생자 관점 등을 고려해야 한다는 일반이론을 제시한 바 있다. 이 입장에서 볼 때 상상적 경합은 왜 수죄가 되는가를 밝힐 필요가 있다. 세 가지 결정기준들은 그것 자체가 어떤 행태의 죄수를 존재론적으로 결정짓는 것이 아니라 어디까지나 수죄인가 일죄인가에 관한 법공동체 구성원들간의 상호주관적 의미합치를 확인하는 구체화 기준들로서 인식론적 의미를 갖는 것이라 할 수 있다.

이 기준들 가운데 구성요건은 가장 기초적인 상호주관적 합의의 객관적 표현이며 또한 공식적인 제도의 성격을 띤다. 행위단일성은 비록 사회 속에 제도화된 것이긴 하지만 법규범을 통한 공식화가 되지 않은 것이라 할 수 있다. 죄수결정에서 우선권은 공식적이며 기초적인 합의의 객관화된 표현인 구성요건에 있음은 부인할 수 없다. 이에 따라 비록 행위단일성이 있긴 하지만 수개의 구성요건이 침해된 상상적 경합의 경우는 형법상 수죄가 된다고 볼 수 있다.

‖ **판례** ‖   동일한 공무를 집행하는 여럿의 공무원에 대하여 폭행·협박 행위를 한 경우에는 공무를 집행하는 공무원의 수에 따라 여럿의 공무집행방해죄가 성립하고, 위와 같은 폭행·협박 행위가 동일한 장소에서 동일한 기회에 이루어진 것으로서 사회관념상 1개의 행위로 평가되는 경우에는 여럿의 공무집행방해죄는 상상적 경합의 관계에 있다 (대판 2009. 6. 25, 2009 도 3505).

Ⅲ. 상상적 경합의 종류

상상적 경합에는 하나의 행위로 수종의 구성요건을 실현하는 **이종의 상상적 경합**과 같은 구성요건을 수개 실현하는 **동종의 상상적 경합**이 있다. 이종의 상상적 경합에 대해서는 이의가 없지만 동종의 상상적 경합에 대해서는 견해가 나뉘고 있다. 일설은 이 경우 행위도 단일하고 법적 판단도 동종이므로 상상적 경합은 있을 수 없으며, 상상적 경합은 항상 본래적으로 이종의 상상적 경합에만 국한된다고 본다. 타설은 동종의 상상적 경합을 인정하고 있다.

생각건대 동종의 상상적 경합의 경우에서 침해된 법익이 희생자의 인격적 주체성을 문제삼는 법익인 경우에는 상상적 경합이 될 수 있지만, 그렇지 않은 법익이 침해된 경우에는 구성요건실현의 단순한 양적 증가에 불과하므로 상상적 경합은 인정될 수 없고 단순일죄가 될 뿐이다.

제 2 절   상상적 경합의 요건

상상적 경합은 1개의 행위가 수개의 죄에 해당하는 때에 성립하므로 상상적 경합이 성립하려면 행위단일성과 수개의 죄라는 요건을 갖추어야 한다.

I. 행위의 단일성

1. 1개의 행위의 의미(상상적 경합에서 행위단일성)

상상적 경합에서 말하는 1개의 행위가 하나의 자연적 의미의 행위이거나 혹은 하나의 구성요건해당행위가 아님은 이미 서술한 바 있다(죄수결정의 일반이론 참조). 즉 구성요건과의 해석학적 관련 속에서 범의단일성과 실행의 단일성이 인정되는 행위를 의미하는데, 상상적 경합의 경우에는 실행의 단일성 뿐만 아니라 실행의 동일성도 요구된다.

우리 형법은 「1개의 행위 …」($^{제40}_{조}$)라고 규정하고 있지만, 독일형법은 「동일한 행위가(Dieselbe Handlung) …」($^{독일형법}_{제52조}$)라고 규정하여 이 점을 분명히 하고 있다. 집합범이나 연속범의 경우에는 실행의 단일성만으로 행위단일성이 인정될 수 있지만, 상상적 경합의 경우는 범죄실행의 동일성이 있어야 한다.

2. 실행의 동일성

(1) 실행의 완전동일성

예컨대 폭탄 하나를 던져서 사람을 한 명 죽이고 다른 한 명은 다치게 한 경우에는 실행의 완전한 동일성이 있는 것이라 할 수 있다.

(2) 실행의 대부분적 동일성

상상적 경합의 행위단일성이 인정될 수 있기 위해서는 대부분적 동일성이 있으면 충분하다. 예컨대 기망의 목적으로 문서를 위조한 경우에 사기와 문서위조 간에는 대부분적 동일성이 있으며 양자는 상상적 경합의 관계에 놓인다.

실행의 대부분적 동일성은 동시성만으로는 인정되지 않는다. 예컨대 주거침입의 기회에 범한 강간은 주거침입과 1개의 행위라고 할 수 없다.

(3) 범죄양태와 동일성

(a) **고의범과 과실범**　고의범과 과실범간에도 실행의 동일성이 인정될 수 있다. 예컨대 폭탄을 던져 고의로 재물을 손괴하고 과실로 사람을 살해한 경우에 재물손괴죄의 고의범과 과실치사죄는 상상적 경합관계에 놓인다.

(b) **수개의 부작위범**　수개의 부작위범간에도 상상적 경합이 성립할 수 있다. 물론 여기서는 기대되는 행위의 동일성이 문제된다. 예컨대 교통사고를 내고 도주한 경우 도로교통법상의 구조의무위반죄와 보고의무위반죄는 상상적 경합의

관계에 있다. 그러나 작위범과 부작위범간에는 실행의 동일성이 인정되지 않는다.

(c) **부진정결과적 가중범**   중한 결과가 고의에 의해 야기된 경우 부진정결과적 가중범과 고의범의 상상적 결합이 가능하다. 특히 판례는 중한 결과에 대한 고의범의 법정형이 결과적 가중범의 법정형보다 높은 경우에 한하여 양자간에 상상적 경합을 인정한다(대판 1996. 4. 26, 96 도 485). 그러나 부진정결과적 가중범의 개념을 인정하는 한 진정결과적 가중범과의 구별을 명확히 하기 위해서는 항상 중한 결과에 대한 고의범과의 상상적 경합을 인정하는 것이 타당하다.[1]

‖**판례 1**‖   고의로 중한 결과를 발생케 한 경우에 무겁게 벌하는 구성요건이 따로 마련되어 있는 경우에는 당연히 무겁게 벌하는 구성요건에서 정하는 형으로 처벌하여야 할 것이고, 결과적 가중범의 형이 더 무거운 경우에는 결과적 가중범에 정한 형으로 처벌할 수 있도록 하여야 할 것이므로, 기본범죄를 통하여 고의로 중한 결과를 발생케 한 부진정결과적 가중범의 경우에 그 중한 결과가 별도의 구성요건에 해당한다면 이는 결과적 가중범과 중한 결과에 대한 고의범의 상상적경합 관계에 있다고 보아야 할 것이다 (대판 1995. 1. 20, 94 도 2842).

‖**판례 2**‖   피고인들이 피해자들의 재물을 강취한 후 그들을 살해할 목적으로 현주건조물에 방화하여 사망에 이르게 한 경우, 피고인들의 행위는 강도살인죄와 현주건조물방화치사죄에 모두 해당하고 그 두 죄는 상상적 경합범관계에 있다(대판 1998. 12. 8, 98 도 3416).

(d) **계속범과 상태범**   주거침입죄·감금죄·도로교통법위반(음주운전)과 같은 계속범과 강간죄와 같은 상태범이 상상적 경합의 관계에 놓일 수 있는가가 문제된다. 계속범이 상태범을 실현하기 위한 수단인 경우, 예컨대 강간·강도를 범하기 위해 주거침입을 하는 경우 실행행위의 동일성이 없으므로 실체적 경합범이 된다. 그러나 감금죄가 동시에 강간의 수단이 되는 경우와 같이 계속범에 의해서 비로소 특정한 상태범의 실행의 전제조건이 충족되는 경우에는 실행의 부분적 동일성이 인정되므로 상상적 경합이 성립한다.

‖**판례**‖   강간죄의 성립에 언제나 직접적으로 또 필요한 수단으로서 감금행위를 수반하는 것은 아니므로 감금행위가 강간미수죄의 수단이 되었다 하여 감금행위는 강간미수죄에 흡수되어 범죄를 구성하지 않는다고 할 수는 없는 것이다. 피고인이 피해자가 자동차에서 내릴 수 없는 상태를 이용하여 강간하려고 결의하고 주행중인 자동차에서 탈출을 불가능하게 하여 외포케 하고 여관앞까지 강제로 연행하여 강간하려다 미수에 그친 경우에 협박은 감금죄의 실행의 착수임과 동시에 강간죄의 실행의 착수라 할 것이고 감

---

1) 이재상, 형사판례연구(5) 1997, 518면.

금과 강간미수의 두 행위가 시간적 장소적으로 중복될 뿐만 아니라 감금행위 그 자체가 강간의 수단인 협박행위를 이루고 있는 경우로서 감금죄와 강간미수죄는 1개의 행위에 의하여 실현된 경우로서 형법 제40조의 상상적 경합이라고 해석함이 상당하다(대판 1983. 4. 26, 83 도 323).

(4) 연결효과에 의한 상상적 경합

독일에서는 2개의 독자적인 범죄행위들(갑과 을)이 각 행위와 상상적 경합의 관계에 있는 제3의 행위(병)가 있을 때 두 행위(갑과 을)간에도 상상적 경합이 성립한다는 소위 **연결효과에 의한 상상적 경합**(Idealkonkurrenz durch Klammer-wirkung) 내지 '제3의 구성요건의 연결효과'이론이 판례에 의해 개발되고 다수의 학자들이 이를 지지하고 있다. 우리나라 대법원판례는 갑과 을의 상상적 경합은 부인하고 실체적 경합관계를 인정하면서 처벌은 갑, 을, 병의 상상적 경합의 예에 따라야 한다고 하고 있다.

∥**판례**∥ 예비군 중대장인 피고인이 그 소속 예비군으로부터 금원을 받고 그가 예비군 훈련에 불참하였음에도 불구하고 참석한 것처럼 허위내용의 중대 학습편성명부를 작성·행사한 사건에서 수뢰 후 부정처사죄 외에 별도로 허위공문서작성 및 동 행사죄가 성립하고 이들 죄와 수뢰 후 부정처사죄는 각각 상상적 경합관계가 있으며 이 때 허위공문서작성죄와 동 행사죄 상호간은 '실체적 경합관계'에 있다고 할지라도 상상적 경합관계에 있는 수뢰 후 부정처사죄와 대비하여 가장 중한 죄에 정한 형으로 처단하면 족한 것이고 따로이 경합가중을 할 필요가 없다(대판 1983. 7. 26, 83 도 1378).

우리 대법원의 입장도 결국은 '연결효과에 의한 상상적 경합'을 인정한다고 볼 수 있다. 연결효과에 의한 상상적 경합에서 전제조건은 연결효과를 갖는 제3의 범행(병)의 불법내용이 나머지 2개의 범행(갑·을)의 그것보다 경하지 않아야 한다는 것이다. 만약 제3의 범행(병)의 불법내용이 경한 경우에까지 갑, 을 범행간의 실체적 경합관계를 무시하고 연결효과에 의한 상상적 경합을 인정하게 되면 처벌에 있어서 행위자에게 지나친 특혜를 주게 되기 때문이다.

연결효과에 의한 상상적 경합 ▬▬▬▬▬▬▬▬▬▬▬▬▬▬▬▬▬▬

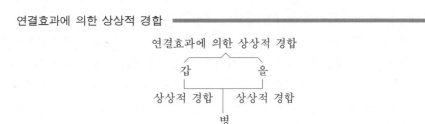

Ⅱ. 수개의 죄에 해당할 것

상상적 경합은 1개의 행위가 수개의 구성요건에 해당하여야 한다.

1. 이종의 상상적 경합과 동종의 상상적 경합

동종의 상상적 경합을 인정할 것이냐 여부를 놓고 논란이 있다. 희생자관점의 도입으로 피해법익이 고도의 인격적 법익인 경우에는 동종의 상상적 경합이 성립하지만 기타 법익의 경우는 단순일죄가 될 뿐이다. 왜냐하면 후자의 경우에는 구성요건실현의 단순한 양적 증가에 불과하기 때문이다.

‖**판례**‖ 자신의 아버지와 동생을 살해하기로 결의하고 이들이 자신의 집 안방에서 잠을 자고 있는 사이 방안에 있는 장롱에 불을 붙이고 자신은 빠져 나왔으나 아버지와 동생은 연기로 인해 질식사하고 말았다. 그렇다면 형법 제164조상의 현주건조물방화치사상죄는 사람을 살해할 고의로 현주건조물에 방화하는 경우이므로 살인죄와 상상적 경합관계에 있는 것은 아니며, 다만 존속살해죄와 현주건조물방화치사죄는 상상적 경합관계에 있다. 따라서 동생에 대해서는 현주건조물방화치사죄, 아버지에 대해서는 존속살해죄가 성립한다. 그리고 하나의 방화행위로 아버지와 동생을 동시에 사망하게 하였으니, 이는 다시 상상적 경합범에 해당하므로 결국 형이 더 무거운 존속살해죄로 처벌하게 될 것이다(대판 1996. 4. 26, 96 도 485).

2. 특별법과 상상적 경합

형사범과 행정범 사이 또는 행정범 상호간에서도 상상적 경합이 성립할 수 있다. 예컨대 허위사실을 기재한 여권신청서에 의해 여권을 발급받은 때의 공정증서원본부실기재죄와 여권법위반의 죄, 절도죄와 관세법위반죄(수입물품에 대하여 적법절차를 밟지 않고 인출하는 행위), 외환의 죄와 국가보안법위반, 미성년자보호법과 공중위생법위반간에도 상상적 경합이 성립한다.

이와 관련하여 논란이 있는 점은 도로교통법위반과 이에 수반하여 발생하는 업무상 과실치사상죄 간의 상상적 경합이 성립할 것인가 하는 문제이다.

판례는 운전면허없이 운전하다가 사람을 치어 사상케 한 경우 무면허운전죄와 업무상 과실치사상죄와의 관계는 실체적 경합의 관계라고 한다(대판 1972. 10. 31, 72 도 2001). 또한 특정범죄가중처벌법상의 위험운전치사상죄와 도로교통법상의 음주운전죄의 관계도 실체적 경합으로 보고 있다(대판 2008. 11. 13, 2008 도 7143). 이 경우에 실행의 동시성은 있어도 실행의 동일성이 없으므로 1개의 행위라 볼 수 없다. 따라서 판례의 결론은 타당하다.

운전면허 없이 주취상태에서 오토바이를 운전하다가 사람을 사망케 한 경우에 판례는 무면허운전과 음주운전행위를 자연적 의미에서 하나의 행위로 평가하여 상상적 경합을 인정하였다(대판 1987. 2. 24, 86 도 2731). 그러나 무면허운전과 음주운전간에는 실행의 동시성도 있으나 실행의 동일성이 없으므로 상상적 경합이 인정될 수 없고, 실체적 경합으로 보아야 한다.

음주운전과 업무상 과실치사상죄간에는 음주가 과실의 원인이 되는 한 실행의 동일성이 인정되므로 상상적 경합이 성립할 수 있다. 무면허운전과 정비불량죄의 경우에도 위험상태에서 운전하는 행위의 동일성이 인정되므로 상상적 경합이 성립할 수 있다.

∥**판례**∥ 밤늦게 자동차를 운전하던 중 전방을 잘 살피고 안전거리를 유지하지 않은 채 앞차를 따라가다가 지하철 공사장 부근에서 서행하는 앞차량의 뒷부분을 들이받아, 앞차 운전자에게 상해를 입히고 차량을 손괴한 후 그대로 도주하였다. 이와 같이 운전자가 업무상 주의의무를 게을리하여 사람을 상해하고 물건을 손괴하고도 도로교통법상의 구호조치를 취하지 않은 채 도주한 경우에는, 도로교통법상 교통사고발생시 구호의무위반죄와 특정범죄가중처벌법상 도주차량운전죄의 상상적 경합범이 되며, 이들 두 개의 죄와 도로교통법상 안전운전의무위반죄는 실체적 경합범의 관계에 있다(대판 1993. 5. 11, 93 도 49).

제 3 절   상상적 경합의 법적 효과

상상적 경합이 인정되면 수개의 죄 가운데 가장 중한 죄에 정한 형으로 처벌한다($^{제40}_{조}$). 상상적 경합은 실질상 수죄이지만 과형상 일죄이므로 1개의 형으로 처벌하되 가장 중한 형으로 처벌하도록 한 것이다. 여기서 가장 중한 형이란 법정형을 의미하며 형의 경중은 형법 제50조에 따라 정한다.

상상적 경합의 형을 정하는 데 다음 두 가지가 문제되고 있다.

1. 형법 제38조 제 2 항의 준용 여부

경합범의 경우 징역과 금고는 동종의 형으로 간주하여 징역형으로 처벌하도록 하는 형법 제38조 제 2 항이 상상적 경합의 경우에도 적용되는가가 문제된다.

대법원은 이에 관하여 제38조 제2항은 준용될 수 없다고 판시하고 있다(대판 1976. 1. 27, 75 도 1543).

2. 법정형의 비교방법

형의 경중을 비교할 때 중한 죄의 법정형의 하한이 경한 죄의 그것보다 경한 경우에 경한 죄의 법정형의 하한보다 가벼운 형으로 벌할 수 있느냐가 문제시되고 있다.

이에 관해 중한 형만 비교 대조하면 족하다고 보는 **중점적 대조주의**는 이것이 가능하다고 보는 반면, 법정형의 비교는 2개 이상의 주형의 전체에 대하여 비교 대조할 것을 요구하는 전체적 대조주의는 이를 인정하지 않는다.

생각건대 상상적 경합은 실질상 수죄이므로 **전체적 대조주의**가 타당하다(다수설). 따라서 수죄의 법정형 가운데 상한과 하한이 모두 중한 형에 의하여 처벌해야 하고 경한 죄에 병과형 또는 부가형이 있을 때에는 이를 병과해야 할 것이다. 대법원도 전체적 대조주의를 취하고 있다(대판 1984. 2. 28, 83 도 3160). 이러한 해석에 따라 상상적 경합의 법적 효과는 순수한 흡수주의가 아니라 결합주의와 같은 결과가 된다.

‖ **판례** ‖ 술에 취해 길가던 여자의 물건을 강취하고 강간하려다 미수에 그쳤으나 상해를 입혔다. 그렇다면 하나의 행위가 강도강간미수와 강도상해에 해당하므로, 강도강간미수와 강도상해죄의 상상적 경합에 해당한다. 형법 제40조에서 상상적 경합의 경우 가장 중한 죄에 정한 형으로 처벌한다는 것은 여러 개의 죄명 중 가장 중한 형을 규정한 규정에 의해 처벌한다는 취지뿐만 아니라, 다른 규정의 최하한의 형보다는 가볍게 처벌할 수 없다는 의미도 있다. 그렇지 않다면 중한 죄에 정한 형으로 처벌한다는 취지가 무의미해질 것이기 때문이다. 즉 수개의 죄에 대해 형을 정함에 있어 각 법규정 중에 상한과 하한을 모두 중한 형의 범위 내에서 처벌해야 한다는 것이다. 그러므로 강도강간미수죄에 정한 형으로 처벌하되, 소정의 형벌 중 유기징역형을 선택한 다음 형법 제25조 제2항에 의한 미수감경과 형법 제53조에 의한 작량감경을 하여 처단형의 범위를 정할 때, 강도상해죄는 기수이므로 강도상해죄의 유기징역형의 하한의 범위 내에서 강도강간미수죄의 유기징역형을 미수감경한 후에 작량감경을 한 형기 범위에 의해야 할 것이다(대판 1984. 2. 28, 83 도 3160).

제 5 장 경 합 범

제 1 절 경합범의 의의

I. 의   의

경합범(Realkonkurrenz) 또는 **실체적 경합**이란 한 사람에 의하여 범해진, 판결이 확정되지 아니한 수개의 죄 또는 금고 이상의 형에 처한 판결이 확정된 죄와 그 판결확정 전에 범한 죄를 말한다(제$\frac{제37}{조}$). 수개 또는 수종의 구성요건이 침해되었다는 점에서 경합범은 상상적 경합과 같지만, 행위다수성이 기초가 된다는 점에서 상상적 경합과 구별된다.

경합범은 같은 행위자에 의해 실제로 수죄가 실현된 경우이며, 그렇기 때문에 행위자가 실현한 범죄의 형을 병과하는 것이 논리적일 것으로 보인다. 그러나 그렇게 되면(병과주의를 자유형에 적용하면) 유기자유형의 성질을 변경하는 결과를 초래할 뿐이다. 또 병과형이 반드시 행위자에게 형벌의 목적을 달성하는 효과적인 수단이 되지도 못한다. 형법은 이러한 이유에 터잡아 경합범에 대하여 원칙적으로 가중주의를 취하고 있다. 따라서 경합범제도는 수죄의 경우에 형을 양정하는 제도적 기능을 갖는다고 할 수 있다.

그러므로 형법은 경합범이 성립하기 위한 요건으로 실질상 수죄라는 요건 이외에 수죄가 하나의 재판에서 같이 판결받을 수 있는 가능성이 있어야 한다고 규정하고 있다(제$\frac{제38조}{제1항}$).

II. 종   류

1. 동종의 경합범과 이종의 경합범

경합범은 침해된 수개의 구성요건이 동종인가 이종인가에 따라 동종의 경합범과 이종의 경합범으로 구분된다. 예컨대 동일인에게 수회에 걸쳐 금전갈취를 위해 협박편지를 보낸 경우가 전자에 해당하고, 강간이 미수에 그치자 살의를 느껴 피해자를 살해한 경우가 후자에 속한다.

동종의 상상적 경합범의 경우 동종의 구성요건이 다수 침해되었다는 점에서는 단순일죄로 평가되는 접속범 등과 구분이 되지 않지만, 동종의 경합범의 경우는 행위다수성이 인정된다는 점에서 접속범 등과는 달리 수죄가 된다.

2. 동시적 경합범과 사후적 경합범

경합범은 수죄이어야 한다는 실체법상의 요건 이외에 하나의 재판에서 같이 판결될 가능성이라는 소송법상의 요건을 필요로 하는데, 수죄가 확정판결을 받지 않아 동시에 심판할 수 있는 경우를 동시적 경합범이라 하고, 금고 이상의 형에 처한 판결이 확정된 죄가 있을 때 이 확정된 죄와 판결확정 전에 범한 죄(이 죄는 동시에 심판될 가능성이 있었던 것)의 관계를 사후적 경합범이라고 한다.

제 2 절 경합범의 요건

I. 실체법적 요건(수개의 죄)

경합범이 되기 위해서는 우선 실체법상 수개의 죄라야 한다. 수죄가 되기 위해서는 첫째, 수개의(동종을 수회 혹은 이종의) 구성요건이 침해되었어야 한다. 이러한 구성요건침해의 다수성은 행위와의 해석학적 관련 속에서만 밝혀진다. 이미 앞에서 설명한 바와 같이 동종의 구성요건을 수회 침해한 경우는 그 법익이 희생자의 인격적 주체성에 관련된 경우이거나, 그렇지 않을 때에는 접속범(단순일죄)과 달리 행위다수성이 인정되는 경우에라야만 평가상 구성요건침해의 다수성이란 자격을 얻게 된다.

둘째, 수죄가 되기 위해서 구성요건과의 해석학적 관련 속에서 행위가 다수라는 평가를 받아야 한다. 수개의 구성요건을 침해하는 경우라도 행위가 1개인 경우에는 상상적 경합이 될 뿐이다.

Ⅱ. 소송법적 요건

1. 동시적 경합범의 경우($\binom{제37조}{전단}$)

수개의 죄는 모두 판결이 확정되지 않았어야 한다. 판결의 확정이란 상소 등의 통상의 불복절차에 의하여 다툴 수 없는 상태를 의미한다(대판 1983. 7. 12, 83 도 1200).

또한 수개의 죄가 모두 판결이 확정되지 아니한 죄일지라도 그것들은 모두 같이 판결될 수 있는 상태에 있지 않으면 안 된다. 그러므로 수개의 죄는 모두 기소되어 있지 않으면 안 된다. 일부만 기소된 경우에는 항소심에서라도 추가기소 또는 병합심리가 된다면 경합범의 규율을 받는다.

2. 사후적 경합범의 경우($\binom{제37조}{후단}$)

동일인이 범한 수죄 중에서 일부의 죄에 관해 금고 이상의 형에 처한 확정판결이 있은 경우에 판결이 확정된 죄와 판결이 확정되기 이전에 범한 죄 사이의 경합관계를 사후적 경합범이라 한다. 예를 들면 갑이 A죄·B죄·C죄를 범하고 B죄에 대하여 먼저 금고 이상의 형에 처한 확정판결이 있는 경우 A죄·C죄와 B죄 간에는 사후적 경합범이 성립한다. 그러나 갑이 B죄에 대해 확정판결이 있은 이후 새롭게 D죄·E죄를 범한 경우 B죄와 D죄·E죄 간에는 사후적 경합범이 성립하지 않는다.

(1) 확정판결의 범위

사후적 경합범에서 말하는 확정판결은 금고 이상의 형에 처하는 판결일 것을 요한다. 따라서 종래에는 벌금형을 선고한 판결이 확정되거나(대판 1981. 5. 26, 81 도 736) 약식명령이 확정된 때(대판 1982. 4. 12, 80 도 537)에도 사후적 경합범이 성립할 수 있었으나, 이제는 경합범이 성립하지 않고 그 판결 전후의 범죄를 동시적 경합범으로 처리하여 1개의 형을 선고할 수 있게 되었다.

(2) 확정판결 전에 범한 죄의 의미

사후적 경합범의 인정취지가 동시심판의 가능성이 있었던 사건에 대하여는 동시적 경합범과 같은 취급을 하자는 데 있으며, 또한 판결의 기판력도 최종의 사실심인 항소심 판결선고 시를 기준으로 한 것이므로 이론상 확정판결 전에 범한 죄는 항소심 판결선고 이전에 범한 죄를 의미한다.

⑶ 죄를 범한 시기

죄를 범한 시기의 기준은 범죄가 기수에 이른 때가 아니라 범죄의 완료 시이 다(대판 2007. 1. 25. 2004 도 45).

제 3 절 경합범의 취급

I. 동시적 경합범의 취급

판결이 확정되지 아니한 수개의 죄를 동시에 판결하는 경우에는 다음과 같은 원칙에 의한다.

1. 흡수주의의 적용

가장 중한 죄에 정한 형이 사형 또는 무기징역이나 무기금고인 때에는 가장 중한 죄에 정한 형으로 처벌한다($\frac{제38조}{제1항 제1호}$). 이 경우 흡수주의를 채택한 사형 또 는 무기형에 다른 형을 병과하거나 형을 가중하는 것이 가혹할 뿐만 아니라 형사 정책적 관점에 비추어 볼 때에도 무의미하기 때문이다.

2. 가중주의의 적용

각 죄에 정한 형이 사형 또는 무기징역이나 무기금고 이외의 동종의 형인 때 에는 가장 중한 죄에 정한 장기 또는 다액에 그 2분의 1까지 가중하되 각 죄에 정한 형의 장기 또는 다액을 합산한 형기 또는 액수를 초과할 수 없다($\frac{제38조}{제1항 제2호}$). 다만 과료와 과료, 몰수와 몰수는 병과할 수 있다($\frac{동호}{단서}$). 이 경우에 징역과 금고는 동종의 형으로 간주하여 징역형으로 처벌하며($\frac{제38조}{제2항}$), 또한 자유형은 형의 가중시 50년을 넘지 못한다($\frac{제42조}{단서}$).

제38조 제 1 항 제 2 호에서 '가장 중한 죄에 정한 장기 또는 다액에 그 2분의 1 까지 가중'한다는 법문의 취지에 관하여 판례는 경합범의 각 죄에 선택형이 규정되 어 있는 경우에는 그 중에서 처단할 형종을 먼저 선택한 후 경합범의 각 죄 가운데 가장 중한 죄에 정한 형의 장기 또는 다액의 2분의 1까지를 가중하는 것이라고 해석 하고 있다(대판 1959. 10. 16, 4292 형상 279). 또한 판례는 제38조 제 1 항 제 2 호는

특별법위반죄와 형법위반죄의 경합범에도 적용된다고 본다(대판 1959. 12. 24, 4292 형상 491).

가장 중한 죄가 '5년 이상의 징역'처럼 장기의 정함이 없을 때에는 형법 제42 조 본문에 따라 장기는 30년이 되고(대판 1983. 11. 8, 83 도 2370), 이에 2분의 1까 지 가중하면 45년 이하가 된다. 예컨대 5년 이상의 징역인 A죄와 7년 이하의 징 역인 B죄의 실체적 경합범을 동시에 판결할 경우, A죄가 중한 죄이므로 45년 이 하의 징역이 가능하나, 다시 형법 제38조 제1항 제2호 후단에 의해 각 죄에 정 한 형의 장기를 합산한 형기를 초과할 수 없으므로, 장기는 37년 이하의 징역으 로 감축된다. 따라서 이 경우에는 5년 이상 37년 이하의 징역범위 안에서 처단형 을 정하여야 한다.

가장 경한 죄에 정한 형의 단기가 가장 중한 죄에 정한 단기보다 중한 경우 에는 그 중한 단기를 하한으로 삼아야 한다(대판 1985. 4. 23, 84 도 2890).

‖**판례**‖ 경합범의 처벌에 관해 형법 제38조 제1항 제2호 본문은 각 죄에 정한 형이 사형 또는 무기징역이나 무기금고 이상의 동종의 형인 때에는 가장 중한 죄에 정한 장기 또는 다액에 그 2분의 1까지 가중하도록 규정하고 그 단기에 대해서는 명문의 규정을 하지 않고 있다. 그런데 가장 중한 죄 아닌 죄에 정한 형의 단기가 가장 중한 죄에 정한 형의 단기보다 중한 때에는 제38조 제1항 제2호 규정의 취지에 비추어 그 중한 단기를 하한으로 한다고 해석해야 할 것이다(대판 1985. 4. 23, 84 도 2890).

3. 병과주의의 적용

각 죄에서 정한 형이 무기징역이나 무기금고 이외의 이종의 형인 경우에는 병과한다(제38조 제1항 제3호). 여기서 이종의 형이란 유기자유형과 벌금이나 과료, 벌금과 과료, 자격정지와 구류 등의 관계처럼 형의 종류가 서로 다른 것을 뜻한다. 그러 나 각 죄에 정한 형이 이종인 경우뿐만 아니라 일죄에 대하여 무기징역이나 무 기금고 이외의 형을 병과할 것을 규정한 경우에도 제38조 제1항 제3호는 적용 된다.

‖**판례**‖ 경합범에 대한 형법 제38조 제1항 제2호의 규정은 경합범 중 일죄의 형에 병과의 규정이 있는 경우에도 적용되는 것이므로 이러한 경합범에 대하여 단일형에 가중 한 형을 선고하여 타형을 병과하지 않는 것은 위법이다(대판 1955. 6. 10, 4287 형상 210).

Ⅱ. 사후적 경합범의 취급

1. 형의 선고

경합범 중 판결을 받지 아니한 죄가 있는 때에는 그 죄와 판결이 확정된 죄를 동시에 판결할 경우와 형평을 고려하여 그 죄에 대하여 형을 선고한다. 이 경우 그 형을 감경 또는 면제할 수 있다(제39조). 외국의 입법례를 보면 독일의 경우 사후적 경합범에 있어서도 하나의 전체형을 선고하도록 하고 있고, 오스트리아는 사후적 경합범에 있어서 일단 전체 형량을 형벌 전체를 동시에 받았을 경우와 같이 결정한 뒤 추가형만을 부과하도록 하고 있다. 반면 우리 형법이 사후적 경합범에 관하여 확정판결을 받지 아니한 죄에 대하여만 형을 선고하도록 한 것은 이미 확정판결이 내려진 죄에 대하여 다시 판결하는 것은 일사부재리의 원칙에 위배되기 때문이다.

그런데 종전 형법의 규정을 따를 때에는 아직 확정판결이 내려지지 않은 범죄가 특별형법의 위반죄와 같이 법정형의 하한이 높은 죄인 경우에는 감경을 하더라도 그 한계가 있어, 처음부터 동시적 경합범으로 기소된 경우와 비교할 때 불가피하게 형평에 반하는 중한 양형을 할 수밖에 없는 문제점이 있었다.

따라서 개정 형법은 사후적 경합범이 원래 동시적 경합범으로 처벌될 수 있는 사안이지만, 기소가 별도로 이루어지는 등 피고인의 책임으로 돌릴 수 없는 사유로 인하여 다른 시기에 재판을 받게 되는 사례 등이 있을 수 있고, 또한 각종 형사특별법에 법정형의 하한이 높은 죄가 적지 않은 현실을 고려하여 형평에 맞는 적정한 양형을 할 수 있도록 관련 규정을 개정하였다.

‖ **판례** ‖ 형법 제37조의 후단 경합범에 대하여 심판하는 법원은 판결이 확정된 죄와 후단 경합범의 죄를 동시에 판결할 경우와 형평을 고려하여 후단 경합범의 처단형의 범위 내에서 후단 경합범의 선고형을 정할 수 있는 것이고, 그 죄와 판결이 확정된 죄에 대한 선고형의 총합이 두 죄에 대하여 형법 제38조를 적용하여 산출한 처단형의 범위 내에 속하도록 후단 경합범에 대한 형을 정하여야 하는 제한을 받는 것은 아니며, 후단 경합범에 대한 형을 감경 또는 면제할 것인지는 원칙적으로 그 죄에 대하여 심판하는 법원이 재량에 따라 판단할 수 있다(대판 2008. 9. 11, 2006 도 8376).

2. 형의 집행

경합범에 의하여 판결의 선고를 받은 자가 경합범 중의 어떤 죄에 대하여 사면 또는 형의 집행이 면제된 때에는 다른 죄에 대하여 다시 형을 정한다$\binom{\text{제39조}}{\text{제 3 항}}$. 이 규정은 경합범에 대하여 1개의 형이 선고된 경우에 적용된다. 그리고 여기서 다시 형을 정한다는 말은 그 죄에 대하여 다시 심판함을 의미하는 것이 아니라 형의 집행부분만 다시 정한다는 것을 의미한다. 이 때 형의 집행에서는 이미 집행한 형기를 통산한다$\binom{\text{제39조}}{\text{제 4 항}}$.

제 4 편 형 벌 론

제 1 장 형벌의 개념과 본질

I. 형벌의 의의

형벌은 범죄행위에 대한 사회윤리적 비난이요 국가의 공식적인 제재수단이다. 형벌은 범죄행위에 대한 사회윤리적 비난이기 때문에 범죄인으로부터 통상의 자유 또는 권리를 박탈하거나 감소시키는 작용을 한다. 이를 통하여 형벌은 사회 일반인의 법익보호와 범죄인 자신의 사회복귀를 도모하는 일을 목적으로 삼는다.

(i) 형벌은 형법(규범)을 침해한 행위에 대한 국가의 사후적 반응이다. 따라서 오직 미래지향적인 예방적 조치는 형벌이라고 할 수 없다.

(ii) 형벌은 형법(규범)침해행위에 대한 반작용이므로 제1차적으로는 충돌 파괴된 법을 공적으로 확증하고 선언하는 기능을 갖는다.

(iii) 형벌은 범죄행위에 대한 법공동체의 불승인 내지 비난을 내포하는 개념이다. 따라서 잘못된 범죄행위에 대해 교육적 목적에서 하는 포상이나 격려 또는 위로는 형벌의 개념에 포함될 수 없다.

(iv) 형벌은 범죄인의 자유, 재산, 사회적 명예와 같은 법 내지 권리영역에 현저한 불이익을 초래하는 국가적 침해행위이다. 따라서 범죄인에게 주관적·객관적으로 유리한 어떤 조치, 예컨대 비행청소년을 선도차원에서 억지로 일주일간 제주도에 관광휴양을 시키는 것 따위는 형벌의 개념에 포함될 수 없다. 비록 그것이 범죄인 자신에게 도벽의 개과천선, 재사회화 등과 같은 최선의 이익을 가져다 주는 결과가 된다 할지라도 결코 형벌이 될 수는 없다. 억압성과 위해성은 형벌개념의 본질적 요소이기 때문이다.

(v) 형벌은 국가의 공적 제재수단이란 점에서 언제나 공형벌만을 뜻한다. 따라서 사형(私刑, Lynch)이나 일정한 사회집단내부에서만 규범력을 갖는 징계나 민사적인 손해배상의무의 부과 따위는 형벌의 개념에 포함될 수 없다.

이와 같이 국가형벌은 범죄인에 대한 비난작용과 위해작용을 개념필수적인 요소로 삼는다. 그것은 범죄인에 대해 사회윤리적 비난을 공적으로 가할 뿐만 아니라 그가 일반시민으로서 누리던 통상의 자유상태 및 권리영역의 중대한 박탈이나 현저한 감소를 가져오는 가장 가혹한 제재수단이기 때문에 정당화와 한계가 항상 문제된다.

Ⅱ. 형벌이론

형벌의 의미와 목적에 관한 논의를 형벌이론(Strafteeorien)이라 한다. 여기에는 절대설과 상대설 및 절충설이 있다.

1. 절대설(응보이론)

절대설은 형벌의 의미를 그것이 가져올 결과와 상관없이 파악하는 입장이다. 즉 **죄를 범하였기 때문에 처벌해야 한다**는 입장이다. 이에는 형벌의 의미를 응보로 이해하는 입장, 절대적 정의의 순수한 요구로 이해하는 입장, 속죄의 표현으로 이해하는 입장 등이 있다.

2. 상대설(예방이론)

상대설은 절대설처럼 죄를 범하였기 때문에 처벌하는 것이 아니라 **죄를 범하지 않도록 하기 위해 처벌한다**는 입장이다. 다시 말해 과거의 죗값에 대한 응보가 아니라 장래의 범행을 저지하려는 예방사상에 기초하고 있다. 여기에서 형벌은 그 자체가 목적이 아니라 사회보호에 봉사해야 할 목적을 가지고 있다. 이러한 목적실현에는 일반예방과 특별예방의 두 가지 방향이 제시되고 있다.

3. 절 충 설

절충설은 응보이론과 예방이론을 절충하는 입장이다. 여기에는 (i) 형벌의 의미에 관하여 응보를 본질적이고도 중요한 관점으로 삼고 이 응보의 관점 안에서 다른 예방의 관점을 고려하는 **응보우위적 절충설,** (ii) 응보형론·특별예방론·일반예방론의 모든 관점을 형벌의 목적으로 동위적으로 병존시키는 **동위적 절충설,** (iii) 형법에서 응보의 사고를 완전히 배제하고 단지 특별예방과 일반예방만을 형벌의 유일한 목적으로 파악하여 형법실현의 각 단계에서 그 단점들을 상호보충에 의해 제거함으로써 장점들만이 나타나도록 변증론적으로 합일시키는 입장인 **예방적 절충설(변증론적 절충설)** 등이 있다.

제 2 장   형벌의 대상과 한계

1. 형벌의 대상

형벌은 실질적 범죄를 대상으로 한다. 실질적 의미의 범죄는 위에서 언급한 바대로 중대한 사회유해적 법익위해행위를 말한다.

오늘날 우리들이 말하는 범죄란 오직 사람들의 사회공동생활 속에서만 발생할 수 있고 또 이 공동체의 일원인 다른 사람에 대해서만 저질러질 수 있다는 의미에서 전통적인 윤리범죄나 종교범죄의 의미와 항상 일치하는 것은 아니다.

인간은 사회적 존재이다. 참된 의미의 인간은 언제나 다른 사람과 더불어 살고 있는 공존자이다. 이 공존자로서의 인간은 다른 사람과 더불어 맺고 있는 수많은 생활영역에서 각자의 이익을 누릴 뿐만 아니라 타인이 자기에게 일정한 이익을 가져다 주리라는 기대 속에 살고 있다. 그리고 자기와 마찬가지로 타인도 자기의 이익과 기대를 함부로 짓밟거나 침범하지는 않으리라는 신뢰 가운데서 살아가고 있다. 이러한 공동생활의 기본적인 질서 내에서 법적으로 보장된 타인의 이익과 기대를 함부로 침해하여 평화로운 공동생활의 질서를 파괴하는 것이 바로 우리가 이해하려고 하는 법적·사회적 의미의 범죄행위이다.

2. 형벌의 한계

(1) 한계요구의 전제

형벌은 원칙적으로 사람의 위신이나 명성, 지위를 고려하지 않고 죄를 지은 사람이면 누구에게나 평등하게 가차없이 부과된다. 아무리 용감하고 위대했던 역전의 용장이라도 순간적인 범죄나 과실에 의한 총기사고로 타인을 사상케 했다면 형법은 저질러진 범죄사실에 주목하여 똑같이 범죄인으로 취급하면서 침해된 법질서를 회복하려고 나선다.

범죄에 대한 대가로서 형벌은 한 범죄자 개인의 사회적 실존을 완전히 초토화시킬 수 있는 무서운 위력을 갖고 찾아온다. 그러므로 국가형벌은 언제나 일정한 한계를 염두에 두지 않으면 안 된다. 그 한계가 바로 책임원칙과 형벌필요성

(Strafbedürftigkeit)의 요구이다.

(2) 책임원칙에 의한 한계

책임원칙은 어떠한 사람도 자기책임, 자기의 죄 없이는 형벌을 받지 아니한다는 것을 뜻한다. 인류문화는 오랫동안 이 책임원칙을 알지 못했기 때문에 18세기 말까지도 형벌연대책임·결과책임·우연책임에 의한 형사제재 앞에 개인의 자유가 부당하게 침해되어 왔다.

책임원칙의 확립으로 인해 ① 결과책임의 배제, ② 개인적 책임귀속의 가능성 확보, ③ 고의·과실의 주관적·내심적 참여 정도에 따른 형벌정도의 구별, ④ 형벌의 근거 및 한계의 확정이 가능하게 되었다. 책임원칙의 도움으로 국가권력이 형벌을 통해 '개인의 자유에 대한 침해'를 할 수 있는 권한은 엄격히 법적 한계에 구속된다.

(3) 형벌필요성에 의한 한계

형벌필요성의 요구는 형벌보충성(Strafsubsidiarität)과 형벌실효성(Strafeffektivität)의 요구를 내포하고 있다.

(a) **형벌보충성**   사회적 유해행위를 진압하기 위한 형벌은 이에 필요한 최소한의 수단일 것을 요구한다. 이것이 형벌보충성의 요구이다. 형벌 이외의 다른 가벼운 법적 수단, 즉 징계·민사벌·행정벌 등으로도 그 목적을 달성할 수 있다면 형벌은 그 자리를 양보하고, 이러한 수단으로써 그 목적을 충분히 달성할 수 없을 때에만 **최후수단**(ultima ratio)으로 발동되어야 한다는 것이다. 뿐만 아니라 같은 형벌제도 내에서도 가벼운 형벌로써 법익보호가 가능하다면 이 가벼운 형벌이 무거운 형벌보다 먼저 과하여져야 하고, 가벼운 형벌부과로써 그 목적을 도저히 달성할 수 없을 때에만 무거운 형벌이 과하여져야 한다. 오늘날 벌금형이 자유형에 비해 주형화하는 현상은 바로 형벌보충성의 요구에 기인한 것이라고 할 수 있다.

(b) **형벌실효성**   형벌은 형법의 임무를 실현하는 데 실효성 있는 한도 안에서 과하여져야 한다. 이것을 형벌실효성의 요구라고 한다. 실효성 없는 형벌은 불필요한 형벌이다. 실효성 없는 형벌로써 규범과 현실의 괴리를 메우려고 하면 형법이 자칫 이데올로기화될 위험에 빠지기 쉽고 이른바 형벌의 집행적자가 누적되어 종국에는 형법의 적극적 일반예방기능까지 해치게 될 것이다. 예컨대 낙태는 생성중에 있는 생명을 박탈하는 사회적 유해행위이다. 따라서 법익침해가 있다.

그러나 오늘날 모든 낙태행위를 엄격하게 형벌로써 금지하려고 하거나 낙태예비
와도 직접 관계없는 성감별행위 자체를 널리 엄한 처벌의 대상으로 삼는 것은
$\binom{\text{의료법 제20조,}}{\text{제88조의2}}$ 사회현실의 변화에 비추어 볼 때 실효성이 의문시된다. 오히려 형벌
보다는 산모의 건강배려·생활대책 등 사회보장적 배려가 보다 효과적인 예방수
단이 될 수 있을 것이다.

제 3 장 형벌의 기능

1. 응   보

응보(Vergeltung)란 형벌이 범행에 대해 응분의 죄값을 묻는 수단이어야 함을 의미한다. 즉 행위자의 유책한 범행에 대해 해악을 가하여야 하되 언제나 죄책과 형벌 사이에 같은 비중으로 균형을 맞추어야 한다는 것이다. 고대 이스라엘법의 '눈에는 눈, 이에는 이'라는 탈리오(talio)원칙이 바로 응보사상의 전형이다. 따라서 경한 책임(예컨대 인간적으로 동정할 수 있는 동기에서 나온 경미한 절도)은 이에 상응하는 경한 형벌을, 중한 책임(예컨대 탐욕에서 나온 살인)은 중한 형벌을 받아야 한다는 것이 응보사상의 요지이다.

2. 일반예방

일반예방(Generalprävention)이란 형벌이 일반인에 대한 위하 및 일반인의 법의식을 강화함으로써 범죄억지적인 예방효과를 갖는다는 것을 뜻한다.

⑴ 소극적 일반예방

일반예방의 가장 원시적인 형태는 위하이다. 형벌이 처벌에 대한 두려움을 심어주어 시민들로 하여금 범행을 억제하게 한다는 것이다. 이러한 위하효과는 먼저 국가가 법률에 형벌을 규정해 둠으로써 나타날 수 있고, 더 나아가 범법자에 대하여 형벌을 과하고 집행하여 일반인에게 주지시킴으로써 나타나기도 한다. 이것은 어디까지나 일반예방기능의 소극적 측면에 불과하다.

⑵ 적극적 일반예방

형벌은 형법입법 및 유죄판결에 나타난 범행 내지 범죄자에 대한 공적 불승인의 표명이다. 이것은 모든 사람에게 법질서의 불가침성을 확증해 보임으로써 규범의식을 내면화시키는 적극적 기능도 갖고 있다. 규범의식의 내면화를 통한 규범안전성 제고를 적극적 일반예방 또는 사회통합예방이라고도 한다. 다만 일반예방의 이 적극적 측면을 사회의 응보 내지 보복필요성의 충족을 의미하는 새로운 응보론과 혼동해서는 안 된다.

3. 특별예방

형벌이 범죄자 개개인에게 미치는 예방적 효과를 특별예방(Spezialpräven-tion) 또는 개별예방(Individualprävention)이라고 부른다. 이것은 형벌의 기능을 응보처럼 '과거의 죄책'에 대한 응징에서 찾거나 또는 일반예방처럼 '일반국민에 대한 영향력 행사'에서 찾지 않는다. 개개 범죄자, 특히 유죄판결을 선고받은 자에 대한 영향력 행사를 통해 범죄자가 장래 다시 범죄를 저지르지 않도록 하는 데서 찾는다. 특별예방에서 개별적 위하와 보안을 소극적 특별예방이라고 하고, 재사회화를 적극적 특별예방이라고도 부른다.

(1) 소극적 특별예방

(a) **개별적 위하**(Individuelle Abschreckung)   범죄자 개인이 장래 다시 법률을 위반하지 않고 스스로 예방할 수 있도록 형벌을 체험하게 하는 것을 말한다.

(b) **보안**(Sicherung)   자유형의 집행이나 자유박탈적 보안처분에 의하여 범죄자가 새로운 범죄를 저지르는 것을 사실적으로 저지하여야 한다는 것을 뜻한다. 따라서 잠재적 희생자들도 범죄자로부터 이 보안조치에 의해 보호되어야 한다는 것이다.

(2) 적극적 특별예방

범죄자 개인에 대한 국가의 재사회화(Resozialisierung) 또는 사회복귀노력이 여기에 속한다. 적극적 특별예방은 유죄판결의 선고나 형벌집행을 통하여 범죄자가 장래에는 정상적인 사회의 일원으로 복귀하여 건전하게 생활할 수 있도록 범죄자에게 영향력을 행사하는 것을 말한다.

제4장 형벌의 종류

제1절 서 설

현행형법에서는 사형·징역·금고·벌금·구류·과료·몰수·자격상실·자격정지의 아홉 가지 형벌이 인정되고 있다.

형벌은 대체로 박탈되는 법익의 종류에 따라 생명형(Lebensstrafe)·신체형(Körperstrafe)·자유형(Freiheitsstrafe)·재산형(Vermögensstrafe)·명예형(Ehrenstrafe)으로 대별된다. 이 중 신체형은 야만적이며 인간의 존엄성을 침해한다는 측면에서 오늘날 대부분 폐지되었으며, 생명형 또한 같은 이유로 폐지일로에 있다. 한편 형벌은 독립적으로 선고할 수 있는 주형(Hauptstrafe)과 주형에 부가하여서만 선고할 수 있는 부가형(Nebenstrafe)으로도 나누어진다. 구형법 제9조는 몰수 이외의 형을 주형으로, 몰수를 부가형으로 규정하였으나, 현행형법은 이렇게 구분하지 않고 대신 몰수형의 부가성만을 인정하고 있다($^{제49}_{조}$).

제2절 사 형

I. 의 의

1. 개념과 본질

사형(Todesstrafe, death penalty) 혹은 **생명형**(Lebensstrafe)은 범죄인의 생명을 박탈하여 그를 사회로부터 영구히 제거시키는 형벌로 형법이 규정하고 있는 형벌 중 가장 중하다는 의미에서 **극형**(capital punishment)이라고도 한다.

‖ **판례** ‖ 사형은 인간의 생명 자체를 영원히 박탈하는 냉엄한 극형으로서 그 생명을 존치시킬 수 없는 부득이한 경우에 한하여 적용되어야 할 궁극의 형벌이므로 사형을 선택함에 있어서는 범행동기, 형태, 죄질, 범행수단, 잔악성, 결과의 중대성, 피해자의 수,

피해감정, 범인의 연령, 전과, 범행 후 정황, 범인의 환경, 교육 및 생육과정 등 여러 사정을 참작하여 죄책이 심히 중대하고 죄형의 균형이나 범죄의 일반예방적 견지에서도 극형이 불가피하다고 인정되는 경우에 한하여 허용될 수 있는 것이다(대판 1992. 8. 14, 92 도 1086).

2. 사형범죄의 범위

형법에서 법정형이 사형으로 규정된 범죄로는 내란죄($\frac{제87}{조}$), 내란목적살인죄($\frac{제88}{조}$), 외환유치죄($\frac{제92}{조}$), 여적죄($\frac{제93}{조}$), 모병이적죄($\frac{제94}{조}$), 시설제공이적죄($\frac{제95}{조}$), 시설파괴이적죄($\frac{제96}{조}$), 간첩죄($\frac{제98}{조}$), 폭발물사용죄($\frac{제119}{조}$), 현주건조물방화치사상죄($\frac{제164조}{제 2 항}$), 살인죄($\frac{제250}{조}$), 강간등살인죄($\frac{제301조의2}{전단}$), 강도살인죄($\frac{제338}{조}$), 해상강도살인 · 치사 · 강간죄($\frac{제340조}{제 3 항}$) 등이 있다. 이 이외에도 특별법에 의하여 사형범죄의 범위는 훨씬 확대되어 있었다.

예컨대 특별법에서 사형을 규정하는 범죄로는 폭력행위등처벌에관한법률에 의한 단체조직($\frac{제 4}{조}$), 특정범죄가중처벌등에관한법률에 의한 약취유인죄($\frac{제 5 조}{의2}$), 도주차량운전자($\frac{제 5 조}{의3}$), 상습강도($\frac{제 5 조}{의4}$), 강도상해 · 강도강간의 재범($\frac{제 5 조}{의5}$), 보복목적살인($\frac{제 5 조}{의9}$), 통화위조의 가중처벌($\frac{제10}{조}$), 성폭력범죄의처벌등에관한특례법이 정한 특수강도강간등 죄($\frac{제 3}{조}$)와 강간등 살인죄($\frac{제 9}{조}$) 등이 있으며, 이 밖에 국가보안법과 보건범죄단속에관한특별조치법도 사형을 규정하고 있다.

이러한 사형범죄 중 절대적 법정형으로 사형을 과할 수 있는 범죄는 형법상 여적죄와 군형법상 군사반란죄뿐이며, 그 이외의 경우는 상대적 법정형으로 되어 있기 때문에 법관의 재량에 따라 사형과 자유형을 선택하여 부과할 수 있다. 뿐만 아니라 사형만이 절대적 법정형으로 되어 있는 죄에서도 작량감경($\frac{제53}{조}$)의 여지는 남겨져 있으므로 반드시 사형에 처해야 하는 것은 아니다.

3. 사형의 집행방법

사형의 집행방법은 동서양을 막론하고 고대로 거슬러 올라갈수록 잔혹했으나 근대로 접어들면서 점차 완화되었다. 근래 각국의 사형집행방법으로는 교수(hanging) · 총살(shooting) · 참수(Guillotine) · 전기살(eletrocution) · 가스살(lethal gas) · 액살(strangulation) · 투석살 등이 있다. 현행 형법은 교수형을 규정하고 있고($\frac{제66}{조}$), 군형법은 총살형을 채택하고 있다($\frac{군형법}{제 3 조}$).

Ⅱ. 사형존폐론

1. 사형폐지론

사형폐지론은 1764년 베까리아(Beccaria)가 그의 저서 「범죄와 형벌」(dei delitti e delle pene)에서 사형은 잔혹하면서도 위하효과를 거둘 수 없는 형벌이라고 비판한 것이 효시가 되어, 하워드(J. Howard), 리프만(M. Liepmann), 서더랜드(E.H. Sutherland), 몽테스키외(Montesquieu) 등 많은 동조자를 얻었다.

우선 사형폐지론의 논거로는 첫째, 사형은 헌법상 보장된 기본권인 인간의 존엄과 가치의 존중 및 생명권을 박탈하는 야만적이고 잔혹한 형벌수단이기 때문에 헌법에 반할 뿐만 아니라 인도주의에도 반한다.

둘째, 사형은 응보사상에 입각하여 범죄에 대한 분노를 표시할 뿐 범죄인의 개선과 피해자의 구제에는 아무런 도움도 주지 못한다.

셋째, 국가는 인간의 생명에 대한 심판권능을 갖고 있지 못함에도 불구하고 사형제도를 통하여 살인행위를 정당화하고 있다.

넷째, 사형은 오판을 한 경우 도저히 회복할 수 없다.

다섯째, 사형은 통상 일반인이 생각하듯이 그렇게 범죄억지력이 대단한 것이 아니다. 이는 사형폐지국가에서 폐지 전보다 범죄의 발생건수가 현저히 증가하는 추세에 있지 않다고 하는 점에서 검증된다. 특히 잔학한 범행을 저지르는 범죄인의 경우 범행시 사형의 위협을 의식하지 않는다.

여섯째, 범죄원인은 범인의 악성 내지 반사회성에도 있지만, 사회환경의 원인도 무시할 수 없다. 그러나 사형은 모든 범죄원인을 오직 범죄인에게만 돌리려는 불합리한 형벌이다.

일곱째, 사형은 범죄인의 죄값을 넘어서, 범죄인의 가족·친지나 범죄인과 종래부터 좋은 사회적 관계를 유지해 온 많은 이웃들에게도 생명상실의 아픔과 고통을 안겨주는 가혹성을 지니고 있다.

여덟째, 사형은 종종 인종 및 정치적·사회적 약자들에게만 차별적으로 가해지는 경향이 있어, 그 형평성에도 문제가 없지 않다.

2. 사형존치론

인간의 기본권을 주창한 계몽주의에서 사형폐지론이 비롯되기는 했으나, 대부분의 계몽주의 사상가들은 여전히 사형의 필요성을 역설하였다. 로크(Locke),

칸트(Kant), 비르크마이어(Birkmeyer) 등이 대표적이며, 오늘날에도 사형이 존치되어야 한다는 주장이 없지 않다. 심지어 사형을 폐지한 국가에서조차 중범죄의 효과적인 방지책으로 사형은 부활되어야 한다는 주장이 간혹 다시 일고 있다(필리핀은 1987년 사형을 폐지했다가 1995년 재도입했다).

이러한 사형존치론의 논거로는 첫째, 인간은 본능적으로 자기생명에 대한 애착을 갖고 있기 때문에 사형은 흉악범에 대해 억지력을 갖는다.

둘째, 형벌의 본질이 응보인 이상 반사회적 범죄에 대해 가해지는 사회의 도덕적 반응의 표현으로서 사형은 사회안정에 기여할 수 있고, 이에 따라 인간의 존엄과 가치를 보호하는 효과도 거둘 수 있다.

셋째, 사형제도는 일반인의 정의관념에도 부합한다.

《참고》 헌법재판소는 지난 2010년 사형제도에 대해 합헌결정을 내린 바 있다(헌재결 2010. 2. 25, 2008 헌가 23).

3. 결 론

사형제도는 명백히 인간의 존엄성 보장요구에 반할 뿐 아니라, 형사정책적으로도 무의미한 응보사고의 잔재에 불과하다. 사형으로 범죄진압을 꾀할 수 있다는 생각은 오늘날의 민주헌법질서의 이념과 일치할 수 없는 독선적 사고일 뿐만 아니라 자유적·합리적·인도적 형사정책의 노력을 섣불리 포기하려는 미신적 사고의 잔재라고 할 수 있다. 1994년 미국연방대법원의 사형판결에서 반대의견을 제시한 해리 블랙먼(Harry Blackmun) 판사(1970~1994년 미연방대법원판사역임)가 "형벌은 자의성, 차별, 변덕과 오류의 잔재들로 얽혀 있고, 특히 판결에 의한 생사여탈에는 인종적 편견이 지속적으로 중요한 역할을 하므로, 나는 금후로 더 이상 사형기구의 서툰 수리공 노릇을 하지 않겠노라"고 선언했던 것은 우리의 형사사법현실에 대해서도 시사하는 바가 크다.

이런 이유에서 사형은 마땅히 폐지되어야 한다고 생각한다. 그나마 1989년 5월 30일 우리나라에서도 법조인과 종교인들을 주축으로 **사형폐지운동협의회**가 발족되어 활동중인 것은 참으로 고무적인 일이다.

사형제도가 존속되는 동안이라도 우선은 브라질·인도네시아·이스라엘 등과 같이 사형범죄의 범위를 축소시키는 방법, 벨기에처럼 명문으로는 사형제도를 규정하되 현실적인 시행은 억제하는 방법, 중국처럼 일정기간 사형의 집행을 유보한 뒤 그 기간이 지나면 무기형으로 전환하는 등 사형집행을 제한하는 방법, 스위스 군형법처럼 사형선고에 법관의 전원일치를 요구하는 등 사형선고를 제한하는 방법 등을 도입하여 사형폐지의 방향으로 개선해 나가야 할 것이다.

《참고》 우리나라는 지난 1997년 12월 30일 마지막 사형집행이 이루어진 이후 21년이 넘게 사형집행이 이루어지지 않아, 사형미집행 10년이 경과한 2007년 이후로는 국제사회의 기준으로 '사실상 사형폐지국'으로 분류되고 있다. 사형폐지를 위한 입법자의 결단만이 남은 셈이다.

제 3 절　자 유 형

Ⅰ. 의　　의

자유형(Freiheitsstrafe)이란 수형자의 신체의 자유를 박탈하는 것을 내용으로 하는 형벌을 말한다. 현행 형법은 징역, 금고 및 구류라는 세 가지 종류의 자유형을 인정하고 있다. 법원조직법 제61조에 의한 20일 이내의 감치는 순수한 질서벌의 성격을 띤 자유박탈처분일 뿐 자유형의 일종은 아니다.

자유형은 범죄인의 자유박탈을 통해 이를 개과천선시키려는 교육적 내용이 주된 바탕을 이루고 있다. 물론 이 외에도 범죄인의 명예를 떨어뜨리는 작용을 할 뿐만 아니라, 또한 노역을 시킴으로써 재화를 생산하게 하여 국가재정에 도움을 얻겠다는 부수적인 내용도 포함하고 있다. 그러나 자유형 집행의 주된 목적은 범죄인의 사회복귀에 있다고 보아야 하며, 자유형을 집행할 때 자유박탈 이외의 고통을 제거하고 수형자의 인간다운 생활을 보장해야 할 것이다.

Ⅱ. 현행 형법상의 자유형

1. 징　　역

징역은 수형자를 교도소 내에 구치하여 정역에 복무케 하는 형벌이다($^{제67}_{조}$). 이에는 유기와 무기, 2종이 있다. 무기는 종신형이며, 유기는 1월 이상 30년 이하이나 50년까지 형을 가중할 수 있다($^{제42}_{조}$). 무기형은 수형자에게서 재사회화의 의지를 빼앗아 버리고 사회복귀의 희망을 차단하는 비인도성이 짙은 제도이므로 유기자유형으로의 개선이 요청되는 형벌이다. 그럼에도 개정형법은 신설된 폭발성

물건파열치사상죄$\left(\begin{smallmatrix}제172조\\제2항\end{smallmatrix}\right)$, 가스・전기 등 방류치사상죄$\left(\begin{smallmatrix}제172조의2\\제2항\end{smallmatrix}\right)$에 무기징역을 과하도록 하고, 가스・전기 등 공급방해치사죄$\left(\begin{smallmatrix}제173조\\제3항 후단\end{smallmatrix}\right)$에도 무기징역을 추가했다.

《참고》 물론 무기형도 20년이 경과한 후에는 가석방이 가능하다는 점$\left(\begin{smallmatrix}제72조\\제1항\end{smallmatrix}\right)$에서 자유형의 사회복귀기능을 포기한 것은 아니다.

2. 금 고

금고는 수형자를 교도소 내에 구치하여 자유를 박탈하는 것을 내용으로 하는 형벌이다$\left(\begin{smallmatrix}제68\\조\end{smallmatrix}\right)$. 그러나 금고는 징역과는 달리 명예를 존중한다는 취지에서 의무적인 정역을 부과하지 않는다. 다만 행형법은 수형자의 신청이 있으면 작업을 과할 수 있도록 하고 있다$\left(\begin{smallmatrix}동법\\제38조\end{smallmatrix}\right)$. 이 금고는 소위 명예구금에 해당한다. 자유형의 내용 중 징역형이 명예를 떨어뜨리는 작용을 중요한 요소로 보는 데 반해, 금고형은 자유박탈과정에서도 수형자의 명예를 되도록 존중하려는 취지에서 마련된 제도이다. 따라서 과실범이나 정치범 등 다소 명예를 존중해 줄 필요가 있는 자에게 과해진다. 금고의 종류와 형기는 징역의 경우와 같다.

3. 구 류

구류도 수형자를 교도소 내에 구치하여 자유를 박탈하는 것을 내용으로 하는 자유형이다$\left(\begin{smallmatrix}제68\\조\end{smallmatrix}\right)$. 다만 그 기간이 1일 이상 30일 미만이라는 점에서 징역・금고와 다르다$\left(\begin{smallmatrix}제46\\조\end{smallmatrix}\right)$.

구류는 형법전에는 아주 예외적인 경우에만 규정되어 있고(공연음란죄・폭행죄・과실치상죄・협박죄・자동차등불법사용죄・편의시설부정이용죄) 주로 경범죄처벌법이나 기타 단행법규에 규정되어 있다.

구류는 환형처분인 노역장유치와 구별된다$\left(\begin{smallmatrix}제69조, 제70\\조, 제71조\end{smallmatrix}\right)$. 즉 노역장유치는 수형자가 벌금 또는 과료를 납부하지 않을 때 일정한 기간 동안 수형자를 노역장에 유치하는 대체자유형(Ersatzfreiheitsstrafe)에 지나지 않는다.

Ⅲ. 자유형의 문제점

1. 자유형의 단일화문제

자유형 중 금고는 명예구금이라 하여 사상범・정치범 등 확신범이나 혹은 과

실범과 같은 비파렴치범에게 명예를 존중해 줄 목적으로 정역의 복무를 면제시켜
주는 형벌이라는 점에서 징역과 구별된다. 그러나 이러한 구분은 응보형사고의
잔재에 불과할 뿐 합리적·인도적 형사정책의 관점에서 볼 때 납득할 만한 근거
가 없다. 따라서 자유형은 단일화되어야 한다는 주장이 거세게 일고 있다. 이들의
논거를 간추려 보면 ① 형벌의 목적을 개선과 재사회화에 둔다면 우선 교정행정
정책의 일관성을 유지하기 위해서도 단일화가 필요하다. ② 구별기준인 파렴치성
의 판단이 그리 쉽지 않다. ③ 처우를 달리한다는 명목으로 정역의 복무 여부를
내세우는 것은 전근대적인 노동천시사상에 지나지 않는다. 노동을 신성한 것으로
본다면 정역을 과하는 것이 명예손상이 될 수 없다. 또한 실제로도 금고수형자의
대부분이 신청에 의하여 노역에 종사하고 있다.

　　이상의 여러 가지 이유를 들어 금고와 징역의 구별은 불합리하며 또한 기간
을 기준삼아 금고와 구류를 구별하는 것도 폐지해야 한다는 주장이 우리나라에서
도 팽배해 있다.

2. 단기자유형의 폐지문제

　　형벌은 범죄인에게 최소의 손실을 주면서 동시에 범죄인의 재사회화에 최
대한 이바지해야 한다. 그러나 단기자유형을 집행할 경우 범죄인은 이른바 '무
전유죄·유전무죄'와 같은 사회부정적 시각을 지닌 재소자사회집단의 하위문화
(Subkultur)에 물들게 되고, 다른 범죄인으로부터 새로운 범죄수법을 전수받게
되는 등 오히려 사회복귀를 더욱 어렵게 만드는 역효과를 가져 올 공산이 크다.

　　오늘날 단기자유형이 범인에게 shock 효과를 줄 수 있다는 점을 강조하여 단
기자유형 유용론을 펴는 학자들도 있다. 하지만 단기자유형은 짧은 형기가 수형
자를 교화개선시키기에는 턱없이 모자라지만 악성감염으로 수형자를 부패시키는
데는 충분한 기간이라는 사실을 유의할 필요가 있다. 따라서 단기자유형은 폐지
하는 방향으로 나아가는 것이 재사회화형법의 이념에 합치한다. 단기자유형의 대
체방안으로 보호관찰부 집행유예 및 선고유예·주말구금·휴일구금·단속구금·
가택구금제·벌금형·피해원상복구제(restitution, Wiedergutmachung)를 적극적
으로 활용할 필요가 있다.

　　단기자유형의 기준기한을 놓고 1949년 국제형법형무회의에서는 3월 이하설이,
1959년 UN범죄방지회의에서는 6월 이하설이, 미국에서는 1년 이하설이 거론되어
왔으나, 통설은 6월 이하설이다.

3. 무기형의 위헌성문제

종신자유형이 헌법상 「인간의 존엄과 가치존중의 요청」과 합치되는지 여부
가 문제된다. 이러한 염려는 종신자유형이 계속적인 장기간의 자유박탈 및 사회
로부터의 완전한 추방의 효과를 가져온다는 데에 직접 연유한다. 헌법상 보장된
인간존엄성의 의미로부터, 범죄인은 범죄투쟁의 단순한 대상물로 취급되어서는
안 된다는 결론이 나온다. 인간의 개인적·사회적 실존의 기본적 전제조건들은
범죄인을 다루는 과정에서도 유지되어야 하기 때문이다. 리프만(Liepmann)은 이
미 1912년에, 제31차 독일법률가대회에 제출한 그의 종신자유형의 결과에 관한
의견서에서 다음과 같은 견해를 피력하고 있다:

"약 20년의 집행기간이 경과함에 따라 수형자들에게서 「선한 동기의 약화,
완전한 의기소침, 초과만성적인 공포증, 불신, 사회에 대한 반감과 증오」 등이 확
인되었다. 「이 기간 후에는 인격을 괴사시키는 구속으로 인하여, 내적인 삶의 잔
학한 파괴작업이 시작된다. 인간에게 가장 필요하고 선한 것, 즉 선악에 관한 의
지도 서서히, 그러나 확실히 고갈되어 간다. 이러한 수형자들에게는 그를 치료해
줄 수 있는 기쁨이 결핍되어 있어 동·식물적인 연명만 하고 있을 뿐 그들은 기계
처럼 무감각하고 감정을 잃어버린 자들이 되어 버리다가 마침내는 전적으로 폐인
이 되고 만다.」" 리프만의 이 연구결과는 물론 단순한 응보형집행시대에 해당되
는 것들이다. 그러나 이러한 연구결과들이 오늘날의 종신자유형집행의 결과와도
합치된다면, 이같은 제재수단은 위헌일 수밖에 없다.

제 4 절   재 산 형

Ⅰ. 의   의

재산형(Vermögensstrafe)이란 범죄인에게서 일정한 재산을 박탈하는 것을
내용으로 하는 형벌이다. 금전이 삶의 질을 좌우하는 현대인의 생활세계에서 재
산형의 형사정책적 기능은 비교할 수 없이 높다. 그 결과 오늘날 재산형이 주형화
하고 있다. 현행 형법은 재산형으로 벌금, 과료 및 몰수 3종을 인정하고 있다.

Ⅱ. 현행 형법상의 재산형

1. 벌 금 형

⑴ 의   의

벌금형(Geldstrafe)은 범죄인에게 일정한 금액의 지급의무를 강제적으로 과하는 형벌이다. 벌금은 5만원 이상으로 하며, 상한에는 제한이 없다. 다만 감경하는 경우에는 5만원 미만으로 할 수 있다($^{제45}_{조}$). 각칙에 규정되어 있는 벌금형의 상한은 최저 200만원 이하부터 최고 3천만원 이하까지이다. 벌금을 판결확정일로부터 30일 내에 완납하지 못한 경우에 환형처분으로서 형법은 1일 이상 3년 이하의 기간 동안 노역장유치를 인정하고 있다($^{제69조}_{제70조}$). 그 일부만 납입한 경우에는 벌금액과 유치기간의 일수에 비례하여 납입금액에 상당한 일수를 공제한다($^{제71}_{조}$).

> 《참고》 2014년 소위 황제노역 논란으로 벌금액수에 따른 노역장유치기간의 세부 기준이 법에 마련되었다. 선고하는 벌금이 1억원 이상 5억원 미만일 경우에는 300일 이상, 5억원 이상 50억원 미만인 경우에는 500일 이상, 50억원 이상인 경우에는 1,000일 이상으로 노역장 유치기간이 세분화되었다($^{형법 제70조}_{제 2 항}$).

⑵ 벌금의 법적 성질

벌금형 역시 형벌로서의 일신전속성을 갖는다. 따라서 제 3 자의 대납, 국가에 대한 채권과의 상계, 범인 이외의 자와 공동연대책임, 상속 등이 허용되지 않는다. 다만 예외적으로 피고인이 재판확정 후 사망으로 인한 상속재산($^{형소법}_{제478조}$), 재판확정 후 합병으로 인한 존속법인 또는 설립법인의 재산($^{형소법}_{제479조}$)에 대해서는 집행할 수 있다. 그러나 벌금형은 일정한 금액의 지급의무만을 과하는 데 그치며 몰수와 같이 재산권을 일방적으로 국가에 이전시키는 물권적 효력을 수반하는 것은 아니다.

⑶ 벌금형의 장단점과 개선

⒜ **장 단 점**   벌금형은 재산의 손실을 가져와 일반적인 위하력을 가지며, 범죄인을 사회로부터 격리시키지 않기 때문에 사회생활의 중단, 범죄오염 등 단기자유형의 폐해를 피할 수 있고, 오판의 경우 회복이 용이하며 집행비용도 저렴하다는 장점이 있다.

그러나 단점으로는 ① 벌금형은 집행이 범죄인의 가족의 생계에 지장을 주어 형벌의 일신전속성을 실질적으로 침해할 수 있고, 벌금을 범죄에 대한 세금으로 생각하는 범죄인이 있는 등 형벌로서의 효과가 범죄인마다 다르다. 특히 재력이 있는 자에 대하여는 예방효과를 거두기 어렵다. ② 재산만을 박탈하게 되어 범죄인의 인격에 직접적인 영향을 주지 못하므로 개선교육의 효과도 크지 않다. ③ 벌금액의 산정이 범죄인의 경제상황보다는 범죄사실에 맞추어 결정되기 십상인 까닭에 불평등문제가 발생할 우려가 있고, 벌금불납의 경우 결국 노역장유치에 돌아가기 때문에 이에 또다시 단기자유형의 폐해가 드러나게 된다.

이러한 이유로 벌금형의 장점을 유지하면서 부과 및 집행에 관한 개선책이 강구되어야 한다는 주장이 대두되고 있다.

(b) **일수벌금제도**　　우리나라의 현행 벌금형은 액수산정의 기준으로 총액벌금제도를 채택하고 있다. 그러나 이 제도는 범죄인의 빈부의 격차를 고려한 선고를 기대하기 어렵고, 범죄인이 저지른 범죄의 불법과 책임을 정확히 수치화할 수 없어 형벌목적을 달성할 수 없다.

이와 달리 1921년 핀란드 형법($^{제4}_{조}$)에서 시작하여 독일과 오스트리아에 도입된 일수벌금제(Tagesbusse, day-fine)는 벌금형을 일수(Zahl der Tagessätze)와 일수정액(Höhe eines Tagessatzes)으로 분리 선고하여 범죄의 불법 및 책임을 명백히 하면서도 범죄인의 경제사정을 고려하게 하고 있다. 물론 일수벌금제도도 범죄인의 경제상황조사의 곤란, 벌금총액증대에 따른 법관의 자의적인 일수정액산정의 위험이 없지 않으나, 그 위험이 일수벌금제의 기능을 해할 정도는 아니다.

(c) **벌금의 분납제도**　　벌금형의 불납이 대체자유형으로 전환하게 됨에 따라 나타나는 단기자유형의 폐해를 방지하기 위하여 벌금의 납입가능성을 고려하여 피고인이 일시에 벌금액을 납입할 수 없는 때에는 벌금의 분납 또는 납입기간을 정해 주는 제도가 필요하다. 이와 같은 벌금분납제도를 인정하고 있는 나라로는 영국·독일·스위스·이탈리아·벨기에·브라질·아르헨티나 등이 있다. 우리나라는 검찰집행단계에서 벌금납부 및 납부연기를 인정하고 있다(재산형등에 관한 검찰집행사무규칙 제12조).

(d) **벌금형의 집행유예제도**　　종래 형법은 벌금형의 선고유예는 인정하나 집행유예는 인정하지 않았다. 이에 대해 벌금형보다 무거운 자유형에는 집행유예를 인정하면서도 정작 벌금형에는 이를 인정하지 않는 태도는 형평에 어긋날 뿐만 아니라, 집행유예제도의 형사정책적 목표를 벌금형에 대하여 부정할 이유도 없다는 비판이 있었다. 이에 2018. 1. 8.부터 500만원 이하의 벌금형에 대해서는 집행유예가 가능하도록 형법이 개정되었다($^{제62조}_{제1항}$). 외국에서는 오스트리아($^{형법 제43조}_{제1항}$)· 일본($^{형법 제25조}_{제1항}$) 등이 벌금형의 집행유예를 인정하고 있다.

(e) **벌금형의 적용범위의 확대**   벌금형을 단기자유형의 대체형으로 효과적으로 활용하여 단기자유형의 폐단을 줄이기 위해서는 벌금형을 규정하고 있지 않은 간통죄($\substack{제241 \\ 조}$) 등 일정 형기 이하의 경미한 범죄에 대하여 벌금형을 일률적으로 선택하여 과할 수 있도록 그 적용범위를 확대해야 한다.

2. 과   료

과료는 벌금과 같이 재산형의 일종으로 범죄인에게 일정한 금액의 지급을 강제적으로 부담지우는 형벌이다. 그러나 과료는 벌금에 비해 금액이 적고 또한 비교적 경미한 범죄의 경우에 부과된다. 따라서 이에 해당하는 범죄는 형법의 경우 예외적으로 규정되어 있고(폭행죄·협박죄·공연음란죄·도박죄·과실치상죄·점유이탈물횡령죄), 주로 경범죄처벌법이나 기타 단행법규에 많이 규정되어 있다. 다만 과료는 재산형의 일종이나, 과태료 또는 범칙금은 행정법상의 제재라는 점에서 양자는 구별된다. 과료는 2천원 이상 5만원 미만으로 한다($\substack{제47 \\ 조}$). 과료를 납입하지 아니한 자는 1일 이상 30일 미만의 기간 노역장에 유치하여 작업에 복무하게 한다($\substack{제69 \\ 조}$). 노역장유치는 과료선고와 동시에 금 얼마를 1일로 환산한 기간을 노역장에 유치한다고 선고해야 한다($\substack{제70 \\ 조}$). 과료의 일부만 납입한 때에는 과료액과 유치기간의 일수에 비례하여 납입금액에 상당한 일수를 공제해야 함은 벌금의 경우와 같다($\substack{제71 \\ 조}$).

3. 몰   수

(1) 의   의

몰수(Einziehung)는 범죄의 반복을 막거나 범죄로부터 이득을 얻지 못하게 할 목적으로 범행과 관련된 재산을 박탈하여 이를 국고에 귀속시키는 재산형이다. 몰수는 타형에 부가하여 과하는 것을 원칙으로 한다. 이를 몰수의 부가성이라한다($\substack{제49조 \\ 본문}$). 다만 예외적으로 행위자에게 유죄의 재판을 아니할 때에도 몰수의 요건이 있는 때에는 몰수만을 선고할 수 있다($\substack{제49조 \\ 단서}$). 몰수에는 임의적 몰수와 필요적 몰수가 있다. 몰수는 임의적 몰수를 원칙으로 하기 때문에, 몰수의 여부는 원칙적으로 법관의 자유재량에 맡겨져 있다($\substack{제48조 제1항, \\ 제49조 단서}$). 필요적 몰수로는 뇌물죄의 경우 「범인 또는 정을 아는 제3자가 받은 뇌물 혹은 뇌물에 공할 금품」의 몰수($\substack{제134 \\ 조}$)나 관세법 제272조 및 제273조 소정의 몰수 등이 있다.

⑵ 법적 성질

몰수의 법적 성질을 두고 우리나라의 다수설은 형식적으로는 형벌이나 실질적으로는 대물적 보안처분이라 보고 있다. 다시 말해 몰수의 본질은 범죄반복의 위험을 예방하고 범인이 범죄로부터 부당한 이득을 취하지 못하도록 하는 대물적 보안처분이라는 것이다. 생각건대 몰수제도는 형벌과 보안처분의 중간영역에 위치한 독립된 형사제재로서 이 두 가지 성격을 함께 가지고 있다고 보아야 할 것이다.

⑶ 몰수의 요건

(a) 대물적 요건(대상)

㈎ 물   건   형법 제48조는 몰수의 대상을 물건이라고 규정하고 있다. 이는 민법 제98조의 물건과 다른 개념으로 유체물에 한하지 아니하고 권리 또는 이익도 포함한다.

‖판례‖ 수뢰의 목적이 금전소비대차계약에 의한 금융이익일 때에는 그 금융이익이 뇌물이라 할 것이다. 이러한 경우 소비대차의 목적인 금전 그 자체는 뇌물이 아니므로 대여로 받은 금전 자체는 형법 제134조에 의하여 몰수 또는 추징할 수 없고 이는 범죄행위로 인하여 취득한 물건으로서 피고인 이외의 자의 소유에 속하지 아니한다. 따라서 형법 제48조 제1항 제2호에 의하여 몰수할 것이다(대판 1976. 9. 28, 76 도 2607).

㈏ 범죄행위에 제공하였거나 제공하려고 한 물건   '범죄행위'란 구성요건에 해당하는 위법한 행위를 의미한다. 「제공하였다」 함은 현실적으로 범죄수행에 사용되었음을, 「제공하려고 하였다」 함은 범죄행위에 사용하려고 준비했으나 현실적으로는 사용하지 못하였음을 의미한다. 살인에 쓰인 권총, 무면허의료행위를 하려고 준비한 약품, 도박에 내건 금품 등이 이에 해당한다. 그러나 피해자를 발로 걷어찰 때 신고 있던 구두와 같이 범행에 제공할 의사 없이 우연히 범행에 도움을 준 물건, 구 관세법 제188조에 규정된 허위신고의 대상이 된 물건(대판 1974. 6. 11, 74 도 352) 등은 여기에 해당되지 않는다.

‖판례‖ 대형할인매장에서 수회 상품을 절취하여 자신의 승용차에 싣고 간 경우, 위 승용차는 형법 제48조 제1항 제1호에 정한 범죄행위에 제공한 물건으로 보아 몰수할 수 있다(대판 2006. 9. 14, 2006 도 4075).

㈐ 범죄행위로 인하여 생하였거나 이로 인하여 취득한 물건   「범죄행위로 인하여 생한 것」은 범죄행위로 인하여 비로소 생성된 물건으로 문서위조죄의 위조문서와 같은 것이 이에 속하며, 「범죄행위로 인하여 취득한 것」은 범행 당시에도

이미 존재하였으나 범행으로 인하여 범인이 취득하게 된 물건으로 도박행위로 딴 금품 등이 이에 속한다. 그러나 체포될 당시에 미처 송금하지 못하고 소지하고 있던 자기앞수표나 현금은 장차 실행하려고 한 외국환거래법 위반의 범행에 제공하려는 물건일 뿐, 그 이전에 범해진 외국환거래법 위반의 '범죄행위에 제공하려고 한 물건'으로는 볼 수 없으므로 몰수할 수 없다(대판 2008. 2. 14, 2007 도 10034).

(라) 전 2호의 대가로 취득한 물건   장물의 매각대금, 인신매매의 대금 등이 여기에 해당한다. 단, 장물의 대가로 취득한 금전도 장물피해자가 있을 때에는 범인 이외의 자의 소유에 속하는 물건이 되기 때문에 몰수하여서는 안 되고, 피해자의 교부청구가 있을 때 환부해야 한다.

‖판례‖   군용물을 횡령하여 매각한 후 얻은 금전은 업무상 횡령죄의 범행으로 인하여 취득한 물건의 대가로 취득한 물건이다. 이는 피해자에게 반환할 것이지 피고인 이외의 자의 소유에 속하지 않는다고 하여 이를 몰수할 수 없는 것이다(대판 1966. 9. 6, 66 도 853).

(b) 대인적 요건

(가) 범인 이외의 자의 소유에 속하지 아니할 것   범인의 범주에는 공범도 포함되며(대판 2013. 5. 23, 2012 도 11586), 판결선고시의 권리관계를 표준으로 볼 때 범인의 소유인 물건뿐만 아니라, 공범자의 소유물, 소유자 불명의 물건, 금제품 등이 여기에 속한다. 반면, 부실기재된 등기부, 허위기재 부분이 들어 있는 공문서, 장물, 매각위탁을 받은 엽총 등은 몰수할 수 없다. 또한 범인 이외의 자의 소유인 물건에 대한 몰수선고가 있는 경우에는 피고인에 대한 관계에서 그 소지를 몰수할 뿐 제 3 자의 소유권에는 영향이 없다.

‖판례‖   피고인이 갑에게서 명의신탁을 받아 피고인 명의로 소유권이전등기를 마친 토지 및 그 지상 건물(이하 '부동산'이라고 한다)에서 갑과 공동하여 영업으로 성매매알선 등 행위를 함으로써 성매매에 제공되는 사실을 알면서 부동산을 제공하였다는 내용의 성매매알선 등 행위의 처벌에 관한 법률 위반 공소사실이 유죄로 인정된 사안에서, 갑은 처음부터 성매매알선 등 행위를 하기 위해 부동산을 취득하여 피고인에게 명의신탁한 후 약 1년 동안 성매매알선 등 행위에 제공하였고, 일정한 장소에서 은밀하게 이루어지는 성매매알선 등 행위의 속성상 장소의 제공이 불가피하다는 점, 부동산은 5층 건물인데 2층 내지 4층 객실 대부분이 성매매알선 등 행위의 장소로 제공된 점, 피고인은 부동산에서 이루어지는 성매매알선 등 행위로 발생하는 수익의 자금관리인으로, 갑과 함께 범행을 지배하는 주체가 되어 영업으로 성매매알선 등 행위를 한 점, 부동산의 실질적인 가치는 크지 않은 반면 피고인이 성매매알선 등 행위로 벌어들인 수익은 상당히 고액인 점, 피고인은 초범이나 공동정범 갑은 이와 동종 범죄로 2회 처벌받은 전력이 있을

뿐 아니라 성매매알선 등 행위의 기간, 특히 단속된 이후에도 성매매알선 등 행위를 계속한 점 등을 고려할 때, 부동산을 몰수한 원심의 조치는 정당하다(대판 2013. 5. 23, 2012 도 11586).

(나) **범행 후 범인 이외의 자가 정을 알면서 취득한 물건** 이는 범행 후 제 3 자가 취득할 당시에 그 물건이 형법 제48조 제 1 항 각 호에 해당함을 알면서 취득하였음을 의미한다.

‖**판례**‖ 갑은 을이 병의 집에서 도박을 하기 위해 돈을 빌려달라 하자 도박자금이라는 사실을 알면서 돈을 빌려주고, 다시 병에게도 돈을 빌려주었다. 형법 제48조는 제 1 항에서 범죄행위의 공용물건, 범죄행위의 조성물건 또는 범죄행위로 취득한 물건, 그리고 이들의 대가취득물건이 범인 이외의 소유에 속하지 않거나 범죄 후 범인 이외의 자가 사정을 알면서도 취득한 때에 몰수할 수 있고, 또한 제 2 항은 이러한 물건들을 몰수하기 불가능할 때에는 그 가액을 추징한다고 규정하고 있다. 따라서 도박자금으로 돈을 빌려주었다면 그 돈은 을과 병의 소유에 귀속하게 되므로 을과 병에게 형법 제48조를 적용하여 몰수하는 것이지, 갑으로부터 몰수할 성질의 것은 아니다(대판 1982. 9. 28, 82 도 1669).

(4) 추징 · 폐기

몰수의 대상인 물건을 몰수하기 불능한 때에는 그 가액을 추징하고(제48조 제 2 항), 문서 · 도화 · 전자기록 등 특수매체기록 또는 유가증권의 일부가 몰수에 해당하면 그 부분을 폐기한다(제48조 제 3 항).

추징은 몰수의 취지를 관철하기 위한 일종의 사법처분이나 실질적으로는 부가형의 성질을 띠고 있다. 따라서 1 심에서 행하지 않은 추징을 항소심에서 선고하면 불이익변경금지의 원칙에 위배된다(대판 1961. 11. 9, 4294 형상 572).

여기서 「몰수하기 불능한 때」란 소비 · 분실 · 훼손 등의 사실상 원인 또는 혼동 · 선의취득 등의 법률상 원인으로 몰수할 수 없는 경우를 의미한다. 추징의 대상이 특정되지 않은 경우에는 추징할 수 없으며(대판 2007. 6. 14, 2007 도 2451), 따라서 수뢰죄의 경우 수뢰액을 특정할 수 없을 때에는 가액을 추징할 수 없다(대판 2009. 8. 20, 2009 도 4391). 한편 수인의 공동피고인으로부터 추징할 때에는 원칙적으로 개별 추징을 해야 하며 개별액을 알 수 없으면 평등분할액을 추징해야 한다. 추징가액의 산정의 기준에 관하여는 범행시설 · 몰수불능시설 · 판결선고시설 등이 있으나 범죄인의 이익을 위해 판결선고시설이 타당하다(대판 1976. 2. 9, 75 도 1536; 1991. 5. 28, 91 도 352).

폐기는 문서 · 도화 · 전자기록 등 특수매체기록 또는 유가증권의 일부가 몰수에 해당할 때 명하여진다. 전부가 몰수에 해당할 때에는 몰수하면 된다.

개정형법은 폐기의 대상 속에 전자기록 등 특수매체기록을 추가하였다. 각종 문서위조 등죄, 공무상 비밀표시무효죄($_{조}^{제140}$), 업무방해죄($_{제2항}^{제314조}$), 비밀침해죄($_{제2항}^{제316조}$), 권리행사방해죄($_{조}^{제323}$), 재물손괴죄($_{조}^{제366}$)의 행위객체에 이것이 추가된 것과 보조를 같이하기 위함이다. 전자기록이란 사람의 지각으로써 인식할 수 없는 방식에 의하여 작성된 전기적 기록과 자기적 기록을 말한다. 즉 반도체기억집적회로(IC메모리), 자기테이프, 자기디스크 등이 여기에 속한다. 특수매체기록은 전자기록 이외의 광기술이나 레이저기술을 이용한 기록을 말한다. 비디오테이프나 녹음테이프, 마이크로필름 등은 영상매체로서의 특수성을 갖고 있어도, 컴퓨터 등 정보처리장치에 의해 식별할 수 있는 특수매체기록은 아니기 때문에 일반적인 재물 내지 문서의 일종으로 취급하는 것이 옳다.

제 5 절   명 예 형

I. 의의와 연혁

명예형(Ehrenstrafe)이란 명예감정을 손상시키거나 명예롭게 누릴 수 있는 권리를 박탈하거나 제한하는 형벌이다. 이 명예형에는 사람의 명예감정을 손상시키는 치욕형(peine humiliante) 또는 견책형(Verweisstrafe), 명예를 내포하는 권리를 박탈·제한하는 권리박탈형(peine private de droits) 또는 자격형이 있다. 현행 형법이 인정하고 있는 자격형으로는 자격상실과 자격정지가 있다.

II. 자격상실

자격상실은 일정한 형의 선고가 있으면 형의 효력으로서 당연히 일정한 자격이 상실되는 것을 의미한다. 즉 사형, 무기징역, 무기금고의 판결을 받은 경우에 그 피고인은 i) 공무원이 되는 자격, ii) 공법상의 선거권과 피선거권, iii) 법률로 요건을 정한 공법상의 업무에 관한 자격, iv) 법인의 이사, 감사 또는 지배인 기타 법인의 업무에 관한 검사역이나 재산관리인이 되는 자격을 당연히 상실한다($_{제1항}^{제43조}$).

Ⅲ. 자격정지

1. 의   의

자격정지란 일정기간 동안 일정한 자격의 전부 또는 일부를 정지시키는 것을 말한다. 현행 형법은 자격정지를 선택형 또는 병과형으로 규정하고 있으며, 이에는 일정한 형의 판결을 받은 자의 자격이 당연히 정지되는 **당연정지**와 판결의 선고로 자격이 정지되는 **선고정지**가 있다.

2. 당연정지

유기징역 또는 유기금고의 판결을 받은 자는 그 형의 집행이 종료되거나 면제될 때까지 i) 공무원이 되는 자격, ii) 공법상의 선거권과 피선거권, iii) 법률로 요건을 정한 공법상의 업무에 관한 자격이 정지된다(제43조 제2항 본문).

다만 다른 법률에 특별한 규정이 있는 경우에는 그 법률에 따른다(제43조 제2항 단서). 특별 법률에 따라서는 이 자격정지요건이 달리 규정되는 경우도 있고, 그 정도도 차이가 있기 때문이다.

3. 선고정지

판결의 선고에 의하여 일정한 자격의 전부 또는 일부를 일정기간 정지시키는 경우로, 자격정지기간은 1년 이상 15년 이하이다(제44조 제1항). 자격정지기간은 자격정지가 선택형인 경우에는 판결이 확정된 날로부터 기산하며, 유기징역 또는 유기금고에 병과한 경우에는 징역 또는 금고의 집행을 종료하거나 면제된 날로부터 기산한다(제44조 제2항).

제 6 절   형의 경중

Ⅰ. 서   설

현행 형법에는 형의 경중에 관한 표현이 산재해 있다. 가령 「범죄 후 법률의 변경에 의하여 형이 구법보다 경한 때에는 신법에 의한다」(제1조 제2항), 「가장 중한 죄에 정한 형으로 처벌한다」(제40조), 「… 이외의 동종의 형인 때에는 가장 중한 형에 정한 장기 또는 다액에…」($\frac{제38조}{제1항 제2호}$) 등을 들 수 있다. 여기에서 형의 경중을 판단하기 위해서는 어떤 형이 더 무겁고 어떤 형이 더 가벼운지 기준을 세울 필요가 있다. 그 필요성은 여기에 그치지 않고 형사소송법상의 **불이익변경금지의 원칙**($\frac{형소법}{제368조}$)과 관련해서도 절실하다.

‖**판례**‖ 형의 경중의 비교는 원칙적으로 법정형을 표준으로 한다. 즉 처단형이나 선고형에 의하는 것이 아니며, 법정형의 경중을 비교할 때는 법정형 중 병과형이나 선택형이 있을 때에는 이 중 가장 중한 형을 기준으로 하여 다른 형과 경중을 정하는 것이 원칙이다. 따라서 신법이 구법의 형보다 경한 경우이므로 신법이 적용되어야 할 것이다(대판 1992. 11. 13, 92 도 2194).

Ⅱ. 형의 경중의 기준

형의 경중은 형법 제41조에 따라 사형·징역·금고·자격상실·자격정지·벌금·구류·과료·몰수의 순으로 정해져 있다. 다만 무기금고는 유기징역보다 중하고 유기금고의 장기가 유기징역의 장기를 초과하면 금고를 중한 것으로 한다($\frac{제50조}{제1항}$).

동종의 형은 장기의 긴 것과 다액의 많은 것을 중한 것으로 하고 장기 또는 다액이 동일하면 그 단기의 긴 것과 소액의 많은 것을 중한 것으로 한다($\frac{제50조}{제2항}$).

위의 기준 이외에는 죄질과 범정에 의하여 경중을 정한다($\frac{제50조}{제3항}$). 여기서 **죄질**이란 구성요건의 유형적 본질을 의미한다. 다시 말해 개별적인 불법유형을 말한다. 구체적 내용은 행위반가치와 결과반가치를 종합적으로 고찰함으로써 확정할 수 있다. 반면 **범정**이란 책임요소에 해당하는 행위자의 내면적인 심정반가치를 말한다.

처단형 및 선고형에 대해서는 명문규정이 없으나 판례는 위에서 본 바와 같은 취지의 규율에 따르고 있다. 예컨대 형의 집행유예와 집행면제를 놓고 볼 때 집행유예가 더 가볍고(대판 1963. 2. 14, 62 도 248: 형의 집행유예는 집행유예기간이 경과한 때 형의 선고효력이 상실되기 때문에 그 형의 집행을 면제하는 데 불과한 형집행면제보다 피고인에게 유리하다), 징역형의 선고유예와 벌금형을 비교해 보면 벌금형이 더 무거우며(대판 1966. 4. 6, 65 도 1261), 징역과 집행유예 있는 징역 사이에서는 집행유예된 징역형의 형기가 더 길면 집행유예 없이 더 짧은 형보다 무겁다(대판 1966. 12. 8, 66 도 1319).

‖ **판례** ‖ 피고인은 제 1 심에서 징역 6 월의 선고를 받고 피고인만이 항소하였던 바, 원심은 제 1 심의 선고형이 중하다 하여 제 1 심 판결을 파기하고 징역 8 월에 집행유예 2 년을 선고하고 있음이 분명하다. 집행유예라는 제도는 그 선고를 받은 후 그 선고가 실효되거나 취소되지 아니하고, 그 유예기간을 경과한 때에는 그 형의 선고는 효력을 잃은 것이지만 그 선고가 실효되거나 취소된 경우에는 그 형의 집행을 받아야 된다. 이러한 경우를 고려에 넣는다면 비록 원심이 집행유예의 선고는 붙였다할지라도 제 1 심의 형보다 중하게 징역 8 월을 선고한 것은 형사소송법 제368조의 이른바 불이익 변경의 금지원칙에 위반되었다고 보지 않을 수 없다(대판 1966. 12. 8, 66 도 1319 전원합의체판결).

제 5 장 양   형

제 1 절 양형일반

I. 의   의

형법은 일정한 범죄에 대하여 그에 해당하는 형벌의 종류와 범위를 규정하고 있다. 이러한 범위 내에서 법관이 구체적인 행위자에 대하여 선고할 형을 정하는 것을 형의 양정, 양형, 또는 형의 적용이라고 한다. 양형은 광의와 협의 두 가지 의미로 사용되고 있다.

협의의 양형은 구체적인 사건에 적용될 형의 종류와 양을 정하는 것인 데 비해, 광의의 양형은 그 선고와 집행 여부를 결정하는 것을 포함한다. 대체로 양형이라 함은 협의의 양형을 의미한다.

양형은 법관의 자유재량에 속하는 것으로 이해되고 있다. 그러나 양형에 관한 법관의 재량은 형사정책적 양형기준에 따라 합리적으로 판단해야 하는 법적으로 기속된 재량을 의미한다고 보아야 할 것이다. 우리 형사소송법 제361조의 5 도 「형의 양정이 부당하다고 인정할 사유가 있는 때」에는 항소이유가 된다고 규정하고 있다. 그러나 양형부당을 사유로 한 상고이유는 사형, 무기 또는 10년 이상의 징역이나 금고가 선고된 사건에만 제한적으로 인정하고 있다(형소법 제383조).

II. 양형의 일반적 과정

양형은 근본적으로 입법자와 법관 2단계에 걸친 공동협력작업이다. 즉 입법자는 유형화된 실질적 불법을 형벌범위라는 형식을 빌려 평가의 틀을 정하고, 법관은 이를 기준으로 개별적 사건에 대한 구체적인 형의 양정을 하게 된다. 입법자의 과도한 양형인플레는 헌법재판소의 위헌심사의 대상이다. 그러므로 형법상의 주된 논의는 법관의 양형작용에 집중되어 있다. 이 때 법관은 대체로 다음과 같은 양형과정을 밝게 된다.

첫째, 법관은 구체적인 양형의 출발점으로서 적용가능한 형벌범위를 조사한다. 이는 구성요건의 포섭과 형벌가감사유에 의한 보충·변경을 통하여 적용할 제재의 종류와 정도의 범위를 결정하는 것이다.

둘째, 법관은 구체적인 행위에 대한 책임평가를 통하여 책임범위를 정한다. 이 책임범위는 구체적인 양형에서 한계기능을 갖는다. 이 때 구성요건표지인 사정은 책임범위를 결정하는 데 다시 고려할 수 없다는 **이중평가금지의 원칙**이 적용된다.

셋째, 법관은 위에서 결정한 책임범위 내에서 일반예방과 특별예방을 고려하여 형종과 형량을 정한다.

Ⅲ. 양형에서 책임과 예방

1. 양형상의 책임

책임은 양형의 기초이자 한계이며, 양형의 형평성을 담보하는 요소이다. 그런데 양형상의 책임(양형책임)이 범죄성립요소인 책임과 동일한 것인가. 이에 대하여 책임은 불법을 기초로 하며 책임 있는 불법에 대한 비난가능성을 의미하므로 양자는 동일한 의미라는 견해도 있다. 그러나 범죄성립요건인 책임은 비난가능성을 의미하나, 양형책임은 사회윤리적 불법판단의 경중을 결정하는 요소의 총체를 의미한다 할 것이므로 양자는 구별되어야 한다.

양형책임은 행위요소(Handlungskomponente)와 결과요소(Erfolgskomponente)에 의해 결정된다. 행위요소는 행위의 의무위반정도에 따라 평가되는 것으로서 이는 다시 고의범에서 의적 요소의 구체화, 과실범에서 의무위반정도 등의 구성요건적 행위반가치와 그 밖의 동기·목적·심정 등 구성요건 외적 행위반가치로 구성된다. 결과요소는 법익에 대한 침해 내지 위태화의 정도와 범위에 의해 구체화되는 것으로서 구성요건적 행위결과와 그로 인한 피해자의 생계무능력 등 구성요건 외적 행위결과가 있다.

2. 양형에서 예방

양형에서 예방관점의 고려는 구체적인 사건에 대한 양형이 일반인을 위하하여 잠재적 범죄인을 억제하고 시민의 법충실의식을 유지·강화할 수 있는가(일반예방), 개별적인 당해 범죄인에게 작용하여 개별적 위하·재사회화·보안을 통하여 그의 장래의 범죄를 방지하고 사회에 복귀시킬 수 있는가(특별예방)를 함께 고려함을 의미한다. 특히 형벌을 통한 범죄인의 자기화와 사회화를 형벌의 주도적 목적으로 본다면 일반예방보다는 특별예방에 중점을 두어야 한다.

이와 같은 기본원칙을 천명하고 있지 않은 우리 형법에서 양형상 책임과 예방의 관점을 구체적으로 어떻게 자리매김하고 조화시킬 것인가는 전적으로 학설·판례에 일임돼 있다 해도 과언이 아니다.

3. 양형이론

(1) 책임범위이론 내지 판단여지이론

일찍이 Berner에 의해 주창된 바 있는 책임범위이론(Schuldrahmentheorie) 또는 판단여지이론(Spielraumtheorie)은 독일연방최고법원판결(BGHSt 7, 28ff.) 이래 지배적인 양형이론으로 통용되어 왔다. 판단여지이론에 관한 논거는 행위자의 책임에 적정한 형벌이란 유일한 것이 아니라 문언상 확정되어 있는 형벌의 상한과 하한 사이에 존재하는 다수의 형벌형태라는 것이다. 그리하여 '이미 책임에 적합한 형벌'(Die schon schuldange-messens Strafe)을 통하여 하한으로 제한하고, '아직 책임에 적합한 형벌'(Die noch schuld-angemessene Strafe)을 통하여 상한으로 제한되는 이같은 판단여지 내에서 법관은 1차적으로 특별예방을, 2차적으로 일반예방도 고려하여 구체적인 양형을 정할 것이라고 한다. 이렇게 함으로써 책임에 적합하고 예방적 필요에도 적절한 형벌에 이르게 되리라는 것이다.

판단여지이론은 오늘날 양형론과 실무에서 가장 강렬한 실용성의 매력을 지닌 이론이라고 할 수 있지만 특히 책임이념론에서 보수적 견해를 취하는 입장들로부터 비판이 가해지고 있다. 즉 하나의 특정한 범행에 대해 적정한 형벌이 여러 개 존재한다는 사실은 책임에 적절(schuldangemessen)한 형벌이라는 관점에서 볼 때 이론상 성립될 수 없다는 것이다.

(2) 유일점형벌이론

유일점형벌이론(Die Theorie der Punktstrafe)은 책임은 언제나 하나의 고정되고 정해진 크기이며, 때문에 정당한 형벌(Die richtige Strafe)이란 항상 하나일 수밖에 없다는 주장이다. 다만 책임에 상응한 형벌을 찾아내는 과정에서 우리의 인식능력의 불완전성 내지 법관의 불확실성 때문에 산술적으로 정확히 확인할 수 없을 뿐이라는 것이다. 이런 근거에서 형벌확정을 위하여는 책임 이외에 어떤 다른 관점도 기준이 되어서는 안 된다는 것이 유일점형벌이론 옹호자들의 주장이다.

그러나 유일점형벌이론도 형벌의 책임적합성에 대한 합리적 척도가 존재하지 않는다는 점과 책임형벌조차 사실상 일정한 범위 내에서만 확립될 수 있다는 점을 자인하지 않을 수 없다.

(3) 단계이론 내지 위가이론

위가이론은 일반예방과 특별예방의 형벌목적간에 상존하는 이율배반적 모순을 '양형과정의 그때그때의 단계 또는 위가에서 개개 형벌목적이 갖는 의미와 가치'를 탐구함으로써 해결하고자 한다. 즉, 본래적 의미의 양형인 형벌의 정도 및 기간의 결정은 오직 책임의 정도에 따라서 그러나 광의의 양형, 즉 여러 형벌종류 중에서의 택일은 오직 예방적 관점만을 따라야 한다는 것이다. 이 이론은 유일점형벌이론이나 판단여지이론과는 달리 책임은 유일점의 형태이든, 아니면 여러 개의 가능성형태이든 결코 미리 주어져 있는 어떤 고정형태는 아니라고 생각한다.

이 위가이론에 따르면 책임은 '형벌의 구성적 원칙'이자 '정당한 형량을 측정해 주는 기본원칙'이기 때문에 책임은 양형에서 단연코 지배적인 관점으로 특징 지워진다. 그렇지만 형벌정도(Strafhöhe)의 결정은 오직 책임을 기초로 하여야 한다는 위가이론의 근본전제는 형벌 정도의 측정에 이미 예방적 관점을 끌어들이려는 새로운 노력의 공격목표가 되고 있다.

(4) 특별예방형 위가이론

형벌론에서 응보형론을 배제한 채 책임을 상한선으로 하고 법질서의 방위라는 적극적 일반예방목적을 하한선으로 한 뒤 그 안에서 구체적으로 형을 양정할 경우 특별예방목적의 우위를 주장하는 견해를 특별예방형 위가이론이라 한다(Roxin). 이 이론은 형벌론에서 주장된, 이른바 예방적(변증론적) 합일설을 양형단계에 논리일관하게 적용하려는 의도를 갖고 있다. 이에 따르면 판단여지의 범위 내에서 양형을 위한 예방목적은 책임에 상응한 형벌의 상한선까지도 중요한 역할을 수행할 수 있다는 것이다. 다시 말해서 책임의 정도는 양형의 고착점이 아니고 일정한 범위의 가변성을 갖고 있으므로, 이 책임 정도의 범위 안에서 예방사상이 양형에 주도적 역할을 담당하며, 특히 특별예방이 일반예방에 비해 주도적 역할을 담당한다는 것이다.

이 입장은 책임원칙과 응보사상은 절연되었다고 전제하고 응보원칙을 유지해야 할 아무런 논거도 발견되지 않는다고 본다. 책임 정도가 양형에서 결코 움직일 수 없는 고착점일 수는 없으므로 예방적인 동기 때문에 변동될 수 있는 책임의 변화폭은 책임의 정도를 넘지 않는 한에서 상하로 변동될 수 있어야 한다. 즉 책임의 정도는 양형의 대체적인 윤곽을 정하는 반면, 이 윤곽의 더욱 상세한 교정 및 정확한 형벌정도는 예방적 고려에서 나온다.

이러한 관점에서 책임 정도에 상응하는 형벌은 원칙적으로 일반예방목적에 의해 고려되지만, 구체적인 경우 책임형벌의 부과가 범인에 대한 탈사회적 효과를 가져올 것이라는 점이 인식될 수 있을 때에는 절박한 특별예방적 이유로부터 법질서의 방위에 필요불가결한 하한선까지 형벌이 내려갈 수 있다고 주장한다. 현대의 재사회화 형법의 관점에서 볼 때 타당한 양형이론이다.

제 2 절 양형의 구체적 과정

I. 형벌의 구체화단계

1. 법 정 형

법정형(Gesetzliche Strafdrohung)이란 입법자가 각 구성요건의 유형화된 실질적 불법을 일반적으로 평가하여 정해 놓은 형벌범위로서 형법각칙상의 형벌을 말한다. 이는 구체적인 양형의 출발점이 된다.

법정형의 형종과 형량은 그 범죄의 죄질과 보호법익의 성격에 대한 고려 뿐만 아니라 그 나라의 역사와 문화, 입법 당시의 시대적 상황과 국민일반의 가치관 내지 법감정 그리고 범죄예방을 위한 형사정책적 측면 등을 종합하여 입법부가 결정해야 할 사항으로서 국가의 입법정책에 속한다. 그 내용은 형벌의 목적과 기능에 본질적으로 배치되어서는 안 되고 또한 합리성과 평등의 원칙, 비례성의 원칙을 현저히 침해해서도 안 된다(대결 1992. 8. 14, 92 모 38).

2. 처 단 형

처단형은 법정형에 법률상·재판상의 가중·감경을 한 형벌범위이다. 이것은 선고형의 최종적인 기준이 되며 법정형이 선택형이면 우선 형의 종류를 선택하고, 그리고 나서 이 선택한 형에 필요한 가중·감경을 하여 처단형을 정한다.

3. 선 고 형

선고형은 처단형의 범위 내에서 구체적으로 형을 양정하여 당해 피고인에게 선고하는 형을 말한다. 물론 형의 가중·감경이 없는 경우에는 법정형을 기준으로 선고형이 정해진다.

자유형의 선고형식에는 정기형과 부정기형이 있고, 부정기형은 다시 절대적 부정기형과 상대적 부정기형이 있다. 현행 형법은 정기형을 원칙으로 하고 있다. 다만 특별법인 소년법은 소년범에 대하여 상대적 부정기형을 인정하고 있다($\binom{\text{소년법}}{\text{제60조}}$). 현행 형법의 정기형제도하에도 가석방제도는 실질적으로 형기를 부정기화하고 있으며, 무기징역도 가석방이 인정됨으로 인하여 실질상 일종의 절대적 부정기형이라 할 수 있다.

II. 형의 가중·감경·면제

1. 형의 가중

형의 가중은 죄형법정원칙에 따라 법률상 가중만 인정하고 재판상 가중은 인정하지 않는다. 물론 가중사유가 있으면 반드시 가중을 해야 하는 필요적 가중만 인정하고 있다. 그러나 가중이 되더라도 반드시 법정형 이상의 형을 선고하여야 하는 것은 아니다. 형의 가중에는 다시 일반적 가중사유와 특수적 가중사유가 있다.

(1) 일반적 가중사유

사유가 있으면 모든 범죄에 대해 일반적으로 가중하도록 형법총칙이 규정하고 있는 사유이다. 예컨대 i) 특수교사·방조의 가중($\binom{\text{제34조}}{\text{제2항}}$), ii) 누범가중($\binom{\text{제35조,}}{\text{제36조}}$), iii) 경합범가중($\binom{\text{제38}}{\text{조}}$)이 그것이다.

(2) 특수적 가중사유

특정범죄에 대해서만 가중할 수 있도록 형법각칙의 특별구성요건이 규정하고 있는 사유이다. 예컨대 상습범가중($\binom{\text{제203조, 제264조, 제279조,}}{\text{제285조, 제332조, 제351조 등}}$)과 특수범죄의 가중($\binom{\text{제144조,}}{\text{제278조,}}$)이 그것이다.

2. 형의 감경

형의 감경에는 법률상의 감경과 재판상의 감경(작량감경)이 있다.

⑴ **법률상 감경**

법률상의 감경이란 법률규정에 의해 형이 감경되는 경우를 말한다. 여기에는 일정한 사유가 있으면 반드시 감경해야 하는 필요적 감경과 일정한 사유가 있으면 이를 고려하여 법원이 재량에 의해 감경할 수 있는 임의적 감경이 있다. 또한 형법총칙에 의해 모든 범죄에 공통적으로 적용되는 일반적 감경사유와 형법각칙에 의해 특정범죄에만 적용되는 특수적 감경사유가 있다.

일반적·필요적 감경사유에는 i) 농아자($^{제11}_조$), ii) 중지미수($^{제26}_조$), iii) 방조범($^{제32조}_{제2항}$)이 있다. 일반적·임의적 감경사유에는 i) 외국에서 받은 형집행으로 인한 감경($^{제7}_조$), ii) 심신미약($^{제10조}_{제2항}$), iii) 과잉방위($^{제21조}_{제2항}$), iv) 과잉피난($^{제22조}_{제3항}$), v) 과잉자구행위($^{제23조}_{제2항}$), vi) 장애미수($^{제25조}_{제2항}$), vii) 불능미수($^{제27}_조$), viii) 자수 또는 자복($^{제52조}_{제1항·}$$^{제}_항$²)이 있다.

특수적 감경사유에는 제90조, 제101조, 제111조 제3항, 제120조, 제153조, 제154조, 제157조, 제175조, 제213조 등이 있다.

⑵ **재판상 감경(작량감경)**

법원은 피고인에게 정상에 참작할 만한 사유가 있으면 작량하여 그 형을 감경할 수 있다($^{제53}_조$). 이 때 참작할 만한 사유는 형법 제51조(양형의 조건)가 기준이 된다. 이는 법원의 자유재량사항이나 법률상 감경에 관한 형법 제55조의 범위 내에서만 허용된다(대판 1992.10.13, 92 도 1428 전원합의체 판결). 따라서 예컨대 무기징역의 법정형을 작량감경하는 경우 형법 제55조 제1항 제2호의 규정에 의하여 10년 이상 50년 이하의 징역으로 감경되는 한편, 형법 제42조에 의하여 유기징역의 상한인 30년 형을 초과할 수 없게 된다.

3. **형의 면제**

형의 면제란 범죄가 성립되어 형벌권은 발생하였으나 일정한 사유로 인해 형을 과하지 않는 것을 말한다. 형면제판결은 유죄판결의 일종으로($^{형소법 제322조,}_{제323조 제2항}$) 판결확정 전의 사유로 인하여 형이 면제된다는 점에서 판결확정 후의 사유로 인하여 형의 집행이 면제되는 형집행의 면제와 구별된다.

형의 면제에는 **필요적 면제와 임의적 면제**가 있다. 그러나 여기에서는 **법률상 면제**에 한하며, 재판상 면제는 인정되지 않는다. 형법총칙이 인정하는 일반적 면제사유에는 i) 외국에서 받은 형의 집행으로 인한 면제($^{제7}_조$), ii) 중지미수($^{제26}_조$),

iii) 불능미수($\frac{제27조}{단서}$), iv) 과잉방위($\frac{제21조}{제2항}$), v) 과잉피난($\frac{제22조}{제3항}$), vi) 과잉자구행위 ($\frac{제23조}{제2항}$), vii) 자수 및 자복($\frac{제52조}{제1항·제2항}$)이 있다. 이들은 모두 형의 감경과 택일적으로 되어 있고, 중지미수만이 필요적 감면사유나 이외의 것들은 모두 임의적 감면사유이다. 형의 면제의 경우는 형량을 영으로 한다는 점에서 형벌범위의 결정과 동시에 최종형량을 정한다는 특색이 있다.

4. 자수·자복

형법은 범죄인에게 범죄수사에 대한 협력을 촉구하기 위하여 자수·자복을 형의 임의적 감면사유로 규정하고 있다.

자수란 범죄인이 자발적으로 자신의 범죄사실을 수사기관에 신고하여 소추를 구하는 의사표시이다. 구형법 제24조가 자수는 **발각 전이어야** 한다는 시기적 제한을 두었으나, 현행 형법은 이런 제한을 삭제하였으므로 체포 전이라면 지명수배 후라도 자수라 할 수 있다(대판 1968.7.30, 68 도 754). 다만 '자발적'이어야 하므로 수사기관에서 신문에 응하여 범죄사실을 인정하는 **자백과** 구별된다(대판 1982.9.29, 82 도 1965).

자복은 피해자의 명시한 의사에 반하여 처벌할 수 없는 해제조건부 범죄에서 범죄인이 피해자에게 자신의 범죄를 고백하는 것이다. 상대방이 수사기관이 아니라는 점에서 자수와 구별되나 그 법적 효과는 자수와 동일하여 **준자수**라고도 한다. 자수나 자복의 시기는 범죄사실의 발견 전후를 불문하나(대판 1965.10.5, 65 도 597), 이들의 성질상 소송단계 이전이어야 한다.[1] 자수·자복은 이를 행한 자에게만 효력이 미치고 다른 공범자에게는 영향이 없다.

‖ **판례 1** ‖ 신문지상에 수뢰혐의사실이 보도되기 시작했는데도 수사기관으로부터 공식소환이 없었으므로 자진출석하여 사실을 밝히고 처벌을 받고자 담당검사에게 전화를 걸어 조사를 받게 해달라고 요청하여 출석시간을 지정받은 다음 자진출석하여 혐의사실을 모두 인정하는 내용의 진술서를 작성하고 검찰수사과정에서 혐의사실을 모두 자백한 경우, 이는 수사책임 있는 관서에 자수한 것으로 보아야 한다. 이후 법정에서 수뢰금액의 직무관련성에 대해서만 수사기관에서의 자백과 차이가 나는 진술을 하였다 하더라도 자수의 효력에는 영향이 없다(대판 1994.9.9, 94 도 619).

‖ **판례 2** ‖ 강간으로 피해자에 상해를 입힌 후, 경찰에 자진출석하여 조사에 응했으나 범행을 계속 부인했다. 형법 제52조 제1항의 자수란 범인이 자발적으로 자신의 범죄

---

1) 권문택, 「자수와 자복」, 법정 1964.7, 61면 참조; 이형국, 연구 Ⅱ, 779면.

사실을 수사기관에 신고하여 그 소추를 구하는 의사표시로서 이를 형의 감경사유로 삼
는 주된 이유는 범인이 그 죄를 뉘우치고 있다는 점에 있다. 그러므로 범죄사실을 부인
하거나 죄의 뉘우침이 없는 자수는 그 외형은 자수일지라도 법률상 형의 감경사유가 되
는 진정한 자수라고는 할 수 없다(대판 1994. 10. 14, 94 도 2130).

Ⅲ. 형의 가감례

형의 가중 · 감경의 순서, 정도 및 방법에 관한 준칙을 형의 가감례라고 한다.

1. 형의 가중 · 감경의 순서

1 개의 죄에 정한 형이 여러 종류인 때에는 먼저 적용할 형을 선택하고 그 형
을 감경한다($^{제54}_{조}$). 또한 형의 감경에서 2 개의 형종을 병과할 경우에는 쌍방을 같이
감경해야 한다.

‖ 판례 ‖ 징역형과 벌금형을 병과하여야 할 경우에는 특별한 규정이 없는 한 어느 한
쪽에만 작량감경을 하고 다른 한 쪽에는 이를 하지 않을 수는 없는 것이다. 제 1 심판결에
의하면 피고인에 대하여 징역형과 벌금형을 병과하면서 벌금형에 대해서만 작량감경을
하여 처단했음은 부당한 것이다(대판 1977. 7. 26, 77 도 1827).

형의 가중 · 감경사유가 경합할 때에는 ⅰ) 각칙본조에 의한 가중, ⅱ) 형법 제
34조 제 2 항(특수한 교사 · 방조)의 가중, ⅲ) 누범가중, ⅳ) 법률상 감경, ⅴ) 경합
범 가중, ⅵ) 작량감경의 순으로 한다($^{제56}_{조}$).

‖ 판례 ‖ 상습도박죄로 징역 10월에 집행유예 3 년을 선고받고, 집행유예기간중에 다시
상해죄로 징역 8 월의 형을 선고받게 되어 집행유예가 실효되었고 형기를 마친 후 6 개월
만에 다시 도박을 하고 술에 취한 상태에서 강도행위를 하던 중에 사람을 죽게 하자 이
를 뉘우치고 자수하였다. 원심은 강도치사죄에 대해 무기징역형을 선택하고 형법 제38
조 제 1 항 제 1 호와 제50조에 따라 강도치사죄에 정한 형으로 처벌하되 범행경위 및 자
수한 점을 참작하여 징역 15년에 처했다. 형법 제56조는 형을 가중감경할 사유가 경합
된 경우 가중감경의 순서를 정하고 있다. 이에 따르면 법률상 감경을 먼저 하고 마지막
으로 작량감경하게 되어 있다. 따라서 법률상 감경사유가 있을 때에는 작량감경보다 우
선하여야 할 것이고, 작량감경은 이와 같은 법률상 감경을 다하고도 그 처단형보다 낮은
형을 선고하고자 할 때에 하는 것이 옳다. 원심에서 자수감경을 하지 않고 작량감경을
한 것은 형의 가중감경 순서에 어긋난다고 할 수 있지만, 형법상 자수는 임의적 감경사
유에 지나지 않는 것이고, 일차 감경한 처단형의 하한보다는 높은 형을 선고하고자 한

것이므로 형의 가중감경 순서에 어긋났다고 볼 수 없다(대판 1994. 3. 8, 93 도 3608).

2. 형의 가중 · 감경의 정도 및 방법

(1) 형의 가중

유기징역이나 유기금고를 가중하는 경우에는 50년까지로 한다($^{제42조}_{단서}$). 누범, 경합범, 특수교사 · 방조 등과 같은 일반적 가중사유의 가중정도는 각각 별도로 규정되어 있다($^{제35조, 제38조,}_{제34조 제2항}$). 특히 누범의 경우 형법은 하한선을 올리는 독일형법과 달리 장기만을 2배로 하고 있다.

(2) 형의 감경 정도 및 방법

(a) **법률상 감경의 정도 및 방법**   i) 사형을 감경할 때에는 무기 또는 20년 이상의 징역 또는 금고로 한다. ii) 무기징역 또는 무기금고를 감경할 때에는 10년 이상 50년 이하의 징역 또는 금고로 한다. iii) 유기징역 또는 유기금고를 감경할 때에는 그 형기의 2분의 1로 한다 iv) 자격상실을 감경할 때에는 7년 이상의 자격정지로 한다. v) 자격정지를 감경할 때에는 그 형기의 2분의 1로 한다. vi) 벌금을 감경할 때에는 그 다액의 2분의 1로 한다. vii) 구류를 감경할 때에는 그 장기의 2분의 1로 한다. viii) 과료를 감경할 때에는 그 다액의 2분의 1로 한다($^{제55조}_{제1항}$).

이상에서 그 형기의 2분의 1을 감경할 때에는 그 상한뿐만 아니라 하한까지도 2분의 1로 내려간다. 예컨대 징역 10년 이하인 살인예비죄를 법률상 감경할 때는 5년 이하 15일 이상의 징역의 범위가 된다. 특히 벌금의 경우 「그 다액의 2분의 1로 한다」고 규정하고 있으나, 판례는 벌금의 상한과 함께 하한도 2분의 1로 내려간다고 판시하고 있다(대판 1978. 4. 25, 78 도 246). 또한 법률상 감경할 사유가 수개 있는 때에는 거듭 감경할 수 있다($^{제55조}_{제2항}$).

‖ **판례** ‖ 평소 불만을 품은 끝에 동료병사를 대검으로 찔러 숨지게 했다. 원심은 범행 당시 심신미약상태에 있다고 인정하여 형법 제250조 제1항 살인죄를 적용하고, 형법 제55조 제1항 제3호에 따라 법률상 감경범위 내에서 징역 10년을 선고하였다. 형법 제55조 제1항 제3호에 의해 형기를 경감할 경우 여기서 형기는 단기와 장기를 모두 포함한다. 해당 처벌규정에 장기 또는 단기가 정해져 있지 않을 때는 형법 제42조에 따라 장기는 15년, 단기는 1월이 될 것이다. 따라서 형법 제250조 제1항에서 5년 이상의 유기징역형을 선택한 이상 그 장기는 징역 15년이므로 법률상 감경을 한다면 장기 7년 6월, 단기 2년 6월의 범위 내에서 처단형을 정해야 한다(대판 1983. 11. 8, 83 도 2370).

(b) **작량감경의 정도와 방법**   이에 관하여 현행 형법은 따로 명문규정을 두고 있지 않으나, 법률상 감경례에 준해야 할 것이다(대판 1964. 10. 28, 64 도 454).[2) 다만 작량감경에서는 작량감경사유가 수개 있는 경우라도 거듭 감경할 수 없다(대판 1964. 4. 7, 63 도 10). 그러나 법률상 감경을 한 연후에 다시 작량감경을 할 수는 있다. 하나의 죄에 대하여 징역형과 벌금형을 병과할 경우에는 특별한 규정이 없는 한 어느 한쪽에만 작량감경을 하는 것을 허용하지 않는다(대판 1976. 9. 14, 76 도 2012; 1977. 7. 26, 77 도 1827). 반면 경합범의 처벌에 있어서 징역형과 벌금형이 병과되는 경우에는 각 형에 대한 범죄의 정상에 차이가 있을 수 있으므로 징역형에만 작량감경을 하고 벌금형에는 작량감경을 하지 않을 수 있다(대판 2006. 3. 23, 2006 도 1076).

법률상 형의 가중감면의 이유되는 사실, 예컨대 누범, 상습성, 정신미약, 자수, 자복, 중지미수 등도 형벌권의 범위에 관련된 주요사실이므로 소송절차에서 엄격한 증명의 대상이 된다.

제 3 절   양형조건

형법 제51조는 양형에서 참작해야 할 조건으로 i) 범인의 연령, 성행, 지능 및 환경, ii) 피해자에 대한 관계, iii) 범행의 동기·수단과 결과, iv) 범행 후의 정황 등을 규정하고 있다. 이런 것을 양형조건 또는 양형요소라 한다. 그러나 형법 제51조에 규정된 양형조건은 예시적인 것으로 보아야 하고, 그 외의 사항도 적정한 양형을 위해 필요한 사항이라면 폭넓게 수용해야 한다. 각 양형요소는 상반작용의 양면성을 갖고 있으므로 하나의 동일한 양형요소가 책임 또는 예방관점에 따라 형벌가중적 혹은 감경적으로 작용할 수 있음을 주의해야 한다.

‖ **판례** ‖   갑과 을은 살인을 공모하고 사전에 3회 가량 범행장소의 위치, 구조, 동거인 유무를 파악하고 미리 등산용 칼과 장갑을 구입하는 등 치밀하게 범행을 계획한 뒤 갑이 범행현장에 침입하여 4차례 칼로 찔러 살해한 후, 강도로 위장하기 위해 소지품을 흐트려 놓고 나왔다. 그렇다면 사전에 치밀하고 계획적으로 범행을 모의하는 한편 범행수법이 잔인한 점, 그리고 범죄자의 연령, 성행, 가정환경, 전과관계, 범행동기, 범행수단과 결과, 범행 후 정황 등의 양형조건을 참작해 보면 각각 갑과 을에게 사형과 무기징역을 선고한 원심의 양형은 부당하다고 할 수 없다(대판 1996. 1. 26, 95 도 2420).

---

2) 이재상 582면; 이형국, 연구 Ⅱ, 771면; 정성근, 683면; 진계호 538면.

I. 범인의 연령·성행·지능 및 환경

이들은 주로 범죄인의 사회복귀의 필요성과 가능성을 판단하는 데 중요한 의미를 지닌 특별예방적 요소이다.

1. 연   령

범죄인의 연령은 특히 소년과 노인에게서 고려된다. 소년은 심신이 아직 미숙하다는 점과 노인은 심신이 쇠약하다는 점에서 이들의 연령은 책임감소적으로 작용한다. 특별예방적 관점에서 보아 소년은 개선교화의 가능성이 크고, 노인은 형벌적응력이 약할 뿐만 아니라 형벌의 필요성도 적다 할 것이다. 이에 따라 소년에 대해서는 소년법($\binom{\text{제49조, 제59조,}}{\text{제60조 등}}$)이, 노인에 대해서는 형사소송법($\binom{\text{제471조}}{\text{제1항 제2호}}$)이 형의 선고 및 집행에서 특별한 취급을 할 것을 규정하고 있기도 하다.

2. 성   행

이는 범죄인의 성격과 행실을 의미한다. 이와 관련하여 전과와 범행 이전의 사회생활이 문제될 수 있다. 전과에 대하여는 책임관점과 예방관점에서 살펴볼 수 있다. **책임관점**에서 볼 때 단순히 전과가 있다는 사실만으로 책임을 증가시켜서는 안 된다. 전형에 의해 주어진 형벌경고를 행위자가 비난받을 만한 방법으로 무시하였을 때에만 책임을 증가시킨다고 보아야 한다. 같은 맥락에서 전과가 없더라도 단지 발견되지 않았을 뿐 숨겨진 범죄행위가 있었을 때에는 책임을 증가시킨다.

한편 **예방적 관점**에서 전과는 지금까지 부과된 형이 범죄인에게 어떻게 작용하였는가에 대한 판단기준이 되어 앞으로의 양형에 기초가 될 수 있다. 범죄인의 범행 이전의 사회생활은 사회유익적 행위와 사회유해적 행위가 있으나 이러한 사회생활은 범죄에 대한 책임관점과 연결시켜서는 안 된다. 이들은 단지 예방필요성의 중요한 단서로 작용할 뿐이다.

3. 지   능

지능의 발달정도도 행위자에게 불리 또는 유리한 양형결정에 영향을 미칠 수 있다. 지능은 행위자의 범죄실현단계와 밀접한 관련을 맺고 있을 뿐 아니라 피해자와의 관계에도 관련을 맺는다. 지능은 단순한 인식능력이나 예견능력만을 뜻하는 것이 아니고 범행에 투여된 행위자의 의지와 추진력도 포함된다. 행위자가 얼마나 집요하게 범죄의 완성을 위해 애썼는가, 죄적을 인멸하고 완전범죄를 가장하기 위해 얼마나 용의주도하게 행동했는가 하는 점들이 다 지능과 관련된 양형요소이며, 이러한 지능활동은 대부분 형벌가중적인 양형참작사유가 된다.

4. 환   경

범인의 개인적·사회적 환경과 관련된 생활관계도 책임평가 및 형벌종류의 선택 등에 중요한 양형자료가 된다. 특히 개인적 환경으로는 가족관계, 직업, 건강, 주택관계, 재산정도, 학력 등이 고려될 수 있다. 예컨대 어떤 경우에는 공무원인 신분 때문에 중한 처벌을 받아야 하는 반면, 어떤 다른 경우에는 공무원인 신분 때문에 경한 처벌을 받을 수 있다. 성직자로서 또는 예술가로서의 신분도 마찬가지이다.

사회적 환경으로는 주거관계, 교우관계, 경제사정, 정치사정, 금융사정, 국제거래관계 등이 고려될 수 있다. 그러나 사회적 환경 그 자체가 양형의 결정사유가 되는 것이 아니고 그러한 사회적 환경에 처한 행위자의 개인적·사회적 지위·역할 등이 범죄에 어떤 영향을 미쳤는가 하는 점이 양형의 참작사유가 된다.

Ⅱ. 피해자에 대한 관계

범인과 피해자간의 친족·가족관계, 고용관계 등의 인적 관계의 유무를 의미한다. 피해자와의 인적 관계에 따른 신뢰관계·보호관계를 침해한 경우에는 일반적으로 책임가중적으로 작용하며 위와 같은 관계가 피해자의 범죄유발행위와 관련되면 그 반대로 된다. 피해자의 과도한 이기심이나 무사려, 무분별, 자유분방 등의 행위로 인해 일어난 사기·배임·성범죄·과실치사상 등에서 피해자의 행태가 범죄발생에 대한 일정한 책임의 몫을 지게 될 경우에는 비록 불법배제나 면책의 효과는 없다 할지라도 행위자에게 유리한 양형사유가 될 수 있다.

Ⅲ. 범행의 동기·수단과 결과

범행의 동기는 행위자의 위험성뿐만 아니라 행위책임을 판단하는 중요한 자료가 된다. 따라서 그 범행이 계획적인가 혹은 순간적 당황, 충동, 강력한 유혹에 의한 것인가에 따라 책임의 정도를 달리 판단할 수 있다. 범행의 수단 및 결과는 각각 행위불법과 결과불법에 속하는 순수한 객관적 불법요소이다. 이처럼 양형책임은 불법을 떠나서 판단할 수 없다.

결과에 관하여는 **책임 있는 결과만이 양형의 기준이** 되는 책임요소라고 해야 한다. 그 밖에도 수단의 잔혹·과격성·교활함, 그리고 결과의 심도와 범위도 양형판단에 영향을 미친다. 결과의 경중이 행위자의 고의·과실행위의 직접적인 산물이 아니더라도 양형판단에서는 큰 주목을 끌기 쉽다. 이 한에서 우연한 결과부분도 책임과 형벌에 영향을 미칠 위험의 소지를 안고 있다. 합리적인 양형실무의 방향은 바로 이러한 위험의 소지를 제거하고 범행의 결과를 행위책임의 한도 안에서 양형평가의 대상이 되도록 하는 데 역점을 두어야 할 것이다.

한편 범죄수행의 주관적 요소로서 범행에 대한 행위자의 의사와 의무위반정도가 있으나 이 역시 책임판단의 요소가 된다.

Ⅳ. 범행 후의 정황

여기서는 주로 피해의 회복, 손해의 심화, 소송중 피고인의 태도 등이 문제된다. 이것은 양형책임의 본질적 구성요소는 아니지만 주로 예방적 관점에서 양형책임에 맞는 형벌의 범위와 종류를 선택하는 데 영향을 끼칠 수 있다.

피해회복은 형벌완화사유가 된다. 더욱이 현실적으로 피해가 회복된 경우뿐 아니라 피해회복을 위해 진지한 노력을 하였으나 실패한 경우, 피해회복을 위해 노력했으나 피해자가 거절한 경우에도 형벌은 완화된다고 해야 한다. 제 3 자에 의한 피해회복이 형벌완화사유가 되느냐 하는 문제를 놓고 이를 부정하는 견해도 있으나 결과적으로 범행으로 인한 결과가 축소되었다는 점과 범인의 관여없이도 시간의 경과에 따라 양형축소가 일어날 수 있다는 점에 비추어 긍정해야 한다. 피해회복에는 위로 등 정신적인 것도 포함된다. 이와 반대로 범행으로 인하여 발생한 손해를 심화·확대하면 형벌강화적 요소로 작용한다.

소송절차에서 피고인의 태도는 두 가지가 있다. 첫째는 자백 또는 부인이며, 둘째는 공판정에서 피고인의 불손한 행동(Fehlreaktion)이다. 일반적으로 소송절차에서 자백은 보상을 받고 부인은 부정적으로 평가된다. 그러나 자백 혹은 부인은 그 자체가 아닌 그 배후의 동기를 중요시해야 한다. 즉 자백의 경우에도 순전한 소송책략이 아닌 진정한 회오에 기한 자백일 때에만 형벌완화사유가 될 수 있고, 부인의 경우에도 피고인의 방어권에 기한 부인이 아닌 진실발견을 적극적으로 숨기거나 법원을 오도하려는 시도에 기한 부인에 한해서만 형벌강화사유가 될 수 있다.

한편 피고인은 육체적·정신적으로 건강치 못한 상황 아래 있기 쉽다. 그에 따라 소송중에 무례한 행동 등 잘못된 반응이 나올 수 있다. 따라서 그러한 반응만으로 형벌을 무겁게 해서는 안 된다.

양형의 조건되는 사실, 즉 형의 선고유예·집행유예·작량감경의 조건인 사실은 형벌의 존부와 범위를 정하는 데 기초되는 주요사실은 아니므로 엄격한 증명(Strengbeweis)의 대상은 아니고 단지 자유로운 증명(Freibeweis)으로 충분하다.

제 4 절 미결구금 및 판결의 공시

I. 미결구금

미결구금(Untersuchungshaft)이란 범죄의 혐의를 받는 자를 재판이 확정될 때까지 구금하는 것을 말한다. 이것을 판결선고 전 구금이라고도 한다. 미결구금의 목적은 증거인멸을 방지하고 범인도피의 예방을 통해 소송절차의 진행을 확보하고, 유죄판결의 확정에 따라 시행될 형벌집행을 담보하려는 데 있다. 물론 미결구금은 형은 아니나 실질적으로 자유형의 집행과 동일한 효력을 가진다. 따라서 형법은 미결구금일수의 전부 혹은 일부를 유기징역, 유기금고, 벌금이나 과료에 대한 유치 또는 구류의 기간에 산입하도록 하고 있다($\frac{제57조}{제1항}$). 이 때 구금일수의 1일은 징역, 금고, 유치 또는 구류기간의 1일로 계산한다($\frac{동조}{제2항}$).

미결구금일수는 전부가 본형에 산입된다(헌재 2009. 6. 25. 2007 헌바 25). 따라서 판결에서 별도로 미결구금산입에 관한 사항을 판단할 필요가 없다(대판 2009. 12. 10, 2009도11448). 미결구금일수보다 많은 일수를 산입함은 위법이다(대판 1955. 3. 4, 4288 형상 17; 1960. 3. 9, 4292 형상 782). 무기형에 대하여는 산입할 수 없으나(대판 1966. 1. 25, 65 도 384), 항소심이 무기징역을 선고한 1심판결을 파기하고 유기징역을 선고하는 경우에는 1심판결 선고 전의 구금일수도 산입하여야 한다(대판 1972. 9. 28, 71 도 1289).

Ⅱ. 판결의 공시

판결의 공시(Öffentliche Bekanntmachung des Urteils)란 피해자의 이익이나 피고인의 명예회복을 위해 형의 선고와 동시에 관보 또는 일간신문 등을 통하여 판결의 전부 또는 일부를 공적으로 주지시키는 제도이다. 우리 형법 제58조는 다음과 같이 규정하고 있다. 「① 피해자의 이익을 위하여 필요하다고 인정할 때에는 피해자의 청구가 있는 때에 한하여 피고인의 부담으로 판결공시의 취지를 선고할 수 있다(제1항). ② 피고사건에 대하여 무죄 또는 면소의 판결을 선고할 때에는 판결공시의 취지를 선고할 수 있다(제2항 본문).」

범죄혐의로 인하여 피고인과 피해자 및 사회 전체와의 사이에 잠정적으로 야기되었던 신뢰와 기대실추의 관계를 이와 같은 공시에 의해 회복하고 피해자와 피고인, 피고인과 사회 사이의 진실해명을 바탕으로 한 새로운 화해를 통해 평화로운 공존질서를 확보하는 데 이 제도의 근본취지가 있다.

다만, 무죄판결의 공시로 인해 피고인의 인적사항과 일부 유죄판결 사실들이 드러나 오히려 개인정보와 사생활의 비밀이 침해된다는 지적이 있어 피고인의 동의하에서만 공시가 가능하도록 하고 있다(제2항 단서).

제 6 장 누   범

제 1 절 서   설

Ⅰ. 누범의 의의

1. 개   념

누범(Rückfall)의 개념은 광의와 협의 두 가지로 나누어 볼 수 있다. 먼저 광의의 누범은 일단 확정판결을 받은 범죄(전범)가 있고 난 연후에 다시 범한 범죄(후범)를 의미한다. 이에 비해 **협의의 누범**은 광의의 누범 중 형법 제35조의 요건을 갖춘 경우, 즉 금고 이상의 형을 선고받아 그 집행을 종료하거나 면제를 받은 후 3년 내에 금고 이상에 해당하는 범죄를 범한 경우를 말한다. 흔히 형법상 누범이란 협의의 누범을 말한다.

2. 상습범과의 구분

누범은 범죄를 누적적·반복적으로 범한다는 의미에서 상습범과 밀접한 관계가 있으나 반드시 동일한 개념은 아니다. 누범과 상습범은, 누범이 반복된 처벌을 의미함에 반하여, 상습범은 반복된 범죄에 징표된 범죄경향을 말한다는 점에서 개념상으로 구별된다. 따라서 누범은 전과를 요건으로 하지만, 상습범은 동일죄명 또는 동일죄질인 범죄의 반복을 요건으로 한다. 뿐만 아니라 누범은 경고기능을 무시하였음을 이유로 행위책임의 측면에서 가중처벌하는 것이며, 상습범은 상습적 성벽이라는 행위자책임의 측면에서 가중처벌하는 것이다.

형법은 제35조에서 누범가중을 규정하고, 각칙에서 상습범규정(예: 제246조 제2항 상습도박죄, 제332조 상습절도죄 등)을 개별적으로 두고 있다. 상습범가중과 누범가중은 별개로 병행하여 행하여질 수 있는지가 문제이다. 판례는 상습범에 대한 누범가중(대판 1982.5.25, 82 도 600)뿐 아니라 상습범을 가중처벌하는 「특정범죄가중처벌등에관한법률」을 위반한 경우에도 누범가중할 수 있다고 한다(대판 1985. 7. 9, 85 도 1000; 1981. 11. 24, 81 도 2164).

Ⅱ. 누범가중의 위헌문제와 그 근거

누범은 전범에 대한 처벌이 끝났음에도 불구하고 이를 기초로 후범을 중하게 처벌하기 때문에 이것이 헌법에 반하는 것이 아닌가 하는 의문이 생길 수 있다. 또한 그러한 가중처벌의 근거가 무엇인가도 문제이다.

1. 누범가중의 위헌성문제

(1) 일사불재리의 원칙과의 저촉 여부

누범은 전범을 기초로 후범의 형을 가중하는 것이므로 전범을 다시 처벌하는 것처럼 보인다. 따라서 이것은 헌법 제13조 제1항 후단의 일사부재리의 원칙에 반하는 것이 아닌가 하는 의문이 생길 수 있다. 그러나 누범은 전범을 처벌대상으로 하는 것이 아니라, 전범에 의한 형벌경고기능을 무시하고 다시 범죄를 저질렀기 때문에 후범의 범죄에 책임을 가중하는 것이므로 후범만이 처벌의 대상이 된다. 때문에 누범가중은 일사불재리원칙에 저촉되지 않는다.

(2) 평등의 원칙과의 저촉 여부

누범가중은 전범이 있다는 사실, 즉 전과자라는 사회적 신분을 이유로 차별대우를 인정하는 것이 아닌가 하는 의문도 생길 수 있다. 그러나 누범가중은 범죄인의 증가된 책임 또는 특별예방 및 일반예방이라는 형벌목적에 따라 그에게 적합한 양형을 하는 것이므로 이를 신분에 의한 불합리한 차별이라 할 수 없다. 따라서 누범가중은 평등의 원칙($\binom{\text{헌법 제11조}}{\text{제 1 항}}$)에 저촉되는 것이 아니다.

2. 누범가중의 근거

(1) 누범의 경우에 가중되어야 할 책임의 내용이 무엇인가에 관하여는 논란이 있다.

먼저 책임을 행위자책임 내지 인격책임으로 보는 견해에 의하면 범죄인이 전범에 대한 형벌에 의해 주어진 기왕의 경고에 따르지 않았다는 범죄인의 잘못된 생활태도로 책임이 가중된다고 한다. 이와는 달리 책임을 순수한 행위책임으로 보는 견해에 의하면 범죄인이 전범에 대한 형벌에 의해 주어진 경고기능을 무시하고 후범의 실현을 통해 범죄추진력을 새로이 강화하였기 때문에 행위책임이 가중된다고 한다.

생각건대 형법은 원칙적으로 행위책임이어야 하지만 누범·상습범 및 양형책임의 영역에서 이 행위책임만을 순수하게 관철시킬 수 없으므로 행위책임의 기초 위에 예외적으로 생활영위책임의 관점을 끌어들이지 않을 수 없다. 따라서 누범가중의 근거는 원칙적인 행위책임에 의해 객관화된 행위자책임의 관점에서 찾아야 할 것이다.

(2) 한편 강화된 범죄추진력에 의해 경고기능이 무시되었다고 하여 언제나 책임이 가중되어야 하는가의 문제가 있다. 이는 누범의 많은 경우가 범죄인의 의지박약, 인격적 결함 또는 사회원조의 결핍 등으로 인한 것이기 때문이다. 이 경우 책임의 소재는 행위자 개인의 인격에만 있다기보다 행위자를 둘러싸고 있는 잘못된 사회환경에도 있다고 해야 할 것이다.

그러므로 행위자가 전범으로 인한 형벌의 경고기능을 무시하고 다시금 재범을 저지르게 된 데 대해 보다 강한 비난을 행위자에게 가할 수 있는 사정이 있을 때에 한해 형을 가중할 수 있도록 제한할 필요가 있다. 개정 전 독일형법 제48조는 이것을 「전판결의 경고를 따르지 않은 것을 비난할 수 있을 때」라고 규정하고 있고, 해석론은 이를 실질적 누범조건이라고 이해하고 있다. 우리 형법에도 이러한 실질적 누범조건이 필요하다고 본다. 현행과 같이 형식적 누범조건만 있을 때에는 형사제재의 과잉을 초래할 염려가 있기 때문이다.

(3) 나아가 오늘날 합리적·자유적·인도적 형사정책의 발전방향에 비추어 누범가중제도는 폐지를 적극적으로 검토해야 할 시점에 이르렀다. 독일이 1986. 4. 13자 제23차 형법개정법률에 의해 독일형법 제48조(누범가중)를 전면 삭제한 것은 시사하는 바가 크다.

제 2 절   누범가중의 요건

개정 전 독일형법이 누범요건에 관하여 전·후범이 고의범일 것, 범행의 종류와 사정을 고려할 때 이전의 유죄판결이 경고로서 받아들여지지 않았다는 비난을 할 수 있을 것 등의 실질적 누범요건을 규정하고 있음에 반하여, 우리 형법 제35조 제1항은 형식적 누범요건만을 규정하고 있다.

I. 금고 이상의 형을 선고받았을 것

전범의 형은 금고 이상의 형으로서 선고형이어야 한다. 금고 이상의 형이란 유기징역과 유기금고를 의미한다. 금고 이상의 형이라면 사형·무기징역·무기금고도 물론 해당하나, 다만 이러한 형을 받은 자가 다시 죄를 범하려면 먼저 사형 또는 무기형의 선고가 유기징역이나 유기금고로 감형되거나 특별사면 또는 형의 시효로 인하여 그 집행이 면제되어야 할 것이다.

전범이 금고 이상의 형을 받았다면 적용법률이 형법이건 특별법이건 불문한다. 따라서 군사법원에 의하여 처벌을 받은 전과도 누범가중될 수 있다(대판 1956.12.21, 4289 형상 296; 1959.10.11, 4290 형상 268).

전범은 금고 이상의 형을 선고받아야 하므로 형의 선고는 유효해야 한다. 따라서 일반사면(대판 1964.6.2, 64 도 161; 1965.11.30, 65 도 910)이나 집행유예기간의 경과(대판 1970.9.22, 70 도 1627)로 그 형이 선고의 효력을 잃으면 누범이 될 수 없다. 그러나 복권은 형의 선고로 인하여 상실 또는 정지된 자격을 회복시킴에 불과하므로 그 전범은 누범사유가 된다(대판 1981.4.14, 81 도 543).

II. 금고 이상에 해당하는 죄

누범으로서 판결의 대상이 되는 범죄(후범)도 금고 이상의 형에 해당하는 죄이어야 한다. 이 때 '금고 이상의 형'은 법정형이 금고 이상이어야 한다는 견해도 없지 않으나, 다수설은 이것을 선고형으로 해석하고 있으며 판례(대판 1982.7.27, 82 도 1018; 1960.12.21, 4293 형상 841)도 다수설의 입장에 서 있다.

‖ **판례** ‖ 형법 제35조 제1항에 규정된 '금고 이상에 해당하는 죄'라 함은 유기금고형이나 유기징역형으로 처단할 경우에 해당하는 죄를 가리키는 것이다. 그 죄에 정한 형 중 선택한 벌금형인 경우에는 누범가중의 대상이 될 수 없다(대판 1982.7.27, 82 도 1018).

III. 전범의 형집행종료 또는 면제 후 3년 이내에 후범이 있을 것

형의 집행을 종료하였다고 함은 형기가 만료된 경우를 의미하고, 형의 집행을 면제받은 경우로는 형의 시효가 완성된 때(제77조), 특별사면에 의해 형의 집행이 면제된 때(사면법 제5조), 외국에서 형의 집행을 받았을 때(제7조) 등이 있다.

전범에 대한 형의 집행 전 또는 집행중(대판 1958. 1. 28, 4290 형상 438)이거나 집행유예기간중, 집행정지중에 범한 후범은 누범이 되지 아니하며, 가석방기간중 (대판 1976. 9. 14, 76 도 2071; 1976. 12. 31, 76 도 1857)의 범행도 누범이 되지 않는다.

‖**판례 1**‖ 업무상 횡령죄로 징역 6월에 집행유예 2년을 선고받고 집행유예기간중에 강간치상죄를 다시 범하고 또한 직장인 신문보급소를 그만둔 뒤 미납신문대금을 수금하여 퇴직때 받지 못한 월급에 충당했다. 금고 이상의 형을 받고 그 형의 집행유예기간중에 금고 이상에 해당하는 죄를 범했다 하더라도 이는 누범가중의 요건으로 규정한 형법 제35 조 제1항에 해당되지 않는다(대판 1983. 8. 23, 83 도 1600).

‖**판례 2**‖ 1974년 폭력행위 등 처벌에 관한 법률위반죄로 징역 단기 1년 6월 장기 1년 8월의 형을 선고받고 1975년 6월 가석방으로 출소하여 1975년 11월 형집행을 종 료했다. 그런데 가석방기간중인 1975년 9월 강도상해범행을 하였다. 이와 같이 잔형기 간경과전인 가석방기간중에 범행을 저질렀다면 이를 형법 제35조에서 의미하는 형집행 종료 후에 죄를 범한 경우에 해당한다고 볼 수 없다(대판 1976. 9. 14, 76 도 2071).

후범은 전형의 집행을 종료하거나 면제받은 후 3년 이내에 행하여져야 하므 로 이 때의 3년을 **누범시효**(Rückfallverjährung)라 한다. 일단 이 기간이 경과해 버린 후에는 더 이상 경고효과를 거둘 수 없기 때문이다. 기간의 기산점은 전범의 형집행이 종료한 날 또는 형집행을 면제받은 날이지만, 후범의 시기는 실행의 착 수시기를 기준으로 결정한다는 데 대체로 견해가 일치하고 있다.

후범이 예비·음모를 처벌하는 범죄이면 이 기간 내에 예비·음모가 있으면 누범요건을 갖추었다고 볼 수 있다. 후범이 상습범이면 상습범 중의 일부가 누범 기간 내에 이루어진 이상 그 전부가 누범에 해당한다(대판 1982. 5. 25, 82 도 200; 1976. 1. 13, 75 도 3397). 한편 후범이 경합범이면 누범기간 내에 행하여진 범죄만 누범이 된다.

‖**판례**‖ 상습적으로 절도범행을 저질러 오다가 술에 취한 채 또다시 타인의 주거에 침입하여 물건을 절취하였다. 그렇다면 특정범죄가중처벌법상 상습절도죄의 가중처벌규 정에 있어서도 누범의 경우 누범가중을 배제하는 규정이 없는 이상 형법 제35조는 당연 히 적용된다(대판 1985. 7. 9, 85 도 1000).

제 3 절 누범의 취급

누범의 형은 그 죄에 정한 형의 장기의 2 배까지 가중한다($^{제35조}_{제2항}$). 따라서 누범의 처단형은 그 죄에 정한 장기의 2 배 이하로 된다. 다만 장기는 25년을 초과할 수 없다($^{제42조}_{단서}$). 이 때 가중은 장기에만 해당될 뿐이며 단기에 대해서는 아무런 변화가 없다(대판 1969. 8. 19, 69 도 1129). 다만 특정강력범죄의 처벌에 관한 특례법(1990. 12. 31, 법률 제4295호)은 특정강력범죄의 누범인 경우 그 형의 장기 및 단기의 2 배까지 가중하도록 특별규정을 두고 있다($^{동법}_{제3조}$).

‖ **판례** ‖ 누범가중을 함에 있어서는 형법 제35조 제 2 항에 의하여 그 죄의 정한 형의 장기 2배까지 가중할 수 있는 것이고 그 형의 단기에 관해서도 2배로 가중하는 것은 아니다(대판 1969. 8. 19, 69 도 1129).

비록 누범으로 인해 가중되었다 해도 그 가중된 법정형의 범위 내에서 선고할 수 있다는 것을 의미할 뿐이지, 선고형이 반드시 원래의 법정형을 초과해야 하는 것은 아니다. 또한 누범에 대해 법률상·재판상 감경이 가능함은 물론이다. 누범이 수죄이면 먼저 누범가중을 한 후 경합범가중을 하거나(실체적 경합의 경우), 가장 중한 죄의 형으로 처단한다(상상적 경합의 경우).

제 4 절 판결선고 후의 누범발각

1. 의   의

판결선고 후 누범인 것이 발각된 때는 그 선고한 형을 통산하여 다시 형을 정할 수 있다($^{제36}_{조}$). 이 규정은 재판 당시 피고인의 성명모용 또는 기타의 사술로 전과사실이 발각되지 아니하고 재판확정 후에 비로소 누범인 것이 밝혀졌을 경우에, 다시 누범가중의 원칙에 의하여 먼저 선고한 형을 가중할 수 있다는 취지이다.

피고인이 누범사유인 전과사실을 적극적으로 은폐한 경우뿐만 아니라 법관이 피고인의 전과사실을 부주의로 간과한 경우에도 이 규정은 적용될 수 있다. 다만 후범에 대해서 선고한 형의 집행을 종료하거나 그 집행이 면제된 후에는 누범인 것이 발각되더라도 형을 가중하지 않는다($\binom{제36조}{단서}$). 이것은 이미 자유를 회복하고 평온한 사회생활로 복귀한 행위자의 현상태를 존중한다는 데 그 취지가 있다.

2. 일사불재리의 원칙과 저촉 여부

문제는 이 규정이 일사부재리의 원칙($\binom{헌법 제13조}{제1항 후단}$)에 반하느냐 하는 점이다. 확정판결 후 누범인 사실이 발각되어 새로운 사정에 기하여 단지 가중형만을 추가하는 것은 적어도 동일한 행위에 관하여 이중심리의 위험이 없다고 할 수 없고, 인권보장과 법적 안정성의 견지에서 입법론으로 재고의 여지가 있다. 그럼에도 불구하고 이 규정은 반드시 일사불재리의 원칙에 저촉된다고 단정할 수 없다는 견해도 있다.

생각건대 동일한 범죄에 대하여 새로운 사정만을 이유로 가중형을 추가하는 것은 동일한 범죄를 거듭 처벌하는 것으로서 일사부재리의 원칙에 정면으로 위배되는 것이다. 뿐만 아니라 본조는 in dubio pro reo 의 원칙에 따라 형벌권의 존부 및 범위에 관한 사실에 대하여 검사에게 거증책임을 지우고 형사피고인에 대하여 진술거부권을 보장하고 있는 형사소송의 기본원리에도 반한다. 개정이 시급히 요청되는 부분이다.

제 7 장 형의 유예제도

제 1 절 집행유예

I. 서   설

1. 의   의

형의 집행유예(Strafaussetzung zur Bewährung)란 일단 유죄를 인정하여 형을 선고하되 일정한 조건 아래 일정기간 동안 그 형의 집행을 유예하고 그것이 취소 또는 실효됨이 없이 유예기간을 경과하면 형의 선고의 효력을 상실케 하는 제도이다($_{조}^{제62}$). 이 제도는 단기자유형의 폐해를 제거하고 범죄인의 자발적·능동적인 사회복귀를 도모하겠다는 형사정책적인 의지를 반영한 것이다.

2. 법적 성질

본래 집행유예는 형벌 그 자체가 아니며 자유형의 대체수단이라는 성격이 강한 제재수단이다. 이 점을 종합해 볼 때 현행 집행유예제도는 일반예방적 관점에서 형집행의 필요가 없고 특별예방적 관점에서 형벌완화가 필요한 때에 형집행의 변용(Modifikation der Strafvollstreckung)을 위해 투입되는 제재수단이다. 따라서 형벌과 보안처분에 이은 **형법의 제3원**(Dritte Spur im Strafrecht)에 해당하는 독립된 형사제재제도로 파악하는 것이 옳겠다. 집행유예의 법적 성질이 이러하다면 입법론적으로는 유예제도의 적용대상도 자유형에 국한시킬 필요가 없고 벌금형이나 보안처분에까지 확장하는 것이 옳다.

II. 집행유예의 요건 $\left(_{제1항}^{제62조}\right)$

1. 3년 이하의 징역이나 금고 또는 500만원 이하의 벌금의 형을 선고할 경우

징역 또는 금고의 형을 선고할 때에 집행유예를 할 수 있다. 이 때 선고할 형은 3 년 이하의 징역 또는 금고의 형이어야 한다. 이는 독일$\left(\substack{제56 \\ 조}\right)$·오스트리아$\left(\substack{제43 \\ 조}\right)$가 2 년 이하, 스위스$\left(\substack{제41 \\ 조}\right)$가 18개월 이하인 점에 비추어 볼 때 그 범위가 더 넓어, 형사정책적으로 더 선진화된 제도라 할 수 있다.

벌금형의 경우 500만원 이하의 벌금형을 선고할 때에는 집행유예를 내릴 수 있다.

과거에는 다음과 같은 이유에서 벌금형의 집행유예를 인정하지 않았다.

(i) 벌금형에는 단기자유형의 폐해가 없으므로 집행유예를 인정할 필요가 없다.

(ii) 벌금형의 집행유예를 인정하면 형벌로서 벌금형의 효과를 거둘 수 없다.

(iii) 과료와의 균형이 맞지 않는다.

그러나 벌금형이 징역·금고보다 가벼운 형이라는 점, 벌금을 납입할 수 없을 경우 노역장유치를 하게 되어 실질적으로는 자유형과 동일하다는 점 등을 두루 고려해 본다면 벌금형에 대해서도 집행유예가 가능하도록 하는 것이 옳다.

이에 형법 개정으로 2018. 1. 8.부터 벌금형에 대한 집행유예제도가 시행되었다. 다만 고액 벌금형의 집행유예를 인정하는 것에 대한 비판적 법감정이 있는 점 등을 고려하여 500만원 이하의 벌금형을 선고하는 경우에만 집행유예를 선고할 수 있도록 규정되었다.

2. 정상에 참작할 사유가 있을 것

정상참작의 사유란 형의 집행 없이 형의 선고만으로도 피고인에게 충분한 경고기능이 인정되어 장래에 재범을 하지 않을 것으로 사료되는 경우를 말한다. 이때 형법 제51조의 사항을 종합·판단하여야 하며, 판단기준시는 판결선고시이다.

3. 금고 이상의 형을 선고받아 판결이 확정된 때부터 그 집행을 종료하거나 면제된 후 3 년이 경과하였을 것

이 요건은 형법 제62조 제 1 항 단서의 규정을 반대해석한 결과이다. 종전 형법에서는 집행유예 결격사유의 기준시점이 '선고시'였던 관계로 공범간에도 재판의 선후라는 우연한 사정에 따라 양형의 불균형이 발생하거나 또는 결격기간의 도과를 위해 불필요하게 재판을 지연시키는 폐단이 발생하였기 때문에 개정 형법에서는 그 기준시점을 '범행시'로 바꾸었다. 다만 결격사유의 기준시점 변경으로 인해 피고인에게 불이익이 커지는 점을 감안, 개정 형법은 결격기간을 종래 5년에서 3년으로 단축하였다.

그런데 여기에서 「금고 이상의 형을 선고한 판결」이라는 법문의 해석과 관련
하여, 형의 집행유예기간중에 다시 집행유예판결을 내릴 수 있는가에 관하여 논
란이 있다. 벌금형에 대해 집행유예가 선고된 경우는 문제가 없음은 물론이다. 이
에 대하여 항을 바꾸어 설명하기로 한다.

4. 재차의 집행유예판결은 가능한가

(1) 부 정 설

집행유예기간 중에는 재차의 집행유예를 선고할 수 없다는 견해이다. 이 견해
는 위의 집행유예요건 가운데 "금고 이상의 형의 선고"는 실형선고뿐만 아니라
형의 집행유예에 관한 선고도 포함한다고 해석하는 입장이다. 판례 및 다수설의
입장이다.[1] 다만 집행유예기간 중에 범한 범죄라고 할지라도 이왕에 선고된 집행
유예가 실효 또는 취소됨이 없이 그 유예기간이 경과한 경우에는 이에 대해 다시
집행유예의 선고가 가능하다고 한다(대판 2007. 7. 27, 2007 도 768).

(2) 제한적 긍정설(여죄설)

대법원은 형의 집행유예를 선고받은 사람이 형법 제37조의 경합범관계에 있
는 수죄에 관하여 같은 절차에서 동시에 재판을 받았더라면 한꺼번에 집행유예의
선고를 받았으리라고 여겨지는 경우에 한하여, 집행유예기간중 재판할 범죄에 대
해 재차의 집행유예를 제한적으로 허용할 수 있다는 견해를 보이고 있다. 대법원
전원합의체판결에 의한 판례변경에서 다수의견이 취한 입장이고(대판 1989. 9. 12,
87 도 2365 전원합의체판결), 그 후 대법원이 취한 입장이기도 하다(대판 1990. 8.
24, 89 모 36; 1991. 5. 10, 91 도 473; 1992. 8. 14, 92 도 1246).

‖판례 1‖ 갑은 1986년 9월 춘천지방법원에서 형법상 사문서위조죄로 징역 1년 집행
유예 2년을 선고받았다. 이후 1987년 2월 항소가 기각되어 판결이 확정되었는데, 1984
년 10월의 사문서위조범행이 발각되어 다시 기소되어 재차 집행유예를 선고받았다. 기존
의 판례는 집행유예기간중에는 새로 재판할 사건의 범죄행위가 먼저 집행유예를 선고받
았던 범죄사실이 있기 전의 행위이거나 그 후의 행위이거나 그 사건에서는 다시 집행유
예를 선고할 수 없다는 것이었다(대판 1960. 5. 18, 4292 형상 563; 1989. 4. 11, 88 도 1155).
　　그러나 이렇게 엄격하게 해석하여 집행유예기간이 경과하기 전에는 어떤 경우에도
다시 집행유예를 선고할 수 없다면 다음과 같은 불합리한 결과에 이르게 된다. 즉 형법
제37조의 경합범관계에 있는 수죄가 전후로 기소되어 각각 별개의 절차에서 재판을 받

1) 대판 1960. 5. 18, 4292 형상 563; 1965. 4. 6, 65 도 162; 1968. 7. 2, 68 도 720; 1984. 6. 26, 83
도 2198; 1989. 4. 11, 88 도 1155; 이재상, 604면; 이형국, 연구 Ⅱ, 689면; 정성근, 695면 참조.

게 된다면 어느 하나의 사건에서 먼저 집행유예가 선고되어 그 형이 확정되었을 경우 다른 사건의 판결에서는 다시 집행유예를 선고할 수 없게 된다. 그렇다면 만약 그 수죄가 같은 절차에서 동시에 재판을 받아 한꺼번에 집행유예를 선고받을 수 있었던 경우와 비교하여 보면 현저히 균형을 잃게 될 것이다. 따라서 이러한 불합리한 결과가 생기는 경우에 한하여 형법 제62조 제 1 항 단서에서 규정한 '금고 이상의 형의 선고를 받아 집행을 종료한 후 또는 집행이 면제된 후로부터 5년을 경과하지 않은 자'라는 의미는 실형이 선고된 경우만을 가리키고 형의 집행유예를 선고받은 경우는 포함되지 않는다고 해석하는 것이 옳다(대판 1989. 9. 12, 87 도 2365 전원합의체판결).

‖ **판례 2** ‖   절도로 형의 집행유예를 선고받고 유예기간중 다시 절도를 하다가 기소되었다. 그렇다면 형의 집행유예를 선고받고 그 유예기간이 경과되지 않은 사람에게는 그 사람이 형법 제37조의 경합범관계에 있는 수죄를 범하여 같은 절차에서 동시에 재판을 받았더라면 한꺼번에 형의 집행유예의 선고를 받았으리라고 여겨지는 특수한 경우가 아닌 한 다시 형의 집행유예를 선고할 수 없다(대판 1991. 5. 10, 91 도 473).

(3) 긍 정 설

집행유예기간중에 범한 죄에 대하여 널리 재차의 집행유예판결을 선고할 수 있다는 견해이다. 형법 제62조 제 1 항 단서의 "금고 이상의 형의 선고"에서 말하는 형은 실형만을 의미하고 집행유예는 포함되지 않는다고 보기 때문이다. 집행유예판결은 집행종료나 집행면제와 애당초 무관하고, 집행유예기간 경과 이전의 미확정상태에 대해 형의 집행종료와 면제를 이야기할 수 없음은 당연하다.[2]

(4) 결   론

긍정설이 타당하다. 제한적 긍정설(여죄설)도 집행유예의 적용범위를 넓힌 점에서 종전 판례·다수설보다 진일보한 장점을 갖고 있다. 그러나 유독 여죄의 경우에만 재차의 집행유예를 선고할 수 있도록 왜 차등을 두어야 하는지 의문이다. 집행유예제도가 형벌·보안처분의 집행을 완화시키는 제3원으로서의 성격을 갖고 있음을 고려할 때, 자유형의 경직한 집행폐단을 방지하고, 피고인의 재사회화를 위한 특별예방적 형사정책목적에 유리하도록 집행유예기간중 재차의 집행유예를 널리 허용하는 것이 옳다.

결국 우리 형법 제62조 제 1 항 단서 규정의 해석상으로도 집행유예기간중 재차 집행유예판결의 선고가 가능하다고 생각된다. 왜냐하면 "금고 이상의 형을 선고한 판결이 확정된 때부터 그 집행을 종료하거나 면제된 후"라는 문맥을 피고인에게 유리하게 목적론적으로 제한하여 해석해 보면, 적어도 집행유예판결은 집행

---

2) 김일수, 한국형법 Ⅱ, 648면; 박상기 568면; 배종대 846면; 신동운 825면; 임웅 663면.

종료나 집행면제의 효과와는 무관하므로, 집행유예를 제외하고 금고 이상의 실형을 선고받은 경우에만 재차 집행유예판결이 불가능하다는 결론에 이를 수 있기 때문이다.

또한 개정 형법 제63조가 집행유예의 실효요건으로 '유예기간중 고의로 범한 죄에 대해 금고 이상의 실형이 선고'된 것을 들고 있는데, 이는 유예기간중 고의로 범한 죄에 대해 금고 이상의 실형이 선고되면 전의 집행유예가 실효되나, 그렇지 않은 경우 즉 벌금형이나 자유형의 집행유예가 선고된 경우에는 당연히 실효되지 않는다고 해석할 수 있어, 개정 형법의 해석에 따르면 집행유예기간중 자유형의 실형선고뿐만 아니라 집행유예의 선고도 가능한 것으로 해석할 수 있을 것이다.

(5) 개 선 책

해석론보다는 널리 재차의 집행유예판결이 가능하도록 입법론적 해결을 강구하는 것이 훨씬 낫다. 종전 형법은 형을 선고받은 자에게 그 형기의 장단 구별 없이 일률적으로 5년간 집행유예선고를 봉쇄하고 있었는데, 형사정책적으로 불합리하다는 비판을 받았었다. 실형선고를 받은 자가 집행유예선고를 받은 자보다 죄질·범정이 무겁다는 점에서 달리 취급해야 할 필요성은 있으나 그 후 5년간 일률적으로 집행유예를 불허하는 것은 불합리하기 때문이다. 오히려 형기의 장단에 따라 집행유예불가기간의 차별화를 두는 것도 한 방법이겠으나,[3] 개정 형법은 그 기간을 3년으로 단축했다(제62조 제1항 단서).

이른바 **특정강력범죄**(살인죄, 약취·유인죄, 특수강간죄, 특수강도죄 등)로 형의 선고를 받아 그 집행종료 또는 면제 후 10년을 경과하지 않은 자가 다시 특정강력범죄를 범한 때 집행유예선고를 금지토록 한 특정강력범죄의처벌에관한특례법 제 5 조도 같은 시각에서 개선의 필요가 있는 조항이다.

5. 일부 집행유예판결은 가능한가

(1) 문제의 제기

대법원은 1997년 4월 집행유예의 요건(제62조)을 손질하여 선고형의 일부에 대해서도 1년 이상 5년 이하의 기간 형의 집행을 유예하되 유예형기는 선고형의 2분의 1 이상이어야 한다는 안을 제시한 바 있다. 이와 같이 일부의 집행유예판결이 가능한가?

---

3) 박상기 568면.

현행 규정의 해석으로는 하나의 자유형 중 일부에 대해서는 실형을, 나머지에 대해서는 집행유예를 선고하는 것이 불가능하다. 판례의 해석론도 이와 같다 (대판 2007. 2. 22, 2006 도 8555).

다만 입법론적으로는 찬·반 논의가 한창이다.

(2) 긍 정 설

일부집행유예제도를 긍정하는 입장이다.

(ⅰ) 실형과 집행유예라는 양 극단의 중간에서 탄력적인 양형의 운용이 가능해진다.

(ⅱ) 불구속재판원칙 확대로 인한 형벌권약화의 오해를 막고, 집행유예는 곧 무죄라는 일반인들의 잘못된 인식을 불식하여 일반예방효과를 거둘 수 있다.

(3) 부 정 설

일부집행유예제도를 부정하는 입장이다.

(ⅰ) 집행유예의 근본취지에 반하여 단기자유형의 폐해 초래할 우려 있다.

(ⅱ) 가석방제도와 중복되어 기존 가석방제도에 의한 교정효과를 감쇄시킬 우려가 있다.

(ⅲ) 양형불균형을 심화시키고 양형의 하향평준화 또는 단기자유형 남발로 법적 안정성을 저해할 우려가 있다.

(4) 결   론

일부집행유예제도는 프랑스에서 시행되고 있을 뿐 독일·영국·미국·일본은 단기자유형의 폐해방지 또는 가석방제도와의 중복 등을 이유로 시행하지 않고 있는데 집행유예제도의 근본취지와 합치될 수 없으므로 부정설이 옳다. 개정형법도 이 제도는 도입하지 않았다.

Ⅲ. 부담부조건

형의 집행을 유예할 경우 보호관찰이나 사회봉사 또는 수강을 명할 수 있다 (제62조의2 제1항). 집행유예의 조건으로 부담을 과하는 부가처분은 집행유예가 재사회화목적의 실효를 거둘 수 있도록 하기 위하여 개정형법에서 신설한 조치이다. 이 세 가지 부담처분은 상호선택적이며 또한 임의처분이다.

∥**판례**∥ 형법 제62조의2 제 1 항은 "형의 집행을 유예하는 경우에는 보호관찰을 받을 것을 명하거나 사회봉사 또는 수강을 명할 수 있다"고 규정하고 있는바, 그 문리에 따르면, 보호관찰과 사회봉사는 각각 독립하여 명할 수 있다는 것이지, 반드시 그 양자를 동시에 명할 수 없다는 취지로 해석되지는 아니할 뿐더러, 소년법 제32조 제 3 항, 성폭력범죄의처벌및피해자보호등에관한법률 제16조 제 2 항, 가정폭력범죄의처벌등에관한특례법 제40조 제 1 항 등에는 보호관찰과 사회봉사를 동시에 명할 수 있다고 명시적으로 규정하고 있는바, 일반 형법에 의하여 보호관찰과 사회봉사를 명하는 경우와 비교하여 특별히 달리 취급할 만한 이유가 없으며, 제도의 취지에 비추어 보더라도, 범죄자에 대한 사회복귀를 촉진하고 효율적인 범죄예방을 위하여 양자를 병과할 필요성이 있는 점 등을 종합하여 볼 때, 형법 제62조에 의하여 집행유예를 선고할 경우에는 같은 법 제62조의2 제 1 항에 규정된 보호관찰과 사회봉사 또는 수강을 동시에 명할 수 있다고 해석함이 상당하다(대판 1998. 4. 24, 98 도 98).

1. 보호관찰

일반적으로 보호관찰이란 유죄판결을 받은 범인 중 시설내처우보다 사회내처우가 필요하다고 인정되는 자를 특정인에게 위탁하여 행상을 지도·감독·원호하게 함으로써 재범에 빠지지 않고 사회에 정상적으로 복귀할 수 있도록 하는 제도를 말한다.

보호관찰제도는 그 전제가 형의 선고유예 또는 집행유예인가 아니면 가석방 또는 가출소인가에 따라 지도·원호제도(probation)와 지도·감독제도(parole supervision)로 구별된다. 우리나라 보호관찰법상 보호처분에는 이 두 가지 제도가 모두 포함되어 있으나(보호관찰등에관한법률 제3조), 본조의 보호관찰은 전자의 probation임은 두말할 것도 없다. 집행유예의 조건부부담처분인 보호관찰은 독자적인 형벌이나 보안처분의 일종이라기보다 집행유예에 부수되는 **부담적 성격의 형사조치**라고 해야 할 것이다. 보호관찰의 기간은 집행을 유예한 기간으로 함이 원칙이나 법원은 유예기간의 범위 내에서 별도의 보호관찰기간을 정할 수 있다(제62조의2 제2항).

보호관찰제도에서 지도·감독·원호를 맡는 특정위탁인은 국가공무원인 보호관찰관과 민간인인 범죄예방자원봉사위원이 있다(보호관찰등에관한법률 제16조, 제18조 이하). 보호관찰제도가 사회내처우인만큼 국가기관과 민간인과의 협력이 무엇보다 필요하다. 여기에서 국가공무원인 보호관찰관은 형사정책학, 행형학, 범죄학, 사회사업학, 교육학, 심리학 기타보호관찰에 필요한 전문적 지식을 바탕으로 한 직업적 전문인이어야 한다(보호관찰등에관한법률 제16조). 민간인인 범죄예방자원봉사위원은 범죄예방활동을 하고 보호관찰활동과 갱생보호사업을 지원하기 위한 사회독지가(social worker)들로서 법무부장관이 위촉한 자이다(보호관찰등에관
한법률 제18조). 보호관찰의 성패는 이러한 업무종사자들의 이웃사랑의 정신, 사회봉사의 정열, 건강한 활동력과 전문가로서의 식견·자질에 달려 있다고 해도 과언이 아니다.

2. 사회봉사명령

사회봉사명령(community service order)이란 유죄판결을 받은 범인에게 자유형의 집행 대신 사회에 유용한 활동이나 급부를 제공하도록 명함으로써 자신의 죄값을 상징적으로 청산하고 사회에 정상적으로 복귀할 수 있도록 촉진하는 제도이다.

이 제도는 최근 여러 나라의 형사입법에서 새로운 형사정책프로그램으로서 자유형을 대체하는 **독자적인 형벌의 일종**(영국의 경우) 내지 벌금미납시의 대체형벌(독일의 경우) 또는 기소유예·선고유예·집행유예·가석방시 부담부조건으로 부과되는 **부수적 형사조치**의 형식으로 활용되고 있다.

우리나라의 사회봉사명령제는 독자적인 형벌이나 대체형벌이 아니라 집행유예의 부수조건으로서 **부담적 형사조치**라는 특색을 지닌다. 사회봉사명령은 집행유예기간 내에 이를 집행한다(제62조의2
제3항).

사회봉사프로그램의 내용과 집행절차에 관하여는 보호관찰법이나 행형법 또는 특별법에 별도의 구체적인 규정을 두고 있다. 사회봉사명령은 500시간 범위 내에서 법원이 분야와 장소 등을 지정할 수 있고(보호관찰등에관
한법률 제59조), 보호관찰관이 원칙적으로 이를 집행한다(동법 제61조
제1항). 이 프로그램의 내용으로는 자연보호활동, 공공유원지 등에서의 근로봉사활동, 공공의료·요양시설이나 공공도서관 등에서의 봉사활동, 고궁 등에서의 안내봉사, 공공도로보수공사 등에서의 노동봉사 등을 열거할 수 있다. 판례는 사회봉사는 일 또는 근로활동을 의미하므로 피고인에게 일정한 금원의 출연을 내용으로 하는 사회봉사명령, 그리고 피고인 자신의 범죄행위와 관련하여 어떤 말이나 글을 공개적으로 발표하도록 명하는 내용의 사회봉사명령은 그의 인격과 명예에 중대한 침해를 초래할 위험성이 있기 때문에 허용되지 않는다고 한다(대판 2008. 4. 11, 2007 도 8373).

3. 수강명령

수강명령이란 유죄판결을 받은 범인이 자유형의 집행 대신에 지정된 사회교육·교화시설에서 일정시간 이상의 강의 또는 학습을 받도록 명함으로써 인성을 계발하고 성행을 교정하여 사회에 정상적으로 복귀할 수 있도록 촉진하는 제도이다.

수강명령은 집행유예기간 내에 이를 집행하되($^{제62조의2}_{제3항}$), 200시간의 범위 내에서 법원이 분야와 장소 등을 지정할 수 있고($^{보호관찰등에관}_{한법률 제59조}$), 보호관찰관이 원칙적으로 이를 집행한다($^{동법 제61조}_{제1항}$).

우리나라 형법이 보호관찰이나 사회봉사명령 또는 수강명령을 형벌의 대안으로 수용하지는 못했으나, 집행유예제도의 조건으로 이를 입법화한 것은 형법의 제3원으로서 유예제도가 형벌 또는 보안처분에 대해서 갖는 독자적인 의미를 한층 높인 조치라고 평가할 수 있다. 다만 수강명령제도가 그 실효성을 높이자면 사회저변에 이 부담처분을 받은 사람들을 위한 사회교육·교화시설 및 교육·교화의 기회가 확대되어야 한다.

IV. 집행유예의 효과

집행유예기간은 1년 이상 5년 이하의 범위에서 보통 판결주문에 선고된 형의 기간보다 긴 기간으로 법원의 재량에 의하여 정하여진다. 하나의 형의 일부에 대한 집행유예는 허용되지 않으나 형을 병과할 경우에는 그 일부에 대해서도 집행유예할 수 있다($^{제62조}_{제2항}$). 집행유예의 선고 후 그 선고의 실효 또는 취소됨이 없이 유예기간이 경과된 때에는 형선고는 효력을 잃는다($^{제65}_{조}$). 따라서 형의 집행이 면제될 뿐만 아니라 처음부터 형의 선고가 없었던 것으로 된다. 그러나 형의 선고가 있었다는 기왕의 사실까지 없어지는 것은 아니며(대판 1983.4.2, 83 모 8), 또한 형의 선고로 발생한 이제까지의 법률효과도 그대로 남는다.

‖ **판례** ‖ 집행유예의 선고를 받은 후 그 선고의 실효 또는 취소됨이 없이 유예기간을 경과한 때에는 형법 제65조가 정하는 바에 따라 형의 선고는 효력을 잃는 것이고, 그와 같이 유예기간이 경과함으로써 형의 선고가 효력을 잃은 후에는 형법 제62조 단행의 사유가 발각되었다고 하더라도 그와 같은 이유로 집행유예를 취소할 수 없고 그대로 유예기간경과의 효과가 발생한다(대결 1999.1.12, 98 모 151).

V. 집행유예의 실효와 취소

1. 집행유예의 실효

집행유예의 선고를 받은 자가 유예기간중 고의로 범한 죄로 금고 이상의 실형을 선고받아 그 판결이 확정된 때에는 집행유예의 선고는 효력을 잃는다($^{제63}_{조}$). 따라서 대상인 범죄가 집행유예기간 전에 행하여진 경우, 과실범죄인 경우, 대상 범죄에 대해 금고 이상의 실형이 아닌 더 낮은 형이나 집행유예 등이 선고된 경우에는 집행유예가 실효되지 않는다. 또한 집행유예기간이 도과한 후에 금고 이상의 실형이 선고되어 '확정'된 경우에도 마찬가지이다. 집행유예가 실효되면 집행유예는 효력을 잃고 선고된 형이 집행된다.

2. 집행유예의 취소

집행유예의 선고를 받은 후 금고 이상의 형을 선고받아 판결이 확정된 때부터 그 집행을 종료하거나 또는 집행이 면제된 후 3년이 경과하지 않은 자($^{제62조}_{단서}$)라는 것이 발견된 때에는 집행유예의 선고를 취소한다($^{제64조}_{제1항}$). 이를 이유로 한 집행유예의 취소는 임의적이 아니고 **필요적**이다. 이에 비해 보호관찰이나 사회봉사 또는 수강을 명한 집행유예를 받은 자가 준수사항이나 명령을 위반하고 정도가 무거운 때에도 집행유예의 선고를 취소할 수 있다($^{제64조}_{제2항}$). 이를 이유로 한 집행유예의 취소는 **임의적**이다. 집행유예가 취소되면 유예된 형을 집행하게 된다.

그러나 집행유예의 필요적 취소규정($^{제64조}_{제1항}$)은 일사부재리의 원칙과 피고인의 진술거부권을 보장하고 있는 헌법뿐만 아니라 형사소송법상 거증책임의 원칙에도 위배된다고 주장하는 견해가 있다. 재사회화형법의 특별예방우위의 관점에서 볼 때 집행유예의 취소제도는 이러한 형사정책의 방향과 반드시 일치하는 것은 아니다. 입법론으로는 이를 폐지하여도 좋다고 생각한다.

제 2 절   선고유예

I. 서   설

1. 의   의

선고유예(the conditional release, Verwarnung mit Strafvorbehalt)란 법정이 경미한 범죄인에 대하여 일정한 기간 동안 형의 선고를 유예하고 그 유예기간을 특정한 사고 없이 경과하면 면소된 것으로 간주하는 제도이다($^{제59}_{조}$). 이는 피고인이 처벌받았다는 오점을 남기지 않음으로써 장차 피고인의 사회복귀를 용이하게 하는 특별예방의 목적에도 이바지하는 것이다.

2. 법적 성질

선고유예는 기술적인 의미에서 형벌도 보안처분도 아닌 독자적인 제3의 형사제재수단이다. 선고유예의 법적 성질에 관하여는 예컨대 형벌과 유사한 종류의 형사법적 제재, 보안처분과 유사한 성격을 띤 고유한 종류의 형법적 제재수단, 소년법의 징계수단과 비교될 수 있는 것, 자유형에 제한된 집행유예의 보완, 고유한 종류의 법제도, 집행유예와 형면제의 중간에 위치한 법제도, 제3원과 가장 유사한 것 등 다양하게 거론되고 있다.

Ⅱ. 선고유예의 요건(제59조/제1항)

1. 1년 이하의 징역이나 금고, 자격정지 또는 벌금의 형을 선고할 경우

우리 형법은 벌금형뿐만 아니라 1년 이하의 자유형과 자격정지를 선고하는 경우에도 선고유예를 할 수 있도록 해 독일의 경우보다 그 적용범위를 확대하고 있다.

선고유예를 할 수 있는 형이란 주형과 부가형을 포함한 처단형 전부를 의미하므로 주형을 선고유예하는 경우에 몰수 또는 추징도 선고유예할 수 있으나(대판 1980. 3. 11, 77 도 2027), 주형에 대하여 선고를 유예하지 않으면서 이에 부가할 추징에 대해서만 선고를 유예할 수는 없다(대판 1979. 4. 10, 78 도 3098).

그러나 형을 병과할 때에는 그 일부 또는 전부에 대하여 선고를 유예할 수 있으므로(제59조/제2항), 징역형과 벌금형을 병과하면서 어느 한 쪽에 대해서만 선고유예를 할 수도 있고 혹은 징역형은 집행유예를 하고 벌금형은 선고유예를 할 수도 있다(대판 1976. 6. 8, 74 도 1266).

‖**판례 1**‖ 주형을 선고유예하는 경우에 부가형인 몰수나 몰수에 갈음하는 부가형적 성질을 가지는 추징도 선고유예할 수 있다(대판 1980. 3. 11, 77 도 2027).

‖**판례 2**‖ 몰수에 갈음하는 추징은 부가형적 성질을 가지고 있어 그 주형에 대하여 선고를 유예하는 경우에는 그 부가할 추징에 대하여도 선고를 유예할 수 있다. 하지만 그 주형에 대하여 선고를 유예하지 아니하면서 이에 부가할 추징에 대하여서만 선고를 유예할 수는 없다(대판 1979. 4. 10, 78 도 3098).

‖**판례 3**‖ 경범죄처벌법위반죄에 대한 즉결심판에서 구류3일형의 선고를 유예한다는 즉결심판을 선고하였다. 형법 제59조 제1항은 1년 이하의 징역이나 금고, 자격정지

또는 벌금의 형을 선고할 경우 형법 제51조의 사항을 참작하여 개전의 정상이 현저한 때는 선고를 유예할 수 있다고 규정하고 있다. 따라서 형의 선고를 유예할 수 있는 경우는 선고할 형이 1년 이하의 징역이나 금고, 자격정지 또는 벌금형인 경우에 한정되기 때문에 구류형에 대하여는 선고를 유예할 수 없다(대판 1993. 6. 22, 93 오 1).

2. 개전의 정상이 현저할 것

개전의 정상이 현저하다고 말할 수 있으려면 판결선고시를 기준하여 볼 때 행위자에게 형을 선고하지 않아도 재범의 위험성이 없다고 인정되어야 한다. 그 판단기준은 형법 제51조의 양형조건이다.

3. 자격정지 이상의 형을 받은 전과가 없을 것

선고유예는 현행법상 가장 경한 유죄판결로서 재범의 위험이 가장 적은 초범자에게만 인정될 수 있다는 의미이다. 형의 집행유예를 선고받은 자는 유예기간을 무사히 경과하여 형의 선고가 효력을 잃게 되었다고 하더라도 형선고의 법률적 효과가 없어진다는 것일 뿐, 형의 선고가 있었다는 기왕의 사실 자체까지 없어지는 것은 아니므로 "자격정지 이상의 형을 받은 전과가 있는 자"에 해당한다고 보아 선고유예의 선고가 불가능하다(대판 2003. 12. 26, 2003 도 3768). 반면 선고유예를 받은 자는 전과가 없는 것이므로 다시 형의 선고유예가 가능하다.

Ⅲ. 부담부조건

형의 선고를 유예하는 경우에 재범방지를 위하여 지도 또는 원호가 필요한 때에는 보호관찰을 받을 것을 명할 수 있다(제59조의2 제1항). 보호관찰의 의미에 관하여는 집행유예에서 설명한 것과 같다. 집행유예에서와는 달리 보호관찰만을 조건부부담처분으로 한 것은 선고유예에 상징적인 의미에서 노력으로 치루어야 할 죗값이 미미하기 때문이다.

보호관찰의 기간은 1년으로 한다(제59조의2 제2항).

Ⅳ. 선고유예의 효과

선고유예의 판결 여부는 법원의 재량에 의한다. 선고유예도 일종의 유죄판결이므로 그 범죄사실과 선고할 형을 정해서 내려야 한다. 형의 선고유예를 받은 날로부터 2년을 경과하면 면소된 것으로 간주한다($\substack{제60 \\ 조}$).

여기서 면소는 무죄와는 구별된다. 무죄의 판결은 공소사실이 범죄로 되지 아니하거나 범죄사실의 증명이 없는 때에 선고하는 것임에 반하여, 면소의 재판은 범죄가 성립하더라도 형벌권의 소멸원인에 기인하여 형벌권의 존재를 부정하는 경우에 선고하는 것이다.

V. 선고유예의 실효

형의 선고유예를 받은 자가 유예기간중 자격정지 이상의 형에 대한 판결이 확정되거나 자격정지 이상의 형에 대한 전과가 발견된 경우에는 유예한 형을 선고한다($\substack{제61조 \\ 제1항}$). 이를 이유로 한 선고유예의 실효는 임의적이 아니고 **필요적이다**. 이에 비해 보호관찰을 명한 선고유예를 받은 자가 보호관찰기간중에 준수사항을 위반하고, 그 정도가 무거운 때에는 유예한 유형을 선고할 수 있다($\substack{제61조 \\ 제2항}$). 이를 이유로 한 선고유예의 실효는 **임의적이다**.

유예된 형의 선고는 검사의 청구에 의해 그 범죄사실에 대한 최종판결을 한 법원이 한다($\substack{형소법 \\ 제336조}$). 이에 대하여는 집행유예의 경우와 동일한 비판이 가해진다.

제 8 장 형의 집행

제 1 절 형벌집행의 의의

형의 집행은 선고형이 확정된 후 이를 현실적으로 실현하는 과정으로서 형법을 구체화·현실화하는 단계이다. 법치국가적 형법관과 형법의 임무 그리고 인간 존중의 정신은 행형단계에서도 중요한 의미를 잃지 않고 더욱 구체적인 모습을 띤다. 인간의 얼굴을 가진 형법과 개인의 자유·존엄성을 최상위의 근본규범으로 삼는 법치국가는 행형단계에서 유죄판결을 받은 행위자에게 죄값에 상응한 응징을 가하는 것을 주된 임무로 보지 않는다. 오히려 범죄인의 인격적 거듭남과 사회복귀에 초점을 맞춘다. 따라서 응보나 소극적 일반예방의 관점보다 특히 특별예방의 관점이 중요시된다.

그러나 형법은 이에 관한 기본적 방법만을 정하고 있을 뿐이며($\substack{제66조\sim \\ 제71조}$) 형집행의 절차에 관하여 기타 상세한 것은 형사소송법($\substack{제459조 \\ 이하}$)과 행형법에 따로 규정하고 있다. 가석방의 경우도 자유형의 집행중 일정한 규제하에서 사회생활을 영위하도록 허용하여 사회복귀에 노력을 경주하도록 하는 제도이므로, 이 또한 형집행작용이다.

일반적으로 행형절차에서는 범인의 사회복귀를 위한 재사회화의 특별예방적 형벌목적이 강조되고 있다. 범인의 사회화와 자기화를 위한 여러 가지 행형제도상의 수단들이 동원되어 그의 개과천선을 돕는 특별한 목적을 위해 봉사한다.

제 2 절 가 석 방

Ⅰ. 서   설

1. 의   의

가석방(Aussetzung des Strafrestes, Bedingte Entlassung)이란 자유형의 집행

중에 있는 자가 수형생활을 통해 현저히 교화개선되었을 때 형기만료 전에 조건부로 수형자를 석방하고, 그것이 취소 또는 실효됨이 없이 일정한 기간을 경과한 때에 형의 집행이 종료된 것으로 간주하는 제도이다($\substack{제72조~ \\ 제76조}$). 즉 가석방은 형집행중 개전의 정이 현저한 때에는 형벌의 목적을 이미 충분히 달성하였으므로 수형자의 사회복귀를 앞당겨 이행하는 것이며, 또한 행형과정중 수형자의 갱생(거듭남)과 분발을 촉구하기 위한 제도이다.

가석방은 수형자의 개전의 정 또는 재사회화의 정도를 전혀 고려하지 않고 미리 정하여진 형을 집행하는 정기형제도의 결함을 보완하여 집행에 있어서의 구체적 타당성을 실현할 수 있다.

2. 법적 성질

현행 형법상의 가석방은 법무부장관의 행정처분에 의하여 수형자를 석방하는 것이므로 법적 성질은 **형집행작용**이다. 그러나 가석방제도의 실효성확보 및 형법실현에서의 법적 안정성이라는 측면에서 볼 때 영·미 또는 유럽 여러 나라와 같이 보호관찰 등의 보안처분을 이에 접목시키고, 그에 대한 처분도 사법기관으로 넘겨야 할 필요가 있다.

개정형법은 이같은 인식에서 가석방의 조건으로 보호관찰제도를 도입했으나 그에 대한 처분은 아직 행정관청에 맡기고 있다.

Ⅱ. 가석방의 요건

(1) 징역 또는 금고의 집행중에 있는 자가 무기에 있어서는 20년, 유기에 있어서는 형기의 3분의 1을 경과한 후일 것

가석방은 징역 또는 금고의 집행중에 있는 자에 대해서만 인정된다. 그러나 문제는 벌금을 납입하지 않아 노역장유치가 된 경우 가석방을 할 수 있느냐에 있다. 벌금형에 대하여는 가석방을 인정할 수 없다는 이유로 이를 부정하는 견해도 있으나, 노역장유치가 대체자유형에 불과하고 자유형을 선고받은 자에 비하여 벌금을 선고받은 자를 차별할 까닭이 없으므로 이 경우에도 가석방을 인정해야 할 것이다.

무기의 경우에는 20년, 유기의 경우에는 형기의 3분의 1을 경과하여야 한다. 이 때 형기는 선고형이며, 사면 등에 의하여 감형된 때에는 감형된 형을 기준

으로 한다. 위의 기간을 계산함에 있어서 형기에 산입된 미결구금일수는 집행된 기간에 산입한다(제73조/제1항).

수개의 독립된 자유형이 선고되어 있는 경우 각 형을 분리하여 기간을 계산할 것인가, 아니면 이를 종합하여 계산할 것인가가 문제된다. 현저한 뉘우침의 정이 있는 경우에 되도록 수형자의 사회복귀를 앞당김으로써 특별예방적 효과를 거두기 위하여는 수개의 형을 종합하여 가석방의 요건을 판단함이 타당하다.

(2) 행상이 양호하여 개전의 정이 현저할 것

수형자에게 잔형을 집행하지 않아도 재범의 위험성이 없다는 예측이 가능해야 한다. 이에 대한 판단은 순수한 특별예방적 관점을 기준으로 해야 하며, 교도소 내에서의 규율준수·생활태도 등도 참작해야 할 것이다.

(3) 벌금 또는 과료의 병과가 있는 때에는 그 금액을 완납할 것

다만 벌금 또는 과료에 관한 유치기간에 산입된 판결선고 전 구금일수는 그에 해당하는 금액을 납입한 것으로 간주한다(제73조/제2항).

Ⅲ. 가석방의 기간 및 보호관찰

가석방의 기간은 무기형에서는 10년, 유기형에서는 남은 형기로 하되 그 기간은 10년을 넘을 수 없다(제73조의2/제1항). 개정 전 형법은 가석방의 효과(제76조/제1항)에서 이를 간접적으로 규정했으나 개정형법은 본조를 신설하여 가석방의 기간을 직접 명시했다.

가석방된 자는 가석방기간중 보호관찰을 받는다(제73조의2/제2항 본문). 가석방자의 재범방지와 사회복귀를 위한 체계적인 사회내처우로서 최소한 보호관찰이 필요하기 때문이다. 다만 가석방을 허가한 행정관청이 필요가 없다고 인정한 때에는 그러하지 아니한다(제73조의2/제2항 단서).

가석방자에 대한 보호관찰은 선고유예·집행유예의 보호관찰(probation)과 성질을 달리하는 지도·감독으로서의 보호관찰(parole supervision)이다.

Ⅳ. 가석방의 효과

가석방의 처분을 받은 후 처분이 실효 또는 취소됨이 없이 가석방기간(무기

형은 10년, 유기형은 잔형기)을 경과하면 형의 집행을 종료한 것으로 본다$\binom{제76조}{제1항}$. 이 경우 형집행이 종료되었을 뿐 유죄판결 자체의 효력이 없어지는 것은 아니다.

V. 가석방의 실효·취소

1. 가석방의 실효

가석방중에 금고 이상의 형을 선고받아 그 판결이 확정되면 가석방처분은 효력을 잃는다. 다만 과실로 인한 죄로 형의 선고를 받았을 때에는 예외로 한다$\binom{제74}{조}$.

2. 가석방의 취소

가석방의 처분을 받은 자가 감시에 관한 규칙에 위배하거나, 보호관찰의 준수사항을 위반하고 그 위반정도가 무거운 때에는 법무부장관이 재량으로 가석방처분을 취소할 수 있다$\binom{제75}{조}$.

3. 가석방의 실효 및 취소의 효과

가석방이 실효 또는 취소되면 가석방 당시의 잔형기의 형을 집행한다. 이 때 가석방의 익일부터 실효·취소로 인하여 구금된 전일까지의 가석방중의 일수는 형기에 산입하지 아니한다$\binom{제76조}{제2항}$.

제 9 장 형의 시효·소멸·기간

제 1 절 형의 시효

I. 의 의

형의 시효(Vollstreckungsverjährung)는 형의 선고를 받아 판결이 확정된 후 그 형의 집행을 받지 않고 법률이 규정한 일정한 기간을 경과하면 집행이 면제되는 것을 의미한다. 형의 시효는 이미 확정된 형벌의 집행권을 소멸시키는 것이라는 점에서 미확정의 형벌권인 공소권을 소멸시키는 공소시효와 구별된다.

형의 시효제도는 시간이 경과함에 따라 형의 선고 및 집행을 통해 얻을 수 있는 사회적 규범의식의 요구가 감소되었고 일정한 기간 동안 계속된 평온상태를 존중·유지하자는 데 의의가 있다.

II. 시효기간

형의 시효는 형을 선고하는 재판이 확정된 후 그 집행을 받음이 없이 일정한 기간을 경과하면 완성된다. 집행을 받음이 없이란 형이 확정된 자의 도주 또는 탈출 등으로 적법한 집행이 불가능한 상태를 말한다. 교도시설에서 적법한 집행이나 집행을 위한 대기상태로 경과한 시간은 여기에 해당하지 않는다. 따라서 사형수가 미결구금상태로 30년 이상 교도시설에 구금되어 있더라도 형의 시효는 완성되지 않는다. 그 기간으로 i) 사형은 30년, ii) 무기의 징역 또는 금고는 20년, iii) 10년 이상의 징역 또는 금고는 15년, iv) 3년 이상의 징역이나 금고 또는 10년 이상의 자격정지는 10년, v) 3년 미만의 징역이나 금고 또는 5년 이상의 자격정지는 5년, vi) 5년 미만의 자격정지, 벌금, 몰수 또는 추징은 3년, vii) 구류 또는 과료는 1년이다($\frac{제78}{조}$).

시효의 개시일은 판결확정일로부터 진행되고, 그 말일 24시에 종료된다(통설). 그러나 사형 및 자유형의 시효개시일은 더 엄밀히 말해서 수형자의 미구금상태에서 형이 확정된 경우라면 **판결확정일**, 구금상태에서 형이 확정된 경우라면 판결확정일 후 현실적으로 그 **집행불능상태**가 야기된 날이라고 해야 한다.

Ⅲ. 시효의 효과

시효기간이 완성되면 이로 인하여 선고된 형의 집행이 면제된다($\frac{제77}{조}$).

Ⅳ. 시효의 정지와 중단

1. 시효의 정지

첫째, 시효는 형의 집행의 유예나 정지 또는 가석방 기타 집행할 수 없는 기간이 발생했을 때 진행되지 않는다($\frac{제79조}{제1항}$). '기타 집행할 수 없는 기간'이란 천재·지변 기타 사변으로 인하여 형을 집행할 수 없는 기간을 말하며, 형의 선고를 받은 자의 도주 또는 소재불명의 기간은 이에 해당되지 않는다. 시효정지의 **특색**은 정지사유가 소멸한 때로부터 잔여시효기간이 진행한다는 데 있다.

둘째, 형이 확정된 후라도 형의 집행을 면할 목적으로 국외에 있는 자에게는 그 기간 동안 시효가 진행되지 않는다($\frac{제79조}{제2항}$). 형사소송법상 국외도피로 인한 공소시효정지($\frac{제253조}{제3항}$)와 궤를 같이 하는 것으로서 국외도피사범들에게 형의 시효이익이 미치지 못하도록 한 것이다.

2. 시효의 중단

시효는 사형·징역·금고·구류에 있어서는 수형자를 체포함으로써, 벌금·과료·몰수·추징에 있어서는 강제처분을 개시함으로써 중단된다($\frac{제80}{조}$). 따라서 벌금형의 경우 압류대상물건이 집행비용에도 미달되는 가액이어서 집행불능이 된 경우도 시효중단이 된다. 시효중단의 **특색**은 이미 경과된 시효의 효과가 시효개시시로 소급하여 상실된다는 데 있다.

∥**판례**∥ 1986년 4월 특정범죄가중처벌법위반으로 징역 2년 6월 및 벌금 4천만원을 선고받고 1986년 12월 형이 확정되었다. 그리고 이 판결확정일로부터 기산하여 벌금형의 시효기간인 3년을 경과한 1990년 11월에 벌금형을 집행당했다. 하지만 1989년 12월 확정된 벌금형을 집행하기 위한 검사의 집행명령에 기하여 집행관이 집행을 개시하였다

면 이로써 형법 제80조에 따라 벌금형에 대한 시효는 중단된다. 이 경우 압류물을 환가해도 집행비용 외에 남는 금액이 없다는 이유로 집행불능이 되었다고 하더라도 이미 발생한 시효중단의 효력이 소멸하지는 않는다. 따라서 이 벌금형의 미납자에 대해서는 형사소송법 제492조에 의한 노역장유치 집행을 할 수 있다(대결 1992.12.28, 92 모 39).

제 2 절 형의 소멸·실효·복권·사면

Ⅰ. 형의 소멸

　　형의 소멸이란 유죄판결의 확정에 의하여 발생한 형의 집행권을 소멸시키는 제도를 말한다. 따라서 이것은 검사의 형벌청구권을 소멸시키는 공소권의 소멸과 구별된다.

　　형의 집행권을 소멸시키는 원인으로는 형집행의 종료, 가석방기간의 만료, 형집행의 면제, 시효의 완성, 범인의 사망 등이 있다. 특히 집행유예기간의 경과는 집행이 면제될 뿐만 아니라 형의 선고까지 없었던 것으로 된다. 범인이 사망한 경우에도 형의 일신전속성으로 인하여 형의 집행권이 소멸한다. 그러나 벌금형 또는 몰수의 경우에는 특례가 있다(형소법 제478조, 제479조).

Ⅱ. 형의 실효 및 복권

1. 제도적 의의

　　형이 소멸되어도 남아 있는 전과사실로 인하여 형선고의 법률상 효과는 그대로 존재한다. 이에 따라 여러 가지 자격의 제한이나 사회생활상의 불이익이 발생할 수 있으므로, 전과사실을 말소시켜서 자격을 회복시키고 그로 하여금 사회복귀를 용이케 하는 것이 형사정책적인 요청이라 할 것이다. 현행 형법은 이러한 제도로 '형의 실효'(제81조)와 '복권'(제82조)에 관한 규정을 두고 있다. 그 밖에도 같은 효과를 목적으로 하는 것으로 국가원수에 의한 사면이 있다(헌법 제79조; 사면법).

2. 형의 실효

(1) 재판상의 실효

징역 또는 금고의 집행을 종료하거나 집행이 면제된 자가 피해자의 손해를 배상하고 자격정지 이상의 형을 받음이 없이 7년을 경과한 때에는 본인 또는 검사의 신청에 의하여 그 재판의 실효를 선고할 수 있다(제81조). 따라서 실효의 대상은 징역과 금고형에 한하며 기간의 경과로 자동적으로 실효되는 것이 아니라 재판에 의해서만 실효될 수 있다. 또한 재판이 확정되면 형의 선고에 의한 법적 효과는 장래를 향하여 소멸된다.

‖**판례 1**‖ 형법 제81조에 의한 형의 실효선고는 형의 선고에 기한 법적 효과가 장래에 향하여 소멸한다는 취지이고 형의 선고가 있었다는 기왕의 사실 그 자체까지 없어진다는 뜻은 아니다. 또한 소급하여 자격을 회복하는 것도 아니다(대판 1974. 5. 14, 74 누 2).

‖**판례 2**‖ 1975년 7월 명예훼손죄로 선고받은 징역 3월형을 종료하고 다시 1981년 7월 사문서위조죄로 징역 6월에 집행유예 1년을 선고받았다. 이는 형집행종료후 7년 이내에 다시 형의 선고를 받았음이 명백하므로 형의 실효요건을 갖추지 못한 경우이다. 왜냐하면 형법 제65조의 '형의 선고는 효력을 잃는다'는 의미는 형의 선고의 법률적 효과가 없어진다는 것을 의미할 뿐이지, 형의 선고가 있었다는 기왕의 사실 자체까지 없어진다는 의미는 아니기 때문이다. 따라서 형의 집행종료후 7년 이내의 집행유예판결을 받고 그 기간을 무사히 경과하여 7년을 채우더라도 형법 제81조의 '형을 받음 없이 7년을 경과하는 때'에 해당하지 아니하여 형의 실효를 선고할 수 없다(대결 1983. 4. 2, 83 모 8).

(2) 형의 실효에 관한 법률

형의 실효에 관한 법률은 형의 실효의 범위를 벌금·구류·과료에 확대하고, 형의 종류에 따라 일정기간의 경과 후 또는 즉시 자동적으로 형이 실효된다고 규정하고 있다. 즉 수형인이 자격정지 이상의 형을 받음이 없이 3년을 초과하는 징역·금고는 10년, 3년 이하의 징역·금고는 5년, 벌금은 2년이 경과하면 형이 실효되고, 구류·과료는 (형의 집행을 종료하거나 그 집행이 면제된 때) 즉시 형이 실효된다(형의실효등에관한법률 제7조 제1항).

3. 복   권

자격정지의 선고를 받은 자가 피해자의 손해를 보상하고 자격정지 이상의 형을 받음이 없이 정지기간의 2분의 1을 경과한 때에는 본인 또는 검사의 신청에 의하여 자격의 회복을 선고할 수 있다(제82조). 물론 복권이 되어도 형선고의 효력은 소멸되지 않는다. 복권은 사면법(제3조 제3호, 제6조)에 의해서도 가능하다. 본규정은 자격정지의 선고를 받은 자가 자격정지의 기간이 만료되지 아니하더라도 일정한 조건 하에서 자격을 회복하여 원만히 사회로 복귀하도록 돕는 데 그 취지가 있다.

4. 재판절차

형의 실효 및 복권의 선고는 그 사건에 관한 기록이 보관되어 있는 검찰청에 대응하는 법원에 신청해야 한다($\frac{형소법}{제337조 제1항}$). 이 신청을 받은 법원은 결정으로 이를 선고한다($\frac{동조}{제2항}$). 물론 이 신청을 각하하는 결정에 대하여는 신청인이 즉시항고를 할 수 있다($\frac{동조}{제3항}$).

Ⅲ. 사　면

1. 의　의

형사소추 및 확정판결에 의한 처벌을 포기케 하는 제도를 사면이라 한다. 이에는 광·협 두 가지 의미가 있다. 광의의 사면(Abolition, Niederschlagung)에는 소추 및 처벌포기까지 포함되지만 협의의 사면(Begnadigung)은 단지 확정판결에 의한 처벌의 포기만을 의미한다. 전자는 일반사면, 후자는 특별사면의 법리와 같다. 보통 사면이라 함은 협의의 사면을 뜻한다. 그러나 우리나라 헌법($\frac{헌법}{제79조}$) 및 사면법($\frac{1948.8.30자}{법률 제2호}$)은 양자를 함께 규정하고 있다.

2. 법적 성질

사면은 국가원수의 특전 내지 은전의 성격을 갖고 있다. 이것은 형선고의 효과 또는 소추권을 소멸시키기도 한다. 형법의 실현을 통한 평화로운 공동체질서를 유지하는 데 형벌집행이나 소추권의 가차없는 적용만이 능사가 아니다. 오히려 사회환경의 변화에 따라 이미 구체화된 형벌권을 신축성 있게 활용하는 것이 법이념·법가치의 실현에 적합할 수도 있고 법 내부의 긴장을 완화시킬 수도 있다.

라드브루흐의 말처럼 사면제도는 법 밖의 세계에서 비쳐 들어와 법세계의 추운 암흑을 바라볼 수 있게 하는 밝은 광선이며, 기적이 자연계의 법칙을 깨뜨리듯이 법세계 속에서 일어나는 법칙 없는 기적이다. 사면은 냉엄한 형법실현을 녹이는 **사랑의 법**이며, 절망 속에 방황하는 수형자의 앞길을 인도하는 **희망의 법**이기도 한 것이다.

그러나 정치적 계산이나 값싼 연민 때문에 국가원수가 사면제도를 남용할 때, 정의에 관한 일반인의 건전한 법감정을 손상시키고 법적 안정성을 해할 위험도 있다.[1] 이러한 국가원수의 사면권남용을 방지하기 위해서 사면법에 절차적 제한규정을 도입하였다. 즉, 대통령의 사면권은 국가원수로서의 통치권 행사이기는 하지만 한편으로는 국가사법작용에 대한 예외적인 조치이기 때문에 그 행사에 있어 제한적이고 신중하게 하여야 한다는 점을 고려하여, 법무부장관이 대통령에게 특별사면, 특정한 자에 대한 감형 및 복권을 상신할 때에는 신설된 사면심사위원회의 사전심사를 거치도록 하였다(사면법 제10조,/제10조의 2).

3. 목 적

사면의 목적으로는 ① 가혹한 법집행의 완화, ② 입법 또는 사법의 결함에 대한 구제, ③ 판결의 착오에 대한 수정, ④ 형사정책적 목적의 달성을 들 수 있다.

제15대 대통령선거 직후 현직대통령과 대통령당선자의 합의 아래 국민대화합 차원에서 단행된 12·12, 5·18사건 관련자들에 대한 특별사면은 이같은 법정책적 목적이 아닌 정치적 고려에 의한 것으로서 실제 대통령의 사면권을 남용한 예라고 할 수 있다.

4. 종 류

(1) 일반사면(Amnestie)

일반사면은 특정범죄 또는 일반범죄를 범한 자에 대한 형사소추 및 처벌을 일반적으로 포기하는 제도이다. 이를 대사라고도 한다. 선고 전이라면 공소권이 즉시 소멸되고, 선고 후라면 선고의 효력이 상실된다(사면법 제3조 제1호,/제5조 제1호).

(2) 특별사면(Begnadigung)

특별사면은 확정판결을 받은 수형자에 대해 그 집행을 포기하는 제도이다. 이를 특사라고도 한다. 이로써 형의 선고는 효력을 잃고, 형집행면제의 효과가 생긴다(사면법 제3조 제2호,/제5조 제2호). 형의 집행유예선고를 받은 자에 대하여는 형의 선고의 효력을 상실케 하는 특별사면을 행할 수 있다(사면법/제7조).

개정된 사면법에 따르면 법무부장관이 대통령에게 특별사면, 특정한 자에 대한 감형 및 복권을 상신(上申)하도록 되었고(제10조/제1항), 이같은 상신을 할 때에는 사전심사를 위해 신설된 사면심사위원회(제10조의2/제1항)의 심사를 거쳐야 한다(제10조/제2항). 법무부장관산하의 사면심사위원회는 법무부장관을 위원장으로 하고 위원장을 포함한 9인의 위원으로 구성된다(제10조의2/제2항). 이 법 시행령은 사면심사위원회의 심의의결서

---

1) 김일수, 「법적 과거청산시대의 법적 과제」, 시민과 변호사 1996.11, 5면 이하 참조.

는 즉시 공개토록 하고, 회의록은 5년이 경과된 뒤 공개토록 했다.

　　대통령제하에서 대통령이 임명한 법무부장관산하의 사면심사위원회가 대통
령의 특별사면권남용을 적절히 통제할 수 있을지는 의문이다. 그렇기 때문에 입
법부와 시민의 감시가 가능하도록 위원회의 위상을 독립적으로 할 것과 활동공개
의 폭도 넓힐 필요가 있다.

제 3 절　형의 기간

Ⅰ. 기간의 계산

　　형법에서 연 또는 월로써 정하여진 기간은 중간의 일·시·분·초를 정산하지
않고 연·월을 단위로 계산하는 역법적 계산방법에 의한다($_{조}^{제83}$). 이 점은 당사자
사이의 약정에 따라 주, 월 또는 연의 기간을 역수에 따라 계산하는 민법상의 기
간계산방법($_{제160조}^{민법}$)과 차이가 난다.

Ⅱ. 형기의 기산

　　형기는 판결이 확정된 날로부터 기산한다($_{제1항}^{제84조}$). 징역, 금고, 구류와 유치에서
는 구속되지 아니한 일수를 형기에 산입하지 않으므로($_{제2항}^{제84조}$), 판결이 확정되더라
도 곧 구속되지 않은 경우나 형의 집행중 도주 등으로 구속되지 않은 경우는 형
기에 산입하지 않는다. 형의 집행과 시효기간의 초일은 시간을 계산함이 없이 1
일로 산정하고($_{조}^{제85}$), 석방은 형기종료일에 한다($_{조}^{제86}$). 법치국가 형법은 이처럼 범
죄인의 자유에 유리하도록 기간의 계산에서도 관용과 절제의 미를 추구한다.

제10장 보안처분

제1절 개념 및 본질

1. 개 념

보안처분(Maßregeln)이란 범행 속에 나타난 행위자의 장래 위험성 때문에 행위자의 치료·교육·재사회화를 위한 개선과 그로부터 사회방위라는 보안을 주목적으로 하여 과하여지는 형벌 이외의 형사제재를 말한다.

학자에 따라 보안처분을 사회방위를 주목적으로 하는 협의의 보안처분과 교육·치료·개선을 주목적으로 하는 개선처분으로 구별하기도 한다. 입법례 중에도 독일 형법은 이 양자를 합쳐 '개선 및 보안을 위한 처분'이라고 통칭하고 있다.

2. 본 질

형벌은 과거에 저질러진 범행과 행위책임에 의존하지만, 보안처분은 범행 속에 표현된 행위자의 장래 위험성에 입각하여 과해지는 책임과는 무관한 제재수단이다. 형벌은 비난작용과 위해작용을 본질요소로 함에 반해, 보안처분은 비난작용 없이 단지 위해작용만을 갖는 것도 바로 이 때문이다.

형벌은 인간의 자유의사에 기초한 책임을 전제한 것이다. 또한 죄형균형사상에 입각한 책임원칙이 법치국가적 자유보장원리로서 형법이론의 기초를 이루어 왔다. 그러나 형벌의 본질을 응보적인 책임상쇄에 둠으로써 변동된 사회의 새로운 범죄양상에 대한 방위책으로 만능일 수 없었다. 즉 사회구조의 공업화·도시화에 따라 범죄의 질과 양에 급격한 변화가 일어났고, 누범·상습범의 격증으로 인해 응보적 책임형벌만으로 이에 적절히 대처해 나갈 수 없었다. 또한 책임능력이 없는 정신병질환자의 사회적 위험성에 대해 사회방위를 위한 합목적적 강제조치는 필요불가결한 요청이 되었다. 더욱이 알콜·마약중독자와 같이 형벌의 개선효과나 위하효과가 잘 먹혀들지 않는 사람들에 대한 새로운 위험제거수단이 필요해졌다.

현존하는 행위자의 위험성으로부터 사회를 방위하기 위하여는 행위책임에 기초한 형벌 이외의 다른 합목적적 제재수단이 불가피해졌다. 이에 부응한 일련의 강제조치가 바로 보안처분이다. 요컨대 보안처분은 전통적인 개인주의적 책임이론이나 응보적 형벌관념이 현실적으로 범죄예방 및 진압에 한계를 드러내자 이에 대한 보완책으로 형법의 영역에 들어온 것이다. 이처럼 형사제재수단으로 형벌과 보안처분이 병존하는 제도를 일컬어 **형법의 이원주의**(Zweispurigkeit des Strafrechts)라고 부른다.

제 2 절   연혁 및 발전

1. 연   혁

형사제재의 이원주의는 1893년 스위스 형법학자 칼 슈토쓰(Carl Stooß)에 의하여 스위스 형법예비초안에 제시된 후 곧 유럽 여러 나라가 이 제도를 앞다투어 검토·입법화한 데서 비롯되었다. 오늘날 대부분의 국가가 보안처분을 형법전이나 별개의 입법을 통하여 채택하고 있는 실정이다. 독일에서는 보안처분이 이미 바이마르공화국시대부터 준비작업에 들어갔으나 학파논쟁에 휘말려 실현을 보지 못하다가 1933년 상습범규제법률에 의해 처음 도입된 이래 1975년 형법개정에서도 형법총칙편에 형벌과 나란히 존치되었다.

우리나라도 일제시에 소위 사상범·확신범에 대하여 치안유지법 제39조 이하의 예비검속에 의한 보호조치가 식민통치를 위한 경찰국가체제의 유지수단으로 남용되었다. 그 후 정치적 변혁기마다 폭력범·부랑자·소매치기배 등에게 실질적으로는 형벌과 유사한 강제노역장에의 취역 및 보안처분에 상당한 교화훈련 등이 아무런 법적 근거나 사법심사 없이 자행되었다. 우리 형법 법제상 최초의 보안처분법은 1980. 12. 18, 법률 제3286호로 제정된 사회보호법이다. 이 법률은 보안처분의 종류로 보호감호($^{제5조\sim}_{제7조}$)·치료감호($^{제8조\sim}_{제9조}$)·보호관찰($^{제10조\sim}_{제11조}$) 세 가지를 인정하였다. 보안처분의 집행방법도 행형법에 따로 규정하지 않고, 이 법률에 규정된 사회보호위원회제를 통하여 결정하게 하였다.

2. 보안처분제도의 발전

오늘날 보호관찰을 위해 형벌 및 보안처분의 집행을 유예하는 제도가 일반화되고 있다. 이같은 형벌 및 보안처분의 집행유예제도를 **형법의 제 3 원**(Eine dritte Spur)이라 부르기도 한다. 이같은 발전은 자유박탈적 보안처분(보호감호·치료감호)이 형벌과 유사하다는 인식으로부터 비롯된다. 이런 의미에서 콜라우쉬(Kohlrausch)는 보안처분을 **형벌의 명칭사기**(Etikettenschwindel)라고 표현했다.

서구 여러 나라의 새로운 형법개정에서는 보안처분을 형벌보다 먼저 집행하고 그 기간을 형기에 산입하는 대체집행의 원칙도 확립되었다. 또한 보호관찰을 위한 보안처분의 집행유예제도의 가능성으로 인해 이제 형벌과 보안처분은 목적과 집행상의 차이가 점점 희박해져 가고 있다. 이에 형법을 순수한 보안처분법으로 대체하자는 주장도 나타나고 있다. 이러한 현상에 직면하여 형법의 이원주의의 위기에 관하여 언급하는 학자도 있다.

그러나 형벌은 책임원칙에 의해, 보안처분은 비례성의 원칙에 의해 그 한계가 그어진다는 점에서 오늘날에 형법의 이원주의는 아직 포기된 것이 아니다.

3. 사회방위

19세기 말 리스트의 목적형사상은 굉장한 반향을 불러일으켰다. 이것은 특히 특별예방이론과 더불어 신파의 이름으로 발전하였다. 범인의 사회화 내지 재사회화를 위한 신파의 프로그램이 특히 고전학파의 응보형이론과 맞서게 되었다. 그러나 신파의 지도자 리스트는 순수한 특별예방적 형사정책이 범죄자를 무제한의 강제처우에 몰아 넣을 수 있는 위험성을 일찍부터 인식하고, 형법은 '형사정책의 뛰어넘을 수 없는 한계'로서 이러한 위험을 방지해야 함을 역설하였다(범죄인의 magna charta). 이같은 기조 위에서 리스트는 1889년 벨기에의 형법학자 아돌프 프린스(Adolphe Prins), 네덜란드의 형법학자 반 하멜(van Hamel)과 함께 국제형사학회를 창설하였다.

한편 실증주의의 영향 아래 롬브로소(Lombroso), 페리(Ferri), 가로팔로(Garofalo)는 19세기의 이탈리아 실증주의학파를 형성 발전시켰다. 이 학파는 책임개념을 완전히 거부하고 형법을 보안처분으로 개조할 것을 주장하였다. 그 밖에 이 학파는 그 때까지 전혀 백안시되었던 영역인 범죄학과 범죄심리학에 대한 새로운 지식을 받아들였다. 이러한 노력들은 일반적으로 인간과 행위자를 범죄자가 되게 만드는 소질과 환경에 관한 관심을 불러일으켰다.

이탈리아 실증주의학파의 이론과 국제형사학회의 기본사상이 뿌리가 되어 제 2 차 세계대전 후에 사회방위(Défense sociale)의 이념이라는 하나의 새로운 기조가 형성되었다. 사회방위는 어의상 범죄로부터 사회 그 자체를 방어하자는 의미였으나, 오늘날은 범죄를 저질렀거나 저지를 수 있는 자에 대한 사회의 조치를 통칭하는 의미를 갖고 있다. 즉 범죄를 저질렀거나 저지를 수 있는 자를 생활배려, 예방 및 인격적 선도의 수단을 통해 공동체의 건전한 구성원으로 복귀시키는 것을 목표로 하고 있다. 1949년 이탈리아 제노아의 변호사 필리뽀 그라마띠까(Filippo Grammatica)가 국제사회방위협회(La Société Internationale de Défense Sociale)를 창설하였고, 1966년 이후에는 프랑스의 마크 앙셀(Marc Ancel)이 소위 온건한 사회방위론의 대표자로 활동하고 있다.

4. 미국에서의 불간섭원칙

한때 미국에서는 사회방위의 프로그램에 대한 반대운동이 일어났다. 미국의 사회학자 에드윈 슈어(Edwin M. Schur)의 저서 「급진적 불간섭」(1973년)에서 불간섭이라는 명칭이 처음 등장했다. 이 불간섭원칙(Nonintervention)은 일면 재정낭비적인 재사회화 프로그램의 계속되는 실패를, 타면 극단적인 재사회화프로그램이 인간의 존엄과 법치국가적 보장을 무시하게 될 위험성을 확인시켜 주었다. 그리하여 범죄학자 마틴슨(Martinson)은 범죄예방의 수단으로서 무위의 원칙(nothing works)을 제시하였다. 이같은 급진적 방향은 완전한 불간섭주의를 요청하는 것이었다. 왜냐하면 유죄판결을 받은 소수의 소외그룹에 속한 자들의 재사회화보다 오히려 처벌하는 사회 자체의 재사회화가 더 시급하다는 이유 때문이다. 이보다 덜 급진적인 방향에서는 형사소송절차와 불간섭원칙 사이의 절충선을 요청하고 있다.

> 이 입장은 분리 또는 우회(diversion)의 이념을 내세워 다음과 같은 조치를 취할 것을 주장한다 :
> (i) 특히 소위 '피해자 없는 범죄'의 영역에서 쓸모없는 형벌규정의 폐지(구걸, 도박, 매매음 및 마약범죄),
> (ii) 형벌외적인 수단의 투입(범죄피해자에 대한 손해배상, 비공식적인 투쟁 기회의 부여, 정신의학적인 치료, 금절요양 등),
> (iii) 형법을 중범과 누범에 제한(이 경우에 일면 법치국가적 보장을 갖춘 소송절차가 적용되며, 타면 형벌은 자유 및 소유에 대한 해악으로서 관념되고 집행된다).

이러한 프로그램은 물론 상세한 점에서는 매우 논란의 여지가 많다. 이 프로그램을 서구의 형사정책, 특히 독일의 그것과 비교해 본다면, 미국의 불간섭주의에서는 책임원칙이 비교적 작은 역할을 할 뿐인 반면, 독일에서는 책임원칙이 형

법의 중심역할을 한다는 점에서 비중에 차이가 있다. 바로 이 점이 예컨대 빈번한
백화점절도를 민사적 규율에 맡겨야 한다는 지나친 비범죄화 요구가 독일에서는
아직 채택되지 못하는 이유이기도 하다.

　　미국형법에서 이같은 불간섭원칙은 종래 국가적 공공선에 대한 최대한의 신
뢰가 바탕이 되었던 낙관론적 국가관에서 국가형벌권에 모든 것을 위임했던 이른
바 'everything works의 원칙'에 대한 반작용의 결과였다. 1990년대에 들어와
미국은 총기류에 의한 살상, 마약, 성범죄, 테러범죄 등으로 점점 더 사회적 위기
의식이 고조되고 있다. 따라서 범인 위주의 방어적 형법관에서 피해자 위주의 예
방적 형법관으로의 전환현상도 나타나고 있다. 예컨대 워싱턴주에서 입법화된 이
른바 삼진법(three strikes and you're out)은 삼범 이상의 전과자에게 종신형 등
중형을 과하여 사회로부터 장기간 격리시킬 수 있게 한 특별법이고, 뉴저지주에
서 시작된 이른바 메간법(Megan's Law)은 성범죄전과자가 거주이전할 때 반드시
경찰에 신고하도록 하고, 주민들은 경찰로부터 성범죄전과자가 이웃에 살고 있다
는 사실에 대한 정보를 얻을 수 있게 하여 스스로 전과자에 대한 경계와 예방을
하도록 한 입법이다. 뿐만 아니라 국가형벌권행사에서는 종래의 everything
works나 nothing works가 아닌 중간의 'something works의 원칙'이 지배적인
형사사법의 원리로 자리를 굳혀가는 실정이다.

제 3 절　　현행법상 보안처분

Ⅰ. 서　　설

　　현행 헌법(제12조 제1항)은 「… 누구든지 법률에 의하지 아니하고는 … 보안처분 … 을
받지 아니한다」라고 규정하여 보안처분을 헌법에 명문화하였다(보안처분법정주
의). 그러나 우리 형법은 보안처분을 총칙에 규정하지 않고, 소년법·국가보안법·
사회보호법·보호관찰등에관한법률·보안관찰법·모자보건법 등 상당수의 특별
법에 두고 있다. 이상의 각종 특별법에 의한 보안처분은 소년법상의 보호처분을
제외하고는 모두 일정한 행정기관에 의하여 **행정작용의 일종**으로서 행하여지고
있다는 데 특색이 있다.

　　이하에서 소년법상의 보호처분, 보호관찰등에관한법률상의 보호처분, 사회안

전법(보안관찰법으로 개명)상의 보안처분 그리고 사회보호법상의 보안처분을 중점적으로 고찰하고자 한다.

Ⅱ. 소년법상의 보호처분

성장기에 있는 소년들은 정신적·신체적으로 미숙하고 사려가 부족하여 범죄의 유혹에 빠지기 쉬운 반면, 또 그만큼 개선·교화의 가능성도 크다. 또한 이들 소년에게는 장래가 있기 때문에 교화개선주의를 기본으로 하는 처우대책이 필요하다. 이러한 특성을 존중하여 소년법은 반사회성 내지 비사회성이 있는 소년에 대하여 그 환경의 조정과 성행의 교정에 관한 보안처분을 규율하고, 특히 범죄소년·촉법소년·우범소년($\frac{제4}{조}$)에 대하여 보호처분의 일종으로 보호관찰을 행하는 결정을 할 수 있도록 하고 있다($\frac{제32조,}{제33조}$).

소년법상 인정되는 보호처분은 다음과 같다($\frac{제32조}{제1항}$).

— 보호자 또는 보호자를 대신하여 소년을 보호할 수 있는 자에게 감호 위탁($\frac{1}{호}$)

— 수강명령($\frac{2}{호}$)

— 사회봉사명령($\frac{3}{호}$)

— 보호관찰관의 단기(短期)보호관찰($\frac{4}{호}$)

— 보호관찰관의 장기(長期)보호관찰($\frac{5}{호}$)

—「아동복지법」에 따른 아동복지시설이나 그 밖의 소년보호시설에 감호 위탁($\frac{6}{호}$)

— 병원, 요양소 또는「보호소년 등의 처우에 관한 법률」에 따른 소년의료보소시설에 위탁($\frac{7}{호}$)

— 1개월 이내의 소년원 송치($\frac{8}{호}$)

— 단기로 소년원 송치($\frac{9}{호}$)

— 장기로 소년원 송치($\frac{10}{호}$)

이상 각 호에 해당하는 처분은 소년부판사(가정법원 소년부판사 또는 지방법원 소년부판사)가 심리의 결과 필요하다고 인정한 때에 결정으로써 내린다($\frac{제32}{조}$). 그리고 위의 제 3 호 처분은 14세 이상의 소년에게만 할 수 있고($\frac{동조}{제3항}$) 제 2 호 및 제10호 처분은 12세 이상의 소년에게만 할 수 있다($\frac{동조}{제4항}$). 소년의 보호처분은 그 소년의 장래 신상에 어떠한 영향도 미치지 아니한다($\frac{동조}{제6항}$). 제 4 호 및 제 5 호 보호관찰 처분시에는 대안교육 또는 소년의 상담·선도·교화와 관련된 단체나 시설에서의 상담·교육받을 것을 동시에 명할 수 있다($\frac{제32조}{의2}$).

Ⅲ. 보호관찰등에관한법률상의 보호관찰처분

보호관찰등에관한법률(1988. 12. 31, 법률 제4059호; 1996. 12. 12, 법률 제5178호 전면개정)은 죄를 범한 자로서 재범방지를 위해 체계적인 사회내처우가 필요하다고 인정되는 자를 지도·원호하여 사회복귀를 촉진시키기 위한 보호관찰처분을 규정하고 있다($\frac{동법}{제1조}$). 그 대상은 형법에 의한 보호관찰조건부 선고유예·집행유예를 선고받은 자($\frac{형법 제59조의2,}{제62조의2}$) 또는 보호관찰을 조건으로 가석방 또는 가퇴원된 자($\frac{형법 제73조의2,}{동법 제25조}$), 그리고 소년법 제32조 제 1 항 제 4 호·제 5 호의 처분을 받은 소년 또는 소년원을 가석방·가퇴원한 소년($\frac{동법}{제23조}$), 그 밖의 다른 법률에 의해 이 법률에 정한 보호관찰을 받도록 규정된 자이다($\frac{동법 제3조}{제1항}$).

보호관찰을 심사·결정하는 보호관찰심사위원회와 보호관찰의 실시에 관한 사무를 관장하는 보호관찰소를 법무부장관 소속으로 두게 되어 있다($\frac{동법 제5조,}{제14조}$).

이러한 보호관찰등에관한법률상의 보호관찰처분은 소년범에만 적용되었으나 개정형법은 1997년 1 월 1 일부터 성인범죄자에게도 선고유예·집행유예시 또는 가석방시에 일정한 조건하에서 부과하도록 하였다. 이에 따라 보호관찰등에관한 법률도 1996. 12. 12자 개정으로 성인범 및 소년범에 널리 보호관찰처분의 문호를 열었다. 재사회화형법의 관점에서 볼 때 획기적인 발전이다. 그러나 이러한 보호 관찰처분이 범인의 재사회화를 위한 형사정책목적을 실현시키자면 유능하고 헌신적인 보호관찰관의 확보가 급선무라는 점을 유의해야 한다.

Ⅳ. 보안관찰법상의 보안처분

보안관찰처분대상자는 보안관찰해당범죄(동법 제2조: 형법상 내란·외환죄, 군형법상 반란·이적죄, 국가보안법상 특정범죄) 또는 이와 경합된 범죄로 금고 이상의 형을 선고받고 형기 합계가 3 년 이상인 자로서 형의 전부 또는 일부의 집행을 받은 사실이 있는 자이다($\frac{동법}{제3조}$). 보안관찰처분은 이 대상자 중 재범의 위험성이 있다고 인정할 충분한 이유가 있는 자에 대하여($\frac{동법 제4조}{제1항}$), 2 년의 기간으로 부과되나 법무부장관은 검사의 청구가 있는 때 보호관찰처분심의위원회의 의결을 거쳐 기간을 갱신할 수 있다(동법 제5조). 보안관찰처분을 받은 자는 주거지 관할 경찰서장에게 신고하고, 재범방지에 필요한 범위 안에서 지시를 받아야 한다(동법 제4조 제2항).

Ⅴ. 치료감호 등에 관한 법률상의 보안처분

치료감호법은 이중처벌의 위험이 없는 치료감호처분을 규정하면서 일정한 경우 보호관찰을 실시할 수 있도록 고려한 것이다.

이 법의 목적은 심신장애, 마약류, 알코올, 그 외 약물중독 상태에서 범죄행위를 한 자 중에서 재범의 위험성이 있고, 특수한 교육·개선·치료가 필요하다고 판단되는 자에 대하여, 적절한 보호와 치료를 제공함으로써 재범을 막고 온전한 사회복귀를 돕는 역할을 하자는 것이다.

치료감호는 검사가 청구할 수 있도록 하고, 일정한 경우 치료감호 영장을 지방법원 판사에게 청구하여 치료감호영장을 발부받아 보호구속을 할 수 있도록 하고 있다(제6조).

치료감호시설에의 수용은 15년을 초과할 수 없도록 하고 있다. 다만, 마약·향정신성의약품·대마 등의 물질 또는 알코올 관련 습벽이 있거나 중독된 자로서 금고이상의 형에 해당하는 죄를 범한 자를 치료감호시설에 수용하는 때에는 2년을 초과할 수 없도록 하고 있다(제16조).

피치료감호자에 대해 치료감호가 가종료되거나 치료감호시설 외에서 치료를 받기 위하여 법정대리인에게 위탁된 때에는 3년간 보호관찰을 받도록 하고 있다(제32조).

Ⅵ. 특정 범죄자에 대한 보호관찰 및 전자장치 부착 등에 관한 법률상의 보안처분

이 법의 목적은 법이 규정하고 있는 일정한 성폭력범죄, 미성년 대상 유괴범죄, 살인범죄, 강도범죄를 저지른 사람의 재범방지와 성행교정을 통한 재사회화를 위하여 그의 행적을 추적하여 위치를 확인할 수 있는 전자장치를 신체에 부착하게 하는 부가적인 조치를 취함으로써 위험한 범죄인으로부터 국민들을 보호할 목적으로 제정되었다.

검사는 법이 규정하고 있는 일정한 성폭력범죄, 미성년 대상 유괴범죄, 살인

범죄, 강도범죄를 저지른 사람에 대하여 재범의 위험성이 인정되는 때에는 법원에 전자장치 부착명령을 청구할 수 있고 법원은 징역형 종료 후 최장 30년까지 부착명령을 선고할 수 있다$\binom{\text{동법 제5조}}{\text{내지 제9조}}$. 또한 법원의 부착명령 판결을 받지 아니한 경우에도 특정범죄자가 형의 집행중 가석방되어 보호관찰을 받게 되는 자는 이를 부착하여야 하고$\binom{\text{동법}}{\text{제22조}}$, 치료감호가 가종료되는 경우 치료감호심의위원회는 이를 부착하게 할 수 있고$\binom{\text{동법}}{\text{제23조}}$, 집행유예를 선고하는 경우 법원은 부착명령을 할 수 있다$\binom{\text{동법}}{\text{제28조}}$. 그 집행은 보호관찰소에서 행한다.

Ⅶ. 가정폭력범죄의 처벌 등에 관한 특례법상의 보호처분

이 법은 가정폭력범에 대하여 환경의 조정과 성행의 교정을 위해 보호처분을 행함으로써 가정폭력범죄로 파괴된 가정의 평화와 안정을 회복하고 건강한 가정을 가꾸며 피해자와 가족구성원의 인권보호를 목적으로 하여 제정되었다. 「가정폭력범죄의 처벌 등에 관한 특례법」상 보호처분에는 행위자가 피해자 또는 가족구성원에게 접근하는 행위의 제한$\binom{\text{동법 제40조}}{\text{제1호 처분}}$, 행위자가 피해자 또는 가정구성원에게 전기통신을 이용하여 접근하는 행위의 제한$\binom{\text{제2호}}{\text{처분}}$, 친권자인 행위자의 피해자에 대한 친권행사의 제한$\binom{\text{제3호}}{\text{처분}}$, 보호관찰등에관한법률에 의한 사회봉사·수강명령·보호관찰$\binom{\text{제4,5호}}{\text{처분}}$, 가정폭력방지및피해자보호등에관한법률이 정하는 보호시설에의 감호위탁$\binom{\text{제6호}}{\text{처분}}$, 의료기관에의 치료위탁$\binom{\text{7호}}{\text{처분}}$, 상담소 등에의 상담위탁$\binom{\text{제8호}}{\text{처분}}$ 등이 있다.

Ⅷ. 성매매 알선 등 행위의 처벌에 관한 법률상의 보호처분

이 법은 성매매·성매매 알선 등 행위 및 성매매 목적의 인신매매를 근절하고 성매매 피해자의 인권을 보호함을 목적으로 하여 제정되었다. 「성매매알선 등 행위의 처벌에 관한 법률」상 보호처분에는 성매매가 이루어질 우려가 있다고 인정되는 장소나 지역에의 출입금지$\binom{\text{동법 제14조}}{\text{제1호 처분}}$, 보호관찰등에관한법률에 의한 보호관찰$\binom{\text{제2호}}{\text{처분}}$, 보호관찰등에관한법률에의한 사회봉사·수강명령$\binom{\text{제3호}}{\text{처분}}$, 성매매방지및피해자보호등에관한법률 제10조의 규정에 의한 성매매 피해상담소에의 상담위탁$\binom{\text{제4호}}{\text{처분}}$, 성폭력방지 및 피해자보호 등에 관한 법률 제27조의 규정에 의한 전담의료기관에의 치료위탁$\binom{\text{제5호}}{\text{처분}}$ 등이 있다.

주요 참고문헌

[국내문헌]

김일수, 형법학원론[총칙강의], 보정판, 1992.

김일수, 한국형법 Ⅰ, 개정판, 1996.

김일수, 한국형법 Ⅱ, 개정판, 1997.

김일수, 새로쓴 형법총론, 제8판, 2000.

권문택, 형법학연구, 1983.

권오걸, 형법총론, 제3판, 2009.

김성돈, 형법총론, 제2판, 2009.

김성천·김형준, 형법총론, 제5판, 2012.

남흥우, 형법총론, 개정판, 1983.

박동희, 형법학총론, 1977.

박상기, 형법총론, 제9판, 2012.

배종대, 형법총론, 제11판, 2013.

백남억, 형법총론, 제삼전정판, 1963.

성낙현, 형법총론, 제2판, 2011.

손동권, 형법총칙론, 2001.

손동권·김재윤, 새로쓴 형법총론, 2011.

손해목, 형법총론, 1996.

신동운, 형법총론, 제7판, 2013.

신동운, 판례백선 형법총론, 1998.

안동준, 형법총론, 1998.

오영근, 형법총론, 제2판, 2009.

유기천, 형법학(총론강의), 개정 24판, 1983.

이건호, 형법학개론, 1977.

이상돈, 형법강의, 2010.

이영란, 형법학 총론강의(개정판), 2010.

이재상, 형법신강(총론 Ⅰ), 1984.

이재상, 형법총론, 제7판, 2011.

이정원, 형법총론, 인터넷공개판, 2008.

이태언, 형법총론, 제3전정판, 2000.

이형국, 형법총론연구 Ⅰ, 1984.

이형국, 형법총론연구 Ⅱ, 1986.

이형국, 형법총론, 개정판, 1997.

임 웅, 형법총론, 제4정판, 2012.

정성근, 형법총론, 전정판, 1996.

정성근·박광민, 형법총론, 전정판, 2012.

정영석, 형법총론, 제 5 전정판, 1983.
정영일, 형법총론(개정판), 2007.
정진연 · 신이철, 형법총론, 제 2 판, 2010.
조준현, 형법총론, 1998.
진계호, 형법총론, 제 6 판, 2000.
차용석, 형법총론강의 Ⅰ, 1984.
8인공저, 신고형법총론, 1978.
하태훈, 사례중심 형법강의, 1998.
황산덕, 형법총론, 제칠정판, 1982.
허일태, 독일형법총론(역), 1991.
한국형사법학회 편, 형사법강좌 Ⅰ, 1981.
한국형사법학회 편, 형사법강좌 Ⅱ, 1984.

[외국문헌]
Alternativkommentar, Bd. 1, 1990.
Baumann, Jürgen, Strafrecht, AT, 8. Aufl., 1977.
Baumann/Weber, Strafrecht, AT, 9. Aufl., 1985.
Blei, Hermann, Strafrecht Ⅰ, 18. Aufl., 1983.
Bockelmann, Paul, Strafrecht, AT, 3. Aufl., 1979.
Bockelmann/Volk, Strafrecht, AT, 4. Aufl., 1987.
Dreher/Tröndle, Strafgesetzbuch und Nebengesetze, 47. Aufl., 1997.
Ebert, Udo, Strafrecht, AT, 1985.
Eser, Albin, Strafrecht Ⅰ, Ⅱ, 3. Aufl., 1980.
Haft, Strafrecht, AT, 4. Aufl., 1990.
Hassemer, Einführung in das Strafrecht, 2. Aufl., 1990.
Hippel, Robert von, Deutsches Strafrecht Ⅰ, Ⅱ, 1925.
Jakobs, Günther, Strafrecht, AT, 2. Aufl., 1991.
Jescheck, Hans-Heinrich, Lehrbuch des Strafrechts, 4. Aufl., 1988.
Jescheck, Hans-Heinrich/Weigend, Thomas, Lehrbuch des Strafrechts, 5. Aufl.,
    1995.
Kaufmann, Arthur, Das Schuldprinzip, 2. Aufl., 1976.
Kienapfel, Diethelm, Strafrecht, AT, 3. Aufl., 1985.
Kühl, Kristian, Strafrecht AT, 1994.
Lackner, Karl, Strafgesetzbuch, 19. Aufl., 1991.
LaFave/Scott, Wayne R. and Austin W., Criminal Law, 1985.
Leipziger Kommentar(LK), 11. Aufl.
Liszt, Franz von, Lehrbuch des Deutschen Strafrechts, 21./22. Aufl., 1919.
Liszt/Schmidt, Lehrbuch des Deutschen Strafrechts, 26. Aufl., 1932.
Maurach/Gössel/Zipf, Strafrecht, AT/ Ⅱ, 7. Aufl., 1988.
Maurach/Zipf, Strafrecht, AT/ Ⅰ, 7. Aufl., 1987.

Mayer, Hellmuth, Strafrecht, AT, 1967.

Mayer, Max Ernst, Der Allgemeine Teil des Deutschen Strafrechts, 1915, 2. Aufl., 1923.

Mezger, Edmund, Strafrecht, AT, 3. Aufl., 1949.

Naucke, Wolfgang, Strafrecht, Einführung, 4. Aufl., 1987.

Noll, Peter, Strafrecht, AT, 1981.

Otto, Harro, Grundkurs Strafrecht, Allgemeine Strafrechtslehre, 3. Aufl., 1988.

Roxin, Claus, Strafrecht, AT/ I , 1997.

Roxin, Claus, Täterschaft und Tatherrschaft, 5. Aufl., 1989.

Roxin/Stree/Zipf/Jung, Einführung in das neue Strafrecht, 2. Aufl., 1975.

Rudolphi/Horn/Samson, Systematischer Kommentar(SK), Bd. 1, 25. Lieferung, 1995.

Schmidhäuser, Eberhard, Strafrecht, AT, 2. Aufl., 1975.

Schultz, Hans, Einf:hrung in den Allgemeinen Teil des Strafrechts, Bd. 1/2, 4. Aufl., 1982.

Schönke/Schröder/Lenckner/Cramer/Eser/Stree, Strafgesetzbuch, Kommentar, 26. Aufl., 2001.

Smith/Hogan, Criminal Law, 4 edition, 1978.

Stratenwerth, Günter, Strafrecht, AT, 3. Aufl., 1981.

Triffterer, Otto, Österreichisches Strafrecht, AT, 2. Aufl., 1994.

Tröndle/Fischer, Strafgesetzbuch und Nebengesetze, 49. Aufl., 1999.

Welzel, Hans, Das Deutsche Strafrecht, 11. Aufl., 1969.

Wessels, Johannes, Strafrecht, AT, 25. Aufl., 1995.

Wessels, Johannes/Beulke, Werner, Strafrecht, AT, 30. Aufl., 2000.

Wiener Kommentar(WK).

사 항 색 인

공저자약력

김일수

고려대학교 법과대학 졸업
제12회 사법시험 합격
고려대학교 대학원 수료(법학석사)
독일 München 대학 수학(법학박사)(Dr. jur.)
사법연수원 제 2 기 수료
변호사
고려대학교 법과대학 교수
한국형사정책연구원장
중국무한대학 대학원 겸직교수
미국 Harvard University Law School Visiting Scholar
현재　고려대학교 법학전문대학원 명예교수
　　　법무부형법개정심의위원회 위원
　　　ZStW(총체적 형법학지) 편집자문위원

저서 및 역서

Die Bedeutung der Menschenwürde im Strafrecht, insbes. für Rechtfertigung und Begrenzung der staatlichen Strafe, 1983, Diss. München.
한국형법 Ⅰ [총론 상] / 한국형법 Ⅱ [총론 하] / 한국형법 Ⅲ [각론 상] / 한국형법 Ⅳ [각론 하] / 형법학원론[총칙강의] / 새로쓴 형법각론 / 형법총론강의 / 주석형법총론(공저) / 신고 형법각론(공저) / 주석형사소송법(공저) / 법·인간·인권 / C. 록신, 형사정책과 형법체계(역서) / N. 브리스코른, 법철학(역서) / 새벽을 여는 가슴으로(시평집) / 사랑과 희망의 법(칼럼집) / 개혁과 민주주의(칼럼집) / 법은 강물처럼(법에세이) / 성 소수자의 권리논쟁 / 체계적 범죄론에 관한 방법론적 일고찰 / 형법각론연구의 방법론적 서설 / 형법상 원상회복제도의 형사정책적 기능과 효용에 관한 연구 / 과학기술의 발달과 형법 / 인간복제의 법적·윤리적 문제 외 논문 다수

서보학

고려대학교 법과대학 졸업
고려대학교 대학원 수료(법학석사)
독일 Köln 대학 수학(법학박사)(Dr. jur.)
아주대학교 법학부 조교수
사법제도개혁추진위원회 기획연구팀장
미국 University of Illinois Law School Visiting Scholar
대법원 양형위원회 위원
법무부 남북법령연구특별분과위원회 위원
한국형사정책학회장
경찰개혁위원회 위원
현재　경희대학교 법학전문대학원 교수

주요논문

Der Rechtsfolgenteil des neuen koreanischen StGB von 1995 im Vergleich zu den Regelungen im deutschen StGB, 1996, Diss, Köln.
낙태죄와 입법자의 가치판단 / '일부'집행유예제도와 "short sharp shock" / 형법상 불법수익 박탈의 필요성과 법치국가적 한계 / 형사법상 소급효금지 원칙의 기능과 한계 / 연속범 이론에 대한 비판적 고찰 / 수사권의 독점 또는 배분? 경찰의 수사권 독립요구에 대한 검토 / 과실범에 있어서 주의의무위반의 체계적 지위와 판단기준 / 과실범의 공동정범 / 강제추행죄에 있어서 폭행의 정도와 기습추행의 문제 / 인터넷상의 정보유포와 형사책임 / 공동정범과 초과된 실행행위 등 다수

제13판
새로쓴 형법총론

초판발행	1989년 8월 5일
제13판발행	2018년 12월 26일
중판발행	2020년 2월 10일

| 공저자 | 김일수·서보학 |
| 펴낸이 | 안종만·안상준 |

편 집	박송이
기획/마케팅	손준호
표지디자인	김연서
제 작	우인도·고철민

펴낸곳	(주) **박영사**
	서울특별시 종로구 새문안로3길 36, 1601
	등록 1959. 3. 11. 제300-1959-1호(倫)

전 화	02)733-6771
f a x	02)736-4818
e-mail	pys@pybook.co.kr
homepage	www.pybook.co.kr
ISBN	979-11-303-3304-5 93360

copyright©김일수·서보학, 2018, Printed in Korea

정 가   46,000원